L'ÉLOQUENCE PARLEMENTAIRE

PENDANT

LA RÉVOLUTION FRANÇAISE

LES ORATEURS

DE

LA LÉGISLATIVE ET DE LA CONVENTION

PAR

F.-A. AULARD

DOCTEUR ÈS LETTRES,
PROFESSEUR DE RHÉTORIQUE AU LYCÉE JANSON DE SAILLY

Tome II

PARIS

LIBRAIRIE HACHETTE ET Cie

79, BOULEVARD SAINT-GERMAIN, 79

1886

DU MÊME AUTEUR :

L'ÉLOQUENCE PARLEMENTAIRE

PENDANT LA

RÉVOLUTION FRANÇAISE

LES ORATEURS
DE L'ASSEMBLÉE CONSTITUANTE

Paris, Librairie Hachette, 1 volume in-8°. Prix : **7 fr. 50**

LES ORATEURS
DE LA LÉGISLATIVE ET DE LA CONVENTION
Tome Ier

Paris, Librairie Hachette, 1 volume in-8°. Prix : **7 fr. 50**

L'ÉLOQUENCE PARLEMENTAIRE

PENDANT

LA RÉVOLUTION FRANÇAISE

Renan
Z
1789

POITIERS. — TYPOGRAPHIE OUDIN.

L'ÉLOQUENCE PARLEMENTAIRE

PENDANT

LA RÉVOLUTION FRANÇAISE

LES ORATEURS

DE

LA LÉGISLATIVE ET DE LA CONVENTION

PAR

F.-A. AULARD

DOCTEUR ÈS LETTRES,
PROFESSEUR DE RHÉTORIQUE AU LYCÉE JANSON DE SAILLY

Tome II

PARIS

LIBRAIRIE HACHETTE ET Cie

79, BOULEVARD SAINT-GERMAIN, 79

1886

LIVRE VI *(suite)*

CHAPITRE III.

LOUVET.

I

« Otez à *Faublas*, dit Jules Janin (1), cet intérêt que lui donne le temps dans lequel et pour lequel il a été écrit : vous ne trouverez plus qu'un *obscène récit* sans vraisemblance et sans style, bon tout au plus à charmer les loisirs des marchandes de modes les plus avancées et des commis-voyageurs les plus poétiques. » Vers le même temps, un autre critique trouvait les tendances de *Faublas* d'autant plus dangereuses que ce conte, disait-il, *n'était pas obscène* (2). D'autre part, Mme Roland avait, dans ses mémoires, loué sans réserve ces *jolis romans* (3), « où les grâces de l'imagination, disait-elle, s'allient à la légèreté du style, au ton de la philosophie, au sel de la critique. » Enfin, de nos jours, en librairie, *Faublas* est coté comme ouvrage « pornographique » et trouve à ce titre assez d'acheteurs pour qu'on le réimprime continuellement.

Certes, il y a, dans ce livre, des peintures libres, des con-

---

(1) *Dictionnaire de la conversation* (1837), art. *Louvet de Couvrai*.
(2) Biographie Rabbe, art. *Louvet*.
(3) Brissot, dans le *Patriote français* du 11 janvier 1792, appelle aussi Louvet « l'auteur du joli roman de *Faublas*. »

tes gaulois, des drôleries lestes, des nudités. Mais est-ce là le vice contagieux, le vice songeur et troublant? Non : c'est la jeunesse qui rit, c'est la gaîté et la franchise d'amours saines, jamais équivoques, en dépit du travestissement féminin du héros, c'est la fougue avouable de la dix-huitième année. Ces tableaux gracieux amusent l'imagination sans trop l'égarer. C'est Mme Roland qui a raison contre le pédantisme : le conventionnel Louvet n'aura pas à rougir de l'auteur de *Faublas*.

Ce qu'il faut noter, dans ce roman plus bizarre qu'immoral, c'est une double inspiration, ce sont deux styles distincts, presque contradictoires, qui se succèdent brusquement, sans transition aucune, selon que Louvet conte pour conter et selon qu'il moralise en disciple des philosophes.

Dans le premier cas, c'est une fécondité d'imagination dont peu d'auteurs en France avaient donné l'exemple. Les aventures naissent des aventures, les intrigues s'entrecroisent, se démêlent, se transforment avec une rapidité, une aisance, une clarté dont l'auteur des *Trois Mousquetaires* sera seul à retrouver le secret. Louvet a, le premier, conté des choses surprenantes avec un air de vraisemblance, captivé ses lecteurs jusqu'à les faire haleter d'impatience curieuse, sans néanmoins troubler leurs sens ou inquiéter leur raison. Quoique étranges, ces tableaux représentent avec fidélité une partie de la société d'alors : ce sont bien là les mœurs qu'avait décrites Beaumarchais, c'est Almaviva, c'est Rosine; et Faublas n'a que trois ans de plus que Chérubin dont il rappelle la sensualité naïve. Surtout, les héros de Louvet ont de l'esprit, un esprit naturel, enjoué, qui ne se pique de rien. Chez la marquise de B*** on cause avec une grâce négligée; c'est le dernier mot de cet art de la conversation qui, aux approches de la Révolution, était devenu l'art par excellence. Nulle part on ne trouvera des dialogues plus caractéristiques de la moyenne de l'esprit français à la fin du xviiie siècle (1).

On est sous le charme de cette conversation si polie, quand, tout d'un coup, dans ce cercle de personnes bien nées, une voix s'élève et s'impose, voix ronflante, voix de rustre et de pédagogue, qui crie, déclame, apostrophe, adjure et prêche des dogmes sociaux, le progrès, la fraternité, la haine des rois. C'est une déclamation tour à tour furieuse et mélancolique ; c'est une tirade sur les lois naturelles, sur la nécessité du divorce, sur l'absurdité des conditions sociales. Brusquement le salon devient un club : ces marquis qui tout à l'heure se contaient leurs amours à demi-voix, montent sur des chaises et prêchent l'évangile nouveau. Le jeune Faublas, entre deux bonnes fortunes, soupire après les droits de l'homme. Sans cesser ses galanteries, il épouse la fille d'un Polonais à demi républicain, et il pleure au récit des malheurs d'une Pologne humanitaire qui a lu Jean-Jacques et qui le pratique.

Ces changements de ton imprévus, cette sensibilité qui succède à ce scepticisme, cette déclamation à côté de ces nuances délicates, toutes ces incohérences plaisaient à nos pères autant qu'elles nous blessent : ils aimaient ce livre ; ils n'étaient point choqués d'entendre prêcher la philosophie dans le boudoir d'une courtisane ; ils se reconnaissaient dans ces contradictions : eux aussi, à l'époque où parut la première partie de *Faublas*, en 1787, avaient deux styles, celui de Voltaire et celui de Jean-Jacques. Ils aimaient l'esprit et la sensibilité ; ils quittaient la *Pucelle* pour lire l'*Emile* ; ils causaient, ils écrivaient tour à tour avec goût et avec emphase. Le passé et l'avenir se parta-

---

(1) Grimm écrivit en 1787, à l'apparition de la première partie du roman : « Plusieurs [scènes de *Faublas*] sont dialoguées et semblent faites pour le théâtre ; on y trouve autant d'esprit que de naturel et de vérité. » *Correspondance*, éd. de 1830, XIII, 336.

geaient ces âmes troublées, tout ensemble libertines et généreuses, sceptiques et enthousiastes, mais plus généreuses encore et plus enthousiastes que libertines et sceptiques.

Aussi les premiers lecteurs de *Faublas* furent-ils moins touchés, peut-être, de l'imprévu des aventures et de la grâce du style que des tirades morales et des traits édifiants. S'ils s'amusèrent aux déguisements du chevalier, ils pleurèrent davantage aux infortunes de Lodoïska, et cet épisode larmoyant fit le succès de ce roman d'intrigue, succès vif, incontesté, universel. Le nom de Lodoïska fut aussitôt à la mode (1), comme celui de Paméla : il personnifia dans la femme la vertu sensible et pleureuse (2).

Ces tendances morales s'accentuaient davantage, à mesure que l'auteur avançait dans son œuvre, qu'il publia, selon la mode anglaise, en trois fois, de 1787 à 1790. Les digressions philosophiques et les effusions de sensibilité sont plus fréquentes dans les deux dernières parties que dans la première. On est déjà, quand s'achève le roman, en pleine Révolution : l'amour et la politique passionnent également les Français (3). La vertu est à l'ordre du jour : on aime comme Saint-Preux, mais on se marie comme Grandisson. Faublas au dénouement retrouve sa Sophie et l'amour légitime. La marquise de B*** et Justine sont durement châtiées, comme doit l'être le vice. M. Louvet prit rang parmi les auteurs édifiants, et sa frivolité parut un artifice français pour faire passer une leçon morale (4).

(1) Les malheurs de Lodoïska inspirèrent deux opéras en 1791, l'un de Cherubini, l'autre de Rodolphe Kreutzer.
(2) Combien d'enfants, nées entre 1790 et 1800, eurent ainsi Louvet pour parrain, et, la mode passée, se trouvèrent vouées au ridicule d'un prénom qui évoquait, en des temps plus pratiques, l'idée d'une sentimentalité prétentieuse !
(3) Cf. Michelet, *Les femmes de la Révolution*, pass.
(4) Grimm, *loco cit.*, avait fait remarquer « le côté très moral » de quelques scènes de *Faublas*.

Le monde lisait donc sans rougir et vantait les *Amours de Faublas*. Mais la personne de Louvet était profondément inconnue avant la Révolution. Sa jeunesse fut en effet modeste et obscure. Né à Paris en 1760, il fut, dit-on, assez malheureux dans son enfance. Son père, marchand papetier, rue des Ecrivains, « lui voyant de l'esprit naturel, ne négligea point son éducation ; mais il accordait à un fils aîné une préférence dont le jeune Jean-Baptiste souffrit beaucoup (1). » Selon Mercier, c'était un père « dur et brutal, dont l'organisation commune ne pouvait deviner le secret de celle de son fils (2). » Celui-ci, encore adolescent, aimait une toute jeune fille, dont il était aimé, et qui fut contrainte à un mariage de convenance. Ce malheur, qui ne devait pas être irréparable, excita la sensibilité de Louvet et exalta son esprit romanesque.

A 17 ans, il entra comme secrétaire chez le minéralogiste P.-F. de Dietrich : c'est alors que, d'après l'éditeur de ses *Notices*, M. Barrière, il fit obtenir à une pauvre servante, sur un mémoire de sa main, le prix de vertu récemment fondé par M. de Montyon. Bientôt il entra comme commis chez le libraire Prault (3). C'est là, dit le bon Jules Janin, qu'à force de vendre des livres obscènes il finit par écrire *Faublas*, qui lui rapporta quelque argent. Il put vivre librement et s'enferma, dit-il, dans un jardin à quelques lieues de Paris, où, au printemps de 1789, il écrivait la dernière partie de son roman, quand il fut rejoint par l'héroïne de ses amours adolescentes devenue veuve. C'est

---

(1) Biographie Rabbe.
(2) *Nouveau Paris*, II, 47.
(3) La Biographie Rabbe ajoute ce renseignement un peu vague : « Il paraît que Louvet s'était fait recevoir avocat, mais on a supposé faussement qu'il exerçait sa profession en 1789. » — Grimm, en 1787, disait que Louvet avait essayé d'une autre profession : il aurait commencé par être prote d'imprimerie, « comme M. Rétif de la Bretonne et le célèbre Richardson. »

la Lodoïska des *Notices :* « Je pourrais, écrit Louvet, dire aujourd'hui (en 1795) son nom sans la compromettre, car elle est mon épouse et je n'éprouverai pas de persécutions qu'elle ne veuille partager ; mais son innocente famille serait exposée aux plus lâches vengeances de nos persécuteurs. Il faut déguiser son nom. Je lui donnerai celui de la généreuse fille, de la digne épouse de deux républicains dont j'ai dessiné les grands caractères dans un épisode de mon premier roman. »

Et il continue dans ce style sentimental qui plaisait à ses contemporains, mais avec une émotion vraie : « Qui m'eût dit, en 86, lorsque j'écrivais les combats, les périls, toutes les nobles infortunes de Pulawski, que bientôt ma destinée aurait avec la sienne tant de frappants rapports ; mais que, pour ma consolation, pour mon bonheur, je trouverais dans mon amie, alors seulement parée de toutes les grâces touchantes, de toutes les timides vertus de son sexe, le fier courage, les fortes résolutions, toutes les mâles vertus que le nôtre lui-même a si rarement ? Qui me l'eût dit, qu'elle aurait toute la force, toute la magnanimité que je me plaisais à donner à l'épouse de Lowzinski ? Comment l'aurais-je deviné, grands dieux ! qu'elle éprouverait tous les malheurs que je prêtais à Lodoïska ? C'est donc ainsi que je l'appellerai (1). »

Ce serait une erreur, on le voit, de se représenter Louvet comme un écrivain sceptique, obscène, décrié, qui participerait à la Révolution pour faire fortune et pour réhabiliter son nom à force de popularité. Au contraire, son livre et sa renommée même le préparaient au rôle à la fois honorable et bruyant qu'il joua jusqu'à sa mort.

(1) Mémoires de Louvet, éd. Didot, p. 225. M. Barrière écrit dans son Avant-Propos : « J'ai connu Lodoïska. Elle n'était plus jeune alors ; mais ses traits avaient encore de la régularité. Son maintien était à la fois simple et noble. Dans le calme habituel de sa physionomie on pouvait aisément deviner une âme haute, une volonté forte. »

Quand il sortit de la retraite où il avait achevé *Faublas*, il courut à Versailles, et assista à la séance des Communes du 15 juin 1789 au soir, où Target, Bergasse, Chapelier, Thouret, Mirabeau et Malouet prirent part aux débats sur la manière dont l'Assemblée se constituerait et sur le titre qu'elle prendrait. Même Target le charma. « Target, dit-il, comme chacun sait, n'était pas le plus éloquent des hommes ; mais il avait quelque sensibilité ; mais il montrait alors quelque courage ; mais pour la première fois j'entendis parler publiquement des *droits du peuple*. Mon âme fut saisie (1). »

Il se trouvait à vingt lieues de Paris, avec Lodoïska, obligé sans doute de cacher encore ses amours, quand il apprit la prise de la Bastille. « A l'instant même, dit-il, le premier, ou, pour mieux dire, le seul dans N..., je pris cette cocarde tricolore qu'on disait conquise au prix de tant de sang. Lodoïska coupa des rubans pour m'en faire une. Comment peindre les transports avec lesquels cette cocarde fut offerte et reçue ? J'étais aux genoux de ma tendre amie. J'arrosais de mes pleurs sa main qu'ensuite je portais à mon cœur qui battait avec tant de force. C'était un mélange de patriotisme et d'amour difficile à bien rendre (2). » Cette unique cocarde arborée dans une petite ville où l'aristocratie veillait, faillit lui attirer de fâcheuses affaires. « Si la grande nouvelle, dit-il, ne s'était le lendemain pleinement confirmée, on me faisait un procès criminel (3). »

Dès lors, attiré par la Révolution, il se fixa à Paris. Son premier ouvrage politique fut *Paris justifié*, en réponse au manifeste de *Monsieur* contre les journées du 5 et du 6 octobre. Cette brochure le fit admettre aux Jacobins. Mais

---

(1) *Partie inédite des mémoires de Louvet*, Bibl. nat., Mss., Nouv. acq. françaises, 1730.
(2) *Ibid.* p. 7.
(3) Mémoires, éd. Didot, p. 225.

il ne se signala pas tout d'abord comme orateur ; il ne parla que dans sa section, et observa en philosophe (1).

En 1791, il publia un roman social, *Emilie de Varmont ou le divorce nécessaire et les amours du curé Sévin*, où il développait une thèse qu'il avait déjà indiquée à plusieurs reprises dans son *Faublas*. Emilie, mariée et mal mariée, se croit veuve, et, persécutée par un frère odieux, se réfugie dans le presbytère du brave curé Sévin. Celui-ci la console, s'éprend d'elle et cache courageusement sa passion. Emilie va se remarier. Le curé pense en mourir de douleur, et sa raison s'égare. Cependant le premier mari d'Émilie n'est pas mort. C'est une situation inextricable, que Louvet ne dénoue pas. Il lui suffit d'avoir indiqué la nécessité du divorce et celle du mariage des prêtres. Inférieur à *Faublas* pour le style et l'intérêt, ce roman eut néanmoins du succès. On pleura sur le curé Sévin, et on répéta le refrain des conversations de ce prêtre romanesque : *On devrait bien marier les prêtres!* Cette fois, il n'y avait plus dans le style de Louvet deux manières contradictoires : *Émilie de Varmont* est un sermon sentimental sur un ton lyrique et déclamatoire, que de belles pages n'ont pu sauver de l'oubli où sont tombées les circonstances et les polémiques d'où il était sorti.

Louvet, dans ces premiers temps de la Révolution, ne cessa pas de mettre sa plume au service des idées politiques qui lui étaient chères. Il fit des comédies aristophanesques. « En 91, dit-il, lorsque le pacte de Pilnitz fut publié, je brochai, dans l'espace de trente-six heures, une espèce de comédie parade, très gaie, très satirique, très patriotique surtout ; son titre était : *La grande revue des armées noires et blanches*. Elle eut, au théâtre de Molière, vingt-cinq repré-

---

(1) *Partie inédite des Notices*, p. 15.

sentations. Elle n'a pas été imprimée parce que j'en avais deux autres dont je sollicitais la représentation et que je comptais imprimer à la fois (1). » La première de ces deux comédies était intitulée : *L'anobli conspirateur ou le Bourgeois gentilhomme du* xviiie *siècle* (1790). Sous des noms de fantaisie, on y représentait le fermier général Augeard, l'abbé Maury et Mirabeau-Tonneau. Cette pièce parut trop hardie aux comédiens : on ne la joua pas. La seconde, *L'élection et l'audience du grand lama Sispi* (Pie VI), eut le même sort. « Le manuscrit, dit Louvet, est encore entre les mains de Talma. »

Renonçant à la littérature, il fit son entrée dans la politique militante, et, le 25 décembre 1791, au nom de la section des Lombards, il présenta à la barre de la Législative une pétition demandant un décret d'accusation contre les princes. Sans doute, tous les regards se tournèrent curieusement vers l'auteur de *Faublas*. Il passait pour avoir été lui-même, dans son adolescence, le héros de l'aventure qu'il raconte dans la première partie de son roman. Travesti en femme, il aurait, à dix-sept ans, déjoué les précautions d'un mari jaloux. On s'attendait à voir un joli garçon, un jeune premier de théâtre. On vit un petit homme d'assez mauvaise mine, maigre, chauve, myope, à l'habit négligé, à l'attitude gauche (2). Quoi! c'était là le triomphant Faublas! les femmes furent déçues, mais cette déception ne nuisit pas à la bonne renommée du politique débutant. Sa modestie et sa gêne disaient assez sa vertu et sentaient le moraliste. On remarqua bientôt « la noblesse de son front et le feu dont s'animaient ses yeux et son visage. » C'est Mme Roland qui fit cette découverte. L'enthousiasme et l'esprit romanesque de Louvet le transfi-

(1) *Partie inédite des Notices.*
(2) Mme Roland, *Mémoires*, et Louise Fusil, *Souvenirs d'une actrice*, t. II, p. 68.

gurèrent à ses yeux en un disciple éloquent de son cher Jean-Jacques. « Il est impossible, disait-elle, de réunir plus d'esprit à moins de prétention et plus de bonhomie; courageux comme un lion, simple comme un enfant, homme sensible, bon citoyen, écrivain vigoureux, il peut faire trembler Catilina à la tribune, dîner avec les Grâces et souper avec Bachaumont. »

Mais, à la barre de la Législative, le 25 décembre 1791, il ne laissa, certes, deviner en rien le convive des Grâces et de Bachaumont. Il fut sérieux, tragique. Des applaudissements répétés accueillirent son discours orné, à la mode du temps, de figures classiques et d'allusions grecques et romaines, mais animé d'une colère vraie et d'un enthousiasme révolutionnaire. Il osait demander à l'Assemblée de déclarer la guerre à l'Europe monarchique : « Nous vous demanderons un fléau terrible, mais indispensable: nous vous demanderons la guerre! et qu'à l'instant la France se lève en armes. Se pourrait-il que la coalition des tyrans fût complétée? Ah! tant mieux pour l'univers! Qu'aussitôt, prompts comme l'éclair, des milliers de nos citoyens soldats se précipitent sur les nombreux domaines de la féodalité! » Et Louvet vantait dans la guerre un moyen d'amener la république universelle : « Que les nations, s'écriait-il, n'en fassent plus qu'une! et que cette incommensurable famille de frères envoie ses plénipotentiaires sacrés jurer sur l'autel de l'égalité des droits, de la liberté des cultes, de l'éternelle philosophie, de la souveraineté populaire, jurer la paix universelle. »

Isnard demanda aussitôt qu'on mît en accusation les princes émigrés; mais Guadet fit ajourner cette motion. Louvet n'en fut pas moins très fier d'avoir fait applaudir sa pétition hardie. Mauvais juge de son propre talent, et préférant avec le public son style de moraliste à son style de conteur, il écrivit, plus tard, que cette pétition était *son chef-d'œuvre*(1). Les contemporains furent de son avis, et le succès qu'il obtint dans cette occasion le désigna pour les importantes fonctions de membre du comité de correspondance des Jacobins.

Il prit cette besogne au sérieux et consacra tout son zèle à une correspondance, qui, dès lors, gouvernait la France. Tout le labeur de cette tâche anonyme retombait, c'est lui-même qui nous l'apprend, sur quelques hommes de bonne volonté, sur lui, sur Duchosal, Dubosc, Lanthenas, Bonneville, Boisguyon. Les illustres, Vergniaud, Condorcet, Camille Desmoulins, Robespierre, n'étaient là qu'à titre honorifique, oisifs par caractère ou par calcul.

A partir de ce moment, Louvet aborde avec éclat la tribune des Jacobins, sous les auspices de Brissot. Mais le journal du club est muet sur ses débuts oratoires, qui eurent lieu le 9 janvier 1792. Nous savons seulement, par le *Patriote français*, dont le témoignage est un peu intéressé, qu'il se fit applaudir en prouvant la nécessité d'une guerre offensive, et qu'on admira, dans ce discours, « une rare pureté de style, une grande force de sentiment, une logique vigoureuse et un usage sobre et bien placé des ornements et des traits brillants d'éloquence (2). » A ce que dit Louvet dans les pages inédites que nous avons déjà citées, quand il conclut, ce jour-là, par ce cri belliqueux : *Marchons à Léopold !* « l'enthousiasme fut presque général, les chapeaux furent élevés en l'air, et plusieurs voix répétaient en chœur : *Marchons à Léopold !* » Robespierre lui-même, dans la réponse étudiée qu'il fit le surlendemain,

---

(1) *Partie inédite des Notices*, p. 35. « On ne doit, ajoute-t-il, lire ce discours ni dans le *Moniteur* ni dans le *Logographe* ; ils en ont altéré plusieurs passages ; mais j'ai moi-même corrigé les épreuves de l'édition que Baudouin en a faite par ordre de l'Assemblée. » Nous n'avons pu nous procurer cette édition.

(2) *Patriote français* du 11 janvier 1792. Cf. Buchez, XIII, 145.

bien qu'il affecte de n'y pas nommer l'auteur de *Faublas*, reconnut les effets de son éloquence par le soin qu'il prit de répéter cette formule : *Marchons à Léopold !* afin de la retourner contre son adversaire : « Domptons nos ennemis du dedans, dit-il ; guerre aux conspirateurs et au despotisme, et ensuite marchons à Léopold. »

Nous ne savons si le discours de Louvet était injurieux pour Robespierre. Mais son attitude dans la séance du 17 montre qu'il avait accepté, avec légèreté, un rôle dont les chefs du parti lui laissèrent prudemment le risque et l'odieux. — Ce jour-là, il entra au club, comme Robespierre était à la tribune. « Le déclamateur déclamait, dit-il, et toujours contre la guerre. C'était, je crois, la quatorzième de ses harangues. » D'après le journal du club, Robespierre reprochait à Brissot d'avoir inséré dans son *Patriote* une lettre élogieuse pour La Fayette, et le forçait à désavouer cette lettre. Il est probable que ce compte-rendu si sommaire oublie de mentionner un retour incident de Robespierre à sa thèse favorite : *Guerre à la guerre !* retour dont Louvet profita pour insulter le grave orateur par une espièglerie inconvenante : « Impatienté, dit-il, je m'arrêtai tout court, le regardant du beau milieu de la salle. J'avoue enfin que je me fis un effort pour retenir les signes très expressifs de l'ennui dont il nous saturait depuis si longtemps. Lui, du haut de la tribune, voyant mes bras étendus, ma tête un peu renversée, ma bouche grandement entr'ouverte, ne put s'empêcher de m'apostropher ; et comme si son mauvais génie avait toujours dû le pousser à me provoquer au combat, quand il y devait succomber, il finit par assurer modestement que ceux qui *avaient fait de belles phrases contre son opinion seraient fort embarrassés d'alléguer quelque chose de solide contre ses derniers arguments*. Ma réponse au défi fut de l'accepter. Guadet, qui présidait, m'accorda la parole. Jamais peut-être la raison et la vérité n'obtinrent un plus beau triomphe sur le mensonge et la fureur (1). »

Pour comprendre tout le scandale de cette scène, il faut se rappeler qu'en janvier 92 les Jacobins étaient encore une assemblée grave, académique, presque pédante, où le souci des convenances oratoires était porté au plus haut point. Se planter au beau milieu de la salle et bâiller au nez d'un orateur compassé et cérémonieux comme Robespierre, c'était une gaminerie courageuse, sans doute, mais combien sotte et maladroite ! Ces taquineries allumèrent dans le cœur du puritain une haine sombre contre la Gironde et préparèrent le duel tragique.

Quant au triomphe oratoire de Louvet, fut-il aussi complet qu'il se le figura, après coup, en écrivant ses mémoires ? Toujours est-il qu'à la tribune il n'osa pas manquer de respect à son adversaire. Il parla pour la guerre avec énergie et violence, mais non sans courtoisie. Robespierre voyait un piège royal dans les desseins belliqueux ; Louvet voit le même piège dans les desseins pacifiques ; il en appelle à la postérité pour juger entre Robespierre et lui. La postérité dira : « Un homme a paru dans l'Assemblée nationale constituante, inaccessible à toutes les passions, un des plus fidèles tribuns du peuple. Il fallait estimer et chérir ses vertus, admirer son courage ; il était aimé du peuple, qu'il avait constamment servi, et, ce qui est mieux encore, il en était digne. Un précipice s'ouvrit : distrait par trop de soins, il crut apercevoir le péril où il n'était pas, et ne le vit pas où il était. Un homme obscur était là, uniquement occupé du moment présent ; éclairé par d'autres citoyens, il découvrit le danger, ne put se résoudre à garder le silence ; il fut à Robespierre, il voulut le lui faire toucher du doigt ; Robespierre détourne les yeux, retire la main ; l'inconnu persiste et sauve son pays. »

(1) *Partie inédite des Notices*, pp. 42-43.

Cette rhétorique nous fait bien voir par où pèchent la politique et l'éloquence de Louvet, du moins dans la première période de sa carrière oratoire. Il atteint rarement la note juste, et il n'évite pas toujours le ridicule. Ainsi, le 30 janvier suivant, il fit *jurer* aux Jacobins qu'ils se passeraient de sucre jusqu'à ce que les accapareurs en eussent baissé le prix à vingt sous la livre. Ce ne fut pas assez de jurer : la motion, adoptée, fut signée individuellement par chacun des Jacobins et affichée dans Paris. « En France, dit sagement le journal de Prudhomme, nous ne savons rien faire de sang-froid : nous sommes des convulsionnaires ou des ladres. Les plus petites vertus nous mettent hors de nous, et les tyrannies les plus longues ne font aucun effet sur nous... Un étranger qui serait entré en ce moment dans la salle des Jacobins, à la vue de tous ces bras tendus, au bruit du trépignement des pieds, et surtout à ce mot solennel et qu'on ne devrait pas prodiguer : *Je le jure*, prononcé par toutes les bouches ensemble, n'aurait jamais pu soupçonner qu'il ne s'agissait que de sucre. Faire une répétition du serment sublime du Jeu de Paume pour du sucre !... (1). »

Les Jacobins furent les premiers à sentir qu'en dramatisant ainsi une mesure d'économie dont les Américains avaient déjà donné l'exemple avec plus de simplicité, Louvet leur avait fait faire un acte ridicule. Désormais, on l'écouta parler, car il parlait bien ; mais la grande influence lui échappa. Il ne fut jamais président du club qu'à titre de remplaçant (2). Si, le 10 février, il proposa et obtint provisoirement l'exclusion des femmes qui troublaient les séances de la Société, le 26 il se fit retirer la parole

(1) *Révolutions de Paris*, n° 134, p. 228.
(2) Ainsi il remplace Broussonnet le 14 février et Bazire le 2 mars 1792.

dans un dernier débat sur la guerre (1) ; et si, le 18 mars, il défendit avec succès le projet d'amnistier les coupables d'Avignon, il ne joua, aux Jacobins, de février à décembre 1792, qu'un rôle insignifiant. La froideur dont il était l'objet permit même à un membre, le 28 mars, de l'accuser d'avoir émigré et d'être en relations avec Coblentz. Sans doute il se justifia et fut applaudi ; mais il était grave qu'on eût écouté l'accusation.

Il répara un peu sa popularité sur un autre théâtre, à la barre de l'Assemblée législative, où il se présenta de nouveau au nom de la section des Lombards, le 30 mai 1792, pour demander que la police eût « plus de force et plus d'action » contre les conspirateurs royalistes, et qu'on autorisât une mesure ultra-révolutionnaire, la permanence des sections. Très applaudie, cette motion fut honorée d'un renvoi au comité de législation.

A ce moment-là le nom de Louvet était dans toutes les bouches, moins encore pour son attitude à la tribune des Jacobins et à la barre de l'Assemblée que pour son audace et son éloquence comme journaliste. Deux fois par semaine de grandes affiches roses intitulées : *La Sentinelle*, signées de Louvet et imprimées en gros caractères, couvraient les murs de Paris. Ce placard périodique ne contenait que peu de nouvelles ; ce n'était pas, à parler juste, une gazette, « mais une série d'allocutions au peuple, de petites harangues spirituelles ou véhémentes qui attroupaient les passants, provoquaient les discussions et avivaient l'esprit public. Quand ce journal-affiche parut, en mars

---

(1) Il s'agissait de savoir, à propos d'une adresse, si le club se prononcerait pour la guerre. Robespierre soutint sa thèse ordinaire ; Louvet lui répliqua. « Son discours, dit le journal du club, est à la fois couvert de huées, de bravos, de murmures et d'applaudissements. Enfin une phrase qu'il termine par la formule triviale : *mariez-vous, ne vous mariez pas*, soulève une partie de l'Assemblée, et la parole est retirée à Louvet. » Le club ne prit d'ailleurs aucune décision.

1792, il avait pour but d'exciter le peuple contre la cour et de préparer la République. Mme Roland, qui avait patronné cette idée, nous raconte que Dumouriez faisait les frais de la *Sentinelle* sur les fonds des affaires étrangères. Après le 10 août, le ton du journal changea : il fut l'organe des Rolandistes contre les Montagnards, il envenima la querelle qui devait se dénouer au 31 mai, et, par son esprit batailleur et rancunier, fit le plus grand tort à la République, quoique rédigé par un républicain. Mme Roland avait, dit-elle, choisi Louvet pour ce soin (1) comme « capable de présenter les événements sous leur vrai jour, » lui qui au contraire voyait tout en romancier ! En réalité, il mit au service des colères d'une femme tout le feu de son imagination et toute la force de sa sincérité. La Montagne fut noircie avec art, et toutes les haines furent savamment attisées. Cette *Sentinelle* dura du 1er mars 1792 à la fin du mois de novembre de la même année, puis disparut, enfin ressuscita au commencement de 1793 : elle fut un des griefs inoubliables des Robespierristes contre la Gironde.

Mais il faut avouer qu'au point de vue littéraire, Louvet inaugura par cette entreprise hardie un genre d'éloquence nouveau (2), l'éloquence du placard, dans lequel il fut aussitôt passé maître. Le chimérique même de son esprit le mettait à la portée du vulgaire : que le peuple lût avec confiance ces romans politiques, ces inventions énormes, ou qu'il déchirât avec dégoût l'affiche rose, il était toujours remué par la verve merveilleuse de l'auteur de *Faublas*, et, si Marariste qu'on fût, pouvait-on lire sans la goûter cette amusante sortie contre Marat :

« Peuple, je vais faire une comparaison bizarre, mais

---

(1) Et. Dumont, *Souvenirs*, p. 305, donne quelques détails sur l'admiration de Mme Roland pour Louvet.

(2) C'est Tallien qui inventa, en 1791, le journal-affiche. Mais son *Ami des Citoyens* avait eu peu de succès.

elle est vraie. Je suppose que le ciel eût accordé la parole à toutes les parties de mon corps, que le dernier brin de ma barbe me dît : Coupe ton bras droit, parce qu'il a chassé le chien qui voulait te mordre ; coupe ton bras gauche, parce qu'il a porté du pain à ta bouche; coupe ta tête, parce qu'elle t'a dirigé dans ta conduite ; coupe tes jambes, parce qu'elles font marcher toute ta machine ; et quand tu auras coupé tout cela, tu seras le plus brave corps du monde. Voilà tout coupé, grâce au brin de barbe que j'ai eu la faiblesse de croire. Dites-moi à présent, peuple souverain, si je n'aurais pas mieux fait de garder mes bras, mes jambes, ma tête, et d'attaquer ce brin de barbe qui me donnait de si bons conseils! Marat est le brin de barbe de la République; il dit : Coupez les généraux qui chassent les ennemis ; coupez la Convention qui prépare les lois ; coupez le ministère qui les fait marcher ; coupez tout, excepté moi (1). »

Le succès de la *Sentinelle* fit connaître Louvet dans toute la France, et, en septembre 1792, sur la recommandation de Brissot (2), les électeurs du Loiret le nommèrent à la Convention.

II

C'est le moment de dire quelles idées religieuses et politiques inspiraient cette parole brillante. Disciple de Rousseau, qu'il appelle *l'écrivain sublime* (3), Louvet semble avoir pris des théories du Vicaire savoyard ce qu'en admettaient, comme nous l'avons vu, la plupart des Girondins, c'est-à-dire un déisme vague. S'il parle, à trois

(1) N° LXIV, ap. Buchez, XX, 51.
(2) Cf. *Procès des Girondins*, réponse de Brissot à la déposition de Léonard Bourdon.
(3) *Mémoires*, p. 401.

reprises, de Dieu et de la Providence dans la partie imprimée de ses *Notices,* en revanche il en commence les pages inédites par cet aveu presque sceptique : « Je ne dirai pas tout, mais ce que je dirai sera de la vérité la plus exacte. J'en atteste le Dieu..... *Nature ou Dieu, qu'importe?...* j'en atteste le Dieu qui m'éprouve, etc... » On a vu que, le 17 août 1793, il s'opposa à la motion de faire reconnaître par la Convention l'existence de l'Etre suprême, sans qu'on pût discerner pleinement ce qu'il pensait de cette existence même. Cependant, dans les derniers temps de sa vie, il parut s'attacher plus fortement aux idées religieuses de Rousseau, à en juger par un passage du discours qu'il prononça au Conseil des Cinq-Cents, le 23 ventôse an IV, contre la liberté illimitée de la presse. Ce sont, d'après lui, les déclamations immorales des journaux qui ont fait couler tant de sang et peuplé de morts le cimetière de la Madeleine, — et il fait parler ces morts: « Moi, dit l'un d'eux, le sentiment d'une Providence rémunératrice était le seul frein qui pût retenir mes passions naturellement violentes; Hébert est venu mettre l'athéisme dans mon cœur : j'ai commis des forfaits sans nombre, j'ai fait des milliers de victimes, j'ai péri. » Mais il faut faire dans cette critique de l'athéisme la part de la rhétorique. Que veut Louvet? une loi contre la presse royaliste; et comme il parle devant des adversaires royalistes, il désavoue, avec une exagération habile, l'ancienne presse hébertiste et affecte une orthodoxie religieuse. On peut donc dire, malgré cette tirade déiste, que l'élément religieux manque à son inspiration oratoire.

Politiquement, il fut « républicain jusqu'au dernier soupir, » comme l'écrivit un de ses collègues de la Convention (2). Nous le verrons, après le 9 thermidor, lutter

(1) *Ibid.* pp. 349, 361, 396.
(2) Mercier, *Nouveau Paris,* II, 47.

pour la Révolution contre les réacteurs, à la tête desquels se trouvaient les Girondins survivants. Il se tint droit et ferme, et changea moins que des hommes réputés immuables, comme Lanjuinais. Ce romancier exalté et frivole fut un modèle de constance politique.

Mais, comme tous les républicains de 1791, il aurait, par prudence, conservé provisoirement la monarchie, si le roi eût été sage. « Oui, dit-il, par le ciel qui lit dans les cœurs, je jure que si la cour n'eût pas mille fois et continuellement tenté de nous ravir une demi-liberté, je n'aurais jamais attendu que du temps notre liberté tout entière. Mais il devenait incontestable que la cour conspirait, etc. (1). »

Au fond, il hait les rois. Il est avide de justice, de fraternité. Ces instincts sont toute sa politique. Ne lui demandez ni combinaisons ni vues d'avenir, ni même un plan de conduite pour la circonstance du jour. Quoi qu'il en dise (2), il n'est pas homme d'action. Il ne paraît pas au 10 août. Son rôle est d'exhaler les sentiments généreux qui s'agitent en lui : l'indignation est la note dominante de son éloquence. — Il n'a, avant la période thermidorienne, aucune influence sur les hommes et sur les événements. Les passions qu'il soulève ne sont pas des passions agissantes : elles retombent et s'endorment dès que l'orateur descend de la tribune, dès que le romancier ferme son roman.

Car ses discours tiennent du roman, et il est romancier en politique au moment où il se croit le plus sérieux. Les vraies combinaisons qui se forment autour de lui, il ne les voit pas ; il en crée lui-même, à son insu, d'autres plus compliquées, qu'il dénonce ensuite avec sincérité, mais dont l'invraisemblance surprend ses amis et rassure ses

---

(1) Mémoires, éd. Didot, p. 227.
(2) Puérilement il croit que la Gironde s'est perdue en ne le prenant pas pour ministre de la justice. *Mémoires*, pass.

adversaires. Ainsi, à ses yeux, les hommes de la Commune et de la Montagne ne sont pas seulement des politiques violents et autoritaires ; ils ont fait un pacte avec les puissances étrangères pour rétablir la royauté en France. Pache et Hassenfratz ont été hostiles à Dumouriez, tant que Dumouriez a agi en républicain ; ils ont désorganisé son armée par l'entremise d'agents orléanistes. Les dantonistes sont du complot. Hérault de Séchelles est l'*agent des puissances*. Chaumette joue le même rôle. Enfin Marat est un royaliste notoire : c'est l'argent autrichien qui fait vivre l'Ami du peuple. Où a été concertée l'émeute du 10 mars ? à Coblentz. Comment se fait-il que les Jacobins, à quatre reprises, demandent toujours le même chiffre de 22 victimes girondines ? « Cette étrange identité de nombre, à quatre époques différentes, donne lieu de présumer que le nombre de vingt-deux têtes, toujours suivi, était apparemment celui que, par un des premiers articles de son traité secret avec les puissances étrangères, la Montagne s'était engagée de fournir (1). »

Ces merveilles, il ne les fabriqua pas seulement dans la fièvre de la lutte. Plus tard, dans sa retraite « des cavernes du Jura », il les retouchait, en croyait l'intrigue réelle et incontestable, et les rééditait, sans scrupule et sans remords, en 1795, faisant hausser les épaules à tous les Girondins de bon sens, même au bonhomme Dussault, qui lui répondait avec à-propos : « Certes, du temps que la Montagne accusait votre parti du crime imaginaire de fédéralisme, qu'elle usait de tous les moyens possibles pour donner de la vraisemblance à son système et du corps à cette ombre, je vous louais alors en secret de mettre votre esprit à la torture et d'employer ce talent de romancier qu'on vous connaît, à prouver que vos adversaires voulaient

---

(1) Mémoires de Louvet, éd. Didot, p. 259.

rétablir la royauté. C'était une guerre de ruses. Mais aujourd'hui que vos ennemis sont abattus, quel homme sensé pourrait vous excuser de faire le second tome du roman ?.... (1). » Cependant Dussault était injuste pour Louvet quand il suspectait sa bonne foi. L'auteur de *Faublas* était incapable, quoi qu'en dît Mme Roland, de voir le monde comme il était, et il vivait dans un mirage.

Les discours qu'il prononça à la Convention nationale n'en méritent pas moins qu'on s'y arrête. Si Louvet n'était ni un homme d'action ni même un témoin exact de la Révolution, il n'en eut pas moins quelques-unes des qualités de l'orateur. Il tenait bien la tribune ; il ne manquait ni de chaleur ni de force, il soulevait les applaudissements et par son émotion et par son art. Jamais il ne laissait l'Assemblée indifférente, et, s'il s'adressait plutôt à ses nerfs qu'à sa raison, il avait du moins le don si rare d'intéresser, de passionner.

Ce sont là, semble-t-il, les qualités d'un improvisateur. Pourtant il récitait. Il avait trop de souci de la composition, du style, de sa renommée d'homme de lettres, pour s'abandonner aux hasards de la tribune. Surtout, il voulait vaincre Robespierre avec ses propres armes, avec de grandes et belles harangues fortement méditées, noblement ordonnées, écrites pour la postérité.

En effet, il reprit à la Convention, devant un auditoire plus favorable à ses idées, le rôle qu'il avait déjà essayé, avec un succès équivoque, au club des Jacobins. Pendant plus d'un mois, sauf en deux ou trois occasions insignifiantes où il dit quelques mots sans intérêt (2), il se tut, prépa-

(1) *Lettre de Dussault à Louvet* (1795), ap. Mém. de Louvet, éd. Didot, p. 254.

(2) Ainsi, le 28 septembre 1792, il donne le conseil chimérique de ne pas faire de la Savoie un 84e département, mais de réserver pour la fin de la guerre le droit des Savoyards de se donner des lois. Le

rant, limant sa *Robespierride*. Il la lisait, j'imagine, à Mme Roland et aussi à Brissot, à Guadet, ses amis personnels (1). Elle était connue, célèbre avant qu'il ne la prononçât. Quand elle fut à point, il surveilla Robespierre, prêt à l'accabler de sa diatribe, avec une joie d'espiègle, une témérité de bel esprit qui ne plaisait pas aux sages de la Gironde, à Vergniaud, à Condorcet. — Enfin, le 29 octobre, Robespierre ayant dit que personne n'oserait l'accuser en face, Louvet s'écria : « Je demande la parole pour accuser Robespierre; » et Barbaroux, Rebecqui firent chorus. Après un discours de Danton, discours plein d'idées graves et de haute politique, la parole fut donnée au romancier. Son discours, qui passionna ses auditeurs, n'est pas une déclamation de collège, comme les pétitions qu'il avait présentées au nom de la section des Lombards. Le style en est généralement sobre, rapide, élégant. C'est du meilleur Louvet, du Louvet spirituel. Je ne relève qu'un trait d'emphase : amené à nommer Marat, il s'interrompt par ce cri : « Dieux ! j'ai prononcé son nom ! » Mais c'est moins une faute littéraire qu'un artifice politique : en noircissant encore Marat, il veut noircir Robespierre qui le défend.

C'est là d'ailleurs la tendance et le procédé de toute cette Robespierride : l'orateur invective plus qu'il ne prouve, et il compte encore plus sur son talent que sur la vérité pour confondre ses adversaires. En somme, qu'allègue-t-il ? Que Robespierre abuse de la parole aux Jacobins, qu'il s'y laisse encenser, qu'il s'y encense, qu'il médit des Girondins, qu'il veut être dictateur, que Danton n'a pas fait son devoir

Moniteur mentionne aussi quelques paroles de lui aux séances du 1er et du 8 octobre.

(1) Il s'était lié avec Guadet aux Jacobins, le jour où il consulta si puérilement Robespierre : « Je n'oublierai jamais, dit-il, que ce soir-là, comme je descendais de la tribune, Guadet vint m'embrasser. Ce fut entre nous l'époque d'une amitié qui n'aura, j'espère, d'autre terme que celui de notre vie. » (*Partie inédite des Notices*, p. 44.)

au 2 septembre. Comment fonder une accusation sur de tels griefs? Les uns étaient justement, pour Robespierre, des titres à la popularité. Les autres se résumaient en cette impression : Robespierre est un personnage antipathique. Certaines allégations risquaient de s'évanouir devant une simple négation de l'inculpé. Ainsi Louvet s'écria triompalement : « Robespierre m'a dit que si l'Assemblée ne confirmait pas la révocation du directoire de Paris prononcée par la Commune du 10 août, on saurait l'y décider par le tocsin. » A cette révélation tous les députés se levèrent indignés, et les deux Robespierre s'élancèrent ensemble à la tribune. Jolie scène, émotion flatteuse pour l'amour-propre de l'orateur, succès médiocre pour son parti. Ce propos niable une fois nié, que restait-il de cette révélation pathétique?

Enfin, que demande Louvet? qu'on décrète Robespierre comme aspirant à la dictature. Et quelle mesure propose-t-il contre cette dictature? une autre dictature, celle de Roland, « ce vertueux et courageux ministre qui est au-dessus de l'éloge d'un homme. » La République sera sauvée si le ministre peut requérir toute la force publique qui se trouve dans les départements, sous la condition de se faire approuver après coup par la Convention. Conclusion : Louvet ne combat pas la dictature en elle-même, mais la dictature de Robespierre. Jacobine, la dictature perdra la Révolution ; girondine, elle la sauvera.

Quoiqu'il s'en défende, il n'agite donc qu'une question de personne, non de principes. Mais si son argumentation est faible, presque nulle, sa haine, chaude, vibrante, communicative, réveille dans l'Assemblée toutes les jalousies, toutes les rancunes que l'attitude de Robespierre n'avait que trop justifiées. On admire le ton noble et courageux auquel s'élève l'auteur de *Faublas* quand il résume en ces termes toute son accusation :

« Robespierre, je t'accuse d'avoir longtemps calomnié les plus purs patriotes : je t'en accuse, car je pense que l'honneur d'un citoyen, et surtout d'un représentant du peuple, ne t'appartient pas; je t'accuse d'avoir calomnié les mêmes hommes dans les affreuses journées de la première semaine de septembre, c'est-à-dire dans un temps où tes calomnies étaient de véritables proscriptions ; je t'accuse d'avoir, autant qu'il était en toi, méconnu, avili, persécuté les représentants de la nation, et fait méconnaître et avilir leur autorité ; je t'accuse de t'être continuellement produit comme un objet d'idolâtrie, d'avoir souffert que, devant toi, on te désignât comme le seul homme vertueux en France qui pût sauver le peuple, et de l'avoir fait entendre toi-même ; je t'accuse d'avoir tyrannisé par tous les moyens d'intrigues et d'effroi l'assemblée électorale du département de Paris ; je t'accuse enfin d'avoir évidemment marché au suprême pouvoir : ce qui est démontré et par les faits que j'ai indiqués, et par toute ta conduite, qui, pour t'accuser, parlera plus haut que moi. »

Louvet prétend, dans ses mémoires, que si Robespierre n'eût obtenu un délai de huit jours pour répondre, on l'eût décrété à l'instant même, tant ce discours avait ému l'Assemblée. Le bruit des applaudissements lui avait caché l'échec réel de sa politique. Accorder un sursis à Robespierre, c'était l'absoudre d'avance, c'était abandonner son accusation. Et, de fait, la Gironde n'était pas d'avis de recommencer une attaque qui avait déjà si mal réussi à Barbaroux (1). En vain Louvet avait tâché d'attirer à la tribune Pétion, Guadet, Vergniaud : ils restèrent muets et laissèrent à leur ami la responsabilité de cette accusation téméraire et surtout de cet éloge hyperbolique

---

(1) Cf. plus haut (t. I, p. 274) l'article de Condorcet.

du ministre Roland, où se voyait à plein l'influence personnelle de sa femme. Certes, si la majorité, alors girondine, eût voulu décréter Robespierre, elle l'eût décrété sur l'heure : elle montra plus tard, après les journées de prairial, qu'elle savait envoyer sans débats ses adversaires à l'échafaud. Mais, en octobre 1792, elle ne se sentait ni assez forte contre l'opinion ni peut-être assez ennemie des Jacobins pour frapper un patriote désagréable, mais populaire. Acquitté, Robespierre se trouvait, par ce triomphe même, tout porté à cette dictature que voulait prévenir Louvet, puisqu'un semblable acquittement devait donner à Marat, tout Marat qu'il était, une auréole qui fit oublier ses folies (1).

On sait avec quelle habileté Robespierre employa ces huit jours à préparer, aux Jacobins, un mouvement d'opinion en sa faveur. Sa réponse, modeste et fine, eut d'autant plus de force que l'Assemblée n'y pouvait opposer aucun acte. L'ordre du jour fut voté, malgré la réclamation furieuse de Barbaroux et de Louvet lui-même, auxquels un décret ferma la bouche.

Ces circonstances, demeurées célèbres dans l'histoire de la Révolution, révélèrent dans un écrivain spirituel un homme de cœur et de courage, un orateur émouvant,

---

(1) Camille Desmoulins prétend que Robespierre aurait dû *sauter au cou de Louvet en reconnaissance de son accusation officieuse.* « Robespierre était à la Convention comme n'y étant pas : il ne pouvait paraître à la tribune sans être assailli des murmures de la prévention et poursuivi par les clameurs de toutes les passions soulevées. Mais Louvet a eu la folie de l'accuser et la folie plus grande encore de bâtir une accusation en l'air qu'il n'appuyait d'aucun fait, mais de conjectures ridicules et de la logique somnambule d'un romancier de profession... Après avoir entendu l'accusateur, il n'y avait pas moyen de refuser d'entendre l'accusé : la fureur aveugle et la curiosité avaient ouvert l'arène, la pudeur défendait de la fermer. Tremblez, intrigants : vous avez donné aux gens de bien le spectacle de la vérité combattant avec le mensonge, et aux rieurs celui d'Hercule aux prises avec un basset enragé, qu'il ne daigne combattre qu'avec son talon. » *Révolutions de France et de Brabant*, 2ᵉ partie, nº XXV.

mais non un homme d'État ou même d'action (1). Son autorité fut si peu accrue par ce succès tout littéraire que, le 10 novembre suivant, il ne put même pas se faire écouter sur le renouvellement du comité de sûreté générale. Bazire n'eut qu'à dire : « L'éternel dénonciateur Louvet demande la parole contre le comité de surveillance : je la lui cède. » Aussitôt l'Assemblée décida que Louvet ne serait pas entendu ! — Le 7 décembre, il apostropha vivement les Montagnards ; et comme Montaut demandait ironiquement si le royaliste Ramond ne siégeait pas parmi les Girondins, il s'engagea à prouver *que Catilina siégeait dans la Montagne*. Mais on ne l'écouta pas.

Toutefois, il est réélu secrétaire le jeudi 13 décembre, et, le 16, il reparaît avec éclat dans la discussion sur le projet d'expulsion de Philippe-Egalité, faisant retour à sa première manière, à une rhétorique farcie d'allusions antiques. Il apporta à la tribune toute une page de Tite-Live, pour soutenir la motion de Buzot : « Représentants du peuple, dit-il, ce n'est pas moi qui viens appuyer la proposition de Buzot, c'est l'immortel fondateur d'une république fameuse, c'est le père de la liberté romaine, Brutus... (*On murmure.*) Oui, Brutus..... (*Bréard* : Je demande la parole pour une motion d'ordre. *Le président* : La parole est à Louvet.) Oui, Brutus ; et son discours, prononcé il y a plus de deux mille ans, est tellement applicable à notre situation actuelle, qu'on croirait que je l'ai fait aujourd'hui. » Et il cite les objurgations que, dans Tite-Live, Brutus adresse à Tarquin Collatin. En vain Duhem s'écrie ironiquement : « Louvet ne doit pas nous écraser du despotisme de son talent ! » Et Goupilleau : « Il y a deux cents pétitionnaires à la barre ! » La parole

---

(1) Michelet dit (3ᵉ éd., III, 180) que dans sa philippique Louvet *aboya sans mordre*. Non : il mordit, mais ne tua pas.

est maintenue à Louvet, qui poursuit imperturbablement son parallèle entre Collatin et Philippe-Egalité :

« La république romaine était dans ses premiers jours ; la nôtre vient de naître. Des rois voisins commençaient à inquiéter Rome ; plusieurs despotes encore puissants, nos ennemis déclarés, nous menacent de leurs armes, moins redoutables que les guinées corruptrices de quiconque nous abuse d'une fausse neutralité. Le bruit de la mauvaise conduite des Tarquins s'était répandu dans quelques coins de l'Italie ; la renommée des forfaits de la maison Bourbon remplit le monde. Collatin était le neveu du tyran, Philippe, naguère encore tu pouvais te croire un de ces êtres privilégiés qu'au temps de notre idolâtrie servile nous appelions par excellence *un prince du sang*. Collatin avait puissamment contribué à chasser Tarquin le Superbe. On prétend que tu as aidé en quelque chose à la chute de Capet le traître. Quelques-uns paraissent penser qu'ils ont eu le pouvoir de te faire représentant du peuple ; lui, par le choix libre, incontestablement libre des citoyens, il occupait une fonction non moins respectable : il était consul. A la tête de la jeunesse romaine, il avait, avec Brutus, partagé l'honneur de mettre en fuite le despote. Tes enfants conduisent contre les barbares nos enfants vainqueurs. Il devenait l'objet des troubles naissants. Philippe, je te le déclare, tu jettes au milieu de nous les défiances, l'inquiétude, le germe de toutes les discordes. Il eut le bon esprit de ne pas attendre le décret du peuple romain ; tu n'attendras pas le nôtre si tu es l'ami vrai de la liberté ; mais si toi et les tiens vous n'avez été que ses hypocrites flatteurs, nous aurons le regret de n'avoir pas rendu deux mois plus tôt ce décret salutaire. »

Au fond, les amis et les ennemis de Philippe-Collatin furent vivement émus de ce parallèle érudit que nul ne trouva pédant (1). Louvet eut la joie de troubler, d'inquié-

(1) Plus tard (2 germinal an III), le goût oratoire ayant un peu

ter la Montagne avec ce souvenir de Brutus (1), joie d'autant plus vive qu'on l'accusait de n'avoir pas fait d'études classiques et (grief terrible en ce temps-là!) de ne pas savoir le latin (2).

L'attitude de Louvet dans le procès du roi accrut son impopularité. Le 14 janvier 1793, il déclara que, si l'appel au peuple n'était pas adopté, il ne pourrait pas juger Louis XVI, *parce qu'alors il porterait un jugement qui serait irréparable*. Il vota donc pour l'appel. Puis il prononça la mort, mais à condition que le jugement ne pourrait s'exécuter qu'après

---

changé, Lecointre fit rire en alléguant Brutus et en disant : « Je jure sur la tête de Brutus qu'en venant à la séance j'ai vu beaucoup de gardes qui écartaient les femmes.... »

(1) Le soir même, à la tribune des Jacobins, C. Desmoulins rendit compte en ces termes du discours de Louvet : « Louvet a appuyé la motion de Buzot. Ce n'est pas moi que vous allez entendre, a-t-il dit ; c'est Brutus lui-même lorsqu'il demanda le bannissement de Collatin, neveu de Tarquin. — Vous jugez quelle joie pour les prisonniers du Temple d'apprendre que l'on veut exiler Egalité. Je voulais faire observer que la motion de Brutus était aussi la motion de Brutus Louvet, de Brutus Gautier, et de Brutus Sulleau, qui n'ont cessé de déclamer contre Egalité ; mais il m'a été impossible d'obtenir la parole. » — Le journal de Prudhomme se crut obligé de réfuter pédamment l'assimilation de Collatin à Egalité. (Cf. *Révolutions de Paris*, n° 180, p. 577 et sqq.) — Le 16 décembre, la Convention porta contre les Bourbons un décret qui exceptait Philippe-Egalité, mais l'atteignait dans sa famille. Le 19, la Montagne fit ajourner l'exécution de ce décret après le jugement du roi. Cependant, quoique le procès-verbal de la séance du 16 n'eût été ni adopté ni lu, le décret avait été affiché par le ministre de l'intérieur. Le 20, Louvet, alors secrétaire, fut violemment interpellé (Legendre le traita de *monstre*) pour avoir fait passer au ministre une copie du décret revêtue de sa signature. On parlait de l'envoyer à l'Abbaye, et on allait voter cette mesure, quand il se découvrit que la copie du décret portait également la signature de Saint-Just, lequel déclara n'avoir agi que selon l'usage en cette circonstance. La Convention passa à l'ordre du jour.

(2) Une anecdote courut sur sa prétendue ignorance du latin, quand, à la création de l'Institut, il fut nommé dans la classe de grammaire, un peu au hasard. On rappela qu'un jour, « dans une controverse où Suard, son antagoniste, avait écrit en finissant *perge, sequar*, Louvet avait adressé sa réponse à *Perge Séquar*. » Cette légende se trouve un peu partout, par exemple dans la Biographie Rabbe.

que la constitution serait faite et ratifiée par le peuple, et il vota pour le sursis, après avoir provoqué la discussion qui eut lieu à ce sujet. La veille, il avait violemment interrompu Danton par ce cri de romancier : « Tu n'es pas encore roi, Danton ! » Il ne redoute pas moins Danton que Robespierre, quoiqu'il réserve pour celui-ci presque toute sa haine.

Jusqu'au 31 mai, il joue un rôle effacé, et dans ces quatre mois si tragiques il ne prononce pas un seul discours étendu (1).

III

Caché à Paris dans une retraite sûre, Louvet en sortit, malgré les prières de sa Lodoïska, pour aller rejoindre, à la fin de juin 1793, les Girondins établis à Caen (2). Il partagea toutes les misères de leur fuite jusqu'au moment où, par un coup de désespoir, il quitta Salle et Guadet dans les environs de Périgueux, pour aller rejoindre sa femme à Paris. Il eut la chance d'accomplir sans être reconnu ce voyage terrible dont il a fait un récit qui est un document unique sur l'état des esprits en province après le 31 mars. On y voit que la France, même la France villageoise et rustique, tenait pour la Convention : cette fidélité, démontrée par les aveux d'un Girondin, est accablante pour la Gironde. —

---

(1) Le 30 janvier, au nom du comité de législation, il fait décréter des poursuites contre les complices de Dusaillant. Le 13 février, à propos d'une pétition sur les subsistances et de l'attitude séparatiste de la Montagne, il demande *s'il y a deux Conventions, deux représentations nationales*. Le 17 avril, il combat en deux mots, comme nous l'avons vu, la motion de reconnaître l'existence de l'Etre suprême. Le 6 mai, il réclame un appel nominal dans une question peu importante. Le 19, il flétrit la conduite des commissaires de la Convention à Orléans. Il se tait au 31 mai, et il n'assiste pas à la séance du 2 juin, où il est décrété d'arrestation avec ses amis.

(2) C'est à Caen qu'il écrivit ses *Observations sur le rapport de Saint-Just*, que Mme Roland admirait.

Louvet ne séjourna que peu de jours à Paris. Il se retira dans les montagnes du Jura, à deux pas de la frontière, mais encore en France. Il tint à honneur de ne pas émigrer.

Quand on a lu les mémoires où il raconte sa proscription (1), on le connaît tout entier, et on l'aime malgré ses erreurs et ses chimères. C'est un grand cœur, un esprit distingué, un Français léger et héroïque. Le style n'est emphatique que par endroits, quand l'auteur interrompt son récit pour disserter, maudire les hommes, adorer Lodoïska. Mais cet amour même, en son langage sentimental, est noble et touchant. On sent que Louvet n'a vécu que pour aimer. Ce peintre des galanteries, des passions éphémères et sensuelles, avait soumis son âme à un sentiment élevé et sérieux, qui inspira, embellit et sa vie et sa mort, surtout qui le préserva des idées de rancune et de vengeance dont furent attristés les derniers jours des proscrits de Saint-Emilion, et qui, en dilatant son cœur, le laissa ouvert, au jour de la revanche, à la justice et à la pitié.

Cet amour, qui le soutint dans ses épreuves, l'empêcha aussi d'abdiquer son talent, son éloquence. Il resta lui-même dans ces cavernes du Jura, où il se représentait sans cesse sa Lodoïska sous les traits de la Julie de Rousseau. Quand il reparut à la tribune, il se retrouva tel qu'on l'avait vu en ses jours brillants, plus grave cependant et comme mûri par ses souffrances. Il fournit ainsi, après Thermidor, une seconde carrière oratoire plus longue et plus glorieuse que la première, et il honora la Gironde par l'atti-

---

(1) Il existe deux rédactions de la première partie des mémoires de Louvet, celle où il raconte sa vie avant son élection à la Convention. Très écourtée dans les mémoires imprimés, cette partie est plus développée dans le manuscrit de la Bibl. nat. (Nouvelles acq. fr., 1730), encore inédit, mais dont nous avons donné une analyse dans la *Révolution française* du 14 janvier 1884. Louvet l'avait écrite à Saint-Emilion : elle s'est retrouvée avec les mémoires de Pétion, etc. (Cf. Vatel, *Charlotte Corday*, p. 588.)

tude vraiment belle d'un proscrit qui ne veut pas se venger de ses proscripteurs.

Après la chute de Robespierre, il revint à Paris et demanda à rentrer dans la Convention. Le 17 frimaire an III, un décret le met, ainsi qu'Isnard, Lanjuinais et d'autres, à l'abri des poursuites judiciaires, mais sans l'autoriser à revenir siéger. — Il n'avait pas de fortune : le 22 pluviôse, il faisait annoncer dans les journaux qu'il ouvrait un magasin de librairie au Palais-Royal. Lodoïska l'aida avec vaillance dans cette entreprise que la faveur qui s'attachait alors aux Girondins survivants fit d'abord prospérer. — Rappelé enfin dans la Convention par le décret du 18 ventôse, il y rentra la tête haute, et osa, dès le 21, demander qu'on décrétât que les Girondins insurgés après le 31 mai avaient bien mérité de la patrie. L'Assemblée passa à l'ordre du jour.

Le 2 germinal suivant, on discutait le rapport fait par Saladin, au nom des 21, contre Billaut, Collot, Barère et Vadier. Quoique non accusé encore, Robert Lindet avait défendu ses anciens collègues et attaqué les Girondins. Louvet répondit que la journée du 31 mai était l'œuvre de « royalistes déguisés », et il crut le prouver en dévoilant le prétendu secret de la mission dont le journaliste Lehodey fut chargé auprès des insurgés de Normandie. Lehodey aurait dit alors à Enguerrand, député de la Manche, que « si les députés mis hors la loi ne pouvaient pas poser les armes, *on leur jetterait aux jambes le petit Capet.* » En haine des Jacobins, la majorité thermidorienne feignit de croire à ce roman et de s'en indigner : toutes les armes étaient bonnes alors contre les anciens membres des Comités.

Cependant Laurent Lecointre, thermidorien à demi repentant, qui avait toujours été hostile au rappel des Girondins, cherchait, par d'habiles citations des mémoires inédits de Buzot, qu'il avait alors entre les mains (1), à

(1) Cf. Vatel, *Charlotte Corday*, 454-475.

convaincre la Gironde d'avoir médité la destruction de Paris. Il prétendait aussi, dans des conversations privées, posséder un serment royaliste signé de Pétion, de Buzot, de Barbaroux, de Guadet et de Louvet. Le jour même où Louvet dévoila le prétendu royalisme de Lehodey et des Comités, Bassal, ami de Lecointre, lut à la tribune le passage des mémoires de Buzot où ce proscrit, égaré par la douleur, demandait la destruction de Paris. Louvet s'élança à la tribune pour repousser *ce trait empoisonné*. Il demanda que le document signalé par Bassal fût déposé sur le bureau et qu'on y joignît la pièce de Lecointre. Son indignation fut éloquente :

« Je n'ai pas vu cette pièce, dit-il; n'importe! je la garantis fausse. Elle est fausse, je l'affirme, pour moi d'abord : cette main serait tombée avant qu'on lui eût arraché rien de semblable. Je l'affirme ensuite pour mes malheureux amis ; ils en étaient incapables, mes amis, les amis de la République : leur vie active avait été pour elle ; ils sont morts, je le jure, en lui donnant leurs derniers soupirs. Leur dernier cri fut un cri pour la République ; leur dernier vœu fut que le peuple trompé, qui les voyait tranquillement périr, recouvrât bientôt sa raison et sa liberté, qu'il reconnût et qu'il écrasât ses tyrans ! J'insiste pour que cette pièce soit déposée au bureau, cotée et paraphée du président et des secrétaires; puis, après l'impression, la discussion s'ouvrira, si l'Assemblée l'ordonne; il en sortira, j'espère, des vérités importantes. S'il y a des royalistes dans l'Assemblée, on le saura ; je signalerai les royalistes comme j'ai signalé Robespierre au jour de sa toute-puissance. (*Applaudissements redoublés.*) Et si pour un tel effort je devais monter à l'échafaud, j'y porterais du moins cette idée consolante que vous (*en désignant l'extrémité gauche*) n'aurez jamais, vous : c'est que le premier sang que j'aurai versé, ce sera le mien. »

Lecointre lut alors une proclamation royale nommant un sieur Delahaye à un grade dans l'armée catholique de Bretagne ; mais il se trouva que ce Delahaye n'était pas le député du même nom. Lecointre fut traité d'imposteur : il n'était qu'étourdi. Quant à Bassal, il déposa sur la tribune le cahier des mémoires de Buzot où se trouvait la phrase contre Paris. Mais la vérification demandée par Louvet fut empêchée par l'insurrection du 12 germinal qui détourna l'attention de cette querelle intempestive, heureusement pour Louvet et pour l'honneur de son parti, puisqu'il est aujourd'hui prouvé que Buzot avait réellement écrit ce que Lecointre et Bassal reprochaient à la Gironde.

Mais si Louvet défendit la mémoire de ses amis en attaquant la Montagne, il se détacha de ce qui restait de son groupe quand il le vit incliner au royalisme, avec les Isnard, les Lesage, les Larivière. Presque seul parmi les *revenants* de la Gironde, il resta républicain et révolutionnaire. Cette attitude donna à son éloquence une originalité de style et une chaleur de sentiment qui le placent parmi les quatre ou cinq orateurs dont la parole rehaussa un peu cette fin languissante de la Convention thermidorienne. Ainsi, le 10 germinal an III, il s'opposa aux élections nouvelles que demandaient les royalistes. La Convention n'a pas achevé son œuvre ; si elle se séparait maintenant, elle décréterait, dit-il, les funérailles de la République : « Non, non, le royalisme qui déjà calcule, médite, espère, le royalisme n'obtiendra pas cet avantage précurseur des triomphes que depuis longtemps il prépare et qu'il se promet aujourd'hui ; ce n'est pas pour lui que les enfants de la patrie ont, au prix de leur sang, remporté tant de victoires ; ce n'est pas pour lui, ce n'est pas dans leur absence qu'on nommera des représentants. Il espère, on le sait ; mais dites à quelques individus et à la nation, — toute républicaine dans le cœur, et, je le répète, ses généreux enfants le prouvent à l'ennemi ; — dites à quelques individus et à la nation que l'intérêt de son commerce, de son industrie, de sa prospérité, leur commande plus impérieusement que jamais la république; dites à celui qui acheta des biens nationaux : la royauté rétablie te les ravirait tous ; à celui qui subsiste par son commerce : la royauté te ruinerait en proclamant la banqueroute; à celui qui vit du travail de ses mains : la royauté t'enlèverait ta dernière ressource, et d'ailleurs ne te pardonnerait point l'esprit de liberté que tous tes discours respirent, que tu portes dans tes actions. » Sans doute, la situation est difficile ; mais est-ce une raison pour que la Convention démissionne ? « Si quelques-uns avaient le droit de refuser cet accablant fardeau, ce serait peut-être ceux qui, victimes des premiers effets de la tyrannie, sont appelés au périlleux honneur de réparer les maux qu'elle a faits ; mais il s'agit de sauver la patrie : qui n'est prêt à se dévouer encore ? Animés des mêmes sentiments, marchons au même but ; que l'histoire de nos contemporains indignés ne puisse pas dire : Cette Convention, victorieuse de tous les rois, recula devant les obstacles dont ses propres tyrans l'avaient circonvenue ; et, pour ses funestes adieux, elle laissa les finances dans le discrédit, le peuple dans la disette, le gouvernement dans l'anarchie et le crime dans l'impunité. — Je demande donc que la Convention nationale décrète qu'il n'y a pas lieu à délibérer sur la convocation des assemblées, quant à présent. » Cette proposition fut décrétée.

Il va sans dire qu'il ne pouvait pas être, qu'il n'était pas indulgent pour les excès du terrorisme, notamment pour Carrier et ses complices. Le 2 floréal, sur la question de savoir si les membres du tribunal révolutionnaire de Paris devaient être traduits de nouveau en justice, il prononça un discours sobre, serré, émouvant. Le tribunal révolutionnaire de Paris n'a pu juger que le délit de contre-révolution : il a dû laisser de côté les délits de droit commun que les prévenus avaient pu commettre, et Louvet rappela les plus graves de ces délits avec une indifférence affectée qui n'en faisait que mieux ressortir le caractère monstrueux. Non, le tribunal n'a pas pu juger le délit ordinaire :

« En effet, si le tribunal, autorisé par une loi qui n'existe pas, avait dû juger le délit ordinaire, il aurait, aux termes de la loi qui l'ordonne expressément en pareil cas, il aurait distingué, séparé, précisé les questions. D'abord, interrogés comme membres d'un tribunal appelé à connaître des faits de contre-révolution, les jurés auraient pu dire, ils l'auraient pu dire puisqu'ils l'ont dit, que d'Héron et consorts n'avaient pas des intentions contre-révolutionnaires. Mais ensuite, devenu membre d'un tribunal ordinaire, et soumis à ses impérieuses lois, le jury aurait dû, interpellé d'une manière claire, distincte et positive sur cette seconde question séparée et non complexe : « Bachelier, par exemple, que vous déclarez convaincu de s'être approprié des pièces d'argenterie prises chez des citoyens arrêtés comme suspects ; et d'Héron, qui portait à son chapeau des oreilles d'homme et massacrait à coups de fusil des enfants paisibles, gardiens de troupeaux, ont-ils eu des intentions criminelles ? » — le jury aurait dû répondre... Représentants du peuple, je vous demande, je demande à tout homme impartial et juste ce qu'il aurait répondu. Au reste, sans m'arrêter sur l'évidence de la réponse, je me borne à observer que la réponse n'a pas été faite, parce qu'on n'a pas fait la question ; on ne l'a pas faite, parce que vos décrets ne permettaient pas qu'on la fît ; mais vos décrets l'eussent-ils ordonné ou permis, en dernier résultat, il se trouverait toujours qu'elle n'a pas été faite, et par conséquent que le délit ordinaire n'a pas été jugé. »

Ce discours habile, où, sans avoir l'air d'y prendre garde,

Louvet jette l'odieux et sur les juges de Nantes et sur le tribunal qui les a acquittés, est une preuve remarquable de la souplesse d'un talent qui sait prendre, en des circonstances nouvelles, une manière nouvelle, plus rapprochée du genre tempéré que nous aimons aujourd'hui. — Les juges de Nantes furent envoyés devant le tribunal du district d'Angers.

Le 4 floréal, Louvet est nommé membre de la commission « chargée de préparer les lois organiques de la constitution. » Le 11, il combat la motion faite par Thibaudeau de centraliser le gouvernement aux mains du Comité de salut public. Il s'effraie du pouvoir despotique qu'on veut donner au Comité, dont il redoute la tyrannie anonyme : « Représentants, je sais bien qu'alors que le tyran apparaîtrait, vous le saisiriez corps à corps, et que vous péririez plutôt que de souffrir qu'il accomplît ses usurpations ; mais ce qui importe à la patrie, ce n'est pas que vous sachiez mourir sur les ruines de la liberté, c'est que vous sachiez vivre pour défendre énergiquement ses droits. (*Applaudissements redoublés*.) Le courage contre les tyrans ! et de quoi celui de mes malheureux amis a-t-il profité à la chose publique ? Il les a poussés sur l'échafaud ; il en a fait gémir plusieurs autres dans la proscription ; il a encore précipité une partie de cette assemblée dans les cachots ; il a réduit l'autre partie, journellement menacée du glaive de l'usurpateur, à attendre avec une patiente magnanimité l'instant de le renverser ! Cependant que de maux la patrie a soufferts pendant dix-huit mois ! et à quoi a-t-il tenu qu'elle en souffrît davantage ? Encore une heure pour le tyran, dans la nuit du 9 thermidor, et il vous massacrait sur la chaise curule ; il consolidait sa tyrannie ; il jetait le peuple dans la misère ou dans le crime, dans les armées révolutionnaires ou sur les échafauds. Devez-vous, représentants, courir encore la chance de ces terribles évènements? Croyez un ami de la représentation nationale et de la république : il est plus aisé, plus convenable et surtout plus sûr de ne pas permettre des institutions favorables à la tyrannie, que d'être réduit à faire des résolutions contre les tyrans. (*On applaudit.*) » Et il obtient le renvoi à la commission des Onze pour qu'elle fasse, le tridi suivant, un rapport sur les moyens de centraliser le gouvernement sans compromettre la liberté publique.

On voit combien le rôle politique de Louvet a grandi depuis son retour. Ce n'est plus l'auteur passionné, léger, plus applaudi qu'écouté, de tant de jolis morceaux oratoires. Il représente maintenant, à la tribune, l'esprit thermidorien, non en ses arrière-pensées royalistes, non en sa tartuferie, mais en ce qu'il avait de sincère et d'honorable. Louvet exprime à merveille la douleur et la honte qu'avait causées aux vrais républicains cette terreur dont les excès énervèrent la Révolution. Mais il se refuse obstinément à la *grâce* royaliste qui convertissait alors tant de cœurs timides.

Ainsi, le 12 floréal, il soutient, avec la commission des Onze, qu'une liberté absolue d'écrire et de parler ne doit pas être laissée aux contre-révolutionnaires. C'est bien d'avoir vaincu le terrorisme; mais il faut vaincre la réaction : « Représentants, vos vrais ennemis, les ennemis naturels, les ennemis implacables d'une Convention républicaine, presque unanimement républicaine, les ennemis qui vous renverseront, si vous ne les contenez, ce sont les royalistes. » La Convention ordonna l'affichage du discours de Louvet.

Le 13, il remporte le plus beau triomphe de sa carrière oratoire, à propos de la restitution des biens des condamnés, que la Montagne repoussait comme un désaveu de la Révolution et dont les amis de Louvet voulaient faire bénéficier les seuls Girondins. Sans doute, dans ce discours, il n'est pas juste pour les robespierristes, auxquels il refuse tout patriotisme; mais il eût été au-dessus de la nature humaine qu'un proscrit louât ses proscripteurs. Il nous étonne ou nous fait sourire quand il traite de *monstres* tous les vaincus de Thermidor : mais c'est là la langue officielle du temps. Les Girondins et les Dantonistes, une fois tombés, avaient été traités de *monstres* à la tribune même par ceux qui au fond du cœur les estimaient et les aimaient. Voici maintenant que Robespierre, Saint-Just et Couthon sont des *monstres*, même pour les Montagnards qui leur survécurent. Ces exagérations hypocrites, destinées à faire accepter de la grosse opinion publique tant d'assassinats illustres, n'étaient au fond qu'un hommage involontaire rendu aux vaincus, dont on ne pouvait colorer le meurtre que par des calomnies. Louvet était peut-être le seul à qui son imagination ardente présentât vraiment tous ces hommes sous des traits monstrueux, et cette phraséologie est sincère dans sa bouche, quoique non moins répugnante pour le lecteur impartial.

Mais, à cela près, ce discours est inspiré par des vues supérieures et la plus haute générosité politique. On sait combien la Gironde avait exécré le *roi* Danton. Louvet n'en demande pas moins justice et pitié pour les victimes de Germinal. Par une intuition supérieure à son parti, à son temps, il semble entrevoir une seconde la vérité, quand il jette ces fleurs sur les tombes de Philippeaux et de Desmoulins et qu'il associe leur nom à celui de son ami Valazé:

« Représentants du peuple, ouvrez les livres rouges des tribunaux dits révolutionnaires, et sur chacune de leurs pages sanglantes vous verrez les noms des meilleurs citoyens immolés pour prétendus crimes de contre-révolution. Je ne vous rappellerai pas toutes les honorables victimes que la calomnie a frappées ; je ne vous dirai point les noms de toutes les veuves respectables pour qui la misère où elles se trouvent est le moindre de leurs malheurs; je ne vous dirai point que la veuve de Philippeaux sera toujours dans les larmes et bientôt dans le besoin ; qu'à côté de sa jeune et charmante épouse, du fond de leur tombeau commun, Camille Desmoulins vous crie: Mon assassin n'est plus: pourquoi ces institutions lui survivent-elles? Que le Caton de notre âge, celui qui, toujours calme devant des juges assassins, mais ne voulant pas tomber vivant aux mains de leurs bourreaux, le calme sur le front, le sourire sur les lèvres, perça son cœur innocent, Valazé (*on applaudit à plusieurs reprises*) vous demande jusqu'à quand vous laisserez dans l'indigence sa femme et ses enfants, et de malheureux parents qu'il soutenait de son travail? Je ne m'arrêterai point sur ces tristes images, je n'en ai pas besoin pour vous déterminer aux actes d'une justice rigoureuse, d'une justice générale, de la justice qui s'applique à tous. » Et il s'élève contre la confiscation en général, qu'il déclare odieuse et impolitique, sauf à l'égard des émigrés, qui se sont mis hors du pacte social. Quand la confiscation existe, « on est proscrit parce qu'on a des biens; bourreau parce qu'on veut en avoir; tyran parce qu'il suffit d'indiquer une foule de victimes pour se composer une armée de brigands (*on applaudit*) ; et c'est ici que je dois vous apprendre ou vous rappeler que ce fut aux Jacobins, à cette époque déjà très différents d'eux-mêmes, que fut demandée, sollicitée vivement, emportée enfin, cette loi de confiscation par un de ces furieux démagogues qui ne manqua pas d'en faire bientôt l'instrument le plus actif de ses usurpations. Au reste, l'origine de cette loi, dans des temps plus anciens, atteste encore son impureté. Elle remonte aux premières époques du génie féodal. Il avait dit, au profit des seigneurs: Qui confisque le corps confisque les biens. Dans un des beaux jours de l'Assemblée constituante, au contraire, la Révolution nous avait valu l'énonciation solennelle de ce principe : Les fautes sont personnelles : d'où résulte cette conséquence incontestable : La faute ne doit frapper que le criminel. »

On lui objecte que si on restitue les biens de tous les condamnés en général, on paraîtra réhabiliter ceux qui furent réellement coupables. Il admet que parmi ces condamnés il y en a eu de coupables. Mais « y en a-t-il eu de jugés? » On lui dit que la confiscation résulte du droit de guerre : « Mais de quelle guerre, grands dieux ? de celle d'une minorité factieuse, qui tyrannise, contre l'innocente majorité qu'elle assassine. (*Applaudissements.*) Le territoire ennemi, dit-on, est confisqué par la victoire. La victoire de qui? de Couthon, de Saint-Just, de Robespierre, de la Commune et d'Hanriot? Et puis quelle victoire? l'assassinat. « Ils ont été déclarés contre-révolutionnaires. » Par qui ? par des hommes qui massacraient aux portes des prisons, au mois de septembre, et qui, depuis, sans changer de rôle, changeant d'habits, osèrent s'asseoir sur les bancs d'un tribunal et s'appeler des juges. (*Applaudissements.*) Jugés par qui ? par un Dumas, par.... Je m'arrête : l'homme que j'allais nommer (Fouquier-Tinville), il est en ce moment sous la main terrible de la loi, et je n'oublierai point que le crime, lorsqu'il n'est encore que présumé et qu'on le trouve dans le malheur, doit commander quelque commisération mêlée d'une sorte de respect. (*Applaudissements.*) »

Et se tournant vers la Montagne : « O. vous qui ne semblez admettre que la tyrannie des tribunaux du 22 prairial, pleurez vos amis, nous y consentons : ils furent assassinés, mais permettez qu'aussi nous jetions quelques fleurs sur la tombe des nôtres : ils furent assassinés aussi, les nôtres, et ils étaient irréprochables. (*Vifs applaudissements.*) Représentants, là où toutes les formes instituées pour protéger l'innocence ont été méconnues, détruites, foulées aux pieds, je ne vois plus un tribunal. Le crime lui-même eut droit de récuser des juges assassins. (*On applaudit à plusieurs reprises.*) Personne ne fut jugé ni par les tribunaux du 22 prairial ni par les tribunaux du 31 mai, personne ; tout le monde fut assassiné. (*Les applaudissements recommencent.*) Mais d'ailleurs vous dites qu'il y eut des coupables : eh bien ! ils ont été punis, ceux-là ; ils ont reçu la mort ! Mais leurs femmes, leurs enfants, leurs héritiers existent ; ils vivent pour la république, ils vivent innocents et malheureux. On a donné le supplice au coupable ; rendez à l'innocent l'héritage qui lui appartient. »

La Convention maintint le principe de la confiscation, mais ordonna la restitution des biens des condamnés depuis le 10 mars 1793, sauf ceux des émigrés, des Bourbons, des faux-monnayeurs, etc. (1).

Louvet ne craignit pas, au milieu de la réaction déchaînée contre les Jacobins, de défendre les insurgés de Prairial contre les colères thermidoriennes. Jamais, dans le cours de ces semaines sanglantes, il n'éleva la voix avec les proscrip-

---

(1) Louvet intervint aussi dans la discussion sur l'organisation d'un gouvernement provisoire ; notamment il fit décréter, le 21 floréal, qu'en aucun cas les comités ne pourraient examiner la conduite d'un représentant. Il voulait ainsi fermer l'ère des proscriptions contre les Montagnards. Dans l'orage du 1er prairial, il ne prononça que quelques mots, mais il fut héroïque dans une circonstance que fit connaître plus tard une lettre signée d'un certain Chavard, « citoyen de la section des Marchés, » et qu'avait peut-être dictée la piété conjugale de Lodoïska : « ... Un des factieux, écrivait Chavard, couvert d'une veste bleue, ayant sur son chapeau les signes de ralliement, entre dans la Convention. Il était armé. Il se dispose à monter au bureau des secrétaires. Boissy était au fauteuil. Mais bientôt il est arrêté par des défenseurs de la représentation nationale. *J'étais alors auprès de l'épouse de Louvet.* Comme ce révolté se débattait et paraissait insister pour accomplir son dessein, qui ne pouvait être que criminel, il fut frappé de plusieurs coups et désarmé. Alors un représentant du peuple se présente, un représentant proscrit : c'était Louvet. Il oublie le danger qui l'environne pour n'écouter que la voix de l'humanité : il réclame la loi en faveur d'un factieux, découvre sa poitrine, lui fait un rempart de son corps et le sauve de la juste fureur des citoyens qui défendaient la représentation nationale. » (Séance du 22 prairial an III.)

teurs. Il tenta même, sans y réussir, d'empêcher l'arrestation du conventionnel Forestier (5 prairial). Il s'éleva contre cette commission militaire qui exerça alors contre les Jacobins une justice encore plus sommaire que celle de l'ancien tribunal révolutionnaire. Le 10 prairial, Lesage avait demandé qu'elle ne connût que des faits militaires, et que Romme et les conventionnels décrétés fussent renvoyés devant le tribunal criminel de Paris. Louvet fit plus : il proposa la suppression pure et simple de la commission : « Réfléchissez un instant, citoyens, et vous penserez, comme moi, qu'un tribunal qui prononce en deux heures, et qui peut, s'il le veut, ne pas examiner quelles ont été les intentions des accusés; vous penserez, dis-je, qu'un tel tribunal doit être détruit pour ne pas porter ombrage à la liberté. » Lanjuinais eut également la générosité de défendre la motion de Lesage, que combattit le girondin Henri Larivière, et que la Convention écarta par la question préalable.

Impuissant à arrêter les excès de la réaction thermidorienne, Louvet voyait néanmoins grandir chaque jour son autorité morale. L'auteur de *Faublas* devenait l'interprète émouvant des idées de justice, du véritable esprit révolutionnaire. Pour cette cérémonie funèbre du 14 prairial, que nous avons déjà décrite (1), il fut désigné comme l'orateur de la Convention, et prononça au nom de la République l'éloge funèbre du représentant Féraud, tué dans l'insurrection jacobine.

A en croire le *Moniteur*, le goût public ne fut qu'à demi satisfait de cette pièce d'éloquence. « Des jeux de mots fréquents, des expressions brillantes, des idées de roman, une déclamation quelquefois affectée, nous ont paru contraster avec l'objet religieux de cette cérémonie (2). » Au contraire,

(1) Cf. plus haut, I, 43.
(2) *Moniteur* du 16 prairial an II.

le *Journal des débats* disait sans restriction : « L'éloge de Féraud a été écouté avec autant de sensibilité que de douleur. » En réalité, cette oraison funèbre est une déclamation puérile, une gauche imitation des mouvements les plus célèbres de Cicéron et de Bossuet. Louvet a mis là toute sa littérature, tout son savoir-faire, rien de son cœur et de son esprit.

Et pourquoi ? Ne déplorait-il pas la mort de Féraud ? Certes, il la déplorait. Mais le ton faux de son discours venait de la fausseté même de l'indignation qu'on voulait exciter au sujet de ce meurtre. Le coup de pistolet qui tua Féraud ne lui était pas destiné ; et ceux qui s'acharnèrent hideusement sur le cadavre croyaient avoir affaire au réacteur Fréron. Cet assassinat fut involontaire, inconscient, quand la politique de réaction qui exploita la journée de Prairial contre toute la Montagne aurait voulu le présenter comme un commencement d'exécution d'un plan concerté pour détruire la Convention elle-même. Réduit à ses vraies proportions, le meurtre de Féraud méritait des larmes, mais non ce luxe de mise en scène, cette indignation pompeuse. Voilà pourquoi Louvet se bat les flancs afin d'orner son sujet un peu maigre ; voilà pourquoi il déclame. On sent qu'il condamne trop les vengeances sanglantes dont la mort de Féraud n'est que le prétexte pour être à l'aise dans ce rôle imposé de panégyriste hyperbolique et pour dire avec grâce ce qu'on voudrait lui entendre dire contre les prétendus complices de la prétendue conjuration.

Son ton est plus juste quand il retrace la scène d'horreur, qu'il montre du doigt la place où est tombé Féraud et les traces du coup de sabre sur les bancs des députés. Il renouvelle sans peine les émotions d'une journée si récente. En passant, voici une note personnelle : l'étonnement de vivre encore, ce 14 prairial, jour anniversaire du 2 juin 1793, étonnement commun à tous ces proscrits échappés par miracle à la guillotine : « Quoi! le 2 juin a pesé sur nos têtes et ne nous a pas tous écrasés ! A travers dix-huit mois de proscriptions, de massacres et de tyrannie, la Convention nationale a pu passer ! Nous vivons! Nous vivons ! Cependant, que fait Marat ?..... »

La Convention ne fut pas mécontente de ce discours; car, le 1er messidor, Louvet fut nommé président, et, le 4, il eut à répondre en cette qualité aux ambassadeurs bataves : son discours menaça fièrement l'Angleterre. Le 15, il entra au Comité de salut public. C'est le point culminant de sa carrière politique.

C'est pendant sa présidence que ressuscita une troisième fois sa *Sentinelle*. Mais ce ne fut plus le placard frondeur, le pamphlet passionné qui avait interprété les rancunes de Mme Roland. Cette fois Louvet prêche la concorde entre républicains. « Peut-être, dit-il dans son premier numéro, peut-être avons-nous eu des torts réciproques ; punissons le crime, oublions les torts, unissons-nous pour sauver la patrie. Il n'y a qu'une *constitution républicaine* qui puisse la sauver, une constitution également éloignée de l'anarchie qui nous a causé tant de maux, et de la royauté qui bientôt réagissait vers le despotisme absolu, et pour la perte de tous ceux qui se sont montrés à quelque époque que ce soit les amis de la Révolution (1). » C'est dans cet esprit que si, le 21 messidor, il fait accorder un secours à Troquard qui avait caché et nourri Pétion, Barbaroux et Buzot, en revanche, le 25, il s'oppose à l'admission aux honneurs de la séance des magistrats réactionnaires de Lyon et flétrit la Compagnie de Jéhu.

A cette époque, les progrès du royalisme, les tentatives des émigrés ouvrirent pour un instant les yeux de la Convention sur les dangers du système réactionnaire qui remplissait les prisons de Jacobins et privait la république de ses

---

(1) *Moniteur* du 9 messidor an III.

plus énergiques défenseurs. Le 6 thermidor, elle avait décidé la création d'une commission prise dans son sein et chargée d'examiner les arrestations. Le 19, le rapport de ce décret fut réclamé au nom de la séparation des pouvoirs. Sans s'opposer entièrement à cette motion, Louvet demanda qu'on rassurât les républicains et protesta contre ce nom de *terroristes* dont une opinion égarée flétrissait indistinctement tous les patriotes :

« Quelle est cette opinion prétendue publique qui sans cesse vous entretient de quelques ennemis désarmés, et jamais ne vous parle de ces compagnons-Jésus qui dans quelques communes (*bruit*), non contents d'assassiner en plein jour, vont, la nuit, surprendre, au sein de leurs demeures, des hommes et des femmes endormis, qu'ils poignardent, et dans les départements de l'Ouest pillent et massacrent impitoyablement quiconque s'est montré ami de la liberté ? Représentants, c'est une opinion factice, celle des meneurs de quelques coteries, et j'ajoute de quelques sections. (*Bruit*). L'opinion publique se forme du vœu de la majorité des Français. (*On applaudit.*) Vous devez respecter celle-là sans doute, et surtout il vous appartient de la diriger. (*On applaudit.*) Celle-là vous crie de ne point épargner les hommes de sang de toutes les espèces! (*Vifs applaudissements.*) C'étaient des hommes de sang, ceux qui sous le règne de Robespierre envoyaient l'innocence à l'échafaud ; mais ne sont-ce pas des hommes de sang aussi, ces affreux chouans qui, dans les départements de l'Ouest, ayant surpris quelques défenseurs de la patrie, leur ont arraché les yeux avec des tire-bourres ? (*Mouvement d'horreur.*) Ne sont-ce pas des hommes de sang, ces émigrés qui sont descendus sur notre territoire pour s'allier avec les chouans? Représentants, dussé-je être appelé terroriste par ceux qui me proscrivaient il y a un an comme modéré, je dirai que nulle composition n'est possible avec ces émigrés, qu'il n'y a pour eux que la mort... (*On applaudit.*) Je dirai que les agents de Robespierre ne sont pas la seule espèce d'ennemis que vous ayez à surveiller et à frapper. Je le dirai malgré les vains efforts des faiseurs d'opinions : oui, j'en jure par la presque unanimité de la Convention, jamais la Terreur ne relèvera ses échafauds. (*Non, non !* s'écrie-t-on de toutes parts en se levant.) Mais aussi, quelles que soient ses exécrables manœuvres, jamais le nouveau terrorisme ne parviendra à nous rendre la honte et le fardeau de la royauté. (*Vifs applaudissements. L'assemblée tout entière se lève spontanément en criant : Non, non.*) »

Le 3 fructidor, Baudin, au nom de la commission des Onze, avait proposé de charger la Convention de la réélection de cinq cents de ses membres pour le Corps législatif. Louvet soutint avec passion ce projet révolutionnaire. Mais l'Assemblée recula devant un coup d'État : elle laissa aux assemblées électorales le soin de choisir ceux de ses membres qui devaient légalement faire partie des deux Conseils.

Le 13 vendémiaire, Louvet partagea, excita l'ardeur républicaine dont la Convention mourante fut un instant galvanisée, et il rédigea, au nom des comités, une proclamation au peuple sur l'insurrection royaliste. Le 24, il parut pour la dernière fois à cette tribune conventionnelle où son rôle avait constamment grandi depuis son rappel, et ce fut pour provoquer l'arrestation d'un royaliste, de Rovère, ex-proscripteur des Girondins, ex-terroriste, intrigant diffamé. A cette occasion, il résume toute sa conduite en termes nobles et touchants, qui rappellent l'accent de Vergniaud : « Des ressentiments personnels ! Moi, moi ! Je ne sais haïr que les ennemis de mon pays. Depuis que je suis rentré parmi vous, représentants, ma bouche s'est-elle jamais ouverte pour solliciter des vengeances? Ne m'êtes-vous pas témoins que je n'ai parlé ici que pour qu'on sacrifiât tout au saint amour de la patrie? Je pensai, en y rentrant, qu'un affreux régime avait existé, qu'une foule d'hommes égarés l'avaient servi en croyant servir la chose publique; mais qu'au milieu d'eux était un petit groupe de scélérats qui n'étaient entrés dans la Convention que pour la dissoudre. Je me dis : Écartons tout ressentiment; oublions les longs malheurs de la proscription. Parmi ces hommes, il y en a qui dans leur erreur profonde me croyaient un ennemi de la République: ils m'ont frappé, ils ont bien fait. »

Elu par le département de la Haute-Vienne au Conseil des Cinq-Cents, il y lutta de toutes ses forces contre la réaction débordante. Le 14 nivôse an IV, il fit suspendre de ses fonctions le député Job Aymé, ex-émigré, nommé malgré la loi du 3 brumaire qui excluait les émigrés. Le 16 ventôse, comme membre de la commission de la presse, il demande des poursuites contre les royalistes, et il dénonce leurs journaux, le 25 ventôse, dans un long et véhément discours, où il se montre républicain, mais attristé, découragé par cette abdication de l'opinion publique qui laisse le champ libre à la propagande des partisans de l'ancien régime. Et cependant, dit-il, la vengeance royale frapperait aussi bien les modérés que les ardents. « O vous tous qui chérissez la liberté, qui depuis 89 l'avez quelquefois servie, qui ne vous seriez divisés que sur les moyens de l'établir, les rois vous réuniraient dans leurs vengeances, vengeances indéfinies, sans mesure et sans terme; vengeances sanctifiées par les historiens et bénies du ciel! »

Il se tut jusqu'au 8 thermidor an IV, jour où il s'opposa au projet d'organiser la haute Cour nationale de telle sorte que les jugements en fussent sans appel. Il vit là l'idée d'un tribunal de sang, d'un tribunal royaliste (1). Le

(1) A partir de cette époque, il faut lire le texte original du *Moniteur*: la réimpression, censée exacte, ne donne plus que des analyses insignifiantes.

11 fructidor, il soutint contre les royalistes le projet d'amnistie présenté par Camus et dont les républicains devaient surtout bénéficier. Il eut un mouvement d'éloquence qui émut les contemporains:

« Les infortunés qu'on vous propose de poursuivre encore, ils ont chèrement acheté leur amnistie : elle est, en caractères ineffaçables, écrite sur le seuil de leurs maisons, d'où ils se sont entendu si souvent menacer par des cris de massacres; elle est écrite au fond de ces cachots où, dans le silence des nuits, leur pénible sommeil fut interrompu par l'horrible réveil des bourreaux; et dans ces rues, sur ces routes, sur les places publiques, où ils durent retrouver cent fois la terre toute souillée du sang de leurs amis tout à l'heure égorgés ; et dans les souterrains où les membres des enfants et des pères, des mères et des époux, furent ensemble brisés contre la pierre sanglante; et sur ces tours d'où l'on précipita leurs parents dans le Rhône épouvanté de ce nouveau genre de barbarie.

« Leur amnistie, représentants du peuple, elle est écrite dans les cavernes sombres, sur ces roches escarpées, au sein de ces bois solitaires, où ils durent, pendant plusieurs mois, pour échapper à la rage de leurs persécuteurs, aller chercher un asile, hélas! trop souvent découvert. Heureusement, ô mes collègues! il n'y en a parmi nous que très peu qui connaissent ce supplice affreux. Il n'y en a parmi vous que très peu qui l'aient éprouvé par eux-mêmes, ce qu'on souffre ainsi séparé de sa femme, de ses enfants, de ses amis, de tous les objets chers à son cœur, dans l'horreur des nuits sombres, sous l'intempérie d'un ciel ennemi, poursuivi de la faim, de la soif, de tous les besoins, poursuivi de l'image de la mort incessamment présente, et de l'image plus cruelle encore des dangers de la patrie. Eh bien! la plupart de ces infortunés les ont éprouvées, ces longues souffrances! Ils ont traîné plusieurs mois de leur vie, plusieurs siècles dans les tourments de cette longue agonie. Croyez-vous qu'à ce prix des crimes même ne soient point assez expiés? Et ne l'ont-ils pas par d'aussi terribles épreuves mille fois méritée, cette amnistie qu'on leur dispute aujourd'hui? »

Enfin, le 22 fructidor, il prononça son dernier discours. Ce fut un duel oratoire avec l'ex-girondin Larivière, à propos de la loi du 3 brumaire an III, qui était disposée de façon à exclure les royalistes des fonctions publiques. Larivière demanda le rapport de cette « infâme loi » : Louvet la défendit et obtint l'ajournement de la question.

Il ne devait plus paraître à la tribune : le renouvellement partiel du 1er prairial an V (20 mai 1797) l'exclut du Conseil des Cinq-Cents.

Depuis longtemps le courageux patriote était devenu la cible des brocards réactionnaires. Les journaux des émigrés le traînaient chaque jour dans la boue, s'enhardissant davantage à mesure que les tribunaux se royalisaient. La riposte lui devint bientôt impossible. Isidore Langlois, rédacteur royaliste du *Messager du roi*, ayant lu dans la *Sentinelle* du 7 nivôse an V qu'il était « un des auteurs des assassinats du 13 vendémiaire an IV..., un contre-révolutionnaire de la tête aux pieds, couvert du sang innocent, » eut l'audace, quoique notoirement transfuge de la république, de poursuivre Louvet, qu'un jugement du 5 ventôse an V condamna à 500 livres de dommages et intérêts. Enhardie par cet arrêt, la jeunesse dorée venait insulter l'orateur et sa femme à la porte de leur magasin de librairie. Un jo.., on lui cria ironiquement de chanter la *Marseillaise*. « Alors, dit un contemporain (1), dans un mouvement

---

(1) Louise Fusil, II, 68. — D'autre part, on lit dans un rapport de police du 30 messidor an III : «... Les jeunes gens, sur le soir, sont venus en foule chanter le *Réveil du peuple* à la porte du citoyen Louvet. La garde est venue aussitôt pour maintenir l'ordre. Le représen-

de rage d'autant plus violent que depuis longtemps il le concentrait, il ouvre la porte en s'écriant d'un air de mépris : *Que veut cette horde d'esclaves....?* » La foule fut un instant interdite. Mais Louvet dut transporter son établissement à l'Hôtel de Sens, au faubourg Saint-Germain.

Les insultes prodiguées par les muscadins à sa chère Lodoïska le rendirent malade. Il est permis de croire aussi que la tribune manquait à cet orateur. Il mourut le 8 fructidor an V (25 août 1797), déjà oublié et assisté du seul Marie-Joseph Chénier. Sa femme avala de l'opium ; mais on la sauva, et elle vécut pour son enfant.

En résumé, Louvet est à peu près le seul orateur qui ait brillé à la fois au commencement et à la fin de la Convention nationale, puis au Conseil des Cinq-Cents, avec cette fidélité à ses opinions.

Avant le 31 mai, il fut un parleur disert, émouvant, mais sans tact, sans force, sans autorité (1). Après son rappel, il joua un rôle noble, grave, presque sublime en deux ou trois circonstances, et sa parole interpréta avec éloquence les passions les plus généreuses de la révolution. L'exil et le malheur avaient épuré son caractère et son talent.

C'est ce Louvet mûri et assagi qui mérite d'être appelé éloquent, plutôt que l'auteur spirituel et léger du discours contre Robespierre. Quoique l'histoire n'ait mis en

---

tant Louvet a riposté aux jeunes gens en entonnant le couplet : *Allons, enfants de la patrie,* ce qui a occasionné du bruit de la part de la jeunesse, qui, à son tour, a riposté par des propos ironiques, tels que ceux-ci : *A bas la Louise! à bas la belle Lodoïska! à bas les gardes du corps de Louvet!* Les injures ont succédé à l'ironie : on traité Louvet de scélérat, de gueux, de vouloir narguer le peuple. Le commandant Raffet est survenu et a invité les jeunes gens à se retirer, ce qu'ils ont fait, et a congédié la garde. » (Dauban, *Paris en 1794 et en 1795*, p. 573).

(1) Barbaroux l'appelait *un orateur mesquinement énergique,* d'après Vaultier, *Souvenirs du fédéralisme.*

lumière que ce généreux étourdi, nous espérons avoir montré que le *revenant* de 1795 mérite une place importante parmi les orateurs politiques.

CHAPITRE IV

PÉTION.

Pétion, dont le rôle politique devint si considérable, resta cependant un des moindres orateurs des Jacobins et de la Convention. Nous avons déjà noté l'insignifiance de sa parole à la Constituante, où il ne dut quelques demi-succès qu'à ses droites intentions, à l'agrément de sa figure et à la sonorité de son organe (1). Porté au premier rang, maire de Paris, rival de Robespierre, idole du peuple, il ne s'éleva jamais, comme orateur, au-dessus de la médiocrité. Mme Roland, qui admire sa vertu, lui refuse le talent et le trouve « froid orateur et lâche dans son style comme écrivain (2). » « Pétion, dit cruellement Paganel, aimait la tribune. Il n'y fut jamais que verbeux, stérile, froid et monotone. Sa chaleur s'exhalait en cris impuissants, en agitations ridicules. Comme il y étalait avec complaisance la bouffissure de la vanité, le paonage de la sottise (3) ! »

Il est sûr que cet avocat de Chartres, homme instruit, bien élevé, fécond auteur de dissertations juridiques, de pamphlets, de lettres politiques, reste au-dessous des moins doués de ses collègues pour les qualités du style. Qu'il écrive un discours, tourne un pamphlet, affiche une pro-

---

(1) *Les orateurs de l'Assemblée constituante*, p. 509.
(2) *Portraits et anecdotes.*
(3) Paganel, II, 241.

clamation, il est vague, prolixe, odieux par le manque de précision. Dans ses œuvres, qu'il réunit ambitieusement en 1793, pas une page qui satisfasse, pas une formule qui reste, pas un trait qui porte. D'autres sont plus emphatiques ou plus pédants ou plus incorrects ; nul n'est aussi plat que le vertueux Pétion.

L'esprit du temps inspire parfois à des hommes ordinaires comme Legendre, ou ridicules comme Collot d'Herbois, ou malades comme Marat, des mouvements d'éloquence, des cris d'indignation ou d'orgueil. Jamais ce bel homme, toujours endimanché, toujours content de sa figure, ne s'élève au-dessus de la rhétorique moyenne qui lui a réussi au barreau de Chartres. En 1793, ce sage épousa toutes les colères de Mme Roland, prit à la tribune un ton furieux, des attitudes convulsives, surtout dans les déclamations qu'il prononça, le 10 et le 12 avril, contre la Montagne, et dont l'emphase grotesque attrista ses amis.

On s'étonne qu'à une époque où la parole menait à tout, cet orateur incapable (1) ait été populaire; et que dis-je populaire? adoré comme un Dieu, comparé publiquement à Jésus-Christ; encensé jusqu'à exciter la rage jalouse de Robespierre. Mais, si les délicats lui trouvaient « des manières composées, des yeux qui se doublaient, et dans les traits quelque chose de luisant qui repoussait la confiance (2) » ; si les hommes de goût souriaient ou s'impatientaient des attitudes naïvement vaniteuses de ce bellâtre si assuré de plaire aux femmes qu'il eût volontiers demandé aux dieux, comme le Matamore de Corneille, *d'être beau seulement quand il le voudrait* (3); s'il semblait à ses col-

---

(1) Il se vantait, dit-on, d'improviser ses discours (Et. Dumont, p. 249) : c'est peut-être qu'il n'apercevait même pas les difficultés de l'art oratoire.

(2) Mercier, *Nouveau Paris*, II, 15.

(3) Voir les preuves de la fatuité comique de Pétion vis-à-vis des

lègues nul ou insupportable comme orateur ; en revanche il y avait dans sa personne une autorité bien faite pour captiver le menu peuple honnête et défiant. D'abord il avait une vertu politique irréprochable, et, dans la vie privée, des mœurs pures et une droiture d'enfant. Il se plaisait dans la société des artisans, des simples, des pauvres; et son fameux voyage dans la berline royale ne l'avait nullement aristocratisé, comme on disait alors. Quiconque avait affaire au maire de Paris s'en retournait charmé de sa belle mine, de sa politesse exquise et de sa rondeur. On disait naïvement dans le peuple : « Il n'a rien à regretter pour le physique : sa taille, sa figure, sa douceur, son urbanité préviennent en sa faveur. C'est un homme aimable et très aimable (1). »

On voit qu'à défaut de l'éloquence de la tribune, il savait parler au peuple, dans la rue, à la mairie, et son éloquence familière est attestée en ces termes par un de ses ennemis : « Il eut le secret de se faire chérir et respecter au point qu'il allait seul et souvent de nuit apaiser des séditions, des querelles populaires ; il lui suffisait de se montrer pour être écouté, obéi. Il parlait avec une douceur enchanteresse, il persuadait; et les mécontents dociles à ses remontrances, à ses ordres, se retiraient paisiblement en lui faisant des excuses et lui demandant pardon (2). » C'est donc comme orateur familier qu'il avait conquis cette popularité telle qu'aucun homme n'en a connue de plus enivrante, et dont les preuves se trouvent dans tous les historiens. Voici un seul trait, qu'ils ne citent pas, et qui est plus significatif que tous les autres : le

---

femmes, dans la relation de son voyage à Varennes et dans ses mémoires, *pass*.

(1) J'emprunte ces expressions à un pamphlet *contre* Pétion, *Vie politique de Jérôme Pétion*, ap. Mém. de Pétion, p. 179.

(2) Ibid., p. 181.

jour du 10 août, pendant que Pétion se faisait enfermer à la mairie par les insurgés, son père, qui se trouvait à Paris, fut porté en triomphe par le peuple (1).

En octobre 1791, Robespierre et lui avaient accepté du club des Jacobins « la noble fonction d'instruire les enfants des ouvriers et de leur faire le catéchisme de la constitution. » Un an plus tard, ces deux professeurs du peuple étaient ennemis mortels. Robespierre minait sourdement la popularité de son ami, et Pétion, à propos de la philippique de Louvet, imprimait un discours où, en protestant de son impartialité, il traçait un portrait peu flatteur de Robespierre. Voici de quel ton, le 12 avril 1793, éclatant enfin, il réfute les arguments de la Montagne : « Il est impossible de tolérer plus longtemps toutes ces infamies... Oui, je fais le serment de poursuivre les traîtres; oui, il faudra que Robespierre enfin soit marqué comme autrefois les calomniateurs... Oui, le peuple connaîtra bientôt ceux qui, sous le masque du patriotisme, le trompent, l'égarent, le poussent dans l'abîme, et je ne serai content que lorsque j'aurai vu ces hommes qui veulent perdre, et qui perdraient enfin la liberté, la République, laisser leur tête sur l'échafaud. »

A Caen, Pétion sera le plus rancunier, le plus aveugle des Girondins, jusqu'à louer publiquement l'acte de Charlotte Corday, jusqu'à aimer la guerre civile. — Honnête homme néanmoins, mais grisé d'abord par une fortune supérieure à son mérite, puis étourdi par une chute terrible.

(1) *Chronique de Paris* du 13 août 92, p. 903.

LIVRE VII

GIRONDINS INDÉPENDANTS

CHAPITRE PREMIER

ISNARD

I

Les contemporains s'accordent à présenter l'éloquence d'Isnard comme étonnante et grandiose. Ils sont muets sur l'homme, qui évidemment se tenait à l'écart et ne fréquentait ni le salon de Mme Roland ni celui de Valazé. On sait seulement qu'il était né à Draguignan (1), et que son père, riche parfumeur en gros, lui avait fait donner une éducation soignée. Lui-même exerçait la profession paternelle quand arriva la révolution qu'il avait appelée, dit Beaulieu, dès le mois de janvier 1789. On n'a aucun détail sur le rôle politique qu'il joua dans son pays natal avant que le département du Var l'envoyât siéger à l'Assemblée législative.

Ses divers portraits gravés sont médiocres et diffèrent

---

(1) La Biographie Rabbe le fait naître vers 1760, et la Biographie Didot, en 1751. La *Biographie moderne* (Leipzig, 1807), si bien renseignée d'ordinaire, ne donne aucune date, non plus que la *Biographie nouvelle des contemporains* (1823) ni le supplément de Michaud (1840), où la vie d'Isnard est racontée par Beaulieu.

trop entre eux pour ne pas être de pure fantaisie. On sait seulement qu'il était vigoureusement constitué et d'un tempérament sanguin. Un biographe le représente comme un Gargantua : « Lorsqu'il arrivait à une table d'hôte avant les autres convives, il mangeait, en attendant le dîner, plusieurs des petits pains qu'on avait mis sous les serviettes. Nous l'avons vu dans un repas particulier, où nous étions invité comme lui, accepter un défi au second service et dévorer à lui seul une fort belle dinde dont il ne laissa que le bec et les pattes : car il en avait broyé les os dans ses dents aussi fortes que son estomac. — Il allait souvent à Frascati pour y prendre des glaces : il en demandait d'abord une de chaque espèce comme échantillon, puis se faisait apporter la sorbetière où était contenue l'espèce qui lui avait paru la plus agréable, et il la vidait entièrement (1). » Ce joyeux convive de table d'hôte pouvait-il s'acclimater dans la société, non raffinée mais polie, de Valazé et de Mme Roland ? Colérique avec cela, mais sans fiel et sans durée, en paroles plutôt qu'en action, c'était un de ces Provençaux pour qui les mots comptent peu. Mais, quoique les hommes du Midi abondassent à la Législative et à la Convention, aucun d'eux ne manquait à ce point de constance et de poids. Honnête d'ailleurs jusque dans ses fureurs et sincère dans ses variations les plus brusques, qui sont toujours désintéressées, c'est inconsciemment qu'il change et se contredit. Ce qu'il disait ou pensait hier, il le pense si peu aujourd'hui qu'il l'a oublié, et il s'étonne naïvement que les autres s'en souviennent et lui reprochent *des paroles*, un athéisme de tribune (2). Athée, lui ? Il ne l'est plus : il ne l'a jamais été. Ecoutez-le plutôt : il n'a désormais à la bouche que

---

(1) H. Audiffret, note à l'article de Beaulieu sur Isnard, suppl. de la Biogr. Michaud, LXXII, 581.
(2) Cf. t. 1er, p. 177.

les mots de *Providence*, de *volonté divine* (1). « Le peuple français, dit-il le 20 janvier 1792, ne reconnaît de volonté supérieure à la sienne que *celle de Dieu*. » Le 15 mai suivant, il montre Léopold *cité au tribunal de Dieu*, et, s'il flétrit le prêtre fanatique, il a soin de rappeler que le « père, l'ami, le consolateur du genre humain, c'est Dieu. » Est-ce hypocrisie, charlatanisme ? Non : il s'est improvisé une sincérité nouvelle, comme d'autres prennent un masque. De même il désavouera et glorifiera tour à tour son fameux anathème à Paris, sans mensonge, sans remords et sans honte. Ces sentiments opposés, qu'il quitte et qu'il revêt tour à tour, sont tous bien à lui, au moment où il les exprime ; mais ils ne tiennent pas à son être intime, et c'est à son insu qu'ils lui échappent et lui reviennent. Il assiste aux métamorphoses de son âme comme à un spectacle ; des voix lui parlent et, sans savoir d'où elles partent, il en répète l'écho, se prenant parfois pour un prophète : sa versatilité même est une des conditions de son rôle d'inspiré inconscient.

Avait-il une politique ? Il est l'orateur, parfois heureux, des passions populaires ; il interprète sans mot d'ordre les haines de cette femme de talent chez laquelle il ne va guère. Mais jamais il ne semble s'être demandé ce qu'il était le plus habile de faire ou de dire. S'il voit juste à la fin de 1791, quand il signale les manœuvres des émigrés et des prêtres, c'est qu'il partage l'indignation nationale, et qu'étranger aux intrigues il exprime cette indignation sans réticences et sans ménagement. Isnard est peuple, comme Danton. Mais il ne raisonne pas, il ne dirige pas, il ne prévoit pas. Il pousse des cris de colère ou d'amour ; il flétrit tour à tour La Fayette et le roi ; il veut la concorde entre les patriotes, comme la France la veut : mais les moyens de

---

(1) *Moniteur*, réimp., XI, 45, 46.

faire cette concorde lui échappent. Son rôle est d'être lyrique. Aussi, quand à la Convention il partage la défaveur de ses amis et que son auditoire lui échappe, est-il impuissant à ressaisir l'attention. Veut-il descendre de son trépied et légiférer à son tour ? Il produit un projet faux, bizarre, monstrueux : c'est son célèbre *pacte social* (10 mai 1793), qu'en haine de la Montagne les Rolandistes applaudirent, s'ils ne l'inspirèrent en partie :

« Il faut, disait Isnard, pour suivre l'ordre naturel de l'organisation sociale, procéder, antérieurement à toute loi constitutionnelle, à la rédaction d'un pacte social. Cet acte doit être intermédiaire entre la déclaration des droits, qui lui sert de base, et la constitution à laquelle il sert de barrière et de régulateur. » Et il rappelait ce passage du *Contrat social :* « Tout homme a le droit inné de ne s'engager et de ne s'obliger envers les autres que de son consentement. — Il ne peut s'établir entre des membres contractants que des relations fondées sur un acte libre de la volonté de chacun. — Une association légitime ne peut avoir d'autre base que la volonté des associés. » Puis il déclarait, au nom de ses commettants, qu'il était prêt à s'associer avec le reste des Français pour former une république une et indivisible, dans laquelle la majorité des volontés particulières formerait la volonté commune. Mais il posait certaines conditions préalables; il voulait qu'un pacte social lui garantît ses « droits naturels, l'égalité, la liberté, et surtout la propriété. » Marat lui cria : « Tu es donc bien riche, puisque tu parles sans cesse de propriété ? » Sans s'émouvoir, l'orateur entra dans une définition du droit de propriété à la fois subtile et puérile. Le genre de propriété que cet industriel désigna comme le plus sacré, ce fut la propriété industrielle. Moyennant cette garantie, il signait un pacte social dont il rédigeait ainsi l'article premier:

« Tous les habitants des divers territoires dont l'ensemble

est connu sous le nom de *France*, tous ceux des divers territoires dont la Convention nationale a accepté et décrété la réunion à la France, et qui dans ce moment ont des représentants à ladite Convention, formeront à l'avenir une seule et même association, sous les dénominations de *Peuple français* ou de *Nation française.* »

Ainsi, en mai 1793, au moment où la plus grande exaltation patriotique était nécessaire, ce girondin proposait de faire un instant *table rase* de la patrie pour reformer le pacte social. Ceux qui voudraient se séparer s'en iraient, disait-il, avec leurs biens, pourvu que ce ne fût pas pour entrer en guerre avec la société qu'ils auraient ainsi quittée. Les Français envahis poseraient les armes et se demanderaient s'ils sont Français! Ils ne le seraient réellement qu'après avoir rédigé en style commercial un acte d'association contenant de minutieuses garanties, dûment libellées et notariées. Chose plus grave ! cet acte ne serait valable que pour trente ans. La patrie d'Isnard n'était consentie que jusqu'à l'année 1823. En 1823, il n'y aurait plus de France ; mais le contrat était renouvelable.

Telle était l'influence des idées de Rousseau, sous le patronage duquel se présentait Isnard et dont il trahissait pourtant la doctrine, que la lecture du projet de *Pacte social* ne causa d'abord que de l'embarras et de la stupeur. On sentait bien le danger de ces chimères : on avait compris la portée d'un certain article X qui décapitalisait Paris ; on devinait sous ces phrases un égoïsme provincial et une peur d'homme riche. Mais quoi ? Rousseau n'avait-il pas vanté *le pacte social ?* Et n'y avait-il pas dans le projet d'Isnard les réformes les plus démocratiques, droit au travail, impôt proportionnel au revenu ? On était en face d'un sophisme qu'on ne savait comment démasquer. Déjà Buzot, en haine de Paris, approuvait bruyamment. Ce fut un girondin, l'honnête Lasource, qui s'écria le premier que le projet d'un pacte social était purement chimérique. Roux protesta ensuite. Mais personne n'osa montrer toute l'absurdité de la motion, crainte de heurter quelque idée de Rousseau. Danton se borna à dire que la constitution serait le véritable pacte, et il fit entendre, assez obscurément, qu'en faisant le 10 août, le peuple avait montré sa volonté de rester uni. Le pacte social existe en fait : faisons la constitution. Telle fut l'argumentation de Danton. Marat dit brutalement et non sans justesse : « La motion de pacte social ne tend réellement qu'à dissoudre la république, en nous menant à des idées de gouvernement fédératif. » Buzot lui-même dut revenir sur son premier mouvement, et demanda l'ajournement de la proposition d'Isnard (1). La Convention passa à l'ordre du jour.

Isnard avait été du petit nombre des Girondins qui, sans peur et sans remords, votèrent pour l'exécution immédiate de Louis XVI, et qui, s'ils se trompèrent, n'écoutèrent du moins que leur conscience. Ce vote l'aurait sauvé de la proscription, si, le 25 mai 1793, il n'avait, comme président, lancé à Paris cette menace coupable qui ôta aux Dantonistes la possibilité de défendre la Gironde. C'est ainsi que, pour obéir à son démon et arrondir une belle phrase sonore, Isnard précipita la chute de son parti et se posa devant la postérité comme la personnification de la haine fratricide des provinces contre la capitale. Mais s'il parla, dans cette circonstance, en rhéteur funeste, on peut dire qu'il montra un courage héroïque, qu'il dévoua sa tête, et se rangea spontanément dans cette file de victimes humaines qu'au 2 juin insultera le prêtre Chabot. Il se démit ce jour-là, mais non par prudence : son imagination grandiose embellissait à ses yeux cet acte maladroit, qui eût été une désertion chez un autre et par lequel il légitimait presque l'insurrection.

(1) *Journal des débats et des décrets*.

On ne sait presque rien sur la vie que mena Isnard pendant sa proscription. Il se cacha, dit-on, à Paris chez un ami, et il passa pour mort jusqu'à la chute de Robespierre. Pourtant, le 3 octobre 1793, il avait écrit à la Convention une lettre peu digne, où il désavouait son anathème à Paris et s'humiliait piteusement, quand Vergniaud et Gensonné s'étaient tenus si droits. Cet homme, né pour la tribune et les planches, était incapable d'une dignité muette. En 1795, une nouvelle lettre, aussi regrettable que la première, lui rouvrait les portes de l'Assemblée. En même temps, il imprimait sous ce titre : *Proscription d'Isnard,* un acte d'accusation contre la Montagne où, plus injuste que les royalistes, il refusait à ses adversaires jusqu'à l'énergie patriotique. Mais cette déclamation, souvent grotesque, ne lui fut pas inspirée par des rancunes personnelles : il prit pour la voix du peuple les clameurs des réacteurs thermidoriens et se crut l'interprète de l'opinion. Rentré à la Convention, on le vit escalader la tribune de vive force, non pour parler de concorde et d'oubli, comme le fit Louvet, mais pour récriminer, menacer, demander la tête de ses adversaires, flétrir la Révolution. Plus d'une fois la majorité dut lui fermer la bouche. Envoyé en mission dans les Bouches-du-Rhône et dans les Basses-Alpes, il se signala par le zèle avec lequel il poursuivit les Jacobins, qu'il appelait tous Terroristes, et il ne réussit qu'à organiser en Provence une réaction sanglante.

Rappelé par un décret du 20 vendémiaire an IV et élu au Conseil des Cinq-Cents, il parut d'abord se renfermer dans l'étude des questions de finance, et on le crut calmé. Mais, le 30 ventôse an IV, l'ancien Isnard se retrouva, aussi fougueux et aussi passionné : à propos de Fréron et du système suivi dans le Midi, il en vint à chercher des excuses à la trahison qui avait jadis livré Toulon aux Anglais.

Après le 18 brumaire, il se retira dans le Var, à Saint-

Raphaël; et son dernier acte politique, qui passa inaperçu, fut la publication, en 1804, d'une brochure intitulée: *Réflexions relatives au sénatusconsulte du 28 floréal an XII.* C'est une apologie enthousiaste du régime impérial. L'ancien conventionnel cherche à démontrer que la « France ne peut se passer d'un monarque héréditaire. » Pour lui, nos malheurs ont deux causes : 1° de n'avoir pu changer le monarque avant le 10 août (1) ; 2° de n'avoir pas eu, aussitôt après le 10 août, un Bonaparte qui pût prendre le pouvoir. Heureusement que « la nation, prise en masse, ne fut jamais viciée de démocratie », et que la France, au fond, a toujours été monarchique. « Il n'y a eu, dans la révolution, qu'interstice dans l'exercice de la royauté, *régence dans les mains de l'anarchie.* » Quelle folie qu'une République dans un grand État! Ce n'est pas que le retour des Bourbons soit possible ou désirable. Mais le système démocratique est condamné par l'expérience. Le césarisme actuel garantit la sécurité et a son contre-poids dans la souveraineté nominale du peuple, qui s'exerce par l'opinion. Le peuple doit être à la fois souverain et pupille éternel. Et le livre a pour épigraphe cette pensée de Mirabeau : « Il faut tout faire pour le peuple, et rien par le peuple. » C'est la négation même des principes de 1789.

Isnard ne se contente pas de bafouer le système républicain ; il prétend avoir toujours été monarchiste, et il allègue des extraits de ses discours du 5 janvier et du 15 mai 1792, mais expurgés de toute phrase révolutionnaire et dénaturés par de volontaires omissions. — Du moins, cette palinodie fut désintéressée : Isnard n'accepta, que je sache, aucune place de l'Empire (2).

(1) On se rappelle que Buzot exprime la même idée dans ses mémoires.
(2) Un Isnard avait fait partie du Tribunat : il n'avait que le nom de commun avec l'orateur. Cf. S. Girardin, *Souvenirs*, I, 261.

Dans sa proscription, il avait philosophé : « Le décret qui me mit hors de la loi, écrivit-il en 1801, sembla me mettre également hors des peines de la vie et m'introduire dans une existence nouvelle et plus réelle. Si je n'eusse été proscrit, emporté comme tant d'autres dans une sorte de tourbillon, j'aurais continué d'exister sans me connaître, je serais mort sans savoir que j'avais vécu. Mon malheur m'a fait faire une pause dans le voyage de la vie, durant laquelle je me suis regardé, reconnu ; j'ai vu d'où je venais, où j'allais, le chemin que j'avais fait, celui qui me restait à parcourir, et celui qu'il me convenait de prendre pour arriver au vrai but (1). » Il sortit de ces réflexions aussi catholique que conservateur ; et, en l'an X, il publia un *Traité de l'immortalité de l'âme,* dont l'intention avouée était d'aider au rétablissement de la religion et à la confusion du « matérialisme ». C'est une rhétorique de prédicateur, un ridicule fatras lyrique. Ici, il s'écrie : « O délire du matérialisme !... O supposition insensée, affreuse, blasphématoire ! O cruel outrage à la sagesse divine !... Quoi ! l'homme, but de la création, aurait été créé lui-même sans but ! » Là, il devient prophète et voyant : « Hommes religieux, sages de tous les temps, de tous les climats, entonnez avec moi des chants d'allégresse.... Célébrons ensemble notre immortalité !... A cette idée, mon âme défaillante ne peut suffire à ce qu'elle éprouve ! elle voudrait déjà briser ses liens.... Elle s'élance... Quel vaste et brillant portique s'ouvre !... Je vois tourner devant moi la roue de l'éternité... Son mouvement me saisit et m'entraîne. » Cet homme sanguin était impropre à la métaphysique. Il tourna aussitôt au dévot soumis. Trois ans plus tard, réimprimant son petit livre, il y ajouta un dithyrambe de son cru et dédia le tout à Pie VII.

---

(1) *Traité de l'immortalité de l'âme,* préface.

Il dut sans doute à cet acte d'orthodoxie d'être excepté de la loi du 12 janvier 1816. La Restauration oublia son vote régicide, et il put rester en France et y vivre obscur et paisible. Il exprimait, dit-on, le regret « d'avoir employé, pour faire triompher des opinions modérées, des moyens si opposés à la pureté de ses intentions. » En d'autres termes, il n'y avait plus rien en lui du patriote de l'Assemblée législative. Il mourut vers 1830, en odeur de dévotion.

II

Voilà ce qu'on sait sur les opinions politiques et religieuses d'Isnard. Il est temps de parler de son éloquence, que nous ne connaissons guère que par les comptes-rendus des journaux. Les contemporains disent peu de chose de son action : on voit seulement qu'il n'avait pas à la tribune l'impassibilité de Mirabeau, la raideur de Robespierre, ni la majesté de Vergniaud. Le geste était abondant, animé, parfois excessif. — Improvisait-il ? Au premier abord, on serait tenté de l'affirmer. « Il s'enivrait du bruit de ses paroles, dit Rœderer, se laissait entraîner par le mouvement de ses discours. Malheur à la conclusion s'il avait commencé par un mot qui pouvait le conduire trop loin ! Il était incapable d'en tempérer l'effet, même d'en retenir tous les développements. » Ce sont bien là les défauts d'un improvisateur. Mais un de ses collègues, Rabusson-Lamothe, nous le montre omettant un feuillet de son discours du 20 janvier 1792, et lui-même, interrompu dans sa harangue du 15 mai suivant, en parle comme si elle était écrite. « Quand j'aurai fini mon discours, dit-il, je le déposerai sur le bureau, » et alors on pourra l'attaquer. D'autre part, l'identité presque absolue de ses paroles dans les journaux qui se piquaient de donner des comptes-rendus *in-extenso* est une raison de plus pour croire qu'il n'improvisait pas et qu'il lisait presque toujours : on ne l'aurait pas suivi si aisément dans la rapidité de l'improvisation. Mais, quoi qu'il lût ou apprît par cœur, il y a néanmoins en lui quelque chose de l'improvisateur. On sent qu'en écrivant il se laissait mener par sa plume, et que sa pensée ne jaillissait que dans la fièvre d'une composition précipitée.

Rien, dans l'histoire parlementaire de la Révolution, n'est resté plus célèbre que le début d'Isnard à la tribune de la Législative, le 31 octobre 1791, dans la discussion relative aux émigrés. Mais les contemporains furent moins surpris de cette entrée en scène tardive et bruyante que ne l'ont pensé les historiens : ils savaient que, la veille, Isnard avait répété aux Jacobins le rôle dans lequel il voulait briller à l'Assemblée. En effet, le 30 octobre 1791, il se rendait au club, où il n'avait jamais parlé, avec deux harangues en poche. Il obtint d'abord la parole sur les prêtres réfractaires, et débita le discours qu'applaudira l'Assemblée huit jours plus tard, avec quelques variantes.
« Le prêtre n'est jamais pervers à demi ; lorsqu'il cesse d'être vertueux, il devient le plus inique des hommes. — Rien n'est plus dangereux, nous dit-on, que de persécuter les prêtres. Mais doit-on appeler persécution une juste punition de leurs crimes ? Il n'y a rien à craindre de leur part, car en général les prêtres sont lâches, et nous ne sommes plus au temps où ils cherchaient le martyre. J'ai dit que les prêtres étaient lâches en général, car je n'ignore pas que notre illustre président (Fauchet) a son manteau criblé de balles de la Bastille. (*Applaudissements universels.*) » Encouragé par ce succès, il produisit aussitôt son second discours, sur les émigrants. « De nouveaux applaudissements l'assurent du plaisir qu'on aura à l'entendre, dit le journal des Jacobins. » La société fut ravie, séduite : un

orateur et un patriote s'étaient révélés tout d'un coup.

L'Assemblée, qui n'ignorait pas cet incident, ne fut donc ni si étonnée, ni si émue que le veut Michelet, quand il transfigure ainsi cette scène : « Jamais on ne vit mieux, dit-il, à quel point la passion est contagieuse. Au premier mot, la salle entière vibra, sous une impression électrique ; chacun se crut personnellement interpellé, sommé de répondre, quand ce député inconnu, débutant par l'autorité et presque la menace, lança cet appel à tous : *Je demande à l'Assemblée*, etc. (1). »

Ni le compte-rendu du *Journal des débats*, ni celui du *Logographe*, ni même le texte moins détaillé du *Moniteur*, ne donnent tout à fait raison à Michelet. L'Assemblée n'était guère d'humeur à accepter ainsi les admirations et les idées du club des Jacobins : Isnard eut beaucoup de peine à faire accepter son exorde. On ricana, on murmura, on affecta l'ironie. Voici le compte-rendu le plus complet, celui du *Journal des débats* :

« Le projet de décret [sur les émigrés] proposé par M. Condorcet ne satisfait pas à ce que nous devons à la justice, ni à ce que la France attend de nous. Il est juste de ne plus employer l'or de la nation pour entretenir des hommes qui conspirent au loin contre elle. Je demande à l'Assemblée, à la France entière, s'il est un citoyen... (*Vous ne demandez qu'à la moitié de l'Assemblée, a dit un membre* (2), *car vous ne regardez que la moitié. On a ri de toutes parts ; la voix de l'orateur a été couverte par des éclats de rire et par des murmures. Le président a dit que, d'après ce qu'il venait d'entendre, il semblait qu'on voulait faire croire qu'il y avait un côté droit et un côté gauche. Il a ajouté qu'il rappellerait à l'ordre tout membre qui parlerait de cette distinction.* L'ora-

---

(1) Michelet, III, 355.
(2) Léopold, député d'Eure-et-Loir, d'après le *Logographe*.

teur a continué.) Je demande à la France entière, à monsieur (*s'adressant à un des membres*), s'il est quelqu'un de bonne foi qui veuille soutenir que les princes ne conspirent pas contre la patrie, et, s'il est vrai qu'ils conspirent, qu'ils ne doivent pas être punis : s'il en est quelqu'un, qu'il se dresse et réponde. (*L'orateur s'est arrêté un instant.*) S'il ne répond pas, il est donc convenu, il est donc vrai (1)... (*Le président a interrompu l'orateur, en lui disant qu'on ne discutait pas une question par demandes et par réponses.*) Monsieur le président, c'est une figure (*On a ri*) ; et je vous prie de rappeler à l'ordre monsieur (*montrant un membre du côté droit*), qui parle à mes côtés de charlatanisme. (*Plusieurs membres du côté gauche ont appuyé cette demande. Le président a rappelé l'Assemblée à l'ordre et à la décence.*) »

L'orateur put continuer son discours, mais non sans encombre : « Je demande s'il n'est pas vrai de dire que si nous ne punissons pas les princes, on croira que ce n'est pas parce qu'ils ne sont pas coupables, mais parce qu'ils sont princes. (*La proposition est injurieuse, ont crié plusieurs membres. Il s'est élevé des murmures, et les tribunes ont applaudi.*) Quoique nous ayons détruit le fantôme de la noblesse, il effraie encore les âmes pusillanimes. Il est temps que le niveau de l'égalité prenne son *niveau*... » Ce lapsus, relevé par le *Journal des débats* et corrigé par le *Moniteur*, passa inaperçu. Le geste et l'accent de l'orateur avaient déjà saisi l'Assemblée. Celle-ci ne se donna pas sans résistance : mais, une fois conquise, elle vibra avec Isnard quand il s'écria : « La colère du peuple, comme celle de Dieu, n'est souvent que le supplément terrible du silence des lois. Je vous dirai que si nous voulons vivre libres, il faut que la loi, la loi seule nous gouverne, que sa voix foudroyante retentisse dans le palais des grands

---

(1) « Bah !... » (*Logographe.*)

comme dans la chaumière du pauvre, et qu'aussi inexorable que la mort (1), elle ne distingue ni les rangs ni les titres (2). »

Il soutient ensuite que jamais un peuple libre ne doit pardonner les conspirations contre la liberté, et il allègue l'exemple de Rome : « Lorsque les Gaulois, dit-il, escaladèrent une nuit les roches du Capitole, Manlius, qui s'éveille au cri des oies sacrées, court aux ennemis, les combat, les précipite, et la république est sauvée. Le même Manlius est accusé, dans la suite, de quelques délits contre la liberté romaine : il comparaît devant les tribuns du peuple : il présente des bracelets, des javelots, douze couronnes civiques, deux couronnes d'or, trente dépouilles d'ennemis vaincus en combat singulier, sa poitrine criblée de blessures ; il rappelle qu'il a sauvé Rome ; n'importe, on le condamne. Il est précipité du haut du même rocher d'où il avait culbuté les Gaulois. Voilà un peuple digne d'être libre. »

Ce mouvement bien lancé, conforme au goût du temps (3), fut accueilli avec une admiration silencieuse. Personne n'avait plus envie de rire. C'était la grande voix de la nation qui éclatait impérieuse et faisait taire les intrigues déjà commencées. On n'admira pas seulement : on fit ce que voulait Isnard : on repoussa le projet de Condorcet.

Quand il reparut à la tribune, le 6 novembre 1791, il se sentit maître de son auditoire. C'est au nom du peuple qu'il parla contre les prêtres non assermentés, comme il avait parlé contre les émigrés : « Nous sommes entraînés,

---

(1) «... Lorsqu'elle tombe sur sa proie. » *Logographe.*
(2) *Moniteur.*
(3) On ne peut pas dire qu'Isnard abuse des citations classiques et des allusions à l'antiquité. En dépit de l'exemple que nous venons de citer et de quelques autres, il reste, à ce point de vue, plutôt en deçà du pédantisme du temps.

dit-il, par je ne sais quel système de tolérance et d'indulgence dont la nation s'indigne avec raison. De la tolérance pour ceux qui ne veulent tolérer ni la loi ni votre constitution ! De l'indulgence pour ceux qui conspirent contre la patrie (1) ! Eh quoi ! c'est quand le cadavre de vos frères criera vengeance, c'est quand les flots du sang français auront grossi les flots de la mer, que l'on viendra vous inspirer de l'indulgence ! Il est temps que l'orgueil de l'encensoir, comme l'orgueil du diadème, s'abaisse devant le sceptre de la souveraineté du peuple. (*On a vivement applaudi.*) »

Mais Isnard s'imposait plutôt comme une force qu'il ne satisfaisait la raison et le goût. Les protestations ne manquèrent pas contre l'emphase violente de son éloquence. Quelques coups de sifflet se mêlèrent aux applaudissements, et les rédacteurs du *Journal des débats*, pourtant favorables aux Girondins, n'admiraient pas toujours cette rhétorique plus énergique que délicate. Ainsi, dans le discours du 14 novembre 1791, dirigé aussi contre les prêtres insermentés, il y a un développement où Isnard proclame qu'à la *crise créatrice* doit succéder une *crise conservatrice* :

« Ouvrez l'histoire, et demandez-lui comment les peuples sont devenus libres. Voyez les Anglais : cinquante années de trouble ne les ont conduits qu'à un fantôme de liberté. Voyez la Hollande : des flots de sang ont coulé pour secouer le joug du despotisme de Philippe II ; et voyons que la révolution française, cette révolution qui a..... Ici M. Isnard, ajoute le *Journal des débats*, a rappelé, avec les expressions les plus figurées et les plus rapides, tous les effets de la Révolution. On a entendu le brisement des fers de l'esclavage, le déchirement du froc, le renversement du piédestal de la noblesse ; à

---

(1) « De l'indulgence pour ceux qui avec la torche du fanatisme incendient tout le royaume ! » (*Logographe.*)

ce bruit s'est mêlé celui des applaudissements, et nous n'avons pu suivre M. Isnard (1). »

Le *Journal des débats* se piqua même de n'être jamais la dupe de cette parole méridionale. Ainsi, le 3 août 1792, on voulait empêcher Isnard de parler à propos d'un message du roi : « L'indignation de M. Isnard, dit le même journal, n'était pas secondée dans ce moment par son élocution. Mais son visage par la rougeur extrême dont il était couvert et ses gestes par leur vive agitation en ont dit beaucoup plus. Quelques-uns ont partagé ce mouvement, d'autres en ont ri. Il a repris la parole, et cette fois il a dit avec plus de calme : « Je dénonce à l'Assemblée, je dénonce à la France entière M. Champion, qui me dit que je suis vendu aux Anglais. Malheureux ! *(en se tournant vers M. Champion)*, ouvre mon cœur, et tu verras s'il y règne un autre sentiment qu'un ardent amour pour ma patrie et pour la liberté. »

Je ne vois pas, d'ailleurs, que ce trait un peu forcé se soit fait applaudir (2). Quant au passage du discours du 14 novembre raillé par le *Journal des débats*, les autres journaux le louent et relatent les applaudissements qu'il souleva. Voici le compte-rendu du *Logographe* :

« Jetez les yeux sur les provinces belgiques : que de troubles, que de combats, que de vains efforts pour repousser la tyran-

(1) C'est dans ce discours que se trouve ce passage qui a scandalisé depuis : « Si le prêtre qui n'a pas prêté le serment reste sans qu'il soit porté de plainte contre lui, il jouira de la protection de la loi. S'il existe des plaintes, dès lors il doit être forcé de sortir du royaume. — Il ne faut pas de preuves ; car vous ne le souffrez là que par un excès d'indulgence. » M. Biré (*La Légende des Girondins*, p. 68) omet de citer ce dernier membre de phrase et dans plusieurs endroits de son livre, il imprime en gros caractères ce trait : IL NE FAUT PAS DE PREUVES CONTRE LES PRÊTRES, comme étant l'opinion de la Gironde.

(2) Isnard avait déjà employé une métaphore analogue et non moins choquante : « Le silence règne sur la montagne, mais *entr'ouvrez-la tout à coup*, et vous trouverez le gouffre de feu, etc. » 5 janvier 1792.

nie d'un despote! et vous croiriez que la Révolution française, la plus étonnante qu'ait éclairée le soleil, révolution qui tout à coup arrache au despotisme son sceptre de fer, à l'aristocratie ses verges, à la théocratie ses mines d'or, qui déracine le chêne féodal, foudroie le cyprès parlementaire, désarme l'intolérance, déchire le froc, renverse le piédestal de la noblesse, brise le talisman de la superstition, étouffe la chicane, détruit la fiscalité; révolution (*grands applaudissements*) qui va peut-être émouvoir tous les peuples, forcer peut-être toutes les couronnes à fléchir devant les lois, et verser le bonheur dans le monde entier : vous croyez, dis-je, qu'une révolution pareille s'opérera paisiblement, sans que l'on tente de nouveau de la faire avorter? Non. Il faut un dénouement à la révolution française. (*Applaudi.*) »

Et qu'on n'accuse pas le *Logographe*, journal plus favorable à la Gironde qu'à la Montagne, d'inventer ces applaudissements. Le royaliste Beaulieu écrivait : « Depuis près d'un demi-siècle que nous avons nous-même entendu Isnard prononcer ces véhémentes paroles avec tous les gestes et l'accent d'un énergumène, nous n'avons pu oublier l'impression que nous fit ce discours. »

C'est donc en vain que quelques délicats faisaient les dégoûtés et se moquaient, avec André Chénier, de *M. Démosthènes Isnard* (1), ces ricanements ne prévalaient pas contre les faits. La rhétorique d'Isnard était irrésistible. Quand il parlait, dit justement Michelet, une sombre ivresse de colère remplissait l'Assemblée, les tribunes. « Par un mouvement machinal, tous suivaient ce brûlant parleur, cette sauvage parole africaine, tous étaient devenus le même homme, emportés de son tourbillon et ne touchant pas la terre. » Aujourd'hui même, tout n'est pas mort pour nous dans cette éloquence figée sur le papier, et ce passage

---

(1) A. Chénier, *Œuvres en prose*, p. 312.

du discours du 29 novembre 1791 sur les émigrés a encore de la force, de la beauté : « Ils veulent ramener les parlements, qui vendaient la justice ; ils veulent ramener la noblesse qui, dans son orgueil insolent et barbare, croit que les citoyens ne sont pas des hommes. Ils veulent ramener la noblesse ! Ah ! du haut de cette tribune nous électriserions tous les Français ! Tous versant d'une main leur or et tenant le fer de l'autre, combattraient cette race orgueilleuse et la forceraient d'endurer le supplice de l'égalité. (*On applaudit.*)...... — Disons à l'Europe que si les cabinets engagent les rois dans une guerre contre les peuples, nous engagerons les peuples dans une guerre contre les rois. (*On applaudit.*) Disons-lui que tous les combats que se livreront les peuples par ordre des despotes....(*Les applaudissements continuent.*) N'applaudissez pas, n'applaudissez pas : respectez mon enthousiasme : c'est celui de la liberté. — Disons-lui que tous les combats que se livrent les peuples par ordre des despotes ressemblent aux coups que deux amis, excités par une instigation perfide, se portent dans l'obscurité : si la clarté du jour vient à paraître, ils jettent leurs armes, s'embrassent et châtient celui qui les trompait ; de même, si au moment que les armées ennemies lutteront avec les nôtres le jour de la philosophie frappe leurs yeux, les peuples s'embrasseront à la face des tyrans détrônés, de la terre consolée et du ciel satisfait. Disons-lui enfin que dix millions de Français, embrasés du feu de la liberté, armés du glaive de la raison, de l'éloquence, pourraient seuls, si on les irrite, changer la face du monde et faire trembler tous les tyrans sur leurs trônes d'argile. »

Peu d'hommes dans la révolution ont su prendre ce ton d'un prophète qui porte un dieu en lui et réprime les applaudissements comme profanes. Nul n'a ainsi admiré sa propre parole comme inspirée et divine. La tribune devenait pour Isnard un trépied sibyllique, et dans la salle de l'Assemblée, l'homme qui se sentait le plus saisi par cette éloquence, qui en voyait le moins les procédés, la rhétorique, le plus ingénu admirateur d'Isnard, c'était encore Isnard lui-même.

C'est aussi en prophète que, le 5 janvier 1792, dans son discours sur la situation générale, il exhorte les patriotes à l'union : « Il est temps, dit-il, que le mouvement de cette assemblée change ; il faut qu'elle se dessine avec majesté aux yeux des peuples qui la regardent. Elle offre de grandes ressources : de quelque côté que je jette mes regards, j'y distingue des hommes de caractère et de talent : il ne nous manque que du silence et de l'union. Unissons-nous, messieurs, unissons-nous ; le temps presse ; la France libre est sur le point de lutter contre l'Europe esclave. Voici l'instant qui, peut-être, doit décider à jamais du sort des despotes et des nations. C'est vous que le ciel réservait pour présider à ces grands événements ; élevez-vous au niveau de vos destinées. Vous répondez à la France, aux races contemporaines et futures, de la liberté humaine (1). Si les despotes coalisés triomphent d'elle dans ce moment, dix siècles s'écouleront avant qu'elle reparaisse sur la terre; mais si elle triomphe de la coalition des despotes, je la vois s'élancer sur le globe ; et qui sait où elle s'arrêtera? Frappés de ces grandes vérités, pourrions-nous différer plus longtemps de nous réunir ? Le décret terrible que vous avez porté contre les princes va réconcilier tous nos ennemis, qui sans doute avaient aussi des rivalités secrètes : il faut qu'il opère sur nous un effet pareil. Etouffons ce schisme qui s'est introduit dans la religion du patriotisme. »

Aux Jacobins, qu'il présida du 2 au 21 décembre 1791, il affecta les scènes à effet. Le 6 décembre, il souleva les

---

(1) *Logographe* : « ... de la liberté perdue. (*Applaudi.*) »

applaudissements du club par la noblesse avec laquelle il accueillit et embrassa un député des libéraux anglais. L'attendrissement fut tel que « M. Misnard, membre de la société, respectable par son âge et son patriotisme, monta vers M. Isnard et l'embrassa avec transport en versant des larmes. » Il fut moins heureux, le 18 décembre, quand il voulut, par un coup de théâtre mélodramatique, faire triompher la politique belliqueuse de la Gironde : « M. le secrétaire, dit le journal du club, fait lecture d'une lettre écrite à la société par M. Virchaux, en lui adressant une lame d'épée de Damas, qu'il le prie de destiner au premier général français qui terrassera un ennemi de la révolution. *M. Isnard brandissant cette épée* : La voilà, messieurs, cette épée, elle sera toujours victorieuse. Le peuple français poussera un grand cri, et tous les autres peuples répondront à sa voix ; la terre se couvrira de combattants, et tous les ennemis de la liberté seront effacés de la liste des hommes libres. — *M. Robespierre* supplie l'assemblée de supprimer tous ces mouvements d'éloquence matérielle qui peuvent entraîner l'opinion, dans un moment où elle doit être dirigée par la discussion la plus tranquille. Enfin, sur la motion de M. Couthon, on a passé à l'ordre du jour. »

Ces quelques mots secs de Robespierre ruinèrent la popularité d'Isnard aux Jacobins. Le 2 avril 1792, il demanda la parole pour proposer un anniversaire en l'honneur de Mirabeau. Chabot rendit ironiquement hommage à son talent « de faire de très jolies phrases », et lui reprocha d'*insulter les patriotes*. « On ose, s'écria-t-il exaspéré, mettre en doute mon patriotisme, et moi je dis que si je connaissais un membre de cette société d'un patriotisme plus ardent que le mien, je me poignarderais peut-être..... » On haussa les épaules, et désormais l'accès de la tribune du club fut interdit à Isnard.

Mais, jusqu'au 10 août, sa réputation reste intacte à l'Assemblée législative. Le 20 janvier 1792, quand il se présente à la tribune pour parler sur la guerre, on l'applaudit, d'après le *Journal des débats* et le *Logographe*, avant même qu'il ait ouvert la bouche. C'est dans ce discours qu'après s'être écrié : « Trop souvent la parole des rois n'est sûre que lorsqu'ils ne sont pas assez forts pour la violer, » il flatte et menace Louis XVI, aux apppplaudissements des tribunes : « Quant au roi, dit-il, son cœur est bon, et je me persuade qu'il fera ce qu'il doit. Certes, il y est le plus intéressé ; il doit bien voir que la nation, qui a déjà oublié deux fautes, n'en oubliera pas trois. Enfin, que chacun apprenne que nul citoyen, prêtre, général, ministre, roi ou autre, ne nous tromperait impunément. Le sort en est jeté : nous voulons l'égalité, dussions-nous ne la trouver que dans la tombe ; mais, avant d'y descendre, nous y précipiterons tous les traîtres. Il faut que l'égalité et la liberté triomphent, et elles triompheront en dépit de l'aristocratie, de la théocratie et du despotisme, parce que telle est la résolution du peuple français, et que sa volonté ne reconnaît de volonté supérieure à la sienne que celle de Dieu. »

Le royaliste Beaulieu en fut saisi d'admiration et d'épouvante. Il raconte que la *fureur* d'Isnard se communiqua aux tribunes et à la plupart des députés. Il est le premier orateur qu'une partie de l'Assemblée soit venue féliciter, comme il descendait de la tribune, et que ses amis aient reconduit à sa place avec une sorte d'ovation. Aujourd'hui ces marques d'admiration sont le plus souvent affaire de politesse ou de clientèle : ce jour-là, dans leur nouveauté, elles enthousiasmèrent les assistants.

Et cependant, ici encore, quelques difficiles résistent. Rabusson-Lamothe écrit malignement à ses électeurs : qu'à un moment Isnard s'aperçut « qu'il avait passé une feuille entière qui s'était trouvée déplacée ; il a demandé à la lire, ce qu'il a fait de suite. On a été étonné que cette lacune n'eût pas paru sensible à l'assemblée, ce qui indiquait qu'il y avait ou peu de liaison dans les idées ou beaucoup de diffusion dans cette production ; mais on a été encore plus étonné que M. Isnard lui-même ne s'en fût point aperçu, et plusieurs membres, à la fin de la séance, se demandaient s'il était aussi certainement l'auteur que le débitant de ses discours (1). » Non, le style d'Isnard est trop à lui pour qu'il fût possible à des collaborateurs de l'imiter. Il est bien l'auteur de ses discours. Quant au trait cité par Rabusson-Lamothe, j'y vois plus de naïveté que de charlatanisme. Ces railleries isolées n'ôtent rien de la beauté de l'éloquence d'Isnard, dont le rôle, à ce moment de la Révolution, fut d'exalter les âmes par une sorte de chant sublime, qui précède et annonce la *Marseillaise*. Il sut même, quoique les vues d'un homme d'État lui manquassent, dans son discours du 15 mai 1792, caractériser en termes saisissants la situation générale de la France :

« A Dieu ne plaise, dit-il, que j'aie voulu atténuer la juste portion de reconnaissance due à l'Assemblée constituante : je conviens que le bien qu'elle a eu le courage de faire est fort supérieur au mal qu'elle a eu la faiblesse d'opérer, et qu'elle mérite à jamais la reconnaissance de la nation et de tous les peuples de la terre (2) ; mais il n'est que trop vrai que cette assemblée célèbre, en défrichant à plein le sol où croissait l'antique forêt des abus (3), a laissé dans le champ de la liberté, au milieu même des racines du jeune arbre de la constitution, les vieilles racines du despotisme et de l'aristocratie; et qu'au

---

(1) Rabusson-Lamothe, *Lettres sur l'Assemblée législative*, p. 94.
(2) *Logographe* : « Applaudissements. »
(3) On songe au mot de Duport admiré par Michelet : « Il faut labourer profond. »

lieu de nous ménager la faculté de les extirper, si elles repoussaient, elle nous a attachés au tronc de l'arbre constitutionnel, comme des victimes impuissantes et dévouées à la rage des ennemis qu'elle a crus anéantis, et qui n'étaient rien moins que détruits. Dans l'état actuel des choses, je comparerais presque le corps législatif à ce Milon de Crotone, qui, ayant les mains serrées dans le tronc d'un arbre, voyait s'avancer un lion contre lequel il ne pouvait rien entreprendre, et qu'il aurait aisément vaincu s'il avait été libre (1). L'Assemblée constituante s'est écriée avec pompe, en se séparant : « Français, la révolution est terminée; la constitution est faite. » Aussitôt le roi, les ministres et les nobles, qui ont senti que rien n'était perdu, beaucoup de riches propriétaires, plus égoïstes que citoyens, plus amis du patriciat que de l'égalité ; les hommes faibles, plus amateurs de la paix que de la liberté; tous les esprits timides, imitateurs et crédules, ont répété ces mêmes paroles ; et quiconque n'aurait pas joint sa voix à ce concert général aurait été regardé comme un mauvais citoyen. Quant à moi, loin de partager cet enthousiasme, j'ai gémi sur l'erreur, la faiblesse, l'apathie de la foule de mes concitoyens. La révolution est finie, oui, sans doute : mais l'effort contre-révolutionnaire ne fait que commencer, et c'est là un état nouveau de révolution. Comment ne pas apercevoir, ainsi que je le disais à cette tribune, qu'une crise conservatrice doit succéder à la crise créatrice? Ce n'est pas seulement en traçant quelques lignes dans un livre, en demandant à grands cris l'égalité, la liberté, la paix, qu'un peuple les obtient; il faut auparavant qu'il désarme tous ses ennemis et qu'il ne se lie pas les bras pour les combattre. »

Et, comme conclusion, il propose l'envoi d'un ultimatum

(1) *Log*. : « Applaudissements des tribunes. »

menaçant au roi. La majorité recula et ne prit ce parti que beaucoup plus tard. Mais la popularité d'Isnard fut raffermie par cette attitude républicaine : il est un des rares Girondins qui, à la veille du 10 août, ait encore l'oreille des tribunes, dont il flatta tous les instincts quand il répondit en ces termes rudes, le 9 août, à des députés de la droite qui s'étaient plaints des violences populaires :

« La liberté du peuple est toujours placée entre deux écueils : d'un côté c'est le despotisme qui fait sans cesse des efforts pour l'asservir ; de l'autre côté, c'est l'anarchie, dont le gouffre est toujours ouvert pour l'engloutir. (*Plusieurs applaudissements dans l'Assemblée et dans les tribunes.*) Il faut marcher dans un temps de révolution entre ces deux écueils, et c'est le corps législatif qui, par sa sagesse, doit préserver le peuple de l'un et de l'autre. Tous ces mouvements irréguliers, en quelque sens qu'ils soient dirigés, si on remontait à la véritable source, on verrait qu'ils sont excités par l'aristocratie elle-même. (*Les applaudissements des tribunes recommencent.*) On verrait que tel homme qui se mêle dans les groupes pour dire qu'il faut assassiner les membres du corps législatif, est peut-être à la solde des princes de Condé et d'Artois. Oui, la France est perdue, si elle se laisse désunir par de pareilles manœuvres, parce que nos ennemis, qui ne pourront nous vaincre quand nous combattrons en masse, pourront nous détruire l'un après l'autre. (*Applaudissements réitérés.*) Mais, après avoir acquitté ainsi ma conscience, j'ai dit aussi à la commission : je vous entends, depuis huit jours, vous occuper des moyens de sauver le roi des insurrections populaires ; vous faites hérisser le château des Tuileries de canons et de baïonnettes : abandonnez tous ces moyens odieux et inutiles. Il en est un bien plus simple de tout calmer, de tout faire rentrer dans le devoir, c'est de sauver le peuple des manœuvres du roi ; c'est de vous occuper enfin sérieusement de son salut. (*Il s'élève de nombreux applaudissements.*) Un moment ; qu'on se taise. J'ai dit à la commission : les peuples sont en général tranquilles et bons. Lorsque les malveillants parviennent à les irriter contre leurs représentants, contre les lois, c'est qu'ils ont eu à souffrir de quelque grande injustice. Que ceux qui les gouvernent descendent alors dans le fond de leurs consciences : ils y trouveront la cause première des écarts qu'ils veulent réprimer. »

On sait qu'à la Convention nationale Isnard sembla se reléguer au second plan. Il laissa à Vergniaud et à Guadet le soin de mener la bataille contre la Montagne et il ne donna que rarement et sans éclat. Son caractère changeant avait ôté du crédit à sa parole. Peut-être aussi avait-il abusé de l'énergie et de la violence oratoires. Il ne put pas continuer sur ce ton si élevé. La première curiosité passée, on préféra des orateurs moins *électrisants*, pour prendre un mot du temps, mais plus sérieux et plus solides. Isnard eut son dernier succès le 23 février 1793, quand il apporta à la Convention un projet de proclamation au peuple qu'il avait, disait-il, rédigé dans un moment d'enthousiasme patriotique, et que le *Journal des débats* appelle « un modèle d'éloquence révolutionnaire. » L'emphase qu'il y mêla n'était pas déplacée dans les circonstances tragiques où se trouvait alors la France. Après avoir rappelé aux Français leurs dangers et la beauté de leur cause, il s'écriait :

« Français, que la grandeur de ces idées enflamme ton courage : écrase tous les tyrans plutôt que de redevenir esclave. Esclave !... Quoi ! des rois nouveaux s'engraisseraient encore de ton or, de tes sueurs et de ton sang !.... Des parlements impitoyables disposeraient à leur gré de ta fortune et de ta vie !... Un clergé fanatique décimerait de nouveau tes moissons !... Une noblesse insolente te foulerait encore du pied de l'orgueil ! L'égalité sainte, la liberté sacrée, conquises par tant d'efforts, te seraient ravies !.... Ce bel empire, héritage de tes ancêtres, serait démembré ! Quoi ! plus de patrie, plus de Français !... Et la génération présente serait destinée à ce comble d'ignominie ! Elle aurait à rougir aux yeux de l'Europe et de la postérité !... Non, nous disparaîtrons de la terre ou nous y resterons Français indépendants. Allons... que tous les vrais républicains s'aiment pour la patrie. » Et plus loin : « Amour de la patrie, de la liberté, de la gloire, passion conservatrice des républiques, source d'héroïsme et de vertu, embrase les âmes !... Jurons tous, sur le tombeau de nos pères et le berceau de nos enfants, jurons par les victimes du 10 août, par les ossements de nos frères, encore épars dans les campagnes, que nous les vengerons ou mourrons comme eux ! »

La Convention adopta cette proclamation, qui répondait à l'état des âmes. Mais ensuite on ne s'occupa plus guère de l'orateur qui avait joué pendant quelques mois un rôle si brillant dans l'Assemblée législative. Ce rôle, Isnard essaya de le ressaisir à propos du 10 mars et, le 6 avril, comme rapporteur du comité de défense générale. Il ne sut plus retrouver cette note qui avait fait vibrer si fort les nerfs de ses auditeurs de 1791. On l'écoutait avec froideur, et il se sentait froid lui-même. Irrité peut-être de cette défaveur, il outra encore la politique anti-parisienne des Girondins. Nul ne rompit en visière avec la popularité comme cet ancien idole des tribunes. Lui qui avait excusé en si beaux termes tous les excès du peuple, il eut son heure de triste gloire quand, le 25 mai 1793, il lança contre Paris son anathème impie. Ce jour-là, la voix d'Isnard eut encore le privilège de faire frissonner le peuple des tribunes, mais de haine et de colère cette fois. On sait que la commune avait envoyé à la Convention une députation chargée de réclamer la mise en liberté d'Hébert :

« *Le Président* [Isnard] : La Convention, qui a fait une déclaration des droits de l'homme, ne souffrira pas qu'un citoyen reste dans les fers s'il n'est pas coupable ; croyez que vous obtiendrez une prompte justice ; mais écoutez les vérités que je vais vous dire : la France a mis dans Paris le dépôt de la représentation nationale ; il faut que Paris le respecte ; il faut que les autorités constituées de Paris usent de tout leur pouvoir pour lui assurer ce respect. Si jamais la Convention était avilie, si jamais, par une de ces insurrections qui, depuis le 10 mars, se renouvellent sans cesse, et dont les magistrats n'ont jamais averti la Convention… (*Il s'élève de violents murmures dans l'extrémité gauche. — On applaudit dans la partie gauche. Ce n'est pas là une réponse*).

« *Fabre d'Eglantine :* Je demande la parole contre vous, président.

« *Le Président :* Si, par ces insurrections toujours renaissantes, il arrivait qu'on portât atteinte à la représentation nationale, je vous le déclare au nom de la France entière… (*Non, non ! s'écrie-t-on dans l'extrémité gauche. — Le reste de l'Assemblée se lève simultanément. — Tous les membres s'écrient : Oui, dites au nom de la France !*)

« *Le Président :* Je vous le déclare au nom de la France entière, Paris anéanti… (*De violentes rumeurs partant de l'extrémité gauche couvrent la voix du président. Tous les membres de la partie opposée : Oui, la France entière tirerait une vengeance éclatante de cet attentat.*)

« *Marat :* Descendez du fauteuil, Président ; vous jouez le rôle d'un trembleur….. Vous déshonorez l'Assemblée…. Vous protégez les hommes d'État….

« *Le Président :* Bientôt on chercherait sur les rives de la Seine si Paris a existé… (*Il s'élève des murmures dans la partie gauche. — On applaudit dans la partie opposée.*)

« *Danton, Dentzel, Drouet, Fabre d'Eglantine* demandent la parole.

« *Le Président :* Le glaive de la loi, qui dégoutte encore du sang du tyran, est prêt à frapper la tête de quiconque oserait s'élever au-dessus de la représentation nationale. »

Il est difficile de décrire l'émotion que produisirent ces paroles du président, qui, dans ces circonstances critiques de la fin de mai 93, semblaient un appel à la guerre civile. « Alors, dit un contemporain, la salle ressembla moins au sanctuaire des lois qu'à une arène de gladiateurs (1). »

Mais cette allocution furieuse, Isnard la rétracta bientôt (comme il avait rétracté sa profession d'athéisme), dans cette lettre du 3 octobre 1793, dont nous avons déjà signalé le ton peu digne (2) : « Comme je n'eus pas une minute à réfléchir à cette réponse, écrit-il à la Convention, et que j'avais l'âme très émue, mon imagination ardente me fournit quelques expressions exaltées, une métaphore trop hardie ; et quel est celui qui en improvisant dans des moments semblables, et en présence de quatre mille spectateurs, est le maître de peser toutes ses paroles ? Loin de vouloir la destruction de Paris, mon intention était de lui épargner tout danger en lui représentant avec force ceux auxquels il s'exposait s'il attentait à la représentation nationale ; et observez que ce que je dis au sujet de cette ville n'était ni un vœu ni une prédiction, comme on l'a, avec méchanceté, répandu dans le public, mais seulement la supposition d'un malheur à craindre, dans le cas où l'on égorgerait des députés......... Est-il si surprenant qu'au milieu de tant de séances orageuses, dans des moments d'effervescence et de trouble, où le tocsin était prêt à se faire entendre et le

---

(1) Beaulieu, *loco citato*. « On ne peut, dit Mercier, peindre la rage, le frémissement que ces mots inspirèrent aux Jacobins et à la société mère. On eût dit que leur salle était embrasée ; ils en ont rugi chaque jour. » *Nouveau Paris*, V, 179.

(2) Cependant, au 2 juin, il s'était démis en termes assez fiers. — La lettre du 3 oct. 93 a été publiée pour la première fois par M. Daubau, *La démagogie*, p. 445.

canon d'alarme à tonner, il soit échappé une expression hasardée aux députés du Midi, dont l'âme est aussi brûlante que pure et qui de tout temps s'est exprimée par de fortes images ?......... Quoi ! une seule phrase inconsidérée, et à laquelle je n'ai pas réfléchi, sur la foi de l'entière liberté d'opinion, causerait ma perte ! » Et plus tard, dans une lettre du 20 frimaire an III, adressée aux trois comités de gouvernement, il se désavoue plus explicitement encore : « Si j'ai laissé échapper quelque phrase hasardée et d'une exagération ridicule, c'est que mon caractère est fougueux et mon imagination très méridionale ; c'est que j'ai improvisé au milieu des cris, que l'hyperbole m'est familière, et que d'ailleurs les mouvements d'une juste indignation ne se mesurent pas. » Ces aveux sont importants pour la caractéristique de l'éloquence d'Isnard. Ils expliquent aussi comment cet orateur si versatile avait cessé d'émouvoir. Et quand le même homme rentra à la Convention, moins de quatre mois après cette rétractation, il se glorifia hautement, à la tribune, d'avoir prononcé « cette phrase hasardée ! » Blanc (des Bouches-du-Rhône) avait rappelé ce souvenir fâcheux (5 germinal an III) : « Je ne viens point, répondit Isnard, me disculper ; je m'honore de la conduite que j'ai tenue au fauteuil, quoique je n'y aie rencontré que la mort par votre injustice. (*Applaudissements redoublés.*) Je m'honore surtout de ma réponse à la commune conspiratrice de Paris. (*Blanc :* Elle ne l'était pas alors.) Si, à cette époque, elle n'eût pas trouvé des complices de ses forfaits, la France n'eût pas été baignée dans le sang.... (*Un grand nombre de voix :* C'est vrai ! *Des applaudissements partent de tous les côtés et se prolongent pendant très longtemps.*) La souveraineté nationale n'aurait pas été usurpée, et les crimes affreux que nous avons à punir aujourd'hui n'auraient pas été commis. S'il est une ville qui ait dû applaudir à ce que j'ai dit, c'est celle-ci. Paris, j'ai mesuré de l'œil l'abîme où la perfidie voulait t'entraîner ; c'est moi qui ai voulu te sauver. (*Quelques murmures à l'extrémité gauche. — Quelques applaudissements dans les autres parties de la salle.*) Tu ne te rappellerais pas avec effroi l'idée de ces bandes de victimes traînées à l'échafaud ; la France n'eût pas été inondée de crimes, de sang et de larmes. Quoi ! lorsque je me suis dévoué pour sauver mon pays d'un déluge d'attentats, ceux qui s'y sont opposés... (*Quelques membres de l'extrémité gauche murmurent.*) Quoi ! c'est vous qui avez assassiné ma patrie.... (*Les mêmes murmures recommencent. Un grand nombre de voix :* Oui, oui ! il a raison !)

« Isnard, *s'adressant aux membres de l'extrême gauche :* Malheureux ! regardez vos habits, ils sont encore tachés de sang... (*Applaudissements redoublés.*) Rendez grâce à la générosité qui me retient de dérouler ici l'immensité de vos crimes. (*Quelques voix :* Déroule-les !) Je le répète, je m'honore de ce que j'ai fait, je m'honore de ce que j'ai été, et vous, vous aurez éternellement à pleurer et sur vos actions et sur vos discours. (*Les plus vifs applaudissements se renouvellent*). »

On le voit : cette impudente hâblerie eut le plus vif succès dans la Convention dégénérée. Mais ce sont chez Isnard les mêmes procédés qu'en ses grands moments d'éloquence, les mêmes images fortement colorées. Il se retrouva encore tel qu'il était en décembre 1791, quand, envoyé en Provence, il excitait contre les Montagnards les émigrés ou les amis des émigrés. « Si vous rencontrez des terroristes, disait-il aux égorgeurs provençaux, frappez-les : si vous n'avez pas d'armes, vous avez des bâtons ; si vous n'avez pas de bâtons, déterrez vos parents et de leurs ossements assommez les terroristes (1). »

(1) Sur l'authenticité de cette phrase, cf. Buchez, XXXVI, 428 ; XXXVII, 120, 122, 128, 129.

Est-il nécessaire de citer le discours qu'il prononça au Conseil des Cinq-Cents contre Fréron? c'est toujours la même violence, ce n'est plus le même talent. Depuis qu'Isnard a renoncé à se faire l'écho ou l'excitateur de l'enthousiasme populaire, son éloquence a baissé; sa rhétorique, visible déjà dans ses premiers discours, mais heureuse et agréable, n'use plus que de procédés grossiers, de métaphores ou criardes ou triviales. Cet art qui n'a jamais été discret ni délicat, mais qui fut puissant, tourne au métier. C'est toujours la même facture, les mêmes énumérations, les mêmes interrogations, avec force points suspensifs, la même période faite de propositions d'égale longueur, aboutissant à la même exclamation finale, dans le style écrit de la *Proscription* ou du *Traité sur l'immortalité de l'âme*, comme dans les discours prononcés après Thermidor.

Si donc cette éloquence a été vivante en 1791 et en 1792, quand elle exprimait des idées vivantes, elle a dégénéré en 1793 et surtout en 1795, quand elle a voulu ressusciter des idées fausses ou mortes, des rancunes légitimes en partie, mais étroites et, pour ainsi dire, départementales. Alors Isnard tombe au niveau des moindres praticiens de la parole, et tout *le méchant goût du jour*, toute la trivialité des médiocres qui émergent après Thermidor, toute la pompe académique qui n'a jamais cessé d'être à la mode en France, s'étalent en couleurs grossières dans ses compositions oratoires, qui dès lors sentent le collège et préparent l'avènement de la prose poétique.

Oui, c'est Isnard et quelques autres orateurs emphatiques qui sont responsables du développement excessif, dans toutes les parties de la littérature, de cette prétention à reproduire dans la prose le mouvement et les images de la poésie. L'orateur coupait la période en phrases courtes, symétriques, rythmées comme des vers, recherchant des assonances, piquant avec art les épithètes voyantes, reproduisant à la tribune tout le fracas voulu, tout le bruit interrogatif et admiratif, des versificateurs alors à la mode. Les questions stéréotypées des narratifs à la Delille : *Qu'entends-je ?... Que vois-je ? Où courent ces hommes ?... Quel délire m'égare ?* les apostrophes sonores et inutiles, le *beau désordre* froidement combiné d'une ode pseudo-pindarique, toute cette friperie des versificateurs qui inondent de leur lyrisme glacé jusqu'aux grands journaux, comme le *Moniteur*, — Isnard et d'autres l'apportèrent à la tribune en 1795 et vêtirent l'éloquence de la défroque de l'*Almanach des muses*. Le sérieux et la pureté du caractère de Danton, de Vergniaud, de Robespierre, les avait préservés presque toujours de ce clinquant qui fut à la mode jusqu'en 1830 ; mais les moindres orateurs s'en parèrent à l'envi, à l'exemple d'Isnard, qui, à ses heures de décadence oratoire, se trouve être ainsi un des précurseurs de M. de Marchangy.

On ne pourrait donc écrire une histoire de la prose poétique sans parler d'Isnard. Mais les contemporains n'étaient pas aussi sensibles que nous à l'influence fâcheuse qu'il exerça sur l'art de parler et d'écrire. Il y avait deux jugements sur lui, tous deux vrais, selon les circonstances. Isnard était pour les tribunes de 1791 un orateur, et les tribunes avaient raison. Il n'était qu'un déclamateur pour quelques délicats, et ceux-ci n'avaient pas tout à fait tort. Leur opinion a été résumée par un homme incapable d'être autre chose que l'écho des beaux esprits de son temps, par Rœderer, qui a laissé ce portrait d'Isnard : « De l'esprit, mais toujours égaré par une imagination folle. Du talent, mais sans culture, sans méthode, sans règle. De la probité, mais peu de connaissances ; des idées fausses, une chaleur désordonnée. L'ambition des succès oratoires, point de caractère...... Il menaçait, il tonnait, il foudroyait sans cesse ; mais, à la fin de tout ce bruit, rien (1). »

(1) *Œuvres* III, 273.

CHAPITRE II

LANJUINAIS.

Si glorieux que soit aujourd'hui le nom de Lanjuinais, cet avocat de Rennes, que son instruction variée et ses écrits judicieux devaient désigner pour la troisième classe de l'Institut, ne s'offrait pas d'ordinaire avec l'air génial d'un Mirabeau ou d'un Danton. A la Constituante, sa parole avait paru claire et honnête, mais il n'était venu à l'idée d'aucun journaliste de le signaler comme orateur. Au contraire, à la Convention, il força l'admiration des plus indifférents par son attitude héroïque dans le procès du roi et dans la journée du 2 juin : à ces moments-là, il fut orateur.

Orateur complet ? non certes : son inspiration est intermittente, à la merci du hasard. Ce n'est pas l'éloquence d'un politique et d'un penseur. Cerveau borné et incapable de création et de critique, Lanjuinais a du bon sens, du cœur, une volonté inexorable. Deux ou trois idées, courtes et chimériques, l'éblouissent et l'aveuglent : il rêve le triomphe du gallicanisme et le règne de la loi en pleine crise destructive. Au nom de la liberté, il relève avec feu les incorrections populaires. Son opposition, noble et stérile, n'indique pas ce qu'il ferait, s'il avait le pouvoir, et quand l'influence lui vint après Thermidor, son insuffisance politique ne put être cachée par le prestige de sa vertu.

On a voulu pourtant lui prêter des desseins et faire de lui, après coup, un fervent royaliste. Son fils l'a représenté maudissant le 10 août (1), pleurant la chute du trône. Cependant, à la tribune de la Convention, il se déclara plus d'une fois républicain, lança l'anathème contre le parti royaliste et, nous le verrons, appela l'insurrection du 10 août *une conspiration sainte*.

Etait-il girondin ? Il déclare lui-même n'avoir jamais vu M*me* Roland : « J étais absent de la séance, écrit-il, quand elle comparut à la barre de la Convention, et je ne lui ai jamais fait de visites (2). » Dans l'exorde de son discours contre Philippe-Egalité (19 décembre 1792), il se présente comme « étranger à tous les partis, isolé de toutes les sociétés. » Cependant il vota souvent avec les Girondins et s'associa notamment à la campagne (toute girondine) contre le duc d'Orléans. Il n'est pas un brissotin, un rolandin, un familier de Valazé ou de Meillan, mais il appartient à la Gironde, sinon par ses idées religieuses, du moins par ses votes, par son attitude générale, par sa retraite à Caen après le 31 mai. Il a siégé à l'extrême droite d'un groupe dont Condorcet représente l'extrême gauche.

Mais il ne se concerte avec personne et nul, pas même lui, ne peut prévoir ce qu'il dira dans une circonstance donnée. Il se lève tout d'un coup, poussé par le cri de sa conscience. C'est ainsi qu'il soutint spontanément la motion faite par Buzot d'expulser tous les Bourbons, sans se douter qu'il donnait à une manœuvre l'autorité de sa candeur : « Tout vous annonce, dit-il le 16 décembre 1792, que ces hommes-là veulent la royauté, parce qu'ils ont un intérêt réel à l'avoir ; parce qu'ils sont placés de manière que les grâces de la liste civile se répandraient sur eux. (*On applaudit.*) Jetez un regard sur les hommes qui se distinguent à la

---

(1) *Notice historique sur la vie et les ouvrages du comte Lanjuinais*, par Victor Lanjuinais, en tête des *Œuvres complètes* de Lanjuinais. Paris, 1832, 4 vol. in-8.

(2) *Œuvres*, I, 195.

tête de vos armées. Elles se trouvent dans les mains de ceux qui tiennent de plus près, le plus directement à la famille de ceux qu'on voudrait rétablir sur les ruines de la liberté. Personne, dit-on, ne songe à relever la royauté. Ah! personne n'y songe! Eh bien, donnez-nous donc des preuves (1). Hâtez-vous de vous réunir à nous pour détruire les dernières espérances de la tyrannie. Mais lorsqu'on agite les plus grandes questions, si vous venez argumenter des vices de forme, oh ! ce sera alors que, malgré moi, je serai obligé de me livrer à mes défiances. J'appuie donc la motion de Buzot. Au surplus, j'atteste qu'arrivé il y a une demi-heure à la séance, j'ignorais qu'il fût question d'une motion que je porte dans mon cœur depuis trois ans. »

Le 19, il revint à la charge et attaqua sans ménagement la personne même du duc d'Orléans :

« Où reposera-t-il sa tête ? vous a-t-on dit. A l'Orient, à l'Occident ; toute la terre lui est ouverte. Ce sont donc des individus bien difficiles à placer, ces individus royaux, si les quatre coins du monde ne leur suffisent pas! Je connaissais le bon esprit de quelques personnes qui approchent de Philippe Capet ; je comptais sur une démission ; il s'était même répandu qu'elle viendrait : on a adopté un autre système. Mais j'examine la question telle qu'elle a été présentée. L'individu de la race royale, nommé représentant du peuple, peut-il, sans violation des principes, être compris dans l'expulsion de cette même race? D'abord je demanderai pourquoi non? Quel est ici le principe? Il n'y en

---

(1) Le texte du *Journal des débats* offre ici une variante importante : « Jetez un regard sur ceux qui sont à la tête de nos armées. Tous tiennent presque immédiatement à la famille que l'on semble vouloir élever sur les ruines de la liberté. (*Murmures à l'extrémité.*) Et, par exemple, le ci-devant chancelier du ci-devant prince, n'a-t-on pas voulu en faire le ministre de la guerre ? Or, si les soupçons... (*Bazire* interrompt l'orateur et semble lui adresser quelque personnalité. — Ecoutez-le, lui dit-on, c'est l'homme de la République.) Hâtez-vous, reprend *Lanjuinais*, hâtez-vous de vous réunir à nous, etc. »

a point d'autres que le salut public. Ce qui l'exige, c'est tout ce qui est nécessaire, tout ce qui est possible. Il n'y en a point d'autres que la nécessité de conserver la tranquillité publique dans ces moments d'orages, et dans cette ville surtout qui est en possession de donner l'impulsion à la France et qui prétend presque en avoir le droit. Le représentant peut se démettre sans consulter ni la section qui l'a nommé ni l'assemblée dont il est membre : donc il est vrai qu'il n'y a rien d'essentiel à la représentation nationale qui est essentielle à la République, mais non un individu de la Convention....... (*Une voix s'élève dans l'extrémité*: Quel galimatias ! — *Lanjuinais reprend* :) mais non un individu de la Convention, ni même celui qui m'interrompt : si l'individu représentant se démet ou s'il est jugé coupable, il suffit que son suppléant soit admis pour que la représentation nationale ne perde rien de son intégrité. »

On le voit : Lanjuinais se montre ici aussi républicain que Robespierre, que Saint-Just, que les plus exaltés. Il avait prêté serment à la République, et il ne manqua jamais à sa parole ; la prévoyance, l'intelligence lui firent défaut, sa fidélité resta entière jusqu'au 2 juin. Ce n'est pas l'amour de la royauté qui le porta à disputer la tête de Louis XVI à la Montagne : il obéit, dans cette occasion comme dans les autres, à une conviction intime. Il ne lui semblait pas que les conventionnels, que les vainqueurs du 10 août pussent s'ériger en juges du roi vaincu. Il ne leur reconnaissait qu'un droit, celui de prononcer sur le sort de Louis XVI par mesure de sûreté générale. C'est la thèse qu'il soutint, avec une énergie exaltée, dans la séance du 26 décembre.

Il avait appelé *conspirateurs* les hommes du 10 août : cette expression souleva un long orage. Mais il la maintint et la justifia : « Je l'ai dit, parce que c'est le mot qui convient ; je l'ai dit, parceque c'est le mot de Barbaroux : je l'ai dit, parce qu'il y a de saintes conspirations contre la tyrannie ; et je l'ai dit parce que Brutus, dont voilà l'image, a été un de ces illustres et saints conspirateurs (1). »

Il se fit alors un grand silence, et Lanjuinais put continuer : « Vous ne pouvez rester juges de l'homme désarmé, duquel plusieurs d'entre vous ont été les ennemis directs et personnels, puisqu'ils ont tramé l'invasion de son domicile, et qu'ils s'en sont vantés. (*Une voix*: C'est la nation entière qui l'a détrôné.) Vous ne pouvez pas rester juges, applicateurs de la loi, accusateurs, jurés d'accusation, jurés de jugement, ayant tous ou presque tous ouvert vos avis, l'ayant fait, quelques-uns de vous, avec une férocité scandaleuse. (*De violentes rumeurs s'élèvent et interrompent pendant quelque temps l'orateur.*) Suivons une loi simple, naturelle, imprescriptible, positive : elle veut que tout accusé soit jugé avec les avantages que la loi du pays lui assure.

« Si donc il est vrai que, considérant l'affaire sous le point de vue judiciaire, nous ne pouvons rester juges ; s'il est vrai que moi et plusieurs autres aimons mieux mourir que de condamner à mort avec la violation des formes, même le tyran le plus abominable... (*Quelques rumeurs. Une voix s'élève*: Vous aimez donc mieux le salut du tyran que le salut du peuple?) J'entends parler du salut du peuple ; c'est là

---

(1) Texte du *Journal des débats* : « Au mot de conspirateurs, l'extrémité gauche se soulève et demande que Lanjuinais soit envoyé à l'Abbaye. Après un moment d'agitation, *Mazuyer* prend la parole : « Je voudrais bien savoir, dit-il, quel est le membre qui prend à injure d'être appelé conspirateur de la sainte journée du 10 août ? Et moi aussi, je suis un conspirateur. (*Applaud.*) *Lanjuinais* reprend ainsi : « On vient d'exprimer mon idée, et, certes, je n'ai jamais voulu dégrader l'illustre journée du 10 août : je l'ai dit, parce que c'est le mot propre, parce que c'est le mot de Barbaroux, parce qu'il est beau de conspirer contre les tyrans, parce que Brutus fut aussi un saint conspirateur. »

l'heureuse transition dont j'avais justement besoin. Ce sont donc des idées politiques qu'on vous appelle à discuter et non pas des idées judiciaires. J'ai donc eu raison de vous dire que vous ne deviez pas vous montrer ici comme juges, mais comme législateurs. La politique veut-elle que la Convention soit déshonorée ? La politique veut-elle que la Convention partage les inconvénients, les calamités qui peuvent résulter et de la diversité et de la variabilité étonnante de l'opinion publique ? Certes, il n'y a qu'un pas dans l'opinion publique de la haine et de la rage à l'amour et à la pitié. Eh bien ! on voudrait que vous vinssiez pour le salut de l'État, dit-on, à la dissolution effrayante qui paraît vous menacer, soit que vous ayez prononcé pour, soit que vous prononciez contre. Et moi aussi je vous dis : consultez le salut du peuple. Je vous propose une mesure de sûreté générale qui vaut mieux qu'un jugement ; le salut du peuple veut que vous vous absteniez d'un jugement qui vous fera de grands ennemis, qui les aidera à servir les horribles conspirations qu'ils méditent contre nous. Si vous suivez les principes de l'ordre judiciaire, vous ne pouvez confondre dans vos personnes des rapports incompatibles, qui ne peuvent exister chez une nation humaine et éclairée. Si vous consultez la politique, vous aurez également à examiner la question de la vie ou de la mort de Louis le dernier, mais sous des rapports bien moins difficiles. Il est temps de fixer l'opinion sur cet objet perpétuel d'alarmes et d'espérances. Je demande que l'assemblée, rapportant son décret par lequel elle a décidé qu'elle jugerait Louis XVI, l'interprétant, décrète *qu'elle prononcera sur son sort*, par forme de mesure de sûreté générale, deux jours après la distribution du mémoire. J'observe d'ailleurs que ce sont les expressions dont vous vous êtes servis dans le décret par lequel vous avez prorogé le délai accordé à Louis pour sa défense. »

Après avoir voté pour l'appel au peuple, il demanda que la majorité requise pour faire force de jugement fût des deux tiers des voix ; puis, après avoir déclaré que, *comme homme, il voterait la mort de Louis*, il ne se reconnut pas le droit de la voter comme législateur, et il opina « pour la réclusion jusqu'à la paix, et pour le bannissement ensuite, sous peine de mort en cas qu'il rentrât en France. »

Jusqu'au 2 juin, il combattit avec les Girondins, sans être leur homme, puisque jamais leurs voix ne le portèrent à la présidence ; mais cet allié indépendant ne leur fut pas inutile, surtout quand, le 8 février 1793, il se joignit à eux pour combattre la pétition qui demandait le rapport du décret porté contre les auteurs des journées de septembre :

« Je n'ignore pas, dit-il, les provocations au meurtre que nous lisons dans le journal d'une certaine société, je n'ignore pas quelle est la latitude de cette phrase : *Nous le vengerons sur tous les ennemis publics* (1); et cependant je viens m'élever contre cette pétition par laquelle on demande une amnistie pour le massacre de huit mille citoyens assassinés paisiblement par deux cents autres, à l'instigation d'une demi-douzaine de chefs principaux, pour un massacre qui avait été mûrement médité, qui était inutile à la liberté, mais fort utile à l'agrandissement de *quelques ambitieux* ; je m'élève contre une pétition dans laquelle on a insulté ce peuple, auquel on ne peut reprocher que trop de faiblesse. Mais le cri de la vérité a percé ; on sait que ces horreurs ne sont que l'ouvrage d'une poignée de tyrans qui avaient composé les listes, délivré les mandats, mis les têtes à prix, donné 5 l., 64 l., 94 l.

(1) Les pétitionnaires avaient dit, en faisant allusion à Lepelletier : « Nous jurons de venger sa mort dans le sang de tous les ennemis du peuple. »

pour différentes personnes. Tous ces détails sont tirés des registres des sections et de la municipalité de Paris. Eh bien, si c'est là l'ouvrage de quelques tyrans obscurs, il faut qu'ils tombent comme les tyrans couronnés. Cette entreprise, qui dura depuis le 2 jusqu'au 9 septembre, n'est pas sans doute le résultat d'une émeute populaire, c'est la suite de proscriptions tyranniques : eh bien ! si le temps de la liberté est arrivé, que les auteurs des proscriptions fuient une terre qu'ils ont déshonorée, ou qu'ils subissent la peine destinée à leurs crimes. Si vous pardonnez, il en résultera que, quand des meneurs ambitieux ou pillards se mettront à la tête de ces hommes immoraux qui pullulent dans les temps de révolution, ils pourront abuser du nom et de l'autorité du peuple ; ils pourront ordonner des massacres pour assouvir des vengeances particulières ; ils pourront les renouveler dans toute la France avec impunité, et réaliser dans toute son étendue cette phrase : *Nous massacrerons tous les ennemis publics.* Et alors, ne pourra-t-on pas dire avec raison que, placés sous la hache des massacres du 2 septembre, vous n'avez pas osé rechercher leurs chefs ? Comment ne le dirait-on pas, si vous refusez de poursuivre les auteurs de cette lettre aux communes de la République et dans laquelle on leur disait en deux mots : *Nous avons tué, tuez; nous avons massacré, massacrez* (1) ? Et l'on sait que depuis quinze jours il est parti, au nom de la commune de Paris, de nouveaux émissaires pour les départements. Eh quoi ! c'est lorsqu'il s'agit de découvrir les principaux auteurs de pareils forfaits, qu'on demande la suspension de la procédure ! Citoyens, elle doit être continuée; votre honneur, votre sûreté, le vœu de vos commettants, tout l'exige. Je demande donc que, sur la

---

(1) Le *Moniteur* défigure ainsi cette phrase : « Nous avons tué, tué; nous avons massacré, massacré. »

pétition et toutes les propositions faites, vous passiez à l'ordre du jour (1). »

Arrivons enfin à cette journée du 2 juin, dont Lanjuinais fut le héros.

Presque au début de la séance, comme les délégués de l'assemblée révolutionnaire de l'Évêché demandaient audience et que déjà la Convention n'était plus libre, Lanjuinais voulut faire une motion d'ordre. L'ordre du jour fut réclamé par la Montagne. « Je demande, dit-il alors, à parler sur la générale qui bat dans tout Paris. — Vous voulez, lui cria-t-on, mettre la division dans l'Assemblée ; à bas ! vous voulez allumer la guerre civile. » Imperturbable, il commença :

« Je viens vous occuper des moyens d'arrêter les mouvements qui se manifestent encore dans la ville de Paris, mouvements non moins dangereux pour la liberté que ceux qui ont éclaté depuis deux jours. Tant qu'il sera permis de faire entendre ici sa voix, je ne laisserai pas avilir dans ma personne le caractère de représentant du peuple. Je réclamerai ses droits et la liberté. Je vous dirai des vérités, non pas de celles qui tuent la vérité même, qui tuent la liberté.... (*On murmure.*) Il n'est que trop notoire que depuis trois jours vous ne délibérez presque plus, que vous êtes influencés et au dedans et au dehors ; une puissance rivale vous commande : elle vous environne : au dedans, de ses salariés ; au dehors, de ses canons. Je sais bien que le peuple blâme et déteste l'anarchie et les factieux ; mais enfin il est leur instrument forcé. Des crimes que la loi déclare dignes de mort ont été commis. Une autorité usurpatrice a fait tirer le canon d'alarme. (*Nouveaux murmures.*) Il semblait qu'un voile officieux devait être jeté sur tout ce qui s'était passé. Mais le lendemain

---

(1) *Journal des débats et des décrets.*

le désordre continue, le surlendemain il recommence.

« *Thuriot.* Vous calomniez tous les jours.

« *Legendre.* Il n'est pas permis de conspirer à la tribune. Vous conspirez sans cesse à cette tribune. (*Applaudissements des spectateurs, parmi lesquels on entend des cris* : A la Vendée !)

« *Lanjuinais.* Comment voulez-vous assurer la liberté de la représentation nationale, lorsqu'un député vient de me dire à cette barre : jusqu'à extinction des scélérats qui te ressemblent, nous remuerons et agiterons ainsi. (*Nouvelles interruptions.*)

« *Guffroy, Drouet.* Entendez les pétitionnaires.

« *Plusieurs voix* : Maintenez la parole à Lanjuinais.

« *Julien.* Il en abuse pour faire une diatribe calomnieuse contre Paris.

« *Lanjuinais.* Nous avons pallié les démarches des coupables, des factieux, des anarchistes. (*Les murmures augmentent et se prolongent.*)

« *Billaud-Varennes.* Et la contre-révolution que tu as faite à Rennes?

« *Lanjuinais.* Ces messieurs ont arrêté à la poste les lettres des citoyens des sections de Rennes qui m'annoncent que j'ai bien mérité de la patrie. (*On rit et on murmure.*)

« *Drouet.* Je soutiens que tu as menti ; tu es un infâme imposteur.

« Drouet monte à la tribune. — On réclame la parole en faveur de Lanjuinais. — Quelques moments se passent dans l'agitation.

« *Drouet.* Je suis sûr qu'il est faux qu'on ait violé le secret des lettres à l'égard de Lanjuinais.

« *Lanjuinais.* Je l'ai prouvé à dix de mes collègues.

« *Fermon.* Je dois dire à l'assemblée que j'ai reçu un paquet ouvert ; mais où on a eu la bonté de laisser une lettre dans laquelle on annonce qu'on a chassé de Rennes un nommé Bernard, accusé et convaincu de friponnerie dans les fournitures publiques. Voilà la contre-révolution qu'on a faite à Rennes.

« *Lanjuinais.* Qu'avez-vous fait? rien pour la dignité de la Convention, rien pour la conservation de l'intégrité de la représentation nationale attaquée depuis deux jours. Voici mes preuves.

« *Turreau.* Tu as donc juré de perdre la République par tes déclamations, par tes éternelles calomnies!

« *Lanjuinais.* Une assemblée usurpatrice non seulement existe, non seulement délibère, mais elle agit, mais dans la nuit du vendredi au samedi elle a conspiré; non pas la grande assemblée qui séduit, égare et trompe les ignorants, mais le comité directorial et exécutif de cette assemblée. C'est lui qui a fait hier sonner le tocsin jusqu'à 11 heures du soir; c'est lui qui recommencera encore aujourd'hui. Cette commune révoltée, illégalement nommée, existe encore. Le secret des lettres a été violé, et n'est pas rétabli. Si, lorsque je parlai jeudi soir des mouvements qu'on préparait, vous aviez voulu m'entendre, la scène ne serait pas arrivée. Eh bien, écoutez-moi donc. Quand cette autorité rivale et usurpatrice vous fait entourer d'armes et de canons, on venait vous reproduire cette pétition traînée dans la boue des rues de Paris..... (*Nouveaux murmures dans une grande partie de l'assemblée et dans les tribunes. — Un membre:* Lanjuinais insulte le peuple dans l'exercice même de son droit de pétition.) Cette même pétition, dis-je, qui avait été déclarée calomnieuse, après une longue discussion, et pour ainsi dire à l'unanimité... (1). On nous

---

(1) *Journal des débats :* « On reproduit une pétition traînée dans la boue des rues de Paris et déclarée calomnieuse : que faites-vous ? vous la renvoyez au comité de salut public; pourquoi? pour en faire un rapport : vous avez donc supposé qu'on pouvait vous faire un rapport sur des faits déclarés calomnieux par vous? On nous accuse de calomnier Paris, etc. »

accuse de calomnier Paris. (Un grand nombre de voix :
Oui, oui.) Non, Paris est pur, Paris est bon ; Paris est opprimé par des tyrans qui veulent du sang et de la domination. (Nouveaux cris: *A bas! A bas!*)

« Drouet, Robespierre jeune, Julien et quelques autres membres entourent la tribune. Quelques membres accusent Legendre d'avoir voulu en arracher Lanjuinais. Une agitation tumultueuse s'empare de l'assemblée. Le président se couvre. Après quelques moments le calme se rétablit :

« *Le président découvert :* La scène qui vient de se passer est des plus affligeantes. La liberté périra si vous continuez à vous conduire de même. (*Plusieurs voix :* Non, non.) Je vous rappelle à l'ordre, vous qui vous êtes ainsi portés à cette tribune. Plusieurs fois j'ai invité Lanjuinais à se renfermer dans la question. Je vous rappelle au calme, à la dignité. Conduisons-nous comme les représentants d'un peuple libre.

« *Lanjuinais.* Je demande que toutes les autorités révolutionnaires de Paris, et notamment l'assemblée de l'Evêché, le comité central ou exécutif de cette assemblée, soient cassés, ainsi que ce qu'ils ont fait depuis trois jours, et que le comité de salut public vous rende compte après-demain de l'expédition du décret que vous rendrez à ce sujet. Je vous demande encore que tous ceux qui voudront s'arroger une autorité nouvelle et contraire à la loi, soient déclarés hors de la loi, et qu'il soit permis à tous les citoyens de leur courir sus. »

On remarquera que le *Moniteur* ne dit pas un mot des menaces de mort dont Lanjuinais fut l'objet pendant cette scène tumultueuse, ni de l'heureuse et héroïque saillie dont il stupéfia Legendre. Il faut se reporter au récit que lui-même nous a laissé de ces incidents :

«Ce jour, écrit-il, je parlai deux fois contre les arrestations arbitraires dénoncées par les pétitions. A la seconde fois Legendre, boucher, faisant avec effort le geste du merlin, me menaça et cria : « Descends, ou je vais t'assommer. » Son geste m'inspira ; je le fis taire et s'asseoir en lui disant à regret : « Fais décréter que je suis bœuf et tu m'assommeras. » Revenu bientôt de son trouble extrême, il vient m'assaillir à la tribune avec Chabot, Turreau, Drouet, Robespierre jeune et d'autres armés de pistolets ; il m'applique le sien immédiatement sur la gorge, pour me forcer à descendre. D'autres viennent à mon secours, armés aussi de pistolets ; parmi ces derniers étaient Biroteau, Defermon, Leclerc de Loir-et-Cher, Lidon, Penière, Pilastres, etc. Ces derniers me protègent, et les autres me saisissent, me poussent, m'injurient et me menacent. Je demeure impassiblement cramponné à la tribune (1) ; enfin le tumulte s'apaise, tous se retirent, et je recommence à tonner contre l'affreuse théorie des suspects (2). »

A la fin de la séance, il eut encore une inspiration éloquente. Isnard, Lanthenas et Fauchet venaient de se démettre de leurs fonctions, et on aurait pu croire que toute la Gironde allait suivre cet exemple, quand Barbaroux se leva et déclara qu'il mourrait à son poste, sans démissionner. Ces paroles soulevèrent un orage, qui continuait encore quand Lanjuinais parut à la tribune :

« J'ai, je le crois, jusqu'à ce moment, dit-il, montré quelque courage et quelque énergie : n'attendez donc de moi ni démission, ni suspension...(3). » Cependant la Montagne,

(1) Dans ses *Poèmes de la Révolution* (Paris, Charpentier, 1879), M. Emmanuel des Essarts a éloquemment retracé ce duel de Lanjuinais et de Legendre. Ce livre n'est pas seulement remarquable par l'inspiration poétique : l'auteur a étudié la Révolution en historien, et c'est d'après les sources qu'il a chanté Danton, Desmoulins, Saint-Just et la plupart des orateurs.
(2) *Œuvres de Lanjuinais*, I, 197.
(3) *Moniteur*.

tournée vers Barbaroux, continuait à l'injurier, et Chabot était à la tête des insulteurs. Alors Lanjuinais : « Je dis au prêtre Chabot : on a vu, dans l'antiquité, orner les victimes de fleurs et de bandelettes ; mais le prêtre qui les immolait ne les insultait pas (1). On parle du sacrifice de mes pouvoirs. Des sacrifices ! quel abus de mots ! Les sacrifices doivent être libres, et vous ne l'êtes pas. La Convention est assiégée ; des canons sont braqués contre ce palais ; il est défendu de se mettre à la fenêtre ; les fusils sont chargés. Je déclare donc que je ne puis émettre aucune opinion en ce moment, et je me tais (2). »

Il fut décrété d'arrestation avec les Girondins, mais non sans hésitation. « Alors, ajoute-t-il, deux Montagnards égarés, et que je pourrais nommer, luttèrent contre ceux qui me défendaient, en criant, hurlant : *Lanjuinais catholique... catholique.... catholique*. Le président, qui favorisait le complot,

(1) Texte donné par Lanjuinais lui-même. *Œuvres*, I, 198.

(2) Le *Journal des débats*. — Le *Moniteur* est, ici, incomplet et inexact. Il fait parler Barbaroux *après* Lanjuinais, quand le *Journal des débats* et Lanjuinais lui-même le font parler *avant*. D'autre part, Lanjuinais déclare formellement que sa célèbre apostrophe s'adressait non à ses propres insulteurs, mais à ceux de Barbaroux. Voici comment il s'exprime : « A la fin de la séance, Barbaroux et deux ou trois autres ayant paru et parlé, on injurie Barbaroux. C'était le prêtre-capucin Chabot qui proférait les paroles outrageuses ; je le repris exactement dans ces termes : « Je dis au prêtre Chabot : on a vu, dans l'antiquité, orner les victimes de fleurs et de bandelettes : mais le prêtre qui les immolait ne les insultait pas... » Et je continuai mon discours. » (Œuvres, I, 198.) C'est donc là le vrai texte des paroles de Lanjuinais. Mais M. Vatel n'en est pas satisfait. Dans ce mot de *victimes*, il ne voit (*Vergniaud*, II, 412) qu'un *bétail* : « Quelle injure est possible, dit-il, contre une brebis ou un taureau, et que faisaient à une bête insensible les couronnes de fleurs ? » Or il lit dans le *Républicain français* (je rectifie sa citation qui n'est pas textuelle) : « J'observe à mes interlocuteurs qu'on a vu quelquefois, dans les contrées barbares, des peuples conduire au bûcher des victimes *humaines*...... » Et il ajoute : « Victimes *humaines !* Tout s'explique. Ce mot éclaire la phrase et la rend aussi lumineuse qu'elle était obscure. » Mais non : tout le monde avait compris que les victimes dont parlait, Lanjuinais, c'étaient les Girondins.

voyant l'Assemblée très faible et mêlée d'étrangers, mit de suite aux voix mon arrestation (1). »

Mais il faut remarquer toutefois que ni le *Moniteur*, ni le *Journal des débats*, ni le *Républicain français* ne mentionnent que Lanjuinais ait été l'objet d'un décret spécial, autre que celui dont les chefs de la Gironde furent victimes en masse. Est-il bien vrai, d'autre part, que la Montagne, où siégaient des évêques, lui ait fait un crime d'être catholique ? c'est là un grief qui, sous cette forme, n'aurait pas été compris du peuple. Lisez Marat, il traite ses adversaires de voleurs, de scélérats, mais jamais sous sa plume ni sous celle d'aucun Montagnard ce terme de catholique n'est pris dans un sens injurieux. Même Hébert, dans la plus grande vogue de sa feuille grossièrement voltairienne, n'aura pas l'idée d'employer cette épithète de catholique comme outrageante par elle-même. Ce n'est que sous la Restauration, quand la libre-pensée fut persécutée, que leur qualité de catholique fut jetée à la figure des dévots, sans autre forme de procès et comme parlant assez par elle-même. Justement Lanjuinais écrit ces lignes en 1825 : une illusion de sa mémoire prête aux Jacobins de 1793 le langage des voltairiers de la Restauration.

En tout cas, cet excellent patriote songea aussitôt, dans son malheur personnel, aux dangers de la France. Les insurgés avaient proposé de donner autant d'otages qu'il y avait de Girondins arrêtés. Barbaroux repoussa cette offre avec dédain. « Et moi, dit Lanjuinais, je demande des otages, non pour moi, dès longtemps j'ai fait le sacrifice de ma vie, mais pour empêcher la guerre civile d'é-

(1) *Fragment historique sur le 31 mai*, à la suite des mémoires de Durand de Maillane, Paris, 1825, in-8. — Sa vertu, son horreur de l'intrigue avaient touché jusqu'à Chabot, qui disait à Legendre, d'après Lanjuinais lui-même : « Pourquoi Lanjuinais est-il dans la liste ? F..., c'est un bon b... »

clater et pour maintenir l'unité de la République (1). »

Le lendemain, il écrivit à la Convention la lettre suivante, qui a son éloquence :

« Vive la République une et indivisible ! — Citoyens collègues, je viens d'être mis en état d'arrestation chez moi, ce matin, à neuf heures, en exécution de votre décret. Je suis gardé par deux gendarmes. J'aurais pu fuir et me soustraire à l'oppression ; mais loin de moi cette pensée, je lutterai avec le courage de l'innocence et de la vertu contre mes calomniateurs. Vous avez cédé hier à la nécessité; je vous remercie d'avoir empêché peut-être par votre condescendance de plus grands attentats. — Maintenant, je vous en conjure au nom de la patrie, hâtez-vous de revenir à la justice et à la dignité du peuple fier et magnanime que vous représentez ; hâtez-vous d'étouffer les ferments de la guerre civile que des factieux ont préparée pour ressusciter la tyrannie. Que les départements apprennent presque aussitôt la liberté que l'arrestation de leurs représentants ; que le comité de salut public, après avoir communiqué aux détenus les faits qu'on n'a pas encore articulés contre eux, et qu'on voudrait leur imputer, vous fasse un prompt rapport qui appelle sous la hache de la loi les traîtres, s'il y en avait parmi vos collègues, et fasse éclater l'innocence des autres. Fixez un jour prochain pour ce rapport : c'est tout l'objet de ma pétition. — *Lanjuinais* (2). »

Mais, voyant qu'il ne pouvait obtenir aucune justice des vainqueurs de la Gironde, il s'évada le 23 juin, se rendit à Caen sous un déguisement, n'y séjourna que 24 heures (il n'était pas l'homme de la guerre civile) et se retira dans sa ville natale, à Rennes, où il reçut un accueil enthousiaste. Il n'essaya pas de soulever ses compatriotes contre le

---

(1) *Moniteur.*
(2) *Journal des débats,* séance du 3 juin 1793.

pouvoir central et se borna à critiquer, dans une brochure, la constitution récemment votée (1). L'arrivée de Carrier à Rennes le força à se cacher dans sa propre maison; il réussit à y déjouer, pendant 18 mois, toutes les recherches, et fut rappelé à la Convention, avec les autres survivants de la Gironde, le 18 ventôse an III.

La première fois qu'il parut à la tribune, le 11 floréal de la même année, la Convention, d'après le *Moniteur*, l'accueillit par une ovation qui fut la récompense de son héroïsme au 2 juin : « C'est avec la sensibilité la plus profonde, répondit-il, que je reçois un accueil aussi flatteur. Ce n'est peut-être pas à moi, collègues, qu'il appartient de vous rappeler que nous ne devons nous occuper que de la chose publique. Pour moi, j'ai tout oublié. (*Vifs applaudissements.*) Je ne me souviens que de mon devoir, je n'ai plus d'autre sentiment que le zèle ardent avec lequel j'ai toujours su défendre la liberté. (*Nouveaux applaudissements.*) » Et il prononça un discours où, à propos du projet de Thibaudeau relatif à l'organisation provisoire du gouvernement, il demandait l'application du principe de la séparation des pouvoirs et vantait indirectement le système des deux chambres, dont il s'était déjà montré partisan en 1789 (2).

Les royalistes commencèrent dès lors à compter sur lui, surtout lorsqu'ils l'entendirent, le 14 floréal, dans la discussion sur les confiscations, s'écrier que toutes les victimes du tribunal révolutionnaire avaient été, non pas jugées, mais assassinées.

Mais s'il laissa la réaction se réclamer de son nom respecté, il fut plus étranger qu'on ne le croit aux intrigues qui déshonorèrent la politique révolutionnaire du 9 thermidor

---

(1) *Dernier crime de Lanjuinais : aux assemblées primaires sur la Constitution de* 1793. Rennes, 1793, in-8.

(2) Cf. *Moniteur*, réimpr., I, 439.

au 18 brumaire. Il reste le libéral étroit et sincère qu'il était en 89 et en 93. Sans s'attacher à aucun parti, à aucun dessein politique, il combat tour à tour la gauche et la droite. Il n'écoute que sa conscience, quand, à l'étonnement des contemporains, il réclame les mêmes droits pour les royalistes et pour des républicains. Ainsi, le 10 prairial, il insiste, avec les débris de la Montagne, pour que Romme et consorts soient traduits, non devant une commission militaire, mais au tribunal criminel de Paris ; le 11 prairial, comme rapporteur des comités de sûreté générale, de salut public et de législation, il fait voter la liberté des cultes et s'élève contre « les ravages de l'athéisme ; » le 11 messidor, il sert les royalistes en demandant avec véhémence le rapport de la loi du 10 mars contre les parents d'émigrés ; le 13 fructidor, il combat, au milieu des murmures de la gauche, la proposition « de suspendre les radiations des prétendus émigrés ; » le 5ᵉ jour complémentaire de l'an III, il appuie une pétition qui demandait a mise en jugement des jacobins Pache, Bouchotte, Chrétien, Raisson, Marchand ; enfin, le 4 vendémiaire an IV, il prémunit l'assemblée contre « la rage des royalistes. »

Mais ses amis de la Gironde ne doutaient pas de ses sentiments républicains. Accusé de royalisme par Tallien, il fut défendu victorieusement par Louvet (24 vendémiaire an IV) : celui-ci déclara que Lanjuinais, malgré *ses préjugés religieux*, malgré *son entourage de prêtres,* était un vrai républicain (1).

Dans cette dernière année de la Convention, cet homme que la majorité avait tenu à l'écart des honneurs et du pouvoir avant le 31 mai, fut revêtu des plus hautes fonctions

---

(1) « A cette époque, il fréquentait la société la plus recherchée : Mᵐᵉ de Staël, Mᵐᵉ de Beauharnais ; les généraux Hoche et Moreau étaient ses amis. » Biographie Didot, art. *Lanjuinais*, par L. Louvet.

politiques. Président de l'assemblée (16 prairial an III), il fut le rapporteur ordinaire de la commission des Onze, surtout du comité de législation. Son nom est mêlé à tous les actes importants de la Convention vieillie, surtout aux débats sur la constitution de l'an III, dont il discuta et fit vo'er presque tous les articles. Et cependant, à regarder au fond des choses, il ne dirigeait rien, n'était mêlé à rien, ne voyait même pas ce que faisaient et défaisaient les partis. Ceux-ci prenaient plaisir à abriter leurs intrigues derrière ce héros naïf.

Il conserva jusqu'au bout son auréole du 2 juin ; mais il ne retrouva pas, comme orateur, ces effets à demi sublimes qui avaient ému la France et l'Europe. Il fut médiocre dans ces débats sur la constitution de l'an III et, dans les trente discours que ce sujet lui inspira, il n'y a pas une phrase, pas un trait qui soit d'un penseur ou d'un politique.

Tel était néanmoins le prestige de sa vertu que soixante-treize départements l'envoyèrent siéger au Conseil des Anciens. Il y eut la même attitude, le même genre de libéralisme qu'à la Convention. Sa parole honnête s'éleva encore une fois assez haut, quand, le 24 frimaire an IV, il combattit le projet de confier au Directoire la nomination des juges de paix : « Qu'avez-vous à craindre, a-t-on dit, avec un Directoire qui vous garantit par sa moralité, qui n'est qu'un aide du corps législatif et non son rival, qui a le plus grand intérêt à faire de bons choix ? Mais en reprenant la comparaison, je le demande : qu'y avait-il de plus moral que *l'incorruptible*, qui cependant a tout perdu ? Qu'était autre chose son comité, sinon un aide pour la Convention ? Et cependant il a réuni tous les pouvoirs ! Quel intérêt pouvait être plus puissant que celui des collaborateurs de Robespierre à empêcher le mal ? et cependant la tyrannie a pesé sur toute la France. » Il fallait du courage, de l'indépendance pour reconnaître, en l'an IV, que

Robespierre avait été *moral*. Ce langage étonna dans la bouche de l'ex-proscrit. Candidement, il conclut, avec la constitution et avec les royalistes, que les juges seraient élus par le peuple. La motion gouvernementale ne fut votée qu'à une voix de majorité.

On connaît la fière attitude de Lanjuinais vis-à-vis de Napoléon et sa conduite libérale pendant la Restauration (1). Il garda jusqu'à sa mort cette contenance honnête qui, dans les grandes occasions, devenait admirable.

Son éloquence, on l'a vu, ne sentait ni l'étude ni la rhétorique, comme celle de Robespierre et de Vergniaud. Lanjuinais à la tribune ne se soucie pas de la gloire littéraire. Il parle pour remplir un devoir, pour obéir à une voix intime, qu'il n'a pu prévoir et qu'il ne cherche pas à orner. Quand il est éloquent, il improvise. Ses admirables discours du 2 juin n'ont pu être préparés : ils ont jailli spontanément de son âme indignée.

En temps ordinaire, il ne sort de ce cerveau simple et sain que des idées plausibles, moyennes, qui seraient banales, si la parfaite vertu ne portait pas toujours en soi une distinction, une originalité. Mais cette pauvreté d'imagination et cette étroitesse d'intelligence empêchent Lanjuinais de perdre jamais de vue les principes dirigeants de sa morale. A l'heure où d'autres yeux se troublent, sa vue, en matière de devoir, est claire et infaillible. Quand ceux-là tergiversent, se débattent, veulent vivre ou songent à leur gloire, lui, sans anxiété, sans incertitude, voit à plein ce qu'il faut faire, ce qu'il faut dire; et il le fait, et il le dit, comme au 2 juin, avec une autorité qui donne le frisson aux hommes, comme s'ils voyaient apparaître à la tribune ces principes mêmes au nom desquels ils sont partis en guerre et dont la triste expérience les a secrètement désabusés.

(1) Né en 1753, il mourut en 1827.

CHAPITRE III

L'ABBÉ FAUCHET.

La critique s'est souvent arrêtée, avec sympathie, devant le bon abbé Fauchet, et cette figure originale de prêtre et d'orateur est trop connue pour qu'il nous soit nécessaire d'en retracer tous les détails (1). La tentative d'unir le christianisme et la révolution fut moins isolée que ne l'ont cru les historiens. Beaucoup de prêtres, à Paris et ailleurs, prêchèrent aussi l'accord de la liberté et de la religion (2), montrèrent dans l'Evangile le germe de la réforme sociale et vantèrent, eux aussi, « le sans-culotte Jésus. » Ce qui

---

(1) Outre Buchez, Michelet, Louis Blanc, pass., cf. Paganel, *Essai historique et critique sur la Révolution*, I, 435-444 ; Eugène Maron, *Histoire littéraire de la Révolution*, chap. VII : Ed. et J. de Goncourt, *Histoire de la société française pendant la Révolution*, chap. VI.

(2) Sur cette question, consulter, entre autres documents : 1° *Discours sur la liberté*, prononcé à l'occasion de la cérémonie de la bénédiction des drapeaux du district de Saint-Nicolas-du-Chardonnet, dans l'église paroissiale de ce nom, le mercredi 2 septembre 1789, par M. Mulot, chanoine régulier de l'Abbaye royale de Saint-Victor, etc. Imprimé sur la demande du district. Paris, Moutard, 1789, in-8 de 28 pages. — 2° *De la liberté du culte*, à Paris, chez les marchands de nouveautés, 17 octobre 1791, in-8 de 56 pages. — 3° *Accord de la religion et des cultes chez une nation libre*, par Charles-Alexandre de Moy, curé de Saint-Laurent à Paris, député suppléant à l'Assemblée nationale, 2° édition (la 1re est de 1792), à Paris, l'an IV de la liberté, chez Garnéry, in-8 de 110 pages. — *Le petit mot pour rire à M. le curé de Saint-Laurent*, ou *Réflexions rapides sur* « l'accord de la religion et des cultes chez une nation libre, etc. » Avril, 1792. A Paris, de l'imprimerie de Guerbart, in-8 de 80 pages. — 4° *Hommage catholique à la république française, ou accord de la religion avec la Constitution*, discours prononcé le 15 août dans la métropole de Paris, en action de grâces de l'acceptation de la Constitution par le citoyen F. Bernard Mille, ancien curé, vicaire métropolitain. Imprimé d'après la demande des citoyens de l'Assemblée. A Paris, chez l'auteur. An II, in-8 de 32 pages. — 5° *Accord de la religion catholique avec le gouvernement républicain*, s. l. n. d., in-8 de 78 pages.

appartient en propre à Fauchet dans cet essai d'un néocatholicisme révolutionnaire, c'est l'idée d'employer au succès de sa politique évangélique l'organisation toute prête de la franc-maçonnerie. Quant à son originalité oratoire, elle est dans la candeur de son accent, dans sa foi en lui-même, dans la nouveauté de son style hardi et tourmenté, et surtout dans son attitude de doux prophète. A l'aurore de la Révolution, l'imagination populaire personnifiait volontiers l'homme politique idéal dans un prêtre philanthrope, ennemi de Rome, frondeur de la noblesse et du haut clergé, familier avec les petites gens, épris de justice et de liberté. Une légende historique prêtait ce caractère à Fénelon, dont le personnage figura plus d'une fois sur le théâtre sous les traits d'un vengeur du peuple et d'un justicier : Fauchet voulut être et fut une sorte de Fénelon révolutionnaire (1).

Il avait quarante-cinq ans au moment de la Révolution (2). Ancien grand vicaire de Bourges, puis prédicateur du roi, c'est dans la société des grands lettrés du xviiie siècle qu'il s'éprit de ces doctrines philanthropiques dont la vogue fut l'honneur d'une société frivole et débauchée. « Son éloquence, dit Paganel, sans cesser d'être chrétienne, se saisit de ce moyen oratoire. Il l'employa dans certaines circonstances avec tant de véhémence, il allia avec tant d'art au langage de la religion celui de la philosophie, protégée alors de toute la puissance de l'opinion, que le gouvernement indigné voulut souvent et n'osa jamais sévir contre l'orateur. C'est dans l'église de l'Abbaye de Longchamps, longtemps avant le premier choc des passions, en présence

(1) « Imagination tendre, esprit tout nourri de l'Évangile et se plaisant de préférence à la simplicité des premiers temps de l'Église, cœur faible, séduit par l'ambition de l'utopie, presbytérien sensible. Fauchet semblait un Fénelon révolutionnaire. » Goncourt, *La société fr. pendant la Rév.*, 4ᵉ éd., p. 124.

(2) Né à Dorne (Nièvre), le 22 septembre 1744.

d'une princesse belle-sœur du monarque, que, bravant
mille regards étincelants de colère, il traça le tableau des
misères publiques, présagea de prochaines catastrophes,
et qu'après avoir adressé à la princesse ces paroles : *Pardonnez-moi, madame, je vais remuer la boue du cœur humain,* il peignit la dépravation des mœurs et les vices des
classes privilégiées, avec ces vives couleurs qui font l'effet
d'un miroir où chacun est forcé de se reconnaître (1). »
C'est dans le même sermon qu'il disait : *Il faut des rois et
non pas des tyrans; il faut des sujets et non pas des esclaves.*
Plus de dix ans avant la Révolution, il faisait retentir la
chaire des mots de *peuple*, de *liberté*, de *patrie*, et sa prédication avait un caractère plus social encore que religieux.
Il fut rayé de la liste des prédicateurs du roi.

En 1789 et en 1790, il apparaît parmi les hommes d'action, et sa parole retentit dans les premières assemblées
des électeurs parisiens. A l'attaque de la Bastille, il marche
en tête des assaillants et trois fois, dit-on, il ramène le peuple qui reculait. Bientôt il prononça l'oraison funèbre des
patriotes morts dans la grande journée. En 1790, il propose
de réunir toutes les gardes nationales de France sous les
ordres de La Fayette, qui passait encore pour un ennemi de
la cour (2). Journaliste et orateur, il était l'âme de la *Société des Amis de la Vérité*, qui avait pour organe une feuille
mystique, *la Bouche de fer*. Cette société devint célèbre et
populaire le jour où elle fonda le *Cercle social*, dont la première séance, sous le nom d'Assemblée fédérative des amis
de la vérité, eut lieu au cirque du Palais-Royal, le 13 octobre 1790. « Cette galerie, remarquèrent ironiquement les
voltairiens, a plusieurs usages. Les mardi, jeudi et diman--

---

(1) *Essai historique et critique*, I, 456.
(2) Il a résumé toute cette période de sa vie dans un de ses discours.
Cf. *Opinion de Claude Fauchet sur la pétition des sections de Paris*,
prononcée le 20 avril 1793, ap. *Journal des débats*, n° 225, p. 473.

on y chante des ariettes : les mercredi et samedi, les nymphes circonvoisines des entresols y dansent, et les lundi et vendredi, on y dit la vérité (1). » — Parmi les 4,000 personnes qui prirent part à la réunion, on remarquait « un grand nombre de députés à l'Assemblée nationale, MM. les électeurs de 1789, les anciens représentants provisoires de la commune, plusieurs membres de la nouvelle municipalité et de toutes les sociétés patriotiques de la capitale, des étrangers et les *vieux enfants de la nature* (∴). » Les galeries étaient remplies « d'attentives spectatrices, presque toutes les épouses ou les mères des premiers *Amis de la vérité* qui aient pu se réunir avec autant de solennité et s'occuper paisiblement et franchement d'un parti fédératif du genre humain (2). »

Le procureur général du directoire du Cercle, Fauchet, commença en ces termes : « Messieurs, une grande pensée nous rassemble : il s'agit de commencer la confédération des hommes, de rapprocher les vérités utiles, de les lier en système universel, de les faire entrer dans le gouvernement des nations et de travailler, dans un concert général de l'esprit humain, à composer le bonheur du monde. — La société en est encore aux éléments; nulle part ces éléments n'ont été combinés pour l'avantage commun. Les législateurs ont tracé des lignes, où ils ont enfermé les peuples pour les contenir et non pour les rendre heureux. Les lois générales ont oublié l'amitié, qui associe tout, pour ne s'occuper que de la discorde, qui divise tout. Aucune encore n'a pris pour base sociale que l'homme est un être aimant et n'a dirigé vers ce penchant conciliateur les institutions publiques. Toutes ont supposé, au contraire, l'homme égoïste et adversaire de son semblable. En conséquence, elles ne se

---

(1) *Révolutions de Paris*, t. VI, p, 175.
(2) *La Bouche de fer.*

sont occupées que de prohibitions, d'isolement d'intérêts, de privilèges, de garanties individuelles, de jouissance pour les uns, de répression pour les autres, d'activité à ses classes peu nombreuses, de passivité à la grande multitude, de surabondance dans les palais, de famine dans les chaumières; elles ont défendu l'humanité aux riches, en protégeant leurs insolentes délices; elles ont interdit les droits de la nature aux pauvres, en étouffant jusqu'à leurs plaintes. Après avoir casé ainsi à part tous ces animaux supposés féroces et rendus tels par les institutions mêmes qui, en les enchaînant, les isolaient les uns parmi les autres, elles ont fermé l'enceinte des prétendues sociétés nationales, et ont dit: « Les autres nations vous sont étrangères, soyez toujours prêts à les regarder comme ennemies. » En sorte que l'univers entier est dans un état continuel de guerre; au dedans des empires, chaque homme l'un contre l'autre, et, au dehors, chaque nation contre toutes... — Il ne peut y avoir qu'une religion vraie, celle qui dit aux hommes: « Aimez-vous tous, » et qui leur donne, pour accomplir ce devoir unique, les moyens les plus doux et les plus puissants motifs. Cette religion existe; elle est éternelle comme la loi de l'amour; les hommes désassociés par les lois de la discorde qui régissaient les empires, l'ont méconnue; il faut la leur montrer dans sa nudité chaste, dans sa vérité pure, et le genre humain, épris de sa beauté divine, n'aura qu'un cœur pour l'adorer. » Rallier le genre humain à « cette doctrine de l'amour qui est la religion du bonheur, » tel est le but du Cercle social, centre de toute la franc-maçonnerie, de ces *sociétés vestales* qui ont conservé le feu sacré de la *nature sociale*. «Tout ce que j'ai de force, s'écriait l'orateur de patriotisme, d'amour des hommes, de zèle et de courage pour la vérité, sera consacré à concourir, selon ma mesure, à cette œuvre suprême. Ma plume et ma voix seront à vos ordres. Mon esprit s'agrandira de vos pensées; mon cœur seul, j'ose le dire, ne pourra pas devenir plus vaste par l'émulation d'étendre, à votre exemple, mes fraternelles affections; car je sens que je possède déjà, dans une latitude infinie, la charité du genre humain. »

Tous les patriotes voulurent entendre Fauchet et, le 22 octobre, huit à neuf mille personnes se pressèrent dans le cirque du Palais-Royal. Un constituant de marque, Goupil de Préfeln, présida cette séance, et parmi les secrétaires prit place un autre constituant, le rédacteur du *Point-du-jour*, l'élégant Barère. C'est devant le *tout Paris* d'alors que le procureur général des Amis de la vérité reprit et développa ses premières déclarations. Il montra que la franc-maçonnerie offrait à la réforme sociale une organisation toute prête. « Il faut donc choisir avec confiance ce lien de correspondance universelle, » sans s'inquiéter du mystère calculé dont les adeptes s'enveloppent. Eux-mêmes, le moment venu, expliqueront ces symboles. Il suffit de connaitre l'objet général de l'association, qui est la concorde et l'amitié. Qu'importe que Voltaire se soit moqué des francs-maçons ? « Il en parlait, dit Fauchet, comme de tous les mystères de la nature et de la divinité, que personne ne connut jamais moins, et qu'il semblait railler par dépit de ne pas les entendre. Il exerçait sur tous les objets qui exigent des réflexions profondes, hors de sa mesure, un despotisme moqueur qu'applaudissaient les têtes vides et qui faisait sourire les vrais savants. D'ailleurs, toutes les idées d'égalité répugnaient à son orgueil. Il trouvait la plupart des abus de notre ordre social fort bons, à raison de ce qu'il était gentilhomme ordinaire, seigneur châtelain, homme à grand ton, et fort aristocrate en société comme en littérature, parce qu'il y était fort riche. Ce philosophe, qui ne creusait aucune idée par lui-même, mais qui revêtissait (*sic*) avec grâce les pensées données, n'a pas eu le génie de concevoir que des traditions, toujours cachées et toujours transmises par toute la terre, ne pouvaient avoir qu'un objet d'un intérêt universel, et qui tenait aux premiers principes de la nature... » — Néanmoins Fauchet n'est pas francmaçon ; il ne s'est pas senti capable de garder le secret de ces mystères: « Vénérables frères ! dignes amis des hommes ! je n'ai pas voulu, je n'ai pas dû être initié à vos mystères, parce que la vérité m'échappe, et que je n'aurais pu promettre de l'ensevelir dans un profond silence; mais j'en connais assez pour être sûr qu'aucun de vous ne peut démentir ces données fixes sur le fond de vos traditions doctrinales ; et je vous adjure, au nom du genre humain, de servir de toute votre influence cette grande cause de l'humanité qui touche maintenant à sa décision, et dont vous serez les patrons sur la terre. Pour nous, simples frères dans la grande alliance de la nature, et adorateurs nullement mystérieux de l'éternelle vérité, approchons-nous d'un esprit franc et d'un cœur unanime de ces cercles d'hommes initiés dans tous les lieux du monde à la liberté, à l'égalité, à l'union. Agrandissons ainsi de toute part la sphère de la concorde et l'empire de l'amitié. Elevons cent millions de voix à l'unisson de l'humanité dans le grand concert de l'harmonie fraternelle. Dressons de nos mains toutes-puissantes, dès qu'elles agiront d'accord, le trône de l'opinion, et forçons-la, par une générale et douce et sainte violence, de confier à l'amour seul le sceptre du genre humain. »

Et l'orateur annonce qu'il va peser « dans la balance infaillible de l'amour universel » les théories politiques du xviii° siècle: il laisse voir déjà ses préférences pour les idées de Rousseau, mais revues, et amendées au point de vue chrétien. Car le véritable but de toute cette prédication, c'est la glorification du christianisme : « Dans l'autre côté de l'amour universel, nous mettrons, pour connaître la vraie religion, faite pour le genre humain, quoi, messieurs ? Je ne parle pas en prêtre, je parle en homme, et je dis : l'Evangile. Il rapporte tout à l'amour. Il divinise ce sentiment en le réduisant à l'égalité, à l'unité entre Dieu et toute la famille humaine sans exception. C'est la seule religion du monde entier qui ait cette base absolue; c'est donc la seule qui mérite d'être considérée dans notre principe d'union et d'affection générale. Toutes les autres sont exclusives, sont haineuses, étrangères à nos vues de pleine concorde comme elles le sont au vrai bonheur des hommes. Si, à l'examen, nous trouvons que l'Evangile est en effet le code religieux qui exige l'amour universel, et qui porte les cœurs par les plus doux et les plus puissants motifs à s'y livrer sans réserve, il sera sous ce rapport la religion du genre humain. Il nous sera aisé ensuite de renverser d'un souffle tout-puissant l'édifice barbare de haine, de servitude et de discorde, élevé par les théologiens sur cette base divine d'amour, de liberté, d'union. Déjà la philosophie a fait voir en eux, avec une évidence irrésistible, les despotes des consciences, les fauteurs des tyrans, et les boute-feux des nations. Il faut à tout prix que la religion ne soit qu'amour, et, si l'Evangile en exceptait un seul homme, il faudrait y ramener l'Evangile; car ce serait une erreur contradictoire à ses principes qui s'y serait glissée; et ce sont ceux qui ont faussé cette sainte règle, sinon dans le texte, du moins dans l'interprétation, qui l'ont empêchée d'avoir conquis l'univers. — Pardonnez, messieurs, si, lorsqu'il s'agit d'un examen qui suppose le doute méthodique du philosophe, je mêle dans un discours fait au nom des amis du genre humain une affirmation qui peut paraître prématurée sur la vérité fondamentale de l'Evangile. Ma persuasion particulière, que je n'ai pas dû trahir, n'oblige que moi et laisse à chacun son droit de discussion et d'impartialité; mais j'assure d'avance que l'Evangile bien conçu, bien réduit à lui-même, convient à tous les esprits, parce qu'il les unit tous; est fait pour tous les cœurs, parce qu'il les enchaîne tous; est complètement la religion universelle, parce qu'il relie à l'unité d'un Dieu ami des hommes le genre humain. »

Cette tentative chimérique et généreuse fut accueillie par des applaudissements et par des sifflets. Si les femmes, les âmes « sensibles », furent émues et séduites par cette religion d'amour, où Fauchet unissait d'ailleurs La Fayette, le club de 89 et les Jacobins, les philosophes et les politiques se récrièrent. Cloots admira d'abord, puis protesta, poussa vigoureusement Fauchet et le désarçonna avec sa logique et son humeur (1). *L'Orateur du peuple* de Fréron ne voulut voir dans l'entreprise de Fauchet qu'une manœuvre fayettiste. « C'est avec ce batelage, ces grands mots, ces scènes de tréteaux, que nos ennemis essaient de donner le change au peuple. 89 a voulu jouer un tour aux Jacobins, voilà le fin mot; et on en rit (2). » D'autres accusèrent Fauchet de communisme et virent la loi agraire dans ses paroles évangéliques contre les riches. Enfin, le journal de Prudhomme lança des railleries à la Voltaire : « L'orateur ayant à lier le dictionnaire oriental et les hiéroglyphes de la maçonnerie avec les miracles et le vocabulaire naïf de l'Evangile, et voulant en même temps y intercaler le nouveau glossaire de la révolution, l'orateur, dis-je, s'est servi d'un style mixte, mais toujours soutenu, pour éviter les disparates, de manière que ce mélange de phrases apocalyptiques, de figures orientales, de paraboles judaïques, de termes politiques et d'expressions amoureuses, liés dans une texture poétique, donnait à tout son ensemble une physionomie de prophète qui a merveilleusement étonné l'auditoire (3). »

(1) *Anacharsis Cloots, l'orateur du genre humain*, par Georges Avenel, Paris, 1865, 2 vol. in-8.
(2) Cf. Hatin, VI, 392.
(3) *Révolutions de Paris*, t. VI, p. 176.

Mais, sous ces sarcasmes, perce une certaine admiration pour le talent oratoire de Fauchet, pour ce style original et puissant dans son incorrection, pour cet enthousiasme si sincère et si communicatif. On sent que le rédacteur des *Révolutions* a reçu de cet orateur naïf et compliqué une profonde commotion morale : il l'aurait avoué si Fauchet n'avait dit du mal de Voltaire. Et il en a dit habilement, mettant le doigt sur le point faible du grand homme : l'incapacité de créer. Il a montré ainsi le bout de l'oreille du prêtre. D'ailleurs cette soutane, ainsi étalée, bravait, insultait les philosophes. En vain Fauchet répondait : « J'avais ce vêtement au 14 juillet sous les tours de la Bastille, lorsque j'exposais ma tête pour le salut des citoyens ; ce manteau y fut percé de balles ; il me plaît de le porter : où est la loi qui le défend ? » Il avait beau dire : on devinait, sous la grâce de ses paroles, une aversion pour quiconque vivait hors du christianisme ; l'incrédule se sentait exclu, exilé de la république de Fauchet.

Si le politique s'inquiétait à l'idée d'écarter de la Révolution les disciples de Voltaire, la masse des esprits timorés reculaient devant ce socialisme chrétien dont Fauchet trouvait la formule dans Rousseau : « Sublime Rousseau, s'écriait-il aux applaudissements de son auditoire reconquis, sublime Rousseau ! âme sensible et vraie ! tu as entendu, l'un des premiers, l'ordre éternel de la justice. Oui, tout homme a droit à la terre, et doit y avoir en propriété le domaine de son existence ; il en prend possession par le travail, et sa portion doit être circonscrite par le droit de ses égaux. Tous les droits sont mis en commun dans la société bien ordonnée. La souveraineté sainte doit tirer ses lignes de manière que *tous aient quelque chose et qu'aucun n'ait rien de trop*. Dans le pacte associatif qui constitue une nation, selon l'ordre souverain de la nature et de l'équité, l'homme se donne entièrement à la patrie et reçoit tout d'elle; chacun lui livre ses droits, ses forces, ses facultés, ses moyens d'existence, et il participe aux droits, aux forces, aux facultés, aux moyens d'existence de tous. De cette grande unité résulte une puissance harmonique, une sécurité pleine, toute la possibilité des jouissances personnelles, toute la somme du bonheur dont on est susceptible, et le complément parfait des volontés de la nature, pour la félicité de tous et de chacun des hommes (1). »

Ce socialisme mit en fuite les derniers amis de Fauchet: au club de 89, dans le monde fayettiste, on fut scandalisé; aux Jacobins, on fronça le sourcil. Partout, en 1790, ses théories semblaient suspectes, prématurées. Rousseau les avait à peine indiquées: l'heure était-elle venue de tirer les conséquences de la pensée du maître? N'était-ce pas une manœuvre aristocratique, contre-révolutionnaire, que d'inquiéter ainsi les propriétaires et de surexciter les espérances des pauvres? C'est ainsi qu'on prêtait au naïf procureur général de la vérité un machiavélisme rétrograde. — Robespierre, encore dans l'ombre, comprenait sans doute la portée et la force des théories politico-religieuses de Fauchet, et il s'apprêtait à saisir cet instrument de domination, quand il serait échappé aux mains désintéressées du rêveur. Mais ses amis ne voyaient dans cette prédication que l'éloquence d'un illuminé, et le futur restaurateur de l'Etre suprême était seul à sentir jusqu'à quelle profondeur le doux abbé remuait l'âme du peuple, dont il satisfaisait ou trompait l'être intime.

Ainsi Fauchet, qui faisait peu de prosélytes dans la bourgeoisie, qui n'avait même pas converti son ami et son collaborateur familier, le mystique et panthéiste Bonneville, qui était peut-être le seul chrétien de son journal,

---

(1) *La Bouche de fer*, n° 22, novembre 1790.

Fauchet exerçait sur la masse une influence extraordinaire. Certes, ces ouvriers, ces commerçants, ces petits bourgeois parisiens, qui se pressaient au cirque, étaient trop de leur temps pour recevoir, par l'entremise de l'orateur, la grâce chrétienne; ils restaient philosophes, en dépit de l'abbé; mais ces mots d'amour, de fraternité leur faisaient battre le cœur: l'esprit de 89 leur semblait vivre en Fauchet.

Peu à peu, cette influence décrut, à mesure que le prêtre paraissait davantage dans le procureur de la vérité, à mesure aussi que l'esprit de 89 faisait place, dans le peuple, à un esprit plus révolutionnaire. Pourtant Fauchet était républicain et voulait la république dès le 20 juin 1791; mais son estime candide pour La Fayette le compromit. La nouvelle génération révolutionnaire s'écarta de lui et le laissa avec le groupe, déjà démodé, des électeurs de 1789, des vainqueurs de la Bastille, des anciens membres de la première municipalité. C'est devant ce public restreint que, le 4 février 1791, à Notre-Dame, l'abbé Fauchet prononça son célèbre sermon *sur l'accord de la religion et de la liberté*, qui fut son plus grand et son dernier triomphe.

Il y établissait, du haut de la chaire, la doctrine du Cirque, mais dans le style, avec les formules de l'Eglise, divisant son discours en deux points. « Les vrais principes de la religion sont les principes de la liberté ; premier point. — Le vrai régime de l'Eglise catholique est le régime de la liberté; second point. » L'orateur du Cirque louait dans l'Evangile la doctrine de l'amour et prétendait parler en philosophe : le prédicateur de Notre-Dame étalait les mystères du dogme : « Dieu de la France et de l'univers, disait-il, de la patrie et de la religion ! notre amour vous implore. Et vous, Mère d'un Dieu fait homme, d'un Dieu ami de tous les hommes, Mère des fidèles et de toute la famille humaine ! notre confiance vous invoque.

Ave Maria. » Et, reprenant son thème ordinaire, il montrait Jésus mourant pour « la démocratie de l'univers, » et s'écriait avec éloquence : « Si j'analysais toute la doctrine d'un Dieu qui n'est que grâce, amour, et qui fraternise avec tous les hommes pour les faire fraterniser tous ensemble, on verrait qu'il est impossible de trouver à placer avec ses lois, je ne dis pas un tyran, je ne dis pas un maître, mais un fastueux, mais un être à prétention dans la société de son peuple et dans sa famille de frères. »

Appelé par les électeurs du Calvados à l'évêché de ce département (avril 1791), Fauchet y entreprit une œuvre de propagande ardente, combattant par sa parole et par ses actes l'esprit rétrograde et monarchiste dont la Normandie était animée, présidant les Jacobins de Caen et faisant abattre la statue de Louis XIV. La municipalité de Bayeux le dénonça en ces termes à la Constituante, le 21 août 1791 : « C'est dans le club de Bayeux que fut faite en présence de M. Fauchet et de son vicaire, M. Etampes, la motion de l'enlèvement de la statue du roi. Plusieurs particuliers furent décrétés. Les ministres de la religion sont institués pour prêcher la paix et le respect des lois ; loin d'observer ce principe, M. Etampes fit distribuer un imprimé où il convoquait une assemblée publique, pour délibérer sur la détention des frères détenus par des ordres tyranniques. Redoublant l'appareil épiscopal, M. Claude Fauchet monte en chaire, lit des mandements où le peuple est soigneusement averti de sa force, fait de la chaire une tribune aux harangues, déclame contre toutes les autorités. Cette doctrine anarchique électrise tous les esprits. M. Fauchet a été dénoncé à l'accusateur ; il parcourt actuellement les campagnes ; il prêche, même à Caen, publiquement dans les rues. » Comme les élections législatives approchaient, on voulut rendre inéligible l'évêque socialiste, et une procédure fut commencée contre lui. Mais les électeurs du Calvados passèrent outre, et Fauchet fut nommé en tête de la liste (1).

Il ne joua un rôle très actif ni à la Législative ni à la Convention. Longtemps isolé dans son attitude de démocrate mystique, ce n'est qu'en 1793 qu'il se rapprocha des Girondins et mérita de partager leur sort. Il ne parla pas souvent : cet auditoire était trop restreint, trop peu populaire pour l'orateur du cirque, du temple et de la rue. Mais quand il parla, ce fut avec la même énergie, avec le même dédain des conventions que dans ses harangues évangéliques (2).

Tout brusque qu'il est, ce prêtre se montre avisé autant que décidé dans les questions ecclésiastiques. Le 26 octobre, il propose de couper les vivres aux prêtres réfractaires, mais sans les persécuter autrement : « Point de persécution, messieurs ; le fanatisme en est avide, la philosophie l'abhorre, la vraie religion la réprouve, et ce n'est pas dans l'Assemblée nationale de France qu'on l'érigera en loi. Gardons-nous d'emprisonner les réfractaires, de les exiler, même de les déplacer; qu'ils pensent, disent, écrivent tout ce qu'ils voudront : nous opposerons nos pensées à leurs pensées, nos vérités à leurs erreurs, nos vertus à leurs calomnies, notre charité à leur haine. (*Applaudissements*) ».

Et c'est avec une indignation sincère qu'il retrace les excès des prêtres réfractaires : « Voyez à quelles horreurs se portent au nom de Dieu ces détestables arbitres de consciences abusées, et comme ils réussissent à leur ino-

---

(1) Cf. les débats sur la validation de l'élection de Fauchet, dans la séance du 2 octobre 1791, ap. *Moniteur* et *Journal des débats*.

(2) Les timidités parlementaires l'irritent. Il ne conçoit pas comment un homme qui a du sang dans les veines se refuse à signer une dénonciation contre un ministre, et quand on hésite sur les mesures à prendre à l'égard des émigrés (22 octobre), il lui « semble que l'on ne veuille entendre ici que des endormeurs. »

culer la rage contre leurs frères comme la plus sainte des vertus ! Ils voudraient nager dans le sang des patriotes : c'est leur douce et familière expression. (*Applaudissements.*) En comparaison de ces prêtres, les athées sont des anges. (*Bravo !*) Cependant, messieurs, je le répète, tolérons-les ; mais du moins ne les payons pas pour déchirer la patrie : c'est à cette unique mesure que je réduis la loi réprimante que nous devons porter contre eux. » Pourquoi la nation continuerait-elle à leur payer trente millions de rente ? « Ils ont encouragé les émigrations, le transport du numéraire et tous les projets hostiles conçus ou préparés contre elle. — Allez, ont-ils dit aux ci-devant nobles, allez, épuisez l'or et l'argent de la France. Combinez au dehors les attaques, pendant qu'au dedans nous vous disposerons d'innombrables complices ; le royaume sera dévasté, tout nagera dans le sang ; mais nous recouvrerons tous nos privilèges !

Abîmons tout plutôt ! c'est l'esprit de l'Eglise.

Dieu bon, quelle Église ! Ce n'est pas la vôtre ; et si l'enfer peut en avoir une parmi les hommes, c'est de cet esprit qu'elle doit être animée. » Cessons de les payer et laissons-les tranquilles : ils ne seront plus dangereux. Et, le 3 novembre, il revient à la charge en termes qui firent impression sur l'Assemblée : « Le prêtre, dit-il, doit vivre de l'autel, comme le fonctionnaire de la société du produit de ses fonctions civiles. On ne paie pas ceux qui ne font rien ; on a paru larmoyer sur le sort de ces prêtres qui veulent gagner de l'argent en restant oisifs, tandis qu'une foule de pauvres ne vous demande que du travail. Mais, a-t-on dit, il ne faut pas que d'anciens fonctionnaires ecclésiastiques, dépouillés de leurs biens, soient réduits à mourir de faim ou à trahir leur conscience. — Mais puisqu'ils veulent élever autel contre autel, et que la loi le leur permet, qu'ils vivent de l'autel, et quand les citoyens seront lassés de payer un culte qu'ils pourraient avoir pour rien, ils trouveront à exercer leur industrie, soit dans le commerce, soit dans l'agriculture. Je conclus qu'il ne faut payer que ceux des ecclésiastiques valides qui se présenteront pour recevoir de l'emploi. »

Cette brusque et populaire franchise se retrouve aussi dans les deux discours de Fauchet contre le ministre Delessart (3 décembre 1791, 17 février 1792). Mais nulle part il n'interpréta la politique du peuple avec autant d'ingénuité et de verve que dans le petit discours du 20 janvier 1792, où il demanda la suppression de la diplomatie et des diplomates :

« Je vais, dit-il, parler un langage étranger à la politique des cours, en déclarant franchement que les alliances faites par les despotes ne peuvent subsister sous le règne de la liberté. Nous sommes maintenant les alliés de toutes les nations libres, et pour former ces alliances nous n'avons pas besoin d'envoyer des ambassadeurs : rien n'est menteur comme eux et rien n'est aussitôt violé que les traités qu'ils forment. (*Quelques membres de l'assemblée et les tribunes applaudissent.*) La diplomatie actuelle n'est autre chose que l'art de partager la tyrannie. Dans un pays libre, elle doit être remplacée par la science du peuple. Disparaissez, ténébreux fabricateurs de chaînes : la liberté vous poursuit, vous atteint ; et vos yeux ne peuvent supporter la lumière qu'elle répand. En faisant une alliance avec les peuples libres, nous comptons les Anglais, les Anglo-Américains, les Polonais, les Hollandais et les Suisses. Quand les autres peuples voudront de notre alliance, ils n'auront pour l'obtenir qu'à conquérir la liberté. En attendant, cela ne nous empêchera pas de commencer avec eux comme avec de bons sauvages ; s'ils ne veulent pas, tant pis pour eux : ils ont plus besoin de votre superflu que nous n'en avons du leur. La nation française dira à ses alliés, dans un manifeste solennel : vous serez reçus dans nos ports comme des frères, nous demandons la même bienveillance dans les vôtres ; nous vous achèterons ce qui sera à notre convenance, et nous respecterons vos usages comme vous respecterez les nôtres. Il ne faut pour cela ni ambassadeurs ni consuls ; ils ne négocient que pour les princes et jamais pour les peuples ; ils ne protègent pas les nations, ils les vendent ; nous n'avons besoin d'ailleurs que d'être protégés par la majesté nationale. Passons-nous, autant que nous pourrons, du pouvoir exécutif au dehors, il nous donnera assez de mal au dedans. Nous ne voulons plus de ces négociations qui n'étaient que des trahisons. Débarrassés de ce manège, nous ne craindrons ni le brigandage des corsaires, ni celui des princes. » Ces généreuses utopies furent applaudies des tribunes, mais l'Assemblée ne s'y arrêta pas : elles dépassaient le programme de Brissot.

C'est l'instant de la plus grande popularité de Fauchet. Il la compromit quand, le 2 avril, il déclara, au nom des comités militaire et de surveillance, qu'il n'y avait pas lieu à accusation contre Narbonne. On accusa ce moraliste candide d'intrigues avec Mme de Staël, comme on l'avait accusé de seconder le machiavélisme de La Fayette. Cependant, le 20 juillet 1792, il parla nettement contre le général et, le 17 août, il demanda la mise hors de la loi de son ancien ami. Quoiqu'il s'inquiétât déjà des « progrès de la démagogie », c'est en républicain que, le 25 juillet, il dénonça des amas d'armes aux Tuileries. On sent que la chute de la royauté le réjouit plus encore que les suites de l'insurrection ne l'attristèrent (1). En effet, le 4 septembre, comme Thuriot

(1) Cette attitude ne l'empêche pas d'être rayé de la liste des Jacobins, le 21 septembre 1792, comme ayant procuré un passeport à Narbonne, et comme fréquentant le salon de Mme de Staël. Il avait été président du club le 19 octobre 1791, et depuis il y avait parlé à

hésitait à prononcer le serment républicain préparé au nom de la commission extraordinaire par Guadet et disait qu'il ne fallait pas « anticiper sur le prononcé de la Convention nationale, » Fauchet s'écria : « Ce n'est pas comme législateurs, c'est comme citoyens que nous venons de prêter ce serment, et, en cette qualité, quand même la Convention nationale rétablirait le roi sur le trône, nous aurions encore le droit de ne pas nous soumettre à la royauté et de fuir un pays qui consentirait à vivre sous le joug des tyrans. (*Il s'élève des applaudissements unanimes et réitérés.*) »

Réélu à la Convention par le Calvados, il fut envoyé en mission à Sens du 9 octobre au 5 novembre 1792. Le 13 novembre, il prononça sur Louis XVI un discours étrange qui lui fit perdre les derniers restes de sa popularité :

« La république française existe, dit-il ; elle triomphe de ses ennemis : donc le ci-devant roi est jugé. Il a mérité plus que la mort. L'éternelle justice condamne le tyran déchu au long supplice de la vie au milieu d'un peuple libre.... —. Nous dirons aux nations : Voyez-vous cette espèce d'homme anthropophage qui se faisait un jeu de nous dévorer ? C'était un roi. Il n'y avait point de loi qui eût prévu son délit ; il passe les bornes de ce qu'il y a de plus horrible dans notre code pénal. Mais la nature se venge des vices de notre législation, et lui inflige un supplice plus terrible que la mort.... C'est ainsi que vous le donnerez avec succès en spectacle à l'univers, en le plaçant sur un échafaud d'ignominie ! » Il serait impolitique de faire périr Louis XVI : « Faites tomber cette tête exécrée, vous donnez aux conspirateurs de nouvelles espérances et de nouveaux moyens. L'idée de la royauté, replacée sur la tête d'un

---

diverses reprises (19, 24 octobre 1791, 19 février 1792, 19 février, 14 avril, 25, 28 juin, 17 septembre.)

jeune innocent, fait des prosélytes ; la stupeur et les préjugés des uns secondent les manœuvres ambitieuses des autres ; et voilà un parti formé. Sans doute le génie de la liberté nous fournira toujours des armes victorieuses contre la tyrannie ; mais les factions royales sont celles qu'il est le plus important de n'avoir pas deux fois à détruire, parce que leur défaite est toujours sanglante ; et vous voulez épargner un dernier crime aux conspirateurs, une dernière tragédie à l'humanité. La conservation de Louis XVI parmi nous sera le tombeau de toutes les espérances factieuses ; et lui-même a perdu dans ses crimes le droit d'en concevoir. Son influence est noyée dans le sang qu'il a fait répandre, et son éternelle impuissance est dans l'immortelle horreur que le traître inspire à la nation. »

Et, tout en se récusant comme juge, il vota pour l'appel au peuple, pour la réclusion et pour le sursis. Enfin, dans le *Journal des Amis* du 26 janvier 1793, il protesta en ces termes contre l'exécution de Louis XVI : « Louis était jugé ; la royauté était morte ; la République était conçue ; la liberté s'annonçait comme la bienfaitrice du monde ; les grandes espérances du genre humain marchaient à leur terme ; les nations contemplaient la France avec l'émulation de l'imiter. Tout hâtait la libération de l'univers : voilà, ô douleur, ô désespoir pour un ami de l'humanité ! la régénération des mœurs reculée pour longtemps, la délivrance des peuples retardée d'un demi-siècle, et le bonheur des hommes différé jusqu'à l'épurement des tempêtes effroyables dont le nouveau jugement d'un misérable roi détrôné charge l'horizon de l'Europe. Ah ! ce n'est point la mort du tyran déchu qui me navre, quoique l'homme sensible soit douloureusement affecté de toutes les morts que n'ordonne point la nature et qui sont inutiles à la société ; le chagrin qui me suivra jusqu'au tombeau, c'est que ma patrie ait flétri sa révolution par une cruauté fatale ;

c'est que des hommes atroces aient réussi à commander un meurtre solennel ; c'est que Paris, la ville centrale de la liberté, ait pu souffrir, dans une morne stupeur, la férocité de quelques brigands qui menaçaient de la mort les législateurs de la France. »

Au milieu de ces orages, il ne renonçait pas à ses espérances mystiques, et il exprimait, dans le même journal, ses aspirations sociales dans la forme la plus lyrique : « Oui, l'univers sera libre ; tous les trônes seront renversés ; la virilité des peuples se prononce ; l'âge de raison pour l'humanité s'avance. Nous éprouvons les derniers orages de la jeunesse du monde. La sagesse sociale s'élèvera sur les débris des passions tyranniques et serviles qui régissaient l'ignorance des nations. Le bonheur naîtra de l'alliance des lumières et des vérités. La société embrassera la nature délivrée de toutes les chaînes, nous serons heureux de tous les biens. La fraternité ralliera la famille humaine, et l'égalité des droits rendra enfin l'homme roi de la terre ; c'est à lui, et non pas à quelques-uns, qu'elle a été donnée en domaine ; il est majeur, il se saisira de son empire et remplira sa destinée. Nous éprouvons des maux extrêmes, et nous sommes tentés de nous croire loin d'un si grand bonheur ; cependant nous y touchons, nous n'en sommes séparés que par le torrent de l'anarchie, qui roule des ruines : il va se dessécher. Ce sont les dernières effusions des tempêtes de tous les despotismes expirants et des vapeurs de tous les cloaques du vice, que la longue servitude des peuples avait creusés. Le feu de la liberté les fait bouillonner avec violence ; mais bientôt il les aura taris ; c'est l'infaillible effet de sa chaleur divine. Après cette épuration, il ne versera que des flots de lumière et ne laissera couler que l'or de la vertu (1). » Et dans un autre article (16

---

(1) *Journal des Amis*, 6 janvier 1792.

février), il se plaint de la *fausse philosophie* qui corrompt la Révolution : « Rien de plus opposé à la philosophie que ces têtes dominantes et prétendues législatives qui n'ont pas même les éléments des mœurs ni les principes du sens commun. Avec le matérialisme on a la morale des brutes, avec l'irréligion on a la dissociabilité même... Considérez l'effroyable aveuglement des athées qui veulent dominer en France, etc. »

Enfin il terminait une lettre pastorale par cette prière politique : « *Prière pour la nation française et pour tous les frères de l'univers.* — Dieu tout-puissant, qui disposez de nous avec des ménagements infinis pour notre liberté, et qui, par la voix du peuple exactement recueillie, faites retentir les accents de votre raison éternelle ; vous appelez enfin efficacement, par l'action de votre grâce et de votre miséricorde, à la fraternité évangélique le genre humain, étranger si longtemps à la société véritable : nous vous supplions de consommer votre œuvre pour le bonheur et le salut universel des frères. Dans votre bonté propice, rendez la nation française digne de servir de modèle au monde entier. Dirigez-la dans les principes de la liberté parfaite, en sorte qu'elle ne reconnaisse plus d'autre dominateur que vous, souverain père des hommes, et d'autre maître que le Verbe incarné Jésus-Christ votre Fils, qui vit et règne avec vous en l'unité divine, dans les siècles des siècles. Ainsi soit-il. »

C'est ainsi que Fauchet traversait ces jours troublés, en rêvant et en priant. L'oubli se faisait peu à peu sur l'ex-procureur de la vérité, quand une dénonciation éclata contre l'évêque du Calvados (22 février 1793), à propos d'un mandement où il interdisait aux prêtres mariés de continuer leurs fonctions. Un député s'écria brutalement : « Je ne vois pas pourquoi Fauchet, qui a des maîtresses (1),

---

(1) « S'il se refusait le doute et l'examen en matière de dogme, il

voudrait empêcher les autres de prendre une femme ! »
Cet incident ramena l'attention sur Fauchet et le fit comprendre dans la liste des vingt-deux.

Cette fois, perdant son onction et oubliant son mysticisme, il se défendit avec fierté et railla terriblement ses accusateurs : « Ces souverains-là, dit-il, pourvu qu'on leur dise : voilà des têtes à couper et du sang à boire, s'écrient : cela est excellent, nous adhérons. — Mais encore, augustes, cléments et souverains seigneurs, faudrait-il savoir pourquoi cette tête-ci plutôt que celle-là, pourquoi le sang de ce vainqueur de la Bastille, plutôt que celui de ces Orléanistes ? Je sais bien qu'il vous faut une boucherie, parce que rien ne défend mieux nos frontières que les massacres qui se font dans cette ville centrale, et ne sert mieux la République que le carnage des Brissotins, des Girondins et des Rolandins, qui veulent, non pas en parole, mais en effet, par l'action régulière des lois et par les résultats infaillibles de l'ordre, la République une et indivisible. A la bonne heure ; la conséquence coule du principe : reste cependant encore à savoir pourquoi, dans cette majorité brissotine, rolandine et girondine, moi qui n'ai jamais déjeuné chez Brissot, dîné chez Roland, ni soupé avec la Gironde, je me trouve dans la liste des honorables vingt-deux qui obtiennent une si flatteuse distinction ? Proscripteurs, vous n'avez pas voulu dire vos motifs : il faut que je les dise. Adhérents ! vous n'avez pas su pourquoi ; je vais vous l'apprendre : le tribunal révolutionnaire saura alors comment procéder ; et si l'on se passe de son intervention pour ce grand acte de justice qui menace nos têtes, le souverain massacreur

se permettait de tempérer pour lui-même les rigueurs et la discipline ecclésiastiques, et de ne pas souscrire à tous les sacrifices que le culte romain commande à ses ministres. » Paganel, I, 144. Jadis il avait été amoureux de Mlle de Grouchy, depuis Mme de Condorcet. Cf. Goncourt, *Hist. de la société fr. pendant la Rév.*, 4e éd., p. 124.

saura du moins par quelle raison il fera tomber la mienne.
— Une grande faveur de ma destinée est d'avoir été placé sur toutes les listes de proscription des anciens tyrans et des tyrans nouveaux, des aristocrates monarchiques et des aristocrates anarchistes, des fanatiques réfractaires et des fanatiques impies. Je n'en ai pas manqué une. J'ai contre moi les rois et les jacobins, les nobles et les ignobles, les prêtres du Capitole et ceux de la Montagne, les dévots et les indévots, les traîtres d'un côté et les traîtres de l'autre : qui que ce soit de ces gens-là qui réussissent, je suis victime. Excusez, bons citoyens, je n'ai pour moi que vous, c'est-à-dire la République ; si elle ne se réalise pas, ces messieurs, despotes, rois ou régulateurs, rempliront mon serment : j'aurai la mort, et je finirai avec empressement une existence que la liberté seule pouvait rendre heureuse (1). »

Le 2 juin, il se suspendit volontairement de ses fonctions, et, comme cette démission n'était ni acceptée ni refusée, il vint siéger jusqu'au 14 juillet suivant. Ce jour-là, impliqué avec Duperret dans l'attentat de Charlotte Corday, auquel il était cependant resté étranger, accusé surtout de complicité avec les Girondins réfugiés à Caen, il fut décrété d'arrestation. — Au tribunal révolutionnaire, il ne prononça pas de discours. On ne lui reprocha que deux faits : ses relations avec Narbonne et son mandement contre le mariage des prêtres. Sur le premier point, il répondit n'avoir loué en Narbonne que ses actes louables ; sur le second point, il fut net et digne : « Je disais dans cette lettre qu'un prêtre pouvait se marier comme citoyen ; mais que moi, simple évêque, je ne pouvais anéantir la discipline universelle, qui ne permettait pas qu'un prêtre marié pût remplir les fonctions ecclésiastiques. » Il fut un des

(1) Discours du 20 avril 1793, *Journal des débats*, n° 225.

sept Girondins qui se confessèrent à l'abbé Lothringer. Puis il confessa lui-même Sillery. L'abbé ajoute que Fauchet abjura « non seulement ses erreurs sur la constitution civile, mais aussi ce qu'il a prêché dans le temps à Notre-Dame, ce qu'il a débité dans son club dit de la *Bouche de fer*, sur la loi agraire, le sermon de Franklin, etc.; qu'il a fait abjuration de toutes ses erreurs, qu'il révoquait son serment impie et son intrusion, après avoir fait profession de foi catholique, apostolique et romaine (1). » — D'après Paganel, il aurait manqué de bravoure en face de la mort : « L'anéantissement de ses facultés morales et physiques était à son comble, lorsque Fauchet arriva au lieu du supplice. Tels furent même les signes qu'il donna de regret, de repentir, de terreur, qu'il est permis de croire qu'ils étaient indépendants de son âme (2). »

Il est probable que l'ingratitude populaire avait abêti cette nature enthousiaste et délicate. Du haut de ses rêves humanitaires, l'orateur de la vérité tombait rudement, sous les horions et les calomnies. Il se brisa dans cette chute cruelle et, du jour où il vit la réalité en face, il ne fut plus lui-même. Cet homme inerte que la charrette emmena, repenti, humilié, effaré, ce n'était plus que le cadavre de ce Fauchet dont l'éloquence rêveuse et douce avait un instant charmé la France de 89.

(1) Lettre de l'abbé Lothringer au *Républicain français* du 6 fructidor an V, ap. Campardon, I, 162.
(2) *Essai historique et critique*, I, 442.

CHAPITRE IV

ORATEURS SECONDAIRES DE LA GIRONDE.

I

LASOURCE.

Quoiqu'un peu négligé par les historiens, Lasource fut un des orateurs de la Gironde. Protestant et pasteur, il évoque d'abord l'idée d'un homme grave, un peu gourmé, d'un Gensonné plus sérieux encore ; au contraire, c'était, quand il fut envoyé à la Législative par les électeurs du Tarn, un jeune homme de vingt-neuf ans (1), pétulant, d'une sensibilité d'adolescent, aimant la liberté comme une maîtresse plutôt que comme un principe, sujet à la grande éloquence comme Isnard, aux coups d'imagination comme Louvet ; avec cela bien élevé, mondain, goûté dans les salons pour sa belle voix : un Français aimable à la mode de ce temps-là, instruit, léger et passionné (2).

C'est, à l'origine, un démocrate ardent, plus goûté encore

---

(1) Il était né à Angles, dans le Languedoc, en 1762.

(2) C'est bien l'idée que nous donne de lui son intime amie, Miss William, qui nous a laissé quelques détails sur lui dans ses *Souvenirs* et dans ses *Lettres*. « Lasource, dit-elle, was a native of Languedoc, and united with very superior talents that vivid warmth of imagination for which the southern provinces of France have been renowned. Liberty in the soul of Lasource wass less a principle than a passion, for his bosom beat high with philanthropy ; and in his former situation as a protestant minister he had felt in a peculiar manner the oppression of the ancient system. His sensibility was acute, and his detestation of the crimes by which the revolution had been sullied was in proportion to his devoted attachement to its cause. Lasource was polite and amiable in his manners : he had a taste for music and a powerful voice ; and sung, as he conversed, with all the energy of feeling. — (*Letters*, I, 49.)

aux Jacobins qu'à l'Assemblée. Le 1er janvier 1792, il écrit au club pour se plaindre que Robespierre ait paru l'inculper. Aussitôt celui-ci s'empresse, dit le journal de la société, de rendre à M. Lasource le témoignage le plus éclatant de la haute idée qu'il a de son civisme et de son amour pour la Révolution. En toute occasion, il parle rudement de la royauté. Le 25 mars 1792, aux Jacobins, il promet à Isnard d'être « le premier à l'appuyer pour lui obtenir la parole, pourvu qu'il retranche de son discours au roi tout ce qui ressemble à de la flagornerie et au style ancien des parlements : « Le peuple, ajoute-t-il, ne doit pas tant raisonner avec le roi, mais lui dire : nous voulons l'exécution de la constitution et nous saurons bien nous lever, si on nous trompe. »

A l'Assemblée, il s'exprime avec âpreté contre les émigrants et il pousse à la politique belliqueuse. C'est de ses lèvres, dit-on, que tomba pour la première fois, le 22 novembre 1792, cette formule : « La patrie est en danger, » qui devait devenir, plus tard, le mot d'ordre officiel de la France (1). Généralement, toutes les mesures relatives à l'armement du peuple, à l'accélération violente de la Révolution, trouvent en lui, dans la première année de sa carrière, un défenseur infatigable. Il est républicain, comme Brissot, comme Louvet ; mais il diffère d'eux en ce qu'il n'admet pas un instant la fiction de la royauté constitutionnelle. Tous ses discours tendent à la destruction du trône.

Ce qui le mit en lumière, ce fut son discours sur l'amnistie des massacres d'Avignon. L'Assemblée hésitait : le souvenir des horreurs de la Glacière était présent à tous les

---

(1) C'est Beaulieu (Biogr. Michaud, 1re éd.) qui prête à Lasource cette formule. Le compte-rendu de la séance du 22 nov. 1791 est fort abrégé dans le *Moniteur* et dans le *Journal des débats*. Quant au *Logographe*, il attribue à Delaporte le discours de Lasource.

esprits ; la droite les ravivait avec art ; c'est alors que Lasource intervint (19 mars 1792), et fit tomber les scrupules de la majorité :

« Mais ces crimes sont atroces, dit-on. Et vous aussi, Français contre-révolutionnaires, vous en avez commis qui font frémir tout homme juste, et cependant vous restez impunis. Les Avignonais qui sont en ce moment dans les fers, si vous ne les faisiez participer à la loi générale (1), auraient le droit de vous rappeler les massacres de Nimes, de Montauban, d'Uzès, de Nancy. Bouillé, vous diraient-ils, Bouillé dont le nom nous glace encore d'effroi ; Bouillé, dont l'existence est une objection contre la justice éternelle(2), vit tranquille et médite de nouveaux forfaits : qu'auriez-vous à répondre à cette objection ? » C'est surtout pour des raisons politiques qu'il propose une amnistie complète : « On me fait une objection : ne craignez-vous pas, me dit-on, que si vous accordez l'impunité aux auteurs de toutes les atrocités commises en dernier lieu à Avignon, vous n'autorisiez pour ainsi dire le peuple à se venger lui-même du silence des lois ? Je réponds que, si le législateur était condamné à ne porter que des lois dont il soit impossible d'abuser, il n'en ferait presque aucune ; mais ne croyez-vous pas que ce soit un soupçon injurieux au peuple avignonais, que de penser qu'il n'éprouve enfin la lassitude de la vengeance, et qu'il ne sente pas le besoin du pardon ? Sans doute, au premier moment où la nature est outragée, elle se soulève, elle se venge ; mais lorsque le temps a calmé cette première effervescence, le désir de la vengeance cesse avec elle, et si les parents des victimes

(1) A la loi d'amnistie du 25 septembre 1791. Lasource voulait qu'elle fût applicable à tous les délits antérieurs à la réunion des deux comtats à la France. Cette réunion n'avait eu lieu que le 8 novembre 1791.

(2) « A ces mots, dit Beaulieu, les tribunes retentirent d'applaudissements. » Biographie Michaud, 1825.

immolées à Avignon sont, comme j'aime à le croire, de leur nouvelle patrie, ce n'est pas du sang qu'ils vo demanderont pour réparer leurs malheurs ; au contraire, si vous livrez tous les coupables au glaive de la justice, vous aurez du sang, et encore du sang, éternellement du sang. »

Il y a là, il me semble, du mouvement, de l'éclat, un accent sincère, tout ce qu'il faut pour remuer une Assemblée, sans choquer le goût. Mais ce succès d'un discours véhément condamna Lasource au genre véhément. Quand, le 3 mai 1792, il demanda ces impolitiques poursuites contre Royou et contre Marat, il voulut encore être pathétique et, forçant la note, il déclama un roman à la Louvet, où tout est étrange, le style comme l'idée : « Du sein des mêmes ténèbres, s'écria-t-il, du fond des mêmes principes, de l'impulsion des mêmes cœurs altérés de sang, affamés de carnage, avides de brigandages, d'anarchie et de tout ce qui peut amener la désorganisation complète du corps social, partent les horreurs sans cesse vomies, et contre les chefs de l'armée, qu'on peint comme d'abominables traîtres, et contre les soldats qu'on peint comme d'insignes brigands. Ceux qui crient avec acharnement à la trahison contre les chefs veulent que l'armée se révolte et que son insubordination la perde par la faiblesse du désordre, de la désorganisation et de l'anarchie. Ceux qui calomnient les soldats en les peignant comme des hordes barbares, sans discipline et sans frein, veulent que les chefs tremblent, que l'opinion publique doute, que le crédit public tombe, que les ennemis de la France espèrent, et qu'ils aient d'avance la fierté et le courage intrépide que donne l'assurance du succès : tous veulent également que la France succombe et que la liberté expire (1). — Messieurs, il faut que le glaive de la

---

(1) Le *Logographe* ajoute : « Je demande donc que l'Assemblée nationale prenne un grand caractère de vengeance... (*Plusieurs voix* : de justice.) Permettez, je parle de la vengeance de la loi. (*Vifs*

justice frappe solennellement tous ces abominables conspirateurs... »

L'Assemblée ne tarda pas à sentir quelle maladresse lui avait fait commettre Lasource en l'amenant à poursuivre Marat, et Lasource vit son crédit faiblir. Pour le ressaisir, il haussa encore la voix et, le 19 mai 1792, à propos des dangers de la patrie, il proposa diverses mesures fort acceptables en elles-mêmes, mais sur un ton criard, avec un style emphatique et d'insupportables artifices de forme : « Sous vos pieds, disait-il, sont des volcans, à vos côtés des abîmes; et l'Assemblée nationale, le pouvoir exécutif, la France entière, tout languit dans l'inaction. Est-ce insouciance ou stupeur? Fermons-nous volontairement les yeux pour ne pas voir les dangers que l'avenir nous prépare, ou dormons-nous en paix, tandis qu'autour de nous le crime conspire, que l'intrigue ourdit des trames infernales, que la révolte et la trahison aiguisent leur fer parricide, et que le despotisme, mugissant au loin sur des trônes mal assurés, fait marcher vers nos frontières des armées de satellites, ministres de ses fureurs? Je viens réveiller ma patrie.. » Il eût paru plus grotesque encore si l'affaire Larivière, qui éclata ce jour-là, n'eût détourné l'attention publique. Mais il se releva et reconquit quelque autorité quand il accusa La Fayette (21 juillet 92) et, interprétant les sentiments des patriotes, déclara *qu'il venait briser une idole qu'il avait longtemps encensée.*

Le 10 août ne l'étonna ni ne l'attrista. Il se montra même sur le théâtre des événements, et il raconta plus tard, à la tribune de la Convention, que, le 10 août, sur la terrasse des Feuillants, il allait être « atteint de trente coups de sabre » sans l'intervention de « citoyens de Paris » qui lui sauvèrent la vie. Et il conclut de là qu'il ne pouvait haïr

applaudissements.) Cette vengeance, vous la devez à tous, vous la devez à la nation qu'on cherche à perdre.

Paris. Mais, le 25 septembre, il se voua aux haines de la Montagne et rompit sans retour avec le club des Jacobins (où, seul de la Gironde, il était resté jusqu'à ce moment-là), en se prononçant avec netteté contre la dictature parisienne : « Je déclare ici hautement, dit-il, que je voterai pour que tous les départements concourent à la garde du corps législatif. Je crains le despotisme de Paris et je ne veux pas que ceux qui y disposent de l'opinion des hommes qu'ils égarent dominent la Convention nationale et la France entière. Je ne veux pas que Paris, dirigé par des intrigants, devienne dans l'empire français ce que fut Rome dans l'empire romain. Il faut que Paris soit réduit à un quatre-vingt-troisième d'influence, comme chacun des autres départements ; jamais je ne ploierai sous son joug ; jamais je ne consentirai qu'il tyrannise la république, comme le veulent quelques intrigants, contre lesquels j'ose m'élever le premier, parce que je ne me tairai jamais devant aucune espèce de tyran. »

Réduire Paris à un quatre-vingt-troisième d'influence ! On ne pouvait trouver une formule plus nette pour préciser le point par où la politique girondine se distinguait de la politique montagnarde. Il n'y eut pas de mot plus dur, plus impudent contre Paris, et le fameux anathème du président Isnard n'excita pas plus d'indignation (1).

Quoique son attitude à la Convention porte la marque des défiances et des craintes de ses amis politiques, il n'en reste pas moins révolutionnaire, et il veut que la République, dans les pays où elle entre, fasse la guerre aux privilégiés et favorise le peuple. « En prenant les armes, vous avez dit : guerre aux tyrans, paix aux peuples. — Il faut tenir parole.... » Mais son ardeur de propagande démo-

---

(1) Le 6 novembre, à propos du rapport de Bazire sur les massacres de septembre, il reprit les mêmes idées.

cratique ne tarde pas à s'affaiblir, pendant que grandit sa défiance contre Paris. Bientôt, atténuant le système brissotin, il ne veut plus *révolutionner* l'Europe. Ainsi, le 24 octobre 1792, à propos de la conduite que devait tenir Montesquiou vis-à-vis des Savoyards, il trace, au nom du comité diplomatique, les devoirs des généraux de la République envers les peuples qu'ils auraient délivrés, et résume ainsi ces instructions : *Sûreté des personnes, respect pour les propriétés, indépendance des opinions.* La République fait tomber les fers des opprimés, puis elle les laisse libres de s'organiser politiquement comme ils l'entendront. Les conseils mêmes sont à éviter : « Un général qui conseille à la tête d'une armée est un maître qui commande. »

Rien de plus sage; rien aussi de moins conforme à la politique suivie par les Girondins à la Législative. Mais Lasource, évidemment, ne reçoit aucun mot d'ordre, ni de Mᵐᵉ Roland ni du comité Valazé. Dans le procès du roi, il se sépara de la plupart de ses amis par la décision avec laquelle il condamna Louis XVI. Il était, au commencement des débats, commissaire de la Convention à Nice avec Goupilleau et Collot d'Herbois ; le 31 décembre, lecture fut donnée à la tribune d'une lettre collective où ces trois représentants déclaraient qu'ils voulaient la mort. Lasource était encore absent lors de la discussion sur l'appel au peuple. Mais il revint à Paris exprès pour prononcer la mort et pour voter contre le sursis.

C'est le moment de sa plus grande importance politique. Bientôt (26 mars 1793), il entrera au Comité de salut public. Puis, le 1ᵉʳ avril, il aura le triste honneur de consommer irrévocablement la rupture de la Gironde et de Danton. — On sait que, dans cette journée fameuse, interprétant toutes les rancunes dont jusqu'alors il avait paru exempt, il accusa Danton d'avoir conspiré avec Dumouriez pour le rétablissement de la royauté. Il lança cette imprécation qui menaçait aussi bien Danton que Philippe-Égalité: « Je demande enfin, pour prouver à la nation que nous ne capitulerons jamais avec un tyran, que chacun d'entre nous prenne l'engagement de donner la mort à celui qui tenterait de se faire roi ou dictateur. (Une acclamation unanime se fait entendre. Les applaudissements et les cris : *Oui, oui!* se répètent à plusieurs reprises. L'assemblée entière est levée; tous les membres, dans l'attitude du serment, répètent celui de Lasource. Les tribunes applaudissent.) »

Mais, de tous les actes politiques et de tous les discours de Lasource à la Convention, le plus remarquable et le plus célèbre, ce fut la réponse qu'il fit, le 16 avril 1793, au nom de la Gironde, à la pétition dans laquelle les sections de Paris avaient, la veille, réclamé l'arrestation des vingt-deux. Il sut, cette fois, éviter l'emphase et mit une ironie contenue et une verve nullement factice au service d'une argumentation forte et serrée. « Citoyens, dit-il en débutant, c'est un sentiment de reconnaissance que vos membres dénoncés doivent à leurs dénonciateurs ; c'est ce sentiment que je leur vote pour la modération dont ils usent. Je les remercie d'avoir préféré la voie de la calomnie au son du tocsin ; je les remercie d'avoir changé la conjuration du 10 mars, ourdie contre notre existence, en un système de diffamation contre notre honneur. Mais ce tribut de reconnaissance que je leur paie serait bien mieux mérité, si tout le monde ne savait qu'on n'a eu recours à des libelles que quand on n'a pas pu exciter les séditions. » Après avoir rappelé la part que Robespierre et ses amis passaient pour avoir prise à la préparation de l'adresse des sections, il montre que les Parisiens ont, en cette affaire, usurpé sur le souverain, qui est la nation. Son raisonnement, auquel il n'était pas facile de répondre, est d'une précision originale: « Qui vous a dit que mon département ne viendra pas dénoncer ceux qui m'ont dénoncé moi-même ? Qui vous a dit que mon département, au lieu de venir demander l'expulsion des vingt-deux membres désignés, ne demandera pas vingt-deux membres qui siègent là (désignant ceux de l'extrémité du côté gauche) ; et alors qu'auriez-vous à leur dire ? à qui donneriez-vous la préférence ? Quel est le vœu que vous accompliriez, ou de celui qui vous dénoncerait, ou de celui qui dénoncerait ceux de nos collègues qui peuvent avoir influé dans la dénonciation faite contre nous ? Il semble que la Convention se trouverait dans une position bien difficile. Il y a plus : supposons qu'un département vint nous dire ; si vous ne renvoyez pas tel ou tel membre, nous nous insurgerons aussi, nous résisterons à l'oppression, car nous croyons que ces membres trahissent la chose publique et perdent la patrie. Ne seraient-ils pas là, le fédéralisme, la guerre civile et la dissolution de la République? »

Voici le remède qu'il propose : « Jusqu'à présent, c'est par une espèce de fiction politique qu'un député d'un département a été réputé le représentant de toute la République ; car, dans le fait, il n'avait obtenu la confiance que de son département. Lorsque les assemblées primaires seront convoquées, faites lire dans chaque assemblée primaire la liste des membres de la Convention ; obligez le président des assemblées primaires de lire les noms un à un, et à chaque nom prononcé, le président demandera : le représentant dont je viens de prononcer le nom a-t-il, oui ou non, votre confiance ? Il en résultera que chaque section, chaque assemblée primaire émettra son vœu ; que vous connaîtrez parfaitement le résultat du vœu national, du vœu, non pas d'un département, mais de toute la République... »

Quoique l'absence de nombreux Montagnards, alors

en mission, donnât la majorité aux amis de Lasource, ils n'osèrent pas voter ce projet chimérique, dont l'exécution aurait suspendu pour plusieurs jours l'existence de l'autorité centrale, à un moment où la France traversait une crise capitale.

Du 16 avril au 2 juin, la carrière oratoire de Lasource est insignifiante. Le 18 avril, la Gironde lui donne une marque d'estime (et répond à la pétition des sections) en le nommant président. Le 10 mai, il combat comme chimérique le pacte social d'Isnard, soutenu par Buzot. Le 1er juin, il propose de substituer à l'adresse de Barère sur la journée de la veille une proclamation très courte (1), où il a le tort de laisser voir les divisions de la Convention et d'affaiblir ainsi le seul pouvoir qui pût rallier la France. Le 8 juin, il fait afficher sur les murs de Paris une lettre au président de la Convention, où il proteste avec plus de courage que d'éloquence contre les faits du 2 juin (2). Au tribunal révolutionnaire, il n'eut à répondre qu'à de vagues et insignifiantes accusations de Chabot; si infidèle que soit le compte-rendu, on voit qu'il ne prononça pas de discours.

Dans sa prison, au Luxembourg, son caractère professionnel, un peu oublié dans le feu de la lutte, reparut tout entier. Sillery et lui composèrent un hymne pieux, qu'ils chantaient le soir et que miss Helen William nous a conservé (3). « Tout préparé à la mort, dit son amie, il regrettait de mourir avant le triomphe de la liberté. Qu'ils étaient sincères, ses vœux pour son pays, prononcés pour

---

(1) Le texte complet de ce projet d'adresse ne se trouve que dans le *Journal des débats et des décrets*.

(2) Cette lettre a été découverte et publiée par M. Mortimer-Ternaux, *Histoire de la Terreur*, VII, 557.

(3) « He and Lasource composed together a little hymn adapted to a sweet solemn air, which they called their evening service. » (*Letters*, p. 62.)

ainsi dire sur l'échafaud... (1) ! » — On prétend qu'il portait une pensée à la bouche lorsqu'on le conduisit au supplice (2) : en tout cas, il y alla avec calme et dignité. Il avait, d'après Beaulieu, dit à ses juges en entendant son arrêt : « Je meurs dans le moment où le peuple a perdu sa raison ; vous mourrez le jour où il la recouvrera. »

En résumé, Lasource joua, dans le parti de la Gironde, le rôle d'un tirailleur hardi et vagabond. D'abord populaire et patriote dans le sens le plus révolutionnaire du mot, il finit par épouser peu à peu les rancunes des Rolandistes proprement dits. Il porta dès lors à la Montagne des coups sonores, et fit un éclat contre Danton. Il a donc sa part de responsabilité dans la chute de ses amis.

Mais, parmi les orateurs de second ordre, nul ne fut plus en vue que lui, plus écouté, plus passionnant. Il excelle dans le genre véhément ; mais son éloquence n'a qu'une note et il ne sait pas être simple et mesuré quand il le faut. On sent qu'il improvisait et qu'il avait, quoique prêtre, plutôt la facilité d'un clubiste que celle d'un prédicateur. Instruit, il évitait le pédantisme et s'abstenait d'allusions classiques. Il y a dans ses discours, de l'ordre, du mouvement, et, aux bons endroits, de la chaleur ; mais son accent aigre prévenait contre lui (3). On prenait volontiers son animation pour du charlatanisme : il manquait d'autorité et se trouvait, au demeurant, incapable d'apaiser les orages qu'il avait soulevés. — Quelques traits heureux, quelques

---

(1) *Souvenirs* de miss William, p. 61.

(2) Biographie Rabbe.

(3) Il n'y a que Beaulieu qui nous l'ait montré à la tribune. « Cet homme, dit-il, n'était pas dénué de talents : il improvisait avec facilité, sa voix était étendue et retentissante ; et dans ses discours, assez corrects, on remarquait des mouvements oratoires véritablement éloquents ; mais son accent aigre annonçait un homme violent et passionné, et il ne s'exprimait jamais qu'avec un sentiment d'indignation réelle ou affectée. » (Biogr. Michaud, 1re éd.)

tirades passionnées, lui donneraient cependant droit à une place dans toute anthologie de l'éloquence parlementaire.

II.

RABAUT SAINT-ÉTIENNE.

Quand la Constituante se fut séparée (1), Rabaut resta à Paris, où il vécut un peu à l'écart de la politique militante, collaborant à la *Feuille villageoise* et rédigeant dans le *Moniteur* le « Bulletin de l'Assemblée nationale », du 1er août 1792 jusqu'à la fin du mois de novembre de la même année (2).

Sans qu'il les sollicitât, les électeurs de l'Aube le portèrent, sur sa réputation, à la Convention nationale. Il y parla rarement, mais chacune de ses apparitions à la tribune produisit un assez grand effet. Cet homme, qu'on avait connu si optimiste, presque souriant, prit une attitude mélancolique et désenchantée. Une sorte d'aigreur vertueuse caractérisa sa parole, plus nerveuse maintenant et plus concise qu'à l'Assemblée constituante. Sur les événements même, son influence fut à peu près nulle. Mais sa douleur sincère remua les âmes.

Par exemple, lorsque, le 2 décembre 92, Manuel protesta contre l'insolence des colporteurs qui criaient les feuilles d'Hébert et de Marat aux portes mêmes de la Convention, Rabaut soutint l'avis de Manuel, mais en montrant de l'aversion pour le fédéralisme et de la confiance dans les Parisiens pris en masse : « Cependant, ajouta-t-il, je le dirai avec douleur, il est des lieux dans Paris où l'on entend dire qu'il n'y a pas eu assez de sang versé, que la faux de l'égalité doit se promener encore sur toutes les têtes. J'a-

---

(1) Cf. *Les orateurs de l'Assemblée constituante*, pages 429-435.
(2) Cf. *Moniteur*, réimpr., XIII, 259 ; XV, 656 ; XVIII, 204.

vertis les citoyens de Paris que nous veillerons pour leur salut; que, tant que la Convention résidera à Paris, Paris sera heureux ; mais si l'on pouvait parvenir à ôter du centre la République l'assemblée des représentants du peuple, vous tomberiez bientôt dans l'anarchie, et de l'anarchie sous le joug du despotisme. Car, lorsque vous serez fatigués de troubles, le tyran paraîtra; il sera, lui, environné d'une garde prétorienne. Alors, plus de liberté; vous ne pourriez plus écrire ni parler ; vous ne pourriez plus converser librement les uns avec les autres. » Et, après cette prophétie remarquable, il demande, non que la presse cesse d'être libre, mais qu'elle rentre dans le droit commun et réponde devant les tribunaux de ses calomnies.

Il se piquait de républicanisme. Mais le chagrin que lui causait la marche violente de la Révolution faisait dire à ses ennemis qu'il regrettait la royauté (1). Il morigénait, avec maussaderie, Paris et les Jacobins. Il représentait, en pleine Terreur, l'esprit de 89.

Un jour, pourtant, cette figure renfrognée se dérida, et la bienveillance l'éclaircit. On revit le Constituant philanthrope, l'aimable rédacteur de la *Feuille villageoise*, quand, le 21 décembre 1792, il développa, sur l'éducation nationale, une motion inspirée par les plus pures et les plus gracieuses fantaisies de Rousseau. Chose remarquable! dans ce plan présenté par un ministre de la religion réformée pour former des mœurs analogues aux idées nouvelles, les idées religieuses, voire déistes, ne tiennent aucune place. C'est déjà presque le culte de la Raison, mais d'une raison souriante et indulgente. L'espace nous manque pour citer ce long programme de fêtes civiques, ce rêve charmant et irréalisable, qui ravit les contemporains et fut comme un frais intermède au procès de Louis XVI.

---

(1) *Œuvres de C. Desmoulins*, éd. Claretie, I, 323.

Peut-être, à la lecture de cette jolie utopie, quelques délicats comprirent-ils le secret du pessimisme de Rabaut, dont eux-mêmes portaient le germe au fond de leur cœur. Tous étaient intimement blessés par le contraste de la réalité avec leurs rêves. Mais les plus forts luttaient encore pour réaliser leur idéal. Rabaut, plus faible, plus nerveux, plus découragé, se répandait en plaintes amères contre les faits. Un jour, chez Valazé, il murmura tristement : « Il nous faudra retourner dans les forêts. » Puis, retrouvant ses chimères, il sourit à cette idée de la vie agreste, et, en disciple de Jean-Jacques, fit une description fort poétique des premiers âges de l'homme (1).

Dans le procès du roi, il soutint l'opinion de Salles et protesta contre le pouvoir judiciaire que s'attribuait la Convention : « Il est impossible, dit-il, que le souverain ait eu une telle ignorance de ses droits, qu'il ait confié à vos mains le pouvoir judiciaire ; il est impossible que cette nation fière et libre ait oublié le premier principe de toutes les républiques : que le législateur ne soit pas juge ni le juge législateur. Si vous êtes juges, endossez le manteau du magistrat, dressez un tribunal, citez les accusés, écoutez les témoins ; jugez, mais ne faites point de lois : si vous êtes législateurs, faites des lois, mais ne jugez pas. » Et il ajouta cet aveu qui trouva un écho secret dans plus d'un de ses auditeurs et qui laissa une profonde impression dans tous les esprits : « Quant à moi, je vous l'avoue, je suis las de ma portion de despotisme ; je suis fatigué, harcelé, bourrelé de la tyrannie que j'exerce pour ma part, et je soupire après le moment où vous aurez créé un tribunal national qui me fasse perdre les formes et la contenance d'un tyran (2). »

(1) Desgenettes, *Souvenirs*, II, 231.
(2) 28 décembre 1792.

Il vota pour l'appel au peuple et pour la réclusion, alléguant (à peu près comme Fauchet) « que rien ne peut mieux assurer l'abolition de la royauté que de laisser vivant dans sa nullité le Tarquin qui fut roi ; ni maintenir la République, que d'en chasser le tyran livré au mépris de toute l'Europe. »

Le 11 janvier, ramenant la question irritante, il demanda, sans l'obtenir, un vote immédiat sur l'organisation d'une force armée « pour le lieu des séances de la Convention. » Le 24, la Gironde se compta sur son nom : 179 voix, sur 355 votants, le portèrent à la présidence de l'Assemblée. Danton n'avait obtenu que 150 suffrages (1). Le 21 mai, il fut élu membre de la commission des Douze. Le 28, cette commission girondine, cassée la veille, est rétablie. Rabaut en est le rapporteur. Hué par la Montagne, il ne peut se faire entendre. Il offre sa démission et, d'après le *Moniteur*, celle de ses collègues.

Le matin du 31 mai, il se fraya, non sans peine, avec ses amis, un chemin jusqu'à l'Assemblée. Ils furent menacés par des groupes hostiles. « Rabaut était si inquiet, dit Louvet (2), qu'il n'aurait pas fait grande résistance. Pendant toute la route il s'écriait : *Illa suprema dies !*... » Mais, à son poste, il fut courageux et digne de son passé. Pendant trois heures, il lutta contre les interruptions, pour lire le rapport qu'il avait composé sur la conspiration même dont la Gironde allait être victime. Imitant l'abnégation patriotique de Vergniaud, il conclut à la suppression des Douze et conseilla de faire du comité de salut public le « centre unique » du gouvernement (3).

---

(1) *Journal des débats et des décrets,*
(2) Mémoires, éd. Didot, p. 261.
(3) « Il avait écrit et développé le rapport qu'il devait faire sur la conspiration du 31 mai. Vous le savez ; malgré vos décrets, malgré ses sollicitations continuées à la tribune pendant plus de trois heures, les

Décrété d'arrestation, puis mis hors la loi, il se cacha dans Paris, fut découvert, livré, et guillotiné le 15 frimaire an II.

Son frère, Rabaut-Pommier, député du Gard à la Convention, parla quelquefois, mais sans talent. Il signa la protestation des Soixante-Treize, fut arrêté en même temps que Saint-Etienne ; mais, oublié dans sa prison, il revint siéger et survécut à la Révolution (1).

CHAPITRE V.

MANUEL, DUFRICHE-VALAZÉ, LARIVIÈRE, SALLE, DEBRY, KERSAINT, J. DUPONT.

I

MANUEL, le procureur de la Commune de Paris, se piquait de style et d'éloquence.

Comme écrivain, il fut une des victimes les plus célèbres d'André Chénier, dont les sarcasmes rendirent à jamais ridicule l'éditeur des *Lettres de Mirabeau à Sophie* et le jargon alambiqué de son discours préliminaire. « Ce fasti-

---

hurlements, les vociférations et les menaces des conspirateurs qui, à la barre, dans ce parquet, à l'entour de cette enceinte, vous cernaient de toutes parts, ne vous permirent pas d'entendre ce rapport... » (Discours de Rabaut-Pommier à la Convention, 16 vendémiaire an IV.) Ce n'est donc pas sous la pression des tribunes que Rabaut conclut à la suppression des Douze, quoi qu'en dise M. Biré, *La légende des Girondins*, p. 333.

(1) Il mourut en 1820. Un troisième Rabaut, Rabaut-Dupuis, fut député aux Cinq-Cents. Ces noms de *Pommier*, de *Saint-Etienne* et de *Dupuis* leur avaient été donnés par leur père, le pasteur Paul Rabaut, « pour éluder la vigilance des agents de l'autorité qui, s'ils avaient pu les saisir, les auraient fait instruire de force dans la religion catholique. »(Biographie nouvelle des contemporains, art. *Rabaut-Pommier*.)

dieux mélange de déclamations amphigouriques, disait le rude critique, d'équivoques impures, de cynisme et d'impertinent orgueil, n'est-il pas un essentiellement *mau- vais ton*, je ne dis pas aux yeux de ce qu'on nommait *le beau monde*, je dis au tribunal de la saine et universelle morale? Certes, la lecture d'un pareil écrit repousse toute âme bien née et semble l'avertir par le dégoût qu'elle lui inspire, qu'un honnête homme n'écrit pas ainsi (1). »

Comme orateur, il ne brilla pas non plus par le bon goût, et André Chénier aurait pu vanter ironiquement dans le tribun comme dans l'éditeur, « une prodigieuse richesse en expressions inattendues, en allusions historiques ou mythologiques, en plaisanteries délicates (2). » Mais cette parole, à la fois précieuse et triviale, exerça une influence réelle, soit aux Jacobins, soit à la Commune, et, même à la Convention, se fit écouter. Ce succès montre que cet homme de lettres ridicule possédait quelques-unes des qualités de l'orateur.

D'abord, il était sincère et honnête. Fils d'un potier de Montargis (3), il reçut de l'instruction, vint à Paris comme précepteur, écrivit un pamphlet libéral et fut enfermé trois mois à la Bastille. La révolution le trouva pauvre, dévoyé, aigri. Il fut un des plus véhéments orateurs des Jacobins. Son style travaillé, emphatique, pédant, ne déplut pas aux demi-lettrés du club. Dans ce cuistre, il y avait un apôtre, et dans cet ambitieux une victime. Si sa parole sentait le collège, sa personne, sa voix, son geste criaient la souffrance et la foi. Il fut l'idole des petites gens, des victimes de l'ancien régime, qui le nommèrent procureur de la commune à la fin de 1791.

---

(1) *Journal de Paris* du 12 février 1792, ap. *Œuvres en prose* d'André Chénier, éd. Becq de Fouquières, p. 117.
(2) *Ibid.*, p. 115.
(3) Il était né en 1751.

Sa hardiesse alla grandissant. C'est lui qui écrivit à Louis XVI : *Sire, je n'aime pas les rois...*(1). Suspendu après le 20 juin, rétabli le 13 juillet, il joua un rôle actif dans la révolution du 10 août. Il y fut, à vrai dire, le bras droit de Danton, et resta le procureur de la municipalité renouvelée. Son impuissance dans les journées de septembre le désigna aux calomnies : on prétendit qu'il ne cherchait à sauver que ceux qui le payaient, et pourtant il sauva Beaumarchais, son ennemi personnel, et, aux Jacobins, il flétrit énergiquement ces vengeances sanguinaires.

Député de Paris à la Convention, Manuel prit la parole dès le 21 septembre pour demander qu'on entourât le président de la Convention d'honneurs presque royaux. Mais sa proposition parut déplacée, emphatique, quoiqu'elle fît vibrer de vieux souvenirs romains. La forme n'en était pas moins archaïque : plein du *Conciones*, l'orateur vise à produire un grand effet par quelques phrases nerveuses et concises. Il aime les formules. « La question du clergé, dit-il le 27 septembre, est aussi mûre que celle de la royauté. » Et, le 15 octobre : « La croix de Saint-Louis est une tache sur un habit : il la faut effacer. »

Mais nulle part il n'affecte le trait comme dans le grand discours qu'il avait préparé sur l'accusation de Robespierre et qu'il lut, le 5 novembre, aux Jacobins. Les extraits qu'on en trouve dans le *Moniteur* donnent une idée juste de ce qu'était Manuel en ses meilleurs moments : « Robespierre n'est point mon ami ; je ne lui ai presque jamais parlé, et je l'ai combattu dans le moment de sa plus grande puissance, dans le moment où personne ne lui contestait celle de la vertu... Il est sorti vierge de cette Assemblée constituante où la plus corrompue et la plus riche des cours faisait couler son or et ses vices ; toujours assis à côté de Pétion, c'étaient les gémeaux de la liberté... Robespierre pourrait

(1) Cf. Beaulieu, *Essais historiques*, III, 194.

nous dire ce qu'un Romain disait au sénat: On m'attaque dans mes discours, tant je suis innocent dans mes actions! — Oh! combien de fois vous vous trompez, législateurs, si vous ne jugez les hommes que quand ils parlent! Voulez-vous savoir, disait Démosthène aux Athéniens, quels sont ceux qui trahissent la patrie? ce sont ceux-là qui parlent autrement qu'ils ne pensent... Robespierre a toujours montré la plus grande austérité dans les principes; il a toujours voulu n'être rien, lorsque tant de gens étaient si pressés d'être quelque chose... Il faut aussi parler de cette journée où un peuple, méchant comme un roi, voulait faire une Saint Barthélemy: qui l'a connue mieux que moi, cette journée? Monté sur un tas de cadavres, je prêchai le respect pour la loi; je cherchai Bosquillon: il avait été mon ennemi; c'était le premier que je devais sauver. Il paraît que Louvet n'avait compté que les bourreaux, lorsqu'il a dit que le nombre des acteurs de cette journée était peu considérable. Eh bien! moi, j'ai dit que la ville entière y avait coopéré, et qu'elle avait des reproches à se faire; car enfin, lorsqu'on souffre des assassins, on est bien suspect d'être complice. Que faisiez-vous, braves Parisiens, dans ces moments de désolation? où étiez-vous, bataillon sacré de Marseille? croyiez-vous être moins forts devant des assassins que devant le château des Tuileries? Pour excuser une commune patriote, je ne rappellerai pas ici que des Autrichiens, plus barbares encore, allaient pénétrer dans la république, et se proposaient d'assassiner à la fois les amis les plus ardents de la liberté; je ne dirai pas que, lorsque je fis sonner le tocsin, des conspirateurs, des brigands allaient s'échapper des cachots de Thémis pour s'élancer dans les champs de la fureur et de la vengeance. »

Après quelques réflexions sur le besoin de la paix, d'une paix fondée sur la loi, le danger et le résultat nécessaire des agitations trop fortes, trop prolongées: « une idée me tourmente, dit-il : la liberté serait-elle meilleure à espérer qu'à posséder ?... Nous avons remporté des victoires ; il faut les assurer par des vertus. Les sceptres du monde sont en nos mains ; qu'ils ne tombent pas ! Les rois sont là pour les ramasser, et les peuples les perdraient sans retour. »

Collot, qui répondit à Manuel, dit en riant que le préopinant parlait par épigrammes, par saillies, mais non sans venin. Tout en couvrant Robespierre de fleurs, il avait en effet rappelé avec émotion le temps où il siégeait à côté de Pétion et critiqué ainsi, fort indirectement, la politique actuelle du vainqueur de Louvet. De fait, ce discours marque l'évolution de Manuel dans le sens girondin. Devenu modéré, il s'éleva à deux reprises contre le projet de retirer Mirabeau du Panthéon, et cette fois le souvenir des sarcasmes d'André Chénier lui donna du tact (1). Mais c'est surtout dans le procès de Louis XVI qu'on vit ce rhéteur ardent s'attendrir et changer d'attitude. D'abord, lors de la discussion sur la culpabilité, ç'avait été une ironie d'école contre le roi : « Il fut roi, il fut donc coupable; car ce sont les rois qui ont détrôné les peuples... Sans ces Mandrins couronnés, il y a longtemps que la raison et la justice couronneraient la terre... Que de temps il a fallu pour casser la fiole de Reims !... Législateurs, hâtez-vous de prononcer une sentence qui consommera l'agonie des rois. Entendez-vous les peuples qui la sonnent? Un roi mort n'est pas un homme de moins (2). » Bientôt il s'apitoya sur la famille royale, que ses fonctions de procureur l'amenaient à fréquenter au Temple, et il demanda (6 décembre) que

---

(1) *Moniteur*, réimpr., XIV, 666 et 824.
(2) Biographie Rabbe, art. *Manuel*. Je n'ai pu retrouver ni dans le *Moniteur* ni ailleurs le texte de ces paroles, qui sont néanmoins authentiques : lui-même y fait allusion dans son discours du 6 décembre 1792.

le roi pût être entendu. Le 7, il déclara qu'il était temps d'arrêter la Révolution : « Ce n'est pas, dit-il pédamment, la hache des révolutions que vous devez avoir à la main ; c'est la truelle des républiques, pour bâtir. » Le 14, il essaie d'assurer le libre accès des tribunes à d'autres qu'aux meneurs Jacobins. Enfin, il vota l'appel au peuple, « autant par délicatesse que par courage, autant pour honorer que sauver le peuple ; » et il se prononça pour la détention, en attendant l'exil, après avoir juré « qu'il a le poignard de Brutus, si jamais un César se présente devant le sénat. »

Après le vote de mort, il écrivit une lettre de démission, disant *que l'homme de bien n'avait plus qu'à s'envelopper de son manteau*, et il se retira dans sa ville natale, à Montargis, où, au mois de mars, il fut insulté et frappé par des Jacobins forcenés. Arrêté, le 22 brumaire an II, il fut traduit au tribunal révolutionnaire le 23 et guillotiné le 24.

II

La fermeté de DUFRICHE-VALAZÉ l'avait fait surnommer le *Caton de la Gironde*, et son rôle politique fut assez important pour que Marat le saluât ironiquement du titre de *chef des hommes d'État*. C'est chez lui, on l'a vu, que se tenaient les réunions les plus régulières du parti, et les Girondins ne sortaient pas de cette maison hospitalière plus disposés à la conciliation avec la Montagne. Homme d'action et d'épée, il provoqua successivement en duel les plus ardents Montagnards, dont aucun n'accepta (1). — Une circonstance l'avait mis en lumière. C'est lui qui fit, dans la séance du 6 novembre 1792, au nom de la commission des Vingt-Quatre, le « rapport sur les crimes du ci-devant roi, dont les preuves

---

(1) Biographie nouvelle des contemporains.

ont été trouvées dans les papiers recueillis par le comité de surveillance de la commune de Paris (1). » Assez bien fait, sévère avec emphase, ce rapport n'offre aucun passage d'un style personnel et qui mérite d'être cité. Rappelons seulement qu'il excita au plus haut degré la colère des royalistes (2), par les preuves indiscutables qu'il donnait. L'attitude de Valazé dans le procès de Louis XVI parut inconvenante. Assis devant l'accusé et chargé de lui communiquer les pièces, il faisait, dit-on, passer les documents au roi par-dessus son épaule, sans daigner se retourner (3). Il

(1) Le texte complet de ce rapport est dans le *Journal des débats et des décrets*, nᵒˢ 49 et suivants.

(2) Cf. Biré, *Légende des Girondins*, p. 153.

(3) Voici en quels termes un témoin oculaire, Beaulieu, raconte cette scène dans la biographie Michaud, art. *Valazé* : « Ce fut un tableau bien frappant que le député rapporteur communiquant successivement ses pièces à l'accusé. Il les avait déposées sur une petite table placée dans l'intérieur de la salle, et sur laquelle étaient deux flambeaux allumés. Louis XVI était debout et découvert derrière la barre, vêtu d'une redingote grise, entre deux militaires qui paraissaient chargés de le surveiller, ayant à sa gauche Valazé un peu en avant dans l'intérieur de la salle. Barère, qui présidait, était placé sur un fauteuil, auquel on arrivait par des gradins, et vis-à-vis du roi qu'il interrogeait avec une insolence révoltante. Valazé, chargé d'interpeller le monarque, ne fixa pas ses regards sur lui une seule fois : il prenait les pièces sur la table, de la main droite, et les lui présentait par derrière l'épaule en disant : *Reconnaissez-vous cela ?* Le roi, qui avait la vue basse, les parcourait en les plaçant sous ses yeux de très près, répondait *oui* ou *non*, et les rendait au rapporteur, qui les reprenait de même par-dessus l'épaule, sans jamais regarder le prince : il était à peu près six heures du soir. La salle oblongue de la Convention était éclairée par trois lustres ; les tribunes publiques, à droite et à gauche, étaient remplies d'hommes farouches, armés de sabres et d'une ceinture de pistolets qu'ils affectaient de montrer à l'assemblée. Dans une tribune particulière, au-dessus du fauteuil du président, on apercevait quelques personnes privilégiées extrêmement connues. Dans le fond de la barre étaient placés trois ou quatre municipaux bardés d'écharpes tricolores, qui, le cou tendu et l'oreille attentive, écoutaient avec avidité. La peinture a retracé les grandes scènes rappelées par l'histoire : il semble que celle-là ne serait pas indigne d'être transmise par elle à la postérité. L'auteur de cet article l'a vue, et elle a fait sur lui une si vive impression, que toutes les circonstances en sont encore présentes à sa pensée. »

prononça la mort ; mais il avait demandé l'appel au peuple, et il vota pour le sursis. La Montagne, oubliant son rapport, l'accusa d'avoir intrigué pour sauver Louis XVI. Dès lors, il fut voué aux injures et aux menaces de Marat, auquel il répondit avec autant de courage que de dédain.

Au 31 mai, il se désigna lui-même à la proscription par la hardiesse avec laquelle il s'éleva contre l'*impertinence d'Henriot* qui avait donné l'ordre de tirer le canon d'alarme. Les murmures lui coupèrent la parole. Mais il revint à la charge quelques instants après : « C'est parce que les circonstances sont extraordinaires, dit-il, c'est parce que l'on cherche à les envelopper de ténèbres inconcevables, que j'ai demandé la parole. Depuis la levée de la séance, le tocsin sonne, la générale bat. On ne sait d'après quel ordre. Vous cherchez l'origine du désordre, il faut donc vous résoudre à trouver un coupable. Henriot, commandant général provisoire, a envoyé au commandant du poste du Pont-Neuf l'ordre de tirer le canon d'alarme. C'est une prévarication manifeste, contre laquelle la peine de mort est portée. (*Les tribunes murmurent.*) Si le tumulte continue, je déclare que je ne perdrai pas mon caractère. Je suis ici représentant de vingt-cinq millions d'hommes. Je demande que le commandant général provisoire soit mandé et mis en état d'arrestation. Je demande que la commission des Douze, tant calomniée, et l'utilité est bien évidente, puisqu'elle a été créée pour rechercher des complots qui se décèlent d'une manière si hideuse, soit appelée pour rendre compte des renseignements qu'elle a recueillis. »

Quand la Convention, violentée, voulut discuter le projet de décret de Barère sur la suppression de la commission des Douze, Valazé s'écria : « Je déclare, au nom des quatre cent mille hommes qui m'ont envoyé, que je proteste contre toute délibération de l'Assemblée. » Cette attitude, en un tel moment, avait son éloquence. Elle fut récompensée le 2 juin : Valazé, qui n'avait pas été compris d'abord dans la liste des députés dénoncés, y fut ajouté par Marat, et on le décréta d'arrestation avec les autres.

Le 5 juin, apprenant qu'il y avait un projet d'amnistier les députés détenus, il écrivit à la Convention cette lettre fière : « Citoyen président, on m'apprit hier au soir, et cette nouvelle m'a ravi le sommeil pendant la nuit, que le comité de salut public devait proposer aujourd'hui à la Convention nationale de décréter une amnistie pour vos vingt-deux collègues détenus, et pour les dix membres de la commission des Douze ; je ne puis croire que tel soit le plan du comité, car ce serait la plus horrible des perfidies, la lâcheté la plus insigne : ce serait, après avoir attenté à notre liberté, le projet de nous ôter l'honneur; cependant, il vient de se passer des choses si étranges, qu'on doit penser qu'il n'y a plus rien d'impossible ; il est donc de mon devoir de m'expliquer d'avance sur le prétendu projet du comité ; eh bien ! citoyen président, je déclare à mes commettants, à la Convention nationale, à la France et à l'Europe, que je repousse avec horreur l'amnistie qu'on voudrait m'offrir. Si la Convention nationale, après avoir entendu le rapport du comité, et m'avoir accordé la parole pour ma défense, ne persiste pas dans son décret qui déclare calomnieuse la dénonciation des sections de Paris, et ne sévit pas avec une majesté digne d'elle contre mes lâches assassins, je demande qu'on me juge ; il me semble impossible de se refuser à une réclamation de ce genre : je vous prie d'en donner connaissance à l'Assemblée (1) »

Plus tard, dans sa prison, il s'occupa à rédiger un pro-

---

(1) *Journal des débats et des décrets.*

jet de défense (1), d'un accent sincère, où se rencontrent d'intéressants détails sur lui-même : « J'ai porté les armes dans ma jeunesse, et je fus réformé parce que je n'étais pas noble. Depuis cet instant, j'ai cultivé la terre et j'ai converti des déserts en des plaines fécondes. Trois cents arpents, fertilisés par mes mains, produisent aujourd'hui pour d'autres que pour moi des récoltes abondantes. Je m'en suis dépouillé moi-même en votant pour le principe du partage des biens communaux ; ce décret m'a rendu pauvre, mais il m'a fait sentir toute ma dignité ; et j'ai la gloire d'avoir été juste aux dépens de toute ma fortune. » Aussi est-il réduit à vivre en prison « du prix de six couverts d'argent qui composaient tout son luxe. »

Il se défend avec hauteur : « Telle est, dit-il, la fourberie de mes dénonciateurs, qu'après avoir cité un fait à la charge de l'un de nous, ils le rendent ensuite, par un enchaînement de phrases mal ordonnées, commun à tous les autres, quelque étranger qu'il doive leur être, soit pour le temps, soit pour les lieux. Sans doute, ils ont espéré par ce moyen rendre notre défense plus épineuse, et laisser flotter le soupçon sur nos têtes. Eh bien, perfides ! il n'en résultera que le prolongement de votre honte et la répétition de votre défaite, car nous répondrons à tout. Ne suis-je pas un des fondateurs de la république ? » Et il rappelle son pamphlet antiroyaliste après Varennes, et la pétition rédigée par lui à Alençon, aux approches du 10 août, pour réclamer la déchéance. Pourquoi la commune de Paris l'a-t-elle donc dénoncé ? N'aime-t-il pas Paris ? « Je mets au défi de citer un mot de ma part dit à la

(1) Défense de Charles-Eléonore Dufriche-Valazé, imprimée d'après son manuscrit trouvé dans la fente du mur de son cachot. Au profit de sa malheureuse famille. A Paris, chez la veuve d'Ant.-Jos-Gorsas, etc. An III, in-8. L'original est aux Archives : on peut constater qu'il a été reproduit littéralement ; l'éditeur n'a supprimé que les notes et pièces justificatives.

tribune ou consigné dans l'une de mes opinions qui soit injurieux à la ville de Paris. Elle a rendu de trop grands services à mon pays pour qu'elle ait cessé jamais de m'être chère. »

Au tribunal, il garda sa présence d'esprit et sa fierté. Il eut même un beau mot: « On n'est point coupable, dit-il, pour être traduit devant ce tribunal. Au surplus, la postérité me jugera. » — On sait que, quand la sentence de mort fut prononcée, il se poignarda en plein tribunal. *Tu te troubles, Valazé*, lui aurait dit alors son voisin. *Non, mais je me meurs.* Son biographe lui prête d'autres paroles : « Non, aurait-il dit, lâches brigands, vous n'aurez pas la douce satisfaction de me traîner vivant à l'échafaud ; je meurs, mais je meurs en homme libre (1). »

Auteur d'un livre estimé sur les *Lois pénales* (1784), il avait entrepris « un grand et important ouvrage, qu'il n'a pas eu le temps de terminer. Il paraît qu'il aurait eu pour titre, comme il avait pour but, le *Moyen de suppléer aux religions*. Le manuscrit, mis au net, a été perdu pendant les tempêtes révolutionnaires, dans les mains de Bernard-Saint-Afrique, membre, comme l'auteur, de la Convention nationale. Le premier jet est entre les mains de Mme Valazé (2). »

III

Parmi ceux qui mirent dans les débats de la Législative et de la Convention, le plus de passion et le moins de talent,

---

(1) L. Dubois, *Notice historique et littéraire sur Valazé*, 1802, in-8, p. 25. — M. Vatel (*Charlotte Corday*, p. 397) a discuté les dernières paroles de Valazé, mais sans connaître le texte de Dubois, qui, en somme, lui donne raison.

(2) *Ibid.*, p. 20.

il faut citer Henri Larivière, député du Calvados, plus girondin que les députés de la Gironde. Révolutionnaire exalté au début, il apporta un jour le *Contrat social* à la tribune et en lut dévotement le chapitre relatif à la religion (séance du 24 mai 1792). Il s'agissait des mesures à prendre contre les prêtres insermentés : « Ceux qui distinguent, dit-il après avoir fini sa lecture, ceux qui distinguent l'intolérance civile et l'intolérance théologique, se trompent, à mon avis ; ces deux intolérances sont inséparables. Il est impossible de vivre en paix avec des gens qu'on croit damnés : les aimer serait haïr Dieu qui les punit; il faut absolument qu'on les ramène ou qu'on les tourmente. Partout où l'intolérance théologique est admise, il est impossible qu'elle n'ait pas quelque effet civil ; et sitôt qu'elle en a, le souverain n'est plus souverain même au temporel. — Maintenant qu'il n'y a plus et qu'il ne peut plus y avoir de religion nationale exclusive, on doit tolérer toutes celles qui tolèrent les autres, autant que leurs dogmes n'ont rien de contraire aux devoirs de citoyens ; mais quiconque ose dire: *Hors de l'Eglise, point de salut*, doit être chassé de l'Etat. » Larivière se signala, à la Convention, parmi ceux qui s'efforcèrent de sauver Louis XVI et lutta bruyamment contre la Montagne. Arrêté au 2 juin, il s'évada, prit part à la guerre civile organisée à Caen, put se soustraire aux poursuites et reparut à la Convention Il s'y montra, à la confusion de Louvet et de Lanjuinais, ouvertement royaliste. Fructidorisé, il alla servir à Londres la cause de Louis XVIII. Ce n'était qu'un déclamateur ; mais sa parole banale et facile intervint dans presque toutes les circonstances importantes de la Révolution.

Salle, homme instruit, écrivain exercé, est connu par le rôle qu'il a joué à Caen, après le 2 juin, par sa fuite avec Pétion, Barbaroux et Guadet, et par sa fin tragique. C'est lui qui rédigea, à Caen, la réponse officielle des Girondins au rapport de Saint-Just (1). Ni la verve ni la logique ne manquent à ce pamphlet, qui est cependant loin d'être un chef-d'œuvre, quoique le bon Pétion l'ait comparé aux *Provinciales* (2). On a retrouvé récemment, dans les papiers des Girondins, une tragédie de Salle, *Charlotte Corday*, plus curieuse que belle, mais qui a créé à son héroïque auteur une célébrité posthume (3).

Salle fit partie de la Constituante et de la Convention : il ne brilla pas comme orateur, quoiqu'il parût souvent à la tribune. Mais son culte pour Jean-Jacques Rousseau et son enthousiasme candide le firent aimer. Il sut même frapper deux fois l'attention : ce fut d'abord quand, après le 20 juin 1791, dans la discussion sur l'inviolabilité, il fit cette profession de foi royaliste : « *Je déclare ici qu'il faudra me poignarder avant que je laisse l'administration suprême, sous quelque forme que ce puisse être, passer entre les mains de plusieurs.* » On ne vit pas qu'il ne parlait que par hyperbole, et que sa maladresse oratoire l'avait engagé, par cette phrase ronflante, au delà de ses instincts intimes, qui le portaient vers la République. La seconde occasion où sa parole fut écoutée, ce fut dans le procès de Louis XVI, où il posa le premier la thèse de l'appel au peuple. Pour lui, la Convention était le jury, et le peuple, le juge : « Que la Convention, après avoir déclaré le fait que Louis est coupable, renvoie au peuple l'application de la peine. » Cette opinion fut répétée, dans les mêmes termes, par un grand nombre de députés. Mis en lumière, Salle, de mars à mai 1793, se posa en antago-

---

(1) Observations sur le rapport des trente-deux proscrits, par une société de Girondins, Caen, 13 juillet 1793. Cf. Vatel, *Charlotte Corday*, p. XCIX.

(2) Mémoires, éd. Dauban, p. 144.

(3) Cf. le bel ouvrage de M. Vatel, *Charlotte Corday et les Girondins*, Paris, 1864-1872, in-8.

niste de Marat, mais avec plus de courage que d'éclat (1).

Il faut au moins prononcer le nom de Jean Debry, celui qui devait survivre comme par miracle à l'attentat de Rastadt. Député de l'Aisne à la Législative et à la Convention, il protesta contre l'arrestation des Girondins, ses amis, et faillit, pour cet acte de courage, être envoyé devant le tribunal révolutionnaire. C'est lui qui fit voter la translation des cendres de Rousseau. C'est aussi lui qui proposa, le 26 août 1792, la formation d'un corps de 1,200 tyrannicides volontaires, « qui se dévoueront à aller attaquer corps à corps, individuellement, les tyrans qui nous font la guerre et les généraux qu'ils ont préposés pour anéantir en France la liberté publique. » Déjà on discutait froidement les articles de ce projet de loi vraiment sauvage, quand Vergniaud intervint et le fit renvoyer, malgré le modéré Mailhe, à la commission extraordinaire, qui l'enterra politiquement dans ses cartons. Après le 9 thermidor et au Conseil des Cinq-Cents, Jean Debry défendit plus d'une fois, de sa parole honnête et emphatique, la révolution menacée par les intrigues royalistes ; mais aucune page de ces discours n'offre, à notre avis, assez d'originalité pour mériter qu'on la cite.

Il en est de même des discours du Breton Kersaint : il ne dut pas sa célébrité à son éloquence, mais à son attitude énergique dans le procès de Louis XVI et à une démission fièrement donnée, qui le désignèrent pour l'échafaud.

Les Girondins traitèrent en allié et, un jour, en orateur, un obscur député d'Indre-et-Loire, Jacob Dupont, qui, dans la discussion sur l'instruction publique (décembre 1792),

---

(1) Desgenettes dit de Salle, qu'il rencontra dans le salon de Valazé : « Salle, avec l'extérieur et le maintien d'un niais, quoiqu'il fût un bel homme, avait fort peu d'usage de la société. Cela était racheté par de la candeur, des connaissances étendues et quelques talents oratoires. » *Souvenirs*, II, 223.

opposa, non sans verve, la doctrine des encyclopédistes à celle de Rousseau, se proclama hautement athée, et présenta la science comme une religion. En haine du mystique Robespierre, les amis de Brissot applaudirent à cet aveu, et Dupont fut bruyamment loué dans le *Patriote français*. Mais il retomba ensuite dans l'obscurité (1).

(1) Nous avons réuni ce qu'on sait sur Dupont dans un article publié par la *Révolution française*, année 1885.

LIVRE VIII

LA MONTAGNE

CHAPITRE I.

LES ORATEURS DE LA MONTAGNE EN GÉNÉRAL.

La Montagne ne fut jamais un parti politique, mais elle offrit l'aspect d'une coalition assez unie tant que les hommes, si divers, qui la composaient, eurent à lutter contre les Girondins. L'idée qui groupa, pendant les premiers temps de la Convention, des tempéraments et des politiques si opposés, fut inspirée et imposée par les circonstances, par la nécessité de sauver la France envahie et trahie : contre la droite brissotine qui voulait pratiquer en temps de guerre, dans un camp, une politique de paix, une politique libérale, décentralisatrice et départementale, la gauche défendit une politique révolutionnaire, dictatoriale, qui mettait provisoirement Paris à la tête de la France, constituait aux Jacobins un foyer irrésistible d'énergie patriotique, et mettait systématiquement en œuvre, contre les ennemis extérieurs et intérieurs, la violence et la terreur. Au sommet de la Montagne on voyait alors siéger, comme des triumvirs, trois hommes inconciliables : le mélancolique Marat, à la sensibilité affolée, le mystique Robespierre, envieux et puritain, l'actif et robuste Danton, avec sa gaîté saine et optimiste. Les Girondins une fois tombés et Marat disparu, les patriotes qui les avaient vaincus se divisèrent aussitôt. En vain Danton leur cria de sa voix tonnante « qu'il ne faut pas tirer sur ses troupes, qu'il faut s'aimer et se tenir serrés comme le faisceau pour être forts, que l'union dans le patriotisme serait égale à l'attraction dans le monde physique (1). » Robespierre commença dès lors une guerre sourde contre Danton, auquel il ne pardonnait pas d'avoir présidé le gouvernement en août et en septembre 1792, et d'être l'homme politique de la Révolution. Le lendemain même du 31 mai, Danton est accusé de mollesse (2). On voit se former deux partis: Couthon, Saint-Just, Barère, Billaud, Collot, siègent aux côtés de Robespierre, interprète de la pure doctrine jacobine. Les Cordeliers se réclament de Danton, mais sans pouvoir l'engager personnellement dans une lutte fratricide : Fabre, Bazire, Legendre, Hérault de Séchelles, plus tard Desmoulins, sont les principaux orateurs dantonistes. Une faible fraction se tient à l'écart et semble s'inspirer d'Hébert, qui n'est pas député, mais que la rue lit et écoute, et dont le candide Cloots exprime à la tribune les théories humanitaires et le voltairianisme. Pris entre deux feux, les Hébertistes sont tués par Robespierre et Danton, déjà aux prises entre eux. Puis Robespierre assassine Danton, et ce qui reste de la Montagne se subdivise en coteries. dont les mémoires de Sénard nous ont donné le détail, avec une minutie d'espion et une fantaisie de badaud. Ces coteries éphémères, nées à la veille de thermidor et cachées dans les deux comités, n'ont pas donné naissance à autant de partis dans la Convention.

---

(1) Lettre écrite aux journaux, en 1833, par Rousselin de Saint-Albin, en tête du tome XXXV de Buchez.

(2) Le 7 juin 1793, il est dénoncé aux Jacobins comme modéré. Cf. *Journal de la Montagne*, n° 10, et *Rép. français*, n° 207.

Mais il est vrai de dire que les Thermidoriens se divisèrent en deux groupes: les uns, avec Billaud, auraient voulu continuer le système révolutionnaire; les autres, avec Tallien, inclinèrent vers une véritable réaction politique. La lutte de ces Thermidoriens de gauche et de ces Thermidoriens de droite fut un duel oratoire, sinon aussi brillant, du moins aussi pathétique, que l'avait été le duel de la Gironde et de la Montagne.

Nous parlerons donc d'abord de la Montagne dantoniste, puis de la Montagne robespierriste; enfin, après avoir dit un mot de l'éloquence de ces deux isolés, Marat et Cloots, nous étudierons les orateurs thermidoriens, réservant un article commun pour quelques habitués de la tribune, dont le talent n'égalait pas l'importance.

CHAPITRE II.

LE GROUPE DANTONISTE. — DANTON ; LE TEXTE DE SES DISCOURS; SON CARACTÈRE ET SON ÉDUCATION.

I

A lire ce qui reste des discours de Danton, à étudier dans les faits l'influence de sa parole, on devine que cette éloquence fut plus originale que celle de Mirabeau, de Robespierre et de Vergniaud, et on sent qu'il n'y eut pas, dans toute la Révolution, d'orateur plus grand que ce véritable homme d'Etat. Mais sa gloire fut aussitôt obscurcie par le peu de soin qu'il en prenait, et surtout par une légende calomnieuse à laquelle concoururent à l'envi royalistes, girondins et robespierristes: tous les vices, toutes les erreurs, toutes les bassesses furent prêtés jusqu'à nos jours au vaincu de germinal, et, pour déshonorer l'homme du 10 août, le mensonge usurpa une précision effrontée. Villiaumé le premier, en 1850, opposa à cette légende quelques faits ; puis vint M. Bougeart, qui écrivit tout un livre pour réhabiliter Danton ; mais son mauvais style nuisit à ses arguments. C'est à M. le docteur Robinet que revient l'honneur d'avoir trouvé et réuni avec méthode d'irrécusables documents, d'une authenticité éclatante et parfois *notariée*, propres à établir la certitude dans les esprits les plus méticuleux (1). Il faudrait un volume entier, ne fût-ce que pour esquisser la biographie de Danton, telle que la critique vient de la renouveler, pour faire connaître, même sommairement, l'homme, le politique et l'orateur. Ce grand sujet nous tente depuis longtemps, mais dans une histoire générale de l'éloquence parlementaire, on ne peut qu'en indiquer les principaux points, et fixer quelques-uns des caractères de cette parole, où revit toute la Révolution.

La première remarque à faire, et elle explique le caractère équivoque de la réputation oratoire de Danton, c'est que ses discours furent reproduits d'une manière encore plus défectueuse que ceux de ses rivaux.

Cet orateur qui n'écrivait jamais, qui n'avait pas même, disait-il, de correspondance privée (2), se livrait entièrement à l'inspiration de l'heure présente. Ni ses phrases ni même l'ordre de ses idées n'étaient fixés dans son esprit, quand il se mettait à parler, comme le prouve la soudai-

---

(1) *Danton : Mémoire sur sa vie privée*, par le docteur Robinet, Paris, 1865, in-8 (3ᵉ éd., 1884). — *Le procès des Dantonistes*, par le docteur Robinet, Paris, 1879, in-8.

(2) Le 21 août 1793, à la Convention, démentant une lettre inepte qu'on lui attribue, il dit : « Je n'ai pas de correspondance » ; et plus loin : « Si j'écris jamais... » Cf. *Mémoires de Garat*, p. 190 : « Jamais Danton n'a écrit et n'a imprimé un discours. Il disait : *Je n'écris point.* » Sans doute, il ne faut pas prendre littéralement cette allégation, puisqu'on a des lettres officielles de lui, et même un billet à sa femme, publié par Villiaumé : mais il est certain que les plus riches cabinets d'autographes n'ont presque rien de Danton.

neté imprévue de presque toutes ses apparitions à la tribune et le perpétuel défi que ses plus belles harangues semblent porter à ces règles de la rhétorique classique. Il était improvisateur dans toute la force du terme, pour le fond comme pour la forme, jusqu'à ne prendre aucun soin de sa réputation auprès de la postérité. Avec Cazalès, c'est peut-être le seul orateur de l'époque révolutionnaire qui n'ait jamais publié ses discours politiques, et je ne crois même pas qu'il existe une seule opinion de lui imprimée par ordre de la Convention. Quant à la manière dont les journaux reproduisaient ses paroles, il ne s'en inquiétait point et ne daignait pas rectifier : toute son attention était réservée à la politique active, et ses rares loisirs absorbés par la vie de famille. Nul ne fut plus indifférent à cette gloire littéraire si fort prisée par ses contemporains, depuis Garat jusqu'à Robespierre.

Nous souffrons aujourd'hui de cette négligence. Ses paroles, aux Jacobins notamment, furent longtemps résumées en quelques lignes sèches ou obscures, et le plus souvent en style indirect, par le journal du club, si indigent et si infidèle. Plus tard, le *Journal de la Montagne*, qui reproduit si complaisamment les moindres paroles de Robespierre, affecte d'abréger les plus importantes harangues de son fougueux rival (1).

(1) Voici, par exemple, en quels termes vagues, dans son n° 15, ce journal rend compte d'un grand discours de Danton (juin 1793), dont le sujet et l'occasion paraissent avoir été également mémorables : « Danton monte à la tribune des Jacobins, parle avec son énergie ordinaire, et déclare que s'il ne vient pas plus souvent aux séances de la société, c'est qu'il est occupé dans les comités, à la Convention et partout où il y a des intrigants à combattre. Il promet d'égaler toujours les Jacobins en énergie et en audace révolutionnaire, et de mourir Jacobin. Si quelquefois, dit-il, je suis obligé d'user de certains ménagements pour ramener des esprits faibles, mais d'ailleurs excellents, soyez persuadés que mon énergie n'en est pas moindre, et je vous présage d'avance que nous serons vainqueurs. Les convulsions d'une faction expirante ne doivent pas vous intimider. Il n'existe rien

Nous avons vu que le grand discours du 21 janvier 1793 avait été mutilé par le *Moniteur* avec une liberté incroyable : on n'en trouvera un compte-rendu développé que dans le *Logotachygraphe* et dans le *Républicain Français*. Le discours sur Marat (12 avril 1792) n'est reproduit en détail que par Guirault. Les dernières paroles que Danton prononça à la tribune de la Convention sont étrangement dénaturées par le *Moniteur*. Charles His a seul pris la peine ou eu le courage d'y mettre un ordre clair. Le 26 août 1793, aux Jacobins, Danton prononça une longue apologie personnelle où, à propos de son second mariage, il rendait compte de sa fortune de manière à se faire applaudir du plus soupçonneux des auditoires : les journaux n'insérèrent qu'une analyse insignifiante.

Nous avons pu suivre, dans les plaidoyers de Vergniaud et de Guadet, les progrès de leur éducation oratoire : l'insouciance de Danton laissa dans l'oubli son œuvre d'avocat. M. Bos a rencontré, dans ses recherches au greffe du tribunal, trois mémoires judiciaires de lui, qui peuvent être, dit-il, présentés comme des modèles d'exposé et de discussion, et dont le style est sobre et concis (1). Mais on n'a publié aucun plaidoyer de celui qui fournit au barreau, avant la Révolution, une si brillante et si lucrative carrière.

Voici une lacune plus sérieuse dans la collection des discours de Danton. Nous n'avons pas la harangue qui fut sans doute son chef-d'œuvre, à en juger par les effets qu'elle produisit, je veux parler de sa défense au tribunal révolutionnaire. Le *Bulletin* officieux l'altéra, la réduisit à quelques phrases incohérentes, et les notes de Topino-

---

de commun entre le peuple et les administrateurs ; je suis instruit de bonne part que le peuple se dispose à en faire justice. Soyez assurés qu'on fera un exemple des contre-révolutionnaires. »

(1) E. Bos, *Les avocats au conseil du Roi*, Paris, 1881, in-8.

Lebrun (1), qui font paraître ces altérations et rectifient plus d'un point capital, sont trop informes pour nous permettre de restituer le vrai texte. Les détails qu'on a sur cette tragédie disent assez de quel miracle d'éloquence le tribun étonna des oreilles prévenues et malveillantes. Le président tenta d'éteindre avec sa sonnette la voix de l'accusé, comme Thuriot étouffera au 9 thermidor la voix de Robespierre : il n'y put parvenir : « Un citoyen qui a été témoin des débats, écrit un contemporain, nous a rapporté que Danton fait trembler juges et jurés. Il écrase de sa voix la sonnette du président. Celui-ci lui disait : « Est-ce que vous n'entendez pas la sonnette ? — Président, lui répondit Danton, la voix d'un homme qui a à défendre sa vie et son honneur doit vaincre le bruit de la sonnette. » Le public murmurait pendant les débats, Danton s'écria : « Peuple, vous me jugerez quand j'aurai tout dit : ma voix ne doit pas être seulement entendue de vous, mais de toute la France. » Cette voix surhumaine se faisait entendre par les fenêtres, de la foule amassée sur le quai de la Seine, et déjà cette foule s'émouvait. L'auditoire intérieur, composé d'âmes dures et hostiles, robespierristes, royalistes ou indifférentes, ne put résister à la vue de l'homme, au son de sa voix, à la vérité de ses raisons. Il éclata en applaudissements (2), et le président dut ôter la parole à Danton et demander une loi contre lui. Croit-on que l'éloquence ait jamais remporté un triomphe plus surprenant ? Et les lettres ont-elles jamais fait une perte plus irréparable que celle du suprême discours de Danton ?

C'est ainsi que l'œuvre oratoire du Cordelier ne nous

---

(1) Cf. *Notes de Topino-Lebrun, juré au tribunal révolutionnaire, sur le procès de Danton et sur Fouquier-Tinville*, publiées par J.-F.-E. Chardoillet (le docteur Robinet), Paris, 1875, in-8.
(2) Déposition de Pâris-Fabricius.

est parvenue qu'incomplète et mutilée. Mais telle était la force des formules de Danton, telle était la vie de son style, que beaucoup de ses phrases s'incrustèrent dans la mémoire indifférente ou hostile des faiseurs de comptes-rendus, et nous sont ainsi parvenues, presque malgré eux, dans leur beauté originale.

II

Sur l'homme même, allons au plus pressé, et disons par quels traits précis la critique a remplacé la caricature légendaire où Danton apparaissait crapuleux, vénal et ignorant.

C'était, à coup sûr, une nature énergique, violente même, dont l'exubérance fougueuse étonnait au premier abord. Mais cette fougue se connaissait, se modérait, se raisonnait au besoin, et, en somme, se tournait toujours au bien. Depuis longtemps Danton avait su se discipliner et devenir maître de ses passions. Sa mère, puis sa femme, l'y avaient aidé, sans doute; mais c'est surtout sa propre volonté, éclairée et fortifiée par les souvenirs scolaires des grands Romains, par les leçons de la philosophie, qui avait opéré cette réforme merveilleuse. A voir cette figure ravagée, à entendre cette parole parfois brusque, cette gaîté souvent gauloise, des observateurs superficiels ou prévenus s'imaginaient un fanfaron grossier, libertin, crapuleux. Rien de plus faux que ces suppositions : cet homme de famille et de foyer vécut avec pureté et modestie, sans autre amour que celui de sa femme (1), sans

(1) S'il y avait eu quelque chose de vrai dans les accusations de débauche, rien n'aurait empêché les journalistes robespierristes de nommer les maîtresses de Danton, comme on le fit pour Fabre. Ils sont muets là-dessus, et pour cause. Cf. Robinet, *Mémoire*, pass. — Robespierre, alors qu'il tramait la perte de Danton, a rendu un solennel hommage à la pureté de ses mœurs quand il a dit aux Jacobins,

autres plaisirs que ceux qu'il partageait avec les siens. Ajoutons que, bon camarade au collège, il resta tel toute sa vie avec ses amis. Il avait le culte de l'amitié et le don, si précieux, de la cordialité : sa joie était de réunir à sa table ses condisciples, ses compagnons de lutte. Son grand cœur s'ouvrait à des sentiments plus larges encore : il aimait ses concitoyens, la vue du peuple le réjouissait. Durant les courts séjours qu'il fit à Arcis, dans sa maison natale qui donnait sur la place principale, il se plaisait à dîner, fenêtres ouvertes, à la vue de tous, non par ostentation, mais par bonhomie et fraternité. Loin de haïr ses ennemis, il ne pouvait pas leur garder rancune : il avait toujours la main tendue vers ceux qui l'insultaient le plus grièvement, vers les Girondins comme vers les Robespierristes. Il ne voyait que la patrie, l'humanité. Les autres le comprenaient mal ; ils cherchaient à expliquer par de bas calculs ce patriotique oubli des injures. La vérité n'éclata que plus tard. En 1829, quelqu'un disait à Royer-Collard, qui avait connu Danton, mais qui n'aimait pas sa politique : « Il paraît que Danton avait un beau caractère. » « Dites magnanime, monsieur! » s'écria le froid doctrinaire avec une sorte d'enthousiasme (1).

On a dit que Danton avait trafiqué de sa conscience et

le 3 décembre 1793 : « Vu dans sa famille, il ne mérite que des éloges. » C'est pourtant une légende robespierriste, celle qui prête à Danton des mœurs licencieuses. Je suppose que l'exubérance libre de sa conversation déplut au chaste et froid Robespierre, qui éprouvait en face de Danton l'embarras d'une nature resserrée, pauvre et glacée, en face d'une nature abondante, riche et chaude. Celui-là, bilieux et sec, suçotait des oranges à la table de Duplay et jouait l'amoureux transi; celui-ci, jovial et bon vivant, jouissait des choses en honnête homme. Voilà pourquoi Robespierre fit à son rival une réputation de débauché, qui abuse de la vie, quand celui-ci en usait en bon champenois, en compatriote de La Fontaine. Danton se vengea gauloisement quand, près de l'échafaud, il fit au maigre amant d'Eléonore ce legs rabelaisien qui arracha un sourire à ses compagnons au seuil même de la mort.

(1) Villiaumé, *Hist. de la Rév.* (6ᵉ éd.), I, 333.

s'était vendu à la cour. Il faut réfuter cette accusation qui fait de lui un déclamateur. Où prit-il, dit-on, les 71,000 francs avec lesquels il paya sa charge d'avocat au conseil ? Voici où il les prit. Grâce à une action hypothécaire de 90,000 livres que ses tantes lui donnèrent sur leurs biens, il put emprunter loyalement à diverses personnes, notamment à son futur beau-père. Mais, le jour de son mariage, il toucha en espèces la moitié de la dot de sa femme, soit 20,000 francs ; il avait 15,000 francs en argent, provenant d'un reliquat de patrimoine, et 12,000 francs en terres; total : 47,000 francs. Il lui restait à trouver 24,000 francs pour se libérer complètement. Or, il paya son office en plusieurs fois et son dernier paiement n'eut lieu que deux ans après son entrée en fonctions, le 3 décembre 1789. Put-il économiser cette somme en deux ans et demie sur le revenu annuel de sa charge que tout le monde évalue à 25,000 francs environ (1) ? En d'autres termes, sur soixante-douze ou soixante-treize mille francs qu'il gagna dans ces trente-deux mois, put-il, avec ses goûts simples, économiser 24,000 francs ? Poser la question, n'est-ce pas la résoudre ?

Ceux qui veulent à tout prix que Danton soit un malhonnête homme affirment qu'en 1791, lors de la suppression de ces offices d'avocats au conseil, il fut remboursé deux fois : une première fois par la nation, légalement; une seconde fois par le roi, secrètement. Certes, le roi aurait t... mal placé son argent : car Danton ne cessa d'agir en franc révolutionnaire. Mais on objecte qu'à l'infamie de ce marché scandaleux, Danton put ajouter celle de manquer de parole à son corrupteur. Et sur quoi l'accuse-t-on de

---

(1) Dans une apologie de Danton par Courtois, envoyée aux journaux avancés, le 20 août 1791, au nom des Jacobins d'Arcis, on voit que l'avocat au conseil avait sur son bureau, au moment de la suppression de sa charge, pour plus de douze millions d'affaires. Cf. *Orateur du peuple*, tome VII, n° 44, p. 348.

cette double perfidie? Sur ce qu'il acheta quelques biens nationaux. Mais quand il fut remboursé des 71,000 francs que lui avait coûté sa charge, il n'avait pas de dettes et il avait même pu faire des économies sur les 50,000 francs qu'il gagna pendant les deux dernières années qu'il fut avocat au conseil. Voilà donc les dépenses de Danton expliquées, contrôlées. Ces choses ont été dites déjà. Mais la passion politique ne veut rien entendre (1).

III

Dans les œuvres posthumes de Rœderer, qui n'ont d'autre mérite que d'être à la fois inédites et imprimées, il y a deux morceaux sur Danton. Après l'avoir traité de *dogue* et de *crapule*, le médiocre styliste ajoute ce trait bien naturel de la part d'un pédant : « Sans instruction ! » — Au contraire, Danton avait fait de bonnes études classiques à Troyes, dans une pension laïque dont les élèves suivaient les cours du collège des Oratoriens. Son ami Rousselin et son camarade Béon nous ont laissé de curieux détails sur ces années scolaires. « Il préférait, dit Béon, à toute autre lecture celle de Rome républicaine. Il s'exerçait à chercher des expressions énergiques, des tournures hardies, des expressions nouvelles ; car il aimait à franciser les mots latins, dans les traductions à faire de Tite-Live et autres historiens romains. » Rousselin ajoute que ses

---

(2) Les accusations de vénalité, soutenues par Louis Blanc, ont été réfutées péremptoirement par M. Robinet dans son mémoire. M. Bos les a reprises avec insistance : mais M. Robinet a mis à néant les allégations de M. Bos dans le journal l'*Express* des 13, 16, 17 mai 1882. M. Taine a répété Louis Blanc, sans tenir compte de la démonstration de M. Robinet. — Danton réfuta à trois reprises ces calomnies : 1° indirectement, par l'organe de Courtois, le 20 août 1791 ; 2° aux Jacobins, dans son discours du 26 août 93, contre Hébert ; 3° encore aux Jacobins, le 3 décembre suivant. On voit que ses réponses satisfirent un auditoire né méfiant.

amplifications renfermaient toujours quelques traits saillants et originaux, qui provoquaient les applaudissements de ses camarades et du maître. « Toute la classe attendait avec impatience que le professeur désignât Danton pour lire lui-même ses compositions. » Il obtint en rhétorique les prix de discours français, de narration et de version latine. Ce bagage classique, auquel on attachait tant de prix alors, il en possédait donc tout ce qu'il en fallait avoir, et sa scolarité avait été la même que celle de Mirabeau, de Camille, de Vergniaud, de Robespierre, des plus lettrés d'entre les hommes de la Révolution.

Ses études de droit furent bonnes, puisque, nous l'avons vu, M. Emile Bos, qui le tient pour un démagogue vénal, fait le plus grand cas de ses mémoires judiciaires, qu'il est compétent pour apprécier.

Quant au latin, dont la connaissance semblait à l'esprit ultra-classique des Jacobins une condition indispensable de la parole et de l'action politique, Danton ne l'avait pas appris seulement au collège : « Son neveu, M. Manuel Seurat, dit le docteur Robinet, se rappelle que son oncle parlait volontiers cette langue, suivant l'habitude des lettrés du temps, notamment avec le docteur Senthex, qui s'était profondément attaché à lui et qui l'accompagnait souvent à Arcis. » Rousselin conte même à ce sujet une anecdote caractéristique. Quand Danton, dit-il, eut acheté sa charge d'avocat au conseil, ses collègues, sans l'avoir averti d'avance, lui demandèrent, à brûle-pourpoint et comme par gracieuseté, de pérorer « sur la situation morale et politique du pays dans ses rapports avec la justice », et d'improviser séance tenante ce discours en langue latine. C'était, dit plus tard le récipiendaire lui-même, lui proposer de marcher sur les charbons. Mais il ne recula point et il vivifia, de son souffle déjà puissant, les vieilles formes mortes qu'on lui imposait. « Il dit que, comme citoyen ami de son pays, autant que comme membre d'une corporation consacrée à la défense des intérêts privés et publics de la société, il désirait que le gouvernement sentît assez la gravité de la situation pour y porter remède par des moyens simples, naturels et tirés de son autorité ; qu'en présence des besoins impérieux du pays, il fallait se résigner à se sacrifier ; que la noblesse et le clergé, qui étaient en possession des richesses de la France, devaient donner l'exemple ; que, quant à lui, il ne pouvait voir, dans la lutte du Parlement qui éclatait alors, que l'intérêt de quelques particuliers, mais sans rien stipuler au profit du peuple. Il déclarait qu'à ses yeux l'horizon apparaissait sinistre, et qu'il sentait venir une révolution terrible. Si seulement on pouvait la reculer de trente années, elle se ferait amiablement par la force des choses et le progrès des lumières. Il répéta dans ce discours, qui ressemblait au cri prophétique de Cassandre : *Malheur à ceux qui provoquent les révolutions, malheur à ceux qui les font !* »

Les jeunes avocats, frais émoulus du collège, comprenaient et se gaudissaient. Les vieux avaient saisi au passage des mots inquiétants, tels que *motus populorum, ira gentium, salus populorum, suprema lex* ; méfiants, ils demandèrent à Danton d'écrire et de déposer cette déclamation aussi séditieuse que cicéronienne. Mais, déjà, Danton n'écrivait pas, ne voulait pas écrire : il proposa de répéter sa harangue, pour qu'on pût la mieux juger : « Le remède, dit Rousselin, eût été pire que le mal. L'aréopage trouva que c'était déjà bien assez de ce qu'on avait entendu, et la majorité s'opposa avec vivacité à la récidive. »

Mais ce n'est que par malice et ébaudissement que, ce jour-là, le futur orateur se barbouilla de latin. Certes, les Diafoirus ne manquèrent pas dans la Révolution, il leur laissa leurs grimaces et leur culte puéril pour l'antiquité scolaire. Il prit l'attitude d'un homme moderne, franchement tourné vers l'avenir, non sans traditions, mais sans pédantisme, qui se sert du passé et en profite sans en subir l'étreinte rétrograde. Il est de son temps, aussi franc de pensée et aussi libre de scolastique que l'élève fabuleux de Rabelais. Sa toute première enfance paraît avoir été formée par des exercices plus physiques encore qu'intellectuels, selon Jean-Jacques, et au sortir du collège, il put dire comme cet autre : *J'aime bien les anciens, mais je ne les adore pas.* Laissant là l'école, il voulut être français. Par-dessus tous les poètes, il aima Corneille, dans lequel il se plaisait à voir un précurseur de la Révolution : « Corneille, disait-il à la tribune de la Convention (13 août 1793), Corneille faisait des épîtres dédicatoires à Montauron, mais Corneille avait fait le *Cid, Cinna*; Corneille avait parlé en Romain, et celui qui avait dit : *Pour être plus qu'un roi, tu te crois quelque chose,* était un vrai républicain. »

Sur ses lectures françaises, Rousselin donne des détails précis. A Paris, faisant son droit et retenu au lit par une convalescence longue, il voulut lire et lut *toute* l'Encyclopédie. Il n'est pas besoin de dire qu'il se nourrissait, comme tous ses contemporains, de Rousseau, de Voltaire et de ce Montesquieu dont il disait : « Je n'ai qu'un regret, c'est de retrouver dans l'écrivain qui vous porte si loin et si haut, le président d'un Parlement. » Et pourtant cet esprit si peu académique était assez souple pour goûter même les grâces académiques de Buffon, dont sa puissante mémoire retenait des pages entières.

Mais ce qui caractérise le mieux le tour qu'il voulut donner à sa culture intellectuelle, c'est la composition de sa bibliothèque, dont M. Robinet a publié le catalogue d'après l'inventaire de 1793. Presque aucun auteur ancien ne s'y trouve en original, quoique Danton fût, on l'a vu, en état de comprendre au moins les latins. Voici deux Virgiles, l'un italien par Caro, l'autre anglais par Dryden.

Voici un Plutarque en anglais, un Démosthène en français. Le hasard n'a certes pas présidé à ce choix de livres, d'ailleurs peu nombreux : on sent des préférences d'humoristique, une fantaisie personnelle et antipédante, surtout un vif sentiment de la *modernité* française et étrangère.

Il savait et parlait l'anglais, cette langue de la politique indispensable à l'homme d'Etat, si familière à Robespierre et à Brissot. C'est en anglais qu'il converse, d'après Riouffe, avec Thomas Payne. Il a dans sa bibliothèque Shakespeare, Pope, Richardson, Robertson, Johnson, Adam Smith, dans le texte anglais. Il a aussi, par un caprice du même goût, la traduction anglaise de *Gil Blas;* et il ne faut pas croire qu'à la fin du xviii° siècle, cette anglomanie littéraire fût aussi fréquente que l'anglomanie somptuaire ou politique, qui courait les rues.

A côté de Rabelais, que son époque ne lisait guère, Danton avait placé quelques livres italiens sévèrement choisis. « Tout en dédaignant la littérature frivole, dit Rousselin, et n'ayant jamais lu de roman que les chefs-d'œuvre consacrés qui sont des peintures de mœurs, il apprit en même temps la langue italienne, assez pour lire le Tasse, Arioste et même le Dante. » M. Manuel-Seurat ajoutait, d'après le docteur Robinet, qu'il parlait souvent l'italien avec sa belle-mère, Mme Soldini-Charpentier, dont c'était la langue maternelle. — Telle était la variété originale que ce prétendu ignorant avait su mettre dans son savoir.

CHAPITRE III.

INSPIRATION ORATOIRE DE DANTON.

Cherchons quelle était l'inspiration oratoire de Danton, c'est-à-dire à quelles idées religieuses, philosophiques et politiques se rattacha l'ensemble de ses discours.

I

Si Robespierre se trompa en voulant, d'après Rousseau, créer une religion d'État, il eut raison de placer au premier plan de sa politique la solution des questions religieuses. Son erreur même atteste qu'il voyait la vraie difficulté de la Révolution et que le dénouement, bon ou mauvais, dépendrait de l'attitude prise vis-à-vis des religions. Danton ne parut pas se soucier de ce grand problème, et il n'avait pas, à proprement parler, de politique religieuse. Personnellement, il se rattachait, avec une partie de la bourgeoisie d'alors, à la philosophie de Diderot et d'Helvétius. Etait-il *athée avec délices*, comme le fut, dit-on, André Chénier ? Non, ces voluptés de la raison satisfaite ou égarée et de la pensée qui s'exerce spéculativement, furent étrangères à ce Français actif et heureux de vivre. Il ne philosophe que dans la crise finale, en face de la mort, et là, d'un mot net, il proclame avec sécurité son sentiment. « Ma demeure sera bientôt dans le néant... » dit-il au tribunal révolutionnaire, et, au commencement de sa défense, il reprend cette courte profession de foi: « Je l'ai dit et je le répète: *Mon domicile est bientôt dans le néant et mon nom au Panthéon.* » Ce fier aveu ne dut-il pas soulager à demi la conscience du véritable meurtrier de Danton, de ce Robespierre, inquisiteur du dieu de Jean-Jacques ? il put se dire qu'évidemment sa victime n'était pas orthodoxe.

Il est probable que Danton n'attachait qu'une importance secondaire à ce qui préoccupait si fort son rival. Il semble vouloir ignorer les rapports de la religion et de la politique, par dédain philosophique ou par impuissance naturelle. Quand la question se présente, il l'ajourne systématiquement. Ainsi le 25 septembre 1792, il répond à Cambon qui avait proposé de réduire le traitement du clergé : « Par motion d'ordre, je demande que, pour ne pas vous jeter dans une discussion immense, vous distinguiez le clergé en général des prêtres qui n'ont pas voulu être citoyens ; occupez-vous à réduire le traitement de ces traîtres qui s'engraissaient des sueurs du peuple, et renvoyez la grande question à un autre moment. (*On applaudit.*) » Le 30 novembre suivant, il s'oppose à la suppression du salaire des prêtres : « On bouleversera la France, dit-il, par l'application trop précipitée des principes que je chéris, mais pour lesquels le peuple, et surtout celui des campagnes, n'est pas mûr encore. » Et, avec une attitude toute girondine, il affirme sa libre-pensée et déclare en même temps la religion provisoirement utile au peuple : « On s'est appuyé sur des idées philosophiques qui me sont chères, car je ne connais d'autre bien que celui de l'univers, d'autre culte que celui de la justice et de la liberté... Quand vous aurez eu pendant quelque temps des officiers de morale qui auront fait pénétrer la lumière auprès des chaumières, alors il sera bon de parler au peuple morale et philosophie. Mais jusque-là il est barbare, c'est un crime de lèse-nation que d'ôter au peuple des hommes dans lesquels il peut trouver encore quelque consolation. » Quand on tente une solution radicale, quand les hébertistes veulent continuer Voltaire et détruire le christianisme par le ridicule, il accueille mal cette tentative, et parle avec mauvaise humeur contre ces « mascarades anti-religieuses » où il ne voit qu'une infraction aux convenances parlementaires. « Il y a un décret, dit-il le 6 frimaire an II, qui porte que les prêtres qui abdiqueront iront apporter leur renonciation au comité. Je demande l'exécution de ce décret ; car je ne doute pas qu'ils ne viennent successivement abjurer l'imposture. Il ne faut pas tant s'extasier sur la démarche d'hommes qui ne font que suivre le torrent. Nous ne voulons nous engouer pour personne. Si nous n'avons pas honoré le prêtre de l'erreur et du fanatisme, nous ne voulons pas non plus honorer le prêtre de l'incrédulité : nous voulons servir le peuple. Je demande qu'il n'y ait plus de mascarades antireligieuses dans le sein de la Convention. Que les individus qui voudront déposer sur l'autel de la patrie les dépouilles de l'Église ne s'en fassent plus un jeu ni un trophée. Notre mission n'est pas de recevoir sans cesse des députations qui répètent toujours les mêmes mots. Il est un terme à tout, même aux félicitations. Je demande qu'on pose la barrière. » Ici la rondeur et la franchise du langage cachent mal l'incertitude de la pensée. Faute d'idées personnelles sur le problème religieux, Danton incline en apparence vers les sentiments de Robespierre. Le même jour, sa nonchalance à prendre un parti raisonné sur ce point l'entraîne à se prononcer contre ses tendances intimes, contre la philosophie des Encyclopédistes, et à accepter officiellement la croyance à l'Être suprême. Que dis-je, à accepter ? c'est lui qui le premier proposa la religion d'Etat rêvée par Robespierre, et dans un instant de défaillance morale ou par une tactique parlementaire vraiment trop compliquée, se fit l'interprète des conceptions mystiques de son adversaire. Oui, seize jours après la fête de la Raison, où certains dantonistes avaient déployé le même zèle que les hébertistes, quand les échos de l'hymne philosophique retentissaient encore à Notre-Dame, Danton, sous prétexte de donner *une centralité à l'instruction publique*, demanda que le peuple pût se réunir dans un vaste temple, orné et égayé par les arts, et il ajoutait : « Le peuple aura des fêtes dans lesquelles il offrira de l'encens à l'Être suprême, au maître de la nature : car nous n'avons pas voulu anéantir la superstition pour établir le règne de l'athéisme. » Et, avec un visible embarras, il vantait l'influence des fêtes nationales et les bons effets de l'instruction publique, en termes contradictoires avec sa proposition jacobine d'organiser une religion d'Etat déiste, en termes qu'on eût dit empruntés à Diderot ou à Condorcet.

Il y eut alors parmi les dantonistes qui ne faisaient pas partie de l'entourage intime, un instant d'étonnement, de stupeur. Thuriot, sur la motion duquel la Convention avait assisté à la fête de la Raison, feignit de n'avoir pas entendu la motion robespierriste de son ami : « Mais ce que demande Danton est fait, dit-il. Le comité d'instruction publique est chargé de vous présenter des vues sur cet objet. » Et il fit mettre à l'ordre du jour d'une prochaine séance le débat sur l'organisation de l'instruction publique. Quant à la proposition de Danton, on la renvoya au comité, sans spécifier s'il s'agissait du culte de l'Etre suprême ou de la tenue des fêtes nationales. C'est ainsi que les dantonistes firent échouer l'intrigue si habile de Robespierre et réparèrent la défaillance de leur chef. Il y eut là un incident vif et grave que les historiens ont peut-être eu tort de négliger et où il faut voir, non un acte d'hypocrisie de Danton, mais cette *incapacité religieuse* qui lui a été si durement reprochée par Edgar Quinet.

II

La métaphysique, comme on disait alors, n'était pas moins étrangère à la politique de Danton que les idées religieuses. Il n'affectait pas, à proprement parler, de principes. Il laissait Robespierre prêcher à son aise l'Évangile de Jean-Jacques et ne semblait pas croire aux vérités sociales, pas plus qu'au déisme, dont ces vérités étaient pour Robespierre la conséquence naturelle. Les idées morales, telles que les entendaient les adeptes du *Contrat social*, n'inspirent nulle part son éloquence. Il ne catéchise jamais. A l'expérience seule il emprunte ses vues et ses conseils, et son empirisme était bien fait pour plaire à nos modernes positivistes.

Ceux-ci, cependant, exagèrent : si l'éloquence de Danton n'avait jamais procédé que de faits tangibles ou démontrables, elle n'eût pas agi sur ses contemporains. Nous nous appuyons tous, pour vivre, quelle que soit notre aversion pour la métaphysique, sur quelque sentiment dont nous ne pouvons nous prouver à nous-mêmes la vérité, et nous sommes tous croyants par quelque manière. Danton repoussait, je l'admets, Dieu et l'immortalité de l'âme : mais il croyait d'instinct, et comme on croit en religion, aux deux divinités incontestées de la Révolution : la Justice et la Patrie. Ce sont les deux idées indémontrées grâce auxquelles son éloquence touche les cœurs et pousse les hommes au seul genre d'action que ne puisse conseiller une philosophie utilitaire : au sacrifice. Lui-même est prêt à donner sa vie pour le succès de la Révolution, et il ne croit pas faire un marché de dupe, quoiqu'il n'espère aucun salaire ultérieur. Il avait donc certaines croyances irraisonnées, contraires ou supérieures au bon sens, par lesquelles il réchauffait sa parole et faisait germer dans les âmes l'enthousiasme et le goût de cette générosité absurde et divine qui porta nos pères à mourir pour cette abstraction, la Patrie, et pour cette chimère, la Justice.

Ainsi, les robespierristes calomniaient ce juste et ce patriote quand ils l'accusaient de ne point croire à la morale. Il avait, lui aussi, une morale ; sans morale eût-il pu se faire entendre du peuple qui, réuni, ne comprend pas la langue de l'intérêt ? Mais cette morale de Danton, plus sommaire que celle de Robespierre, se réduisait à un double postulatum, sur lequel il évitait même de disserter. Robespierre, du haut de la tribune, raisonne sa morale, la professe, la prêche et ne craint pas d'être pédant. Danton constate en lui-même et chez autrui l'existence des deux sentiments dont nous avons parlé, et il en fait l'inspiration, la flamme de son éloquence, sans chercher à les démontrer, à les expliquer.

Si les principes diffèrent chez ces deux orateurs, leur but n'est pas le même. Robespierre, à l'exemple de Rousseau, rêve de moraliser le monde. Danton n'a pas ces visées ambitieuses : il ne cherche pas à réformer l'homme intérieur, mais à entourer ses concitoyens des meilleurs conditions matérielles pour vivre dans la liberté, l'égalité et la fraternité. Il ne tend pas à faire violence au génie de la nation et à changer Athènes en Sparte, comme on disait alors. Il conseillerait plutôt à la race française d'abonder dans son propre sens, de développer ses qualités héréditaires et d'être heureuse conformément à son caractère. Mais il ne croit pas que les gouvernants aient charge d'âme ni que les députés à la Convention soient des professeurs de morale. Ils auront, d'après lui, rempli leur tâche, s'ils résolvent les difficultés de l'heure présente, s'ils chassent l'ennemi du sol français, s'ils abattent à l'intérieur les partisans de l'ancien régime, s'ils donnent à la France l'indépendance et la liberté.

Il suit de là que la politique de Robespierre se meut tout entière dans le passé et dans l'avenir, qu'elle tient un compte énorme des idées, un compte médiocre des faits. La politique de Danton ne s'occupe que des sentiments et des choses de l'heure présente. Robespierre donne une direction aux hommes. Danton leur indique un moyen de se tirer d'affaire le jour même. Rarement Robespierre dit ce qu'il faut faire, dans telle circonstance. Toujours Danton indique la mesure à prendre immédiatement (1).

---

(1) « Inépuisable dans ses ressources, je l'ai vu, dit Meillan (*Mém.*, p. 3), dans les crises les plus désespérées, relever son parti par des moyens que nul autre n'eût imaginés et avec une rapidité qui tenait du prodige. »

C'est sa force, c'est la raison de son influence décisive en vingt conjonctures importantes. Mais c'est aussi le secret de sa faiblesse et la raison de sa chute. Il se condamnait, par son affectation d'empirisme, à toujours réussir. Les échecs de Robespierre le relevaient : c'était méchanceté des hommes et nouvelle preuve de la nécessité de les rendre meilleurs. Les échecs de Danton le diminuaient : c'était un démenti à sa perspicacité, à son génie. La morale dont se couvrait Robespierre fut son bouclier : si on n'eût fait croire que c'était là un masque, si on n'eût montré en lui le Tartufe, eût-on jamais pu lui ôter l'amour de ce peuple si sensible aux idées morales ? eût-on jamais pu, si coupable qu'il fût, le vaincre et l'abattre sans le calomnier ? Au contraire, le peuple abandonna Danton dès qu'il fut vaincu, parce que sa politique affectait de reposer en partie sur l'habileté et l'audace. Il ne fut pleuré que d'une élite qui avait compris sa pensée et pénétré dans son cœur.

III

Précisons maintenant et demandons à Danton lui-même les éléments de sa politique. Nous savons en général quelle fut son *invention oratoire* : empruntons des exemples à ses discours.

Voici d'abord une protestation formelle contre la « métaphysique » en politique : « Une révolution, dit-il le 5 pluviôse an II, ne peut se faire géométriquement. » La Convention n'est pas pour lui un concile destiné à définir la morale, à incliner ou contraindre les âmes dans un sens meilleur : « Nous ne sommes, sous le rapport politique, dit-il, qu'une commission nationale que le peuple encourage par ses applaudissements (1). »

---

(1) 6 frimaire an II.

Robespierre, dépositaire de l'orthodoxie, admet ou rejette, selon la nuance des opinions. Il ne faut être à ses yeux ni en deçà ni au delà de la vérité. Cette ferme certitude exclut la tolérance, la conciliation : ceux qui pensent autrement sont *les méchants* : point de pacte avec eux. Danton, en sceptique, provoque au contraire les adhésions, appelle et attire toutes les bonnes volontés : c'est que la Patrie et la Justice sont des divinités bienveillantes : « Rapprochons-nous, rapprochons-nous fraternellement... »
« Je ne veux pas que vous flattiez tel parti plutôt que tel autre, mais que vous prêchiez l'union (1). » Il n'a de colère que contre ceux qui se cantonnent et s'excluent les uns les autres : « Vous qui me fatiguez de vos contestations particulières, au lieu de vous occuper du salut de la République, je vous répudie tous comme traîtres à la patrie ; je vous mets tous sur la même ligne (2). » C'est au nom de la *raison* qu'il affecte de convoquer les hommes, recherchant les mots de ralliement les plus généraux, les bannières les plus larges : « L'énergie, dit-il, fonde les républiques ; la sagesse et la conciliation les rendent immortelles. On finirait bientôt par voir naître des partis. Il n'en faut qu'un, celui de la raison... (3). » Robespierre aurait dit : « Il n'en faut qu'un, celui de la *vertu*, » et Robespierre ne voyait de *vertu* que dans l'évangile du *Vicaire savoyard*.

La défaite ou la victoire de la *vertu*, voilà le cheval de bataille de Robespierre. Contre qui les ennemis intérieurs sont-ils coalisés ? Contre le peuple ? contre la Révolution ? Dites plutôt : contre la *vertu*. Par ce terme abstrait, que désigne au fond l'orateur moraliste ? Ses partisans, ou mieux ses coreligionnaires en Jean-Jacques. Partout où il dit la *vertu*, Danton dit plutôt la *France* ; par exemple, le

---

(1) 27 mai 1793.
(2) 10 mars 1793.
(3) 10 pluviôse an II.

30 mars 1793 : « Non, la France ne sera pas réasservie, » ou le 21 janvier de la même année : « La France entière ne saura plus sur qui poser sa confiance (1). » Aux entités de son rival il oppose des réalités vivantes et actuelles. La patrie, pour lui, est-ce, comme pour Robespierre, une réunion idéale d'âmes possédées de la vérité, est-ce une patrie mystique ? Non, ce sont des personnes, des villes, un sol, c'est Paris, c'est Arcis-sur-Aube, c'est la France, cette France qu'on ne peut quitter. Qui ne se représente, sans effort, Robespierre, en exil, se consolant avec sa pensée, jouissant de sa cité idéale qu'il a emportée avec lui et y vivant comme à Paris ou à Arras ? Mais s'imagine-t-on Danton loin de la France ? *Emporte-t-on sa patrie sous la semelle de ses souliers* (2) ?

Il suit de là que, si Robespierre s'inquiète surtout des ennemis intérieurs, des *hétérodoxes*, Danton s'inquiète davantage de repousser l'invasion allemande. Ces disputes sur les principes, si chères à Robespierre, il les écarte comme byzantines. « Toutes nos altercations tuent-elles un Prussien (3) ? » Il n'est rien, d'après lui, qui ne doive tendre à fonder d'abord l'indépendance du pays en chassant l'étranger. S'il dit, avec la brutalité du temps : *Il faut tuer les ennemis intérieurs*, il ajoute aussitôt : *pour triompher des ennemis extérieurs* (4). Plus son pâle et mystique rival se tourmente des progrès de l'erreur et du vice, plus Danton s'exalte pour sauver la patrie. On sait comment il

---

(1) *Logotachygraphe.*
(2) Convention, séance du 18 nivôse an III : « *Legendre :* Ecoutez ce mot d'un de vos collègues qui a été guillotiné. Il avait été prévenu du sort qui l'attendait ; quelques jours avant qu'il fût arrêté, on lui conseillait de fuir : Eh quoi ! répondit-il, emporte-t-on sa patrie sous la semelle de ses souliers? *Plusieurs voix :* C'est Danton ! *Legendre:* L'histoire et la postérité jugeront l'homme qui a prononcé ces paroles. »
(3) Club des Jacobins, 3 nivôse an II, texte du *Moniteur.*
(4) 27 mars 1793.

arma la nation, excita l'enthousiasme, et parla aux Français au nom de la France. Ses paroles vivent encore : « Le tocsin qu'on va sonner n'est point un signal d'alarme, c'est la charge sur les ennemis de la patrie. (*On applaudit.*) Pour les vaincre, messieurs, il nous faut de l'audace, encore de l'audace, toujours de l'audace, et la France est sauvée (1). » C'est dans ce sens qu'il pouvait dire : « Faisons marcher la France, et nous irons glorieux à la postérité (2). » Il apparaît à nos yeux, en effet, comme la personnification de la patrie en danger, de la patrie sauvée.

Cette patrie, il en affirme la personnalité à toute occasion, et il aime à en proclamer l'unité, et cela par des images sensibles, sans mysticisme de langage : « Les citoyens de Marseille, dit-il, veulent donner la main aux citoyens de Dunkerque (3). » Et il venait de s'écrier dans le même discours : « Aucun de nous n'appartient à tel ou tel département : il appartient à la France entière. »

Il voit volontiers la France sous les traits de Paris, et il comprend qu'à cette heure de crise la capitale doit réellement commander au reste du corps. Sans aller jusqu'à la naïve adoration du bon Anacharsis Cloots, qui regardait Paris comme la Mecque du genre humain, Danton défend et loue « le peuple de Paris, peuple instruit, peuple qui juge bien ceux qui le servent, peuple qui se compose de citoyens pris dans tous les départements... qui sera toujours la terreur des ennemis de la liberté. Paris est le centre où tout vient aboutir ; Paris sera le foyer qui recevra tous les rayons du patriotisme français, et en brûlera tous les ennemis. On n'entendra plus de calomnies contre une ville qui a créé la liberté, qui ne périra pas avec elle,

---

(1) 2 septembre 1792.
(2) 10 mars 1793.
(3) 24 septembre 1792.

mais qui triomphera avec la liberté et passera avec elle à l'immortalité (1). »

Telle est l'idée que Danton se fait de la patrie et de Paris qui en est la tête, idée nette et concrète. De même, le peuple n'est pas pour lui une force mystérieuse, une abstraction : ce sont des Français, ouvriers ou paysans, répandus sur les places publiques, dans leur costume de travail, ou courbés sur leurs outils, ou en marche vers la frontière. Tandis que Robespierre divinise le peuple, comme un instrument de Dieu, et s'abîme devant lui en méditations, Danton le coudoie dans les rues de Paris, le voit en chair et en os, lui parle familièrement. La fraternité n'est pas pour lui, comme pour Robespierre, un agenouillement devant le dieu du vicaire : c'est un repas en commun, entre braves gens du même pays. On dit qu'à Arcis il mangeait fenêtres ouvertes, mêlé à tous. C'est ainsi qu'il comprend la fraternité et qu'il l'explique à la Convention : « Il faut, dit-il, que nous ayons la satisfaction de voir bientôt ceux de nos frères qui ont bien mérité de la patrie en la défendant, manger ensemble et sous nos yeux à la gamelle patriotique (2). » Et il aime à dire à ses collègues : « Montrez-vous peuple... Il faut que la Convention soit peuple (3). »

Il sut donc parler au cœur de ses contemporains, quoiqu'il ait dit une fois : « Je ne demande rien à votre enthousiasme, mais tout à votre raison (4). » Il prétend, en effet, à une politique purement raisonnable, uniquement inspirée de l'expérience et du bon sens, et c'est là l'autre face de son génie. Lui-même, au lendemain des plus nuageuses dissertations de Robespierre, se plaît à exagérer son em-

---

(1) Séances des 1er avril, 28 mai, 13 juin 1793.
(2) 13 ventôse an II.
(3) 27 mars 1793.
(4) 31 janvier 1793.

pirisme, à parler de la *machine politique*, dont le gouvernement est la grande roue à laquelle il faut, en cas de besoin, adapter une *manivelle* (1). S'il conseille une mesure, c'est sous une forme aussitôt applicable, c'est à un besoin de l'heure même qu'il répond, c'est à l'instant même qu'on devra exécuter le décret proposé. Ainsi, à propos de la défense de Belgique : « Je demande, dit-il, par forme de mesure provisoire, que la Convention nomme des commissaires qui, *ce soir*, se rendront dans toutes les sections de Paris, convoqueront les citoyens, leur feront prendre les armes, et les engageront, au nom de la liberté et de leurs serments, à voler à la défense de la Belgique. » De même, quand il s'agit de révolutionner la Hollande : « Faites donc partir vos commissaires ; soutenez-les par votre énergie ; qu'ils partent *ce soir*, *cette nuit même* (2). » Et il répète dans la même séance : « Que vos commissaires partent à l'instant..., que *demain* vos commissaires soient partis. » Par là, il ne donne pas seulement à la Convention le goût de la promptitude, si utile à une politique de défense nationale, il rassure aussi les esprits effrayés par les désastres récents, il ôte aux hommes le temps de la réflexion, du découragement, il remplit sans cesse par de nouveaux actes le vide que tant de mécomptes faisaient dans les cœurs. Ce profond politique ne laissa pas à la nation un instant pour douter et, tant que dura sa toute-puissance, la France fut heureuse, car elle ne cessa d'agir.

IV

Ainsi, l'âme de l'éloquence de Danton était le patriotisme ; ses moyens, l'expérience et le bon sens. Est-ce tout ?

---

(1) « Adaptez une manivelle à la grande roue et donnez ainsi un grand mouvement à la machine politique. » (6 septembre 1793.)

(2) Séances des 8 et 10 mars 1793.

N'y a-t-il pas à démêler d'autres éléments ? On a parlé souvent, à propos de ce tribun, de terrorisme et de modérantisme. Peut-on juger son éloquence, sans savoir s'il était un homme de sang ou un homme de réaction et s'il méritait ces deux reproches qui, partis de camps opposés, ne s'excluent pas forcément entre eux ? La réponse se trouve dans les livres de MM. Bougeart et Robinet, après qui l'histoire et l'apologie de Danton ne sont plus à faire. Mais toute politique a deux faces : action et réaction. Après avoir provoqué, on arrête ou on ramène. Après avoir détruit, on fonde. Quel rôle ces tendances diverses jouent-elles dans l'éloquence de Danton ?

Nous savons qu'il n'était pas haineux, et les mémoires du royaliste Beugnot nous le montrent humain et obligeant (1). L'effusion du sang est-elle un de ses *motifs* oratoires ? Voici les journées de septembre : Marat les loue, les Girondins les excusent. Que fait Danton, je ne dis pas dans la légende, mais dans l'histoire ? Il y assiste avec tristesse, reste à son poste, tandis que Roland et les autres ministres veulent déserter, et se garde de toute parole d'approbation. C'est une calomnie trop légèrement acceptée, même par ses apologistes, que de lui prêter cette distinction cynique entre le *ministre de la Révolution* et le *ministre de la justice*. Le propos n'est pas prouvé : j'ai le droit de le dire inventé. Et à la tribune ? A la tribune, il ne parla qu'une fois des journées de septembre (10 mars 93), et voici en quels termes: « Puisqu'on a osé, dans cette assemblée, rappeler ces journées sanglantes sur lesquelles tout bon citoyen a gémi, je dirai, moi, que si un tribunal

---

(1) I, 195. Il avait essayé de le préserver de l'arrestation qui le menaçait. De même, il avait offert à Laya poursuivi de le cacher dans sa maison, et Laya l'avait joué, sous des traits odieux, dans l'*Ami des Lois*. C'est le fils de Laya qui a conté ce fait à M. Dauban, *Etude sur madame Roland*, p. CLXXVI.

eût alors existé, le peuple, auquel on a si souvent, si cruellement reproché ces journées, ne les aurait pas ensanglantées ; je dirai, et j'aurai l'assentiment de tous ceux qui auront été les témoins de ces mouvements, que nulle puissance humaine n'était dans le cas d'arrêter le débordement de la vengeance nationale (1). »

Mais ne poussa-t-il pas, dans cette même séance, à l'organisation du tribunal révolutionnaire ? N'est-il pas un complice du système terroriste ? Il le fut, mais à son corps défendant, quand d'autres s'y complaisaient. Loin de nous l'idée de glorifier aucun des meurtres de la Révolution : l'usage de la peine de mort fut, si l'on veut, sa tache et sa perte. Mais enfin comment ne pas distinguer Danton de Marat, dont la sensibilité barbare se réjouit de la mort des anciens oppresseurs du peuple, ou de Robespierre qui, quoi qu'en dise M. Hamel, paraît avoir allègrement remercié son Dieu quand l'échafaud le délivrait des ennemis de la *vertu ?*

Quand Danton parlait du *débordement de la vengeance nationale,* il disait le fond de sa pensée politique. Il lui semblait

(1) Et en effet, quand Roland, qui disposait de la force publique, n'ouvrait la bouche que pour louer la bonté des massacreurs, que pouvait Danton ? donner le signal de la guerre civile entre l'Assemblée et la Commune, quand le roi de Prusse n'était qu'à soixante lieues de Paris ? Il ne se crut pas le droit de perdre ainsi la patrie. Il avait fait tout le possible pour prévenir les massacres, jusqu'à désavouer l'indulgence du tribunal criminel ; sa conscience était tranquille, si son cœur était déchiré, et, dans cette heure terrible où l'agonie de la France envahie semblait commencer, où il donnait toute son âme à la défense nationale, quand le pays jouait la dernière carte d'une partie désespérée, aux affairés, aux importants qui venaient lui crier aux oreilles : *Sauvons les prisonniers !* — oui, il est bien possible qu'impatient et irrité il ait répondu, comme on l'en accuse : Eh ! je me f... des prisonniers ! Je songe à la Révolution, à la France ! — Mais croire que Danton se réjouit du sang versé dans les prisons, croire qu'il envoya lui-même l'odieuse circulaire des massacreurs, si ce n'est pas de la niaiserie, c'est à coup sûr de la mauvaise foi. — Voir à ce sujet, outre les livres de M. Robinet, les articles de M. Dubost sur le rôle de Danton en septembre, dans la *Révolution française,* 1884-1885.

que, si l'on voulait garder la direction du mouvement, il fallait faire une part à la colère du peuple, à ces haines héréditairement transmises depuis tant de siècles et accrues encore par la permanence des griefs. Faire la part du sang ! Chose horrible, qui n'était pas nécessaire, mais qu'il crut, avec ses contemporains, indispensable. Sa politique fut d'élever un échafaud pour empêcher des massacres, pour porter du moins quelque lumière et quelque choix dans la « vengeance nationale. » Et, ce qui condamne cette mesure, c'est qu'au lieu de *vengeance*, on fut obligé de dire *justice !* Quoi qu'il en soit, reconnaissons que Danton, de bonne foi, fit le possible pour que la Révolution gardât quelque mesure envers ses ennemis, et, dès la première séance de la Convention, il développa cette idée qu'il faut faire faire justice au peuple pour qu'il ne se la fasse pas lui-même. Il combat généreusement le soupçon, ce pourvoyeur de la guillotine qu'encourage sans cesse l'orthodoxie défiante de Robespierre : « Je vous invite, citoyens, à ne pas montrer cette envie de trouver sans cesse des coupables (1)... Laissons à la guillotine de l'opinion quelque chose à faire (2). »

Et les Girondins ? et le 31 mai ? — Danton n'est pas homme à reculer devant les responsabilités : « Je le proclame à la face de la France, dit-il peu de jours après ces événements, sans les canons du 31 mai, sans l'insurrection, les conspirateurs triomphaient, ils nous donnaient la loi. Que le crime de cette insurrection retombe sur nous ; je l'ai appelée, moi, cette insurrection, lorsque j'ai dit que s'il y avait dans la Convention cent hommes qui me ressemblassent, nous résisterions à l'oppression, nous fonderions la liberté sur des bases inébranlables (3). » Mais s'il condamnait la politique des Girondins, il aimait leurs personnes, il esti-

---

(1) 28 mars 1793.
(2) Jacobins, 16 nivôse an II, texte du *Moniteur*.
(3) 13 juin 1793.

mait leurs talents, il avait fait le possible pour les rallier :
« Vingt fois, disait-il à Garat, je leur ai offert la paix ; ils
ne l'ont pas voulue : ils refusaient de me croire, pour conserver le droit de me perdre (1). » Il se résigna à les écarter des affaires, dans l'intérêt public. Mais les destinait-il à
l'échafaud ? Garat, qui alla le voir au moment où il fut question de juger la Gironde, lui prête une attitude bien conforme à son caractère : « J'allai, dit-il, chez Danton : il
était malade ; je ne fus pas deux minutes avec lui sans voir
que sa maladie était surtout une profonde douleur et une
grande consternation de tout ce qui se préparait. *Je ne
pourrai pas les sauver*, furent les premiers mots qui sortirent de sa bouche, et, en les prononçant, toutes les forces
de cet homme, qu'on a comparé à un athlète, étaient abattues, de grosses larmes tombaient le long de ce visage dont
les formes auraient pu servir à représenter celui d'un Tartare : il lui restait pourtant encore quelque espérance pour
Vergniaud et Ducos (2). »

Il accepte donc la terreur comme une nécessité, il ne
l'aime pas. Il parle de ces mesures de salut public d'un tout
autre accent que Robespierre et que Marat. Quant aux chimères politiques, ce prétendu démagogue les écarte en
toute occasion, il s'oppose énergiquement à l'adoption de

(1) Garat, *Mémoires sur la Révolution ou exposé de ma conduite
dans les affaires et dans les fonctions publiques.* Paris, an III, in-8,
p. 193.

(2) *Ibid.*, p. 187. Il ne savait pas haïr, et un jour, à propos d'un
homme qu'il fréquentait sans l'estimer, il disait ces douces paroles
fraternelles, dignes de Térence : « Je vois souvent X..., dont le caractère atrabilaire ne m'inspire aucune confiance ; je sais qu'il me dénigre toutes les fois qu'il en trouve l'occasion ; je pourrais au besoin
produire plus d'un témoin : en voilà plus qu'il ne faut sans doute pour
cesser de voir cet homme. Eh bien, quand je pense que je l'ai vu
dès l'enfance lutter contre sa mauvaise fortune ; que je lui ai fait un
peu de bien ; que je puis encore lui être utile, alors je m'oublie moi-même pour le plaindre d'être si malheureusement né ; sa présence
devient une espèce d'étreinte qui m'ôte jusqu'à la force d'examiner
sa conduite envers moi. »

lois agraires et rassure les propriétaires du haut de la tribune. La République qu'il rêve n'est point une Sparte, encore moins une démagogie. On l'a appelé barbare. Danton barbare ! Écoutez-le lui-même : « Périsse plutôt le sol de la France que de retourner sous un dur esclavage ! Mais qu'on ne croie pas que nous devenions barbares : après avoir fondé la liberté, nous l'embellirons (1). » Il croit que quand le temple de la liberté sera *assis*, il faudra *le décorer* (2). Et il ajoute : « Nous n'avons point fondé une république de Wisigoths ; après l'avoir solidement instruite, il faudra bien s'occuper de la décorer. »

Si, au fond du cœur, il n'est pas terroriste, ne serait-il, comme le veulent Saint-Just et Robespierre, qu'un modérantiste, qu'un faux révolutionnaire? Il a répondu d'avance à cette accusation hypocrite, le jour où il s'est écrié à la tribune: « Il vaudrait mieux outrer la liberté et la Révolution, que de donner à nos ennemis la moindre espérance de rétroaction (3). » Et il avait dit déjà : « Faites attention à cette grande vérité, c'est que s'il fallait choisir entre deux excès, il vaudrait mieux se jeter du côté de la liberté que de rebrousser vers l'esclavage (4). » Voici d'ailleurs la nuance exacte de son prétendu modérantisme: « Déclarons, dit-il à la tribune de la Convention, que nul n'aura le droit de faire arbitrairement la loi à un citoyen ; défendons contre toute atteinte ce principe: que la loi n'émane que de la Convention, qui seule a reçu du peuple la faculté législative: rappelons ceux de nos commissaires qui, avec de bonnes intentions sans doute, ont pris les mesures qu'on nous a rapportées, et que nul représentant du peuple ne prenne désormais d'arrêté qu'en

(1) 27 avril 1793.
(2) 26 nivôse an II.
(3) 5 pluviôse an II.
(4) 25 mai 1793.

concordance avec nos décrets révolutionnaires, avec les principes de la liberté, et d'après les instructions qui leur seront transmises par le comité de salut public. Rappelons-nous que, si c'est avec la pique que l'on renverse, c'est avec le compas de la raison et du génie qu'on peut élever et consolider l'édifice de la société... Oui, nous voulons marcher révolutionnairement, dût le sol de la République s'anéantir ; mais, après avoir donné tout à la vigueur, donnons beaucoup à la sagesse ; c'est de la constitution de ces deux éléments que nous recueillerons les moyens de sauver la patrie (1). » Si nous faisions une histoire suivie de la politique de Danton, nous rappellerions que ses amis, d'accord avec lui, voulaient, il est vrai, *un comité de clémence*. Mais était-ce réaction, — ou justice ? Et les robespierristes eux-mêmes n'y songeaient-ils pas ? La clémence ne devait-elle pas être le don de joyeux avènement du pontife-dictateur ? La clémence ! chaque parti ne l'ajournait que parce qu'il voulait la confisquer à son profit, parce qu'il comprenait que par elle seule un gouvernement pourrait s'établir. Robespierre voulait, lui aussi, la clémence : mais il la voulait robespierriste et non dantonienne. Toutefois, ces considérations sont étrangères à l'étude des idées oratoires de Danton : nulle part, dans ses discours, il n'use de cet argument ; jamais, en public, il n'aborde ce thème, même par voie d'allusion. Il parle de raison, de sagesse, non de clémence : il sait trop bien le parti terrible que ses rivaux tireraient contre lui, aux yeux du peuple encore altéré de vengeance et affolé de peur, d'un mot que tout homme éclairé portait alors gravé au fond du cœur et que seul le pauvre Camille osa prononcer.

(1) 4 décembre 1793.

V

Tels sont les éléments de l'inspiration oratoire de Danton. Sa force, on le voit, fut dans son patriotisme et dans son bon sens pratique. Sa faiblesse, nous l'avons déjà indiqué, fut précisément d'affecter l'empirisme, de se taire sur les principes, d'appeler le gouvernement *une roue, une manivelle*, de se condamner, en ne s'appuyant pas sur les idées supérieures dont vit le peuple, à une infaillibilité perpétuelle de prévision et de succès. Il semble presque, à lire ses discours, que les échecs ne viennent jamais des torts, mais des fautes, que l'habileté est la reine du monde, que la vertu n'est pas indispensable pour fonder et faire vivre un gouvernement. Et puis cet homme si moral, si désintéressé, prête aux autres les vices et les bassesses dont lui-même est exempt. Il croit trop à la puissance de l'argent; il parle trop souvent d'argent à la tribune, quand Robespierre n'y parlait que des principes. Le 18 octobre 1792, à propos de sa reddition de comptes, n'est-il pas forcé de reconnaître qu'il a plus dépensé que ses collègues pour de secrètes mesures révolutionnaires? En septembre 93, il croit et il déclare qu'avec de l'or on vaincra l'insurrection lyonnaise : « Les revers que nous éprouvons, dit-il, nous prouvent qu'aux moyens révolutionnaires nous devons joindre les moyens politiques. Je dis qu'avec trois ou quatre millions nous eussions déjà reconquis Toulon à la France, et fait pendre les traîtres qui l'ont livrée aux Anglais. Vos décrets n'y parvenaient pas. Eh bien! l'or corrupteur de vos ennemis n'y est-il pas entré ? Vous avez mis cinquante millions à la disposition du comité de salut public. Mais cette somme ne suffit pas. Sans doute, 20, 30, 100 millions seront bien employés, quand ils serviront à reconquérir la liberté. *Si à Lyon on eût* RÉCOMPENSÉ *le patriotisme des sociétés populaires*, cette ville ne serait pas dans l'état où elle se trouve. Certes, il n'est personne qui ne sache qu'il faut des dépenses secrètes pour sauver la patrie (1). » Tout le monde le savait, en effet. Mais, dans ces premiers temps de la liberté, on rougissait de parler d'argent à la tribune. Corrompre ses ennemis, c'était un expédient sur lequel on aimait à se taire. Quant à reconnaître pécuniairement le zèle des républicains, un tel cynisme n'était pas encore entré dans les mœurs. On eut honte, quand on entendit Danton regretter à la tribune qu'on n'eût pas *récompensé* le patriotisme des sociétés populaires. C'était là un langage nouveau, que personne encore n'avait tenu dans la Révolution, pas même Mirabeau. Danton n'effleura ce thème que deux fois; mais son éloquence s'y déconsidéra. Il parut corruptible, lui qui se vantait de corrompre. Ceux qui lancèrent contre lui l'accusation mensongère de vénalité, accusation aujourd'hui réfutée, mais indélébile, connaissaient trop la nature humaine pour ignorer qu'un homme vénal prodigue au contraire les protestations vertueuses et parle plus qu'un autre de conscience et de probité. Qui avait fait sonner plus haut son désintéressement que Mirabeau? Si Danton, lui aussi, eût été payé, ne se fût-il pas gardé de parler de vénalité, de corruption? Mais la calomnie n'en fit pas moins son chemin, et le peuple ne pardonna pas à Danton son goût pour les dépenses secrètes et l'argent qu'il avait manié pendant son ministère. Le préjugé vulgaire, qu'à toucher de l'or on s'enrichit, diminua le prestige du grand tribun, et, en ouvrant la voie à la calomnie, ôta de l'autorité à son éloquence.

(1) 6 septembre 1793.

CHAPITRE IV

LA COMPOSITION ET LE STYLE DES DISCOURS DE DANTON.

I

Il faut reconnaître, avant de passer de l'étude des idées à celle du style, que cette unanimité des contemporains à refuser aux discours de Danton un mérite littéraire qu'on accordait à Robespierre, que ce soin que prennent tous les mémorialistes de l'appeler, ou à peu près, *le Mirabeau de la populace* (1), qu'un tel accord dans l'appréciation de son éloquence ne peut être entièrement l'effet d'une entente mensongère. L'éloquence de Danton déconcertait, sinon le peuple (2), du moins ses collègues et surtout les lettrés, qui étaient nombreux encore à la Convention. Est-ce un effet de ce cynisme qu'on lui attribue ? Émaillait-il ses discours d'apostrophes à la Duchesne ? Il est impossible d'extraire de ses œuvres oratoires une seule parole, je ne dis pas obscène ou grossière, mais simplement déplacée. Manqua-t-il jamais aux convenances parlementaires ? Il en semble au contraire le gardien intolérant. Il s'oppose aux mascarades anticatholiques dans la Convention et à ces défilés incessants de processions chantantes ou hurlantes. L'antipathie des lettrés pour son éloquence ne venait donc pas des motifs qu'ils alléguaient, mais sans qu'ils s'en rendissent bien compte, de

---

(1) Mercier dit dans le *Nouveau Paris* (t. Ier, p. 168) : « La nature l'avait fait pour haranguer la populace, tonner dans un carrefour, sur une borne ; car il avait l'éloquence des portefaix et la logique des brigands. »
(2) Et encore sa verve familière laissa-t-elle moins de souvenirs, dans le faubourg Saint-Antoine, par exemple, que la parole académique de Robespierre. Cf. Claretie, *Les derniers Montagnards*, p. 65.

ce que Danton rejetait les règles de la rhétorique traditionnelle (1). Ses harangues ne sont ni composées, ni écrites comme celles des anciens ou même de Mirabeau et de Robespierre.

D'abord, les idées chez Danton ne sont pas distribuées comme on le veut au collège. Les orateurs classiques ne traitent qu'un sujet à la fois et recherchent avant tout l'unité d'intérêt. L'improvisateur Danton n'observe pas toujours cette loi : il lui arrive de traiter toutes les questions du jour, dans le même discours, en les plaçant d'après leur ordre d'urgence. Il veut répondre, en une seule fois, à toutes les préoccupations présentes et donner des solutions à toutes les difficultés pendantes. Ainsi, le 21 janvier 1793, il traite, à propos de l'assassinat de Lepelletier, dans un discours de moyenne étendue, jusqu'à sept sujets différents :

1° Eloge funèbre de Lepelletier ; 2° opinion de Danton sur Pétion ; 3° attaques violentes contre Roland ; 4° des visites domiciliaires ; 5° nécessité d'augmenter les attributions du comité de sûreté générale ; 6° nécessité de faire la guerre à l'Europe avec plus d'énergie ; éloge du courage des soldats ; 7° proposition d'enlever au ministre de la guerre une partie de ses fonctions, qui l'écrasent.

Et cependant l'incohérence n'est ici qu'apparente : toutes ces questions si diverses se tiennent, dans l'esprit de l'auditeur, par un lien que Danton croit inutile de lui montrer. Ces mesures multiples répondent toutes à une même préoccupation et tendent à un seul but : le salut immédiat de la Révolution. A distance, il nous semble que les transitions manquent : mais pour l'auditeur de 1793, dont ces idées étaient toute l'âme, point n'était besoin d'artifice pour que son attention passât d'un objet à un autre. Au

(1) Le girondin Meillan, qui aimait et admirait Danton, devine l'originalité de cette parole anti-classique : « Il avait, dit-il, une éloquence à lui, sans apprêt, sans méthode. » *Mémoires*, p. 2.

contraire : les lenteurs, parfois utiles, de la rhétorique l'eussent fait languir. Dans cette époque de crise (et quelle époque ! le jour même de la mort de Louis XVI !) où des soucis bien divers s'éveillaient au même instant dans le même esprit, quelle satisfaction n'était-ce pas d'obtenir à la fois autant de réponses rassurantes qu'on se faisait de questions anxieuses ! quelle source d'autorité pour un orateur que de pouvoir, par cette simultanéité des arguments, faire taire les doutes et calmer les inquiétudes à l'instant même où on les sentait naître !

Parfois aussi, par un procédé contraire, Danton sait concentrer sur un seul point l'attention perfidement dispersée par un orateur ennemi. Citons intégralement, comme un modèle d'unité apparente et réelle, le discours qu'il prononça, dans la séance du 25 septembre 1792, en réponse aux accusations girondines si variées et si incohérentes :

« C'est un beau jour pour la nation, c'est un beau jour pour la République française, que celui qui amène entre nous une explication fraternelle. S'il y a des coupables, s'il existe un homme pervers qui veuille dominer despotiquement les représentants du peuple, sa tête tombera aussitôt qu'il sera démasqué. On parle de dictature, de triumvirat. Cette imputation ne doit pas être une imputation vague et indéterminée ; celui qui l'a faite doit la signer ; je le ferais, moi, cette imputation dût-elle faire tomber la tête de mon meilleur ami. Ce n'est pas la députation de Paris prise collectivement qu'il faut inculper ; je ne chercherai pas non plus à justifier chacun de ses membres, je ne suis responsable pour personne ; je ne vous parlerai donc que de moi.

« Je suis prêt à vous retracer le tableau de ma vie publique. Depuis trois ans j'ai fait tout ce que j'ai cru devoir faire pour la liberté. Pendant la durée de mon ministère, j'ai employé toute la vigueur de mon caractère, j'ai apporté dans le conseil toute l'activité et tout le zèle du citoyen embrasé de l'amour de son pays. S'il y a quelqu'un qui puisse m'accuser à cet égard, qu'il se lève, et qu'il parle. Il existe, il est vrai, dans la députation de Paris, un homme dont les opinions sont pour le parti républicain, ce qu'étaient celles de Royou pour le parti aristocratique : c'est Marat. Assez et trop longtemps l'on m'a accusé d'être l'auteur des écrits de cet homme. J'invoque le témoignage du citoyen qui vous préside (Pétion). Il lut, votre président, la lettre menaçante qui m'a été adressée par ce citoyen ; il a été témoin d'une altercation qui a eu lieu entre lui et moi à la mairie. Mais j'attribue ces exagérations aux vexations que ce citoyen a éprouvées. Je crois que les souterrains dans lesquels il a été enfermé ont ulcéré son âme... Il est très vrai que d'excellents citoyens ont pu être républicains par excès, il faut en convenir ; mais n'accusons pas pour quelques individus exagérés une députation tout entière. Quant à moi, je n'appartiens pas à Paris ; je suis né dans un département vers lequel je tourne toujours mes regards avec un sentiment de plaisir ; mais aucun de nous n'appartient à tel ou tel département, il appartient à la France entière. Faisons donc tourner cette discussion au profit de l'intérêt public.

« Il est incontestable qu'il faut une loi vigoureuse contre ceux qui voudraient détruire la liberté publique. Eh bien ! portons-la, cette loi, portons une loi qui prononce la peine de mort contre quiconque se déclarerait en faveur de la dictature ou du triumvirat ; mais, après avoir posé ces bases qui garantissent le règne de l'égalité, anéantissons cet esprit de parti qui nous perdrait. On prétend qu'il est parmi nous des hommes qui ont l'opinion de vouloir morceler la France ; faisons disparaître ces idées absurdes, en prononçant la peine de mort contre leurs auteurs. La France doit être un tout indivisible. Elle doit avoir unité de représentation. Les citoyens de Marseille veulent donner la main aux citoyens de Dunkerque. Je demande donc la peine de mort contre quiconque voudrait détruire l'unité en France, et je propose de décréter que la Convention nationale pose pour base du gouvernement qu'elle va établir l'unité de représentation et d'exécution. Ce ne sera pas sans frémir que les Autrichiens apprendront cette sainte harmonie ; alors, je vous jure, nos ennemis sont morts. (*On applaudit.*) »

Ce n'est peut-être pas là le plus beau discours de Danton : mais nulle part il n'a montré plus de simplicité, une éloquence plus familière, une aversion plus marquée pour la rhétorique scolaire.

II

C'est pourquoi, j'imagine, on le traitait ainsi d'orateur populaire, non qu'il montât sur les bornes (c'est une vision de Michelet), mais parce qu'il pratiquait une rhétorique nouvelle, née des besoins de l'heure présente. Autre audace littéraire, qui devait scandaliser l'académicien d'Arras ! il supprimait souvent avec l'exorde toute indication préalable du sujet. Il se levait pour la riposte ou l'attaque à la seconde même où l'occasion le voulait et entrait aussitôt au milieu des choses. C'est une règle de la rhétorique qu'à un sujet important il faut un exorde grave et de haut style. Or quel sujet plus tragique que la discussion sur la manière de juger Louis XVI ? Voyez comme Danton débute simplement : « La première question qui se présente est de savoir si le décret que vous devez porter sur Louis sera, comme tous les autres, rendu à la majorité (1). » Le 8 mars 1793, on discutait le rapport de Delacroix. Les circonstances étaient tristes et les affaires de Belgique allaient mal. Ro-

(1) 16 janvier 1793.

bespierre parla et débuta par un exorde classiquement adapté aux circonstances : « Citoyens, quelque critiques que paraissent les nouvelles circonstances dans lesquelles se trouve la république, je n'y puis voir qu'un nouveau gage du succès de la liberté..... » Danton, qui lui succéda à la tribune, affecta au contraire une simplicité nue dès les premiers mots : « Nous avons plusieurs fois, dit-il, fait l'expérience que tel est le caractère français, qu'il lui faut des dangers pour trouver toute son énergie. Eh bien ! ce moment est arrivé. »

Mais il commit, en matière d'exorde, de plus fortes hérésies littéraires. Le croira-t-on ? Il commença souvent ses discours par la conjonction *et*, — en démagogue qu'il était ! Ainsi, le 15 juillet 1791, aux Jacobins, il débute en ces termes : « Et moi aussi, j'aime la paix, mais non la paix de l'esclavage. » Et à la Convention, le 29 octobre 1792, à propos d'une proposition d'Albitte et de Tallien : « Et moi, je demande à l'appuyer. J'ai peine à concevoir...» Suit un des plus longs discours qu'il ait prononcés. Enfin, le 2 décembre 1793, un citoyen se présente à la barre et commence la lecture d'un poème à la louange de Marat : Danton l'interrompt : « Et moi aussi j'ai défendu Marat contre ses ennemis, et moi aussi j'ai apprécié les vertus de ce républicain ; mais, après avoir fait son apothéose patriotique, il est inutile d'entendre tous les jours son éloge funèbre et des discours ampoulés sur le même sujet :

Il nous faut des travaux et non pas des discours.

Je demande que le pétitionnaire nous dise clairement et sans emphase l'objet de sa pétition. »

Clairement et sans emphase, c'est bien là la devise littéraire de Danton ! Mais s'il supprime souvent l'exorde, ce n'est pas négligence chez lui, c'est habileté consommée : il se fait plus bref pour frapper plus fort. Quand l'exorde est nécessaire, nul ne sait en user avec plus d'art. Violemment accusé par Lasource (25 septembre 1792), il n'entre pas tout d'un coup dans sa justification, mais il prépare les auditeurs par ce préambule ironique : « Citoyens, c'est un beau jour pour la nation, c'est un beau jour pour le République française, que celui qui amène entre vous une explication fraternelle. »

III

On pourrait appliquer les mêmes remarques aux autres parties du discours. Ainsi, pas de péroraison. Dans les *preuves*, Danton viole à plaisir les règles adorées de Robespierre. Sa dialectique est décousue. Ses arguments ne se succèdent pas dans l'ordre enseigné dans les manuels. Il effleure un motif, passe à un autre, puis revient au premier qu'il quitte pour y revenir une dernière fois et s'y fixer. D'autres convainquent d'abord la raison, puis touchent le cœur : il s'adresse à la fois à toutes les facultés. C'est le désordre d'une conversation familière. Ce sont à la fois des élans de bon sens et de sensibilité. On est déconcerté. Rœderer, ahuri, se plaint que Danton soit *sans logique, sans dialectique*..... « Jamais de discussion, jamais de raisonnement ! » s'écrie douloureusement le fade littérateur, et il ajoute, sans se rendre compte de la portée de l'éloge : « Tout ce qui pouvait s'enlever par un mouvement, il l'enlevait. » C'est que, dans ses discours, circulait une logique secrète, d'autant plus efficace qu'elle se cachait, menant d'un bond les esprits à la conviction agissante. L'effet de cette dialectique n'était pas de faire penser, de jeter des doutes, d'indiquer des probabilités, de mettre en jeu tout l'appareil intime de la réflexion et du raisonnement : on était au contraire dispensé de peser le pour et le contre ; on se levait et on faisait ce que l'orateur avait dit de faire.

Avouons-le cependant : cette absence de transition, qui est le caractère le plus frappant de ces discours, nous fatigue parfois à la lecture. Nous, qui avons appris ces événements, nous n'en possédons pas les rapports comme ceux qui les vivaient. Il nous faut, pour ne pas perdre le fil, une certaine tension d'esprit dont les contemporains étaient dispensés par la présence même des faits indiqués, et aussi, ne l'oublions pas, par l'action de l'orateur, qui, d'un geste ou d'une inflexion, donnait la transition aujourd'hui absente.

IV

Si des lettrés du temps étaient choqués de la manière peu classique dont Danton disposait ses idées, que devaient-ils penser de son style ? La période, continuelle chez Mirabeau, chez Barnave, chez Robespierre, est rare chez Danton. Ce sont de courtes phrases, hachées, abruptes, dont les vides étaient comblés par l'action. Dire l'indispensable dans le moins de mots possible, voilà le but de cet orateur. Ce n'est pas seulement vitesse de l'homme d'action, c'est aussi délicatesse d'un goût pur. Danton a horreur du banal, du convenu. Il évite ces fleurs de rhétorique, si vite fanées, dont se paraient à l'envi Girondins et Montagnards. Et, d'abord, il ne cite que modérément l'antiquité. Rome et Sparte, qui fournissent à ses collègues tout un arsenal d'exemples et de traits, n'apparaissent que rarement dans ses discours, et sans nul pédantisme. Nous avons relevé en tout une dizaine d'allusions à l'antiquité : on va voir si elles sont sobres.

D'abord, dans son discours d'installation comme substitut (janvier 92), il rappelle le mot de Mirabeau qu'il n'y a pas loin du Capitole à la roche Tarpéienne, et il emploie les termes de *plébiscite* et d'*ostracisme*.

Aux Jacobins, le 5 juin 1792, « après avoir, dit le journal

du club, rapporté la loi rendue à Rome contre l'expulsion des Tarquins par Valérius Publicola, loi qui permettait à tout citoyen de tuer, sans aucune forme judiciaire, tout homme convaincu d'avoir manifesté une opinion contraire à la loi de l'État, avec obligation de prouver ensuite le délit de la personne qu'il avait tuée ainsi, M. Danton propose deux mesures pour remédier aux dangers auxquels la chose publique est exposée. »

Il reprend cette comparaison à la Convention, 27 mars 1783 : « A Rome, Valérius Publicola eut le courage de proposer une loi qui portait la peine de mort contre quiconque appellerait la tyrannie. » Et quant aux autres passages où il est question de l'antiquité, les voici tous : « Que le Français, en touchant la terre de son pays, *comme le géant de la fable*, reprenne de nouvelles forces. » « Le peuple, *comme le Jupiter de l'Olympe*, d'un seul signe fera rentrer dans le néant tous les ennemis. » « Nous avons fait notre devoir, et j'appelle sur ma tête toutes les dénonciations, sûr que ma tête, loin de tomber, *sera la tête de Méduse* qui fera trembler tous les aristocrates. » « Ainsi un peuple de l'antiquité construisait ses murs, en tenant d'une main la truelle et de l'autre l'épée pour repousser ses ennemis. » « Nos commissaires sont dignes de la nation et de la Convention nationale, ils ne doivent pas craindre le tonneau de Régulus. » « Les Romains discutaient publiquement les grandes affaires de l'État et la conduite des individus. Mais ils oubliaient bientôt les querelles particulières, lorsque l'ennemi était aux portes de Rome. » « Après une guerre longue et meurtrière, les législateurs d'Athènes, qui s'y connaissaient aussi, pour réparer la perte que l'État avait faite de ses concitoyens, ordonnèrent à ceux qui restaient d'avoir plusieurs femmes (1). »

(1) Séance du 30 mars, 1ᵉʳ, 9, 12 avril 1793. — Jacobins, 3 nivôse an II, texte du *Moniteur*. — Convention, 14 ventôse an II.

Je ne crois pas qu'on puisse relever, dans toute l'œuvre oratoire de Danton, d'autres allusions à l'antiquité. Et encore ces allusions sont-elles sobres, souvent détournées, toujours amenées presque de force par le sujet traité, par l'occasion survenue, avec si peu de pédantisme que la plupart seraient encore tolérables aujourd'hui qu'on se pique tant de ne plus citer les Grecs et les Latins. C'est que Danton est un génie tout moderne : les auteurs anciens, nous l'avons vu, n'étaient représentés que par des traductions dans sa bibliohtèque, où les textes des écrivains anglais et italiens tenaient une place d'honneur à côté des classiques français. Chez Danton, l'homme de goût était d'accord avec le politique pour bannir ces oripeaux de collège dont tous les révolutionnaires, sauf peut-être Mirabeau, se paraient avec orgueil (1). Sa République n'est pas une résurrection du passé, une exhumation érudite : elle est née du présent et elle y vit, les yeux tournés vers l'avenir. La langue de Danton est moderne et française comme sa politique.

V

De même, les métaphores qui abondent dans son style n'ont rien de classique : ou elles sont simples et familières, tirées de la vie quotidienne, ou il les invente et les crée. Jamais il ne les emprunte à l'arsenal académique où Robespierre et les autres se fournissent.

Voici des exemples de cette simplicité alors nouvelle, presque scandaleuse :

---

(1) Aussi ne pouvons-nous admettre ce jugement de Garat : « Ces mots de l'antiquité échappés du sein des grandes passions et des grands caractères, ces mots qui, de siècle en siècle, retentissent à toutes les oreilles, s'étaient profondément gravés dans sa mémoire, et leurs formes, sans qu'il y songeât, étaient devenues les formes des saillies de son caractère et de ses passions. » *Mémoires*, p. 190.

« Je lui répondis (à La Fayette) que le peuple, d'un seul mouvement, *balayerait* ses ennemis quand il le voudrait (1). »

Ailleurs, il parle de la nécessité « de placer un prud'homme dans la composition des tribunaux, d'y placer un citoyen, un homme de bon sens, reconnu pour tel dans son canton, pour réprimer l'esprit de dubitation qu'ont souvent les hommes *barbouillés* de la science de la justice (2). »

A propos du projet d'impôt sur les riches : « Paris a un luxe et des richesses considérables ; eh bien ! par ce décret, *cette éponge va être pressée* (3). »

Nous avons vu qu'il appelait le *gouvernail de l'Etat* une *manivelle.* Il reprend cette expression : « Ce qui épouvante l'Europe, c'est de voir la *manivelle* de ce gouvernement entre les mains de ce comité, qui est l'assemblée elle-même (4). »

Enfin, à propos du cautionnement exigé de certains fonctionnaires : « C'est encore une *rouille* de l'ancien régime à faire disparaître (5). »

Ce sont là des métaphores vieilles comme la langue, mais bannies jusqu'alors de la prose noble, laissées au peuple, et que Danton apporte le premier à la tribune.

Les métaphores qu'il invente, il en emprunte les éléments aux choses du jour, aux impressions présentes, à la guerre, à l'industrie, à la science, à la Révolution même : « La Constitution... est une batterie qui fait un feu à mitraille contre les ennemis de la liberté (6). »

---

(1) Jacobins, 20 juin 1791.
(2) 22 septembre 1792.
(3) 27 avril 1793. Il dit aussi, parlant de la surabondance des assignats : « Que l'*éponge nationale* épuise cette grande masse, l'équilibre se rétablira. » 31 juillet 1793.
(4) 18 nivôse an II.
(5) 14 pluviôse an II.
(6) 13 juin 1793.

« Une nation en révolution est comme l'airain qui bout et se régénère dans le creuset. La statue de la liberté n'est pas fondue. Ce métal bouillonne. Si vous n'en surveillez le fourneau, vous serez tous brûlés (1). »

« Quoi ! vous avez une nation entière pour levier, la raison pour point d'appui, et vous n'avez pas encore bouleversé le monde (2) ! »

Il dit à Dumouriez, aux Jacobins : « Que la pique du peuple brise le sceptre des rois, et que les couronnes tombent devant ce bonnet rouge dont la société vous a honoré (3). »

La pique populaire, que chacun voit ou tient, joue chez Danton le rôle du glaive classique : « Rappelons-nous que, si c'est avec *la pique* que l'on renverse, c'est avec le compas de la raison et du génie qu'on peut élever et consolider l'édifice de la société. »

Plusieurs de ces métaphores sont devenues proverbes, comme cette autre, à propos de l'éducation nationale : « C'est dans les écoles nationales que l'enfant doit sucer le lait républicain (4). » Mais, à force d'éviter le banal, Danton tombe une ou deux fois dans le bizarre : « Je me suis retranché dans la citadelle de la raison ; j'en sortirai avec le canon de la vérité, et je pulvériserai les scélérats qui ont voulu m'accuser (5). » Ce *canon de la vérité* est une image fausse qui plut aux contemporains, mais dont le goût de quelques critiques est justement choqué. Toutefois, parmi tant de métaphores heureusement créées, je ne vois que celle-là, et *la tête de roi jetée comme un gant*, qui ne satisfasse pas l'imagination. On les pardonnera d'autant plus aisément à Danton, qu'il improvisait son style.

---

(1) 27 mars 1793.
(2) 10 mars 1793.
(3) *Journal du club*, n° 283.
(4) 22 frimaire an II.
(5) 1ᵉʳ mai 1793. Il parle ailleurs, moins justement, du *Vaisseau de la raison*. Séance du 1ᵉʳ août 1793.

Parfois il s'élève et divinise deux des sentiments populaires. D'abord il montre la Patrie en face des émigrés : « Que leur dit la Patrie ? Malheureux ! vous m'avez abandonnée au moment du danger ; je vous repousse de mon sein. Ne revenez plus sur mon territoire : je deviendrais un gouffre pour vous (1). » Il personnifie aussi la liberté : « S'il est vrai *que la liberté soit descendue du ciel*, elle viendra nous aider à exterminer tous nos ennemis (2). » « Oui, les clairons de la guerre sonneront ; oui, *l'ange exterminateur de la liberté* fera tomber ces satellites du despotisme (3). » « (La guerre) renversera ce ministère stupide qui a cru que les talents de l'ancien régime pouvaient étouffer *le génie de la liberté* qui plane sur la France (4). » « Citoyens, c'est *le génie de la liberté* qui a lancé le char de la Révolution (5). »

La Liberté et la Patrie, voilà tout l'Olympe métaphorique de Danton.

D'autres métaphores, mais plus rares, montrent que ce prétendu barbare n'est pas insensible à la beauté de la Révolution considérée en elle-même et comme un spectacle. Il aime à la comparer à une tragédie, et, bafouant le bicamérisme, il dit avec esprit : « Il y aura toujours unité de lieu, de temps et d'action, et la pièce restera (6). » Et plus tard, à propos de la pièce de Laya, *l'Ami des lois* : « Il s'agit de la tragédie que vous devez donner aux nations ; il s'agit de faire tomber sous la hache des lois la tête d'un tyran, et non de misérables comédies (7). »

Toutes ces images sont neuves, justes, ni classiques ni

(1) 23 octobre 1792.
(2) *Journal des Jacobins*, n° 217.
(3) *Ibid.*, n° 112.
(4) 10 mars 1793.
(5) 10 avril 1793.
(6) Jacobins, 20 juin 1792.
(7) 16 janvier 1793. — Et, le 10 avril 1793, répondant à Pétion, il dit : « Je sais quel sera le dénouement de ce grand drame. »

banales, et, ne craignons pas de le dire, d'une invention aussi personnelle que celles d'un Pascal ou d'un Bossuet. En est-il une seule qui eût pu tomber d'une autre bouche que de celle de Danton ? En cela il est écrivain original : il en avait conscience, et, certes, il pouvait dire, dans sa réponse à l'imprécation d'Isnard contre Paris : « Je me connais aussi, moi, en figures oratoires (1). »

Ajoutons que ces figures ne sont jamais un ornement, ni même une forme supplémentaire de sa pensée. Danton n'exprime pas deux fois la même idée. Il cherche et il donne la formule la plus frappante, et il passe sans redoubler, différent pour ce point encore de tous ses rivaux en éloquence. Une métaphore, dans ses discours, c'est toujours une vue politique importante, soit qu'il parle de « cette fièvre nationale qui a produit des miracles dont s'étonnera la postérité (2) », soit qu'il excuse les erreurs de la Révolution en montrant que « jamais trône n'a été tracassé sans que ses éclats blessassent quelques bons citoyens... (3) et que lorsqu'un peuple brise sa monarchie pour arriver à la République, il dépasse son but par la force de projection qu'il s'est donnée (4). »

VI

C'est que Danton, même quand il parle sans figures, évite les longs raisonnements et recherche le trait. Il a horreur du développement, de la tirade. Il résume ses idées les plus essentielles en quelques mots topiques et pittoresques. Ses discours sont une série d'apophtegmes brillants et forts. Toute sa politique, ainsi résumée en

---

(1) 25 mai 1793.
(2) 29 octobre 1792.
(3) *Ibid.*
(4) 10 avril 1793.

phrases proverbiales, circule dans le peuple et se fixe dans les mémoires. Parfois, c'est du Corneille, comme lorsqu'il dit à la Convention : « Ne craignez rien du monde (1) ! » ou : « Il faut, pour économiser le sang des hommes, leurs sueurs, il faut la prodigalité (2). » Ou encore, au 31 mai : « Il est temps que nous marchions fièrement dans la carrière. » Ou enfin, dans sa défense au tribunal révolutionnaire : « J'embrasserais mon ennemi pour la patrie à laquelle je donnerai mon corps à dévorer (3). »

C'est surtout quand il parle des ennemis extérieurs qu'il trouve des traits inoubliables :

« Tout appartient à la patrie, quand la patrie est en danger (4). »

« Soyons terribles ; faisons la guerre en lions (5). »

« C'est à coups de canons qu'il faut signifier la Constitution à nos ennemis. » — « Voulons-nous être libres ? Si nous ne le voulons plus, périssons, car nous l'avions juré. Si nous le voulons, marchons tous pour défendre notre indépendance (6). »

Il excelle à exprimer une vue philosophique en quelques mots brefs et nets, qu'on ne peut plus oublier : « Soyez comme la nature ; elle voit la conservation de l'espèce : ne regardez pas les individus (7). »

Cette concision heureuse ne met-elle pas Danton au rang de nos écrivains les plus français ? Ce politique n'apportait-il pas à la tribune certaines qualités des auteurs du XVIIe siècle ? Oui, pour un La Rochefoucauld et pour un Danton, aussi dissemblables entre eux que la Convention diffère du

---

(1) 21 janv. 1793, texte du *Logotachygraphe*.
(2) *Ibid.*
(3) Notes de Topino-Lebrun.
(4) 28 août 1792.
(5) 1er août 1793.
(6) 12 août 1793.
(7) 31 juillet 1793.

salon de Mme de Sablé, brille un même idéal littéraire : dire le plus de choses dans le moins de mots possibles, et forcer l'attention à force de brièveté. L'ancien frondeur fait tenir en deux lignes toute une psychologie morale ; l'orateur Cordelier condense en dix mots toute une philosophie de l'histoire, tout un cours de politique à l'adresse des modérés et des timides de 1793 : « S'il n'y avait pas eu des hommes ardents, dit-il, si le peuple lui-même n'avait pas été violent, il n'y aurait pas eu de Révolution. » C'est par cette interprétation profonde de la réalité présente que Danton s'élève souvent au-dessus de Robespierre, orateur parfois élevé, mais critique moins pénétrant, penseur absorbé par sa conscience.

Mais, ne l'oublions pas, la plus grande qualité du style oratoire de Danton, c'est que sa force concise, en frappant les esprits, les incline, non à réfléchir, mais à agir. On ne pouvait résister à la voix de l'orateur ; toute l'âme était remuée par des objurgations comme celle-ci, merveille d'art savant et de pathétique naïf : « Le peuple n'a que du sang, et il le prodigue. Allons, misérables, prodiguez vos richesses (1) ! »

VII

Tel était le caractère des métaphores et des traits qui ont servi de formule à la politique de Danton. Cette politique fait le fonds de ses discours : il s'y mêle peu de questions étrangères aux mesures à prendre le jour même. Mais l'orateur, ayant à répondre à des accusations immédiates et à combattre des adversaires, est obligé, en quelques circonstances, de parler de lui-même ou des autres. Ici encore son style n'est qu'à lui.

(1) 10 mars 1793.

En effet, tandis que Robespierre et les Girondins enveloppent leurs invectives de formes classiques et vagues, que même leurs injures sont empruntées au style noble, Danton use du style familier et en tire les effets oratoires les plus imprévus. Pour Robespierre, un adversaire méprisable est un *monstre* (c'est ainsi qu'il appelle Danton guillotiné); pour Danton, c'est un *coquin*. A l'épithète académique il préfère l'adjectif populaire et vrai. Les hommes qu'il stigmatise ainsi sont tués du coup dans leur prestige. Il dit, par exemple : « *Un vieux coquin*, Dupont de Nemours, de l'Assemblée constituante, a intrigué dans sa section... (1). » Biauzat ne voulait pas qu'on se méfiât des intentions du roi en cas de guerre. Danton : « *L'insignifiant* M. Biauzat... (2). » Pétion avait demandé des poursuites contre les signataires d'une adresse hostile à Roland : « La proposition de Pétion est *insignifiante* (3). » Aux Jacobins, quand on apprend l'arrestation du roi à Varennes, Danton l'appelle dédaigneusement *l'individu royal* : « L'individu royal, dit-il, ne peut plus être roi, dès qu'il est imbécile (4). » Il dit de même : « L'*individu* Dumouriez (5) » « Je n'aime point l'*individu* Marat (6). » A propos de l'émigration de La Fayette, il remarque qu'il n'a porté aux ennemis « que son misérable individu (7). » Il l'appelle ailleurs *ce vil eunuque de la Révolution* (8). La Gironde ne lui pardonna jamais le trait qu'il lança du haut de la tribune contre Mme Roland. Nous l'avons déjà dit : il s'agissait de provoquer la démission du ministre de l'intérieur:

---

(1) *Journal de la Montagne*, n° 44.
(2) *Journal des Jacobins*, n° 111.
(3) 10 avril 1793.
(4) *Journal des Jacobins*, n° 15.
(5) 1ᵉʳ avril 1793.
(6) 29 octobre 1793.
(7) 12 avril 1793.
(8) *Journal des Jacobins*, n° 283.

« Personne, dit Danton, ne rend plus justice que moi à Roland ; mais je vous dirai : si vous lui faites une invitation, faites-la donc aussi à Mme Roland ; car tout le monde sait que Roland n'était pas seul dans son département. » Robespierre, en pareil cas, eût procédé par une allusion très enveloppée, selon la règle du genre académique qu'il faut indiquer les personnes sans les nommer. Danton, qui avait souffert des intrigues de Mme Roland, dédaigna les circonlocutions et usa d'un trait brutal et vrai, qui déconcerta ses adversaires, et les découvrit à l'opinion populaire.

Il sait donc, quoique sans fiel, déverser le ridicule sur ses adversaires, et son style franc et rude ne les atteint pas moins que les subtiles et doucereuses épigrammes de Robespierre. Celui-ci a le tort de laisser voir trop de haine : Danton ne montre que du mépris, un mépris sans ressentiment personnel, mais d'autant plus terrible qu'il est la vengeance du bon sens blessé ou du patriotisme indigné.

VIII

S'il parle des autres avec une liberté peu académique, il ne manque pas moins aux règles de la rhétorique quand il parle de lui-même. L'école croit qu'à la tribune le moi est haïssable : Danton est de l'avis opposé, et il a raison. Les plus beaux passages de Mirabeau et de Robespierre ne sont-ils pas justement ceux où ces orateurs se mettent en scène, se louent ou se défendent ? Mais ils ne parlent que de leur être moral ; ils se gardent de toute allusion à leur personne physique. Mirabeau disait bien à Étienne Dumont qu'il n'avait qu'à secouer sa crinière pour jeter l'effroi : mais il eût craint de faire rire en avouant publiquement de pareilles prétentions. Danton n'a pas ces pudeurs. Avec une audace sans exemple dans la patrie du ridicule, le jour de son installation comme substitut-adjoint du procureur de la commune, il trace son propre portrait et débute par cette phrase célèbre : « La nature m'a donné en partage les formes athlétiques et la physionomie âpre de la liberté (1). » Je ne crois pas que jamais orateur ait osé rien d'aussi fort, et ce trait se trouva tellement vrai qu'il ne fut presque pas ridicule (2).

On connaît la laideur de sa figure ravagée par la petite vérole et par un accident de sa première enfance. Lui-même parle de *sa tête de Méduse* « qui fera trembler tous les aristocrates (3). » Il se vante, aux Jacobins, d'avoir « ces traits qui caractérisent la figure d'un homme libre (4). » Enfin, dans sa défense suprême, se tournant vers les jurés du tribunal révolutionnaire (5), il s'écrie fièrement : « Ai-je la face hypocrite ? »

Il parle, sans fausse modestie, mais non sans tact, de ses qualités : « Je l'avoue, je crois valoir un autre citoyen français... (6). » « Pendant la durée de mon ministère, j'ai employé toute la vigueur de mon caractère (7). »

Ce caractère, voici comment il l'explique dans son discours d'installation comme substitut : « Exempt du malheur d'être né d'une de ces races privilégiées suivant nos vieilles institutions, et par cela même presque toujours abâtardies, j'ai conservé, en créant seul mon existence civile, toute ma vigueur native, sans cependant cesser un seul instant, soit dans ma vie privée, soit dans la profession que j'avais embrassée, de prouver que je savais al-

---

(1) *Révolutions de Paris*, n° 128.
(2) Il fut cependant critiqué par les *Rév. de Paris*, n° 134.
(3) 1er avril 1793.
(4) 18 frimaire an II.
(5) Notes de Topino-Lebrun.
(6) *Moniteur* du 11 mars 1793.
(7) 25 septembre 1792.

lier le sang-froid de la raison à la chaleur de l'âme et à la fermeté du caractère. Si, dès les premiers jours de notre régénération, j'ai éprouvé tous les bouillonnements du patriotisme, si j'ai consenti à paraître exagéré, pour n'être jamais faible, si je me suis attiré une première proscription pour avoir dit hautement ce qu'étaient ces hommes qui voulaient faire le procès à la Révolution, pour avoir défendu ceux qu'on appelait les énergumènes de la liberté, c'est que je vis ce qu'on devait attendre des traîtres qui protégeaient ouvertement les serpents de l'aristocratie. »

Sa prétention, c'est d'allier la sagesse politique à l'ardeur révolutionnaire. Déjà, en février 1791, dans sa lettre aux électeurs qui l'avaient nommé membre du département de Paris, il se dit capable d'unir la modération « aux élans d'un patriotisme bouillant. » Cette déclaration revient sans cesse dans ses discours : « Je sais allier à l'impétuosité du caractère le flegme qui convient à un homme choisi par le peuple pour faire ses lois (1). » « Je ne suis pas un agitateur (2). » Enfin, il dit ironiquement : « J'ai cru longtemps que, quelle que fût l'impétuosité de mon caractère, je devais tempérer les moyens que la nature m'a départis (3). »

Il aime aussi à se proclamer exempt de haine : « Je ne suis pas fait pour être soupçonné de ressentiment (4). » « Je suis sans fiel, non par vertu, mais par tempérament. La haine est étrangère à mon caractère... Je n'en ai pas besoin (5). » « La nature m'a fait impétueux, mais exempt de haine (6). »

---

(1) 21 janv. 1793, texte du *Logotachygraphe*.
(2) *Journal des Jacobins*, n° 193.
(3) 1er avril 1793.
(4) 21 janv. 1793, texte du *Logotachygraphe*.
(5) 11 mars 1793.
(6) 27 mai 1793.

Aussi n'en veut-il pas à ses ennemis : il dédaigne leurs calomnies et refuse, imprudemment, d'y répondre : « Quels que doivent être, écrit-il à ses électeurs, le flux et le reflux de l'opinion sur ma vie publique... je prends l'engagement de n'opposer à mes détracteurs que mes actions elles-mêmes. » Et à la Convention : « Que m'importent toutes les chimères que l'on peut répandre contre moi, pourvu que je puisse servir la patrie (1) ? » « Ce n'est pas être homme public que de craindre la calomnie (2). »

Au tribunal révolutionnaire, il réfute l'accusation de vénalité en exaltant, non sa probité, mais son génie, et Topino-Lebrun lui entend dire : « Moi vendu ? Un homme de ma trempe est impayable ! » D'après le *Bulletin du tribunal*, il aurait parlé en outre des vertus qu'annonçait sa figure : « Les hommes de ma trempe sont impayables ; c'est sur leur front qu'est imprimé, en caractères ineffaçables, le sceau de la liberté, le génie républicain. »

Son style s'élève encore quand il exalte son patriotisme : « Je mets de côté toutes les passions : elles me sont toutes parfaitement étrangères, excepté celle du bien public... Je leur disais : Eh ! que m'importe ma réputation ! que la France soit libre et que mon nom soit flétri ! Que m'importe d'être appelé buveur de sang ? Eh bien ! buvons le sang des ennemis de l'humanité, s'il le faut ; combattons, conquérons la liberté (3). » Il se plaît à répéter qu'il mourrait, qu'il mourra pour la patrie : « Si jamais, quand nous serons vainqueurs, et déjà la victoire nous est assurée, si jamais des passions particulières pouvaient prévaloir sur l'amour de la patrie, si elles tentaient de creuser un nouvel abîme pour la liberté, je voudrais m'y précipiter tout le pre-

---

(1) 27 mars 1793.
(2) 2 août 1793.
(3) 10 mars 1793.

mier (1). » Et il fait au tribunal révolutionnaire cette déclaration dont la sérénité donne à son style une allure presque classique : « Jamais l'ambition ni la cupidité n'eurent de puissance sur moi ; jamais elles ne dirigèrent mes actions ; jamais ces passions ne me firent compromettre la chose publique : tout entier à ma patrie, je lui ai fait le généreux sacrifice de toute mon existence. »

D'une façon à fois familière et cornélienne, il parle de lui à la troisième personne, dans cette même défense : « Danton est bon fils. » « Depuis deux jours, le tribunal connaît Danton ; demain il espère s'endormir dans le sein de la gloire. Jamais il n'a demandé grâce, et on le verra voler à l'échafaud avec la sérénité ordinaire au calme et à l'innocence. »

Enfin, il a conscience d'être un Français, non seulement par le patriotisme, le bon sens lumineux, l'audace heureuse, mais par des qualités plus familières et plus intimes. Quoique des circonstances tragiques l'aient toujours inspiré, il n'est pas un génie tragique : « Je porte dans mon caractère, dit-il à la Convention, une bonne portion de la gaieté française, et je la conserverai, je l'espère (2). » Ce Champenois se sent le compatriote de La Fontaine, et il laisse à Robespierre les mélancolies de Rousseau.

C'est ainsi qu'il parle de lui-même et qu'il se peint au physique et au moral, avec une ingénuité digne de Montaigne, qui semblera peut-être de l'effronterie, mais qui était, pour le peuple de Paris (l'auditoire idéal de Danton), une franchise heureuse, une confiance aimable, ou du moins toujours pardonnée. Si nous avons insisté de la sorte sur ces confidences personnelles échappées à Danton du haut de la tribune, c'est qu'elles donnent la plus juste idée de

---

(1) 29 ventôse an II.
(2) 26 ventôse an II.

son style oratoire. Car est-on jamais plus soi-même que quand on parle de soi ? C'est dans la forme de tels aveux qu'on surprend le style d'un écrivain ou d'un orateur, son vrai style, c'est-à-dire la manière d'être la plus durable de son être moral ; et, dans ces confidences, ce qui fait juger un homme, n'est-ce pas moins ce qu'il avoue, que la façon dont il l'avoue? Cet aveu involontaire et inconscient qui s'échappe, en quelque sorte, du style même de l'orateur, montre l'homme bien mieux que les portraits contradictoires émanés de l'étourderie ou de la passion des contemporains. Oui, le grand patriote était bien tel qu'il se montrait, homme de bon sens, homme ardent et modéré, vraiment peuple, c'est-à-dire vraiment national, terroriste par force et par préjugé, plus pur de sang que les plus timides de ses collègues ; en tout cas, pur de haine, et quant au génie, français et moderne, doué d'un sentiment très vif, trop vif même des nécessités de l'heure présente. — C'est même pour ce dernier motif, avouons-le, que certaines régions sublimes et sereines, où planait la pensée de cet antipathique de Robespierre et où atteignait parfois son éloquence, restèrent fermées ou inconnues à Danton.

CHAPITRE V.

DANTON A LA TRIBUNE.

Il est évident que, chez Danton comme chez Mirabeau, l'action joue le premier rôle. Danton improvise : Danton cherche à produire un grand effet de terreur ou d'enthousiasme, à mettre ceux-là hors d'eux-mêmes pour une activité immédiate et fiévreuse, à stupéfier ceux-ci pour l'obéissance ou l'inertie. Oui, son éloquence est faite de raison et d'imagination : mais c'est aussi, selon le mot classique, le corps qui parle au corps. Danton à la tribune dégage de sa personne une influence toute physique qui va surexciter ou engourdir les volontés. — Comment cette fascination s'exerçait-elle ? Les contemporains ont plutôt constaté les effets de Danton qu'ils n'en ont décrit les moyens. Ils disent que ses formes athlétiques effrayaient, que sa figure devenait féroce à la tribune (1). La voix aussi était terrible : « Il le savait, dit Garat, et il en était bien aise, pour faire plus de peur en faisant moins de mal. » Cette voix de Stentor, dit Levasseur, retentissait au milieu de l'Assemblée, comme le canon d'alarme qui appelle les soldats sur la brèche. Je suis porté à croire que son geste était sobre et large. Mais les contemporains sont muets à cet égard. On sait seulement qu'il se campait fièrement, la tête renversée en arrière. La mimique de son visage était parlante et il savait ainsi rendre éloquent même son silence, comme le jour où Lasource osa l'accuser de conspiration royaliste avec Dumouriez : « Immobile sur son banc, il relevait sa lèvre avec une expression de mépris qui lui était propre et qui inspirait une sorte d'effroi ; son regard annonçait en même temps la colère et le dédain ; son attitude contrastait avec les mouvements de son visage, et l'on voyait, dans ce mélange bizarre de calme et d'agitation, qu'il n'interrompait pas son adversaire parce qu'il lui serait facile de lui répondre, et qu'il était certain de l'écraser (2). »

(1) Thibaudeau, *Mémoires*, I, 46, 59.
(2) *Mémoires* de Levasseur, I, 138. Ces mémoires ont été rédigés par Achille Roche, mais sur des notes fournies par Levasseur lui-même. Le fonds en est donc authentique, et, dans le passage que nous citons, il y a l'accent d'un homme qui a vu. — Roche reçut de Levasseur environ un volume de matériaux et en fit quatre volumes. Cf. *Gazette des tribunaux*, audiences des 12, 19, 26 février, 3 mars 1830, et l'appendice de l'introduction à la *Vie et correspondance de Merlin de Thionville* par Jean Reynaud. Il ne faut pas suivre aveuglément ces mémoires, comme l'a fait Louis Blanc : mais on doit en tenir compte.

Cette apparence de force physique, qui était une partie de son éloquence, lui venait de sa toute première éducation qui fut, pour ainsi dire, confiée à la nature, selon le goût du temps et les préceptes de Jean-Jacques. Nourri par une vache, il prit ses premiers ébats au milieu des animaux dans les champs. C'est ainsi qu'un double accident le défigura pour la vie : un taureau lui enleva, d'un coup de corne, la lèvre supérieure. Il s'exposa de nouveau avec insouciance : un second coup de corne lui écrasa le nez Plus tard, la petite vérole le marqua profondément. De là vient sa laideur si visible, mais que faisaient oublier des yeux pleins de feu, un grand air d'intelligence et de bonté. Merlin de Thionville, qui l'aimait, disait qu'il avait l'air d'un dogue, et Thibaudeau, qui ne l'aimait pas, lui trouvait, au repos, une figure calme et riante (1).

Voilà ce que nous apprennent les portraits de Danton que les contemporains ont écrits : ceux qu'ils ont dessinés ou peints sont plus instructifs.

Il y a d'abord le dessin de Bonneville, que la gravure a popularisé. C'est le Danton classique, tête énergique, attitude oratoire, visage grêlé, avec une trace assez vague du double accident d'enfance. La poitrine découverte, à la mode des portraitistes du temps, laisse voir le célèbre « cou de taureau. » Les cheveux sont soigneusement relevés en rouleaux à la hauteur des oreilles. — On remarque une ressemblance frappante entre ce portrait et un dessin à la plume de David, reproduit dans l'œuvre du maître, publiée par son petit-fils. Même pose, même expression, avec un peu plus de douceur pourtant et d'urbanité, même atténuation des traces de l'accident d'enfance.

---

(1) Sur Danton au physique et au moral, cf. Rœderer, *Œuvres*, tome III ; Buzot, *Mémoires*, éd. Dauban, p. 70 ; Jullian, *Souvenirs*, p. 168, et Garat, *pass.*

David avait fait aussi un portrait à l'huile que les Prussiens volèrent, dit-on, en 1815 à Arcis. Il en existe, dans la galerie de la famille de Saint-Albin (1), une copie que Michelet a vue et décrite avec poésie, sans paraître savoir que c'était une copie. « J'ai sous les yeux, dit-il, un portrait de cette personnification terrible, trop cruellement fidèle, de notre Révolution, un portrait qu'esquissa David, puis il le laissa, effrayé, découragé, se sentant peu capable encore de peindre un pareil objet. Un élève consciencieux reprit l'œuvre, et simplement, lentement, servilement même, il peignit chaque détail, cheveu par cheveu, poil à poil, creusant une à une les marques de la petite vérole, les crevasses, montagnes et vallées de ce visage bouleversé... C'est le Pluton de l'éloquence... C'est un OEdipe dévoué, qui, possédé de son énigme, porte en soi, pour en être dévoré, le terrible sphinx (2). » Sans avoir vu ce portrait, il faut protester contre cette belle page lyrique. Danton était un génie simple et clair, tout bon sens et tout cœur, nullement complexe ou mystérieux, absolument autre que ne l'a montré le grand écrivain.

Il y a aussi au musée de Lille un croquis de David où on voit Danton de profil. C'est le Danton un peu fatigué et alourdi de 1794. L'artiste, tout en restant vrai, a cédé à quelques préoccupations caricaturales, ou, si l'on aime mieux, interprétatives. La commissure des lèvres est fortement relevée, le nez grossi, le sourcil touffu et proéminent ; dans les autres portraits l'œil est petit, ici il n'y a plus d'œil du tout. — Ce croquis est frappant, génial, comme tout ce que la réalité a inspiré à David : il est certain qu'il a saisi,

---

(1) Quand donc ces héritiers et descendants du dantoniste Rousselin nous donneront-ils la fin de la biographie de Danton par leur aïeul ?
(2) *Histoire de la Rév.*, 3ᵉ éd., II, 39. — On me dit que le portrait de Duplessis-Bertaux, gravé par Levachez, rappelle de loin le portrait de David.

à la Convention, une attitude caractéristique de l'orateur écoutant et *bougonnant* à part lui (1).

Nous avons vu aussi une photographie d'un croquis de Danton sur la charrette, fait au vol par David, qui avait déjà saisi de même Marie-Antoinette. Mais ne croyez pas que la passion ait guidé ici le crayon de l'ami de Robespierre. Non; si le politique, en David, fut défaillant et incohérent, le peintre resta le plus souvent respectueux de son art. C'est en artiste qu'il vit et représenta la silhouette de Danton courant à l'échafaud, la bouche béante et l'œil vague. Qui a vu ce dessin sublime est également incapable de l'oublier et de le décrire.

Mais de tous ces portraits le plus important pour notre sujet est un dessin à la plume, anonyme, dont j'ai sous les yeux une gravure (2). Le tribun est à la tribune, le corps de trois quarts, la tête de profil et fièrement rejetée en arrière, le bras gauche tombant inerte, le bras droit tendu en avant par un geste à la fois impérieux et interrogateur. La figure est superbe de vie expressive; j'y retrouve les traits caractéristiques, avec une nuance d'énergie cynique. C'est le seul portrait où la laideur de Danton ne le vieillisse pas; là, il a vraiment l'air d'un homme jeune et fort. De plus, toute l'*action* oratoire y est en parfait accord avec ce que nous savons de l'éloquence du Cordelier. Il me semble qu'on a là une vision vraie.

Voulez-vous maintenant voir le vaincu de germinal dans un des entr'actes du merveilleux drame oratoire qu'il joua au tribunal révolutionnaire? Voici un croquis étonnant, furtivement surpris et comme dérobé par Vivant-Denon,

(1) Détail curieux, le *démagogue échevelé* portait encore un *catogan*, en 1794.
(2) Quel est l'auteur de ce dessin ? Peut-être Gabriel. Mais cet honnête réaliste était-il assez poète pour saisir en Danton l'homme intime et pour exprimer en quelques traits de plume tout un caractère et toute une politique, comme l'a fait l'anonyme dessinateur ?

le peintre favori de Robespierre, qui, dit-on, assis à bonne place au tribunal, trompa l'absolue interdiction de *portraiturer* les accusés, en crayonnant à la hâte au fond de son chapeau. Là, Danton écoute, écrasé, écroulé sur lui-même, le visage plissé et subitement vieilli, les yeux noyés dans les rides, l'air hébété d'un homme assommé par la calomnie ou d'un forçat déformé par le bagne, ou encore d'un dévot abêti par la grâce et échoué au banc d'œuvre (1).

Les yeux pleins de ce dessin horriblement réaliste, regardez une photographie du portrait de Danton attribué à Greuze, qu'un amateur de Nancy exposa au Trocadéro en 1878. Quel contraste! L'écouteur engourdi de Vivant-Denon est un fier et doux adolescent amoureux et gracieux comme un héros de Racine, mais sans fadeur et sans préciosité. Danton a là vingt ans, un duvet de jeunesse, un air de joie confiante et de juvénile langueur. Mais est-ce bien Danton? Oui, voilà son cou puissant, et c'est ainsi qu'il portait la tête. Mais où sont ses cicatrices, son nez épaté, ses sourcils en broussailles? J'aimerais une preuve, une présomption, autre que le dire de l'amateur qui possède ce joli portrait (2).

J'ai donné, je crois, les principaux traits physiques et moraux de l'éloquence de Danton; il fut l'orateur le plus complet de la Révolution, le plus conforme au génie de notre race. Il eût été, lui qui ne joua jamais au littéra-

---

(1) Ce dessin ne se trouve pas dans l'*Œuvre* de Vivant-Denon par la Fizelière (2 vol. in-4, 1872-1873), et c'est pourtant là une des productions les plus originales de l'artiste qui, étrange destinée! fut l'intime ami de Mme de Pompadour, de Robespierre et de Napoléon.

(2) J'hésiterais, je l'avoue, à réfuter par ce seul document les méchants propos de Mme Roland sur l'*homme de ruisseau*. D'ailleurs (j'en demande pardon à M. Robinet), quand même Danton aurait été un peu débraillé, malgré son catogan, où serait le grand mal? Se figure-t-on l'impétueux tribun tiré à quatre épingles?

teur, une des plus hautes gloires littéraires de la France, s'il eût vécu, s'il eût triomphé, si les circonstances eussent permis de recueillir intégralement les monuments de sa parole.

CHAPITRE VI.

LES ORATEURS DANTONISTES : FABRE D'ÉGLANTINE.

La politique de Danton fut exactement celle du petit groupe si actif et si uni dont il fut le chef véritable. A la Convention, Fabre, Lacroix, Philippeaux, Hérault, Legendre, Bazire, Camille Desmoulins furent les interprètes fort dissemblables d'une même politique, j'allais dire d'un même tempérament. Ce phénomène est unique dans l'histoire parlementaire de la Révolution. Nous avons vu que les Girondins n'avaient pas de chef, à proprement parler, et nous verrons que les purs Jacobins, groupés d'abord autour de Robespierre, se divisèrent et s'entre-déchirèrent bientôt, billaudistes contre robespierristes. Les amis de Danton l'aimèrent jusqu'au bout, subirent docilement son influence, prirent et gardèrent l'empreinte de sa personnalité puissante. Le souffle du maître anima les disciples, et ils concoururent avec une concorde fraternelle à appliquer cette politique toute positive et humaine que nous venons de caractériser.

A côté de cet entourage du premier degré, il y a des hommes de bonne volonté, mais de mérite et de moralité très inégales, qui votent, parlent, agissent avec Danton, comme Chabot, Merlin de Thionville, Dubois-Crancé, Tallien, Thuriot, Courtois et d'autres, et qu'on pourrait appeler les dantonistes du second degré. Sauf Chabot et Merlin, que nous rapprocherons de Bazire, nous rangerons ces partisans du grand tribun parmi les thermidoriens : en effet, ils brillèrent surtout à la tribune dans cette révolution aussi dantoniste que girondine.

I

Le plus intime confident de Danton fut ce Fabre d'Eglantine, dont le caractère et la politique ont un air d'équivoque, et qui a été si haineusement jugé. Oui, il y a quelque chose de douteux et de trouble dans la réputation de celui qui fit la meilleure comédie du siècle finissant, et qui fut comme le bras droit de la politique dantoniste. C'est qu'il ne sut mettre ni dans sa vie ni dans sa personne l'unité apparente que l'opinion exige de ses héros. Poète, orateur, il étonna plus qu'il n'émut. Son génie n'était pas clair, et, au physique, sa figure semblait obscure comme sa muse. Ce beau front large et ces grands yeux intelligents appelaient la sympathie ; mais le nez et la bouche donnaient l'idée d'une sensualité presque grossière (1). C'est le contraste déconcertant qui éclate dans le portrait de Baudelaire, entre le haut du visage, si noble, et la partie inférieure, si bestiale. Et la vie de Fabre offrait la même antithèse, la même ambiguïté extérieure qui permirent d'envoyer ce patriote à l'échafaud comme faussaire. Déjà dans une étude littéraire sur l'auteur du *Philinte* (2), nous avons raconté quelques épisodes de son roman comique, ses misères d'acteur de province, ses fautes, ses essais poétiques (3), son mariage avec Mlle Lesage, la petite-fille de

---

(1) Cf. le dessin de Bonneville et la peinture de Prud'hon.
(2) *Nouvelle revue* du 1er juillet 1885. Suivant l'opinion accréditée, nous avions fait naître Fabre à Limoux en 1755. Il naquit le 28 juillet 1750 à Carcassonne : son père était marchand drapier. Voir les registres de la paroisse Saint-Vincent, année 1750, 15e feuillet, n° 104.
(3) Il composa sa fameuse chanson : *Il pleut, il pleut, bergère*, à Maëstricht en 1780, sous ce titre: *La solitude.* On y trouve un écho de la poésie populaire qui contraste avec les fadeurs du temps.

l'auteur de *Gil-Blas*, enfin l'insuccès de ses premières tentatives théâtrales, la tragédie d'*Augusta* et la comédie des *Gens de lettres*. Père négligent et mari infidèle, Fabre quitta sa femme en 1788, éleva avec insouciance son fils, continua cette vie de don Juan dont il avait pris l'habitude dans ses pérégrinations d'acteur, et, quoique d'une beauté médiocre, se fit aimer par son éloquence spirituelle et ses beaux yeux brûlants (1), enfin s'attacha (autant qu'il pouvait s'attacher) à une actrice du théâtre de la République, Caroline Rémy, avec laquelle il vivait quand on l'arrêta, et qu'il laissa enceinte (2).

Mais Fabre, que l'irrégularité de sa vie rendait si vulnérable, était une nature plutôt tachée que mauvaise, supérieure au milieu de comédiens ambulants où se consuma sa jeunesse. Un indiscret publia après sa mort sa correspondance avec Mlle Rémy : il y a là bien des négligences morales, mais j'y trouve aussi des aveux honnêtes et qui éclairent un peu cette âme fermée. Ainsi Fabre est en proie, comme Buzot, comme Marat, au mal de mélancolie que chantera notre siècle : « C'est un sentiment funèbre, écrit-il, terrible, effrayant, une espèce de spleen qui me terrasse, qui engourdit toute mon imagination, un certain deuil de l'âme qui écrase ma pensée, et je ne sais ce que j'ai, ni comment ni pourquoi je suis ainsi (3). » Parfois, au milieu d'effusions brûlantes, il se peint avec un vif sentiment de son mérite : « Je suis âpre, franc, d'une vivacité repoussante, ennemi implacable et éternel de la flatterie, haut,

---

(1) Voir ce que dit de son charme la belle Morency, qu'il aima un instant et dont il fit connaissance.... aux funérailles de Lepelletier. Cf. le roman d'*Illyrine* (an VII, in-8).

(2) Voir le procès-verbal officiel de l'apposition des scellés dans la maison de Fabre, rue Ville-l'Evêque, n° 998, et la déclaration de Caroline Rémy, *Papiers inédits trouvés chez Robespierre* (Collection Baudouin), tome III, p. 373.

(3) *Correspondance amoureuse de Fabre d'Églantine* (1796, 3 vol. in-12), t. I, p. 59.

fier, quoique timide... Comment se fait-il que je n'aie un peu de talent peut-être que lorsque je déploie cette vérité de sentiment, cette haine de la fausseté, du vice, de l'oppression et de la charlatanerie, qui sont le fond de mon humeur et de ma morale (1) ? »

C'est bien là son ordinaire inspiration oratoire, et ce ton sincèrement indigné est celui de son premier discours polique, cette préface du *Philinte*, si célèbre et si peu lue, où il critique, avec une âpre éloquence, le théâtre du bon Collin d'Harleville comme une école de vice, d'aristocratie et de réaction. Qu'est-ce que l'*optimiste* Plainville, avec son sourire épicurien ? un personnage ridicule ? Non : c'est le sage de la pièce : « On rit avec lui, écrit Collin, et non de lui... J'en ai trouvé le modèle dans la maison paternelle : c'est mon père. » Et Fabre appuie sur cet aveu son réquisitoire véhément, véritable harangue de cordelier ou de jacobin. « L'optimisme de notre héros, s'écrie-t-il, n'est que l'égoïsme qui loue la force et s'accommode de l'injustice. Votre Plainville proclame que les nobles seuls ont droit au bonheur :

> Tout est si bien arrangé dans la vie
> Que la moitié du monde est par l'autre servie ;

et quand votre Picard dit à Plainville : *Pourquoi ne suis-je pas de la moitié qu'on sert ?* Plainville répond allégrement : *Parce que tu n'es pas de la moitié qui paie.* » Ici Fabre se fâche, et ce n'est pas le lettré, c'est l'ami de Danton qui répond à Collin : « Qu'est-ce à dire, monsieur Collin ? Quoi ! le peuple toujours opprimé, toujours dévoré, et dans les campagnes où, comme Tantale, entouré des fruits de la terre et des besoins du ciel, il languit et périt de faim et de misère ; et dans les ateliers, où des milliers de néophytes

---

(1) *Ibid.*, pages 66 et 75.

en noblesse et de voleurs surdorés trafiquent et brocantent sa sueur, ses veilles, son intelligence et son génie ; et dans les armées, où des fripons à plume et à glaive ont combiné les cent mille manières de rogner sa chétive solde ; et dans les antichambres, où princes maltôtiers et publicains de cour viennent rapiner le fruit de son esclavage et le produit net de son âme dépravée et vendue... quoi ! ce peuple n'est pas de la moitié qui paie ! »

Il trouve immorale, odieuse, la sensiblerie de la littérature et même de la politique de ce temps-là : « C'est, dit-il, de ce patelinage des méchants et des fripons et de leurs courtisans chattemites que vient cette affectation de douceur et de sensibilité dont les écrits modernes sont inondés et affadis. Cette puérile tartuferie a surtout gagné le théâtre ; il n'est pas jusqu'aux comédiens qui ne s'en délectent. Les gens du monde et la cour n'ont pas d'autre langage ; vous les prendriez pour de pauvres petits moutons. Bien souvent même les ordonnances et les proclamations des fonctionnaires publics sont édulcorées de ce miel fastidieux ; c'est-à-dire qu'on fait grand bruit de la sainteté et de la paternité de la loi, pour masquer l'iniquité de ceux qui en abusent. Les belles dames qui, en deux ou trois années, ont eu trente amants débauchés, trente profitables, et pas un de sensible, qui passent le jour à vendre leur crédit et la nuit à friponner, sont merveilleusement éprises de cette afféterie de langage et de sentiments ; elles sont toujours prêtes à se pâmer. Qu'un pauvre infortuné, bien candide, allât, d'après ces grimaces, implorer leur âme compatissante, comme il serait attrapé ! »

Conclusion : Fabre a écrit son *Philinte* pour flétrir l'égoïsme exalté par Collin, applaudi par un public que le théâtre doit éclairer, régénérer. Car, dit-il dans son prologue en vers, si je souhaite le succès, *c'est en bon citoyen bien plutôt qu'en poète ;* en temps de liberté, la scène doit devenir « *une école.* » Et il demande son inspiration au moraliste révolutionnaire, à Rousseau, qui, on le sait, dans la *Lettre à d'Alembert,* critique le *Misanthrope* et conseille aux poètes comiques de refaire les personnages d'Alceste et de Philinte selon les mœurs et le goût du xviiie siècle. Il indique même cette péripétie si dramatique qui consiste à faire tomber l'égoïste dans le piège de son propre égoïsme et que Fabre a mise en œuvre avec l'habileté d'un homme de théâtre.

Joué en 1790, *Philinte ou la Suite du Misanthrope* remua profondément les âmes, mais fut diversement apprécié par la critique pédante. Est-il à propos de rentrer dans une querelle surannée et d'examiner à notre tour si l'Alceste de Fabre est bien l'Alceste de Molière ? N'est-ce pas être dupe que de prendre au pied de la lettre la modestie qu'affecte le titre même de la pièce ? Non, notre poète n'envia pas à Marmontel et à Demoustier le soin puéril de trouver un dénouement au poème de Molière, inachevé et incomplet comme la vie. Il eut d'autres visées que cette tâche d'écolier ; il prétendit peindre et corriger son temps. Qu'est-ce que le nouvel Alceste, sinon un homme sensible à la mode de 1790 ? Et qu'est-ce que Philinte, sinon un de ces égoïstes qui restèrent fermés à l'esprit de la Révolution ? Non, Fabre n'a garde de peindre son héros vertueux d'après un original du xviie siècle, d'après un Montausier. Le comte Jérôme Alceste, ainsi qu'il le baptise, est un de ces grands seigneurs libéraux et philosophes, un Montmorency, un La Rochefoucauld, un Noailles, membre de la Société des amis des noirs où pérorait le bon Brissot, fondateurs enthousiastes de clubs philanthropiques et qui, de 1780 à 1790, mirent leur fortune au service des idées nouvelles. L'Alceste de Fabre fera partie de la minorité de la Noblesse qui se joignit au Tiers, applaudira Mirabeau faisant reculer Dreux-Brézé, siégera aux Amis de la Constitution, écoutera dans le cirque du Palais-Royal le démocrate abbé Fauchet .. Mais l'action se passe avant 1789, et, pour l'instant, le comte Jérôme, retiré dans ses terres, y exerce sa bienfaisance et y prêche la fraternité. Rousseau avait dit que le bonheur habite la campagne parmi les paysans : Alceste serait donc heureux dans son « désert », d'autant plus qu'il y a emmené une compagne selon les idées du moraliste, une autre Sophie, la sincère Éliante; oui, il serait heureux loin des villes maudites par Jean-Jacques, dans la société du père Gérard, si l'égoïsme ne venait l'y harceler sous la figure d'un parvenu qui convoite l'arpent de terre d'un pauvre laboureur. Le philosophe prend la défense du faible contre le fort et s'engage dans un procès irritant, qui se termine par le triomphe du bon droit.

Quant à l'égoïste Philinte, c'est sous ses traits que le public de 1790 se représentait l'aristocrate déguisé, c'est lui que poursuivront les discours moraux des Jacobins. Où Robespierre verra-t-il les ennemis les plus redoutables de la Révolution ? dans les émigrés, dans les Vendéens ? Non, l'être haïssable et dangereux, c'est l'égoïste, l'indifférent, l'apathique, celui qui, en 1793, ne songe qu'à vivre, « un de ces honnêtes gens, avait dit Rousseau,... qui trouvent toujours que tout va bien, parce qu'ils ont intérêt à ce que rien n'aille mieux ; qui sont toujours contents de tout le monde, parce qu'ils ne se soucient de personne; qui, autour d'une bonne table, soutiennent qu'il n'est pas vrai que le peuple ait faim ; qui, le gousset bien garni, trouvent fort mauvais qu'on déclame en faveur des pauvres ; qui, de leur maison bien fermée, verraient voler, piller, égorger, massacrer tout le genre humain sans se plaindre, attendu que Dieu les a doués d'une douceur très méritoire à supporter les malheurs d'autrui. » En 93, la force d'inertie de ces hommes sera plus redoutable que l'or de Pitt et que l'armée de Condé. Car Fabre s'est trompé : Philinte n'a pas été corrigé par le piège où son vice l'a jeté; son égoïsme est immortel, inguérissable. Endurci, il raille les volontaires de l'an II. La fraternité n'est pour lui qu'une formule vide ou dangereuse à son repos. Sa devise est : s'abstenir et attendre. Attendre quoi ? la réaction, le retour des privilèges, la paix grasse et corruptrice. Dans le drame révolutionnaire, comme dans la comédie, Philinte est le vrai traître, l'ennemi malfaisant et masqué, que la main de Samson a beau décapiter; il renaît chaque jour de son sang versé sur la place de la Révolution. Mais, je le répète, dans la pièce il se corrige; il dit au dénouement : *J'ai tort*, et Éliante se charge d'achever sa conversion. C'est qu'on est encore à l'heure fugitive, quelques mois avant la première trahison de Louis XVI, où le bon peuple de France s'obstine à croire possible la transformation des aristocrates.

Alceste et Philinte, la vertu et l'égoïsme, le patriotisme et la réaction, ne sont pas seuls, dans la comédie, à représenter la société nouvelle. On se rappelle qu'Alceste envoie son fidèle Dubois lui chercher au palais un avocat : qu'il le prenne au hasard, sur sa mine honnête. L'inconnu que ramène Dubois, auquel Alceste se fie, dont il admire la probité, le savoir, la modestie un peu sèche et pédante, l'habit pauvre et le maintien gauche, n'est-ce pas une figure déjà vue ? N'est-ce pas, trait pour trait, en sa première chasteté morale de constituant, l'avocat d'Arras, l'incorruptible Robespierre (nous sommes en 1790), avec sa vertu, son désintéressement, son passé provincial et laborieux ? — Enfin tout le poème propose un programme de vie sociale qui fut celui de Rousseau et que le même Robespierre, en 1794, exprimera dans son discours sur les principes de la morale politique. — Bien plus que tant d'essais aristophanesques, le *Philinte* fut donc une pièce vraiment politique et révolutionnaire.

Ce sont encore les idées sociales et pédagogiques de Rousseau qui inspirèrent à Fabre sa comédie des *Précepteurs*, trouvée dans ses papiers après sa mort et jouée avec succès en 1799. — Deux précepteurs, Timante et Ariste, sont en présence dans la même famille où ils élèvent les deux cousins, Jules et Alexis. Timante instruit Jules en marquis de La Jeannotière ; il le perfectionne dans l'habitude de n'être propre à rien, si ce n'est aux plus frivoles offices de la vie mondaine. Ariste applique sur Alexis les préceptes de l'*Émile*, dans la liberté et la solitude de la vie rustique : ce ne sont que promenades au grand air, exercices physiques, leçons de botanique, entretiens fraternels entre le disciple et le maître. Jules, gâté par l'éducation, devient un mauvais sujet ; Alexis reste « l'enfant de la nature ». Celui-là aura tous les vices de l'aristocrate :

> Il sera faux, mais doux ; louangeur, mais loué ;
> Perfide, mais adroit ; méchant, mais enjoué.

Alexis, au contraire, aura toutes les vertus d'un patriote de 1792 ; il sera, selon la caractéristique donnée par Fabre lui-même, gai, franc, libre, plein des grâces que donne la nature ; privé de celles de l'art et des convenances sociales, hardi, mais doux, simple ; fortement empreint de cette fierté mâle que donne le genre d'éducation qu'il reçoit ; mais avec cela d'une naïveté, d'une confiance extrêmes... » L'un, élevé à l'ancienne mode, sera Philinte ; l'autre, instruit selon Rousseau, sera Alceste. La comédie des *Précepteurs* est comme le prologue de la *Suite du Misanthrope*. Les deux poèmes sont une véritable prédication jacobine (1).

---

(1) C'est le secret de l'oubli où est tombé le *Philinte* ; mais Fabre était un homme de théâtre et il a donné la comédie la plus amusante du temps, après la *Folle Journée* : je veux parler de l'*Intrigue épistolaire* (15 juin 1791), où il devance Sardou pour l'intérêt de l'intrigue et Meilhac pour la fantaisie du détail.

II

On voit qu'en 1790 il fallait une tribune à ce moraliste. Il la trouva dans le quartier même où il habitait, au club des Cordeliers, dont il fut président et secrétaire. Dans cette assemblée ouverte, populaire, indisciplinée par principe, où rien ne gênait l'individualisme le plus jaloux, il put observer, choisir son groupe, s'orienter selon ses tendances intimes. Il ne fut attiré ni par le mélancolique Marat, ni par Hébert le cynique, ni par Cloots l'international : l'attitude si humaine et si française de Danton, de Camille, de Legendre, répondit à ses secrètes aspirations d'Alceste optimiste. Il est curieux que cet acteur se soit lié sans hésiter au parti des hommes d'action, des organisateurs de la France nouvelle, et qu'il n'ait pas été plutôt séduit par la grande éloquence de Robespierre ou l'éclatante rhétorique des Girondins. C'est qu'il n'a rien de la jactance bavarde de cet autre acteur, Collot d'Herbois; il a gardé des tristesses de son ancien métier une horreur visible de la parade et du panache; il évite, avec trop de soin peut-être, la pleine lumière de la scène, et, parmi tous les rôles que la Révolution offre à son mérite, il choisit les moins bruyants et les plus utiles. Saint-Just, dans le rapport par lequel il l'envoya à l'échafaud, ne peut se défendre de cet éloge : *citoyen laborieux*. Sa gravité oratoire fut parfaite, et il est peut-être le seul comédien qui, dans la vie publique et à la ville, n'ait désiré ni sabre ni galons. Il parla le moins possible, et chacun de ses sobres discours fut un acte.

Que fit-il, que dit-il aux Cordeliers en 1790 et en 1791 ? Il est à peu près impossible de reconstruire l'histoire de ce club célèbre, dont les débats ne sont racontés en détail par aucun journal, pas même *l'Orateur du peuple* du cordelier

Fréron. Michelet a essayé d'évoquer une de ces séances, où parlaient Danton, Marat, Robert et Fabre ; mais, de son aveu, ce ne fut là qu'une vision poétique et vraisemblable. Ainsi a péri pour nous toute une partie de l'éloquence dantonienne, la plus familière et la plus vivante, et ce foyer si parisien de la Révolution est à jamais éteint et recouvert. Il est certain pourtant que Fabre fut là, comme aux Jacobins et à la Convention, l'auxiliaire de celui avec lequel il devait faire le 10 août.

Était-il républicain ? En 1790 et en 1791, il affecte, comme tous les patriotes, une politique constitutionnelle et il écarte provisoirement l'idée de République, comme on le voit dans un fragment de sa correspondance, et dans un conte en vers, *les Châteaux*, où il condamne allégoriquement, comme prématurée, la politique qui triomphera au 10 août. Mais, dès le printemps de 1792, les trahisons de Louis XVI et la nullité du duc d'Orléans lui ont montré l'impossibilité de la monarchie, et il est le bras droit de Danton dans sa campagne contre le trône.

C'est le moment où les Cordeliers fréquentent chaque jour les Jacobins, et introduisent dans ce milieu encore bourgeois et un peu pédant les éléments ultra-révolutionnaires et républicains qui amèneront la transformation radicale des Amis de la Constitution. Le 18 juin, dans un discours étudié, Fabre propose à la Société d'inviter par une circulaire toutes les sections de Paris à s'assembler, « afin qu'une masse imposante d'opinions renforce les patriotes de l'Assemblée législative. » Et Danton appuie, comme s'il l'avait soufflée, cette mesure qui amena la journée du 20 juin, prélude de celle du 10 août. Au moment critique, quand les Brissotins parlementent encore avec les Tuileries, il propose indirectement l'insurrection : « Il faut, dit-il, se ranger ouvertement autour de l'Assemblée nationale, non comme étant un corps protégeant, mais comme étant un corps constitué à qui il est nécessaire d'inspirer le sentiment de la force dont il a besoin pour ordonner, par exemple, l'impression et l'envoi de la pétition du maire de Paris, après l'avoir refusé à celle du roi. » C'est la politique, c'est le style de Danton.

Au 10 août, il était dans le Carrousel avec les assaillants, et, au tribunal révolutionnaire où on l'accusait de royalisme, Danton le défendit en rappelant « le courage avec lequel il essuya le feu de file qui se faisait sur les Français. » Membre de la nouvelle Commune, il devint secrétaire du ministère de la justice (1), et secrétaire si indispensable qu'il suivait Danton partout, même chez Mme Roland où on ne l'invitait pas. Cette confiance se marqua par deux fois : le ministre abandonna presque entièrement la distribution des fonds secrets à son secrétaire, et, en septembre, il le chargea d'une mission délicate auprès de Kellermann et de Dumouriez. Celui-ci s'opposait à l'idée de faire retraite au delà de la Marne, comme le voulait Kellermann. La diplomatie de Fabre eut un plein succès : il donna raison à Dumouriez et calma son contradicteur par la promesse d'un bâton de maréchal.

Député de Paris à la Convention, le poète se rangea aussitôt parmi les députés laborieux et fut rapporteur du comité d'agriculture et de commerce, puis des comités de surveillance et de la guerre. Dans ces premiers mois, il se tut, sauf le 24 septembre, dans la séance où on discuta la proposition antijacobine de Kersaint ; il prononça ce jour-là quelques paroles sensées et gouvernementales à la manière de Danton. Aux Jacobins, il s'élevait contre la politique girondine et, à ce propos, représentait Marat comme un homme auquel les Cordeliers passent leur temps à prêcher la sagesse, « sans

(1) Camille Desmoulins fut en même temps *secrétaire du sceau*. Ces deux fonctions n'en faisaient qu'une avant Danton. Les appointements étaient de 24,000 livres, que Fabre et Camille se partagèrent.

quoi, dit-il, il eût fait bien autre chose que ce qu'on lui reproche. » Le 29 octobre, Danton préside et Fabre demande que Pétion prononce entre les Montagnards et les Girondins. Ce rôle d'arbitre était bien propre à flatter la vanité du maire de Paris et à le détacher de la politique buzotine. On le sait : ce fut là d'abord la tactique dantonienne : amener une réconciliation de la Montagne avec les éléments les plus avancés de la droite, Vergniaud, Condorcet, Pétion, même Brissot, et isoler le petit groupe de Mme Roland, qui n'avait pas encore pris la direction effective de ce parti incohérent. On connaît la brutalité voulue de Danton envers l'inspiratrice de Buzot : avec non moins de brusquerie, Fabre vint, le 5 novembre, déclarer aux Jacobins « qu'il a reçu une lettre de Mme Roland dans laquelle l'épouse du ministre de l'intérieur le prie de donner les mains à une tactique imaginée pour emporter quelques décrets à la Convention. » Tel était le charme de cette femme, plus héroïque que politique, qu'on ne pouvait s'en défendre que par des impolitesses et une brusque rupture.

Quoiqu'il paraisse rarement à la tribune de la Convention, son importance est assez grande pour qu'il soit nommé, en même temps que Danton, membre du premier comité de salut public, où les Girondins eurent la majorité, à l'exclusion de l'extrême gauche. Cette élection fut la dernière tentative de rapprochement et d'alliance entre les Brissotins et les Montagnards modérés. La rupture éclata bientôt, et, au procès des vaincus du 31 mai, Fabre fut un des plus durs témoins à charge, révélant avec animosité des conversations intimes, des propos de table, d'imprudentes vivacités dont il avait été le confident. Surtout il accusa ses nobles adversaire de complicité dans le vol du Garde-Meuble. Je sais que Fabre avait été lui-même accusé par Mme Roland du même vol; mais quelque chose peut-il le laver d'avoir porté le coup de grâce aux malheureux accusés luttant contre la mort ? Et certes ce n'est pas son patron qu'il faut rendre responsable de cet acte féroce : Danton pleura, on l'a vu, sur le meurtre de Vergniaud et de Brissot, qu'il fut impuissant à conjurer.

Mais si la passion politique égara l'auteur du *Philinte* jusqu'à la cruauté, — et en ce temps d'hallucination morale un adversaire était un monstre à supprimer par tout moyen, — sa probité resta intacte. Danton, pur d'argent, avait trop d'indulgence pour les indélicatesses d'autrui; Fabre combattit l'égoïsme des spéculateurs à la tribune comme il l'avait combattu sur la scène. S'il fut jamais éloquent, c'est quand il flétrit, dans deux grands discours (16 juillet et 3 août 1793), les manœuvres liberticides des hommes de Bourse. Et, par une machination plus noire que son esprit de dramaturge n'en eût pu forger, c'est sous une accusation d'agiotage et de faux que ce moraliste fut accablé et dans sa personne et dans celle de ses plus chers amis ! Les plus graves historiens ont cru à l'odieuse légende, sauf Michelet, qui indiqua éloquemment la défense de Fabre, et le docteur Robinet qui a saisi et écrasé la calomnie dans tous ses détails.

L'agiotage avait trouvé une occasion dans les brusques réformes financières de la Convention. Trois députés, Delaunay d'Angers, Julien de Toulouse et le capucin Chabot, s'étaient associés avec un groupe d'hommes d'argent et de proie, entre autres, un certain Benoît, compatriote de Delaunay, et un fournisseur véreux, l'abbé d'Espagnac. Les spéculations de cette bande portaient sur toutes sortes d'objets, mais en particulier sur la Compagnie des Indes qui, supprimée légalement, n'en continuait pas moins, sous prétexte de liquidation, ses opérations et son monopole. La Convention résolut d'en finir ; mais les agioteurs virent dans cette résolution même un champ pour leurs spéculations. Leur plan fut d'obtenir un premier décret, qui ferait tomber à rien les actions de la Compagnie, puis un second qui les relèverait. En juillet 1793, Delaunay, au moyen d'une dénonciation furieuse, fit apposer les scellés sur les magasins et fut chargé du rapport définitif. Les actions tombèrent de 1500 l. à 650, et la bande acheta. Restait à provoquer la hausse pour vendre, ce que Delaunay tâcha de faire par son rapport du 8 octobre ; il foudroya les financiers et l'enthousiasme fut tel qu'on faillit adopter un décret de suppression qui ne supprimait rien, puisqu'il laissait la Compagnie maîtresse de sa liquidation.

Mais Alceste-Fabre surveillait les Philintes financiers : il se leva et demanda que le gouvernement fît lui-même la liquidation. Ainsi plus d'échappatoire : c'était la suppression réelle de la Compagnie et la confusion des agioteurs associés. Ceux-ci respirèrent pourtant quand ils entendirent l'honnête Cambon exprimer des craintes sur la responsabilité financière à laquelle cette liquidation exposerait l'État. Mais Fabre répondit, *Robespierre le soutint*, et Cambon se borna à déposer un amendement d'après lequel « la nation ne se chargerait pas du déficit, s'il y en avait. » La Convention vota le projet Delaunay, mais amendé par Fabre et Cambon, c'est-à-dire qu'elle détruisit et la Compagnie des Indes et les espérances de la bande.

Celle-ci perdit alors toute mesure : elle résolut de supposer un décret, de le glisser sur la table des secrétaires et de le faire promulger comme loi de l'État, espérant que, dans la tourmente politique, la fraude passerait inaperçue. En conséquence, elle rétablit les échappatoires supprimées par l'amendement Fabre-Cambon, et cette copie falsifiée du décret du 8 octobre fut signée par quatre membres de la commission sur cinq, par Chabot et Julien, compères, et par Cambon et Ramel, dupes. Restait Fabre, le pourfendeur de l'agiotage. L'association lui dépêcha Chabot avec 100,000 francs. Fabre vit la fraude au premier coup d'œil, tira un crayon de sa poche, ratura et rétablit en marge les vrais termes du décret. « Corrige, corrige », murmurait cependant le capucin qui ne proposa pas les 100,000 francs et préféra les garder pour lui. Il y eut alors une nouvelle rouerie : le lendemain, de grand matin, Chabot alla surprendre Fabre au lit, et lui présenta une copie nette et propre du décret tel qu'il l'avait amendé au crayon. Le poète signa sans défiance ce projet de décret qu'on lui proposait comme pour la *seconde lecture* qui n'avait pas encore eu lieu. Quand on eut réuni toutes les signatures de la commission, Delaunay et Benoît, après avoir raturé les mots : *Projet de,* en intercalèrent d'autres dans le texte et en marge, qui donnaient au décret un sens favorable à la Compagnie et propre à déterminer une hausse immédiate. Puis, ils le déposèrent au secrétariat de la Convention, le 6 brumaire an II, et la promulgation eut lieu sans difficulté.

Cependant Chabot, menacé par le journal d'Hébert, prit peur et révéla la fraude. Il n'en fut pas moins arrêté, le 27 brumaire an III, avec Delaunay l'agioteur et Basire qui, sollicité, avait su le complot sans le révéler. Quant à Fabre, son innocence était si reconnue qu'on ne l'arrêta que cinquante-sept jours plus tard, le 24 nivôse, sous l'inculpation inouïe d'avoir été l'auteur de la falsification ! Voilà le poète officiellement traité de voleur : alors on lui adjoignit Danton, et tous ces accusés si divers, filous et honnêtes gens, tripoteurs et politiques, réactionnaires et patriotes, furent jugés ensemble comme affiliés à une bande. Par une décision suprême, on assit l'auteur du *Philinte* sur le fauteuil réservé au chef de la conspiration !

Fabre n'eût pas douté de son acquittement, s'il eût été jugé par des juges. Allez aux Archives, et jetez les yeux sur l'original du faux décret : l'écriture ne ressemble même pas à celle de Fabre. Ou, si vous n'en croyez pas vos yeux, croyez du moins les experts auxquels le docteur Robinet a soumis la question. Eh bien, on refusa à Fabre la production de cette pièce, *comme inutile!* On lui ferma la bouche, on éteignit cette voix que la maladie rendait, ce jour-là, défaillante, et, pour faire croire qu'il avait pu se défendre, on inséra dans le Bulletin des fragments d'un précis apologétique qu'il avait composé dans sa prison et que sa veuve publia en 1799. Ce sont des pages d'une sincérité poignante, qui se terminent par de fiers et touchants aveux : « On dit que je suis luxueux : L'amour de tous les arts est dans mon âme ; le beau, le bon me plaît : je peins, je dessine, je fais de la musique, je modèle, je grave, je fais des vers et dix-sept comédies en cinq ans. Mon réduit est orné de ma propre main, voilà ce luxe. Je n'ai jamais fait travailler seulement mon petit pécule. Je n'ai de ma vie touché un denier de rente. Je vis au tas, je vis du jour à la journée, je vis en poète. — Accordez-moi un peu de judiciaire, une imagination vive et ardente, un esprit d'observation quelquefois trop aiguisé, un amour excessif pour la patrie, une humeur officieuse, et du courage, et vous aurez rencontré juste. »

Tel est l'homme que Robespierre tua pour pouvoir tuer Danton. Arnault vit passer la charrette, où Danton, dit-il, était calme « entre Camille qui l'écoutait et Fabre qui n'écoutait plus personne... Il n'existait déjà plus. » L'horrible et bête calomnie l'avait assommé. Et pourquoi le pontife de l'Être suprême avait-il ainsi marqué pour l'échafaud et l'infamie posthume un de ses confrères en Jean-Jacques ? Parce qu'il était l'*alter ego* de Danton, nous l'avons dit. Mais à ce grief politique s'en ajoutait un autre, plus personnel : Fabre écoutait et regardait Robespierre à la tribune avec une curiosité qui n'avait rien du respect béat. L'ancien acteur se donnait des attitudes et des jouissances de spectateur. Aux Jacobins, à la Convention, assis comme dans une stalle, il maniait sans cesse une lorgnette de théâtre avec laquelle il fixait l'avocat d'Arras. Voulait-il aristophaniser (1) celui que la seule pensée du ridicule faisait blêmir de rage, et montrer Robespierre-Tartufe chez Duplay-Orgon? Michelet croit que c'était déjà fait, dans cette comédie dont Fabre en prison déplorait, dit Riouffe, la saisie et la perte probable. Fut-elle vraiment perdue ? Etienne et Martinville, dans leur Histoire du théâtre, écrite en l'an X, l'intitulent *l'Orange de Malte* et disent qu'un acte en fut retrouvé. C'est une tradition constante, confirmée par Audiffret, qu'Étienne et Nanteuil ont pris là le sujet de l'*Espoir de la faveur*, comédie en cinq actes et en vers, et Alexandre Duval l'idée de la *Fille d'honneur*. Si donc Fabre songea à mettre Robespierre au théâtre, lui qui avait peint Marat avec l'art de La Bruyère, il ne réalisa pas son dessein. Mais l'Incorruptible s'impatienta de cette observation froide, et l'homme à la lorgnette se fit rudement apostropher dans une séance fameuse des Jacobins, prélude de son arrestation.

La politique n'avait donc pas tué dans Fabre l'observateur, le contemplateur. Son portrait de Marat est un chef-d'œuvre de justesse et de pénétration (2). Il resta poète jusqu'à la fin, puisqu'en 1793 il faisait jouer au théâtre de la Cité une comédie en un acte, *l'Usurier*, non imprimée, mais dont le titre répond aux préoccupations qui inspirèrent alors ses discours sur l'agiotage.

Nous l'avons dit : c'est dans ces deux discours que l'au-

(1) Fabre s'essaya-t-il vraiment dans ce genre ? Je lis dans une note anonyme trouvée dans les papiers de Robespierre (*Op. cit.*, III, 346) que, quelques mois avant le 10 août, il avait fait représenter « une pièce anticivique où les jacobins, les présidents de sections et les fonctionnaires publics étaient autant d'objets de dérision. » Rien ne confirme cette allégation, non plus que celle de M. Claretie qui attribue, sans aucune preuve, à Fabre une parodie de la *Métromanie*, où un politicien robespierriste est raillé par Lanthenas. *Camille Desmoulins*, etc., 1875, in-8, p. 477.

(2) Sur ce portrait publié après la mort de Marat, cf. notre étude sur *les Portraits littéraires pendant la Révolution*, 1884, in-8.

tour du *Philinte* montra la finesse et la force de son talent oratoire. Mais la trame en est si serrée qu'il est difficile d'en extraire une citation. Le rapport de Fabre sur le calendrier (3 brumaire an II) charma les contemporains par une grâce toute poétique. Romme était l'auteur de la partie purement scientifique de ce travail: mais Fabre eut une grande part dans le choix, si heureux, des dénominations. Dès le 5 octobre 1793, il avait proposé « de donner à chaque jour le nom des plantes que produit alors la nature, et des animaux utiles : ce serait un moyen d'instruction publique. » La Convention passa d'abord à l'ordre du jour. Mais l'idée du poète prévalut dans la commission, dont il fut le rapporteur.

Il s'appliqua surtout à marquer le caractère philosophique, antichrétien du nouveau calendrier, à railler les fêtes religieuses, à flétrir l'habileté des prêtres qui les avaient placées dans d'agréables saisons. C'est une critique un peu courte et puérile, toute voltairienne, qui ne fit aucun tort aux idées qu'elle voulait combattre. Il est plus intéressant d'entendre Fabre justifier par des raisons prosodiques le choix du nom des mois : « Nous avons cherché même à mettre à profit l'harmonie imitative de la langue dans la composition et la prosodie de ces mots et dans le mécanisme de leurs désinences ; de telle manière que les noms des mois qui composent l'automne ont un son grave et une mesure moyenne, ceux de l'hiver un son lourd et une mesure longue, ceux du printemps un son gai et une mesure brève, et ceux de l'été un son sonore et une mesure large. » Voici comment il justifie la dénomination des jours : « Nous avons pensé que la nation, après avoir chassé cette foule de canonisés de son calendrier, devait y retrouver en place tous les objets, sinon de son culte, au moins de sa culture ; les utiles productions de la terre, les instruments dont nous nous servons pour la cultiver, et les animaux domestiques, nos fidèles serviteurs dans ces travaux ; animaux bien plus précieux, sans doute, aux yeux de la raison que les squelettes béatifiés tirés des catacombes de Rome. En conséquence, nous avons rangé par ordre, dans la colonne de chaque mois, les noms des vrais trésors de l'économie rurale. Les grains, les pâturages, les arbres, les racines, les fleurs, les fruits, les plantes, sont disposés dans le calendrier de manière que la place et le quantième que chaque production occupe sont précisément le temps et le jour où la nature nous en fait présent (1). »

Il y a de l'agrément et de la bizarrerie dans ce rapport, qui n'est pas un chef-d'œuvre, comme le veut Louis Blanc ; mais une dissertation distinguée. Dans l'éloquence vraiment politique, Fabre fut un orateur sobre et efficace, qui tint la tribune avec convenance. Mais son action trop contenue n'émut pas les contemporains, et ils ne goûtèrent qu'à demi son style oratoire, auquel une affectation de justesse donnait quelquefois, comme à son style littéraire, un air de subtilité laborieuse. La passion manquait à ce dilettante, qui jouissait du côté esthétique des choses. Il ne semblait pas poussé à la tribune par une vocation, mais il disait son mot à l'occasion, avec plus de gravité que d'émotion. Surtout les dons physiques faisaient défaut à cet homme de lettres.

CHAPITRE VII.

LEGENDRE.

I

Quoique Legendre n'ait pas été arrêté avec les dantonistes, il n'en fut pas moins un des amis les plus intimes de Dan-

---

(1) Ces dénominations rurales ne passèrent pas dans l'usage. La plupart des calendriers de l'an IV les suppriment. Cf. G. Villain, *Le Calendrier républicain*, dans la *Révolution française* du 14 février 1885.

ton, un des auxiliaires les plus actifs de sa politique, un des imitateurs de son éloquence. Il est peut-être le seul illettré qui ait obtenu à la Convention des succès oratoires. Né à Paris dans une condition modeste, en 1756, il quitta de bonne heure la maison paternelle, s'embarqua comme mousse et, après dix ans de voyages, revint exercer la profession de boucher, dans la rue des Boucheries-Saint-Germain : à en juger par un de ces récits qu'il aime à faire à la tribune sur ses mésaventures personnelles (1), il était en 89 un des gros bouchers de Paris et on connaissait son cabriolet au marché de Poissy. Généreux et insouciant, il fit de mauvaises affaires, et on voit qu'en 1795 il n'avait pour vivre que son indemnité de député. Sa femme, qui lui donna sept enfants (2), mourut peu après Thermidor, des suites de la peur que lui avait fait éprouver la haine de Robespierre pour les anciens amis de Danton. Il fut donc trop occupé pour s'instruire après coup ; mais son ignorance lui pesait, et avec la candeur ridicule et touchante de M. Jourdain, il admirait ses collègues lauréats scolaires comme Danton, son idole, et Robespierre, son épouvantail. Il lisait pourtant, et, suivant en cela quelque docte avis, il était l'homme d'un seul livre, l'infatigable et ingénu admirateur des Mémoires de Retz, où il voyait, lui qui n'intrigua jamais, le bréviaire des révolutionnaires. Thibaudeau, qui rapporte le fait (3), persifle Legendre qui, dit-il, se croyait un Mirabeau. Et pourtant il est modeste quand il parle de lui, dans la plus tragique occasion de sa vie, au début de son discours pour Danton arrêté. « Citoyens, dit-il, je ne suis que le fruit du génie de la liberté ; je suis uniquement son ouvrage, et je ne développerai qu'avec une grande simpli-

---

(1) *Journal des Jacobins*, 7 juin 1792.
(2) Disc. du 23 nivôse an III, sur la proposition d'élever à 36 livres l'indemnité de député : « J'ai sept enfants et pas de fortune. »
3) *Mémoires*, I, 72.

cité la proposition que je vous fais. Mon éducation n'est point l'ouvrage des hommes ; elle n'est que l'ouvrage de la nature : n'attendez de moi que l'explosion d'un sentiment. »

Cette explosion était souvent pathétique et les contemporains, si entichés d'instruction classique, gardèrent toute leur vie l'impression de cette éloquence inculte. Voici d'abord le témoignage d'un royaliste : « Avec une autre éducation et plus d'instruction, dit la biographie de Leipzig, il eût été un personnage saillant de la Révolution et peut-être un des plus éloquents. » Le montagnard Soubrany, qui sera une des victimes de son éloquence thermidorienne, écrit dans sa correspondance : « Une grande force de poumons, une déclamation forte et hardie, de grands gestes, quelques mouvements oratoires (il faut en convenir), ont valu à Legendre quelque célébrité. » Mais le modéré Paganel ne cache pas son admiration : « Il était peu propre, dit-il, à éclairer l'Assemblée, mais il l'étonna souvent par ces mouvements inspirés qui se communiquent avec rapidité. Les élans de son esprit et les traits heureux de son éloquence furent quelquefois tels, qu'il forçait l'Assemblée entière à l'écouter avec la plus favorable attention. Il la pénétrait, sans préparation et sans art, des sentiments véhéments dont il était rempli lui-même, et l'on remarquait à peine les vices de son élocution.... Cet orateur n'avait de commun et de vulgaire que le ton, le geste et le langage. Il s'élevait quelquefois au-dessus des hommes d'une grande renommée par la noblesse de ses sentiments, par des idées fortes et quelquefois sublimes. »

Il était donc né orateur, ce *paysan du Danube*, comme il aimait à se surnommer. On dit même qu'en son enfance il s'était déjà fait remarquer par la facilité précoce de sa parole. A coup sûr, si le cœur donne l'éloquence, il possédait une source inépuisable d'inspiration oratoire. En lui vibraient, chauds et féconds, tous les sentiments de famille, avec un patriotisme naïf et optimiste. Il va sans dire qu'il prit part aux toutes premières *journées* de la Révolution. Dans les premiers jours de juillet, il promène le buste Necker. Au matin du 14, il harangua le peuple pour le décider à aller prendre des armes aux Invalides et il fut un des actifs parmi les vainqueurs de la Bastille. Aux premières assemblées du district du Théâtre-Français, où il habitait, il fit la connaissance de Danton, de Fabre et de Camille : déjà se groupait la future faction des indulgents. Mais l'heure était à la vigueur et à l'audace. Legendre, séduit du premier coup par le génie cordial et gai de Danton, lui proposa aussitôt ce pacte d'amitié : celui des deux qui verrait faiblir l'ardeur patriotique de l'autre, le poignarderait de sa main (1). J'imagine que le bon et grand Danton jura en souriant, et qu'il fut intérieurement ému par tant de foi : plus tard, à ses heures de puissance, il appellera Legendre *son lieutenant*. Ils sont encore sur la même ligne, en 1790, et Legendre a le prestige d'avoir fondé le club des Cordeliers, où sa parole enthousiaste trouve l'auditoire qu'il lui faut, un auditoire plus ardent que délicat, à qui est inconnu ce sentiment du ridicule qui règne alors aux Jacobins comme dans une académie.

On devine qu'il fut, dans son club, un des initiateurs du mouvement antiroyaliste qui aboutit à la pétition du Champ-de-Mars. Le *Moniteur* du 24 juillet 1791 annonce que, menacé d'arrestation, il est en fuite avec Danton et Desmoulins. Le 11 décembre 1791, il est à la barre de la Législative comme orateur de sa section : il réclame des piques pour le peuple : « Intrépides comme les Romains, dit-il, faites forger des millions de piques semblables à celles de

---

(1) Disc. de Legendre, 11 germinal an II. — D'après le *Républicain français*, Legendre aurait prêté à Danton l'initiative de ce serment.

ces héros et armez-en tous les bras ; annoncez aux départements ce décret vraiment martial. Que le cultivateur et le journalier, l'artisan et le pauvre puissent défendre les foyers de la patrie…. Représentants du peuple, ordonnez : l'aigle de la victoire et la renommée des siècles planent sur vos têtes et sur les nôtres. »

On dit qu'il prit part à la journée du 20 juin 1792. Il est certain qu'il fut un des acteurs importants de la révolution du 10 août. Il montra du courage dans la nuit du 9 au 10. Dubois-Crancé l'aperçut alors présidant la section du Luxembourg dans une attitude inoubliable : « Il était calme et sans inquiétude, dit-il ; car, placé entre deux barils de poudre défoncés, il ne craignait pas qu'on osât l'arrêter. » On le vit à l'attaque du château, et on ne le vit pas dans les massacres de septembre.

II

Député de Paris à la Convention, il fut, dès le 22 septembre, envoyé à Lyon avec Vitet et Boissy-d'Anglas. Cette mission, toute pacifique et de conciliation, fut d'assez courte durée, et Legendre ne tarda pas à être remplacé par Alquier. Son attitude dans le procès de Louis XVI fut analogue à celle de Danton : il demanda, le 11 décembre, *que le silence des tombeaux effrayât l'ex-roi*, pendant sa comparution à la barre. Mais dans ce *silence*, devenu légendaire, il y avait autant de justice que de sévérité. S'il opina contre l'appel au peuple en termes obscurs et emphatiques, en revanche son vote de mort fut conçu en termes politiques et décents : « Je me suis voué, dit-il, depuis la Révolution, à la poursuite des tyrans. Le sang du peuple a coulé. J'étais un de ceux qui, à la journée du 10, dirigeaient les efforts des citoyens contre la tyrannie; je les invitai à respecter les jours de Louis, pour que les représentants donnassent, dans sa personne, un grand exemple. Je vote pour la mort. Je respecte l'opinion de mes collègues qui, par des considérations politiques, ont voté pour une autre peine. Cette même politique me fait voter pour la mort. » Mercier prétend qu'il proposa aux Jacobins de couper le corps du roi en 84 morceaux et d'en envoyer un morceau à chaque département. C'est prendre à la lettre une mauvaise métaphore de Legendre, dont voici les paroles : « C'est en vain que vous plantez l'arbre de la liberté dans les 84 départements, il ne rapportera jamais de fruits si le tronc du tyran n'en forme les racines. Nous leur dirons : Vous nous accusez d'aimer le sang ; oui, nous voulons du sang, et nous en demanderons tant qu'il existera des rois. Le sort des rois est d'être assassinés, et nous, nous voulons couper sur l'échafaud la tête de Louis Capet, parce qu'en coupant cette tête nous effigions tous les rois. Puisque vous nous peignez comme des hommes affamés de sang, nous voulons que la tête du tyran Louis XVI soit portée au bout d'une pique sur nos frontières, pour effrayer les despotes qui oseraient souiller le sol de la liberté. » (13 janvier 1793.)

Le 21 janvier, il est nommé membre du premier comité de sûreté générale. Après une mission insignifiante à Forges-les-Eaux avec Tallien, il fut chargé, avec Basire et Rovère, d'aller pacifier Lyon que déchirait la querelle des Jacobins et des Girondins. Cette fois, il ne s'agissait plus de concilier, mais d'assurer la victoire à l'un des deux partis. Aussi, les commissaire ne s'occupèrent-ils que d'assurer la prédominance aux Montagnards lyonnais. Ils soulevèrent ainsi les récriminations girondines et royalistes. Les vaincus se vengèrent par une légende qui représentait les trois conventionnels rédigeant leurs arrêtés dans une orgie continuelle, au milieu de courtisanes.

Le bon Legendre, qui ne voulait qu'effrayer les Girondins de Lyon, avait amené avec lui, dit l'abbé Guillon,

« un spadassin à larges moustaches... Vêtu d'un costume grotesque, chargé d'un long sabre, armé de plusieurs pistolets, il ajoutait à la sauvagerie de ses moustaches la fureur de ses regards, et sa bouche haletait de sang humain. » Ce spadassin de comédie se vantait, avec de grotesques jurons, d'avoir commis les meurtres les plus atroces de la Révolution. Ni lui ni Legendre ne molestèrent qui que ce fût (1). Les commissaires furent rappelés peu après le triomphe des ultra-démocrates, amis de Châlier : ils avaient voulu les modérer, et les plaintes qui se produisirent à ce sujet aux Jacobins de Paris donnèrent naissance à la fable hébertiste de l'incapacité brouillonne de Legendre.

Son attitude vis-à-vis des Girondins fut d'abord conciliante et conforme aux dispositions secrètes de Danton. Le 23 mai encore, Legendre soutient « qu'il n'y a qu'un homme vendu ou un scélérat qui puisse proposer de porter atteinte à la représentation nationale. » Mais l'étourderie insolente des amis de Mme Roland l'exaspéra, endurcit son cœur. L'anathème d'Isnard le mit hors de lui. Le 26, il propose la suppression des Douze ; le 28, il menace une première fois Lanjuinais de le jeter à bas de la tribune ; le 1er juin, dépassant le programme des insurgés, il demande l'arrestation provisoire de tous ceux qui ont voté l'appel au peuple ; le 2 juin, il fait à Lanjuinais cette violente querelle (où il se montra, semble-t-il, plus menaçant que brutal), et il surexcite l'audace illégale de la Montagne en s'écriant : « L'ordre du jour est de sauver la patrie. » Quand les Girondins détenus écrivirent à la Convention, c'est lui qui s'opposa à la lecture de leurs lettres (6 juin) ; c'est lui qui demanda que le tocsin sonnât dans toute la France jusqu'à la défaite des rebelles (22 juin), et qui voulut que les dépu-

---

(1) Desmoulins, dans sa *Lettre à Dillon*, lui prête, à l'adresse des femmes de Lyon, une harangue cynique, mais nullement menaçante.

tés détenus fussent gardés par deux gendarmes. Mais il est visible qu'il fut décidé à ces rigueurs par les motifs les plus patriotiques. Comme à Danton, l'idée de tuer Vergniaud lui faisait horreur, et quand, aux Cordeliers, à la veille du 31 mai, Hébert exposa des projets homicides, Legendre protesta furieusement et se fit expulser, comme modéré, de ce club qu'il avait fondé.

Pendant sa mission à Rouen (1), où il avait été envoyé avec Boucher pour rechercher les causes de la disette de grains dans la Seine-Inférieure (août-octobre 1793), il fut dénoncé aux Jacobins par Hébert et se présenta au scrutin épuratoire le 6 pluviôse an II. Il y a de la verve et de l'humour dans sa déclaration apologétique. On lui avait demandé comment il avait voté dans l'affaire de Marat :

« Je déclare, dit-il, que j'étais absent lors de la persécution de l'Ami du peuple ; mais je l'ai caché pendant deux ans dans mes caves ; Boucher Saint-Sauveur et moi nous étions ses maréchaux de logis, et nous lui signions ses billets de logement. *(On applaudit.)* On m'accuse d'avoir favorisé la contre-révolution dans Lyon. Je vais m'expliquer franchement et sans humeur. Je suis fâché qu'un des martyrs de la Révolution qui s'y trouva alors n'existe plus : il rendrait témoignage à la vérité. Je lui ai offert de partager mon lit pour le soustraire à la rage des tyrans ; je m'y suis trouvé avec Rovère, qu'il sera difficile de m'empêcher d'estimer ; je m'y suis trouvé avec Basire, que je ne présume pas coupable, quoiqu'il soit arrêté. Alors sa fierté républicaine me forçait à l'admirer ; j'ai fait tout ce que devait faire un représentant du peuple, et ne m'en vanterai pas, car c'est un petit à-compte sur ce que nous devons tous à la

---

(1) La légende veut qu'il ait dit aux Normands : « Vous n'avez pas de pain ? Eh bien! mangez les aristocrates. » J'ai peur que Legendre n'ait été là, encore une fois, trahi par ses métaphores.

patrie. — Hébert m'a dénoncé dans son journal comme un contre révolutionnaire de Lyon. S'il l'a cru, il a bien fait : s'il a des faits à alléguer, il fera mieux encore de les détailler ; mais je le défie de le faire. — Si l'on n'eût accusé que moi, j'aurais pu mépriser l'accusation ; j'ai vu avec peine qu'Hébert s'entendit avec Musquinet de la Pagne (1) pour m'accuser. Au moment où l'on m'écrivait que Musquinet avait un plan pour me perdre avec Lacroix, je recevais le numéro du *Père Duchesne* qui me dénonçait et l'on disait : Voyez-vous cet homme qui prêche le peuple ? Allez demander au *Père Duchesne* ce qu'il est !... Un contre-révolutionnaire. — J'avouerai qu'il m'a souvent été difficile de me contenir. Au surplus, je défie tous mes ennemis de dire non seulement que j'ai commis une erreur en patriotisme, mais même de me reprocher rien de ma vie domestique. Si je ne suis pas bon père, bon mari, bon ami, bon compagnon, je passe condamnation sur le tout. J'ai souvent eu jusqu'à soixante-dix pauvres que j'alimentais. Je ne suis pas devenu plus riche dans la Révolution ; mais comme il faudra toujours des charretiers et des bergers, je reprendrai toujours avec joie le fouet ou la houlette. *(On applaudit).* »

Admis, il réplique de nouveau à Hébert (8 nivôse) avec une candeur indignée : « Citoyens, si mon ennemi me coupait un bras, mais qu'il fût l'ami de la patrie, je me servirais de l'autre pour l'embrasser; mais quand mon ennemi est l'ennemi du peuple et de la liberté, je déclare que je le poursuivrai jusqu'à la mort. Je déclare enfin que si une intrigue bien ourdie, bien conduite, me menait à l'échafaud, j'y monterais avec la fermeté d'un vrai républicain. J'aurais pour moi l'estime de moi-même. C'est une

---

(1) Maire d'Ingouville, ultra-Jacobin. Cf. Wallon, *Hist. du trib. rév.*, II, 476.

consolation qui manque toujours au vil intrigant, au calomniateur qui m'a dénoncé. »

Le club renvoya ce jour-là les deux adversaires dos à dos. Mais Legendre et les dantonistes s'acharnèrent contre Hébert, et, en aidant Robespierre à supprimer ses plus mortels ennemis, préparèrent leur propre perte. Cependant l'arrestation de Danton était si peu attendue par l'opinion même montagnarde que, cinq jours avant ce coup d'Etat de Robespierre, les Jacobins se faisaient présider par Legendre.

A ce moment-là, il était plus lié que jamais avec Danton et les vieux Cordeliers, même avec Camille, qui jadis étant encore robespierriste, l'avait pourtant raillé avec une cruauté spirituelle. C'était lors de l'affaire Dillon, où l'attitude du versatile pamphlétaire avait été attaquée par Legendre et Billaud-Varennes. Camille, vexé, fit dans sa *Lettre à Dillon* cette caricature du boucher-orateur, où il a mis tout le comique amer de Voltaire :

« L'Assemblée était sortie (après la séance du 10 juillet 1793) ; il ne restait plus que les derniers bancs des tribunes, quand Legendre, me rencontrant et haussant la voix pour y retenir des spectateurs, eut avec moi cette scène, dont je ne retranche que les jurements et la fureur. Et d'abord avec le ton d'indignation, et comme s'il eût encore les bras retroussés : Va donc dîner avec les aristocrates ! Puis, se reprochant ce tutoiement, reste de l'ancienne familiarité, et qui n'était pas assez dans le rôle qu'il se donnait, devant le public, d'un magister irrité qui tance son écolier : Je vous ai défendu hier, mais je vous abandonne aujourd'hui ! — Vois donc, mon cher Legendre, que les tribunes ont défilé ; qu'il ne reste plus personne pour entendre la rude leçon que tu me donnes, reconnaître ta supériorité sur tes collègues et voir que tu les mènes comme des bœufs. — Parce que vous savez le latin, vous me répondez maintenant! C'est dans la Convention qu'il faudrait parler : mais vous n'y ouvrez la bouche, une fois en six semaines, que pour nous dire des impertinences et nous appeler des ignorants. Qu'est-ce que vous faites ici, f.... paresseux? — Mais, mon cher Legendre, tout le monde n'a pas tes poumons. — Si vous n'avez pas de poumons, il fallait le dire au peuple, qui aurait donné vos 18 francs à un homme qui en eût. — Sans doute, Legendre, il faut des parleurs dans une assemblée, et, après l'achèvement de la Constitution, nous avons été trop heureux de trouver dans la présidence de Thuriot le prodige d'un robinet si intarissable de paroles, pour répondre aux compliments des 48 sections; mais où en serions-nous, s'il y avait dans l'assemblée 700 robinets semblables? et s'il n'y avait pas des députés consultants, tels que Bounier, Jay, etc., qui laissent couler l'eau tiède, le moyen de s'entendre? C'est un grand point que d'avoir la voix forte, mais tu sais bien que, parmi les animaux, celui à qui la nature a donné la voix la plus retentissante ne serait pas le plus propre à faire des lois. — Au moins il fallait écrire ; nous vous avons fait f..... 18 francs par jour pour payer l'imprimeur; mais depuis vous avez quitté l'écritoire, et vous n'avez fait que vous étendre ici sur un banc. — Eh! comment veux-tu que je fasse un journal? Et quel écrivain peut être assez abandonné et des hommes et des femmes pour passer son temps à transmettre tous les jours à la postérité les discours de Legendre?... »

« Je sens, ajoute Camille, que j'affaiblis le dialogue, et que dépouiller la partition de Legendre de ses jurements et de ses gestes coléricques, c'est ôter le nerf de son discours de cet après-dîner ; mais nous ne sommes pas encore assez républicains pour que la presse souffre certaines expressions. Un présage heureux cependant que nos mœurs changeront, et la preuve qu'elles ont déjà pris un caractère républicain, c'est que la conversation supporte froidement ces explications, et que nous nous acheminions tranquillement en nous disant ces douceurs, comme les deux consuls Cicéron et Antoine s'en disaient au sortir du sénat. Jusqu'à ce que notre langue se soit faite à cette effronterie romaine, je ne puis rendre fidèlement que la partie du ridicule dans le discours de Legendre. Piqué jusqu'au vif et se relevant sur les pieds : — Où en seriez-vous sans moi? A quoi sert-il que le peuple ait nommé tous les gens d'esprit de la s..... députation de Paris ? Il n'y a que moi, moi seul, et un peu Billaud-Varennes, qui prenions la parole : c'est Thuriot et moi qui portons le poids des affaires ! Et, imaginant en ce moment que la tribune le regardait encore, quoique nous fussions déjà sur le Pont-Royal, et s'éventant avec son mouchoir : Je n'en peux plus ! Quelles mesures avez-vous données, vous autres ! Je vous dénoncerai tous pour votre paresse, et toi le premier, dès demain, aux Jacobins, aux Cordeliers, à la Société fraternelle, au corps électoral. »

Il faudrait pouvoir reproduire ici toute cette caricature exquise, mais ce n'est qu'une caricature, comme Desmoulins l'avoue lui-même. Certes, il y avait un grain de vanité dans la tête de ce paysan du Danube, et le pamphlétaire n'exagère qu'à demi, quand il ajoute : « Au fond, c'est un excellent patriote, qui ne manque pas de bonhomie, et qui n'a que le petit défaut de se croire, après dîner, le plus grand personnage de la République. » A en croire Camille, cette vanité parut lors de l'arrestation de Charlotte Corday : « Legendre lui demanda : *N'est-ce pas vous qui êtes venue chez moi ce matin, et qui vous êtes dite religieuse? Sûrement, vous vouliez me tuer.* Ni la gravité de la situation, ni le trouble du meurtre qu'elle venait de commettre, ne lui déroba, dans cette question, le côté comique, que Molière n'aurait pas mieux observé. Elle saisit finement, au fond de l'interrogation, l'étonnement de l'amourpropre de Legendre, de ce qu'une femme qui venait tuer le premier homme de la Montagne, ne lui eût pas donné la priorité, 'et dans sa lettre à Barbaroux, en parlant de cette question de Legendre, elle se moque de ses prétentions au martyre. »

Mais Camille a tort d'accuser ce brave homme d'accaparer la tribune. Jusqu'à l'arrestation de Danton, il n'y fit que de brèves et décentes apparitions. C'est ce jour-là qu'il entre en scène, fixe les yeux sur lui, se prépare des remords et une vie tragique.

III

Donc, le 11 germinal an II, au milieu de l'étonnement stupide causé par la fatale nouvelle, Legendre se lève et dit : « Citoyens, quatre membres de cette Assemblée sont arrêtés de cette nuit. Je sais que Danton en est un ; j'ignore le nom des autres. Qu'importe leurs noms, s'ils sont coupables? Mais, citoyens, je viens demander que les membres arrêtés soient traduits à la barre, où vous les entendrez et où ils seront accusés ou absous par vous... » Et, après avoir demandé excuse pour son manque d'instruction classique, il fit un courageux éloge de la pureté de Danton, qu'interrompirent les murmures robespierristes. Il eut une fière attitude : « Il m'appartient de dire cela de l'homme qui, en 1792, fit lever la France entière par les mesures énergiques dont il se servit pour ébranler le peuple, de l'homme qui fit décréter la peine de mort contre quiconque ne donnerait pas ses armes ou n'irait pas en frapper l'ennemi. L'ennemi était alors aux portes de Paris : Danton vint, et ses idées sauvèrent la patrie. » Il conclut qu'il fallait immédiatement mander et entendre les détenus.

C'est alors que Robespierre prononça cet habile et terrible discours contre l'*idole* et joua le tout pour le tout dans cette séance que présidait le dantoniste Tallien et qui aurait pu lui être fatale. Peu à peu Legendre vit naître dans l'Assemblée un enthousiasme servile pour le raisonnement de Robespierre; il vit Danton perdu; il sentit peser sur lui le regard, maintenant vainqueur, du terrible orateur; peut-être aussi, avec sa déférence d'illettré, fut-il sensible à l'art, vraiment supérieur, que le cruel rhéteur déploya ce jour-là. Toutes ses confidences d'après Thermidor nous montrent qu'à ce moment son sang se glaça dans ses veines. Il eut peur, une peur physique et lâche, et ce combattant du 14 juillet et du 10 août ne put supporter l'idée de la guillotine. Quand Robespierre eut fini, il balbutia la plus plate excuse : « Robespierre me connaît bien mal, s'il ne me croit pas capable de sacrifier un individu à la liberté. Citoyens, est-il un seul d'entre vous qui me croie complice d'une mauvaise action ? J'aime mon pays, et je déclare que mon sang, que ma vie lui appartiennent. Si j'ai fait la proposition que le préopinant a combattue, c'est qu'il ne m'est pas démontré encore que les détenus soient coupables comme cela peut être démontré à ceux qui ont les preuves sous les yeux; au reste, je n'entends défendre ici aucun individu (1). »

Le même jour, aux Jacobins, il fut plus humble encore. Il déclara, dit le *Républicain français*, qu'il s'en rapportait au jugement du tribunal révolutionnaire, et qu'il serait le

---

(1) Le *Journal des débats et des décrets* lui prête d'autres paroles : « Robespierre me connaît bien mal, s'il imagine que je puisse vouloir défendre un coupable; si l'on croit que je le sois moi-même, que je sois le complice de quelques conspirateurs, je propose le décret d'arrestation contre moi. (*Couthon* : C'est étranger à la motion.) Il n'est personne qui puisse m'accuser d'avoir jamais défendu un individu au préjudice de la République. » Le texte du *Républicain français* est presque identique.

premier dénonciateur de quiconque entraverait l'exécution du décret. Le 18 germinal, il eut la lâcheté de paraître ajouter foi à la prétendue conspiration dantoniste des prisons et de demander un décret contre Simon. Le 21, aux Jacobins, il est plus odieux encore : « J'étais, dit-il, avant la découverte du complot, l'intime ami de Danton ; j'aurais répondu de ses principes et de sa conduite sur ma tête ; mais aujourd'hui je suis convaincu de son crime; je suis persuadé qu'il voulait plonger le peuple dans une erreur profonde ; peut-être y serais-je tombé moi-même sans aucune défiance. » Tristement grotesque, il s'élève, le 23 floréal, contre ceux qui se soustraient aux poursuites, et l'ami de Danton ose s'écrier : « On n'a que justice à attendre de la part des tribunaux (1) ! » Le 24 prairial, dans la discussion de la loi sanglante, il se félicite qu'on ôte leurs défenseurs aux accusés. « A coup sûr, dit-il, le patriote calomnié qui sera traduit au tribunal révolutionnaire n'aura besoin que de sa conscience et de celle des jurés. » Est-il possible de pousser plus loin le cynisme de la peur?

Oui, c'est la peur qui donna ce rôle à Legendre, et non, comme on l'a dit, une naïve et subite conviction de la culpabilité de son ami, une illumination de la grâce robespierriste (2). Dans son discours du 21 germinal, il se voit déjà aux mains de Fouquier-Tinville et balbutie d'avance son plaidoyer. Pendant la réaction thermidorienne, il ne se lassera pas de retracer, aux applaudissements de son auditoire, le tableau de sa propre terreur et d'avouer tout haut les lâches angoisses que chacun retrouvait dans la propre his-

---

(1) Le 6 prairial an II, il dit aux Jacobins : « La main du crime s'est levée pour frapper la vertu; mais le Dieu de la nature n'a pas souffert que le crime fût couronné. » On lui a reproché cette phrase comme adulatrice ; mais il parlait autant de l'assassinat de Collot que de celui de Robespierre.

(2) Cf. d'Héricault, *La Révolution de Thermidor*, p. 200.

toire de son âme. Le 28 Thermidor, il dit aux Jacobins : « Vous devez vous rappeler que l'on menaçait ici de la prison quiconque osait s'asseoir à côté de quelqu'un que le tyran avait fixé avec des yeux farouches. Quand ce scélérat, qui portait sur la figure un vernis composé de fiel de tyran, fixait un patriote, ses regards étaient ceux d'un animal qui tue les hommes de sa vue. » Le 15 brumaire an III, il rappelle à la Convention comment il a éprouvé la tyrannie du moderne Catilina, comment il fut entouré de ses sourds et de ses muets : « Le souvenir des dangers que j'ai courus vient de me faire perdre une épouse chère à mon cœur : c'est encore un sacrifice à la patrie. J'ai survécu à tous ces périls, et vous ne me ferez pas mourir de peur. » Le 3 ventôse, il déclara qu'il se considérait comme un *guillotiné ressuscité*. Le 21 ventôse, il s'écria que les proscrits étaient moins à plaindre que les députés demeurés à la Convention : « Lorsque nos tyrans entraient en masse dans cette salle, dit-il, nous voyions sur leur front notre mandat d'arrêt tracé en caractères de sang. Un jour, on osa réclamer pour les principes, demander qu'un collègue accusé fût entendu.... Eh bien ! celui qui s'éleva contre Robespierre dans cette circonstance pensa être victime de son dévouement, et peu s'en est fallu qu'il ne fût envoyé à l'échafaud avec son infortuné collègue (1). »

C'est donc bien la peur qui donna à Legendre, vis-à-vis de Danton vaincu et tué, ces allures de traître. Voilà sa honte et son excuse, et aussi, on le devine, l'effet de l'influence de Mme Legendre, qui mourut de peur. Legendre en était malade au 9 Thermidor, à l'aurore du jour si désiré par les dantonistes. On s'étonna du silence qu'il garda dans la séance tragique. Il s'expliqua à ce sujet, le 6 germinal an III : « J'étais secrétaire, dit-il, ainsi que Dumont ; je dis à

---

(1) *Républicain français.*

celui-ci : Nous allons avoir du bruit. Vois-tu dans cette tribune toute la famille des Duplay ? Vois-tu Girard ? vois-tu Deschamps ? Au même moment, Saint-Just commença son discours ; Tallien l'arrêta et déchira le voile. Je dis à Thuriot, qui présidait, d'envoyer chercher tous les membres du Comité ; je me fis même inscrire pour la parole. Thuriot me répondit qu'il n'était pas sage que je parlasse dans cette discussion. Eh bien ! raye-moi, lui répliquai-je ; je verrai comment cela tournera. » A ce piteux aveu, l'extrême gauche éclata de rire, et Legendre ajouta, d'après le *Républicain français* : « Je n'insistai pas pour parler ; je réservais mon courage pour relever ceux de mes collègues qui auraient pu faiblir... »

Délivré de la vue de Robespierre, il sentit renaître son courage, et, alors que le dictateur, réfugié à la Commune, était plus redoutable que jamais, il prononça enfin des paroles décisives et enhardit la Convention contre ce danger trop réel. En présence de la formidable attitude des insurgés, il fut presque le seul à prévoir et à prédire que le décret de mise hors la loi ferait tomber la résistance : « Toutes les fois qu'il émanera de vous un décret, comptez sur le peuple. » Et déjà l'enthousiaste optimiste reparaît en lui, et il croit que le peuple n'aimera plus désormais que la loi. « Quand un individu fera son devoir, il lui dira : J'étais aux loges, je t'ai vu sur le théâtre, tu as bien fait, je t'ai applaudi ; mais je verrai ce que tu feras demain. (*Vifs applaudissements.*) Le peuple se souviendra qu'on disait : Point de constitution sans Pétion ! Pétion ou la mort ! Point de patriote sans Robespierre ! Il dira aujourd'hui : point de patriote sans les principes ! » A ces rêves Legendre mêla des soucis plus pratiques, des actes courageux : il se rendit lui-même parmi les Jacobins révoltés, les dispersa, ferma provisoirement les portes du club et porta les clefs sur le bureau de la Convention.

Guéri, il déploie dès lors un zèle fiévreux contre les assassins de Danton : ses regrets et ses remords font de lui un réacteur, un dénonciateur. Membre du comité de sûreté, il fait décréter Lebon. Etonné d'abord de la dénonciation de Lecointre contre les thermidoriens jacobins, il l'écarte comme impolitique (5 fructidor); puis il la reprend et la développe le 2 vendémiaire an III, dans un discours célèbre où il donna le signal de cette chasse aux Jacobins qui tua la République : « Il est temps, dit-il, que la République ouvre les yeux sur les hommes qui voudraient mener la Convention, comme ils mènent une société respectable qui n'a perdu de son lustre que parce qu'ils en sont les meneurs. (*On applaudit vivement.*) Ce ne sont pas ceux qui crient qui sont le plus à craindre, ce sont ceux qui gardent le silence, baissent la tête, et qui ici, comme aux Jacobins, se cachent derrière la toile et mettent en avant cette légion de lieutenants qui crient pour eux. » Et avec des métaphores énormes, il rendit les membres des anciens comités responsables des crimes de Carrier : « Savez-vous quels sont les infâmes lieutenants dont ils se servent? ce sont ces hommes qui ont rendu l'Océan témoin de leurs crimes, qui ont rougi la mer par le reflux ensanglanté de la Loire. Citoyens, le navigateur qui recevait le baptême en passant sous le tropique ne voudra plus marquer ainsi cette époque de son voyage dans la crainte d'être inondé de sang. (*On frémit.*) Et voilà les hommes que l'on a mis en avant ; voilà ceux qui ont mis les Jacobins en feu, et qui voudraient aussi jeter parmi nous les tisons de la discorde. Les Jacobins les connaîtront bientôt : j'entends par les Jacobins les hommes honnêtes. » Il fut l'interprète applaudi des passions thermidoriennes et, d'avance, le proscripteur de Billaud et de Collot, quand il s'écria : « Je déclare, avec l'énergie et la franchise d'un républicain, que ceux qui, après avoir aidé à renverser le tyran, voudraient le remplacer, périront comme lui. » Toute l'assemblée, électrisée, se leva en criant : *Oui! oui!* et fit une ovation à Legendre.

Contre Barère, Billaud, Collot et Vadier, il revient à la charge avec un égal succès, le 12 vendémiaire, le 15 brumaire, le 15 et le 27 pluviôse : « Tant que je respirerai, s'écrie-t-il, je poursuivrai le crime et les hommes de sang. » Pourquoi ? parce qu'ils ont assassiné Danton ; et il rappelle (26 nivôse) par quels indignes mensonges les Robespierristes ont extorqué à la Convention le décret qui ferma la bouche aux Dantonistes. Il est à remarquer toutefois qu'il ne parle des victimes de germinal qu'en général, et qu'il ne nomme pas Danton : l'Assemblée éprouvait une sorte de honte à entendre ce grand nom, soit qu'elle eût du remords du vote unanime par lequel elle l'avait livré, soit que les calomnies robespierristes contre le tribun eussent encore quelque crédit. Les autres orateurs font de même à l'occasion : ils réhabilitent Camille, Philippeaux ; ils ne parlent pas de Danton (1), et c'est un des traits les plus étranges de cette étrange réaction thermidorienne qu'on n'ose pas s'y réclamer ouvertement du chef des Indulgents.

Il y avait pourtant comme un retour de faveur pour cette mémoire dans la sympathie que la Convention prodigue à Legendre. Ajoutons qu'honnête et faible comme la majorité, il dit tout haut ce que chacun des ex-terrorisés pense tout bas. Ce fut un délire d'enthousiasme le jour où, répondant à Duhem, il désavoua la guillotine (9 pluviôse) : « La position de notre patrie, dit-il, devrait faire germer dans tous les cœurs des sentiments plus nobles ; pour moi, quand j'y pense, je sens mon âme s'agrandir (*vifs applau-*

---

(1) Il n'est pas prouvé qu'au 9 thermidor Garnier (de l'Aube) ait crié à Robespierre: « Le sang de Danton t'étouffe. » — Même dans son discours du 11 vendémiaire an IV, Legendre n'ose pas réhabiliter ouvertement Danton.

dissements); mais il est des hommes à qui tout sentiment de grandeur est inconnu, si ce n'est celle du crime. (*Nouveaux applaudissements.*) Ces hommes sont ceux qui ont amené la guillotine au milieu de la Convention ; eh bien ! attelons-les à la guillotine : qu'ils la retirent d'ici et fermons la porte après eux. (*Les applaudissements se prolongent pendant très longtemps.*) »

Il faut dire qu'il n'abdique alors aucune de ses opinions politiques et religieuses. Le 1er nivôse an III, il tient un langage voltairien contre Grégoire et le catholicisme ; le 18 nivôse et le 26 floréal, il parle avec âpreté contre les émigrés ; le 1er thermidor, il s'écrie : « Pas plus de terreur que de roi, pas plus de rois que de Jacobins. » Mais il fut longtemps à comprendre que sa fureur aveugle contre les anciens comités rapprochait le Prétendant du trône. A la fin de l'an III, il entr'ouvre les yeux, s'élève contre les massacreurs royalistes (4 messidor), s'indigne que tous les patriotes soient traités de terroristes, attaque Mme de Staël, *correspondante* des émigrés (1er fructidor), et, le 22, rassure, un peu tard, les patriotes vexés, chassés des sections et qui n'ont d'autre refuge que les tribunes de la Convention : « Que les patriotes, dit-il, ceux qui sont restés purs, sachent que la Convention périra avec eux plutôt que de souffrir qu'on attaque leurs droits. »

Comprit-il, ce réacteur honnête, quelle responsabilité lui revenait dans cette décadence de la Révolution ? Au Conseil des Anciens, il combattit encore les royalistes. En brumaire an VI, le bruit de sa mort se répandit dans la Convention. Il le démentit par une lettre où brûlait encore un peu de son ancien enthousiasme cordelier. Mais il était gravement atteint. On prétend que la mort de sa femme l'avait jeté dans la débauche. Une lettre de Soubrany le montre aux bras de Mlle Contat, que le Montagnard puritain appelle durement « célèbre courtisane, ancienne maîtresse du comte d'Artois (1). » — D'autres chagrins avaient éprouvé sa santé : de ses sept enfants, il ne lui restait qu'une fille. — Il mourut, le 23 frimaire an VI, probablement d'un cancer à l'estomac. Le compte-rendu de la séance des Anciens où fut annoncée cette mort, nous apprend « qu'ayant voulu être utile à l'humanité, même après sa mort, il a légué son corps aux hommes de l'art pour étudier le genre de maladie sous laquelle il a succombé. La fortune qu'il laisse se monte, tant en biens fonds qu'en mobilier, à la somme de 10,000 fr., dont une partie encore appartient à sa femme. » Son secrétaire, Charles de la Bussière, prétend qu'il désavoua Danton à son lit de mort (2) : mais ce fantaisiste est-il croyable ?

IV

Ce ne fut pas, on le voit, un orateur ordinaire que cet illettré qui, après Thermidor, transporta la Convention d'enthousiasme, et reçut à la tribune des ovations d'autant plus flatteuses qu'elles s'adressaient seulement à son talent et à son caractère. Son accès de courage le 11 germinal, la peur qui glaça ensuite sa langue ou lui inspira des balbutiements honteux, ses remords, sa vengeance, ses confusions ingénues donnent à son éloquence un intérêt, une originalité. Oublions l'admirable caricature de Camille Desmoulins: la parole de Legendre n'a rien de tiède et de banal. Il est bien vrai qu'il exprime ce qu'il sent, que l'idée de la patrie agrandit son âme, et que, vulgaire dans les circonstances vulgaires, il s'élève, aux heures tragiques, et trouve des accents.

(1) *Dix-neuf lettres de Soubrany* (1867, in-8, p. 63).
(2) Liénart, *Charles ou mémoires historiques de M. de la Bussière, ex-employé au comité de salut public*. Paris, an XII, 4 vol. in-12 (IV, 180).

Camille riait de sa voix de stentor, de ses gestes énergiques : mais ces dons ne furent pas inutiles à Danton, et ils formèrent une partie du réel talent de Legendre. Ajoutons qu'il improvisait et qu'il possédait, cet ignorant, l'art de se borner, d'arrêter sa verve au juste moment où l'auditoire se fût lassé. Chose plus rare encore dans un esprit inculte, il ne citait pas l'antiquité classique, et il eut le bon goût de n'alléguer à la tribune ni Solon ni Brutus. Il emprunte ses naïves figures de rhétorique aux usages de la vie. Le 4 novembre 1792, aux Jacobins, il compare à une goutte d'huile qui nage sur une masse d'eau sans la troubler la promenade des dragons au milieu des citoyens de Paris s'occupant paisiblement de leurs affaires. Il a aussi des métaphores rustiques et presque triviales. Le 13 frimaire an III, il veut qu'on frappe les chefs robespierristes et non la masse du parti : « Citoyens, voici une comparaison qui me paraît on ne peut plus applicable au sujet : si le berger, chargé de la conduite de mon troupeau, le laissait aller dans le champ de mon voisin, sans doute il faudrait sévir contre mon berger, mais on ne pourrait pas égorger mon troupeau (1). »

Souvent il est trivial ou bizarre, comme lorsqu'il promet au peuple de porter toujours une *ceinture de probité*, ou lorsque, montrant les drapeaux suspendus au plafond de la salle, il s'écrie : « Voyez les drapeaux des nations avec lesquelles vous êtes alliés : eh bien ! joignez-y le drapeau moral de vos sentiments (2). » Même son style fut étonnant dans le débat sur la restitution des biens de victimes de la tyrannie robespierriste (3) : « Quel est l'homme honnête qui pourrait goûter quelque jouissance en contemplant une telle acquisition ? Quel est celui qui, en se promenant dans

(1) Il y a des métaphores nautiques dans son disc. du 1er juin 1793.
(2) 12 vendémiaire an III.
(3) 2 vendémiaire an III.

son verger, ne prendrait pas les gouttes que l'herbe répandrait sur ses pieds pour autant de larmes des infortunés qu'il aurait dépouillés ? (*Applaudissements redoublés.*) »

Ces applaudissements sont instructifs : ils montrent que les passions vraies, aux heures d'émotion générale, ne s'expriment pas simplement et qu'il y a une sorte de préciosité déclamatoire qui, à certains moments, enchante un auditoire. Legendre était sincère dans sa rhétorique, et ce mauvais goût jaillissait de son cœur. Élève de Danton en éloquence et en politique, il n'avait ni le génie ni le tact de son maître ; mais il en avait le patriotisme, la familiarité, la vaste sympathie.

CHAPITRE VIII

HÉRAULT DE SÉCHELLES

I

Hérault de Séchelles fut l'ornement du parti dantoniste. Homme de cour et de famille noble (1), esprit classique et lucide, orateur épris d'élégance académique, il forme un contraste parfait avec la rusticité de Legendre. Tout jeune, il fut présenté à Marie-Antoinette par sa cousine Mme de Polignac, lui plut et obtint d'elle une charge d'avocat au Châtelet. Il y remporta de grands succès par son talent de parole et par le choix de ses causes, propres à intéresser la sensibilité de ses protectrices. « On applaudit de toutes parts, dit un de ses biographes, à son éloquente in-

---

(1) Son grand-père avait été lieutenant-général; son père, colonel du régiment de Rouergue, avait péri glorieusement à la bataille de Minden (Jules Claretie, *Les Dantonistes*, p. 317). — I était en outre neveu du maréchal de Contades (*Souvenirs de Berryer*, I, 1

dignation contre l'ingratitude d'un élève envers son précepteur et contre la conduite odieuse d'une fille opulente qui avait abandonné sa mère dans le besoin. »
En 1779, à 19 ans, il avait publié un *Eloge de Suger*. Grave et charmant, il fut bientôt appelé, par la faveur de la reine (1), au poste d'avocat général au parlement de Paris. Les parlementaires, dira-t-il, le détestaient, soit à cause de la rapidité de sa fortune (2), soit pour son philosophisme. Il ne se crut pas déplacé parmi les combattants du 14 juillet, et il rompt, dès le début de la Révolution, avec le parti de la cour. A la fin de 1790, il est élu juge à Paris, puis il devient commissaire du roi près le tribunal de cassation. Député de Paris à la Législative, il hésite d'abord entre les royalistes et les Jacobins. Le 6 octobre, il proteste contre le décret révolutionnaire rendu la veille sur le cérémonial de la séance royale. Interrompu comme aristocrate, il se tait et observe en silence jusqu'à la fin de 1791.

Le 29 décembre, il prononce un discours sur la guerre, où, à la manière de Brissot, mais plus brièvement, il trace un tableau de l'état de l'Europe : à l'entendre, chaque puissance est trop pauvre pour désirer la guerre. Raison de plus pour exiger beaucoup, pour sommer le roi de Prusse, pour intimider les contre-révolutionnaires du dedans. Est-il pour la guerre ou pour la paix? Soutient-il Brissot ou Robespierre? On ne sait ; mais on voit poindre dans ses paroles un peu équivoques cette politique dantonienne : faisons la guerre, mais faisons-la à coup sûr, après avoir vaincu la cour.

(1) Elle lui envoya, dit-on, une écharpe brodée de sa main. — Son dernier discours comme avocat fut un triomphe: les magistrats et l'auditoire l'accompagnèrent en applaudissant jusqu'à sa voiture. *Journal de Paris* du 7 août 1785, cité par J. Claretie, *ibid.*

(2) Le père de Berryer (*ibid.*) dit qu'il avait été nommé de *haute lutte*, et il ajoute : « Il avait justifié cette élévation subite par la merveilleuse facilité de parler, dont il avait fait preuve dans diverses causes d'éclat. »

Ce discours plut et, quoique ambigu, sonna juste. Dès lors, Hérault suivit une ligne démocratique. Le 14 janvier, en réponse à la déclaration de Pilnitz, il propose à l'Assemblée une adresse au peuple, dans laquelle est nettement indiquée la perfidie de la cour. Quant aux menaces de l'Europe, la France n'a qu'à se lever pour les confondre. « Certes, les Français, après avoir pris un si haut rang, ne se résoudront pas à descendre jusqu'à la dernière place; oui, la dernière, car il est sur la terre quelque chose de plus vil qu'un peuple esclave, c'est un peuple qui le redevient après avoir su cesser de l'être. » Le 24 janvier, il attaqua le projet de décret présenté par le comité diplomatique en réponse à l'office de l'empereur: « Je regrette, dit-il, que le comité n'ait pas annoncé ou plutôt réitéré la résolution connue de la France, qui, par une conséquence de sa renonciation à toute conquête, ayant également renoncé à se mêler en aucune manière de la forme du gouvernement des autres puissances, doit sans doute, à la face de l'humanité entière, s'attendre à la réciprocité la plus parfaite; et quand on verra un peuple sage réglant au sein de ses foyers la forme sous laquelle il lui convient de vivre, laissant la paix à ses voisins et cherchant l'ordre pour lui-même; si des ambitions, des vengeances osent s'armer contre le bonheur d'un tel peuple, le monde, la postérité, l'histoire, en le plaignant, le vengeront, et marqueront d'un opprobre éternel ses ennemis vaincus et même ses vainqueurs, s'il pouvait y en avoir. » Ce langage élevé et diplomatique fit impression, et l'Assemblée vota le projet de décret d'Hérault, par lequel le roi était invité à déclarer à l'empereur qu'il ne pouvait désormais traiter avec lui qu'au nom de la nation française, à lui demander s'il voulait demeurer l'ami de la nation française et à lui donner jusqu'au 15 février pour répondre.

Il fut deux fois rapporteur du comité de législation:

le 22 février, sur la responsabilité ministérielle dont il discuta agréablement les conditions ; le 7 avril, sur l'accélération des jugements en cassation.

Au commencement de juillet 1792, la gravité des circonstances avait décidé l'Assemblée à adjoindre une commission extraordinaire aux comités diplomatique et militaire. Les qualités diplomatiques de sa parole désignèrent Hérault au choix de ses collègues pour la rédaction du rapport relatif à la déclaration de la patrie en danger, rapport qui sera lu avec une attention passionnée par toute l'Europe (11 juillet).

« Notre affaire la plus importante, dit-il, est de faire bientôt la guerre, et de ne pas attendre la chance où un revers, fût-il léger, pourrait déterminer contre nous quelques-unes de ces puissances, aujourd'hui muettes observatrices, mais dont la correspondance diplomatique nous montre, dans le lointain peut-être, les espérances secrètes et une prudence subordonnée à la fortune. Produisons donc un grand mouvement; déployons un appareil formidable; intéressons chaque citoyen à son sort ; appelons, il en est temps, autour de la patrie, tous les Français, tous ceux qui, ayant juré de défendre la Constitution jusqu'à la mort, ont le bonheur de pouvoir enfin réaliser leur serment. *La patrie est en danger*, et ce seul mot, comme l'étincelle électrique, à peine parti du sein de la représentation nationale, va retentir le même jour dans les 83 départements, va gronder sur la tête des despotes et de leurs esclaves ; et ce seul mot repoussera leurs attaques, ou appuiera victorieusement les négociations, si toutefois ce sont des négociations qu'on puisse entendre, et qui n'altèrent en rien la sainteté immuable de nos droits. »

En esprit plus critique qu'enthousiaste, Hérault examine les objections qu'on pourrait faire à cette déclaration ; il les expose avec un don d'*objectivité* bien rare en ce temps de passion. Il termine par un élan oratoire suffisamment chaleureux :

« Lorsque, sous Louis XIV, le despotisme, secondé par le génie de Turenne, a tenu en échec quatre armées à la fois, croyons avec confiance à la cause du genre humain et aux miracles de la liberté. Ah ! messieurs, une voix prophétique s'élève dans mon cœur : nous avons fait le serment d'être libres ; c'est avoir fait le serment de vaincre ! Appelés, à la face de l'univers, à stipuler les droits de l'humanité, nous vengerons ces droits sacrés et impérissables ; j'en jure par ces phalanges qui vont se rassembler de toutes les parties de la France, et par vous, intrépide Gouvion, par vous, brave Cazotte ; et par vous tous qu'une mort si belle et si désirable a moissonnés avant la victoire, sous les murs de Philippeville ; vertueux citoyens, dont la mémoire présidera désormais à nos destinées, et dont les mânes, tressaillant de joie dans le fond des tombeaux, partageront tous nos triomphes ! »

En matière d'enthousiasme révolutionnaire, c'est là tout ce que peut donner la rhétorique noble et pure d'Hérault de Séchelles. Il comprend, il interprète avec vérité l'esprit de 1792 ; il n'en subit pas l'influence. Sa raison approuve la folie patriotique ; son cœur ne la partage pas. Il y a dans ce bel esprit une impuissance à s'émouvoir, à vibrer des mêmes passions que le peuple. Il admire Danton et voudrait, je crois, posséder sa verve sympathique ; mais, quoi qu'il fasse, il ne se mêle aux passions du temps qu'en dilettante, avec une réserve d'observateur délicat, avec une bonne volonté que refroidit aussitôt une décence native. Son ami Paganel dit qu'il se distinguait des hommes de son parti par « son éducation libérale, ses affections douces, les goûts et l'urbanité qui relevaient les belles formes de son corps et les traits nobles et brillants de sa figure (1). »

(1) Paganel, II, 247. Cf. *Souvenirs* du père de Berryer, I, 176 : « M. Hé-

Indolent, égoïste, il plaisait à tous, même aux plus farouches sans-culottes, qui lui pardonnaient sa qualité de *ci-devant* pour sa modestie, son affabilité, et le tour agréable qu'il donnait aux mesures les plus révolutionnaires. Paganel, croyant le louer, le juge sévèrement : « Il ménageait, dit-il, toutes les opinions, et prenait à propos, mais seulement pour sa défense, les couleurs de chaque parti. » Non, Hérault ne fut pas un hypocrite (1), mais un épicurien qui goûtait tour à tour la fleur de chaque opinion, un éclectique auquel il semblait que tous les partis avaient raison, mais qu'il y avait plus de bon sens et de bonne foi dans celui de Danton. Il aimait la vie ; mais il ne fit rien de laid pour éviter la guillotine. Sa paresse explique ce qu'il y a d'ondoyant dans sa politique, et Paganel a été plus vrai et plus fin quand il a écrit : « La paresse dominait sur tous ses goûts, et l'amour des femmes sur toutes ses autres passions. Ses discours à la tribune, ses travaux dans les comités, étaient autant de victoires qu'il remportait sur lui-même, autant de larcins sur ses plaisirs. Hérault prodiguait une vie qui ne lui promettait que de courtes jouissances. Il se tenait toujours prêt à la perdre. Il sentait que le génie de la Révolution l'emporterait sur ses précautions et sa prudence ; et chaque événement l'avertissait de sa destinée. Il s'en épargnait les terreurs, en remplissant de beaucoup d'existence le peu de jours qui lui étaient comptés... »

rault de Séchelles n'avait pas, en l'an II, quarante ans. Il était un des plus beaux hommes de France, d'une taille élevée, figure brune, très noble ; il avait les manières de la cour. »

(1) Cette réputation lui vint du contraste qu'on remarquait entre sa gravité politique et son enjouement privé. Saint-Just dira haineusement dans son rapport : « Hérault était grave dans le sein de la Convention, bouffon ailleurs, et riait sans cesse pour s'excuser de ce qu'il ne disait rien. » Et Siéyès écrivait dans ses notes intimes : « Brillant de ses succès, H. de S., dans sa distraction, avait l'air d'un drôle bien heureux, qui sourit au coquinisme de ses pensées. » (Sainte-Beuve, *Causeries du Lundi*, t. V.)

Mais c'est là Hérault tel que le fit la crise même de la Terreur. En 1792, il est encore souriant et optimiste. Il ne semble pas que la chute du trône l'ait ému. Le 17 août, il traça d'une main assez hardie la première ébauche du tribunal révolutionnaire. Sa voix académique se mêla à la grande voix de Danton dans l'œuvre de surexcitation nationale qui marqua, en août 1792, la dictature des patriotes cordeliers et girondins. Sa proclamation sur la prise de Longwy (26 août) ne manque pas d'accent, non plus que la lettre si noble qu'il écrivit, le 10 septembre, en sa qualité de président, à la veuve de l'héroïque Beaurepaire.

Dans les six premiers mois de la Convention où il représenta le département de Seine-et-Oise, ses discours furent rares. Elu président le 2 novembre, il fut envoyé avec Simon, Grégoire et Jagot, dans le Mont-Blanc. Il y était encore lors du procès du roi, qu'il condamna, dit-on, par lettre, mais sans dire à quelle peine.

La Convention aimait à se faire présider par cet homme à figure noble, à manières conciliantes. Elle le mit à sa tête dans deux occasions importantes. C'est lui qui présida par intérim, à la place d'Isnard, dans la nuit du 27 au 28 mai, où fut cassée une première fois la commission des Douze. Le 2 juin, il remplaça au fauteuil Mallarmé fatigué, et eut le triste honneur de guider la Convention dans la promenade qu'elle fit au jardin des Tuileries et au Carrousel, pour faire croire qu'elle était libre et sauver sa dignité. C'est donc au bel Hérault qu'Hanriot fit sa réponse grossière: « Le peuple ne s'est pas levé pour écouter des phrases, mais pour donner des ordres. »

Adjoint, le 30 mai, au Comité de salut public, « pour présenter des bases constitutionnelles », il déposa, le 10 juin, ce fameux projet de Constitution improvisé avec tant de hâte. Les circonstances seules firent la célébrité du court et terne rapport qu'il lut à ce propos. On n'y relève qu'une idée originale : l'établissement d'un grand jury national, dont chaque département nommerait un membre, et qui aurait pour fonction « de garantir les citoyens de l'oppression du Corps législatif et du Conseil exécutif. » Cet article fut rejeté le 16 juin, à la demande d'Hérault lui-même, qui déclara avoir toujours considéré l'institution du jury national comme fort dangereuse. C'est la première fois qu'un rapporteur avoue avoir exprimé dans son rapport d'autres opinions que les siennes. Et pourtant, le 24 juin, il proposa en son nom un article additionnel : De la censure du peuple contre ses députés et de sa garantie contre l'oppression du Corps législatif. Ce système réfrénait la Chambre unique, lui faisait contre-poids comme une seconde Chambre, et tendait au même but que le « jury national ». Cette insistance *bicamériste* d'Hérault servit de thème aux jacobins robespierristes pour le calomnier. « Nous nous rappelons, dira Saint-Just dans son rapport, qu'Hérault fut avec dégoût le témoin muet des travaux de ceux qui tracèrent le plan de Constitution, dont il se fit adroitement le rapporteur éhonté (1). »

Pourtant rien n'altérait encore la faveur dont il jouissait à la Convention. Réélu au Comité de salut public, il fit, le 17 juillet, cette proposition chimérique et jacobine, inspirée par les beaux rêves de Jean-Jacques et dont son scepticisme devait sourire tout bas : « Citoyens, vous avez décrété ce matin que la maison du traître Buzot, à Evreux, serait rasée. Le Comité de salut public a pensé qu'il fallait célébrer le retour de la liberté dans cette ville par une fête civique, dans laquelle six jeunes républicaines vertueuses seraient mariées à six jeunes républicains choisis par une

---

(1) Pourtant Couthon loua à la tribune l'attitude de Hérault au comité (26 brumaire an II.

assemblée de vieillards. Il sera pourvu à la dot de ces jeunes filles par la nation. » La Convention adopta.

On le voit : sa plume facile n'hésitait pas à se prêter aux idées d'autrui. Il lui arriva même une fois d'interpréter, comme rapporteur, l'opposition sourde des Robespierristes aux tendances de Danton. Celui-ci avait proposé, le 1er août 1793, l'érection du Comité de salut public en gouvernement provisoire : il voyait dans cette unité de la dictature le moyen le plus efficace de défendre la nation et la révolution. Hérault avait trop de sens politique et il était trop ami de Danton pour hésiter à combattre avec lui l'esprit anarchique et désorganisateur : il ne s'en laissa pas moins imposer le rapport contre le projet de son maître, et il contribua à le faire rejeter (2 août).

Le 9 août, par une faveur singulière, la Convention l'appela encore une fois au fauteuil. Elle voulait que son orateur le plus noble et le plus beau figurât et parlât en son nom à la fête nationale, qui eut lieu le lendemain en l'honneur de l'acceptation de la Constitution par le peuple. Ce fut une nouvelle fédération. Mêlée à un immense cortège où figuraient des délégués de toutes les assemblées primaires de la République, la Convention se rendit lentement au Champ-de-Mars, selon le programme imaginé par David, et fit six stations solennelles, devant la fontaine de la régénération, devant l'arc de triomphe élevé en l'honneur des femmes du 6 octobre, sur la place de la Révolution, aux Invalides, à l'autel de la patrie, enfin devant le monument des guerriers morts pour la patrie, au Champ-de-Mars. Hérault prononça donc six discours, qui brillent plus par la haute décence des expressions que par le sentiment intérieur. Il émut cependant le peuple quand il apostropha les soldats morts : « Ah ! combien vous avez été heureux ! Vous êtes morts pour la patrie, pour une terre chérie de la nature, aimée du ciel ; pour une nation généreuse, qui a voué un culte à tous les sentiments, à toutes les vertus; pour une République où les places et les récompenses ne sont plus réservées à la faveur, comme dans les autres Etats, mais assignées par l'estime et par la confiance; vous vous êtes donc acquittés de votre fonction d'hommes et d'hommes français; vous êtes entrés sous la tombe après avoir rempli la destinée la plus glorieuse et la plus désirable qu'il y ait sur la terre; nous ne vous outragerons point par des pleurs. »

L'esprit de cette fête, tel qu'il se refléta dans les discours d'Hérault de Séchelles, fut entièrement philosophique et naturaliste : « O nature ! s'écria l'ami de Danton, reçois l'expression de l'attachement éternel des Français pour tes lois, et que ces eaux fécondes qui jaillissent de tes mamelles, que cette boisson pure qui abreuva les premiers humains, consacrent dans cette coupe de la fraternité et de l'égalité, les serments que te fait la France en ce jour, le plus beau qu'ait éclairé le soleil depuis qu'il a été suspendu dans l'immensité de l'espace. » L'inspiration des six discours du président de la Convention n'a aucun caractère déiste, spiritualiste : c'est la négation indirecte des idées de Rousseau, la glorification des tendances positivistes de Diderot. On s'imagine quelle tristesse, sincère et respectable, dut éprouver Robespierre à cette manifestation qui faisait déjà prévoir la fête de la Raison. J'admets qu'il ait envié, lui qui naquit pour prêcher, le rôle de grand pontife philosophique, que joua ce jour-là le dantoniste Hérault. Mais ce fut un sentiment plus profond, une douleur de croyant qui alluma en lui cette haine dont l'inoffensif et aimable harangueur devait être la victime.

II

Dès lors, celui-ci se sentit regardé par l'œil symbolique

et effrayant qui figurait sur les bannières des Jacobins, et il vit que Robespierre l'épiait. Il fonça aussitôt la couleur de ses allocutions présidentielles, mais sans carmagnole. Bientôt il se fit envoyer en mission en Alsace, et il écrivait, de Plotzheim, le 7 frimaire an II, en style jacobin : « J'ai pris toutes les mesures possibles pour élever le département du Haut-Rhin au niveau de la République. L'esprit public y était entièrement corrompu. Partout des intelligences avec l'ennemi, l'aristocratie, le fanatisme, le mépris des assignats, l'agiotage et l'inexécution des lois : j'ai combattu tous ces fléaux ; j'ai suspendu le département, créé une commission départementale ; j'ai obligé la Société populaire à se régénérer ; j'ai cassé les comités de surveillance, dont les moins mauvais étaient feuillants, et je les ai remplacés par des sans-culottes; j'ai organisé ici le mouvement de terreur qui seul pouvait consolider la République ; j'ai créé un comité central d'activité révolutionnaire, qui nécessite l'action rapide de toutes les autorités ; une force révolutionnaire détachée de l'armée et qui parcourt tout le département; un tribunal révolutionnaire, enfin, qui mettra le pays à la raison... » Ainsi fulminait ce délicat, par raison autant que par prudence personnelle: on sait, d'ailleurs, qu'il ne fut pas rigoureux aux aristocrates d'Alsace et qu'il ne répandit pas une goutte de sang (1).

Mais, depuis la fête du 10 août, Robespierre ourdissait contre lui une trame savante et cherchait à entamer en lui le parti dantoniste. Son plan, indiqué dans ses notes intimes (2), fut de faire passer Hérault pour un espion des puissances étrangères dans le Comité de salut public. Le soin que prenait cet esprit sérieux de se renseigner sur toutes les affaires extérieures, son maniement continuel des papiers

(1) Cf. *Hist. de la Révol. fr. dans le département du Haut-Rhin*, par Véron-Réville, 1365, in-8.
(2) *Le procès des dantonistes*, par le docteur Robinet, *pass.*

diplomatiques pouvaient donner quelque prétexte à l'accusation de communiquer à l'ennemi les plans du gouvernement révolutionnaire. Justement il avait eu, comme tout le monde, des relations avec Proly, bâtard du prince de Kaunitz. Le 26 brumaire, Bourdon (de l'Oise) se fit l'écho de ces bruits, et osa dire à la Convention : « Je vous dénonce le ci-devant avocat général, le ci-devant noble Hérault-Séchelles, membre du Comité de salut public, et maintenant commissaire à l'armée du Rhin, pour ses liaisons avec Pereyra, Dubuisson et Proly. » Mais la mine éclatait trop tôt : il y eut une protestation générale, et Couthon lui-même eut l'honnêteté de rendre hommage au patriotisme d'Hérault.

Cependant un incident s'était produit en Alsace, qui donna prétexte à d'énormes calomnies. En brumaire, une lettre fut interceptée aux avant-postes de l'armée du général Michaud, qui l'envoya à Saint-Just et à Lebas, à Strasbourg. Signée : *le marquis de Saint-Hilaire*, cette lettre tendait à faire croire à des intelligences entre les Strasbourgeois et l'ennemi. La ruse était grossière. Mais comment faire entendre raison à Saint-Just ? Il emprisonna aussitôt une partie des autorités de Strasbourg, et ne laissa à son poste que le maire Monet, et un adjoint. Arrive aussitôt une seconde lettre, même signature, datée de Colmar, 7 frimaire an II. On y reprochait au maire de n'avoir pas encore livré la ville, malgré l'argent reçu ; et le « marquis de Saint-Hilaire » ajoutait : « Je n'ai été ici (à Colmar) que pour m'aboucher avec notre ami Hérault, qui m'a tout promis. » Sur-le-champ, le représentant Lémane, qui avait remplacé Saint-Just et Lebas à Strasbourg, fait arrêter le maire et envoie injurieusement la lettre à Hérault. Celui-ci réunit les autorités et la Société populaire de Colmar, et, dans un long discours, les met en garde contre les machinations des royalistes, ajoutant qu'il demandait son rappel. Ce fut, chez les patriotes d'Alsace, un cri de douleur, car Hérault s'était fait aimer pendant sa mission. Mais il était exaspéré par le soupçon de Lémane (1).

De retour à la Convention, il tint d'autant plus à se justifier que ses collègues du Comité affichaient à son égard une méfiance injurieuse. Robespierre jeune prétendait avoir rapporté de Toulon une pièce qui prouvait la trahison de son collègue : « Ah ! comment serais-je assez vil, s'écria Hérault, pour m'abandonner à des liaisons criminelles, moi qui, dans le monde, n'ai jamais eu qu'un seul ami intime depuis l'âge de six ans. Le voilà !... *(en montrant le tableau de Lepelletier)* Michel Lepelletier (2). O toi dont je ne me séparerai jamais, dont la vertu est mon modèle ; toi qui fus en butte comme moi aux haines parlementaires, heureux martyr, j'envie ta gloire. Je me précipiterais comme toi, pour mon pays, au devant des poignards liberticides; mais fallait-il que je fusse assassiné par le poignard d'un républicain ? — Voici ma profession de foi. Si d'avoir été jeté par le hasard de la naissance dans cette caste que Lepelletier et moi nous n'avons pas cessé de combattre et de mépriser est un crime qui me reste à expier ; si je dois encore à la liberté de nouveaux sacrifices ; si un seul membre de cette assemblée me voit avec méfiance au Comité de salut public ; si ma prorogation, source de tracasseries continuellement renaissantes, peut nuire à la chose publique devant laquelle je dois disparaître, alors je prie la Convention nationale d'accepter ma démission de ce Comité... » Pas un des accusateurs ne répondit un mot;

---

(1) Véron-Réville, *pass.*
(2) Assassiné, Lepelletier, comme plus tard Marat, n'eut que des admirateurs. En réalité, Hérault ne pouvait souffrir sa vanité, et s'en moquait. Ce président, après 89, refusa un jour de s'asseoir à la même table qu'un simple procureur. On trouvera le récit comique de cet incident, tel qu'il eut lieu chez Hérault lui-même, dans les *Œuvres complètes* de Bellart, VI, 128.

la Convention ne passa pas seulement à l'ordre du jour sur la démission d'Hérault, elle ordonna l'impression de son discours (9 nivôse).

Ce triomphe n'arrêta pas la calomnie. Le 11 nivôse, Robespierre écrivit de sa main et fit signer par Collot, Billaud, Carnot et Barère cette lettre à Hérault : « Citoyen collègue, tu avais été dénoncé à la Convention nationale qui nous avait renvoyé cette dénonciation. Nous avons besoin de savoir si tu persistes dans la démission que tu as, dit-on, offerte hier à la Convention nationale. Nous te prions d'opter entre la persévérance dans ta démission et un rapport du Comité sur la dénonciation dont tu as été l'objet : car nous avons ici un devoir indispensable à remplir. Nous attendons ta réponse écrite dans ce jour ou demain au plus tard. » Ces menaces hypocrites n'intimidèrent pas Hérault : il ne donna pas sa démission, et le Comité ne fit pas de rapport.

Les documents de Robespierre jeune, on les a ; ils sont aux Archives. Ce sont des papiers espagnols saisis par une de nos croisières sur un navire ennemi : le nom d'Hérault n'y est même pas prononcé. Il est à croire que la fameuse lettre comminatoire n'avait d'autre but que de forcer Hérault à se dévoiler, pour le cas où, comme on l'espérait, il serait coupable de haute trahison. On devine la rage de Robespierre, sa confusion, en présence de cette déconvenue. Son audace n'eut plus de bornes : le 26 ventôse, Hérault fut arrêté avec Simond pour complicité avec les ennemis de la République et relations avec un citoyen prévenu d'émigration. Le lendemain, sur un rapport sommaire de Saint-Just, la Convention ratifia cette arrestation, mais ne décréta Hérault que le 11 germinal avec les Dantonistes. Dans l'intervalle, l'innocence du prévenu avait éclaté : l'émigré qu'on l'avait accusé de cacher chez lui n'était autre que son propre secrétaire, Catus, nommé par le Comité de salut public, et qui, s'il avait passé la frontière, ne l'avait pu faire que pour une mission diplomatique. On se garda bien de le confronter avec Hérault. Bien plus, le rapport de Saint-Just du 11 germinal ne fait pas la moindre allusion à ce grief, qui avait été la cause officielle de l'arrestation du dantoniste. Il n'en fut pas davantage question au tribunal révolutionnaire (1). Il fallut, pour perdre Hérault, ressusciter le vieux grief désavoué jadis par Couthon, et l'accuser de complicité avec l'étranger. Saint-Just osa dire : « Hérault, qui s'était placé à la tête des affaires diplomatiques, mit tout en usage pour éventer les projets du gouvernement. Par lui, les délibérations les plus secrètes du comité des affaires étrangères étaient communiquées aux gouvernements ennemis. Il fit faire plusieurs voyages à Dubuisson en Suisse, pour y conspirer sous le cachet même de la République. »

Il ne fut pas facile aux hommes du tribunal révolutionnaire de colorer la condamnation d'Hérault, qui s'était écrié fièrement, du style de Danton : « Je défie de représenter le moindre indice, la moindre adminicule capables, je ne dirai pas de me convaincre, mais seulement de me faire suspecter de ces communications (2). » On lui lut alors les fameux papiers saisis sur un navire espagnol, deux lettres de Las Casas et Clemente de Campos, ambassadeur d'Espagne, où Hérault se trouvait nommément indiqué comme un agent de l'étranger. L'infortuné répondit: « La teneur de ces lettres, le style perfide dans le-

---

(1) Cf. Robinet, 349-352.
(2) Interrogé sur son nom et sur sa demeure : « Je m'appelle Marie-Jean, nom peu saillant même parmi les saints. Je siégeais dans cette salle où j'étais détesté des parlementaires. » — Accusé de complicité avec Chabot et consorts, il se borna à nier qu'il eût eu connaissance de l'affaire. Le tribunal n'insista pas. Mais il faut reconnaître que l'intimité notoire d'Hérault avec l'abbé d'Espagnac impressionna défavorablement.

quel elles sont écrites indique assez qu'elles n'ont été fabriquées chez l'étranger que pour faire suspecter les patriotes et les perdre. Et certes, le piège est trop grossièrement tendu pour m'y laisser prendre! » Or, et ce n'est pas la moindre infamie des robespierristes, l'accusation n'avait pas hésité, pour perdre Hérault, à insérer son nom dans les deux lettres espagnoles, à fabriquer tout le passage où ses complices étaient censés le dévoiler. Nous l'avons dit : ces papiers sont aux Archives, M. Robinet les a publiés, et il n'y est pas question d'Hérault.

Interrogé sur sa mission en Alsace et sur ses négociations en Suisse, il répondit, d'après Topino-Lebrun, qu'il avait travaillé, avec Barthélemy, à la neutralité de la Suisse, et préservé la France d'une armée de 60,000 hommes. — Et la mission de Dubuisson ? C'est le ministre Deforgues qui la lui a donnée. — Et Proly? — « Jamais je n'ai communiqué à Proly rien en politique, il n'y en avait pas (sic). Au surplus, il fallait me confronter avec Proly. J'ai été trompé, comme Jay Sainte-Foix, comme la Convention, comme Jean-Bon, qui le voulait emmener comme secrétaire, comme Collot d'Herbois. » Et il ajoutait : « Comme Marat, Proly a été porté en triomphe. La Convention, par un décret solennel, a reçu mes explications. » Survint alors l'accusation insignifiante d'avoir correspondu avec un prêtre réfractaire. A quoi Hérault répondit que ce prêtre, étant simple chanoine, ne pouvait être soumis au serment ni par conséquent être réfractaire. Enfin, dans une sorte de péroraison, il rappela ce qu'il avait fait et souffert pour la Révolution. « C'est ici, dit-il, le moment d'invoquer mes services, de rappeler à mes juges cette Constitution qui m'a coûté tant de sueur, cette Constitution acceptée par tous les bons citoyens français comme devant faire leur bonheur : c'est par cette Constitution que j'ai sauvé la patrie, et je puis dire aux Français ce que disait un général romain : A telle époque je vous ai sauvés, allons au Capitole en rendre grâces aux dieux. Ce ne sont pas là les seuls services que j'ai rendus à la patrie : on m'a vu à la journée mémorable du 14 juillet 1789. » Ici, soit bêtise, soit perfidie, le Bulletin remet au n° suivant ces six lignes, qui terminent la défense d'Hérault: « Le 14 juillet 1789, j'ai eu deux hommes tués à côté de moi ; je n'ai pas cessé d'être poursuivi par les royalistes, et surtout dans ma mission en Sardaigne. J'ai été nommé juge, au grand regret de tous les contre-révolutionnaires qui en frémissaient de rage ; et lorsque j'acceptai ce poste, il fallait avoir du courage pour le remplir. »

Toutes les traditions s'accordent à représenter Hérault imperturbable au milieu de ces affreux débats. Condamné, il dit froidement : « Je m'y attendais ! » Et plus tard, s'approchant de Camille, qui, garrotté, écumait de rage : « Mon ami, montrons que nous savons mourir. » Sur la charrette, d'après Desessarts, « il était placé seul sur la dernière banquette ; il portait la tête haute, mais sans aucune affectation ; les plus belles couleurs brillaient sur son visage. Rien n'annonçait la moindre agitation dans son âme : ses regards étaient doux et modestes, il les promenait autour de lui sans chercher à fixer l'attention ni à inspirer l'intérêt. On eût dit, en le voyant, que des idées riantes occupaient son imagination. »

III

Telle fut la carrière politique d'Hérault, fort inférieure au mérite personnel de cet homme distingué, une des natures les plus fines qui aient paru dans la fin du dix-huitième siècle. Ses opinions philosophiques étaient celles de Diderot, dont sa plume, un peu dénigrante, a tracé un éloge sans réserve (1). C'étaient aussi celles qu'il entendit exprimer à Buffon en 1785 : « J'ai toujours nommé le créateur, lui disait le grand écrivain dans un épanchement intime; mais il n'y a qu'à ôter ce mot et mettre naturellement à la place la puissance de la nature, qui résulte de deux grandes lois : l'attraction et l'impulsion (2). » La même liberté philosophique paraissait dans la conversation d'Hérault. Peu après 89, l'avocat Bellart, invité au château d'Epone, fut scandalisé des propos qui s'y tenaient. « Le maître de la maison se reposait des impiétés avec les obscénités. Enfin, en deux ou trois jours, je fis la découverte qu'il était matérialiste au plus haut degré. » Bellart se mit en tête de le convertir et lui débita une tirade aussi orthodoxe que la remontrance de Sganarelle à don Juan : « N'ayez pas peur, repartit l'autre; quoique matérialiste, je ne m'en occuperai pas moins de vous servir, s'il le faut (3). » En frimaire an II, Vilate assista à une conversation entre Hérault et Barère sur le but suprême de la Révolution. Hérault se plaçait surtout au point de vue philosophique. Il voyait déjà « les rêveries du paganisme et les folies de l'Eglise remplacées par la raison et la vérité. » « La Nature, disait-il, sera le dieu des Français, comme l'univers est son temple. » Il exprima donc son sentiment intime quand, à la fête du 10 août, entouré de tous ses collègues, il adressa une prière officielle à la Nature. D'autre part, dans sa mission à Colmar, il avait fait une proclamation « pour remplacer, disait-il, les religions mensongères par l'étude de la nature », et pris un arrêté qui rendait le décadi obligatoire, et instituait une fête de la Raison dans chaque chef-lieu de canton (4).

A l'animosité robespierriste que firent naître de telles

(1) *Voyage à Montbar*, etc., an IX, in-8, p. 107-108.
(2) *Ibid.*, p. 36.
(3) Œuvres de Bellart, tom. VI, p. 125-129.
(4) Sciout, *Hist. de la Constitution civile*, III, 741.

opinions, il eût fallu opposer des mœurs pures et rigides. Mais ce délicat (peut-être entièrement dégoûté) vécut dans une orgie élégante. Il était l'amant en titre de la belle et célèbre Sainte-Amaranthe. Il avait l'art de faire vivre ensemble et en paix, autour de lui, plusieurs jeunes femmes que sa beauté avait fascinées. Il leur faisait porter ses couleurs, le jaune et le violet, et l'ultrajacobin Vincent dénonçait dans son journal l'impudence de ce jeune patriote débauché. Lui-même avoue tout cela dans des lettres galantes publiées par la Morency, et dont l'authenticité n'est pas discutable. Quand même son style ne décèlerait pas Hérault à chaque ligne, quel intérêt la Morency aurait-elle eu, en 1799, à forger les documents dont elle émaille son roman autobiographique d'*Illyrine* (1)? Certes, ni les mœurs ni le style de cette joyeuse femme ne sont recommandables. C'est elle qui a écrit, avec son français et son cœur : « On n'est heureux qu'en en faisant : c'est ma morale. » Mais il y a dans ses confidence un air de vérité qu'accentue encore l'inconscience de l'auteur. Oui, la maîtresse du conventionnel Quinette était trop niaise pour imaginer les détails si vraisemblables, si vivants de sa liaison avec Hérault, elle qui ne pourra soutenir que par un gros plagiat la réputation d'*Illyrine* (2).

C'est un piquant tableau des mœurs du temps que le récit de la visite qu'elle lui fit à la Convention, le jour où il fut nommé président (2 novembre 1792). Elle lui remit, peu après, une pétition en faveur du divorce, qu'Hérault lut à la Convention et, dit-il, fit applaudir. Mais, quelques jours

---

(1) *Illyrine ou l'écueil de l'inexpérience*, an VII, 3 vol. in-8.
(2) Quand elle vit le beau dantoniste, elle crut voir, dit-elle naïvement, le dieu de l'Amour, les grâces d'Apollon. Invitée à dîner avec Quinette, dans le luxueux appartement d'Hérault, elle admira la grande bibliothèque, le salon élégant, le costume du jeune conventionnel, « sa redingote de lévite de bazin anglais, doublé de taffetas bleu. »

plus tard (29 novembre 1792), le galant président était envoyé en mission. « C'est au Comité de salut public, les chevaux mis aux voitures, que je vous écris, chère et belle ; je pars à l'instant pour le Mont-Blanc avec une mission secrète et importante... » Et, après lui avoir parlé de ses maîtresses et de la *perfidie* de Sainte-Amaranthe, il termine ainsi : « Adieu, Suzanne. Allez quelquefois à l'Assemblée en mémoire de moi. Adieu. Les chevaux enragent, et l'on me croit nationalement occupé, tandis que je ne le suis qu'amoureusement de ma très chère Suzanne. » Quand Hérault revint, on fut toute à lui, et il acheta à sa maîtresse un bureau de loterie, dont le cautionnement de 30,000 francs fut prêté, affirme-t-elle, par l'abbé d'Espagnac. On souffre à voir l'ami de Danton se complaire dans une si basse intimité qui allait jusqu'au cynisme. La Morency a ingénument tracé le tableau, tout *pompéien*, des distractions érotiques de ses camarades d'orgie. Non moins naïvement, elle explique ce dévergondage : « C'est plutôt pour se tuer, dit-elle, qu'il prend du plaisir à l'excès que pour être heureux. » Hérault lui disait, sans doute aux premières semaines de 1794 : « De sinistres présages me menacent, je veux me hâter de vivre ; et lorsqu'ils m'arracheront de la vie, ils croiront tuer un homme de trente-deux ans : eh bien ! j'en aurai quatre-vingts, car je veux vivre en un jour pour dix années ! »

Il faut l'avouer : cet épicurisme, si indécent en de telles circonstances, donna de la couleur et de la force aux accusations robespierristes et compromit le parti de Danton. Mais faut-il voir dans Hérault, comme dans tel ami d'Hébert, une brute qui se vautre ? « Élégant écrivain, dit Paganel, il consacrait aux lettres tout le temps qu'il dérobait aux goûts qui dominaient en lui. » Je n'ai pu lire l'*Éloge de Suger*, qu'il publia à l'âge de vingt-neuf ans ; mais son voyage à Montbar (1785) est un morceau de tout point exquis, où Buffon revit tout entier, homme et auteur. Hérault ne s'y montre pas, comme l'a dit Sainte-Beuve, « un espion léger, infidèle et moqueur (1) », mais un observateur et un peintre. Par la vérité fine de ses aperçus, il devance Stendhal, dont il a la sécheresse et la précision. Ecrivain laborieux, il poursuit sans cesse la brièveté et la simplicité, et il atteint à la force de Chamfort, avec plus d'étendue dans l'intelligence et un souci des aperçus généraux qu'il doit peut-être à la fréquentation de Buffon (2).

Cet esprit très moderne, tourné vers l'avenir, à la Diderot, ne traîne pas après lui les chaînes scolaires; il n'a pas la superstition du latin, l'adoration de la légende gréco-latine. Mais il sait jouir du passé, et goûter la vraie érudition, par exemple dans l'abbé Auger, le traducteur de Démosthène, dont il prononça une élégante oraison funèbre, à la Société des Neuf-Sœurs, en 1792. A une époque où l'Université n'enseignait plus le grec, et peut-être pour cela même, Hérault dit des choses vraies sur Démosthène, qu'il juge en politique autant qu'en artiste : « La Révolution, dit-il, en développant nos idées politiques, nous a donné, pour apprécier les ouvrages de quelques anciens, et pour jouir de tout leur génie, une mesure qui nous manquait. » Il admire dans l'orateur grec « cette âme orgueilleuse et sensible, qui porte en elle toute la dignité

---

(1) *Causeries du Lundi*, IV, 354.
(2) En 1788, il publia (ou plutôt fit imprimer) le *Codicile politique et pratique d'un jeune habitant d'Epone*. Remanié en prison, cet ouvrage ne fut répandu dans le public qu'en 1801, sous le titre de *Théorie de l'ambition*. Ces réflexions morales, inspirées par une philosophie un peu trop positive et sèche, offrent un pessimisme que tempère une ironie de bon ton. M. Claretie a déjà signalé les plus remarquables de ces *maximes*, ainsi qu'un chapitre sur la *conversation*, où Hérault caractérise les plus ingénieux causeurs de cette fin du XVIIIe siècle et l'orateur idéal dans celui qui résumerait les différentes sortes d'esprit de Thomas, de Delille, de Garat, de Cerutti, de d'Alembert, de Buffon, de Gerbier et de quelques autres, avocats ou acteurs. C'est là l'école où il se forma et apprit à plaire.

et toutes les douleurs de la patrie : ce mouvement général, sans lequel il n'est point d'éloquence populaire, où les rapports accessoires, serrés fortement, roulent de haut dans des périodes qui compensent l'étendue des idées par la précision du style. » Mais, ici, c'est à lui-même qu'il pense et c'est son propre talent qu'il désigne lorsqu'il dit : « Jamais, surtout, il ne cessa d'égaler, par ses efforts, cette beauté, cette perfection continue du langage, ce mécanisme heureux, si familier à l'orateur qu'il ne pouvait pas même cesser d'être élégant dans les apostrophes les plus impétueuses, dans les sorties les plus véhémentes : mérite plus rare qu'on ne pense, parce qu'il tient à un genre d'esprit particulier, et principalement à l'adresse qui est le don de multiplier la force en la distribuant. » On reconnait là les idées de Buffon sur le style oratoire.

Lui-même s'était fait, pour son propre usage, une sorte de rhétorique qu'on retrouva dans ses papiers et que le *Magasin encyclopédique* publia en 1795. Ce sont des préceptes pratiques, des recettes distribuées sans ordre, mais qui portent la marque de l'expérience et dont l'intérêt est d'autant plus grand qu'Hérault est le seul orateur de la Révolution auquel on doive une technique de son art.

Il est une question qui passionna d'abord ceux qui inaugurèrent en France la tribune politique : Faut-il *lire* les discours ou les *dire* ? Les deux méthodes avaient des adeptes : quelques-uns les employaient tour à tour selon les circonstances. Quant à l'improvisation, ceux mêmes qui s'y abandonnaient semblaient s'en excuser comme d'une négligence : aussi Hérault, qui d'ailleurs n'improvisa guère, ne pose-t-il que l'alternative, *lire* ou *dire* ? — « Ce n'est qu'en parlant, remarque-t-il, et non en lisant, que l'on peut rendre vraiment sensible ce qu'on dit. Quelques gens habiles pensent cependant qu'il faut lire, et c'est l'usage des avocats du parlement de Bordeaux ; autrement, on *patauge* ; les idées se relâchent, s'affaiblissent et s'éteignent bientôt. C'est ce qui arrive à M. de Saint-Fargeau : de là le mot fa... de la plupart des avocats qui aiment tant à *causer d'affaires*. Pour concilier la nécessité d'un style plein et serré avec l'autre, je pense qu'il faut *apprendre par cœur*. Il est vrai qu'il en coûte, mais la gloire est au bout, et c'est la manière de surpasser et ceux qui *parlent* et ceux qui écrivent. »

La mémoire est donc la première partie de l'art oratoire. Mais comment faut-il *apprendre* un discours ?

« J'en médite, dit Hérault, l'idée principale, les idées accessoires, leur nombre, leur ordre, leur liaison, le plan de chaque partie, les divisions, les sous-divisions de chaque objet. J'ose affirmer qu'il est impossible alors de se tromper. Si l'on oubliait le discours, on serait en état de le refaire sur-le-champ ; et combien d'ailleurs les phrases cadencées, un peu ornées, un peu brillantes, en un mot tout ce qui frappe l'amour-propre de celui qui doit parler, ne se gravent-elles pas dans la mémoire avec une extrême facilité ! »

« Un procédé très utile et très commode, auquel il faut s'accoutumer pour rendre son esprit prompt et se rappeler à la fois une multitude d'idées, c'est, quand vous possédez ces idées, de ne retenir de chacune que le mot qui porte, et dont le seul souvenir reproduit la phrase tout entière. Voltaire a dit quelque part : « Les mots sont les courriers des pensées. » En appliquant ici cet adage dans un autre sens, je dirai qu'il faut habituer son cerveau à n'avoir besoin que des mots *têtes* dans toute l'étendue de la plus longue discussion. »

« *Apprendre par cœur*, ce mot me plaît. Il n'y a guère, en effet, que le cœur qui retienne bien et qui retienne vite. La moindre chose qui vous frappe dans un endroit vous le fait retenir. L'art serait donc de se frapper le plus qu'il serait possible. »

« Ecrire. La mémoire se rappelle mieux ce qu'elle a vu par écrit. S'en faire comme un tableau dans lequel on lise en quelque sorte au moment où on parle. »

« La mémoire s'aide aussi par des chiffres : ainsi comptez le nombre des choses que vous avez à apprendre, dans un discours, par exemple. »

« J'ai éprouvé aussi qu'il m'était très utile de parler pour un discours à retenir ; j'ai essayé souvent de parler en public pendant une heure, et quelquefois deux, sans aucune espèce de préparation. Je sortais de cet exercice avec une aptitude singulière, et il me semblait dans ces moments que si j'avais eu à dire un discours, que je n'aurais même fait que lire, je m'en serais tiré avec un grand avantage. »

Après la mémoire, l'action lui semblait la partie la plus importante de l'éloquence. A ses débuts d'avocat, il avait été prendre des leçons de Mlle Clairon. « Avez-vous de la voix ? me dit-elle, la première fois que je la vis. Un peu surpris de la question, et, d'ailleurs, ne sachant trop que dire, je répondis : J'en ai comme tout le monde, mademoiselle. — Eh bien ! il faut vous en faire une. » Voici quelques-uns des préceptes de l'actrice, qu'Hérault tâcha de suivre : « Il y a une éloquence des sons : s'étudier surtout à donner de la rondeur à sa voix ; pour qu'il y ait de la rondeur dans les sons, il faut qu'on les sente réfléchir contre le palais. Surtout, allez doucement, simple, simple !... » Elle lui disait : « Que voulez-vous être ? orateur ? soyez-le partout, dans votre chambre, dans la rue. » Elle donnait aussi ce conseil, mais celui-ci purement scénique et mauvais pour un orateur : « *Teindre* les mots des sentiments qu'ils font naître. »

Hérault dit qu'il songeait sans cesse à la voix de Mlle Clairon, et il caractérise sa manière à lui en rappelant celle de son professeur : « Elle prend sa voix dans le milieu, tantôt doucement, tantôt avec force, et toujours de manière à la diriger à son gré. Surtout elle la modère souvent, ce qui fait beaucoup briller le moindre éclat qu'elle vient à lui donner. Elle va très lentement, ce qui contribue en même temps à fournir à l'esprit les idées, la grâce, la pureté et la noblesse du style. Je prétends qu'il y a, dans le discours, comme dans la musique, une sorte de mesure des tons, qui aide à l'esprit, du moins au mien. J'ai éprouvé que d'aller vite offusque et empêche l'exercice de mes idées... » « ... Ne croyez pas que ce soit là une véritable lenteur. On la déguise, tantôt par la force, tantôt par la chaleur qu'on donne à certains mots, à certaines phrases. Il en résulte une variété qui plaît, mais le fond est toujours grave et posé. »

Le souci de bien dire était tel chez lui que longtemps il s'astreignit à déclamer dans la matinée les fureurs d'Oreste et tout le rôle du Mahomet, jusqu'à s'érailler la voix : le soir il se sentait une diction forte, facile et variée. Il ne négligeait aucun moyen de *s'entraîner*. « Le Kain, dit-il, avait coutume, une heure avant de jouer, de se promener seul sur le théâtre, de l'arpenter, de se remplir des fantômes de la tragédie. Nous devrions transporter cette méthode dans nos études. »

Il avait étudié, avec un soin minutieux, le geste proprement dit. La Clairon lui disait : « Votre genre est la noblesse et la dignité au suprême degré. Très peu de gestes, mais les placer à propos, et observer les oppositions qui font ressortir les changements de gestes. » Lui-même disait : « Le geste multiplié est petit, est maigre. Le geste large et simple est celui d'un sentiment vrai. C'est sur ce geste que vous pourrez faire passer un grand mouvement. »

Ces notes contiennent des remarques encore plus pratiques sur l'action :

« Il importe d'être ferme sur les pieds qui sont comme la base du corps, et de laquelle part toute l'assurance du geste. On ne peut trop s'exercer dans sa chambre à marcher ferme et bien sous soi, les jambes sur les pieds, les cuisses sur les jambes, le corps sur les cuisses, les reins droits, les épaules basses, le col droit, la tête bien placée. J'ai remarqué qu'en général les gestes devenaient plus faciles lorsque le corps était incliné. Quand il est droit, si les bras sont longs, on risque de manquer de grâce. Le geste à mi-corps est infiniment noble et plein de grâce. N'agitez pas les poignets, même dans les plus grands mouvements. Avant d'exprimer un sentiment, faites-en le geste (1). »

Enfin, voici un conseil qui donne le secret de la grâce dédaigneuse dont il se parait à la tribune :

« Il faut toujours avoir l'air de créer ce qu'on dit. Il faut commander en paroles. L'idée qu'on parle à des inférieurs en puissance, en crédit et surtout *en esprit*, donne de la liberté, de l'assurance, de la grâce même. J'ai vu une fois d'Alembert à une conversation chez lui, ou plutôt dans une espèce de taudis, car sa chambre ne méritait pas d'autre nom. Il était entouré de cordons bleus, de ministres, d'ambassadeurs, etc. Quel mépris il avait pour tout ce monde-là ! Je fus frappé du sentiment que la supériorité de l'esprit produit dans l'âme. »

Cette rhétorique d'Hérault, si ingénieuse, explique l'a-

---

(1) Suivent les remarques les plus techniques : « L'âme du bras est dans le coude... C'est dans le coude que le mouvement commence nécessairement. — Quand vous voudrez hausser le bras, haussez le coude : qu'il soit en général de niveau avec la main. — Ouvrez aussi les bras. Ces gestes ouverts et à côté du corps valent mieux que ceux qu'on fait devant soi. — En élevant le coude vous arrondissez le bras. — Baissez aussi la tête pour avoir l'aise d'élever le bras. Le geste est dans la combinaison de la tête et du bras. Levez le bras tout d'une pièce, c'est-à-dire le bras et la main ensemble. Faites souvent le geste avant de parler : qu'il en reste souvent une fin qui puisse monter encore quand vous aurez parlé. Les doigts ouverts et écartés annoncent l'étonnement, l'admiration, la surprise ; y joindre aussi l'élévation de la poitrine qui se dilate pour recevoir l'idée qui la frappe. »

grément de son éloquence; elle en explique aussi la faiblesse. Cet orateur, si préoccupé de *s'entraîner*, de se monter la tête, de s'élever à la hauteur du sujet, n'a pas en lui les sources d'inspiration oratoire, toujours prêtes et jaillissantes, où puisent un Danton, un Vergniaud, même de moindres harangueurs. Je ne crois pas que la conviction lui manque, ni qu'il faille croire au mot que lui prête Bellart : « Quand on lui demandait de quel parti il était, il répondait qu'il était de celui qui se f... des deux autres. » Non, il y avait en lui de la sincérité, des préférences philosophiques et politiques. Mais il n'avait pas cette foi révolutionnaire, qui transfigura jusqu'à de pauvres hères, à de certaines heures de crise. Dans son *Traité sur l'ambition*, il distingue des cerveaux mâles et des cerveaux femelles; je crois qu'il faut le ranger, quoi qu'on en ait dit, dans la seconde de ces deux catégories.

CHAPITRE IX

LE TRIO CORDELIER : MERLIN, CHABOT ET BASIRE.

Sans rendre Danton responsable des erreurs ou des fautes de tant de Merlin de Thionville, de Chabot et de Basire, on ne peut s'empêcher de ranger ces trois Cordeliers parmi les partisans les plus zélés de sa politique. Il est sûr qu'ils agirent, votèrent et parlèrent avec l'homme d'Etat dont la vie morale était plus pure que la leur, mais dont ils aimaient le bon sens supérieur et la cordialité. En fait, ils interprétèrent les idées de Danton à la Législative, où ils formaient, au-dessous des Brissotins, un trio d'inséparables, comme une Montagne en miniature chansonnée par les royalistes dans un épigramme célèbre. — Orateurs sans génie, mais enthousiastes et bruyants, ils ne peuvent être omis dans une histoire de l'éloquence; mais il faut passer plus rapidement sur l'héroïque sabreur et sur le moine effronté, dont la parole ne s'éleva jamais aux grands sujets, tandis que le faible et infortuné Basire eut parfois des accents pathétiques qui remuèrent les cœurs.

I

Dussault a exprimé l'opinion des contemporains sur MERLIN DE THIONVILLE orateur : « Plus brave qu'éloquent, dit-il, d'une physionomie vraiment martiale, célèbre par la bravoure qu'il montra au siège de Mayence, il était d'une grande ressource pour la majorité. Mais l'amour des plaisirs se concilie difficilement avec cette tenue de caractère si nécessaire au triomphe d'une opinion contestée (1). » Hâtons-nous de dire que les accusations de vénalité portées contre l'homme de Mayence ont été réfutées par Jean Raynaud dans l'appendice de l'étude biographique qu'il publia en 1860 (2). Ce n'était pas non plus un ignorant, celui dont l'attitude de reître à la tribune crispait les nerfs de Robespierre : il avait fait et refait ses études classiques, et, jusqu'à un âge avancé, il se plaisait, dit Jean Raynaud, à réciter de mémoire de longs morceaux des auteurs latins. Sa parole, à la Législative, fut facile et violente. A la Convention, il fut de ceux qui crurent devoir insulter Louis XVI en le condamnant. Il manquait de tact, au point de faire douter de son républicanisme, alors sincère. Le 3 décembre, Buzot exigeait la mort contre quiconque tenterait de rétablir la royauté. Merlin voulut faire ajouter ces mots : *A moins que ce ne soit dans les assemblées primaires.* Aussitôt la Gironde

---

(1) *Fragments pour servir à l'histoire de la Convention.*
(2) *Vie et corresp. de Merlin.* Paris, 1860, in-8.

souleva un orage contre lui et le traita de royaliste, d'orléaniste. « Vous faites un projet de constitution, répondit-il ; le peuple, souverain et de vous et de moi, a non seulement le droit de l'accepter ou de le rejeter, mais il doit pouvoir l'exercer librement. Cette idée affecta vivement mon âme au moment où j'entendis proposer que quiconque parlerait contre notre constitution républicaine serait puni de mort. Je suis loin de supposer au peuple l'envie de reprendre d'indignes chaînes, de rétablir les tyrans que je me suis engagé de poignarder; mais il ne vous appartient pas d'entraver par aucune loi pénale sa volonté. (Féraud, *avec vivacité*: Oh! quoi que vous fassiez, nous n'aurons point de roi.) Rappelez donc à l'ordre, président, ce citoyen qui m'insulte. Certes, si j'ai quelque chose à me reprocher, c'est de n'avoir pas suivi, le 10 août, la première inspiration qui me disait de vous épargner la peine de juger longuement Louis XVI. »

On connaît sa bravoure à Mayence. Il ne manquait pas non plus de courage civil. Ainsi il parla deux fois en faveur de Chabot et de Basire arrêtés, et, le 18 nivôse, il défendit, avec une sorte d'éloquence, Westermann destitué et menacé de la guillotine :

« Il appartient, dit-il, au député qui a suivi une partie des opérations de Westermann dans la Vendée de rendre hommage à son courage et à ses talents. Général et soldat, il a toujours combattu; dans la nuit de Laval, il a fait les cent diables. Il était canonnier pour débusquer les ennemis des hauteurs dont ils s'étaient emparés, cavalier pour les poursuivre, et fantassin pour les charger avec l'arme blanche. (*On applaudit.*) Je cite un autre fait qui fera connaître plus particulièrement le courage de ce général. L'armée de la république, entrée dans Châtillon, reposait tranquillement, croyant les ennemis éloignés d'elle: ils parurent tout à coup, la chassèrent de cette ville, et repoussèrent nos troupes à plus de six lieues. Westermann ôte son habit, retrousse sa chemise, et, le sabre à la main, se jette au milieu des soldats, et leur dit que leur retraite les rendrait indignes de servir désormais la république : « Tuez-moi, s'écria-t-il, ou suivez-moi ! » Les troupes se rangent autour de lui, rentrent dans Châtillon, où elles font un carnage horrible des brigands. »

Et après avoir adroitement esquivé la vie privée de Westermann (1), il retraça avec feu sa conduite au 10 août.

Après le 9 Thermidor, il fut un réacteur brutal. Le 7 vendémiaire an III, il présenta un projet de fête nationale qui est rare par le ridicule. Mais il se fit applaudir dans sa réhabilitation émue de Camille et de Philippeaux (2 pluviôse an III), où il est surprenant qu'il n'ait pas osé parler de Danton (2). — Merlin parla peu au Conseil des Cinq-Cents, dont il fit partie, et rentra ensuite dans l'obscurité dont il ne sortit que pour adhérer publiquement à la Restauration.

II

Nous ne raconterons pas la vie de CHABOT, que nous avons vu agiotant et compromettant Fabre. En 1788, il était encore dans l'Ordre des Franciscains (3). Il devint grand-vicaire de l'honnête Grégoire à Blois, et les électeurs du Loir-et-Cher l'envoyèrent à la Législative. Il y a de la cha-

---

(1) Il fut deux fois poursuivi pour escroquerie, et M. Claretie a trouvé dans son dossier des charges accablantes contre lui. *Camille Desmoulins*, etc., p. 238. Le 11 septembre 1793, aux Jacobins, Bourdon (de l'Oise) put dire sans soulever aucune réclamation, même de la part de Danton, qui était présent : « Je n'ignore point que Westermann est coupable de quelques délits; son vol de quelques couverts d'argent est reconnu... »

(2) Sur la lenteur que les dantonistes mirent à réhabiliter leur maître, voir la *Révolution française* du 14 août 1885, *Une apologie de Danton en l'an IV*.

(3) Voir son discours du 19 brumaire an II.

leur, avec de la monotonie, dans les incessantes dénonciations qu'il lança, en 1791 et en 1792, contre le pouvoir exécutif, au milieu des menaces de la droite et des applaudissements des tribunes. Le 25 juillet 1792, il souleva un orage par le ton dont il soutint la proposition de déchéance :

« Tous les décrets de l'Assemblée ne peuvent étouffer l'opinion publique : nous n'en sommes que les organes, et non les maîtres. Quand il serait vrai que l'Assemblée fût assez faible pour savonner le pouvoir exécutif, la nation n'en serait pas moins persuadée de la réalité des trahisons de la cour. S'il lui est prouvé que le Corps législatif ne trouve pas dans la constitution assez de pouvoir pour agir, nulle puissance alors ne pourra l'empêcher de se sauver elle-même. (*De nombreux applaudissements s'élèvent dans les tribunes.*) Et quand le pouvoir exécutif sortirait blanc comme neige de cette discussion, le peuple français aura toujours le droit incontestable de changer sa constitution.... » (Alors, dit le *Moniteur*, les applaudissements des tribunes recommencent. — De violentes rumeurs s'élèvent dans l'Assemblée ; tous les membres du ci-devant côté droit et une partie du côté gauche se lèvent en demandant, à grands cris, les uns que M. Chabot soit rappelé à l'ordre, les autres qu'il soit envoyé à l'Abbaye, comme parjure.) Rappelé à l'ordre, il proteste bruyamment, avec l'aplomb d'un homme qui a pour lui l'opinion de Paris.

Le 2 septembre 1792, il fit partie de la députation envoyée par la Convention sur les lieux du massacre, qu'on l'accusa d'avoir vus d'un œil complaisant. Il se justifia en ces termes, le 8 février 1793 : « Je vous dirai que, si vous ne voulez que connaître les auteurs et provocateurs de ces massacres, je n'en suis pas éloigné ; mais comment y parviendrez-vous ? Vous devez entendre tous les complices, tous les témoins : or, j'atteste, moi, qu'à l'Abbaye il y avait plus de dix mille baïonnettes. Je vous dirai que j'ai touché la main à plus de cent cinquante fédérés; que je les ai baignés de mes larmes pour les en détourner (sic). — Il faudra donc arrêter tous les citoyens, aller les chercher dans les armées, dans les camps, en présence de l'ennemi : car moi, j'en ai vu partir pour les frontières, aller se battre avec courage, et laver leurs mains dans le sang ennemi. Eh bien! ordonnerez-vous des poursuites contre ces héros de Jemmapes qui ont sauvé la patrie ? Flétrirez-vous la mémoire de ceux qui sont restés sur le champ de bataille? Je dirai plus, je ne sais pas pourquoi on a réveillé ces scènes sanglantes; est-ce pour faire respecter la Convention nationale ? Mais non, je vous l'ai déjà dit, ce n'est pas par là que vous vous attirerez le respect du peuple. »

Peu avant son arrestation, il se range ouvertement parmi les indulgents, en demandant (20 brumaire) : 1° que les députés ne puissent pas être arrêtés sans avoir été entendus; 2° que les bons patriotes ne soient plus terrorisés, détournés par là d'accepter les fonctions.

Il se peint dans sa déclaration relative à l'affaire de la Compagnie des Indes, imbroglio écrit de verve, où il y a le cynisme de Panurge et la hâblerie du *Blasius* d'Alfred de Musset. Ce Chabot, joli garçon, aimable et effronté, moine gourmand et luxurieux, est bien le type de l'homme d'Eglise épicurien tel que l'a chanté la raillerie depuis les fabliaux. D'éloquence, il n'en avait pas, à proprement parler; mais sa faconde était tour à tour enthousiaste et ironique, et il se moquait de lui-même et des autres, comme lorsqu'il arrivait à la Convention en tenue de sans-culottes, en sabots, le bonnet rouge à la main, « décolleté et montrant sa poitrine nue à toute la République (1). »

(1) Beaulieu, *Essai*, etc., IV, 278; et Mercier, *Nouveau Paris*, I, 126.

III

Le nom de Basire est connu ; mais on a jusqu'ici laissé dans l'ombre la personne de cet orateur de second ordre, qui eut pourtant des boutades héroïques, du cœur, une parole parfois enflammée, et dont les défaillances, nullement intéressées, ne méritent peut-être pas un jugement sommaire et dur.

Il n'avait que vingt-neuf ans quand les électeurs de la Côte-d'Or l'envoyèrent à l'Assemblée législative. Ce n'est pas le soin de ses intérêts qui lui fit aimer la Révolution : la chute de l'ancien régime lui ôta une place de 10,000 livres qu'il occupait aux Etats de la province de Bourgogne, dont il était l'archiviste. Il avait, dit-on, épousé une femme riche, et tenait à Dijon un train de maison ; « il s'occupait de botanique, d'histoire naturelle, et recevait chez lui les savants de la ville (1). » C'était un bon garçon, instruit et enthousiaste.

A Paris, il se lia aussitôt avec Chabot, qui, plus âgé que lui de huit ans, lui inpira le goût du plaisir (2). Mais il donna surtout prise sur lui par sa liaison avec la baronne hollandaise Aëlders qu'on accusait d'espionnage diplomatique. C'était une personne d'esprit, qui du premier coup d'œil, jugea qu'elle ferait ce qu'elle voudrait du jeune et naïf conventionnel. Elle lui écrivait au début de leur liaison, sur un ton de flatterie protectrice : « Conserver l'an-

---

(1) Relation de Coittant (*Prisons de Paris*, par Dauban, p. 323); Topino-Lebrun, p. 13.

(2) Mme Basire, restée à Dijon, avait renvoyé une domestique qui vint à Paris supplier Basire de la reprendre. Chabot vit cette fille, en fit sa maîtresse, et la lança. Elle devint, de servante, la camarade de Basire. (Buchez, XXX, 223.)

cienne galanterie française avec l'austérité des nouveaux principes, c'est trop aimable; il y aura là de quoi faire tourner une tête raisonnable. » « Vous pourrez, lui disait-elle, trouver une amie plus belle ; vous n'en trouverez pas de mieux disposée à être votre sœur, votre amie, votre guide dans cette Babylone, *et vous en avez besoin, mon ami* (1). »

Cependant, il s'était plongé avec ardeur dans la vie politique. S'il apparait rarement à la tribune de la Législative, en octobre et en novembre 1791, il parle souvent aux Jacobins, mais chaque fois avec brièveté et dans le sens le plus révolutionnaire. Le 25 novembre, il fait nommer par l'Assemblée ce comité de surveillance qui fut la première ébauche du Comité de sûreté générale et dont il se montra un des membres les plus anti-royalistes. Le 10 décembre 1791, à propos du secret des lettres, il eut un mot malheureux : « On confond toujours, dit-il, la morale des particuliers avec la morale publique. » L'Assemblée murmura. Mais cette mauvaise impression fut effacée, le 13 décembre, par un long et savant discours où il traita « de l'émancipation des citoyens connus, dans les pays de droit écrit, sous le nom de *fils de famille*. »

Dans la discussion sur la guerre, il ne fut ni avec Brissot, ni avec Robespierre, et sa parole refléta les incertitudes de Danton. « Chacun, dit-il, se demande : Fera-t-on la guerre ou ne la fera-t-on pas? Sera-t-elle offensive, ou bien sera-t-elle purement défensive? Les plans, les intentions de la cour sont absolument impénétrables. Ce qu'on peut dire de mieux du pouvoir exécutif dans le moment, c'est qu'il dort, et que l'agitation du ministre de la guerre ne ressemble qu'aux mouvements insignifiants d'un somnambule. (*M. Nar-*

---

(1) Archives nationales, papiers de Basire. — Sur la baronne Aëlders, voir Avenel, *Anacharsis Cloots*, I, 227, 292, 298, 325, 370.

bonne salue M. Basire.) Si nous n'avons point de guerre, il est inutile de faire de la dépense. Si la guerre est défensive, il en faudra moins que pour aller attaquer. Si enfin la guerre est offensive, il faudra statuer sur l'état des dépenses. Mais jusqu'à ce que nous soyons fixés sur la nature de la guerre, je ne vois pas sur les frontières ennemies des troupes assez nombreuses pour nous inquiéter. » (7 février 1792.) Conclusion : il faut ajourner toute décision et laisser venir la cour. Et, le 20 avril, il dira, toujours comme Danton : « S'il faut entreprendre la guerre, il faut la faire de manière qu'elle ne soit point accompagnée de trahisons. »

Sa politique est déjà à demi-républicaine. A l'Assemblée, il combat le projet d'adresse au roi préparé par Gensonné, et il le combat en termes ulta-révolutionnaires qui soulèvent des murmures dans toutes les parties de la salle : « La Constitution, dit-il, nous a chargés de poursuivre les agents du pouvoir exécutif, mais non pas de les éclairer, de les endoctriner. » Il fut plus modéré, mais non moins énergique, dans son grand discours sur le licenciement de la garde du roi (29 mai), où il sut éviter toute déclamation et ne présenter que des faits. C'est du même ton qu'il dénonça, le 23 juin, la proclamation royale sur les événements de la journée du 20 : il est toujours en avance sur la majorité girondine. Mais, le 7 juillet, sa candeur se laisse prendre à la mystification du baiser Lamourette dont il contribue à rédiger le procès-verbal puéril. Son illusion fut courte : le 13 juillet, il attaqua la cour à propos de la suspension de Pétion et, le 15, il demanda la mise en accusation de La Fayette.

Aux Jacobins, qu'il présida en février 92, il s'était employé avec Danton à empêcher une rupture irréparable entre les amis de Brissot et ceux de Robespierre. Celui-ci n'oublia jamais qu'au fort de ces dénonciations contre la Gironde, Basire avait dit à la tribune du club (25 avril) :

« Cessons de rendre cette tribune l'arène des combats les plus scandaleux (1). »

Sa sensibilité était tour à tour clémente et furieuse. Le 10 août, il fit placer les Suisses « sous la sauvegarde de la loi et des vertus hospitalières du peuple. » Et, le 17 août, il demanda qu'on mit à prix la tête de La Fayette, proposition que fit ajourner Thuriot. Mais, devant les souffrances présentes et visibles, il avait un cœur tendre. C'est ainsi que, le 2 septembre, il fut le seul, au milieu de l'indifférence et de la peur générale, à proposer une tentative contre les massacreurs : il demanda que l'Assemblée nommât des commissaires qui iraient faire entendre raison au peuple. Choisi pour être un de ces commissaires, il eut à refouler une révolte intime de sa sensibilité, à l'idée de voir couler le sang, comme l'indique ce brouillon de lettre écrite le lendemain à une amie : « Il faut que l'homme sensible s'enveloppe la tête dans son manteau, et qu'il se précipite à travers les cadavres pour s'enfermer dans le temple de la loi et n'envisager que la masse. C'est ainsi que toujours je veux m'arracher au théâtre des massacres et que l'Assemblée, dans la vue d'apaiser les furieux, comptant sur l'intérêt que doivent exciter ma jeunesse et quelque peu de popularité dont je me trouve investi, m'envoya au milieu d'eux, et ne pensa pas que l'humanité dont elle me constitue l'organe devient mon propre bourreau... » Une fois à l'Abbaye, il fit son devoir, et essaya, dit son collègue Dussaulx, « de se faire écouter par un début adroit ; mais quand le peuple vit qu'il ne parlait pas selon ses vues, il le força de se taire. » Le lendemain 3 septembre, il fut encore un des députés que l'Assemblée chargea d'aller calmer l'effervescence qui menaçait le Temple.

(1) Le 6 mai, il oppose aux propos de Robespierre contre l'abbé Danjou une exhortation dantonienne à la concorde.

A la Convention (1), il fut un des adversaires militants de la Gironde *rolandine* (2). C'est un document célèbre, son rapport du 6 novembre, au nom du Comité de sûreté générale, où il traita les Girondins d'hommes « trop sensibles peut-être pour demeurer bons observateurs dans une révolution. » Il concluait conformément à la politique de Danton, en démontrant, sans l'affirmer, la nécessité, de la dictature provisoire de la capitale : « Que la Convention, disait-il, fasse connaître à la France entière la juste confiance qu'elle a dans le peuple de Paris : c'est là tout le secret de la tranquillité publique. »

Dans le procès de Louis XVI, il exposa, aux Jacobins (16 novembre), les plus étranges théories sur la culpabilité de l'accusé et sur les signes auxquels on reconnaît la légitimité d'une insurrection. Voici son raisonnement, sur lequel il ne faudrait pas juger son âme :

« Dans la nuit du 9 au 10, les sections de Paris s'étant déclarées en insurrection, il n'y avait plus pour elles à cette époque d'autorité constituée, par conséquent plus de roi. Or, cette insurrection ne doit pas être considérée comme celle d'une seule section du peuple, puisqu'elle a été sanctionnée par l'assentiment de toute la République. Prenez bien garde à ce principe, c'est qu'en insurrection une section du peuple peut bien la faire, mais c'est à ses risques et périls jusqu'à la sanction générale ; comme aussi, lors de l'insurrection d'une sanction du peuple, une autorité constituée peut bien s'y opposer, mais c'est aussi à ses risques

---

(1) Le 21 septembre, il avait demandé la peine de mort contre les ennemis du peuple et les royalistes. Le 30, vaguement accusé de vénalité dans une lette écrite d'Angleterre par Narbonne et où Gensonné, Thuriot, Merlin, etc., étaient également inculpés, il dédaigna de répondre.

(2) Comme Danton, il distingue Condorcet et laisse percer son estime pour lui. Tout ce rapport, lu l'avant-veille aux Jacobins, y fut vivement applaudi.

et périls ; car une insurrection ne se fait pas ordinairement sans motifs, elle se fait ordinairement contre une autorité constituée ; c'est donc à cette autorité à voir si elle peut s'opposer ou non à la section du peuple qui s'insurge. — Après la déclaration d'insurrection faite par les sections de Paris, Louis XVI n'était donc plus roi, il n'était qu'un simple particulier, quitte à lui à s'opposer à l'insurrection à ses risques et périls, s'il le trouvait convenable. C'est ce qu'il a fait en remplissant son château d'assassins ; car, je le répète, le peuple, après sa déclaration, devait regarder comme des assassins et non comme des officiers ou des soldats dirigés par des autorités légales, ceux qui s'opposaient à lui. A cette époque, Louis XVI n'était donc pas un roi, mais le chef d'une horde de brigands, et, s'il eût été tué alors, le peuple qui l'aurait immolé, n'aurait pas tué un roi, mais un chef d'assassins. D'après ce principe, la Convention doit donc décréter que Louis Capet est atteint et convaincu du crime d'assassinat et, comme tel, renvoyé au tribunal, établi pour connaître les crimes commis dans la journée du 10. »

Donc, tout vaincu est un assassin tuable à merci ! Cette théorie, que Basire avait sans doute étourdiment empruntée à quelque cynique faiseur de paradoxes, peut-être à Chabot, il la désavoua en partie, par l'humanité avec laquelle il s'éleva contre l'arrêté de la Commune, qui ordonnait de fouiller les défenseurs de Louis XVI. Son vote fut rigoureux, sans appel ni sursis, mais il ne le formula pas en termes barbares.

Nous savons que, dans la question des rapports de l'Eglise et de l'Etat, Danton avait pour habitude d'ajourner, de maintenir dédaigneusement le *statu quo*. Il disait que le peuple n'était pas encore mûr pour la philosophie. Outrant la pensée du maître, Basire avait affirmé aux Jacobins, le 16 novembre, contre son ami Chabot, que la nation doit salarier les prêtres catholiques parce qu'elle leur a pris leurs biens. Il revint à la charge le surlendemain, et s'éleva contre le projet de Cambon, qu'il appela *anti-philosophique* : « Apprenez, dit-il, que chez un peuple superstitieux une loi contre la superstition est un crime d'Etat. » Et il ajoutait, avec plus de verve que de profondeur : « Quel est le pouvoir du clergé ? Que peut-il sur moi, sur vous ? Sa mission se borne à consoler des vieilles femmes. Quel plaisir pourriez-vous trouver à irriter des fous ? Quelle philosophie y a-t-il donc là-dedans ? Votre décret en retarde les progrès... Plaignons la superstition ; elle passe avec les hommes dont la tête en est encore imprégnée. J'aime mieux payer les prêtres pour être tranquille, puisque mon aïeul ne peut pas s'en passer... Si les apôtres du culte catholique se présentaient pour la première fois, j'irais, armé de la philosophie, les repousser ou périr sur la brèche ; mais ils sont établis depuis deux mille ans, ils ont beaucoup de partisans. » Ici, j'entends Danton, je reconnais sa dialectique familière et son style.

C'est encore Danton qui lui inspire ses réflexions sur la Gironde (Jacobins, 9 décembre). Tout en déclarant que Buzot est un « coquin », il trouve que « c'est un parti au pied du mur. » « Ne vous imaginez pas qu'ils veuillent rétablir la royauté, ils aiment mieux s'en partager les dépouilles. Ils ne veulent pas livrer la France à Brunswick, ils aiment bien mieux la garder pour eux. » Le 18 novembre, il avait fait adopter par la société le pamphlet de Cloots *Ni Marat ni Roland*, pamphlet aussi dantonien qu'hébertiste. Le 12 décembre, il attaque directement l'influence de Mme Roland et fait rire les Jacobins en annonçant qu'elle veut établir aux Tuileries un club de femmes dont elle sera présidente.

Adversaire violent et injurieux, il ne hait pas, il a horreur du sang versé. On ne peut comprendre comment il a pu passer pour sanguinaire. Est-ce dans sa mission à Lyon avec Legendre ? Mais ce fut une mission conciliante. Est-ce au 31 mai ? Mais c'est Basire qui fut cause que cette journée se termina comme une idylle, à l'arrivée du vrai peuple qui venait défendre la Convention : « Trente à quarante mille hommes, dit-il, environnent en ce moment la Convention nationale ; ils viennent de se réunir et de s'embrasser ; je demande que la Convention nationale lève la séance, qu'elle aille fraterniser avec eux, et, qu'improvisant une fête civique, elle réalise d'avance la fédération de tous les cœurs. » Il lui semblait suffisant d'avoir effrayé la Gironde : il rêvait déjà une réconciliation de tous les républicains. Sa douleur fut grande quand les vingt-deux furent arrêtés et qu'il entendit demander leur tête. Le 18 juin, Robespierre lui reprocha aigrement sa « faiblesse liberticide », et il justifia ce reproche par les efforts qu'il fit, dit-on, au comité de sûreté générale, pour retarder la mise en jugement de ses infortunés collègues. « Basire, dit M. Marc-Dufraisse, cachait leur dossier, je devrais dire dans son cœur : cœur amolli, efféminé si l'on veut, mon Dieu ! mais bon toujours et noble par moments, un cœur d'où avaient jailli à la Convention quelques-uns de ces mots frappés à l'antique, que l'histoire recueille et que le temps n'efface pas. »

Cet homme si bon occupa, pendant deux ans, des fonctions où il aurait fallu un *impassible* ; en 1792 et en 1793, dans le comité de surveillance, puis dans celui de sûreté générale, il fut chargé de la police de Paris. Il se rendit utile, mais souffrit d'être mêlé au détail quotidien de la Révolution, qu'il trouvait sanglant et laid. « Je suis devenu, écrivait-il dans une note intime, comme secrétaire du comité, l'un des plus malheureux instruments de la vengeance du peuple, et, pour maintenir la masse en paix, je suis obligé de porter perpétuellement le trouble et la désolation dans les familles. Ce n'est plus, comme autrefois, pour apprécier un ami, et dans la vue de me pénétrer toujours davantage du sentiment de la bienveillance universelle, que je descends au fond du cœur humain... Je ne fais pas une question qui n'ait pour objet de convaincre un coupable, pas une observation à mes collègues qui ne soit à la charge des accusés, et ne puis faire autrement sans trahir ma conscience, qui est devenue le seul bien qui me reste ; je n'écris pas un mot qui n'arrache des larmes à des épouses, à des enfants, à des parents, à des amis (1). »

Ce n'était donc pas un tempérament de terroriste (2) que celui de Basire, quoique ce soit lui qui fit déclarer la France en Révolution jusqu'à la fin de la guerre (28 août), et il dut lui en coûter de demander et d'obtenir l'arrestation de Custine (22 juillet), et des mesures contre les suspects (5 septembre 1793). Son nom est attaché à ces actes graves que le salut de la France justifiait, mais qui jurent avec une sensibilité féminine.

La bonté de Basire le perdit. On sait que Chabot, Julien, Delaunay et consorts le compromirent dans l'affaire de la Compagnie des Indes, comptant moins l'avoir pour com-

---

(1) Il ajoute : « L'homme le plus sensible est devenu..., » et le reste manque. C'est encore un brouillon de lettre à une amie. (Archives, papiers de Basire.)

(2) On lui reproche aussi d'avoir voulu faire rendre le tutoiement obligatoire (21 brumaire an II) ; Thuriot s'y opposa. — Cet esprit assez borné avait un sens juste du rôle de la science dans une république. Si, le 24 août, il combattit la pétition parisienne qui demandait le titre de citoyen français pour les étrangers dont les écrits avaient plaidé la cause de la Révolution, en revanche il sut défendre contre Cambon l'enseignement supérieur. Cambon avait dit, avec son affectation de gros bon sens : « On veut encore nous faire croire qu'on ne peut bien faire un soulier que le compas à la main et dans une académie, tandis que les souliers ne doivent être faits que dans la boutique d'un cordonnier. » Basire répondit : « Que les hautes sciences soient négligées : un ambitieux viendra ; il n'aura pas de peine à enchaîner un cordonnier qui ne connaîtra que son soulier, un laboureur qui n'aura jamais manié que sa charrue. » (16 septembre 1793.)

plice que pour dupe et pour paravent. On lui offrit de gros bénéfices, à la seule condition de tout savoir et de se taire. On lui fit de beaux et captieux raisonnements. « Ils me paraissaient, dit-il, vouloir faire les affaires de la République en faisant les leurs. Ils étaient savants en finances, et je ne l'étais point. » Lui-même ne toucha pas un sou, quoique vingt fois sollicité de passer à la caisse. Mais il tâchait de s'aveugler sur Chabot, cet aimable compagnon, son ami familier, à l'indélicatesse duquel il cherchait des excuses. Si ce sont vraiment des voleurs, se disait-il, je ferai mon devoir, je les dénoncerai. Et, dans des conversations intimes, il parlait, dénonçait presque, assez pour se compromettre, pas assez pour perdre ses amis. « J'étais fort embarrassé, dit-il dans ses notes inédites. Je ne voulais point être leur complice. Je désirais suivre leurs opérations pour les juger, fixer mon opinion par des faits, les dénoncer. Je n'avais pas de preuves suffisantes. » Ou plutôt, si vil que lui parût Chabot, il lui répugnait de le perdre.

Quand on l'arrêta (27 brumaire), il venait de faire sa déclaration au Comité, mais seulement après celle de Chabot. Ajoutons qu'il avait eu l'imprudence de s'opposer à la proposition de Philippeaux tendant à ce que chaque conventionnel rendît compte de l'état de sa fortune. « Si je parle, avait-il dit, contre le projet de décret présenté par Philippeaux, ce n'est pas pour moi. Je suis le plus pauvre de la Convention ; mais j'attache une grande importance à ce décret ; il me paraît très propre à favoriser les aristocrates, et tend à diviser les patriotes... Il n'y a pas un seul muscadin qui ne se réjouisse de voir monter sur l'échafaud ceux qui ont commencé la révolution, ceux qui, les premiers, ont jeté les fondements de la liberté... Je sais bien quel sort m'attend peut-être, pour avoir si franchement émis mon opinion ; mais quand on sait parler ainsi à la tribune, on sait mourir. » (20 brumaire.)

D'autre part, sa situation aux Jacobins avait été ébranlée, le 21 brumaire, par une violente sortie de Dufourny contre son indulgence modérantiste. On l'accusait d'avoir dit : *Quand donc finira cette boucherie de députés ?* Il n'eut pas de peine à se justifier devant la Convention (23 brumaire). Mais sa popularité était atteinte, et personne ne protesta contre son arrestation.

L'acte d'accusation d'Amar lui reprocha, avec une précision terrible, de s'être rendu complice des agioteurs, « en gardant le silence, soit sur les révélations qui lui ont été faites de leurs manœuvres criminelles, soit sur les propositions intéressées qui lui ont été faites. » A cette accusation, Basire ne put qu'opposer sa tardive déclaration, postérieure à celle de Chabot, et dont nous n'avons pas le texte (1). Si on en croyait le Bulletin du tribunal, il aurait eu la lâcheté de nier son amitié avec Chabot. Les notes de Topino-Lebrun lui prêtent une attitude plus digne : « Je m'en rapportais à Chabot, aurait-il dit, que j'avais connu patriote ; il m'a tenu parole. » Chabot eut donc raison de gémir, à l'heure suprême, et de répéter avec remords : *Pauvre Basire!* C'était lui qui avait perdu son candide camarade.

Dans les papiers de ce malheureux, je trouve une note anonyme, mais tracée par la plume robespierriste qui classa tout le dossier. Il y est rendu justice à Basire par un de ceux-là qui le tuèrent. Voici ce plaidoyer pour le dantoniste, échappé, dans une minute de sincérité, à ses ennemis eux-mêmes :

« Par l'examen que l'on a fait des papiers de Basire, on croit avoir reconnu dans cet homme un caractère humain,

---

(1) Dans le brouillon de son apologie, il dit avoir dévoilé la conspiration à un dîner, où se trouvaient, entre autres, Ginguené, le citoyen Aumône, secrétaire du ministère de la justice, et Martinière de Granville.

facile, négligent pour les objets de détail, excepté lorsqu'ils lui étaient recommandés par des femmes. Car il avait une tendance si forte vers ce sexe, qu'il ne savait rien lui refuser, et même on l'a vu oublier son devoir en accédant à des demandes contraires aux lois (par exemple, en accordant ou faisant obtenir des passeports). Il était d'une société douce avec les femmes, un peu pédantesque avec les hommes. Bon patriote, voyant les choses en grand, et gémissant lorsqu'il fallait sévir contre quelqu'un ; mais le faisant. (Voir ses lettres.) Il est inutile de dire qu'il avait des maîtresses. On distingue entre elles une femme d'esprit, baronne hollandaise. (Voir ses lettres.) Basire avait peu d'idées, et empruntait celles des autres pour la partie de la politique. Les mémoires qu'il avait su se procurer du cabinet de Capet (??) servaient de base à son travail, qu'il n'avait pas facile. »

Je ne vois pas trop comment Basire aurait pu emprunter la matière de ses discours aux papiers saisis aux Tuileries ; mais ce qui est sûr, c'est que cet écrivain sans grand talent, cet orateur sans originalité, n'emprunta à personne certains traits partis du cœur, comme cette formule célèbre de l'héroïsme révolutionnaire. On discutait l'article 4 de la Constitution (18 juin 1793) : « Le peuple français ne fait pas la paix avec un ennemi qui occupe son territoire. » Mercier objecta : « Avez-vous fait un traité avec la victoire ? » « Nous en avons fait un avec la mort », répondit Basire ; et, séance tenante, Barère recommanda ce « mot sublime » à la postérité (1).

(1) C'est par erreur que dans les pages précédentes nous avons, avec les journaux du temps, imprimé *Bazire*. Au cours de l'impression de ce livre, nous avons pu nous assurer, aux Archives, que cet orateur signait *Basire*.

CHAPITRE X.

LACROIX, PHILIPPEAUX, CAMILLE DESMOULINS.

I

L'avocat LACROIX (1) parla souvent à la Législative, et dans le sens du trio cordelier. Auxiliaire de Danton au 10 août, son collègue dans la fameuse mission de Belgique (décembre 1793), il resta toute sa vie sous le coup d'une accusation de dilapidation, dont le docteur Robinet a parfaitement montré l'inanité. C'était un bel homme, à la voix sonore; mais sa parole ne fit aucune impression, et je ne trouve dans ses discours aucune trace, je ne dis pas d'un talent, mais d'une personnalité. Sa défense au tribunal, dans le Bulletin et dans les notes de Topino-Lebrun, est trop informe pour qu'on puisse dire si, en défendant sa tête, il s'éleva une fois à l'éloquence.

PHILIPPEAUX, d'abord girondin (2), se rattacha bientôt à la politique de Danton; mais c'est dans sa mission en Vendée qu'il faut voir la cause de ses malheurs et de ses quelques succès oratoires. Les généraux de la *Cour de Saumur* voulaient s'avancer par grandes masses contre l'ennemi : Philippeaux conseilla l'emploi de colonnes mobiles convergeant toutes vers un même point où elles rabattraient les Vendéens pour les y écraser enfin. Le Comité de salut public lui donna raison ; mais l'insuccès

---

(1) Il s'appelait J.-F. de Lacroix. Dans les journaux du temps, on l'appelle indifféremment *Lacroix* et *Delacroix*. Né à Pont-Audemer, il était avant 1789 avocat à Anet. Il représenta l'Eure-et-Loir à la Législative et à la Convention.

(2) Topino-Lebrun lui entend dire, au tribunal : « Arrivé de mon département, j'ignorais les intrigues, je fus trompé par Roland. »

d'une première opération le fit désavouer. Il revint à Paris, attaqua ses adversaires, produisit à la tribune des documents écrasants pour les violents et incapables généraux de Saumur, et à son accusateur Collot d'Herbois il opposa l'éloquence de la vérité. Ses discours sont d'un honnête homme, indigné, mais borné, et, s'il eut raison, il ne montra aucune vue supérieure. La réponse définitive qu'il avait préparée et que sa veuve publia après son assassinat juridique prouve plutôt son honnêteté et son courage qu'elle ne confond les ultra-jacobins, ses adversaires.

Mais il savait parler au peuple, dans la rue, en soldat et en tribun. Ecoutez-le raconter comment il releva le courage des Angevins, dont la ville, abandonnée, allait être prise par des Vendéens : « Je fais, dit-il, convoquer avec éclat une réunion solennelle des corps civils et militaires. L'âme de feu que j'y portais me rendit présomptueux et véhément. Au ton d'assurance avec lequel je promettais la victoire, à l'offre de marcher aux avant-postes et de m'enfermer dans la ville pour vomir la foudre contre les brigands, s'ils osaient en approcher, les courages se remontèrent peu à peu, et bientôt je parvins à embraser tous les cœurs de cette intrépide et généreuse ivresse qui enchaîne la fortune.... »

Opprimé avec les Dantonistes, pour avoir eu trop raison en Vendée, il se réjouissait encore, dans sa prison, d'avoir dénoncé Rossignol et consorts : « J'ai fait en cela, disait-il, une bonne action que toutes les ruades de la sottise et de l'injustice ne peuvent me faire regretter (1). » Et, le 13 germinal, tout près de la mort, il écrivait à sa femme : « Le supplice injuste d'un homme de bien avance quelquefois plus une révolution que celui de mille scélé-

---

(1) Réponse de Philippeaux à ses accusateurs, suivie de trois lettres écrites dans sa prison à sa femme, an III, in-8, p. 7.

rats. J'aime à croire que tu te pénétreras de ces grandes idées, et te raidiras contre toute faiblesse indigne de la cause sublime pour laquelle je suis proscrit. » Puis, parlant de son fils : « Communique-lui ton âme et la mienne : les exemples de son père le porteront à la vertu. Quand il sera d'un âge à pouvoir s'élever aux idées sublimes, pénètre-le du sentiment de l'Etre suprême et de l'immortalité de l'âme. Ce dogme consolateur est le seul refuge de la vertu flétrie et opprimée (1). »

Sa conscience lui inspira une fière réponse à Fouquier, qui le persiflait : « Il vous est permis de me faire périr, mais de m'outrager, je vous le défends (2). »

II

Quand on donnera enfin une édition des œuvres complètes de cet écrivain de génie qui s'appelait CAMILLE DESMOULINS et auquel je ne vois de comparable, dans toute notre littérature de combat, que l'auteur des *Provinciales* et celui de *Candide*, — il y faudra placer, à côté des pamphlets et des gazettes, les discours que ce journaliste, tout bègue qu'il était, prononça aux Jacobins et surtout à la Convention. M. Claretie, qui a rendu à la mémoire de Camille de sérieux hommages, a négligé ce côté de son talent ; pourtant le rédacteur des *Révolutions de France et de Brabant* voulut, en dépit de la nature, défendre à la tribune ses idées, sa politique.

Avait-il donc une politique ? Presque toute sa vie il se déclara robespierriste. C'est avec enthousiasme qu'il s'écrie :

---

(1) Dans sa prison, il lisait Helvétius ; mais les « sophismes ingénieux » de ce philosophe lui déplaisent. Il préférerait avoir, à cette heure suprême, un écrit de Jean-Jacques.

(2) *Bulletin du tribunal.* — Quoiqu'il signât et s'appelât *Philippeaux*, les contemporains ne l'appellent jamais que *Phélippeaux*.

« Robespierre, mon ami de collège, vénérable, grand à
mes yeux, quoiqu'on ait dit qu'il n'y avait point de grand
homme pour son valet de chambre, son camarade de collège et le témoin de sa jeunesse (1). » Dès 1789, ce voltairien se faisait le confident et l'interprète du futur pontife
de l'Etre suprême. « La *Lanterne*, disait-il, demande des
églises, c'est-à-dire des lieux d'assemblée pour huit millions
de théistes. Cette religion serait digne de la majesté et des
lumières du peuple français. Dépouillée des mensonges des
autres cultes qui tous ont défiguré la divinité, elle ne conserverait que ce qu'ils ont d'auguste, la reconnaissance d'un
Etre suprême et l'idée de la justice, inséparable de la
récompense des bons et de la punition des méchants. Le
philosophe exerce le sacerdoce de cette religion... » Et
en 1793 il exprimait encore la pensée de son ami et devançait la critique d'Edgar Quinet, quand il s'affligeait en ces
termes du caractère superficiel de la Révolution : « A la
différence des révolutions du seizième siècle, qui tiraient
leur force de la vertu et avaient leur racine dans la conscience; à la différence de ces révolutions que le protestantisme opérait dans l'Angleterre et dans tout le Nord, plutôt
des réformes religieuses que civiles, et soutenues par le
fanatisme et les espérances d'une autre vie, notre révolution, purement politique, n'a ses racines que dans l'égoïsme
et dans les amours-propres de chacun, de la combinaison
desquels s'est composé l'intérêt général (2). » Il mit plus
d'une fois sa plume redoutable au service de la campagne
antiphilosophique que Robespierre mena contre les Girondins et les Hébertistes, mais par complaisance et docilité,
sans nul enthousiasme intérieur.

S'il admirait l'Incorruptible, on sait qu'il était Cordelier

---

(1) *J.-P Brissot démasqué*, éd. Claretie, p. 284.
(2) *Ibid.* p. 282.

dans l'âme et qu'il aimait Danton. Quand la scission s'opéra parmi les patriotes avancés, il n'eut pas le courage d'opter entre les fanatiques et les politiques, et il continua à louer dans ses feuilles à la fois Robespierre et Danton. Mais celui-ci l'avait eu (avec Fabre) pour auxiliaire intime au ministère de la justice. Camille, les Girondins abattus, se sentit gagné à la politique organisatrice et clémente du grand Cordelier. Il devint fervent dantoniste, sans rompre avec Robespierre. Il écrivit ce *Vieux Cordelier*, où il demandait un désarmement auquel aurait évidemment présidé Danton. Voilà pourquoi l'histoire le range parmi ces Dantonistes auxquels l'échafaud l'a associé.

Donc, il n'avait rien de l'orateur : il était bègue, il était laid, sans prestance, sans moyens physiques. « Mes poumons, dit-il, sont trop inférieurs à mon zèle (1). » Et pourtant la postérité se le représente dans l'attitude la plus oratoire, haranguant le peuple au Palais-Royal, l'avant-veille du 14 juillet. Il faut rappeler le récit qu'il fit à son père, sous l'impression de cette scène grandiose, où il joua le premier rôle : « Je vais, dit-il, sur les trois heures, au Palais-Royal ; je gémissais, au milieu d'un groupe, sur notre lâcheté à tous, lorsque trois jeunes gens passent, se tenant par la main et criant aux armes. Je me joins à eux ; on voit mon zèle, on m'entoure, on me presse de monter sur une table : dans la minute j'ai autour de moi six mille personnes. « Citoyens, dis-je alors, vous savez que la nation avait demandé que Necker lui fût conservé, qu'on lui élevât un monument, et on l'a chassé ! Peut-on vous braver plus insolemment ? Après ce coup, ils vont tout oser, et, pour cette nuit, ils méditent, ils disposent peut-être une Saint-Barthélemy pour les patriotes. » J'étouffais d'une multitude d'idées qui m'assiégeaient, je

---

(1) *Histoire secrète*, éd. Claretie, p. 340.

parlais sans ordre. « Aux armes ! ai-je dit, aux armes ! Prenons tous des cocardes vertes, couleur de l'espérance. »
Je me rappelle que je finissais par ces mots : « L'infâme police est ici. Eh bien, qu'elle m'observe bien ; oui ! c'est moi qui appelle mes frères à la liberté ! » Et levant un pistolet : « Du moins, ils ne me prendront pas en vie, et je saurai mourir glorieusement ; il ne peut plus m'arriver qu'un malheur, c'est celui de voir la France devenir esclave. » Alors je descendis, on m'embrassait, on m'étouffait de caresses. Mon ami, me disait chacun, nous allons vous faire une garde, nous ne vous abandonnerons pas, nous irons où vous voudrez. Je dis que je ne voulais point avoir de commandement, que je ne voulais qu'être soldat de la patrie. Je pris un ruban vert et je l'attachai à mon chapeau le premier. Avec quelle rapidité gagna l'incendie ! »

Ce jour-là, l'émotion, l'enthousiasme délièrent sa langue. Il ne se reconnut pas lui-même, et plus tard ses mécomptes oratoires insinuèrent dans son esprit une sorte de scepticisme au sujet de cet épisode merveilleux de sa vie : « Me fera-t-on croire, écrivait-il en 1793, que lorsque je montai sur une table le 12 juillet et que j'appelai le peuple à la liberté, ce fut mon éloquence qui produisit ce grand mouvement une demi-heure après, et qui fit sortir de dessous terre les deux bustes d'Orléans et de Necker ? » Et il ajoute avec amertume : « Lors même que j'ai été le plus applaudi aux Jacobins, je n'ai recueilli que des applaudissements stériles, et je ressemblais alors même à une voix qui crie au secours dans le désert et qui est répondue par des échos inanimés (1). »

Sa versatilité, qui venait de son extrême et crédule bonne foi, lui avait ôté toute l'autorité morale qui aurait pu pallier

---

(1) *Histoire secrète*, 288, 289.

à la tribune son insuffisance oratoire. Il avait successivement suivi les guides illustres de la Révolution tant qu'il les avait crus sincères, depuis Mirabeau jusqu'à Robespierre, et avait paru ainsi tourner à tous les vents, lui qui se vantait d'être un des dix républicains qui existaient à Paris avant le 14 juillet. On ne le prenait pas au sérieux, et André Chénier disait durement de ce grand écrivain : « Même dans ce qu'il appelle son parti, il ne passe que pour un bouffon, quelquefois assez divertissant, et qui serait difficilement méprisé par personne plus qu'il ne l'est par ses amis, car ses amis le connaissent mieux que personne (1). » Bailleul l'appelait, avec plus de finesse et de profondeur, *l'homme d'esprit le plus bête qui ait jamais existé...* (2).

En effet, pour prendre la parole, il n'écoutait que sa fantaisie, ses nerfs, ou, si l'on veut, sa conscience.

Ainsi, dans la discussion sur la motion faite par Buzot d'expulser la famille d'Orléans (16 décembre), ce républicain montra une inquiétude fébrile et maladroite, courant à la tribune et demandant *à dire des choses neuves*, puis s'écriant : « Si ce décret passe, la France est perdue ! » Enfin, il obtient la parole pour un amendement : « Si l'Assemblée, dit-il, eût voulu m'entendre, je lui aurais ouvert en quatre mots les yeux sur le piège grossier qu'on lui tend. (On murmure. — *Plusieurs voix* : Votre amendement !) Mon amendement est que Philippe ne sorte de France que lorsque la Convention lui aura assuré un pays où il puisse se retirer en sûreté. (*Nouveaux murmures.*) » Son zèle fit rire les Girondins, contre lesquels il tourna dès lors toute sa verve.

Il fut très dur pour Louis XVI. Le 15 décembre, il s'opposa à l'expertise des pièces déniées par ce prince ; quel-

---

(1) André Chénier, *Œuvres en prose*, p. 297.
(2) *Almanach des bizarreries humaines*, p. 29.

ques jours plus tard, il fit imprimer un discours dont la péroraison attachait l'accusé au poteau : «... Comme Louis XVI ne pourra rien répondre à la correspondance de La Porte et à cette foule de preuves écrites, qu'il soldait ses gardes du corps à Coblentz et trahissait la nation ; il ne vous restera plus qu'à prouver, comme Brutus au peuple romain, que vous êtes dignes de commencer la République et sa constitution, et à apaiser les mânes de cent mille citoyens qu'il a fait périr, en prononçant le même jugement : *I lictor, deliga ad palum.* » Dans la discussion sur l'appel au peuple, il traita les *appelants* de vendus. Enfin il vota la mort en termes rigoureux : « Manuel, dans son opinion du mois de novembre, a dit : Un roi mort, ce n'est pas un homme de moins. Je vote pour la mort, trop tard peut-être pour l'honneur de la Convention nationale. » Ces paroles soulevèrent de longs murmures, et la droite demanda le rappel à l'ordre de Camille. Il est probable qu'elle ne lui aurait pas laissé prononcer le discours qu'il avait préparé contre l'appel au peuple et qui se terminait par ce projet de décret : « La Convention nationale déclare que Louis Capet a mérité la mort. Décrète qu'à cet effet il sera dressé un échafaud dans la place du Carrousel, où Louis sera conduit ayant un écriteau avec ces mots devant: Parjure et traitre a la nation ; et derrière : *Roi ;* afin de montrer à tous les peuples que l'avilissement des nations ne saurait prescrire contre elles le crime de la royauté, par un laps de temps, même de quinze ans... — Décrète en outre que le caveau des rois, à Saint-Denis, sera désormais la sépulture des brigands, des assassins et des traîtres (1)... » Mais c'était plutôt là de la littérature que de la politique.

Sa défaveur commença le jour où il prit la défense de son ami le général Dillon, arrêté comme conspirant l'éva-

---

(1) Texte donné par Robespierre dans son journal.

sion de Marie-Antoinette (1). Malade et absent depuis six semaines, il fit une rentrée bruyante en attaquant, sur ce sujet, le Comité de salut public, où siégeaient pourtant ses amis, et se fit rudement relever par Lacroix et Basire (10 juillet 93). Le lendemain, Levasseur lui coupa dédaigneusement la parole en s'écriant *qu'il fallait empêcher Camille de se déshonorer*. Le pamphlétaire vengea les injures de l'orateur dans sa *Lettre à Dillon*, où il fit cette cruelle caricature de Legendre, et où il s'attira la haine de Saint-Just en lui demandant *pourquoi il portait sa tête comme un saint-sacrement*.

Sa terrible *Histoire des Brissotins* avait fourni toutes les calomnies dont on se servit pour tuer Vergniaud et ses amis. On sait qu'il eut des regrets; Vilate a même conté qu'au prononcé du jugement contre les Girondins, Camille, qui était dans la salle, eut une crise de nerfs et s'écria : « C'est mon *Brissot dévoilé* qui les tue! » Il y a aussi des remords dans le mot ironique qu'il prononça en voyant guillotiner Girey-Dupré : « On ne meurt pas comme cela sans être républicain; mais malheureusement, il ne l'était pas comme nous (2). » Quelques jours après la mort de Brissot, il lança à la tribune, en faveur des survivants de la Gironde, une boutade miséricordieuse, en réponse à Voulland, qui demandait (20 brumaire) que tout prévenu fût mis hors la loi, s'il n'obéissait pas au décret d'arrestation : « Je me rappelle, observa Camille, un proverbe consacré dans le code de tous les peuples, et sanctionné par la sagesse de toutes les nations : *A tort ou à raison, on ne va en prison.* »

(1) Une tradition sérieuse montre Dillon communiquant, en 1792, le secret des opérations de Custine aux Prussiens. Camille fit paraître dans cette affaire plus de générosité que de réflexion. Cf. Claretie, *Camille Desmoulins*, etc., p. 261.
(2) *Almanach des bizarreries humaines*, p. 32.

Cette attitude lui fut sévèrement reprochée par les hébertistes, lors de l'épuration des jacobins (24 brumaire). Il répondit avec dignité : « A l'égard du mouvement de sensibilité que j'ai fait paraître lors du jugement des vingt-deux, je déclare que ceux qui me font ce reproche étaient loin de se trouver dans la même position que moi. Je chéris la République ; je l'ai toujours servie, mais je me suis trompé sur beaucoup d'hommes, tels que Mirabeau, les Lameth, etc., que je croyais de vrais défenseurs du peuple, et qui néanmoins ont fini par trahir ses intérêts. Une fatalité bien marquée a voulu que de soixante personnes qui ont signé mon contrat de mariage, il ne me reste que deux amis : Robespierre et Danton. Tous les autres sont émigrés ou guillotinés. De ce nombre étaient sept d'entre les vingt-deux. Un mouvement de sensibilité était donc bien pardonnable dans cette occasion ; cependant j'atteste n'avoir pas dit : *Ils meurent en républicains, en Brutus;* j'ai dit : *Ils meurent en républicains, mais républicains fédéralistes;* car je ne crois pas qu'il y eût beaucoup de royalistes parmi eux. »

C'est alors que Robespierre défendit Camille ; mais il le fit avec un dédain hypocrite qui déconsidérait son ancien ami et le livrait sans défense aux injustices de l'opinion : « J'engage Camille Desmoulins, dit-il, à poursuivre sa carrière, mais à n'être plus aussi versatile, et à tâcher de ne plus se tromper sur le compte des hommes qui jouent un grand rôle sur la scène politique. » Sur cette mercuriale, Camille fut admis.

On sait comment, en nivôse, il lança aux Jacobins contre Hébert les accusations auxquelles son *Vieux Cordelier* donna une forme immortelle. Mais bientôt lui-même est inculpé pour ses liaisons avec l'infortuné Philippeaux (18 nivôse). Sa douleur et son anxiété furent grandes : « Tenez, citoyens, dit-il aux Jacobins, je vous avoue que je ne sais plus où j'en suis; de toutes parts on m'accuse, on me calomnie. Sur le fait de Philippeaux, je vous confesse franchement que j'ai cru de bonne foi tout ce qu'il a consigné dans son Mémoire sur la Vendée. En effet, comment supposer un homme assez impudent menteur pour oser consigner, dans un écrit public, une suite de faits destitués de fondement? J'ai lu les écrits de Philippeaux; la manière dont il raconte ce qu'il a vu m'a séduit : et je ne crois pas qu'un homme, n'ayant lu que ce que dit Philippeaux, à moins d'être un incrédule renforcé, puisse raisonnablement révoquer en doute les faits qu'il a consignés dans ses lettres imprimées. — J'ai vu depuis d'excellents patriotes, tels que Collot d'Herbois ; ils m'ont assuré que l'ouvrage de Philippeaux était un roman, où il mentait impudemment à sa conscience et au public. Je vous avoue que je ne sais plus où j'en suis, qui croire, quel parti prendre. En vérité, j'y perds la tête. Est-ce un crime à vos yeux de s'être laissé tromper par une série de faits tous bien liés entre eux et qui se développent sans art et sans efforts? »

Robespierre le défendit encore une fois avec la même perfidie. Ce furent d'abord de lourdes plaisanteries sur l'admiration du vieux Cordelier pour Philippeaux: «Camille croit, en lisant Philippeaux, lire encore les Philippiques de Cicéron et de Démosthène; mais qu'il ne s'abuse pas, les anciens ont fait des Philippiques, et Philippeaux n'a composé que des Philippotiques. » Ce calembour de l'Incorruptible fut écouté avec respect ; il ajouta plus hypocritement encore : « Les écrits de Camille sont condamnables sans doute ; mais, pourtant, il faut bien distinguer la personne de ses ouvrages. Camille est un bon enfant gâté, qui avait d'heureuses dispositions, mais que les mauvaises compagnies ont égaré. Il faut sévir contre ses numéros, que Brissot lui-même n'eût osé avouer, et conserver Desmoulins au milieu de nous. Je demande, pour l'exemple, que les numéros de Camille soient brûlés dans la société.

« *Desmoulins.* — C'est fort bien dit, Robespierre ; mais je te répondrai comme Rousseau: *Brûler n'est pas répondre.*

« *Robespierre.* — Comment oser encore vouloir justifier des ouvrages qui font les délices de l'aristocratie ? Apprends, Camille, que si tu n'étais pas Camille, on ne pourrait avoir autant d'indulgence pour toi... »

Le 21 nivôse, il fut rayé ; mais, à la fin de la séance, Robespierre fit rapporter cet arrêté, en disant *qu'il ne défendait pas le membre rayé,* mais qu'on devait se garder de mesures individuelles. « Il faut, dit-il, que tous les intrigants, *sans exception,* soient dévoilés et mis à leur place. » En d'autres termes, il réserva Desmoulins pour la fournée de germinal. Voilà comment le gracieux écrivain fut sournoisement tué par le lourd rhéteur.

Il est pourtant certain que le *Vieux Cordelier* n'avait paru qu'avec l'assentiment de Robespierre. Camille le rappela au tribunal révolutionnaire : « On m'a encouragé : *Ecris, etc., démasque la faction Hébert ; il est bon que quelqu'un le fasse* (1). » Et, dans la séance même des Jacobins où Robespierre s'indigna contre le journal de Camille, celui-ci le confondit d'un mot : « Tu me condamnes ici, mais n'ai-je pas été chez toi ? Ne t'ai-je pas lu mes numéros, en te conjurant, au nom de l'amitié, de vouloir bien m'aider de tes avis et de me tracer le chemin que je devais tenir ? » Le dénonciateur ne put que balbutier : « Tu ne m'as pas montré tous tes numéros ; je n'en ai vu qu'un ou deux. Comme je n'épouse aucune querelle, je n'ai pas voulu lire les autres ; on aurait dit que je les avais dictés. » Or ces deux numéros sur lesquels Robespierre avoue avoir été consulté, sont évidemment parmi les premiers de la série,

---

(1) Topino-Lebrun.

c'est-à-dire parmi ceux où Camille se montre le plus *indulgent* et se compromet davantage. Lui-même déclara au tribunal, d'après Topino-Lebrun, que depuis le numéro 4 *il n'avait écrit que pour se rétracter.*

C'est ainsi qu'il se défendit sur l'accusation d'avoir « attaqué la représentation nationale » dans son pamphlet. On lui reprocha aussi sa liaison avec Dillon. « Marat, répondit-il, s'est trompé sur Proly. Quel est l'homme qui n'a pas eu son Dillon ? » Il rappela que, lors de sa dispute avec Saint-Just, celui-ci lui avait dit qu'il le ferait périr. Enfin, il eut un mot mélancolique : « J'ai ouvert la Révolution, et ma mort va la fermer. »

On eût aimé une attitude plus ferme, un plus fier aveu des actes et des écrits. Mais il ne faut pas oublier que l'accusé ne put prononcer la défense qu'il avait préparée, et dont M. Matton a publié les notes. C'est là qu'il convainc « M. le chevalier de Saint-Just de la plus atroce calomnie (1). Mais Saint-Just écrit à loisir dans son bain, dans son boudoir ; il médite pendant quinze jours mon assassinat, et moi je n'ai point où poser mon écritoire, je n'ai que quelques heures pour défendre ma vie. Qu'est-ce autre chose que le duel de l'empereur Commode, qui, armé d'une excellente lame, forçait son ennemi à se battre avec un simple fleuret garni de liège ?... Il n'y a personne dans la Convention qui ne sache que monsieur le ci-devant chevalier de Saint-Just m'a juré une haine implacable pour une légère plaisanterie que je me suis permise il y a cinq mois,

---

(1) Qu'eût-il dit, s'il avait su que ce rapport avait été rédigé sur des notes de Robespierre ? On a prétendu, pour excuser cet acte de perfidie, que Robespierre était justement irrité contre Camille, qui avait prêté un livre obscène à Elisabeth Duplay, avant qu'elle fût Mme Lebas. Esquiros, qui rapporte le fait dans son *Histoire des Montagnards* dit le tenir de cette dame. Mais celle-ci a consigné ses souvenirs dans un cahier de notes, et elle n'y rapporte pas ce trait si caractéristique. Cf. Hamel, III, 263.

dans un de mes numéros. Bourdaloue disait : Molière me met dans sa comédie, je le mettrai dans mon sermon. J'ai mis Saint-Just dans un numéro rieur, et il me met dans un rapport guillotineur où il n'y a pas un mot de vrai à mon égard (1). »

On le voit : en reprenant la plume, ce tribun balbutiant retrouve tout son génie. Je ne veux pas définir ici ce style si français et si antique à la fois, cet art de mêler sans pédantisme les souvenirs grecs et romains aux réalités présentes, et d'emporter dans un mouvement toutes ces citations et allusions classiques, dont la trame si brillante et si fine rappelle la prose de Montaigne. Mais ici c'est un Montaigne passionné, agissant, oratoire. Ce bègue, qui tenait mal la tribune, retrouve parfois la savante période de Démosthène ou de Cicéron, et l'anime d'un grand souffle parti du cœur. Y a-t-il, chez les orateurs antiques, une phrase mieux rythmée et plus émouvante que cette exhortation adressée par le vieux Cordelier aux Conventionnels qui seraient tentés d'être lâches :

« Eh quoi ! lorsque tous les jours les douze cent mille soldats du peuple français affrontent les redoutes hérissées des batteries les plus meurtrières, et volent de victoires en victoires, nous, députés à la Convention, nous, qui ne pouvons jamais tomber comme le soldat dans l'obscurité de la nuit, fusillé dans les ténèbres et sans témoins de sa valeur ; nous dont la mort soufferte pour la liberté ne peut être que glorieuse, solennelle, et en présence de la nation entière, de l'Europe et de la postérité ; serions-nous plus lâches que nos soldats ? Craindrons-nous de nous exposer,

---

(1) Louis Blanc dit : « Camille Desmoulins était tellement hors de lui que, déchirant son projet de défense, il en lança les morceaux à la tête de Fouquier-Tinville. — C'est ce chiffon qui, ramassé après l'audience, arriva aux mains de Lucile... » *Hist. de la Rév.*, X, 392. — Matton, auquel se réfère Louis Blanc, dit que c'est *son acte d'accusation* que Camille déchira ainsi.

de regarder Bouchotte en face ? n'oserons-nous braver la grande colère du Père Duchesne, pour remporter aussi la victoire que le peuple français attend de nous : la victoire sur les ultra-révolutionnaires comme sur les contre-révolutionnaires ; la victoire sur tous les intrigants, les fripons, tous les ambitieux, tous les ennemis du bien public ? »

Lisez cette période à haute voix : elle est écrite et toute *notée* pour la tribune. Quelle souffrance, pour ce génie, de ne pouvoir exprimer par la parole ces beaux mouvements oratoires qui naissaient d'eux-mêmes sous sa plume ! Il semble que les joies de l'orateur soient plus complètes et plus vives que celle de l'écrivain, et il y a du regret et de la tristesse dans cette remarque échappée à Camille sur son rôle politique : « Ce que je n'ai pas les moyens physiques de dire à la tribune, je l'ai dit dans mes numéros (1). »

(1) *Vieux Cordelier*, n° 5, éd. Matton, p. 124.

LIVRE IX

MONTAGNARDS INDÉPENDANTS : MARAT ET CLOOTS.

CHAPITRE PREMIER

MARAT.

I

Y eut-il, à la Convention, un groupe d'orateurs maratistes ? « La secte des maratistes, répond Paganel, ne fut autre chose qu'un fantôme que les Girondins montraient à toute la France, qui ne frappait les regards de personne, et qui pourtant accréditait leur projet de scission et de vengeance (1). » Marat, d'ailleurs, aimait à s'isoler, laissant, disait-il, *les dindons aller en troupe*. Camille Desmoulins, à la fin de 1792, constata cet isolement avec son esprit caustique :

« S'il faut, dit-il, au moins trois Cordeliers pour faire un chapitre, il faudra au moins six personnes pour faire un parti; car encore faut-il que le chef du parti ait de quoi organiser son bureau. Or, je défie l'honnête Couthon, et

---

(1) Paganel, II, 172. Cloots disait : « Marat est à peu près seul avec ses poignards, comme Médée avec ses poisons. Le *moi* du grand Corneille pourrait s'appliquer à l'extravagant Marat. » *Ni Marat ni Roland*, ap. Buchez, XXI, 140.

qui que ce soit dans l'assemblée nationale, de me nommer, je ne dis pas le *parti Marat*, mais seulement un disciple de Marat, et quelqu'un à qui il puisse laisser son manteau, comme à Elisée. Il est bien vrai qu'il a appelé quelquefois Stanislas Fréron, *l'orateur du peuple*, son *cher disciple*. Mais on a été si content à Metz de Fréron, qui y était allé comme commissaire du pouvoir exécutif, que les Jacobins l'ont obligeamment consigné dans leur ville, où on dit qu'il a fait des merveilles, et ils ne lui ont pas encore permis de venir prendre sa place à la Convention.

« Marat m'appelle aussi, quelquefois, son fils, son cher fils ; car Marat, au fond, est un bonhomme, et d'une meilleure pâte que beaucoup de ces sournois, hypocrites de modération, que je vois dans l'assemblée, et qui feraient pendre de fort grand cœur ceux qui ont fait, à la barbe du Corps législatif et malgré lui, la révolution du 10 août ; mais bien que Marat m'appelle son fils, cette parenté n'empêche pas que je ne me tienne parfois à une distance de l'honorable père, respectueuse et de bien plus de quatre degrés, où on sait que la parenté cesse. Et si par maratisme on entend l'exaltation, je défie M. Couthon de me ranger dans ce parti ; car, dans les sept à huit volumes révolutionnaires in-8° que j'ai écrits, il ne trouvera pas une seule ligne où il puisse se récrier contre l'exaltation et l'exagération des principes. Or, si Camille Desmoulins n'est point maratiste, qui est-ce qui dans la Convention le sera ? Il est donc démontré par A plus B que le parti Marat, lequel parti Marat compose à lui tout seul, est un ridicule épouvantail dressé par les intrigants au milieu de la Convention, et qui ne peut effrayer qu'un peuple de pierrots ou des oisillons stupides (1). »

(1) *Révolutions de France et de Brabant*, 2ᵉ série, nº XII. — André Dumont, dans sa mission à Amiens (sept. 93), s'intitula *maratiste*; mais alors Marat était mort et déifié.

En toute occasion, il séparait sa cause de celle de la Montagne, par orgueil, par une sorte de défiance de son propre délire, et il revendiquait toute la responsabilité de ses fantaisies. Même il s'avouait démagogue, comme lorsqu'il disait à Basire : « Mon ami, je surfais au peuple, parce que je sais que le peuple me marchande ; mais ma main se sécherait plutôt que d'écrire, si j'étais sûr que le peuple dût exécuter ce que je lui dis de faire (1). »

MM. Chévremont et Bougeart ont longuement raisonné sur la politique de Marat. Il n'avait pas de politique, vivait au jour le jour, et écoutait les conseils contradictoires de sa sensibilité maladive. Nulle part, ni dans son journal, ni à la tribune, il ne se pose en théoricien ; nulle part, il ne propose une république. Il fait bon marché de ce qu'il appelle des rêveries métaphysiques. Une seule idée, nette et fixe, se retrouve dans presque tous ses numéros : le peuple doit être à la fois libre et mené ; il lui faut un guide, un chef, un dictateur acclamé par lui et tout-puissant, tant que l'assentiment général le soutiendra. Rapide et bon justicier, ce dictateur défendra le peuple contre ses ennemis, pendant que chacun vaquera à ses affaires. La tribune, les comités, les délibérations parlementaires font rire Marat de pitié : qu'on élise un homme et qu'il gouverne. Marat est donc royaliste ? Non : ce pouvoir sera commis pour un temps, c'est une dictature plébiscitaire. Ainsi le césarisme français est en germe dans l'*Ami du peuple* : pour qui a lu Marat et constaté sa popularité, le succès du 18 brumaire est plus compréhensible, et au premier rang de ceux qui préparent les esprits à l'asservissement, il faut placer le *sanguinaire* journaliste.

Mais fut-il vraiment sanguinaire ? Oui, quoi qu'en disent Villiaumé, Bougeart et Chévremont, l'Ami du peuple ne

---

(1) Discours de Basire aux Jacobins, 18 novembre 1792.

cessa de donner les conseils les plus contraires à l'esprit de fraternité qui anima les premiers actes de la Révolution. Oui, quand les royalistes étaient seuls à demander du sang, le jour même de la prise de la Bastille, il proposa nettement d'abattre cinq cents têtes. Plus tard, vers la fin de la première législature, il conseilla de dresser huit cents potences pour y pendre huit cents députés à la Constituante. Comme on ne l'écoute pas, chaque jour lui suggère de plus fortes exigences : cent mille, deux cent mille têtes suffiront à peine, non pas à la vengeance, mais à la sûreté nationale. Enfin, le 24 octobre 1792, à la Convention, le député Vermont déclara que Marat avait dit devant lui : « Pour avoir la tranquillité, il faut que 270,000 têtes tombent encore. » Et aussitôt Marat de s'écrier à la tribune : « Eh bien ! oui, c'est mon opinion, je vous le répète. Il est atroce que ces gens-là parlent de liberté d'opinion, et ne veuillent pas me laisser la mienne. C'est atroce. » Faut-il voir dans ce chiffre bizarre de 270,000 têtes, une faute d'impression du *Moniteur* (1) ? En tout cas, l'orateur ne protesta pas : il se fit toujours gloire de ses propositions sanguinaires, forçant la dose du remède à mesure que le mal du patient augmentait, et soulevant à plaisir autour de lui la terreur et la haine. Et l'horreur de ces conseils n'est pas excusée par l'exemple d'autrui, par la contagion d'un délire général. Non : les plus rigoureux, Saint-Just, Billaud-Varennes, au plus fort de la crise et du danger, ne proposeront jamais ces larges saignées ; jamais leur imagination ne s'abandonnera à ces effroyables calculs.

Mais ce n'est pas caractériser toute l'éloquence de Marat que de saisir, dans ses discours comme dans son journal, ces deux conseils sans cesse répétés : Ayez un maître et tuez

---

(1) Le *Journal des débats* imprime 268 *têtes*. Mais Marat lui-même, dans sa réplique, parle de « cent ou deux cent mille têtes. »

vos ennemis (1). Il faudrait retrouver l'homme, sous le monstre idéal que la légende nous propose.

Et d'abord, était-il si laid qu'on se le figure ?

Il n'est pas facile de se le représenter dans sa cave, ou, si la cave est une fable, dans son *home* impénétrable, aux années où la réaction le traque. Il faudrait le saisir à la tribune, aux Cordeliers ou à la Convention, dans la pleine lumière où il se plut si souvent à produire avec art sa « tête de Méduse ». Michelet a eu, on se le rappelle, une vision de *cette chose jaune et verte*, de ce batracien épouvantable ; mais cette vision, si admirable et si admirée, s'inspire-t-elle d'aucune réalité historique, d'aucun témoignage, d'aucun tableau ? Voyons les portraits de Marat : parcourons, avec M. Chèvremont, l'iconographie de son héros, feuilletons la collection Hennin. Quelle déception ! Partout l'artiste blâme ou loue son modèle, défigure ou transfigure. Boze est vague, Simon Petit mélodramatique, et David, quand il peint officiellement Marat tué, l'idéalise pour une apothéose. Les bustes qui ornaient la salle des Jacobins et celle de la Convention ont été détruits par le vandalisme réactionnaire. Mais faut-il les regretter ? C'étaient, à coup sûr, de nobles effigies, académiques et majestueuses, qui ressemblaient à Jean-Paul Marat à peu près comme les bustes révolutionnaires de Brutus ressemblaient à Marcus Junius Brutus.

Mais David fit pour l'Ami du peuple ce qu'il fera pour le Bonaparte du tableau du sacre. Avant de dessiner

---

(1) Un de ses thèmes oratoires, c'est aussi la guerre aux riches. « Je demande, dit-il le 5 mai 93, qu'aucun clerc de procureur, aucun épicier, aucun riche en un mot, ne soit reçu dans les bataillons qui partiront pour la Vendée, à moins qu'ils n'aient fait preuve de patriotisme ; il ne nous faut que des patriotes dévoués à la cause de la république. Nous avons un grand moyen de réduire les riches à la classe des sans-culottes, c'est de ne pas leur laisser de quoi se couvrir le derrière. »

légendairement, il dessina *vrai*, pour sa propre satisfaction. Je vois, dans son œuvre, un croquis de Marat fort réaliste, qui confirme le renseignement de Dulaure : « Une des pommettes de ses joues était plus élevée que l'autre : ses yeux par conséquent ne se trouvaient point sur la même ligne horizontale. »

Il y a aussi un dessin de Gabriel qui force l'attention. Marat y est représenté à la tribune, la tête couverte du fameux mouchoir sans lequel on ne se le figure plus. Il a exactement l'attitude que lui prête un observateur contemporain : « A la tribune, dit Fabre d'Eglantine, s'il y montait sans obstacle ni indignation, il se campait avec assurance et fierté, le corps effacé, la main droite sur la hanche, le bras gauche tendu en avant sur le pupitre, la tête en arrière, tournée en trois quarts et un peu penchée sur l'épaule droite. » C'est la description même de l'estampe de Gabriel. Mais ce qui appartient en propre à l'artiste, c'est l'expression qu'il a donnée à la physionomie de l'orateur, une douceur grave, un air hardi et bon, une sérénité bienveillante, comme celle que Houdon prête à Diderot, et avec cela je ne sais quelle franchise mâle, prête à tout penser, à tout dire sans politesse dans l'intérêt des hommes. Gabriel a vu en Marat un Diogène noble et sage. Il l'a embelli aussi, en lui prêtant une régularité dans les traits que démentent et le croquis de David et, m'assure-t-on, le masque moulé sur le cadavre.

Rien ne diffère plus du dessin de Gabriel que deux autres portraits aussi vivants que vraisemblables. C'est d'abord un buste par Deseins où Marat apparaît plus vieux que son âge, ridé, plissé, avec un air un peu fol, comme dirait Michelet, et le coin de la bouche crispé par la contraction que signale Fabre d'Eglantine. C'est ensuite une gravure anonyme, en tête du *Plan de législation criminelle* publié par Marat en 1790. A première vue, ce rire excessif, cet air déséquilibré, ce désordre de toilette produisent une impression confuse. Mais regardez-y de près : ces yeux hardis brillent de loyauté et d'esprit ; si ce rire ironique ressemble à une grimace, on y démêle la juste indignation du bon sens offusqué. C'est une tristesse généreuse, et non pas seulement le sarcasme, qui tord cette bouche amère. Enfin, cette chemise négligemment ouverte, qui laisse voir la poitrine, c'est le désordre permis d'un penseur dans son cabinet de travail. Ce n'est pas le portrait d'un homme sensible à la Jean-Jacques, mais d'un *humoriste* comme Swift. C'est évidemment sous cet aspect (très flatté) d'un philosophe indigné et railleur que l'Ami du peuple voulait se présenter à la postérité.

Car il est évident qu'il composait ses attitudes et poussait l'art jusqu'à *se faire une tête*. Est-ce uniquement la faute des artistes si les portraits de Marat sont si dissemblables ? L'homme ne se ressemblait pas toujours à lui-même, et sa figure, mobile comme celle d'un acteur, revêtait l'expression qui allait le mieux à son rôle du jour. Cette noble physionomie, c'est le docteur Marat ; cet égaré au rictus inquiétant, c'est le martyr, le reclus Marat ; cette bouche sardonique, c'est le physicien méconnu ; ce brave homme bienveillant et sympathique, familièrement coiffé d'un mouchoir, c'est l'Ami du peuple ; cette tête médusante, c'est l'exterminateur des aristocrates, des Feuillants, des Rolandins. Rien de plus changeant, rien de plus voulu que l'attitude et la figure de cet homme qui joua tant de rôles, traversa tant de mondes, poursuivit tant d'idées chimériques ou vraies, fut en toute chose si multiple et si ondoyant, mais en toute circonstance si vivant et si humain.

Ainsi le monstre classique disparaît peu à peu pour faire place à un homme. Un seul de ses contemporains, plus curieux et plus artiste que les autres, a eu le sang-froid de le regarder. « Il était, dit Fabre, de la plus petite stature ; à peine avait-il cinq pieds de haut. Il était néanmoins taillé en force, sans être ni gros ni gras ; il avait les épaules et l'estomac large, le ventre mince, les cuisses courtes et écartées, les jambes cambrées, les bras forts, et il les agitait avec vigueur et grâce. Sur un col assez court, il portait une tête d'un caractère très prononcé ; il avait le visage large et osseux, le nez aquilin, épaté et même écrasé ; le dessous du nez proéminent et même avancé ; la bouche moyenne et souvent crispée dans un des coins par une contraction fréquente ; les lèvres minces ; le front grand ; les yeux de couleur gris-jaune, spirituels, vifs, perçants, sereins, naturellement doux, même gracieux et d'un regard assuré ; le sourcil rare, le teint plombé et flétri ; la barbe noire ; les cheveux bruns et négligés. Il marchait la tête haute, droit et en arrière, et avec une rapidité cadencée, qui s'ondulait par un balancement de hanches. (Harmand de la Meuse dit : Il ne marchait pas, il sautait.) Son maintien ordinaire était de croiser fortement ses deux bras sur la poitrine. »

Nous voilà bien loin du batracien rêvé par Michelet. Assurément, cet homme au teint flétri et aux cheveux négligés, n'était ni un Barbaroux, ni même un Buzot : mais on conçoit que ces yeux qui disaient tant de choses aient pu exciter la sympathie ; on conçoit à la rigueur que Marat ait pu aimer et être aimé (1).

(1) Simonne Evrard n'avait rien de commun avec la souillon de la légende. Cette jeune femme, instruite et intelligente, ne manquait ni de tenue ni de décence. Emue des écrits de Marat, elle apprit en 1790 que, pauvre et persécuté par La Fayette, il allait être contraint de renoncer à son apostolat et de passer en Angleterre, pour y vivre de son ancienne profession. C'est alors qu'elle se lia avec le patriote exalté, et l'aida de sa modeste fortune à faire son journal, à fonder une imprimerie. La généreuse femme n'est-elle pas aussi sympathique, dans son rôle d'obscur dévouement, que la Lodoïska de Louvet ? — On sait que Marat l'épousa avec le rite dont Rousseau avait donné l'exem-

Avait-il des manières aussi sales que le veut la légende ? M. Vatel a déjà remarqué que Marat, docteur, ayant pratiqué en Angleterre, ancien médecin des gardes du corps du comte d'Artois, c'est-à-dire de la compagnie des gentilshommes la plus brillante de la cour, était resté fidèle dans son intérieur à ses habitudes de confort anglais et d'élégance française. Il avait, dit Mme Roland, « un salon très frais, meublé en damas bleu et blanc, décoré de rideaux de soie élégamment relevés en draperies, d'un lustre brillant et de superbes vases de porcelaine remplis de fleurs naturelles alors rares et de haut prix. » Fabre d'Eglantine dit bien qu'il s'habillait d'une manière négligée : « Son insouciance sur ce point annonçait une ignorance complète des convenances, de la mode et du goût, et l'on peut dire même l'air de la malpropreté. » Mais il ne dit pas qu'il fût réellement malpropre, et il est évident que ce mouchoir, ces culottes de peau, cette chemise entr'ouverte étaient une toilette, quoi qu'en dise Fabre, voulue et savamment choisie par cet habile comédien.

Si maintenant du physique nous passons au moral, nous surprenons la vanité de la fable qui prête une ignorance grossière à Marat. D'abord, il était médecin, et non pas vétérinaire, et, sur son bon renom, le comte d'Artois l'attacha, non à ses écuries, mais à ses gardes. Il exerça neuf ans ces fonctions enviées et bien rétribuées, et se démit volontairement en 1786. Ses ouvrages de médecine, de physique, d'économie, si contestés, n'en témoignent pas moins d'un esprit orné et ouvert. Il avait fait de bonnes études latines et grecques. Ayant voyagé dans toute l'Europe, il parlait couramment l'anglais, l'italien, l'allemand, le hollandais. Tous les hommes qui marquèrent dans la

---

ple. Guirault a décrit cette scène dans une lettre au *Journal de Paris*, n° du 24 juillet 1793. Etroitement liée avec Albertine Marat, Simonne Evrard survécut longtemps.

Révolution avaient reçu une solide instruction : loin de faire exception à la règle, Marat était érudit, presque savant, plutôt comparable à un raffiné comme Chamfort qu'à un bon humaniste comme Robespierre.

Son goût littéraire était fin, délicat. La rhétorique de Vergniaud, si agréable pourtant, lui faisait l'effet « d'un vain batelage ». Le viril Danton aimait Corneille : l'ingénieux Marat préférait Racine, dont il admirait les exactes analyses psychologiques à l'égal des études morales de David Hume et de Pascal. Quant à son style, il n'était ni grossier, comme celui de gazetiers royalistes, ni terne, comme celui de Brissot, de Condorcet, des pamphlétaires jacobins. Ce n'est pas l'art consommé, l'art attique de Camille Desmoulins : l'Ami du peuple s'adresse à des ignorants auxquels la concision serait obscure et la sobriété fade. Il délaie, il rabâche ; mais il n'ennuie pas. Son âme passe dans ces prédications familières qui amusent, terrifient, consolent, exaspèrent les simples et les pauvres, avec bien moins de gros mots et d'ordures que ne le veut la légende. Souvent le terme est pittoresque, la verve impayable, le comique irrésistible, et souvent, dans un outrage de Marat, il y a tout un portrait. En vain les victimes du Diogène révolutionnaire affectent de ne s'y pas reconnaître : si le portrait semble infidèle à la seconde même où le satirique le trace, huit jours plus tard, la ressemblance est frappante.

En tous cas, la qualité qu'on ne peut dénier à ces feuilles fugitives, tour à tour absurdes et éloquentes, c'est l'originalité littéraire, c'est une intensité de vie brûlante. Sans doute, l'éternelle litanie de la méfiance dénonciatrice y est agaçante, monotone : mais, dans ce fatras lyrique, que de cris de passion, que de cris de génie ! Toute la rancœur intime de la vieille France misérable et vexée, toute l'angoisse de la pauvre humanité aveugle et incurable s'exha-

.ent dans le journal de Marat. Que dis-je ? Il s'y mêle une autre mélancolie que celle des disgrâces personnelles, des mécomptes éphémères: déjà, le pessimisme de notre siècle ronge l'Ami du peuple, et, sous sa plume, on voit poindre le désespoir philosophique qu'interpréteront, trente ans plus tard, Léopardi et Schopenhauer. Lui aussi, comme disait Musset du poète de Recanati, il est le *sombre amant de la mort,* et on dirait qu'il voit dans la certitude de l'anéantissement la récompense de ses peines et de ses travaux. Un jour, comme on parlait de mettre au Panthéon celui qui fonda dans notre démocratie la politique d'intrigue, Marat, oubliant son rôle d'homme politique, laissa échapper cette phrase alors nouvelle : « Montesquieu et Rousseau rougiraient de se voir en si mauvaise compagnie, et l'Ami du peuple en serait inconsolable. Si jamais la liberté s'établissait en France, et si jamais quelque législature, se souvenant de ce que j'ai fait pour la Patrie, était tentée de me décerner une place dans Sainte-Geneviève, je proteste ici hautement contre ce sanglant affront : OUI, J'AIMERAIS CENT FOIS MIEUX NE JAMAIS MOURIR que d'avoir à redouter un aussi cruel outrage (1) ! »

Ce mot grave passe par-dessus la génération croyante de 1793, par-dessus les *rêveurs à nacelle* du romantisme, et ne rencontre un écho intelligent que dans nos tristes cœurs. Je crois avoir trouvé là et touché le fond intime de l'homme et du penseur, et, peut-être, expliqué le politique. Laissons Bougeart et Chèvremont s'évertuer à reconstruire le système social de Marat et à saisir, dans les feuilles incohérentes de l'Ami du peuple, un dessein suivi, un idéal fixe. Marat, pessimiste et négateur radical, combat tous les principes politiques, parce qu'il n'en a aucun, et finit, comme Schopenhauer commencera, par souhaiter un maître, une

---

(1) Avril 1791, *Ami du peuple,* n° 421.

belle brute impériale, esclave autocrate, le pied rivé à un boulet et la main armée d'une faux vengeresse. Et en attendant la réalisation de cette fantaisie d'humoriste noir, il occupe chacune de ses journées à opposer aux systèmes optimistes des patriotes les ironies sans réplique de la vérité !

Mais il se distingue des modernes pessimistes par son amour pour les hommes, amour douloureux et déçu, amour sans illusion comme sans lassitude. Du grand siècle encyclopédiste, il accepte en son cœur cette idée contradictoire avec sa doctrine désolée : *il faut vivre en frères !* Nos contemporains disent que l'humanité est trop malheureuse, qu'il faut finir la vie. Mais ces misères de l'humanité laissent leur cœur froid comme leur tête. Tout en aimant la mort, Marat souffrait des souffrances d'autrui, et, s'il haïssait la vie, il sympathisait avec les vivants. Toute plainte le trouvait crédule, et cette honorable crédulité parut dans les incidents même de sa fin tragique. J'ai dit pourtant qu'il donna les conseils les plus contraires à la fraternité, qu'il fut sanguinaire. C'est qu'il éprouvait ce tremblement nerveux et homicide qui saisit les cœurs compatissants au récit d'une injustice horrible, d'une trahison sanglante. Impression de femme, dira-t-on ! Mais justement : Marat nous dit qu'il tenait son organisation de sa mère et son savoir de son père (1). Il était femme dans ses colères, dans ses rêves de charité et de vengeance. Il lui manquait la santé morale et la santé physique. Lui qui n'égratigna jamais personne, il rêvait le meurtre des égoïstes et des traîtres. Dans les angoisses de sa sensibilité maladive, on peut dire qu'il fut cruel par pitié.

(1) Voir son portrait par lui-même, dans le *Journal de la République française*, n° 98, 14 janvier 1793.

II

Marat ambitionnait autant la gloire d'orateur que celle de journaliste (1), et les tendances politiques que nous venons d'exposer, il les produisit à la tribune avec la même audace que dans ses gazettes. Toute une partie de ses discours a péri, ceux qu'il prononça au club des Cordeliers, dans les trois premières années de la Révolution ; et c'est là qu'il devait s'abandonner davantage à sa manière familière et pittoresque. Mais nous avons ses opinions aux Jacobins et à la Convention, et c'est assez pour connaître une faconde assurément paradoxale et bizarre, jamais ennuyeuse ou banale. Nulle parole de Marat ne laissa la Convention indifférente: on criait, on riait, on sifflait, mais on vibrait, et l'Ami du peuple ne connut pas les auditoires apathiques. C'était pour sa vanité un triomphe que le tumulte où il jetait à son gré toute l'Assemblée, et il souriait d'aise, du haut de la tribune, à voir ces visages crispés de colère ou pâles d'effroi. Mais lui-même n'était pas impassible, et il perdait son sang-froid quand il croyait voir un hypocrite :
« L'aspect de l'effronterie unie à la dissimulation, dit Fabre d'Eglantine, tantôt lui donnait des accès convulsifs,

---

(1) Son activité était prodigieuse : « Sur les vingt-quatre heures de la journée, dit-il, je n'en donne que deux au sommeil et une seule à la table, à la toilette et aux soins domestiques ; outre celles que je consacre à mes devoirs de député du peuple, j'en emploie régulièrement six à recevoir les plaintes d'une foule d'infortunés et d'opprimés dont je suis le défenseur, à faire valoir leurs réclamations par des pétitions ou des mémoires, à lire et à répondre à une multitude de lettres, à soigner l'impression d'un ouvrage important que j'ai sous presse, à prendre des notes sur tous les événements intéressants de la Révolution, à jeter sur le papier mes observations, à recevoir des dénonciations, et à m'assurer de la loyauté des dénonciations, enfin à faire ma feuille. Voilà mes occupations journalières. Je ne crois donc pas être accusé de paresse : il y a plus de trois ans que je n'ai pris un quart d'heure de récréation. » *Journal de la République française*, n° XCIII.

tantôt lui donnait, dans le discours et jusque dans l'attitude, une dignité mâle, une fierté grave, sous lesquelles sa petite stature disparaissait, et qui en ont imposé plus d'une fois à ses effrénés antagonistes. *Je vous rappelle à la pudeur*, était alors sa locution favorite, et quoiqu'il ait eu souvent besoin d'en user, l'expression qu'il y mettait en était si fortement sentie, qu'elle ne parut jamais parasite dans sa bouche. »

C'est le 25 septembre 1792, à la suite de la dénonciation de Barbaroux contre la députation de Paris, que sa première apparition souleva dans l'Assemblée entière un mouvement de dégoût. Jamais orateur eut-il à lutter contre une telle défaveur? Repoussé d'abord de la tribune par Rebecqui et d'autres députés marseillais (1), il finit par s'y établir, et montra tant de présence d'esprit, d'audace et, avouons-le, tant de talent qu'il s'imposa et se fit écouter :

« J'ai dans cette Assemblée un grand nombre d'ennemis personnels. (*Tous ! tous !* s'écrie l'Assemblée entière en se levant avec indignation.) J'ai dans cette Assemblée un grand nombre d'ennemis ; je les rappelle à la pudeur, et à ne pas opposer de vaines clameurs, des huées et des menaces à un homme qui s'est dévoué pour la patrie et pour leur propre salut. Qu'ils m'écoutent un instant en silence; je n'abuserai pas de leur patience. Je rends grâces à la main cachée qui a jeté au milieu de nous un vain fantôme pour intimider les âmes faibles, pour diviser les citoyens et jeter la défaveur sur la députation de Paris. On a osé l'accuser d'aspirer au tribunat. Cette inculpation ne peut avoir aucune couleur, si ce n'est parce que j'en suis membre. Eh bien, je dois à la justice de déclarer que mes collègues, nommément Robespierre, Danton, ainsi que tous les autres, ont constamment improuvé l'idée, soit d'un tribu-

---

(1) Gorsas, *Courrier des départements*, 26 sept. 92.

nat, soit d'un triumvirat, soit d'une dictature. Si quelqu'un est coupable d'avoir jeté dans le public ces idées, c'est moi. J'appelle sur ma tête la vengeance de la nation ; mais avant de faire tomber l'opprobre ou le glaive, daignez m'entendre. »

Et il explique ainsi ses conseils sanguinaires et illibéraux :

« J'ai frémi moi-même des mouvements impétueux et désordonnés du peuple, lorsque je les vis se prolonger ; et pour que ces mouvements ne fussent pas éternellement vains, et qu'il ne se trouvât pas dans la nécessité de les recommencer, j'ai demandé qu'il nommât un bon citoyen, sage, juste et ferme, connu par son ardent amour de la liberté, pour diriger ses mouvements et les faire servir au salut public. Si le peuple avait pu sentir la sagesse de cette mesure, et s'il l'eût adoptée dans toute sa plénitude, le jour même où la Bastille fut conquise, il aurait abattu à ma voix 500 têtes de machinateurs. Tout aujourd'hui serait tranquille. Les traîtres auraient frémi, et la liberté et la justice seraient établies aujourd'hui dans nos murs. J'ai donc plusieurs fois proposé de donner une autorité instantanée à un homme sage et fort, sous la dénomination de tribun du peuple, de dictateur, etc. ; le titre n'y fait rien. Mais une preuve que je voulais l'enchaîner à la patrie, c'est que je demandais qu'on lui mît un boulet aux pieds, et qu'il n'eût d'autorité que pour abattre les têtes criminelles. Telle a été mon opinion. Je ne l'ai point propagée dans les cercles, je l'ai imprimée dans mes écrits; j'y ai mis mon nom et je n'en rougis point. Si vous n'êtes pas encore à la hauteur de m'entendre, tant pis pour vous (1) ! Les troubles ne sont pas finis. Déjà 100,000 patriotes ont été égor-

(1) Le *Journal des débats et des décrets* note ici « un éclat de rire de l'Assemblée et des applaudissements de quelques citoyens. »

gés parce qu'on n'a pas assez tôt écouté ma voix ; 100,000 autres seront égorgés encore ou sont menacés de l'être ; et, si le peuple faiblit, l'anarchie n'aura point de fin (1). »

Un instant après, dénoncé par Vergniaud pour un article et la fameuse circulaire de la Commune, dénoncé par Boileau pour un numéro plus violent que les autres, il se tient impassible au pied de la tribune (2), et écoute sans sourciller la demande du décret d'accusation contre lui. Puis il remonte, et parle « au milieu d'un frémissement sourd (3). »

« Je vous supplie, dit-il, de ne pas vous livrer à des excès de fureur... » Il se fait un mouvement d'indignation ; mais Marat, dit Gorsas, ne se déconcerte pas ; il ajoute : « L'Assemblée constituante m'a persécuté ; mais j'ai été suffisamment vengé par le peuple... Il m'a choisi pour son représentant... On m'attribue l'écrit dont un membre vous a fait lecture : eh bien ! je l'avoue, il est de moi ; mais c'est l'avarice de l'imprimeur qui en a retardé la publication : il y a dix jours qu'il est composé. Qu'on lise mon nouveau journal de la *République française* : vous y verrez que je rends hommage à la pureté de vos principes, et vous connaîtrez enfin cet homme contre lequel on a voulu vous faire porter un décret d'accusation. » On fit lire cet article, en effet modéré. « Tout le monde sentit, ajoute Gorsas dont nous suivons le compte-rendu, que Marat, ayant prévu l'explosion de l'indignation et du mépris de ses collègues, avait préparé de loin une espèce de rétractation. Cette nouvelle preuve de lâcheté devait éteindre pour ainsi dire tout sentiment de haine. Les représentants du peuple étaient d'ailleurs rassasiés d'entendre ces horreurs. Des

---

(1) « Un silence stupide régnait, dit Gorsas ; jamais de pareilles maximes n'avaient été entendues dans la tribune.... »
(2) *Journal des débats et des décrets*, p. 93.
(3) Gorsas, p. 92.

membres ont réclamé l'ordre du jour; la fatigue et le malaise qu'avait procurés cette discussion l'ont fait adopter sur-le-champ. C'est alors qu'enhardi sans doute par une décision qu'il regardait comme un effet de l'indulgence, Marat a, par un mouvement *mécanique*, appliqué un pistolet sur son front, et qu'il s'est écrié : « Je vous déclare, citoyens, que si, dans la fureur qu'on me témoignait, on eût porté le décret d'accusation contre moi, je me brûlais la cervelle (1)... » — Les personnes qui étaient dans le secret ont vanté ce trait comme un acte d'énergie ; tout le reste n'a pas même éprouvé un sentiment de pitié. » Oui, mais le but de Marat était atteint : il avait imposé à la Convention sa personne exécrée : il avait occupé impunément la tribune.

Dès lors, son outrecuidance s'étale. Le 4 octobre 1793, répondant aux attaques des Girondins, il exalte son propre génie :

« Quant à mes vues politiques, quant à ma manière de voir, quant à mes sentiments, je vous l'ai déjà déclaré, je suis au-dessus de vos décrets. (*Il s'élève quelques rumeurs, quelques éclats de rire.*) Jamais vous ne me ferez voir ce que je ne vois pas, et vous ne pourrez faire que je ne voie pas ce que je vois. Non, il ne vous est pas donné d'empêcher l'homme de génie de s'élancer dans l'avenir. Vous ne sentez pas l'homme instruit qui connaît le monde et qui va au-devant des événements. (*Les rires et les murmures continuent et se prolongent.*) Eh quoi! vous demandez les preuves écrites des complots d'une cour perfide! Vous voulez donc que je vous constate, par des actes notariés, les machinations des suppôts du despotisme, et la connivence des députés du peuple que j'ai dénoncés! Vous ne faites pas attention que

---

(1) *Journal des débats* : « Applaudi de plusieurs citoyens... »

vous traitez les matières politiques comme des patriciens. A quoi en auriez-vous été réduits si je n'avais préparé l'opinion publique... (*On rit aux éclats.* — *Marat rehaussant la voix*)... si je n'avais, dis-je, préparé l'opinion publique dès longtemps sur les machinations de Lafayette, sur celles du comité de législation de l'Assemblée constituante? — Vous me mettez aujourd'hui sous le glaive des assassins, vous criez à la calomnie ; eh bien ! vous aurez les preuves trop tardives des crimes que votre fatale crédulité couvre encore du manteau de l'impunité. Si vous aviez eu, dès le commencement de la révolution, le bon sens de sentir les avantages de ce que je proposais alors... *(Des rires accompagnés des exclamations du mépris et de l'indignation se font entendre.* — *Quelques applaudissements s'élèvent dans les tribunes.)* Voyez les tribunes, voyez le triomphe du peuple et le vôtre ! — Je disais que, si vous aviez eu le bon sens de m'entendre, vous n'auriez pas eu, pendant quatre ans, autant de souffrances, de calamités et de désastres; vous auriez épargné le sang et la fortune du peuple (1). »

Mais on pouvait dire que jusqu'alors il avait esquivé le débat public sur ses conseils sanguinaires, sur les tendances les plus odieuses de sa démagogie. Le 24 octobre, comme nous l'avons dit, Vermont affirma lui avoir entendu demander 270,000 têtes, et Marat répondit avec fureur : « Eh bien ! oui, c'est mon opinion, je vous le répète. *(L'indignation de l'Assemblée se manifeste par un soulèvement général.)* Il est atroce que ces gens-là parlent de liberté d'opinion, et ne veuillent pas me laisser la mienne...... C'est atroce !... Vous parlez de faction ; oui, il en existe une : elle n'est que contre moi. *(On rit.)* Je suis le seul, puisque personne n'a osé prendre un parti.

---

(1) Le 18 octobre, il raconta d'un ton tragique sa fameuse visite à Dumouriez chez Talma, que Gorsas décrivit en style burlesque dans son journal, pages 472 à 489.

(*On murmure, on rit.*) On a l'atrocité de convertir en démarches d'Etat, en desseins politiques, des honnêtetés patriotiques. (*Nouveaux éclats de rire et murmures.*) Je demande du silence, car on ne peut pas tenir un accusé sous le couteau comme vous faites. » Et il se défendit d'avoir voulu corrompre les fédérés marseillais ; puis il revint sur le chiffre de têtes qu'on l'accusait d'avoir demandées, et il atténua singulièrement son premier aveu : « On me reproche d'avoir dit qu'il fallait couper cent ou deux cent mille têtes. Ce propos a été mal rendu. J'ai dit : Ne craignez pas que le calme renaisse tant que la république sera remplie des oppresseurs du peuple. Vous les faites inutilement *décaniller* d'un département dans un autre. Tant que vous ne ferez pas tomber leurs têtes, vous ne serez pas tranquilles. Voilà ce que j'ai dit : c'est la confession de mon cœur. »

Le 16 décembre, il paraît aux Jacobins, pour la première fois depuis longtemps. « Les applaudissements, dit le journal du club, accompagnent l'Ami du peuple jusqu'à sa place ; et, lorsqu'il est assis, les applaudissements recommencent. » Il a la parole : « La cause du peuple, dit-il, de ce bon peuple que j'ai toujours défendu avec un courage héroïque (*applaudissements*), m'appelle parmi vous pour exciter votre zèle, et pour réveiller votre surveillance patriotique (*applaudi*). Je veux vous parler d'un affreux complot qui tend à étouffer la liberté au sein de la Convention, et à fermer la bouche aux vrais amis du peuple. C'est ce qui m'est arrivé hier à la Convention : on a étouffé la voix de Marat. (*Mouvements d'horreur et d'indignation.*) Quelle cruelle injure pour le peuple ! car je suis l'homme du peuple, moi ! (*Applaudissements très vifs.*) » Et il requiert les amis du peuple de former une « sainte coalition » pour empêcher les Brissotins et les Rolandistes de faire nommer des présidents de leur faction. Les applaudissements l'accompagnent jusqu'à sa place. On discutait la motion faite par Buzot d'exiler Egalité : Robespierre approuvait cet exil en principe, mais voyait du danger à laisser entamer la Convention. Marat prit la parole et l'ôta despotiquement à un membre qui l'avait. Selon lui, Robespierre a eu tort d'approuver en principe la motion contre Egalité : « Qu'Egalité reste parmi nous; que les patriotes n'abandonnent pas le champ de bataille : si nous l'abandonnons, la liberté est perdue sans retour *(applaudi)*. »

Son orgueil effraie et amuse à la fois, quand il répète, pour la vingtième fois, son apologie personnelle, comme à la Convention, dans la séance du 25 décembre : « Il est trop affreux, dit-il, d'avoir à se défendre contre les ennemis publics que j'ai poursuivis sans cesse, et contre des patriotes sans vertu, pétris d'amour-propre, et choqués de ce que je les ai traités de dindons. *(On murmure et on rit.)* Comment peut-on me soupçonner de vouloir appeler un chef, moi qui le premier ai travaillé à détruire la royauté?..... Vous vous déclarez les protecteurs de la liberté des opinions, et vous en êtes les lâches tyrans. C'est vous qui demandez le décret d'accusation contre moi ; c'est vous qui mettez le glaive sur ma tête ! Voilà de beaux législateurs ! *(Murmures de l'Assemblée. — Applaudissements des tribunes. — On demande l'ordre du jour dans les deux extrémités.)* Je déclare à la Convention que je brave les clameurs de mes ennemis, et que je ne crois pas qu'elle oublie assez sa sagesse pour me décréter d'accusation. Je lui déclare que si cependant elle l'oubliait, le mépris me chasserait de son sein, et j'en appellerais au peuple. Je demande à mes lâches calomniateurs de prendre la peine de me réfuter s'ils en ont le talent. Marchez au bien public à grands pas, et ne perdez pas votre temps dans ces discussions scandaleuses. *(Marat descend de la tribune au bruit des applaudissements de quelques spectateurs.)* »

Pendant le procès du roi, il n'eut de violence que contre les Girondins, surtout contre Mme Roland : ainsi, le 31 décembre, il dénonce « les conciliabules de la faction Roland », et prétend que des modèles d'adresses contre la Montagne « partent du boudoir de la femme Roland ». Ce boudoir joue un grand rôle dans sa rhétorique : il y revient, le 6 janvier, à propos d'une adresse anti-maratiste du Finistère ; et lui qui d'ordinaire est décent, il s'emporte à de gros mots contre la « faction rolandine ». Le 16 janvier, il s'écrie, avec son rire convulsif : « Ils vous disent qu'ils votent sous les poignards, et il n'y en a pas un seul qui soit égratigné ! »

En même temps, il étonne la Convention par la modération avec laquelle il s'oppose à ce qu'on précipite le jugement de Louis XVI (6 décembre), malgré l'avis de Robespierre et de Saint-Just, qui voulaient qu'on tuât sans juger ; et, le 15 janvier, il appuie son vote contre l'appel au peuple sur la théorie du régime parlementaire la plus sage et la plus *conservatrice* qui se puisse rêver. Ces fantaisies amusaient le démagogue césarien qui, quelques jours avant, demandait un dictateur. Parfois, cependant, il y a dans ses accès de modération un air de sincérité, comme lorsqu'il s'éleva contre l'établissement du *maximum*, demandé cependant par les 48 sections de Paris (12 février 93), ou une sorte de modestie, comme lorsqu'il répondit à Vergniaud, après la journée du 10 mars, par un appel à la concorde républicaine (1).

Mais il ne faut pas être dupe de cette attitude conci-

(1) Il est terne et froid, il n'est pas Marat, quand il prêche les vertus paisibles. C'est surtout son sarcasme qui est éloquent. Ainsi, le 6 janvier, il s'éleva avec une ironie terrible contre toute mesure coercitive pour faire respecter la Convention : « Le moyen de vous faire respecter..., mais, c'est d'être respectables... ; je ne connais que ça... Mes détracteurs m'ont présenté comme un cerveau exalté. Je vous donnerai, moi, l'exemple de la sagesse, de la modération, de la bonne foi. »

liante. Marat se piquait de machiavélisme, au dire de Fabre. Il disait à la tribune : « Citoyens, je suis le vieux renard de la Révolution ; rien ne m'échappe (1). » Le jour même où il parlait de concorde à Vergniaud (18 mars), il expliquait, aux Jacobins, pourquoi il avait rentré ses griffes. C'était, disait-il, parce qu'il n'était pas, pour l'instant, le plus fort. Robespierre, effrayé de l'insuccès du 10 mars, avait été jusqu'à dire : « Nous saurons mourir, nous mourrons tous. » Marat répondit avec finesse : « Je n'approuve point ces alarmes d'un député du peuple que la crainte entraîne dans un délire patriotique. Non, nous ne mourrons point ; nous donnerons la mort à nos ennemis, nous les écraserons (*applaudi*)... » Mais il met la Société en garde contre son projet d'insurrection partielle à une heure où la majorité des départements est girondine : « Ne vous portez à aucune voie de fait contre les mandataires infidèles, notez-les d'infamie, accablez-les de votre mépris, démasquez-les dans vos écrits, et voilà le moyen de les écraser. (*Applaudi*.) »

Enfin, le 31 mars, il somma Danton de « déchirer le voile », et de montrer la complicité des Girondins avec Dumouriez. « *Danton* : J'en ai pris l'engagement et je le remplirai. *Marat* : Acquitte sur-le-champ ta parole. (*Applaudi*.) Acquitte ta parole, avec ce noble abandon d'un cœur qui ne connaît que le salut de la patrie. Prête avec moi le serment de mourir pour sauver la liberté. » Au même instant, il tira un poignard et s'écria : « Voilà l'arme avec laquelle je jure d'exterminer les traîtres : voilà l'arme que je vous invite de fabriquer pour les citoyens qui ne sont point au fait des évolutions militaires. Je vous propose d'ouvrir une souscription, et je vais moi-même vous donner l'exemple. (*Applaudi. Cette proposition est arrêtée par acclama-*

---

(1) Jacobins, 1er avril 1792.

tions. Les chapeaux levés en l'air peignent l'enthousiasme et l'assentiment universel.) »

On sait comment Marat réussit à faire signer par le club une adresse insurrectionnelle contre les Girondins, et on a vu comment ceux-ci se perdirent en décrétant leur populaire ennemi (1). Ils forcèrent ainsi presque toute la Montagne à faire cause commune avec un individu qu'elle n'aimait pas, mais dont la grosse opinion était enthousiaste. En haine de la Gironde, le côté gauche applaudit Marat et voulut signer son adresse. Gorsas a raconté cette scène : « David, à la tête de la phalange, se précipite sur le bureau pour signer cette provocation à la guerre civile. La petite poignée d'homme épars sur la Montagne applaudit avec fureur, déclare qu'elle y adhère, et vole apposer sa signature. Chemin faisant, ils invitent leurs voisins à les seconder, et ramassent quelques prosélytes. Danton et Lacroix restent immobiles. Robespierre s'avance à pas comptés vers le bureau et s'en retourne sans signer (2). »

C'est ainsi que Marat, cet isolé dans la Convention, se présenta au tribunal avec le prestige d'un chef de parti, avec l'appui des honorables signatures qu'il avait recueillies, avec l'autorité que lui donnait la modération de sa défense. Ce jour-là, il avait senti qu'il fallait éteindre sa verve : il se fit petit, en répondant à la Gironde ; il fut terne et diffus, avec un art consommé. Quelle habileté il montra

---

(1) Voici les résultats exacts de l'appel nominal, qui ne sont pas toujours donnés exactement. Votants : 360; pour le décret d'accusation, 220; contre, 92; ont déclaré n'avoir point de vœu quant à présent, 41; pour l'ajournement, 7 ; se sont récusés, 3. (Recueil des procès-verbaux de la Convention, tome IX, p. 245.)

(2) Le nombre des signataires fut de 96 : ils appartiennent à toutes les nuances de la Montagne. Je distingue Levasseur, Panis, Baudot, Monestier, Fabre d'Eglantine, Robespierre jeune, Audouin, Granet, Vadier, David, Camille Desmoulins, Dubois-Crancé, Rühl, Bentabole, Romme. Cette liste fut imprimée, avec l'adresse, par ordre de la Convention. Bibl. nat., Le $\frac{41}{711}$.

devant ses juges! « Si, dit-il, la faction des *hommes d'Etat* peut, sous un faux prétexte, m'attaquer et m'expulser de la Convention, me traduire devant un tribunal, me retenir en captivité, me faire périr, demain, sous d'autres prétextes, elle attaquera Robespierre, Danton, Collot d'Herbois, Panis, Lindet, Camille, David, Audouin, Laignelot, Meaule, Dupuis, Javogues, Granet, et tous les autres députés courageux de la Convention. »

Ramené en triomphe à l'Assemblée, « il est porté dans les bras, dit Gorsas, jusqu'au sommet de la Montagne, où il reçoit l'accolade de tous les siens, et de là à la tribune », où il dit avec modestie : « Je vous présente, dans ce moment-ci, un citoyen qui avait été inculpé, et qui vient d'être complètement justifié. Il vous offre un cœur pur. Il continuera de défendre, avec toute l'énergie dont il est capable, les droits de l'homme, la liberté, les droits du peuple. » Aux Jacobins, le 26 avril, il entre, dit le journal du club, au milieu des applaudissements, il reçoit une couronne des mains du président ; il monte à la tribune, où un enfant de quatre ans lui présente une autre couronne. Il dit : «.... Ne nous occupons point de couronnes ; défendons-nous de l'enthousiasme ; laissons tous ces enfantillages, et ne pensons qu'à écraser nos ennemis. »

Nos ennemis, ce ne sont pas pour lui les soldats de l'Europe monarchique, mais les Girondins. Contre eux, sa rancune est franche, et il ne cache pas sa soif de vengeance. « Je propose, dit-il le 19 mai, que la Convention décrète la liberté illimitée des opinions, afin que je puisse envoyer à l'échafaud la faction des hommes d'État qui m'a décrété d'accusation. »

Son rôle oratoire fut désormais moindre que son influence politique, et on connaît maintenant les principaux caractères de son éloquence étrange et originale. Improvisait-il ? A coup sûr, il préparait fortement, jusqu'à suspendre au besoin la publication de son journal pour rédiger un discours (1). Il semble même qu'il apprît par cœur, à l'entendre répéter imperturbablement son exorde, quand on l'interrompt, et à voir la correction affectée de son style.

Tel était cet orateur extraordinaire, qui faisait à la fois rire et trembler.

CHAPITRE II

LES HÉBERTISTES.

Hébert ne fit pas partie de la Convention ; mais on a quelques discours de lui aux Jacobins, discours aussi différents de ses articles que le muscadin Hébert différait du Père Duchesne. De sa plume il sort des jurons et des ordures ; de sa bouche, des paroles graves et presque modestes. Le 29 mai, au sortir de la prison où l'avait jeté le comité girondin des Douze, il reçoit dans le club une ovation à laquelle il répond avec habileté : « C'est très peu de chose, dit-il, que l'arrestation d'un individu ; mais c'est quelque chose que les principes soient violés. Le comité des Douze exerce un pouvoir dictatorial. Chaque membre est un dictateur. Un citoyen qui m'a suivi à l'Abbaye a été enlevé sur la signature d'un seul membre de cette commission. Il est donc clair que chaque membre de ce comité est hors de la loi, qu'il n'est plus représentant du peuple ; car la loi, qui frappe tous ceux qui seront convaincus d'avoir aspiré au pouvoir suprême, n'excepte pas les mandataires du peuple. La loi vous a dit comment on doit punir un dictateur. Je regarde Brutus, et je sais ce que je

---

(1) C'est ainsi qu'il explique l'interruption de sa feuille, du 5 au 9 janvier 1793. Cf. *Journal de la Rép. fr.*, n° XCIII.

dois faire (*applaudi*). » Dans sa lutte finale contre Robespierre allié aux Dantonistes, il montra de la présence d'esprit et fut décent à la tribune. Mais ses discours ternes et froids ne sont pas d'un orateur, et ce contraste même de ses paroles avec ses écrits lui ôtait l'autorité oratoire (1). Ses amis Vincent, Ronsin, Momoro n'eurent aucun talent de parole. Mais les Hébertistes eurent souvent pour interprète, quoiqu'il ne se confinât dans aucun parti, le cosmopolite voltairien Anacharsis Cloots.

La vie de cet enthousiaste a déjà été contée avec esprit, avec trop d'esprit même, par un des plus érudits critiques de la Révolution (2). M. Avenel a voulu mettre en scène Cloots et ses contemporains : tout son livre, outrant le lyrisme de Michelet, est une restitution politique des figures et des paroles, des attitudes et des propos, dans la rue, dans le club, dans l'Assemblée. Rien n'est admirable d'abord et rien n'est inquiétant ensuite comme ce mélange du possible et du réel, des citations littérales et des propos supposés, où la fantaisie devient à la longue une hallucination, un cauchemar. Et pourtant la science et la bonne foi de l'écrivain sont également solides : ses analyses des pamphlets et des discours de Cloots, exactes et complètes, donnent une idée juste, quoiqu'un peu embellie, de ce Prussien qui fut plus Français que les Parisiens, plus *chauvin* que les batailleurs de la Gironde.

Né à Clèves, riche, baron, il parla et pensa en français, avant de balbutier cette langue allemande qu'il dédaigna. Son idole fut Voltaire, qu'il connut à Paris en 1777, et dont il adopta avec enthousiasme le rationalisme militant. A vrai

---

(1) Il n'y a aucune biographie sérieuse d'Hébert. Il a été jugé par M. Avenel (I, 337; II, 169, 205, 257, 315, 434) avec une sympathie que ne justifie pas la lecture de son journal. MM. de Goncourt font un éloge enthousiaste du style du Père Duchesne. *La Soc. fr. pendant la Rév.*, p. 240.

(2) *Anacharsis Cloots*, par Georges Avenel, Paris, 1865, 2 vol. in-8.

dire, il ne quitta Paris, de 1777 à 1789, que pour des voyages, et il s'était fait un nom dans les salons philosophiques, par sa verve sceptique, sa candeur allemande, ses belles manières et surtout par son livre voltairien, *Certitude des preuves du Mahométisme* (1780), où il réfutait l'apologie du christianisme de l'abbé Bergier. Plutôt pamphlétaire qu'orateur, il joua dans la Révolution un rôle bruyant, contesté, mais sincère et honorable, mettant sa fortune au service des idées nouvelles, s'intitulant tour à tour gallophile et orateur du genre humain (1). Il professa d'abord, en philosophie, le déisme; puis, avec Hébert, ce naturalisme dont la cérémonie païenne du 10 août 1793 et la fête de la Raison furent les plus éclatantes manifestations. En politique, il prêcha le cosmopolitisme, le rayonnement de l'idée parisienne, la république européenne, demandant que sa patrie devînt un département français. Les desseins guerriers de la Gironde le rapprochèrent d'abord de Brissot et de Mme Roland : son culte pour Paris, qu'il adorait, l'entraîna dans le mouvement à la fois municipal et cosmopolite dont les hommes de la Commune furent les chefs et qu'interpréta le *Père Duchesne*. Toujours rêvant, souriant, discutant, imprimant, il traversa la Terreur avec l'air d'extase d'un illuminé, aujourd'hui acclamé pour ses bons mots voltairiens, demain sifflé pour ses incohérences germaniques. Le meilleur de son talent est dans ses factums politiques, si sages et si fous : *Anacharsis à Paris* (1790), *l'Orateur du genre humain* (1791), *la République universelle*, (1792), *Ni Marat ni Roland* (1793).

---

(1) Il s'était baptisé, en 1790, du nom d'Anacharsis. Saint-Just lui en fit un crime, dans son discours du 23 ventôse an II, où il raille « ceux qui ont la modestie d'usurper les noms des grands hommes de l'antiquité. » « Cette affectation, dit-il, cache un sournois dont la conscience est vendue. Un honnête homme qui s'avance au milieu avec l'audace et l'air tranquille de la probité n'a qu'un nom comme il n'a qu'un cœur. »

On n'a que des fragments des discours qu'il prononça dans sa fameuse querelle philosophique avec l'abbé Fauchet. Mais rien n'est plus connu que son adresse à la Constituante, au nom des députés du genre humain. Voulant rendre sensibles ses théories cosmopolites, il réunit, à la veille de la grande fédération, un certain nombre d'étrangers de tous les pays (1), proscrits ou voyageurs, qu'il mena, dans leurs costumes nationaux, devant l'Assemblée qu'il appelait le concile œcuménique du monde (19 juin 1790) : « A nous aussi, dit-il, il est venu une grande pensée, et osons-nous dire qu'elle fera le complément de la grande journée nationale? Un nombre d'étrangers de toutes les contrées de la terre demandent à se ranger au milieu du Champ-de-Mars, et le bonnet de la liberté, qu'ils élèveront avec transport, sera le gage de la délivrance prochaine de leurs malheureux concitoyens. Les triomphateurs de Rome se plaisaient à traîner les peuples vaincus, liés à leurs chars; et vous, messieurs, par le plus honorable des contrastes, vous verrez dans votre cortège des hommes libres dont la patrie est dans les fers, dont la patrie sera libre un jour par l'influence de votre courage inébranlable et de vos lois philosophiques. Nos vœux et nos hommages seront les liens qui nous attacheront à vos chars de triomphe. — Jamais ambassade ne fut plus sacrée. Nos lettres de créance ne sont pas tracées sur le parchemin ; mais notre mission est gravée en chiffres ineffaçables dans le cœur de tous les hommes ; et, grâce aux auteurs de la déclaration des droits, ces chiffres ne seront plus inintelligibles aux tyrans. » Cloots et son groupe d'étrangers obtinrent un succès d'enthousiasme ; ce n'est que plus tard qu'on tourna cette démarche en ridicule.

(1) M. Avenel a prouvé que ce n'était pas là, comme on l'a dit, une mascarade, mais une manifestation sérieuse de *vrais* étrangers.

Admis au titre de citoyen français en même temps que Payne, Priestley, Schiller et autres écrivains étrangers, il prit une part plus active à la politique intérieure et poussa les Jacobins à sortir de la légalité contre la cour. Mais ses idées cosmopolites faisaient toujours le fond de son éloquence, comme dans le discours qu'il prononça à la barre de la Législative pour demander l'apothéose de Gutenberg : « La république universelle des Français fera des progrès plus rapides et plus heureux que l'église universelle des chrétiens. La catholicité d'un catholicisme éternel l'emportera sur la catholicité d'un principe sacerdotal. L'erreur prosterne tous les Musulmans vers la Mecque ; la vérité relèvera le front de tous les hommes fixant les yeux sur Paris... L'art de Gutenberg sera désormais notre principal véhicule. Ce grand art vous a faits, non pas les mandataires de 83 départements, ni de 6,000 cantons, mais les représentants de 26 millions d'individus ; il vous fera un jour les représentants d'un milliard de frères. L'univers, casé en mille départements égaux, perdra le souvenir de ses anciennes dénominations et contestations nationales, pour conserver éternellement la paix fraternelle sous l'égide d'une loi qui, n'ayant plus à combattre des masses isolées et redoutables, ne montrera jamais la moindre résistance nulle part. L'univers formera un seul État, l'État des individus unis, l'empire immuable de la Grande-Germanie, la république universelle. »

Ainsi rêvait Cloots : député de l'Oise à la Convention, il y parla peu, mais il présida le comité diplomatique, sans exercer d'ailleurs une grande influence sur la politique étrangère de la République. Son silence ne fut pas tout à fait volontaire : quand il voulait s'inscrire pour la parole, toutes les formalités du règlement se dressaient contre lui. Enfin, le 26 avril 1793, il put prononcer un immense et nuageux discours sur les *bases constitutionnelles de la répu-*

blique du genre humain. On ne l'écouta pas. « Autour de l'orateur, dit M. Avenel d'après le *Journal français,* c'était un immense bourdonnement de sons articulés : il y avait récréation. Bureau, droite, centre allaient, venaient pour leurs affaires, ou se promenaient pour leur digestion, ou se groupaient pour rire ou bavarder, sur le *Jugement de Paris,* par exemple, grand succès à l'Opéra. Les plaisantins seuls songeaient au philosophe », et lui lançaient des brocards.

Méconnu à la Convention, il se lança de plus en plus dans le mouvement hébertiste, décidant Gobel à abdiquer, présidant les Jacobins à l'époque de la fête de la Raison, et, chose plus grave ! attaquant la personne même de Robespierre en termes nets et crus. Celui-ci le fit rayer du club (22 frimaire), non seulement comme étranger, mais comme conspirateur ; et, quelques jours après, il obtint de la Convention un décret qui, en excluant les étrangers, ôtait à Cloots son mandat de représentant du peuple. Arrêté dans la nuit du 7 au 8 nivôse, il fut condamné avec les hébertistes, sans avoir eu la liberté de se défendre, et montra devant la guillotine une sérénité philosophique.

L'orateur du genre humain avait de la prestance et de la voix ; sa parole plaisait au peuple, quoique diffuse et souvent obscure. Mais il trouvait des mots, des accents, et par moment sa verve parisienne faisait oublier ses germanismes de pensée et de parole (1).

(1) Néologue audacieux, il hasarda le premier le mot *nihiliste,* dans son *Opinion sur les spectacles* (Avenel, II, 328).

On pourrait aussi rattacher au parti d'Hébert deux hommes de valeur fort inégale : Léonard Bourdon et Fouché. Mais ce furent de médiocres orateurs.

LIVRE X

ROBESPIERRE.

CHAPITRE PREMIER.

LA POLITIQUE RELIGIEUSE DE ROBESPIERRE.

Nous avons montré Robespierre à la Constituante, sa vertu puritaine, sa vanité littéraire, son talent grandissant peu à peu. Mais ce n'était là qu'une esquisse incomplète de cette personnalité en voie de formation et qui s'ignorait peut-être encore. Très simple au début, la figure de l'avocat d'Arras devient de jour en jour plus complexe : de cet orateur raide et monotone que nous avons vu à l'œuvre en 1791, il va sortir peu à peu un politique astucieux, mystérieux, presque indéchiffrable. Ce qu'on entrevoit de son âme, à travers ces continuelles évolutions, fait horreur à nos instincts français de franchise et de loyauté : Robespierre fut un hypocrite, et il érigea l'hypocrisie en système de gouvernement. Son idéal politique était si étranger à la conscience de ses contemporains qu'il ne pouvait le réaliser qu'en le leur déguisant à moitié, et cette dissimulation ne répugna nullement à sa nature orgueilleuse et timide, où une pensée courageuse était servie par le plus lâche des organismes physiques. Nul homme ne fut moins capable de faire le coup de poing ou de manier le sabre, et pourtant nul ne fut plus sensible aux injures. Aussi ses vengeances furent-elles d'un traître, et comme son inquiétude nerveuse l'empêchait d'affronter Danton, il le fit tomber dans un piège. Cependant, par une éloquence mystique, chaque jour plus grave et plus décente, il exerçait une influence religieuse sur les âmes et marchait au souverain pouvoir. Est-ce par ambition ou par foi qu'il s'efforçait d'établir en France une forme nouvelle du christianisme? Je ne crois pas que la sincérité de ce fanatique puisse être suspectée dans sa croyance aux dogmes prônés par le Vicaire Savoyard ; mais il se considérait comme le seul pontife possible du culte néo-chrétien qu'il rêvait.

En politique, il affecte une orthodoxie étroite et immuable ; il excommunie ceux qui s'écartent d'un millimètre de la ligne ténue, du point unique où est, selon lui, la vérité. Veut-il tuer le pauvre Cloots ? « Tu étais toujours, lui crie-t-il, au-dessus ou au-dessous de la Montagne. » Quelles têtes demande-t-il dans son discours du 8 thermidor? Celles des misérables « qui sont toujours en deçà ou au delà de la vérité. » C'est là que son hypocrisie est surtout odieuse. Car il ne cessa lui-même de varier sur toutes les grandes questions de politique purement gouvernementale. Ses contradictions furent aussi rapprochées que violentes. Son hostilité à l'idée républicaine avant le 10 août est trop connue pour qu'il soit nécessaire d'en donner des preuves : eh bien! lui qui, jusqu'en 1792, ricanait au mot de république, il s'indigne, en 1794, contre ceux qui n'ont pas toujours été républicains, et il ose écrire, dans son rapport sur l'Être suprême: « Les chefs des factions qui partagèrent les deux premières législatures, trop lâches pour croire à la République, trop corrompus pour la vouloir, ne cessèrent de conspirer pour effacer des cœurs des hommes les principes éternels que leur propre politique les avait d'abord obligés à proclamer. »

Pour lui la question de la forme du gouvernement est

secondaire, la question religieuse est tout. La monarchie, se dit-il, fera peut-être l'œuvre de *conversion* nationale : soutenons la monarchie. Celle-ci se dérobe : essayons de la république. La république ne convertit pas les âmes : préparons un pontificat dictatorial (1).

I

C'est donc dans les tendances mystiques qu'est l'âme de l'éloquence de Robespierre. La lecture du *Contrat social* l'a instruit : mais la *Profession de foi du Vicaire savoyard* est

(1) La tentative de Robespierre pour ériger en religion nationale la profession de foi du Vicaire savoyard a justement apparu à tous les esprits attentifs comme l'épisode le plus important de l'histoire intérieure de la Révolution. Michelet n'a pas de pages plus brillantes que celles où il expose les idées religieuses de celui qu'il appelle « un triste bâtard de Rousseau conçu dans un mauvais jour ». Cette question est le fond même de la théorie d'Edgar Quinet, qui, dans un livre digne de Montesquieu, reproche aux révolutionnaires et en particulier à Robespierre leur timidité dans l'ordre moral. Il fallait, dit-il, changer l'homme intérieur : c'était là la seule révolution efficace et décisive. Les positivistes ont plus d'une fois abordé ce sujet, et naguère M. Foucart, dans un recueil publié par M. Sémerie, désigna le *pontificat* de Robespierre à la haine des vrais héritiers du dix-huitième siècle et reprocha comme un crime au restaurateur de l'Etre suprême l'entreprise même qu'Edgar Quinet ne lui pardonnait pas d'avoir omise. En 1878, les conférences faites à Genève sur Rousseau, à l'occasion de son centenaire, par MM. Amiel, Hornung et d'autres penseurs genevois, présentèrent l'utopie religieuse du Vicaire sous son jour le plus favorable, et glorifièrent indirectement le culte robespierriste de l'Etre suprême. L'année dernière, à propos de ces conférences, les *criticistes*, par la plume de M. Renouvier, tentèrent de rendre quelque faveur au néo-christianisme de l'inspirateur de Robespierre, dans lequel ils voient aussi, et avec raison, un précurseur de leur maître Kant. Enfin M. d'Héricault, investigateur passionné, mais pénétrant, des hommes et des choses de la Révolution, a essayé de démêler en Robespierre le prêtre et le fondateur de religion ; et son ingéniosité a réussi à toucher, sur quelques points, au fond intime et vrai de cette âme obscure. M. Hamel aussi met en lumière Robespierre prêtre et prophète ; mais M. Hamel est lui-même un initié ; il adore les vestiges, il prend et il donne de l'eau bénite. Cette béatitude n'exclut-elle pas l'esprit critique ?

sa bible, la source ordinaire de son inspiration oratoire. Précisons donc, avant de citer l'orateur lui-même, la pensée religieuse de son maître.

C'est à coup sûr une pensée chrétienne. A la philosophie des encyclopédistes, Rousseau oppose l'Evangile tel que sa conscience calviniste l'interprète ; à la science il oppose la tradition et l'autorité ; son homme primitif et idéal n'était pas seulement né vertueux, il était né chrétien, et la civilisation ne l'a pas seulement rendu vicieux, elle l'a aussi rendu philosophe. Le ramener à lui-même, à la nature, ce sera le ramener au christianisme, non au christianisme romain, mais au christianisme pur et original. Voici comment le Vicaire savoyard opère ce retour à la nature, qui est la religion évangélique.

C'est d'abord une prétendue *table rase*, mais moins rase encore que celle de Descartes. En réalité, Rousseau n'élimine provisoirement de son esprit que les opinions ou les préjugés qui gênent sa théorie. Tout de suite, sur cette table rase, il aperçoit et il adopte trois dogmes : 1° Je crois qu'une volonté meut l'univers et anime la nature. 2° Si la matière mue me montre une volonté, la matière mue selon certaines lois me montre une intelligence, qui est Dieu. 3° L'homme est libre de ses actions et, comme tel, animé d'une substance immatérielle.

Sur ces trois principes, Rousseau bâtit une théodicée et une morale. Il orne son Dieu des attributs classiques, tout en affectant d'écarter toute métaphysique, et il reprend les formules même des Pères de l'Eglise. Il y a une providence (Robespierre saura le rappeler à Guadet) ; mais, comme l'homme est libre, ce qu'il fait librement ne doit pas être imputé à la Providence. C'est sa faute s'il est méchant ou malheureux. Quant aux injustices de cette vie, c'est que Dieu attend l'achèvement de notre œuvre pour nous punir ou nous récompenser. Notre âme immatérielle survivra au corps « assez pour le maintien de l'ordre », peut-être même toujours. Dans cette autre vie, la conscience sera la plus efficace des sanctions. « C'est alors que la volupté pure qui naît du contentement de soi-même, et le regret amer de s'être avili, distingueront par des sentiments inépuisables le sort que chacun se sera préparé. » Et c'est ici que se place cette belle apologie de la conscience : « Conscience ! conscience ! instinct divin, etc. »

Voilà ce qu'il y a de nouveau et d'antichrétien dans Rousseau. Un pas de plus, et il semble qu'il dirait : Dieu, c'est la loi morale, Dieu est dans la conscience, brisant ainsi, pour une formule supérieure, le vieux moule religieux. Mais aussitôt il retombe, selon le mot de Quinet, dans la nuit du moyen âge. Après de vagues attaques contre les religions positives, l'hérédité et l'éducation rabattent son audace d'un instant et il s'écrie en bon chrétien : « Si la vie et la mort de Socrate sont d'un sage, la vie et la mort de Jésus-Christ sont d'un Dieu. » Faut-il sortir du christianisme ? Non : il faut « respecter en silence ce qu'on ne saurait ni rejeter ni comprendre, et s'humilier devant le grand Être qui seul sait la vérité. » Je suis né calviniste : dois-je rester calviniste ? demande le jeune homme au Vicaire : « Reprenez la religion de vos pères, suivez-la dans la sincérité de votre cœur et ne la quittez plus. » Et si j'étais catholique ? Eh bien ! il faudrait rester catholique. Moi qui vous parle, depuis que je suis déiste, je me sens meilleur prêtre romain : je dis toujours la messe, je la dis même avec plus de plaisir et de soin. Le dernier mot du déisme de Rousseau est celui de l'athéisme de Montaigne. L'auteur de l'*Emile* et celui de l'*Apologie de Raymond Sebond*, libres en théorie, prêchent l'esclavage intellectuel dans la pratique, et leur conclusion à tous deux est qu'il faut vivre et mourir dans la religion natale.

Mais il y a autre chose dans Rousseau que cette théologie spéculative. On y trouve un projet de culte national, dont l'idée ne s'accorde guère avec le conseil de rester chacun dans sa religion. Déjà, dans la profession de foi du Vicaire, Rousseau, après avoir déclaré que *la forme du vêtement du prêtre* était chose secondaire, reconnaissait que le culte extérieur doit être uniforme pour le bon ordre et que c'était là une affaire de police. Dans le *Contrat social*, il est explicite : « Il y a, dit-il, une profession de foi purement civile dont il appartient au souverain de fixer les articles, non pas précisément comme dogme de religion, mais comme sentiments de sociabilité, sans lesquels il est impossible d'être bon citoyen ni sujet fidèle. » Ces dogmes indispensables sont, d'après Rousseau, l'existence de la Divinité puissante, intelligente, bienfaisante, prévoyante et pourvoyante; la vie à venir, le bonheur des justes, le châtiment des méchants, et la sainteté du contrat social et des lois. Vous êtes libre de ne pas y croire; mais si vous n'y croyez pas, vous serez banni, non comme impie, mais comme insociable. D'ailleurs, la tolérance est à l'ordre du jour, la tolérance est un de nos dogmes négatifs. Telle est la religion civile de Rousseau.

II

Parmi tant d'idées contradictoires, la plupart des hommes de la Révolution choisirent, pour la conduite de leur vie, celles qui s'écartaient le moins de la philosophie du siècle. Les Girondins acceptaient un déisme vague, mais écartaient par un sourire l'idée d'une constante intervention providentielle dans les affaires humaines. Tous, ou à peu près, firent leur joie et leur force d'une morale fondée sur la seule conscience, morale si éloquemment rajeunie par Rousseau. J'estime que les volontaires de l'an II, les héros du 10 août, et, avant que l'émigration fût devenue dévote, plus d'un émigré, moururent pour la seule satisfaction de leur conscience, sans espoir ou crainte d'une sanction ultérieure, et que l'influence de Rousseau ne fut pas étrangère à cet héroïsme désintéressé. Il y a plus : ce qu'on remarque de plus noble dans la vie de Robespierre vient de cet éveil de sa conscience provoqué par la lecture de l'*Emile*, comme ce qu'il y a de plus beau dans son éloquence procède de ce pur sentiment moral, tout humain, tout indépendant de la métaphysique qui inspira le culte de l'Etre suprême. Il est orateur, il s'élève au-dessus de lui-même, quand il rappelle qu'à la Constituante il n'aurait pu résister au dédain s'il n'avait été soutenu par sa conscience, et quand, à l'heure tragique, il s'écrie noblement : « Otez-moi ma conscience, et je suis le plus malheureux des hommes ! »

C'est pour avoir proclamé ce culte de la conscience que Rousseau fut idolâtré dans la Révolution, et non pour ses efforts contradictoires en vue de maintenir les antiques formules chrétiennes et en vue de créer une religion civile. Robespierre se sépara de ses contemporains et n'entraîna avec lui qu'un petit groupe d'hommes sincères, comme Couthon, le jour où il voulut suivre le maître dans ses contradictions, réaliser l'idée du culte de l'Etre suprême et en même temps vivre en bons termes avec les différentes sectes du christianisme. On voit déjà dans quelles incohérences de conduite le fit tomber cette fidélité trop littérale à laquelle le condamnaient d'ailleurs son éducation et son tempérament.

Né catholique, il resta catholique dans la même mesure que Jean-Jacques était resté calviniste. Ecoutez-le : « J'ai été, dès le collège, un assez mauvais catholique », dit-il aux Jacobins, le 21 novembre 1793, dans un discours antihébertiste. Il se garde bien de dire : je ne suis pas catholique. Mais il ne faut pas se le représenter *pratiquant*, comme Vouland, qui, d'après Fiévée, alla secrètement à la messe pendant toute la Terreur. La vérité c'est que, dans son adolescence, il fut touché de l'esprit du siècle et s'éloigna des formules catholiques, avec une gravité philosophique. L'abbé Proyart, sous-principal du collège Louis-le-Grand, a raconté, dans une page peu connue et qu'il faut citer, comment Robespierre, à l'âge de quinze ou seize ans, se comportait dans les choses religieuses (1).

Après avoir esquissé le caractère sombre et farouche de ce *constant adorateur de ses pensées*, et dit que *l'étude était son Dieu*, l'abbé écrit, en 1795: « De tous les exercices qui se pratiquent dans une maison d'éducation, il n'en était point qui coûtassent plus à Robespierre et qui parussent le contrarier davantage que ceux qui avaient plus directement la religion pour objet. Ses tantes, avec beaucoup de piété, n'avaient pas réussi à lui en inspirer le goût dans l'enfance; il ne le prit pas dans un âge plus avancé; au contraire. La prière, les instructions religieuses, les offices divins, la fréquentation du sacrement de pénitence, tout cela lui était odieux, et la manière dont il s'acquittait de ces devoirs ne décelait que trop d'opposition de son cœur à leur égard. Obligé de comparaître à ces divers exercices, il y portait l'attitude passive de l'automate. Il fallait qu'il eût des Heures à la main; il les avait, mais il n'en tournait pas les feuillets. Ses camarades priaient, il ne remuait pas les lèvres; ses camarades chantaient, il restait muet; et, jusqu'au milieu des saints mystères et au pied de l'autel chargé de la Victime sainte, où la surveillance contenait son extérieur, il était aisé de s'apercevoir que ses affections et ses pensées étaient fort éloignées du Dieu qui s'offrait à

---

(1) *La vie et les crimes de Robespierre*, par M. Le Blond de Neuvéglise, colonel d'infanterie légère [l'abbé Proyart]. Augsbourg, 1795, in-8.

ses adorations. » Il dit aussi que Robespierre communiait souvent, par hypocrisie, mais il ajoute que tous les élèves de Louis-le-Grand communiaient. Il ajoute aussi que, dans les derniers temps de ses études, le jeune homme, s'émancipant, ne communiait plus.

C'est au sortir du collège, en 1778, qu'il eut cette entrevue avec l'auteur de l'*Emile*, dont son imagination garda l'empreinte. En même temps il entretenait les plus affectueuses relations avec son ancien professeur, l'abbé Audrein, qui devait être son collègue à la Convention, et avec l'abbé Proyart, alors retiré à Saint-Denis (1). On voit que si, dans sa jeunesse, il ne pratiquait plus, ses relations le rattachaient au catholicisme, en même temps qu'il s'éprenait de Rousseau avec une ardeur qu'une entrevue avec le grand homme tourna en dévotion (2).

(1) Il lui écrivait des lettres comme celle-ci, qui a donné peut-être naissance à la légende de Robespierre empruntant un habit noir pour un deuil officiel à la Constituante : « Paris, ce 11 avril 1778. — Monsieur, j'apprends que l'évêque d'Arras est à Paris, et je désirerais bien de le voir ; mais je n'ai point d'habit, et je manque de plusieurs choses sans lesquelles je ne puis sortir. J'espère que vous voudrez bien vous donner la peine de venir lui exposer vous-même ma situation, afin d'obtenir de lui ce dont j'ai besoin pour pouvoir paraître en sa présence. Je suis avec respect, etc. — *De Robespierre l'aîné.* » Cette lettre, que l'abbé Proyart n'a pu inventer, en dit long sur les obligations que Robespierre avait contractées envers le clergé catholique, et explique la sollicitude amicale qu'il témoigna pour ceux qui constituaient à la Convention le fameux banc d'évêques.

(2) Charlotte Robespierre cite dans ses mémoires (Laponneraye, tome II) une dédicace que son frère avait projeté d'adresser aux mânes de Rousseau : « Je t'ai vu dans tes derniers jours, disait Robespierre, et ce souvenir est pour moi la source d'une joie orgueilleuse ; j'ai contemplé tes traits augustes, j'y ai vu l'empreinte des noirs chagrins auxquels t'avaient condamné les injustices des hommes. Dès lors, j'ai compris toutes les peines d'une noble vie qui se dévoue au culte de la vérité ; elles ne m'ont pas effrayé. La confiance d'avoir voulu le bien de ses semblables est le salaire de l'homme vertueux ; vient ensuite la reconnaissance des peuples qui environne sa mémoire des honneurs que lui ont donnés ses contemporains. Comme toi, je voudrais acheter ces biens au prix d'une vie laborieuse, au prix même d'un trépas prématuré. »

Mais je ne vois pas qu'avant 1792 sa politique religieuse ait différé de celle de la majorité des Constituants, et qu'il ait tâché de préciser la théologie du Vicaire. Toutefois il n'est pas inadmissible que, sous l'influence des réels déboires et des blessures d'amour-propre dont il fut contristé en 1789 et en 1790, son âme, naturellement mystique, ait cherché dans l'étude dévote du texte de Rousseau une consolation religieuse. Il est possible qu'alors un vague déisme et l'idée de conscience n'aient pas suffi à ce triste cœur, hanté des souvenirs de sa toute première enfance, et qu'il se soit senti chrétien en méditant l'*Emile*. Les résultats de ce travail latent parurent avec force aux Jacobins, le 26 mars 1792, quand il répondit à Guadet qu'avait impatienté sa pieuse affirmation de la Providence. Mais l'étonnement des contemporains montra combien la religiosité de Robespierre dépassait la moyenne des opinions jacobines et révolutionnaires. Il y eut un sourire, que réprima la gravité déjà terrible de l'orateur mystique.

On sentit bientôt que toute la philosophie encyclopédiste, tout l'esprit laïque et libre de la Révolution étaient menacés par ce sombre doctrinaire. En septembre 1792, il fallut mener toute une campagne pour obtenir de la Commune qu'elle débaptisât la rue Sainte-Anne en rue Helvétius. L'opinion se prononça franchement et ironiquement contre Robespierre, et le gouvernement lui-même s'engagea dans le sens encyclopédiste. Le *Moniteur* du 8 octobre inséra une lettre de Grouvelle à Manuel qui était une longue apologie d'Helvétius, et Grouvelle était secrétaire du Conseil exécutif provisoire. On vit alors avec stupeur que Robespierre avait réussi à gagner la majorité des Jacobins à ses idées antiphilosophiques, et, le 5 décembre, le buste d'Helvétius, qui ornait le club, fut brisé et foulé aux pieds en même temps que celui de Mirabeau. « Helvétius, s'était écrié Robespierre, Helvétius était un intrigant, un misérable bel esprit, un être immoral, un des cruels persécuteurs de ce bon J.-J. Rousseau, le plus digne de nos hommages. Si Helvétius avait existé de nos jours, n'allez pas croire qu'il eût embrassé la cause de la liberté : il eût augmenté la foule des intrigants beaux-esprits qui désolent aujourd'hui la patrie. » Le surlendemain, dit le journal du club, « un membre, fâché que la société ait brisé le buste d'Helvétius, sans entendre sa défense par la bouche de ses amis, demande que l'on consacre un buste nouveau à la mémoire de l'auteur de l'*Esprit*. Des murmures interrompent le défenseur officieux d'Helvétius, et la société passe à l'ordre du jour... »

Voilà dans quel état d'esprit Robespierre avait mis ses plus fidèles auditeurs, outrant même la pensée du maître : car Rousseau avait écrit en 1758 à Deleyre que, si le livre d'Helvétius était dangereux, l'auteur était un honnête homme, et ses actions valaient mieux que ses écrits. Mais il ne faudrait pas croire que l'opinion fût devenue hostile aux philosophes avec les Jacobins. D'abord les Girondins protestèrent, et il y eut dans le journal de Prudhomme une amère critique de l'iconoclaste, sous ce titre : *L'ombre d'Helvétius aux Jacobins*. Déjà, un mois plus tôt, la *Chronique de Paris* avait inséré un portrait satirique de Robespierre où l'ennemi du « philosophisme » était montré comme un prêtre au milieu de ses dévotes, morceau piquant et méchant, dont l'auteur était, d'après Vilate, le pasteur protestant Rabaut-Saint-Etienne. On peut dire qu'à l'origine de cette entreprise religieuse de Robespierre, il y a contre lui un déchaînement des éléments les plus actifs et les plus intelligents de l'opinion, au moins parisienne.

C'est donc, pour le dire en passant, une vue fausse que celle qui présente cet orateur comme uniquement occupé de prévoir l'opinion pour la suivre et la flatter. Au moins dans les choses religieuses, il eut, à partir de 1792, un dessein très arrêté, une volonté forte contre l'entraînement populaire, une fermeté remarquable à se roidir contre presque tout Paris, dont l'incrédulité philosophique s'amusait des gamineries d'Hébert. Ses plus solides appuis dans cette lutte sont les femmes d'abord (1), et puis quelques bourgeois libéraux de province que des documents nous montrent, surtout dans les petites villes, moralement préparés à la religion de Rousseau. Mais ce sont là pour Robespierre des adhésions isolées ou compromettantes : quand on considère la masse hostile ou indifférente des révolutionnaires parisiens, girondins, hébertistes ou dantonistes, il apparaît presque seul contre tous, et c'est à force d'éloquence qu'il change véritablement les âmes et groupe autour de lui une église.

III

Il ne faut pas croire que tout son dessein éclate au début même de cette campagne de prédication religieuse. Il prépare habilement et lentement les esprits, et déconsidère d'abord ses adversaires aux yeux des Jacobins, comme incapables de comprendre le sérieux de la vie. Avec un art infini, il sait rendre suspecte au peuple de Paris jusqu'à la gaîté des Girondins et des Dantonistes. Ses discours sont plus d'une fois la paraphrase de ce mot de Jean-Jacques : « Le méchant se craint et se fuit ; il s'égaie en se jetant hors de lui-même ; il tourne autour de lui des yeux inquiets, et cherche un objet qui l'amuse ; sans la satire amère, sans la raillerie insultante, il serait toujours triste ; le ris moqueur est son seul plaisir. » Le méchant, pour Rousseau, c'était Voltaire, c'était Diderot, avec leur gaîté païenne ; pour

---

(1) « Quand, sur l'accusation de Louvet, Robespierre débita sa défense à la Convention nationale, les tribunes étaient remplies d'une foule prodigieuse de femmes extasiées, applaudissant avec le transport de la dévotion. » Vilate, *Mystères de la Mère de Dieu*, p. 59.

Robespierre, c'est Louvet avec sa raillerie insultante, c'est Fabre d'Eglantine avec sa lorgnette de théâtre, ironiquement braquée sur le Pontife. Car il voit ses ennemis, ceux de sa religion, à travers les formules mêmes du Vicaire. Plus il avance dans l'exécution de son dessein secret, plus il se rapproche de la lettre même de Rousseau, plus il s'en approprie les thèmes oratoires. Que de fois il paraphrase à la tribune l'éloquente et vraiment belle tirade de l'auteur de l'*Emile* sur la *surdité* des matérialistes! Que de fois il reprend les appels de Rousseau à Caton, à Brutus, à Jésus, en les ajustant au ton de la tribune! Rousseau avait dit, dans une note de l'*Emile*, que le fanatisme était moins funeste à un État que l'athéisme, et laissé entendre qu'il n'y a pas de vice pire que l'irréligion. Appliquant ces idées et ces formules, le 21 novembre 1793, Robespierre déclare aux Jacobins, à propos des Hébertistes, qu'ils doivent moins s'inquiéter du fanatisme que du philosophisme. C'est là qu'il prononce son mot fameux : « L'athéisme est aristocratique. »

En même temps, il suit le maître dans ses contradictions ; et lui qui se pique d'établir un autre culte, il prend le catholicisme sous sa protection, ne peut souffrir même la vue d'un hérétique. C'est avec fureur et dégoût qu'à la Convention (5 décembre 1793) il nomme « ce Rabaut, *ce ministre protestant...*, ce monstre... », qui, le même jour, montait sur l'échafaud ; et il déclare soudoyés par l'étranger tous les ennemis du catholicisme. Le 22 frimaire an II, dans son terrible discours contre Cloots aux Jacobins (il le fit rayer en attendant mieux), son principal grief fut que l'orateur du genre humain avait décidé l'évêque Gobel à se défroquer. Sa protection s'étend au clergé : il s'oppose avec colère à toute mesure tendant à ne le plus payer et à préparer la séparation de l'Eglise et de l'Etat, et, le 26 frimaire an II, il fait rejeter une proposition tendant à rayer des Jacobins tous les prêtres en même temps que tous les nobles. On se demande quels plus grands services les intérêts religieux pouvaient recevoir d'un politique, en pleine Terreur. Quant à la religion civile, la motion d'en consacrer par une loi le principal dogme, l'existence de Dieu, éclata dans la Convention dès le 17 avril 1793, au fort même de la lutte entre la Gironde et la Montagne. Mais Robespierre n'osa pas encore se mettre en avant, et ce fut un obscur député de Cayenne, André Pomme, qui tâta l'opinion (1). Son échec ajourna le dessein de l'Incorruptible au moment où il croirait ses adversaires supprimés ou domptés.

La chute de la Gironde ne le rassura pas : elle donna d'abord la prépondérance au parti dantoniste, qui répugnait par essence à toute politique mystique, et pendant toute cette année 1793, surtout à partir de la mort du mélancolique Marat, le peuple de Paris laissa libre et joyeuse carrière à ses instincts héréditaires d'irréligion frondeuse. Chaumette, Cloots, Hébert entreprennent de détruire le catholicisme par l'insulte et la raillerie, et ils mènent dans les églises saccagées une carmagnole voltairienne. C'est l'époque du culte antichrétien de la Raison dont l'histoire n'est pas encore faite, mais qui eut un caractère prononcé d'opposition à la politique religieuse qu'on avait vue poindre dans les homélies jacobines de Robespierre. Celui-ci parut dépassé et démodé sans retour, le jour où, sur la proposition du dantoniste Thuriot, la Convention se rendit en corps à la fête de la déesse Raison, à Notre-Dame, afin d'y chanter des hymnes inspirées par l'esprit le plus hostile à la profession de foi du Vicaire savoyard (20 brumaire an II).

Mais si Robespierre avait contre lui Paris, il avait pour lui la grande force morale et politique de ce temps-là, le seul instrument de propagande organisée et, en quelque

---

(1) Voir plus haut, t. I, p. 180.

sorte, officielle: le club des Jacobins. Depuis l'échec de la motion présentée par André Pomme, il n'avait pas cessé un instant sa propagande religieuse, domptant les esprits les plus voltairiens par la monotonie même de sa prédication infatigable, convertissant son auditoire quotidien avec une éloquence dont sa sincérité faisait la force et dont l'enthousiasme des femmes des galeries achevait le succès. Ceux qui résistèrent furent épurés, comme Thuriot, ou destinés à la guillotine, comme Hébert. Il n'y eut bientôt plus aux Jacobins que de fanatiques partisans de la doctrine du Vicaire. La force de cette église groupée autour de Robespierre eût été invincible, si l'opinion publique l'avait soutenue. Mais, à partir du jour où les Jacobins, fermés et réduits, s'organisèrent en secte religieuse, s'ils purent dominer un instant Paris et la France par le pouvoir matériel qui avait survécu à leur ancienne popularité, leur autorité morale disparut peu à peu, et la Révolution ne se reconnut plus dans cette coterie violente et mystique : de là vint la défaite de la Société-Mère au 9 thermidor.

Mais, après la fête de la Raison, le club robespierriste avait tenté toute une réaction légale contre les tendances anti-théologiques, et appuyé le coup, hardi, merveilleux, par lequel Robespierre essaya de mâter violemment l'opinion. Nous l'avons vu : il réussit à faire porter à la tribune le premier article de son *credo*, non plus par un André Pomme, mais par l'orateur même dont la gloire balançait la sienne, par le disciple de Diderot, par Danton en personne (6 frimaire an II). Mais les Dantonistes s'opposèrent à cette concession de leur chef, et firent échouer cette motion.

Danton ne la renouvela pas : il ne l'avait émise que du bout des lèvres et sous la pression de Robespierre. Celui-ci se tut et attendit encore : il attendit la mort des Hébertistes, il attendit la mort des Dantonistes. Alors seulement il osa. Danton périt le 16 germinal ; le 17, Couthon annonça tout un programme gouvernemental et oratoire, dont l'article essentiel devait être un projet de fête décadaire dédiée à l'Eternel. Cette fois, personne ne se permit de protester contre cette tentative pour faire de Dieu une personne politique et pour imposer des mœurs, comme dit justement M. Foucart, qui ajoute avec esprit : « Le plan de Robespierre, pour achever la moralisation de la France, était fait en trois points, comme celui d'un prédicateur : annonce de Dieu, proclamation légale de Dieu, fête légale de Dieu. » Couthon avait annoncé Dieu, avec succès et au milieu des applaudissements ; un mois plus tard, Robespierre en personne le proclama, dans la séance du 18 floréal an II, et en fit décréter la reconnaissance et le culte.

Quant au rapport qu'il lut dans cette occasion, au nom du Comité de salut public, on peut dire qu'il avait passé sa vie entière à le préparer : depuis un an, depuis la motion d'André Pomme, cette vaste composition oratoire devait exister dans ses parties essentielles et dans ses tirades les plus brillantes. Le plan seul en fut modifié à mesure que les circonstances fortifiaient ou supprimaient les adversaires du déisme d'Etat ; dans ce cadre large et mobile, Robespierre glissait sans cesse de nouveaux développements inspirés par les péripéties de sa lutte sourde contre l'irréligion. Le discours s'enflait chaque jour : il était énorme quand l'orateur put enfin le produire à la tribune, et la lecture en fut interminable, quoique l'attention de l'auditoire fût soutenue par le caractère même de l'orateur, que l'échafaud avait rendu tout-puissant, par la curiosité d'apprendre enfin quelle religion allait couronner le siècle de Voltaire, et, il faut l'avouer, par la réelle beauté de certains mouvements où le moraliste avait mis tout son cœur.

Il débute par déclarer que les victoires de la république

donnent une occasion pour faire le bonheur de la France en appliquant certaines « vérités profondes », qui délivreront les hommes d'un état violent et injuste. Ces vérités, c'est que « l'art de gouverner a été jusqu'à nos jours l'art de tromper et de corrompre les hommes ; il ne doit être que celui de les éclairer et de les rendre meilleurs. » Et après avoir posé cette maxime banale et plausible, Robespierre s'avance par un chemin tortueux vers son véritable dessein. Ce sont d'abord des anathèmes lancés à la monarchie, cette école de vice. Puis vient cette remarque que les factieux récemment vaincus étaient tous vicieux. Ainsi Lafayette, Brissot, Danton corrompaient le peuple à l'envi, et mettaient une sorte de piété à perdre les âmes. « Ils avaient usurpé une espèce de sacerdoce politique », s'écrie l'orateur en prêtant aux autres ses propres arrière-pensées et ses formules. « Ils avaient érigé l'immoralité non seulement en système, mais en religion. » « Que voulaient-ils, ceux qui, au sein des conspirations dont nous étions environnés, au milieu des embarras d'une telle guerre, au moment où les torches de la discorde civile fumaient encore, attaquèrent tout à coup les cultes par la violence pour s'ériger eux-mêmes en apôtres fougueux du néant et en missionnaires fanatiques de l'athéisme ? »

L'athéisme ! Et à ce mot, par lequel Robespierre désigne au fond toute la philosophie des encyclopédistes, son imagination s'émeut et tourne avec chaleur un de ces morceaux dignes de Jean-Jacques par lesquels il rivalise avec l'éloquence de la chaire : « Vous qui regrettez un ami vertueux, vous aimez à penser que la plus belle partie de lui-même a échappé au trépas ! Vous qui pleurez sur le cercueil d'un fils ou d'une épouse, êtes-vous consolés par celui qui vous dit qu'il ne reste plus d'eux qu'une vile poussière ? Malheureux qui expirez sous les coups d'un assassin, votre dernier soupir est un appel à la justice éternelle !

L'innocence sur l'échafaud fait pâlir le tyran sur son char de triomphe ; aurait-elle cet ascendant si le tombeau égalait l'oppresseur et l'opprimé? Malheureux sophiste! de quel droit viens-tu arracher à l'innocence le sceptre de la raison pour le remettre entre les mains du crime, attrister la vertu, dégrader l'humanité? »

Ce n'est pas comme philosophe, dit-il, qu'il attaque ainsi l'athéisme, c'est comme politique. « Aux yeux du législateur, tout ce qui est utile au monde et bon dans la pratique est la vérité. L'idée de l'Etre suprême et de l'immortalité de l'âme est un rappel continuel à la justice : elle est donc sociale et républicaine. » Le déisme fut la religion de Socrate et celle de Léonidas, « et il y a loin de Socrate à Chaumette et de Léonidas au père Duchesne. » Là-dessus Robespierre s'engage dans un éloge pompeux de Caton et de Brutus, dont l'héroïsme s'inspira, dit-il, de la doctrine de Zénon et non du matérialisme d'Epicure. Personne n'osa interrompre l'orateur pour lui faire remarquer que justement les stoïciens ne croyaient ni à un dieu personnel ni à l'immortalité de l'âme, et que Marc-Aurèle n'eût pas sacrifié à l'Etre suprême de Rousseau. Mais, depuis longtemps, on ne faisait plus d'objections à Robespierre : on écoutait en silence, avec curiosité, stupeur ou hypocrisie.

Il continuait son homélie en montrant que tous les conspirateurs avaient été des athées. « Nous avons entendu, qui croirait à cet excès d'impudeur? nous avons entendu, dans une société populaire, le traître Guadet dénoncer un citoyen pour avoir prononcé le nom de Providence ! Nous avons entendu, quelque temps après, Hébert en accuser un autre pour avoir écrit contre l'athéisme. N'est-ce pas Vergniaud et Gensonné qui, en votre présence même, à votre tribune, pérorèrent avec chaleur pour bannir du préambule de la Constitution le nom de l'Etre suprême que vous y avez placé? Danton, qui souriait de pitié aux mots de vertu, de gloire, de postérité (lisez: *Danton qui n'appréciait pas mon éloquence...*); Danton, dont le système était d'avilir ce qui peut élever l'âme; Danton, qui était froid et muet dans les plus grands dangers de la liberté, parla après eux avec beaucoup de véhémence en faveur de la même opinion. D'où vient ce singulier accord ?... Ils sentaient que, pour détruire la liberté, il fallait favoriser par tous les moyens tout ce qui tend à justifier l'égoïsme, à dessécher le cœur, etc. »

Après avoir loué Rousseau du ton dont Lucrèce exalte Epicure, Robespierre se tournait vers les prêtres, et, d'un air à la fois irrité et rassurant, il opposait à leur culte corrompu le culte pur des vrais déistes, dont il faisait un éloge vraiment ému et éloquent. Ce culte doit être national, et il le sera si toute l'éducation publique est dirigée vers un même but religieux et surtout si des fêtes populaires et officielles glorifient la divinité. L'orateur compte sur les femmes pour défendre et maintenir son œuvre : « O femmes françaises, chérissez la liberté...; servez-vous de votre empire pour étendre celui de la vertu républicaine ! O femmes françaises, vous êtes dignes de l'amour et du respect de la terre! »

Mais sera-t-on libre d'être philosophe à la manière de Diderot? La réponse est vague et terrible : « Malheur à celui qui cherche à éteindre le sublime enthousiasme!... » La nouvelle religion nationale ne laissera aux hommes que la liberté du bien. Et l'orateur termine par ce conseil hardi qui caractérise nettement toute sa politique religieuse et morale. « Commandez à la victoire, mais replongez surtout le vice dans le néant. Les ennemis de la République, ce sont des hommes corrompus. » En conséquence, la Convention reconnut, par un décret, l'existence de l'Etre suprême et l'immortalité de l'âme, et elle organisa des fêtes religieuses.

Si Robespierre avait loué Rousseau, il n'avait pas affecté de parler toujours au nom de Rousseau et il avait paru prétendre à quelque originalité religieuse, de même qu'il avait laissé dans l'ombre les conséquences les plus illibérales de la proclamation du déisme comme religion d'État. Ses acolytes sont plus explicites : le 27 floréal, une députation des Jacobins vint constater à la barre la conformité du décret avec le texte même du dernier chapitre du *Contrat social*, et cette constatation fut un suprême éloge. En même temps, l'orateur de la députation justifia la Terreur robespierriste par le simple énoncé des principes moraux, religieux et politiques de Jean-Jacques. On nous reproche, dit-il, comme une sorte de suicide, d'avoir exterminé Hébert et Danton : « mais ils n'étaient pas vertueux ; ils ne furent jamais jacobins. » Quel signe distingue donc les vrais Jacobins ? « Les vrais Jacobins sont ceux en qui les vertus privées offrent une garantie sûre des vertus publiques. Les vrais Jacobins sont ceux qui professent hautement les articles qu'on ne doit pas regarder comme dogmes de religion, mais comme sentiments de sociabilité, sans lesquels, dit Jean-Jacques, il est impossible d'être bon citoyen, l'existence de la Divinité, la vie à venir, la sainteté du contrat social et des lois. Sur ces bases immuables de la morale publique doit s'asseoir notre République une, indivisible et impérissable. Rallions-nous tous autour de ces principes sacrés. »

Est-ce là un *Credo* obligatoire ? « Nous ne pouvons obliger personne à croire à ces principes », répond l'orateur jacobin. Et que ferez-vous, si quelques-uns n'y croient pas ? « Les conspirateurs seuls peuvent chercher un asile dans l'anéantissement total de leur être. » Or, les conspirateurs sont punis de mort. Donc, si les athées ne sont pas punissables comme athées, ils doivent être guillotinés comme conspirateurs.

S'il y avait dans la Convention des philosophes ou des indifférents qui crurent, comme le dira plus tard Cambon, avoir adopté un décret sans but et sans objet et donné au mysticisme de Robespierre une satisfaction innocente, on voit qu'ils furent bien vite détrompés : la démarche des Jacobins leur montra qu'ils avaient, sans le vouloir, fondé une religion et institué un pontife. Déjà Couthon, au moment où Robespierre descendait de la tribune, s'était écrié que la Providence avait été offensée, qu'il n'y avait pas une minute à perdre pour l'apaiser par un affichage à profusion, afin qu'on pût *lire sur les murs et les guérites quelle était la véritable profession de foi du peuple français*. Le 23 floréal, la Commune, épurée dans un sens robespierriste, reconnut, telle aussi, l'Etre suprême. Le même jour, le Comité de salut public, organisant le *pontificat*, arrêta que le discours de Robespierre serait lu pendant un mois dans les temples. Cependant, en province comme à Paris, des agents du nouveau culte s'emparaient des ci-devant églises ; quelques-uns, dit Cambon (18 septembre 1794), gravèrent en lettres d'or sur les portes de ces temples les paroles de leur maître. Ils provoquèrent même un pétitionnement pour que le culte de l'Etre suprême fût salarié.

A une religion naissante il faut un miracle. Robespierre obtint un miracle dont sa personne fut même l'objet. Le nouveau Dieu le préserva merveilleusement du couteau de Cécile Renault. Mais il fit en même temps un second miracle dont son pontife se fût volontiers passé : il sauva les jours de Collot d'Herbois, assassiné par Ladmiral. Les robespierristes célébrèrent surtout le premier de ces incidents ; les futurs thermidoriens mirent toute leur malice à faire mousser le second, comme Barère *faisait mousser* les victoires. Ce fut un assaut fort comique d'ironiques doléances. Mais les robespierristes purent donner un éclat officiel à leurs actions de grâces. Le 6 prairial, les membres du tribunal du premier arrondissement vinrent remercier l'Être suprême à la barre et se réjouir de ce que leur âme était immortelle; plusieurs sections déclarèrent que Dieu avait détourné le bras des meurtriers pour reconnaître le décret du 18 floréal. Le 7, les Jacobins et d'autres sections vinrent adorer la Providence pour ce miracle robespierriste. Le vrai Paris, qui avait déserté ce club épuré, ces sections épurées, regardait et laissait faire avec une curiosité narquoise.

Enfin, le 20 prairial, eut lieu la célèbre fête, si souvent racontée, où il y eut, quoi qu'on en ait dit, plus de fleurs que d'enthousiasme. On a lu Michelet, et on sait quel rôle joua Robespierre dans cette cérémonie qu'il présidait. Ses deux discours furent de brillantes paraphrases de Rousseau. Il loua l'Etre suprême en disant : « Tout ce qui est bon est son ouvrage ou c'est lui-même. Le mal appartient à l'homme.... » Et il ajouta : « L'Auteur de la nature avait lié tous les mortels par une chaîne immense d'amour et de félicité: périssent les tyrans qui ont osé la briser ! » Périssent aussi les ennemis de la religion et de Robespierre ! Demain nous relèverons l'échafaud. Le second discours se terminait par une prière mystique et ardente, inspirée par une évidente sincérité: car la bonne foi de Robespierre ne fut pas douteuse dans ces manifestations mystiques ; et c'est elle qui donne de la grandeur à son orgueil, de l'éloquence à son fanatisme. Si le siècle avait pu être converti, il l'aurait été par cet apôtre; mais dans l'apôtre il ne vit que le prêtre, et il se détourna avec répugnance et raillerie.

Cependant la nouvelle religion s'affirmait, sinon dans les esprits, du moins dans les actes officiels. Le 13 messidor, le Comité de salut public rendit un arrêté des plus graves, par lequel il approuvait un rapport rédigé par le *famulus* de Robespierre, Payan, au nom de la commission d'instruction publique, qui interdisait formellement aux théâtres de représenter aucun détail du culte de l'Etre suprême. La profession de foi du Vicaire savoyard était donc devenue la loi de l'Etat quand la révolution du 9 thermidor la ruina en même temps que son fondateur.

Mais, dira-t-on avec Edgard Quinet, qu'il fut timide, cet homme qui lutta presque seul contre l'esprit encyclopédiste ou sèchement déiste de ses contemporains? Dira-t-on que l'audace novatrice manqua au créateur de la fête et du culte de l'Etre suprême ? Il échoua uniquement parce que la France de 1794, j'entends la France instruite, n'était plus chrétienne : son éducation la rattachait à la philosophie du siècle, ses habitudes héréditaires la retenaient dans les formes catholiques, qu'elle savait mortes, mais auxquelles elle jugeait inutile de substituer une autre formule théologique. Il y a là, ce semble, l'explication de l'échec religieux de Robespierre et du succès de la politique concordataire de Bonaparte. Si Robespierre eût vécu, l'indifférence générale l'aurait forcé à se rallier au catholicisme, au catholicisme romain, mais servi par de bons prêtres comme ceux dont il faisait ses amis personnels, Torné, Audrein, dom Gerle et d'autres. Comme l'étude de son développement intérieur nous l'a fait prévoir, la pensée du pontife de l'Etre suprême aurait sans doute été ramenée à la religion natale par le même circuit qu'avait suivi la pensée de Montaigne et celle de Rousseau.

CHAPITRE II.

LES PRINCIPAUX DISCOURS DE ROBESPIERRE.

Tels furent les éléments essentiels de l'inspiration de Robespierre. Faut-il le suivre dans toute sa carrière, depuis la fin de la Constituante jusqu'au 9 thermidor ? Dans cet espace de moins de trois années, cet orateur infatigable fut sans cesse sur la brèche, et prononça plus de 500 discours. Nous l'avons rencontré, apprécié, presque à chaque page de ce livre. Bornons-nous à mettre en lumière les harangues qu'il composa dans les circonstances capitales de sa vie, dans sa querelle avec les Girondins sur la guerre, dans sa rivalité avec Danton, dans ses tentatives de dictature religieuse, enfin dans la crise finale en thermidor.

I

Quand Robespierre revint à Paris, à la fin de l'année 1791, il eut une surprise désagréable pour son esprit lent : pendant son absence, une saute de vent avait bouleversé l'atmosphère politique, et l'opinion, oubliant la métaphysique constitutionnelle qui avait occupé les derniers jours de la Constituante, discutait avec fièvre sur la guerre. On le sait : la Cour et les Feuillants la voulaient courte, restreinte aux petits princes allemands, avec l'arrière-pensée de lever ainsi une armée contre la Révolution ; les Girondins la voulaient générale, européenne, indéfinie, espérant que cette force aveugle, une fois déchaînée, porterait dans le monde les principes de 89 et ruinerait les résistances et les intrigues de Louis XVI. Avec sa nature hésitante, Robespierre ne sut d'abord où se tourner. Un instant, par contagion, il fut presque belliqueux et, aux Jacobins, le 28 novembre, menaça Léopold « du cercle de Popilius ». Mais bientôt la réflexion réveilla en lui trois sentiments fort divers : une méfiance envers la cour, dont la politique belliqueuse ferait le jeu ; une horreur de moraliste pour la guerre, horreur sincère et presque physique ; enfin une crainte jalouse de se voir dépossédé par Brissot de la première place (1). Il crut qu'en étant l'homme de la paix, il se réservait intact et fort pour le jour de la défaite, qui lui semblait probable et prochain. Certes, ses calculs ou ses pressentiments le tromperont ; et les victoires françaises, en le rendant inutile, contribueront à sa chute finale. Mais comment cet esprit étroit, timoré, formaliste, aurait-il pu s'imaginer, en décembre 1791, que les armées informes de la Révolution l'emporteraient sur l'expérience et la discipline des soldats de l'Europe ?

Pourtant, les idées guerrières étaient déjà si fortes qu'il ne put les attaquer qu'en biaisant. Sa première réponse à Brissot (Jacobins, 18 décembre 1791) se résume dans cette phrase d'exorde : « Je veux aussi la guerre, mais comme l'intérêt de la nation la demande ; domptons nos ennemis intérieurs, et ensuite marchons contre nos ennemis étrangers. » Le 2 janvier, il refait son discours, commence à se poser en prédicateur de la Révolution, répétant ses homélies pour ceux qui n'ont pu les entendre ou qui les ont mal écoutées. Mais, cette fois que l'opinion est préparée, il retire ses premières concessions à l'esprit belliqueux, contre lequel éclate franchement toute sa haine d'homme d'étude et de parlementaire : « La guerre, dit-il, est bonne pour les officiers militaires, pour les ambitieux, pour les agioteurs qui spéculent sur ces sortes d'événements ; elle est bonne pour les ministres, dont elle couvre les opérations d'un voile sacré... » Cette idée, parfois déguisée, est au fond de tout ce discours où Robespierre attaque, avec un art infini, les passions les plus populaires et les plus françaises, les préjugés les plus généreux de la Révolution. Lui qu'on représente dédaigneux de l'expérience, épris de la théorie pure, il se moque ce jour-là de « ceux qui règlent

---

(1) Il l'avouera à demi quand il dira aux Jacobins, le 21 novembre 1793, qu'à ce moment-là « il cherchait à s'élever au-dessus de la tourbe impure des conspirateurs dont il était environné ».

le destin des empires par des figures de rhétorique. » « Il est fâcheux, dit-il, que la vérité et le bon sens démentent ces magnifiques prédictions ; il est dans la nature des choses que la marche de la raison soit lentement progressive. » Sur les illusions de la propagande armée, il jette goutte à goutte l'eau froide de son ironie : « La plus extravagante idée qui puisse naître dans la tête d'un politique est de croire qu'il suffise à un peuple d'entrer à main armée chez un peuple étranger, pour lui faire adopter ses lois et sa constitution. Personne n'aime les missionnaires armés ; et le premier conseil que donnent la nature et la prudence, c'est de les repousser comme des ennemis. » Ses sarcasmes n'épargnent même pas les principes de 89, où Brissot voit un talisman : « La déclaration des droits n'est point la lumière du soleil qui éclaire au même instant tous les hommes ; ce n'est point la foudre qui frappe en même temps tous les trônes. Il est plus facile de l'écrire sur le papier ou de la graver sur l'airain que de rétablir dans le cœur des hommes ses sacrés caractères effacés par l'ignorance, par les passions et par le despotisme. » Et, d'un ton presque voltairien, il raille Cloots qui a cru voir « descendre du ciel l'ange de la liberté pour se mettre à la tête de nos légions, et exterminer, par leurs bras, tous les tyrans de l'univers. »

Quels ennemis poursuivra cette guerre ? les émigrés ? Mais « traiter comme une puissance rivale des criminels qu'il suffit de flétrir, de juger, de punir par contumace ; nommer pour les combattre des maréchaux de France extraordinaires contre les lois, affecter d'étaler aux yeux de l'univers Lafayette tout entier, qu'est-ce autre chose que leur donner une illustration, une importance qu'ils désirent, et qui convient aux ennemis du dedans qui les favorisent ?.... Mais que dis-je ? en avons-nous, des ennemis du dedans ? Non, vous n'en connaissez pas ; vous ne connaissez que Coblentz. N'avez-vous pas dit que le siège du mal est à Coblentz? Il n'est donc pas à Paris? Il n'y a donc aucune relation entre Coblentz et un autre lieu qui n'est pas loin de nous? Quoi! vous osez dire que ce qui a fait rétrograder la Révolution, c'est la peur qu'inspirent à la nation les aristocrates fugitifs qu'elle a toujours méprisés; et vous attendez de cette nation des prodiges de tous les genres! Apprenez donc qu'au jugement de tous les Français éclairés, le véritable Coblentz est en France; que celui de l'évêque de Trèves n'est que l'un des ressorts d'une conspiration profonde tramée contre la liberté, dont le foyer, dont le centre, dont les chefs sont au milieu de nous. Si vous ignorez tout cela, vous êtes étrangers à tout ce qui se passe dans ce pays-ci. Si vous le savez, pourquoi le niez-vous? Pourquoi détourner l'attention publique de nos ennemis les plus redoutables, pour la fixer sur d'autres objets, pour nous conduire dans le piège où ils nous attendent?

Il était difficile de serrer Brissot de plus près, de lui mieux couper la retraite, de le harceler de coups plus forts et plus rapides. Il n'y a rien là de nuageux, de mystique : c'est une dialectique serrée, et, tranchons le mot, admirable.

Mais il ne suffit pas à Robespierre d'avoir raison et de réduire ses adversaires au silence : il veut replacer au premier plan, en pleine lumière, sa personnalité dont une longue absence a pu effacer les traits. Dans son exorde, il montre avec habileté le beau côté du rôle impopulaire que sa sagesse lui impose : « De deux opinions, dit-il, qui ont été balancées dans cette assemblée, l'une a pour elle toutes les idées qui flattent l'imagination, toutes les espérances brillantes qui animent l'enthousiasme, et même un sentiment généreux, soutenu de tous les moyens que le gouvernement le plus actif et le plus puissant peut employer pour influer sur l'opinion; l'autre n'est appuyée que sur la froide raison et sur la triste vérité. Pour plaire, il faut défendre la première ; pour être utile, il faut soutenir la seconde avec la certitude de déplaire à tous ceux qui ont le pouvoir de nuire : c'est pour celle-ci que je me déclare. » Dans sa péroraison, il emploie, pour se louer, un procédé auquel il reviendra sans mesure jusqu'à la fin de sa carrière : il se suppose attaqué, menacé, et il se plaint et se défend. Mais, cette fois, il le fait avec autant de tact que de verve. « Apprenez que je ne suis point le défenseur du peuple ; jamais je n'ai prétendu à ce titre fastueux ; je suis du peuple, je n'ai jamais été que cela, je ne veux être que cela ; je méprise quiconque a la prétention d'être quelque chose de plus. S'il faut dire plus, j'avouerai que je n'ai jamais compris pourquoi on donnait des noms pompeux à la fidélité constante de ceux qui n'ont point trahi sa cause : serait-ce un moyen de ménager une excuse à ceux qui l'abandonnent, en présentant la conduite contraire comme un effort d'héroïsme et de vertu ? Non, ce n'est rien de tout cela ; ce n'est que le résultat naturel du caractère de tout homme qui n'est point dégradé. L'amour de la justice, de l'humanité, de la liberté est une passion comme une autre : quand elle est dominante, on lui sacrifie tout ; quand on a ouvert son âme à des passions d'une autre espèce, comme à la soif de l'or et des honneurs, on leur immole tout, et la gloire, et la justice, et l'humanité, et le peuple, et la patrie. Voilà le secret du cœur humain ; voilà toute la différence qui existe entre le crime et la probité, entre les tyrans et les bienfaiteurs de leur pays (1). »

En terminant, Robespierre, sûr de son auditoire, annonça une troisième harangue sur le même sujet ; et, en effet, le 11 janvier 1792, il développe encore les mêmes arguments, avec plus d'abondance et non sans quelque rhétorique. Cette

---

(1) Texte des *Révolutions de Paris*, t. XI, pp. 17-39.

fois il s'attache surtout à démontrer que pour une guerre révolutionnaire il n'y a ni soldats ni généraux : « Où est-il, le général qui, imperturbable défenseur des droits du peuple, éternel ennemi des tyrans, ne respira jamais l'air empoisonné des cours, dont la vertu austère est attestée par la disgrâce de la cour ; ce général, dont les mains pures du sang innocent et des dons honteux du despotisme sont dignes de porter devant nous l'étendard sacré de la liberté ? Où est-il ce nouveau Caton, ce troisième Brutus, ce héros encore inconnu ? Qu'il se reconnaisse à ces traits ; qu'il vienne ; mettons-le à notre tête... Où est-il? Où sont-ils ces héros, qui, au 14 juillet, trompant l'espoir des tyrans, déposèrent leurs armes aux pieds de la patrie alarmée ? Soldats de Château-Vieux, approchez, venez guider nos efforts victorieux... Où êtes-vous? Hélas! on arracherait plutôt sa proie à la mort, qu'au désespoir ses victimes ! Citoyens qui, les premiers, signalâtes votre courage devant les murs de la Bastille, venez; la patrie, la liberté vous appellent aux premiers rangs. Hélas ! on ne vous trouve nulle part.... » Quoiqu'il prolonge à l'excès ces apostrophes, il en tire parfois d'heureux effets : « Venez au moins, gardes nationales qui vous êtes spécialement dévouées à la défense de nos frontières, dans cette guerre dont une cour perfide nous menace ; venez. Quoi! vous n'êtes point encore armés? Quoi ! depuis deux ans vous demandez des armes, et vous n'en avez pas?... » Eh bien! s'il en est ainsi, pourquoi les Jacobins ne marchaient-ils pas eux-mêmes à Léopold, comme le veut Louvet (1) ? « Mais quoi ! voilà tous les orateurs de guerre qui m'arrêtent ; voilà M. Brissot qui me dit qu'il faut que M. *le comte de Narbonne* conduise toute cette affaire ; qu'il faut marcher sous les ordres de M. le *marquis de Lafayette;* que c'est au pouvoir exécutif qu'il appartient de mener la

---

(1) Cf. plus haut, p. 12.

nation à la victoire et à la liberté. Ah! Français, ce seul mot a rompu tout le charme : il anéantit tous mes projets. Adieu la liberté des peuples. Si tous les sceptres des princes d'Allemagne sont brisés, ce ne sera pas par de telles mains (1). » Si l'opinion resta belliqueuse, si on ne suivit point les conseils de Robespierre, la réputation oratoire de l'austère moraliste fut accrue par ce discours. C'est, disait Fréron dans son *Orateur du peuple*, un chef-d'œuvre d'éloquence qui doit rester dans toutes les familles.

Ce fut dès lors une lutte oratoire de tous les jours entre Robespierre et la Gironde : nous en avons déjà retracé les phases et insisté sur la réponse à Guadet qui avait raillé, aux Jacobins, l'abus que faisait l'Incorruptible du mot de Providence (2). On a vu aussi quel éloquent éloge de Condorcet et des Encyclopédistes lui infligea Brissot, le 25 avril 1792. Trois jours après, Robespierre répondit par une apologie personnelle, qu'il faut citer :

« Vous demandez, dit-il, ce que j'ai fait. Oh ! une grande chose sans doute : j'ai donné Brissot et Condorcet à la France. J'ai dit un jour à l'Assemblée constituante que, pour imprimer à son ouvrage un auguste caractère, elle devait donner au peuple un grand exemple de désintéressement et de magnanimité ; que les vertus des législateurs devaient être la première leçon des citoyens, et je lui ai proposé de décréter qu'aucun de ses membres ne pourrait être réélu à la seconde législature ; cette proposition fut accueillie avec enthousiasme. Sans cela, peut-être beaucoup d'entre eux seraient restés dans la carrière ; et qui peut répondre que le choix du peuple de Paris ne m'eût pas moi-même appelé à la place qu'occupent aujourd'hui Brissot et Condorcet ? Cette action ne peut être comptée pour rien par

---

(1) *Révolutions de Paris*, t. XI, pp. 67-83.
(2) Tome Ier, p. 178.

M. Brissot, qui, dans le panégyrique de son ami, rappelant ses liaisons avec d'Alembert et sa gloire académique, nous a reproché la témérité avec laquelle nous jugions des hommes qu'il a appelés *nos maîtres en patriotisme et en liberté*. J'aurais cru, moi, que dans cet art nous n'avions d'autres maîtres que la nature.

« Je pourrais observer que la révolution a rapetissé bien des grands hommes de l'ancien régime ; que si les académiciens et les géomètres que M. Brissot nous propose pour modèles ont combattu et ridiculisé les prêtres, ils n'en ont pas moins courtisé les grands et adoré les rois, dont ils ont tiré un assez bon parti ; et qui ne sait avec quel acharnement ils ont persécuté la vertu et le génie de la liberté dans la personne de ce Jean-Jacques dont j'aperçois ici l'image sacrée, de ce vrai philosophe qui seul, à mon avis, entre tous les hommes célèbres de ce temps-là, mérita des honneurs publics prostitués depuis par l'intrigue à des charlatans politiques et à de méprisables héros ? Quoi qu'il en soit, il n'est pas moins vrai que, dans le système de M. Brissot, il doit paraître étonnant que celui de mes services que je viens de rappeler ne m'ait pas mérité quelque indulgence de la part de mes adversaires (1). »

II

On a vu plus haut que la révolution du 10 août, s'étant faite sans Robespierre, l'avait amoindri, au profit de Danton et de la Gironde *extra-parlementaire*, agissante et fran-

---

(1) Plus loin il explique pourquoi il a renoncé à ses fonctions d'accusateur public : « J'ai déclaré que, dans la crise orageuse qui doit décider de la liberté de la France et de l'univers, je connaissais un devoir encore plus sacré que d'accuser le crime ou de défendre l'innocence et la liberté individuelle, avec un titre public, dans les causes particulières devant un tribunal judiciaire : ce devoir est celui de plaider la cause de l'humanité et de la liberté, etc. »

chement républicaine. A la Convention, il se sentit isolé, suspecté, menacé (1). Il risquait, avons-nous dit, de tomber au rang de faiseur de placards, si Barbaroux et Louvet ne lui avaient ouvert la tribune pour une longue série d'apologies personnelles aussi irréfutables que peu convaincantes. Cet accusé, auquel les étourdis de la Gironde ne reprochaient aucun acte précis, eut beau jeu pour être modeste, pour préparer habilement l'opinion en sa faveur et se donner un prestige de victime calomniée.

Ce n'était pas assez : il voulut reprendre à Danton cette première place, à l'avant-garde de la démocratie, que lui avait donnée son énergie au 10 août. L'avocat qui s'était caché pendant l'attaque du château eut tout à coup une grande hardiesse en face du roi vaincu et captif. Son discours du 3 décembre 1792 exprima cette idée violente qu'il fallait tuer Louis XVI et non le juger. Robespierre se donna ce jour-là un style concis, haché, abrupt. Il sut être terrible et clair : « Il n'y a point ici, dit-il, de procès à faire. Louis n'est point un accusé ; vous n'êtes point des juges ; vous n'êtes, vous ne pouvez être que des hommes d'État et les représentants de la nation. Vous n'avez point une sentence à rendre pour ou contre un homme, mais une mesure de salut public à prendre, un acte de providence nationale à exercer... Louis fut roi, et la république est fondée ; la question fameuse qui vous occupe est décidée par ces seuls mots. Louis a été détrôné par ses crimes ; Louis dénonçait le peuple français comme rebelle ; il a appelé, pour le châtier, les armes des tyrans, ses confrères ; la victoire et le peuple ont décidé que lui seul était rebelle : Louis ne peut donc être jugé ; il est déjà jugé. Il est condamné, ou la république n'est point absoute. Proposer de

---

(1) Dans les premiers jours de la session, Daunou le voit « debout isolé, muet, immobile. » Dauban, *Étude sur Mme Roland*, p. CXLIX.

faire le procès à Louis XVI, de quelque manière que ce puisse être, c'est rétrograder vers le despotisme royal et constitutionnel ; c'est une idée contre-révolutionnaire, car c'est mettre la révolution elle-même en litige. En effet, si Louis peut être encore l'objet d'un procès, Louis peut être absous; il peut être innocent Que dis-je? Il est présumé l'être jusqu'à ce qu'il soit jugé. Mais si Louis est absous, si Louis peut être présumé innocent, que devient la révolution ? Si Louis est innocent, tous les défenseurs de la liberté deviennent des calomniateurs. » Et il demanda que, sans débats, on guillotinât l'accusé.

C'est ainsi qu'il dépassait les hommes du 10 août par une violence qui, dans le fond, devait répugner à son caractère de légiste. Mais il en voulait plus à la Gironde qu'au roi, et, quand la proposition d'appel au peuple eut compromis le parti Brissot-Guadet, il ne cessa de le poursuivre de ses dénonciations, rendant impossible l'union des patriotes rêvée par Danton et Condorcet et dans laquelle son influence et sa personne auraient été éclipsées. Le 26 mai, c'est lui qui décida les Jacobins à l'insurrection, et il le fit en termes singulièrement énergiques :

« J'invite le peuple, dit-il, à se mettre, dans la Convention nationale, en insurrection contre tous les députés corrompus. (*Applaudi*.) Je déclare qu'ayant reçu du peuple le droit de défendre ses droits, je regarde comme mon oppresseur celui qui m'interrompt ou qui me refuse la parole, et je déclare que, moi seul, je me mets en insurrection contre le président et contre tous les membres qui siègent dans la Convention. (*Applaudi*.) » Toute la société se leva et se déclara en insurrection contre les *députés corrompus*.

Au 31 mai, on se rappelle (1) dans quelles circonstances

---

(1) Voir plus haut, tome Ier, p. 358.

Robespierre porta le coup de grâce aux Girondins. Il défendait, avec quelque diffusion, la proposition de Barère contre la commission des Douze. Vergniaud, impatienté, lui cria : « Concluez donc ! » — « Oui, je vais conclure, répondit-il, et contre vous ! contre vous qui, après la révolution du 10 août, avez voulu conduire à l'échafaud ceux qui l'ont faite ! contre vous, qui n'avez cessé de provoquer la destruction de Paris ! contre vous, qui avez voulu sauver le tyran contre vous ! qui avez conspiré avec Dumouriez ! contre vous, qui avez poursuivi avec acharnement les mêmes patriotes dont Dumouriez demandait la tête ! contre vous, dont les vengeances criminelles ont provoqué ces mêmes cris d'indignation dont vous voulez faire un crime à ceux qui sont vos victimes ! Eh bien ! ma conclusion, c'est le décret d'accusation contre tous les complices de Dumouriez et contre tous ceux qui ont été désignés par les pétitionnaires. »

III

Cette âpreté éloquente qu'il portait dans l'art d'accuser donna un accent original et vraiment terrible au discours qu'il prononça, le 14 germinal, contre Danton. J'ai déjà indiqué que Robespierre fut, à n'en pas douter, l'assassin de Danton, quoi qu'en aient dit Louis Blanc et M. Hamel. En vain ils allèguent que Robespierre défendit son rival aux Jacobins (13 frimaire an II). Oui ; mais comment le défendit-il ? Couppé (de l'Oise) avait accusé le tribun de modérantisme. Danton répondit avec feu dans un long discours dont le *Moniteur* n'analyse que la première partie : « L'orateur, dit l'auteur robespierriste du compte-rendu, après plusieurs morceaux véhéments, prononcés avec une abondance qui n'a pas permis d'en recueillir tous les traits, termine par demander qu'il soit nommé une commission de douze membres, chargée d'examiner les accusations dirigées contre lui, afin qu'il puisse y répondre en présence du peuple. »

Robespierre profita de cette attitude d'accusé maladroitement prise par le Cordelier, pour l'accabler de sa bienveillance hautaine, pour le diminuer par de perfides concessions à ses accusateurs. Sans doute, il déclara que Danton était un patriote calomnié ; et Danton, absous, fut embrassé par le président du club. Mais l'Incorruptible avait, comme en passant, établi deux griefs, alors formidables, contre son rival : « La Convention, dit-il, sait que j'étais divisé d'opinion avec Danton ; que, dans le temps des trahisons avec Dumouriez, mes soupçons avaient devancé les siens. Je lui reprochai alors de n'être plus irrité contre ce monstre. Je lui reprochai alors de n'avoir pas poursuivi Brissot et ses complices avec assez de rapidité, et je jure que ce sont là les seuls reproches que je lui ai faits... » Les seuls reproches! Mais voilà Danton suspect d'indulgence pour Dumouriez et pour les Girondins. N'était-ce pas le marquer d'avance pour le tribunal révolutionnaire ? « Je me trompe peut-être sur Danton, ajoutait Robespierre ; mais, vu dans sa famille, il ne mérite que des éloges. Sous le rapport politique, je l'ai observé : une différence d'opinion entre lui et moi me le faisait épier avec soin, quelquefois avec colère ; et s'il n'a pas toujours été de mon avis, conclurai-je qu'il trahissait sa patrie? Non ; je la lui ai toujours vu servir avec zèle. » *Une différence d'opinion !* Mais pour Robespierre il n'y avait, en dehors de l'orthodoxie politique et religieuse, qu'erreur, vice et mensonge. — Ainsi, sous prétexte de disculper Danton de modérantisme, le Pontife avait attesté, signalé l'indulgence et l'aveuglement de l'homme du 10 août. Au sortir de cette séance fameuse, chacun pouvait se dire : Oui, Robespierre, le généreux Robespierre a sauvé Danton ; mais Danton est suspect, Danton pense mal en politique (1).

L'Incorruptible ne perdit aucune occasion d'ôter à son rival sa popularité en le présentant comme un indulgent, dupe ou complice de la réaction. On sait qu'il avait vu les premiers numéros du *Vieux Cordelier* (2) et encouragé Camille dans son appel à la clémence : voulait-il perdre ainsi et Camille et Danton? L'embarras qu'il montra quand ce fait lui fut rappelé à la tribune semble autoriser les suppositions les plus défavorables. Il est incontestable qu'en cette occasion il fut aussi déloyal que cruel envers Camille. Je vois aussi qu'il tendait fréquemment des pièges à la bonne foi de Danton. On connaît l'affaire des soixante-treize Girondins désignés par Amar, officiellement sauvés par Robespierre, troupeau tour à tour rassuré et tremblant, future majorité robespierriste pour le jour où le dictateur arrêterait la révolution et fixerait son pouvoir personnel (3). Après Thermidor, Clauzel rappelait un jour ce fait à la tribune. Alors, le bon Legendre voulut ôter à l'assassin de Danton le bénéfice de cette clémence, si intéressée qu'elle fût. « Je vais vous dire, s'écria-t-il (3 germinal an III), ce qui arriva dans un dîner où je me trouvai avec Robespierre et Danton. Le premier lui dit que la République ne pourrait s'établir que sur les cadavres des Soixante-treize ! Danton répondit qu'il s'opposerait à leur supplice. —

(1) Legendre dira, le 3 germinal an III : « Lorsque Camille, Danton furent attaqués aux Jacobins, Robespierre les défendit, mais c'était pour être plus sûr de les perdre ensuite. » — Il faut reconnaître que le *Vieux Cordelier* (n° 1) remercie Robespierre avec effusion. Qu'en conclure? que Danton et Camille voulaient la concorde.

(2) Fiévée, imprimeur, affirme que Robespierre avait *corrigé les épreuves* du premier numéro. « J'en ai reçu la certitude, dit-il, de quelqu'un qui ne pouvait en douter. » *Correspondance et relations de Fiévée avec Bonaparte*, Introd., p. XCII. — Voir plus haut, p. 320.

(3) Cf. Hamel, III, 155-157, et Durand-Maillane, *Histoire de la Convention*, p. 145.

Robespierre lui répondit qu'il voyait bien qu'il était le chef de la faction des indulgents. » Legendre n'avait pas compris l'hypocrisie d'une réponse qui ne tendait qu'à constater une fois de plus l'indulgence de Danton. Mais celui-ci avait vu très clair dans le jeu de son adversaire : il se sentait miné et menacé par lui. Peu de jours avant son arrestation, un de ces Girondins inquiets le consulta sur ce qu'il avait à craindre ou à espérer. « Danton, dit Bailleul, lui prit d'une main le haut de la tête, de l'autre le menton, et, faisant jouer la tête sur son pivot : Sois tranquille, dit-il avec cette voix qu'on lui connaissait, ta tête est plus assurée sur tes épaules que la mienne (1). » L'insouciance du tribun, son refus de fuir n'étaient donc pas de l'ignorance, de l'aveuglement. Il devinait les mauvais desseins de Robespierre, mais il ne croyait pas le péril si proche, et il comptait, pour sauver sa tête, sur sa propre éloquence, sur sa popularité.

On a fait grand bruit du mot naïf de Billaud-Varennes, au 9 thermidor : « La première fois, dit-il, que je dénonçai Danton au Comité, Robespierre se leva comme un furieux, en disant qu'il voyait mes intentions, que je voulais perdre les meilleurs patriotes. » Indignation de commande ! l'occasion n'était pas mûre encore pour perdre Danton; il fallait d'abord détruire les Hébertistes, ses alliés possibles en cas de danger commun. Hébert une fois guillotiné, Robespierre *consentit à abandonner Danton* (2) ; il céda aux objurgations patriotiques de Saint-Just, et sacrifia l'amitié à la patrie, si on en croit Louis Blanc, qui s'écrie avec émotion : « Ah ! quel trouble ne dut pas être le sien en ces moments funestes! » Oui, je le crois, Robespierre au comité se fit prier pour accepter la tête de son rival. Oui, Billaud, Saint-Just

---

(1) *Almanach des bizarreries humaines*, p. 36.
(2) Expression de Billaud dans son discours du 12 fructidor an II.

le gourmandèrent : je vois, j'entends cette scène shakespearienne : Iago refusant ce qu'il brûle d'obtenir. Et, certes, les larmes de ce faux Brutus nous duperaient encore, nous croirions aux angoisses de son cœur, quand il vit Danton destiné à l'échafaud, si nous n'avions pas la preuve écrite que lui-même fournit à la calomnie les armes dont elle frappa les accusés de Germinal. On a retrouvé et publié en 1841 les notes secrètes qu'il fournit à Saint-Just, comme une *matière* pour composer son terrible rapport (1). Là s'étale et siffle toute sa haine contre celui qu'il avait feint de défendre aux Jacobins. Là il ment avec joie contre son frère d'armes; et ses mensonges sont aussi odieux que ridicules, soit qu'il accuse Danton d'avoir trahi et vendu la révolution, soit qu'il lui reproche d'avoir voulu se cacher au 10 août. C'est sur ce texte même orné, et mis au point par Saint-Just, que fut condamné celui qui, la veille encore, tendait fraternellement la main à Robespierre (2).

Que deviennent, en présence de ce document, les allégations de Charlotte Robespierre ? Elle dit, dans ses mémoires, que son frère voulait sauver Danton. Et quelle preuve donne-t-elle ? qu'en apprenant l'arrestation de Desmoulins, Robespierre se rendit à sa prison pour le supplier de revenir aux principes. Pourquoi Camille ne voulut-il pas voir son ami ? Celui-ci dut, à son vif regret, l'abandonner à son sort. Mais il avait voulu le sauver. Or Camille et Danton étaient trop liés pour qu'on pût sauver l'un sans

---

(1) *Projet rédigé par Robespierre du rapport fait à la Convention par Saint-Just contre Fabre d'Eglantine, Danton, Philippeaux, Lacroix et Camille Desmoulins,* Paris, 1841, in-8.

(2) Discours de Billaud du 12 fructidor an II : « La veille où (*sic*) Robespierre consentit à l'abandonner, ils avaient été ensemble à une campagne, à quatre lieues de Paris, et étaient revenus dans la même voiture. » C'est peut-être à cette campagne qu'eut lieu le dîner dont parlent Vilain-Daubigny et Prudhomme, et où Robespierre resta sourd à la voix fraternelle de Danton.

l'autre. Voilà le raisonnement de Charlotte Robespierre : elle ne peut croire que son frère n'ait pas voulu sauver un ami, un fidèle camarade avec qui il vivait familièrement, faisant sauter le petit Horace Desmoulins sur ses genoux (1). Qu'eût-elle dit si elle avait pu lire, dans les Notes secrètes, cette impitoyable critique du pauvre Camille et surtout les lignes où Robespierre, sur une plaisanterie cynique de Danton, prête au pamphlétaire les mœurs les plus infâmes ? Sur Camille comme sur Danton, il n'y a rien, dans le rapport de Saint-Just, qui n'ait été soufflé par Robespierre (2).

---

(1) Lettre de Mme Duplessis, ap. Matton.

(2) Que répondent les apologistes de l'Incorruptible ? Écoutez Louis Blanc : « Le jour où Robespierre *consentit à abandonner Danton*, il se trouva contracter, avec le démon des discordes civiles, qu'il s'en rendît compte ou non, l'engagement affreux de prouver aux autres et de se prouver à lui-même que Danton méritait la mort. Car, comment le poursuivre ? que dis-je ? comment s'absoudre de n'avoir pas persisté à le défendre, si on ne le montrait pas coupable ? *Laisser faire les fureurs de Saint-Just, c'était se condamner à l'humiliation de les servir.* De là les notes accusatrices que Robespierre DUT rédiger pour l'usage de son implacable ami... » Ainsi, aux yeux de Louis Blanc, c'était *un devoir* pour Robespierre de calomnier Danton. Du moment où il l'avait abandonné, et Louis Blanc a montré qu'il ne pouvait pas ne pas l'abandonner, il devait le tuer lui-même par une dénonciation mensongère et anonyme. Et l'historien se lamente sur les ennuis que dut éprouver, à cette occasion, la conscience de Robespierre. C'est ainsi que son goût pour la rhétorique a fait tomber, au moins une fois, cet honnête écrivain dans les plus répugnants sophismes. M. Hamel justifie Robespierre d'une manière un peu différente. Il se réjouit d'abord de ce que, dans son *Projet de rapport sur la faction Fabre d'Églantine*, Robespierre est modéré à l'égard de Danton, qu'il représente égaré et endormi par Fabre. Mais Danton était-il alors en cause ? N'était-ce pas le compromettre gravement que de le représenter dès ce moment-là sous l'influence absolue du prétendu agioteur ? Quant aux Notes secrètes, M. Hamel n'y veut voir aucune calomnie, et il s'appuie, pour décrier Danton, sur les faits même allégués dans ces notes. Mais sur quoi juge-t-il ces allégations croyables ? C'est, dit-il, qu'*il me paraît impossible de révoquer en doute la véracité de Robespierre*. Pourquoi ? parce qu'il *ne connut jamais l'art de déguiser sa pensée*. Pourtant, ne la déguisait-il pas aux Jacobins le jour où il attestait le patriotisme de Danton, lui qui écrira, dans les susdites notes : « La réputation de civisme qu'on a faite à Danton était l'ouvrage de l'intrigue, et il n'y a pas une mesure liberticide qu'il n'ait proposée. » Mais M. Hamel n'a que de la pitié pour les angoisses

SES PRINCIPAUX DISCOURS. 393

Danton, avons-nous dit, comptait sur son éloquence pour sauver sa tête. Il eût suffi, en effet, qu'il fût libre de parler, soit à la barre de la Convention, soit au tribunal révolutionnaire, pour que son procès se terminât par un triomphe comme celui de Marat. Mais il ne s'agissait pas de juger Danton : *Nous voulons*, avait dit Vadier, *vider ce turbot farci* (1). Il fallait d'abord le bâillonner, ce qu'on ne pouvait faire sans l'aveu de Robespierre. Si celui-ci, le 11 germinal, avait appuyé Legendre qui demandait que Danton fût entendu, Danton était sauvé. Que dis-je? si Robespierre se fût tu sur la motion de Legendre, Danton obtenait audience. Il y eut un instant de trouble et de révolte dans l'assemblée, à l'idée de livrer l'homme du 10 août sans l'avoir entendu. C'est alors que l'Incorruptible prononça cet infernal discours où il mit toutes ses colères, toute sa haine fraternelle, une énergie farouche, une éloquence terrible. En voici les principaux passages :

« A ce trouble, depuis longtemps inconnu, qui règne dans cette assemblée ; aux agitations qu'ont produites les premières paroles de celui qui a parlé avant le dernier opinant, il est aisé de s'apercevoir, en effet, qu'il s'agit ici d'un grand intérêt, qu'il s'agit de savoir si quelques hommes aujourd'hui doivent l'emporter sur la patrie. Quel est donc

que dut souffrir son grand homme, le jour où il se décida à fournir le couteau pour tuer Danton. « Alors, dit l'apologiste, il oublia tous les services passés pour ne plus se souvenir que des fautes. » Subit-il en cela la pression de Saint-Just ? Non, mais celle de Billaud et autres violents. Saint-Just, dit M. Hamel, se borna à revêtir de son style les notes fournies par Robespierre. Car ce ne sont que des *notes*, et non, comme on les intitule, *un projet de rapport*. Comment a-t-on pu voir un projet de rapport, s'écrie M. Hamel, dans ce « simple recueil de souvenirs rédigés à la hâte ? » En effet, Robespierre ne projeta point de rapport : il *recueillit* des calomnies, il resta anonyme et secret, il se cacha derrière Saint-Just, dont il dirigea le bras. Sa duplicité, n'en déplaise à M. Hamel, fut odieuse. (Hamel, *Histoire de Robespierre*, III, 456, 463, 465, 479, 480.)

(1) C. Desmoulins, *Notes sur le rapport de Saint-Just*, ap. Matton.

ce changement qui paraît se manifester dans les principes des membres de cette assemblée, de ceux surtout qui siègent dans un côté qui s'honore d'avoir été l'asile des plus intrépides défenseurs de la liberté ? Pourquoi une doctrine, qui paraissait naguère criminelle et méprisable, est-elle reproduite aujourd'hui ? Pourquoi cette motion, rejetée quand elle fut proposée, par Danton, pour Basire, Chabot et Fabre d'Églantine, a-t-elle été accueillie tout à l'heure par une portion des membres de cette assemblée ? Pourquoi ? Parce qu'il s'agit aujourd'hui de savoir si l'intérêt de quelques hypocrites ambitieux doit l'emporter sur l'intérêt du peuple français. (*Applaudissements.*)

« ... Nous verrons dans ce jour si la Convention saura briser une prétendue idole pourrie depuis longtemps ; ou si, dans sa chute, elle écrasera la Convention et le peuple français. Ce qu'on a dit de Danton ne pouvait-il pas s'appliquer à Brissot, à Pétion, à Chabot, à Hébert même, et à tant d'autres qui ont rempli la France du bruit fastueux de leur patriotisme trompeur? Quel privilège aurait-il donc? En quoi Danton est-il supérieur à ses collègues, à Chabot, à Fabre d'Églantine, son ami et son confident, dont il a été l'ardent défenseur? En quoi est-il supérieur à ses concitoyens? Est-ce parce que quelques individus trompés, et d'autres qui ne l'étaient pas, se sont groupés autour de lui pour marcher à sa suite à la fortune et au pouvoir ? Plus il a trompé les patriotes qui avaient eu confiance en lui, plus il doit éprouver la sévérité des amis de la liberté...

« Et à moi aussi, on a voulu inspirer des terreurs ; on a voulu me faire croire qu'en approchant de Danton, le danger pourrait arriver jusqu'à moi ; on me l'a présenté comme un homme auquel je devais m'accoler, comme un bouclier qui pourrait me défendre, comme un rempart qui, une fois renversé, me laisserait exposé aux traits de mes ennemis. On m'a écrit, les amis de Danton m'ont fait parvenir des lettres, m'ont obsédé de leurs discours. Ils ont cru que le souvenir d'une ancienne liaison, qu'une foi antique dans de fausses vertus, me détermineraient à ralentir mon zèle et ma passion pour la liberté. Eh bien ! je déclare qu'aucun de ces grands motifs n'a effleuré mon âme de la plus légère impression. Je déclare que s'il était vrai que les dangers de Danton dussent devenir les miens, que s'ils avaient fait faire à l'aristocratie un pas de plus pour m'atteindre, je ne regarderais pas cette circonstance comme une calamité publique. Que m'importent les dangers ? Ma vie est à la patrie ; mon cœur est exempt de crainte ; et si je mourais, ce serait sans reproche et sans ignominie. (*On applaudit à plusieurs reprises.*)

« ... Au reste, la discussion qui vient de s'engager est un danger pour la patrie ; déjà elle est une atteinte coupable portée à la liberté : car c'est avoir outragé la liberté que d'avoir mis en question s'il fallait donner plus de faveur à un citoyen qu'à un autre : tenter de rompre ici cette égalité, c'est censurer indirectement les décrets salutaires que vous avez portés dans plusieurs circonstances, les jugements que vous avez rendus contre les conspirateurs ; c'est défendre aussi indirectement ces conspirateurs qu'on veut soustraire au glaive de la justice, parce qu'on a avec eux un intérêt commun ; c'est rompre l'égalité. Il est donc de la dignité de la représentation nationale de maintenir les principes. Je demande la question préalable sur la proposition de Legendre. »

On sait quel effet cette admirable et homicide harangue produisit sur Legendre et sur la Convention tout entière. Une stupeur engourdit les âmes. La peur, la lâcheté fermèrent les bouches et livrèrent au bourreau la victime demandée. Jamais l'éloquence n'exerça, dans des circonstances plus tragiques, une influence plus prodigieuse et plus criminelle (1).

IV

La mort des Dantonistes, en supprimant la liberté de contradiction, donna toute carrière à la rhétorique d'apparat où se complaisait Robespierre, et comme lettré et comme prédicateur. Déjà il s'était plu à faire la théorie

(1) Voici une seconde circonstance où Robespierre aurait pu, s'il l'avait voulu, empêcher que le jugement de Danton ne fût un assassinat. On sait que l'accusé réclamait l'audition de 16 témoins à décharge. D'après Vilain-Daubigny, Fouquier-Tinville lui-même aurait adressé au Comité de salut public d'inutiles instances pour que ce vœu fût exaucé (catalogue Charavay, 1862, p. 233). Ce qui est sûr, c'est que, dans sa lettre à la Convention, Fouquier déclara que l'ordre judiciaire ne lui fournissait aucun moyen de motiver ce refus, sans un décret (Robinet, *Procès des Dantonistes,* p. 178). Si Robespierre, un légiste pourtant, eût dit un mot, la demande si juste de Danton était accordée. On sait par quelle indigne équivoque Saint-Just et Billaud obtinrent de la Convention un décret qui mettait hors des débats « tout prévenu de conspiration qui résisterait ou insulterait à la justice nationale », quand la rébellion prétendue de Danton et de ses amis avait consisté à réclamer des témoins. On sait aussi comment la pseudo-conspiration des prisons éclata juste à temps pour impressionner les esprits, encore neufs à ces manœuvres policières. Robespierre ne prit la parole dans ce débat que pour faire envoyer sur-le-champ au tribunal des documents relatifs à la conspiration et le rapport de Saint-Just, c'est-à-dire pour hâter le meurtre de Danton. Je me trompe : la femme de Philippeaux voulait paraître à la barre. Il lui fit refuser *cette faveur*. Mais les apologistes de Robespierre ne veulent pas qu'on lui reproche ce refus : c'était, disent-ils, pure délicatesse de sa part ; il voulait éviter à la pauvre femme d'être écrasée sous les preuves de la culpabilité de son mari. Or, ces preuves, on les attend encore, et, s'il y eut un honnête homme dans la Révolution, ce fut Philippeaux. — Enfin, à ceux qui prétendent que Robespierre laissa faire le tribunal, opposons ce billet à Dumas, écrit de sa main, signé de lui seul, et daté du 12 germinal : « Le Comité de salut public invite le citoyen Dumas, vice-président du tribunal criminel, à se rendre au lieu de ses séances demain à midi. » C'est donc Robespierre qui prit l'initiative d'établir un concert entre le Comité de salut public et les juges de Danton. — Ainsi on peut dire que, par ses démarches secrètes ou publiques, par sa parole, par son silence, Robespierre lia lui-même Danton sur la planche de la guillotine.

d'une république fondée sur la vertu telle que l'entend Jean-Jacques, dans son rapport sur les principes du gouvernement révolutionnaire (25 décembre 1793). Ces idées constituent le fond du célèbre rapport du 18 pluviôse an II *sur les principes de morale politique.* C'est là qu'il balance avec le plus d'art et de bonheur ses antithèses favorites sur la vertu comparée au vice.

« Nous voulons, dit-il, un ordre de choses où toutes les passions basses et cruelles soient enchaînées, toutes les passions bienfaisantes et généreuses éveillées par les lois ; où l'ambition soit le désir de mériter la gloire et de servir la patrie ; où les distinctions ne naissent que de l'égalité même ; où le citoyen soit soumis au magistrat, le magistrat au peuple, et le peuple à la justice ; où la patrie assure le bien-être de chaque individu, et où chaque individu jouisse avec orgueil de la prospérité et de la gloire de la patrie ; où toutes les âmes s'agrandissent par la communication continuelle des sentiments républicains, et par le besoin de mériter l'estime d'un grand peuple ; où les arts soient les décorations de la liberté, qui les ennoblit ; le commerce, la source de la richesse publique, et non pas seulement de l'opulence monstrueuse de quelques maisons.

« Nous voulons substituer dans notre pays la morale à l'égoïsme, la probité à l'honneur, les principes aux usages, les devoirs aux bienséances, l'empire de la raison à la tyrannie de la mode, le mépris du vice au mépris du malheur, etc. »

J'ai déjà parlé du fameux discours du 18 floréal an II, *sur les rapports des idées religieuses et morales avec les principes républicains et sur les fêtes nationales,* où Robespierre proclama l'existence et organisa le culte de l'Etre suprême. Il y a là, parmi des banalités diffuses, de beaux morceaux dignes de Jean-Jacques. Les deux harangues à la fête même de l'Etre suprême ne me semblent pas mériter, au point de vue littéraire, l'enthousiasme lyrique de Louis Blanc. Mais les circonstances donnèrent une importance extraordinaire à la parole de l'orateur, dont la tenue, l'attitude, étonnèrent le peuple et éveillèrent l'ironie de ses collègues. L'imagerie populaire a représenté Robespierre en habit bleu, cheveux poudrés, air de gala, prêchant à la foule la religion nouvelle. On sait que le hasard ou la malignité laissa un intervalle entre la Convention et son président, quand le cortège se mit en marche. « A le voir, dit Fiévée, à vingt pas en avant des membres de la Convention et des autorités convoquées, paré sans avoir l'air plus noble, tetant à la main un bouquet composé d'épis de blé et de fleurs, on pouvait distinguer les efforts qu'il faisait pour étouffer son orgueil ; mais, au moment où les acteurs des théâtres de Paris, en costumes grecs, chantèrent la dernière strophe d'une hymne adressée soi-disant à l'Etre suprême, et qui se terminait par ces vers qu'on adressait réellement à Robespierre au nom du peuple français : *S'il a rougi d'obéir à des rois, il est fier de t'avoir pour maître*, à ce moment, tout ce que l'homme renfermait d'ambition dans son sein éclata sur son visage : il se crut à la fois roi et Dieu (1). »

C'est alors qu'à demi-voix, les amis de Danton le menacèrent et l'insultèrent à l'envi. Cette scène est trop connue pour qu'il faille la rappeler en détail : disons seulement que jamais orateur ne parla dans une occasion aussi extraordinaire, à la fois politique et pontife, président de la Convention et fondateur d'un culte nouveau, acclamé officiellement et injurié, tout bas par son entourage, portant dans son cœur et sur son visage la joie d'avoir réalisé un rêve surhumain et la rage d'être outragé dans son triomphe. Puis il se sentit perdu, et madame Lebas l'entendit murmurer

(1) *Correspondance* de Fiévée, introd., p. 100. — Cf. le récit de Baudot, dans la *Révolution* de Quinet.

mélancoliquement, à son retour chez Duplay : « Vous ne me verrez plus longtemps. »

V

L'effroyable loi du 22 prairial tendait à supprimer ceux qui avaient hué le Pontife à la fête de l'Etre suprême, dantonistes et indépendants. On sait comment ceux-ci firent la révolution de Thermidor, pour sauver leur tête, avec l'aide du terroriste Billaud. Je ne veux pas raconter, après M. d'Héricault, les préliminaires de cette journée célèbre ni cette *répétition générale* de son discours suprême que Robespierre fit aux Jacobins, le 13 messidor. Voici seulement deux points qui me paraissent hors de doute, quoi qu'en dise le spirituel critique, et qui expliquent tout ce discours. 1° Robespierre voulait la fin de la Terreur, mais après la destruction de ses ennemis personnels, dantonistes attardés comme Tallien, Thuriot, Dubois-Crancé, Bourdon (de l'Oise), ou ultra-terroristes comme Billaud et les billaudistes : ces hommes disparus, *une volonté unique* aurait dirigé la république dans une voie légale, humaine, pacifique, et Robespierre aurait été le dictateur par persuasion, le Périclès de cet ordre nouveau. 2° Tout en gardant son influence sur les affaires, tout en gouvernant par sa signature ou par ses manœuvres secrètes dans son bureau de police, avec Saint-Just et Couthon, il crut devoir s'absenter pendant 4 décades des séances du Comité de salut public. Pourquoi ? par dégoût des hommes ? par lassitude morale ? Peut-être ; mais surtout pour séparer ostensiblement sa personne des rivaux qu'il voulait perdre. L'orgueilleux croyait les isoler. C'est lui qui s'isola. En délivrant ses collègues de sa figure, de son éloquence, de toute sa personne redoutable, il leur donna le courage et la liberté de conspirer contre lui. Ecoutez les aveux de Billaud-Varennes (12 fructidor an II) : « L'absence de Robespierre du comité a été utile à la patrie, car il nous a laissé le temps de combiner nos moyens pour l'abattre ; vous sentez que, s'il s'y était rendu exactement, il nous aurait beaucoup gênés. Saint-Just et Couthon, qui y étaient fort exacts, ont été pour nous des espions très incommodes. »

De ces deux remarques il suit que le discours du 8 thermidor fut forcément ambigu et que l'orateur, ayant laissé respirer ses ennemis, eut affaire à plus forte partie que s'il n'avait pas interrompu pendant un mois l'action terrifiante de son éloquence. On s'était fait un courage en son absence ; on osa regarder en face cette tête de Méduse, selon le mot de Boucher Saint-Sauveur. D'autre part, il y a deux tendances dans le discours : la clémence et la rigueur. Robespierre, dit M. d'Héricault, mourut dans la peau d'un terroriste : il ne voulait que régulariser la terreur à son profit. Robespierre, disent Louis Blanc et M. Hamel, périt parce qu'il voulait faire enfin ce qu'avaient proposé trop tôt Camille et Danton, parce qu'il voulait renverser l'échafaud. Les uns et les autres ont raison ; Robespierre voulait dire : Je renverserai l'échafaud, non demain, mais après-demain, quand cette poignée de méchants y aura monté. Mais il enveloppa ce programme dans des formules vagues où toute la Convention se sentit désignée. Et puis, quelle garantie avait-on que ces quelques victimes lui suffiraient ? En sauvant la tête des collègues menacés, chacun crut sauver la sienne.

Quelque confiance que Robespierre eût dans la puissance de sa parole, je crois qu'à la veille de prononcer son discours, il avait senti, connu les résistances que sa faute avait rendues possibles, et peut-être même s'était-il dit que l'obscurité de ses paroles effraieraient le Centre et la Droite. Oui, il était trop informé pour compter outre mesure sur l'appui problématique des 73 et des hommes comme

Durand-Maillane. Mais cet esprit lent et orgueilleux ne sut pas, ne voulut pas changer son plan d'attaque et de défense. Dirai-je que son amour-propre littéraire répugna à sacrifier un discours tout rédigé? Il est positif qu'il travaillait depuis longtemps à ce discours, qu'il y avait mis toute son âme, que c'eût été pour lui une souffrance de supprimer ce beau testament politique. On n'aime pas Robespierre; mais on ne peut nier qu'il n'eût l'âme assez grande pour se consoler d'un échec et de la mort par l'idée de laisser après lui un chef-d'œuvre oratoire (1). La promenade mélancolique qu'on lui prête la veille de son duel, ses prévisions funèbres, tout cela n'est pas une comédie comme il en joua souvent pour apitoyer sur lui-même.

Mais je crois aussi que, quand il relisait son discours, son orgueil lui rendait la confiance et qu'une fois à la tribune, écouté et applaudi, enivré lui-même de sa parole, il se crut sûr de vaincre et que la désillusion finale lui fut amère.

On sait que le *Moniteur*, pour plaire aux vainqueurs, résuma les paroles du vaincu en dix lignes insignifiantes. Seul, le *Républicain français* osa en donner une analyse étendue et fidèle. Mais le texte complet ne fut imprimé que plusieurs semaines après la mort de Robespierre. On ignore

---

(1) Il n'est pas moins préoccupé de passer pour un honnête homme aux yeux de la postérité, comme l'indique ce beau mouvement de son discours : « Les lâches! ils voudraient donc me faire descendre au tombeau avec ignominie! Et je n'aurais laissé sur la terre que la mémoire d'un tyran ! » La même préoccupation lui avait inspiré, dans les derniers temps de sa vie, ces vers que nous a transmis Charlotte Robespierre :

Le seul tourment du juste à son heure dernière,
Et le seul dont alors je serai déchiré,
C'est de voir en mourant la pâle et sombre envie
Distiller sur mon front l'opprobre et l'infamie,
De mourir pour le peuple et d'en être abhorré.

Sa crainte se réalisa, à en croire le compte-rendu de la séance du 9 thermidor publié par un journal peu connu, la *Correspondance politique de Paris et des départements* : « Robespierre demande en vain la parole: *il est hué par le peuple.* » Cf. Vatel, *Vergniaud*, II, 167.

donc quels sont les passages que la Convention a particulièrement applaudis, ceux qui l'ont laissée froide ou méfiante, et jamais il n'aurait été plus intéressant d'avoir ces notes si incomplètes et si précieuses à la fois que les journaux donnaient sur l'attitude de l'auditoire.

Robespierre, après un exorde classique et une vague esquisse de sa politique, également éloignée de la violence hébertiste et de l'indulgence dantonienne, fit un appel indirect aux honnêtes gens de la droite. Puis il réfuta en ces termes les accusations de dictature :

« Quel terrible usage les ennemis de la république ont fait du seul nom d'une magistrature romaine ! Et si leur érudition nous est si fatale, que sera-ce de leurs trésors et de leurs intrigues ! Je ne parle point de leurs armées (1); mais qu'il me soit permis de renvoyer au duc d'York et à tous les écrivains royaux les patentes de cette dignité ridicule, qu'ils m'ont expédiée les premiers : il y a trop d'insolence, à des rois, qui ne sont pas sûrs de conserver leurs couronnes, de s'arroger le droit d'en distribuer à d'autres...... » Qu'un représentant du peuple qui sent la dignité de ce caractère sacré, « qu'un citoyen français digne de ce nom puisse abaisser ses vœux jusqu'aux grandeurs coupables et ridicules qu'il a contribué à foudroyer, qu'il se soumette à la dégradation civique pour descendre à l'infamie du trône, c'est ce qui ne paraîtra vraisemblable qu'à ces êtres pervers qui n'ont pas même le droit de croire à la vertu ! Que dis-je, *vertu* ! C'est une passion naturelle sans doute; mais comment la connaîtraient-elles, ces âmes vénales qui ne s'ouvrirent jamais qu'à des passions lâches et féroces ; ces misérables intrigants qui ne lièrent jamais le patriotisme à aucune idée morale, qui marchèrent dans la révolution à la suite de quel-

---

(1) Nodier dit que c'est là du Corneille.

que personnage important et ambitieux, de je ne sais quel prince méprisé, comme jadis nos laquais sur les pas de leurs maîtres ?... Mais elle existe, je vous en atteste, âmes sensibles et pures ; elle existe, cette passion tendre, impérieuse, irrésistible, tourment et délices des cœurs magnanimes ; cette horreur profonde de la tyrannie, ce zèle compatissant pour les opprimés, cet amour plus sublime et plus saint de l'humanité, sans lequel une grande révolution n'est qu'un crime éclatant qui détruit un autre crime ; elle existe cette ambition généreuse de fonder sur la terre la première République du monde !.... »

« Ils m'appellent tyran.... Si je l'étais, ils ramperaient à mes pieds, je les gorgerais d'or, je leur assurerais le droit de commettre tous les crimes, et ils seraient reconnaissants ! Si je l'étais, les rois que nous avons vaincus, loin de me dénoncer (quel tendre intérêt ils portent à notre liberté!), me prêteraient leur coupable appui ; je transigerais avec eux....

« Qui suis-je, moi qu'on accuse ? Un esclave de la liberté, un martyr vivant de la république, la victime autant que l'ennemi du crime. Tous les fripons m'outragent ; les actions les plus indifférentes, les plus légitimes de la part des autres sont des crimes pour moi ; un homme est calomnié dès qu'il me connaît ; on pardonne à d'autres leurs forfaits ; on me fait un crime de mon zèle. Otez-moi ma conscience, je suis le plus malheureux de tous les hommes ; je ne jouis pas même des droits du citoyen ; que dis-je ! il ne m'est pas même permis de remplir les devoirs d'un représentant du peuple.

« Quand les victimes de leur perversité se plaignent, ils s'excusent en leur disant : *C'est Robespierre qui le veut, nous ne pouvons pas nous en dispenser...* On disait aux nobles : *C'est lui seul qui vous a proscrits ;* on disait en même temps aux patriotes : *Il veut sauver les nobles ;* on disait aux prêtres : *C'est lui seul qui vous poursuit ; sans lui, vous seriez paisibles et triomphants;* on disait aux fanatiques: *C'est lui qui détruit la religion;* on disait aux patriotes persécutés : *C'est lui qui l'a ordonné, ou qui ne veut pas l'empêcher.* On me renvoyait toutes les plaintes dont je ne pouvais faire cesser les causes, en disant : *Votre sort dépend de lui seul.* Des hommes apostés dans les lieux publics propageaient chaque jour ce système; il y en avait dans le lieu des séances du tribunal révolutionnaire, dans les lieux où les ennemis de la patrie expient leurs forfaits; ils disaient: *Voilà des malheureux condamnés; qui est-ce qui en est la cause ? Robespierre.* On s'est attaché particulièrement à prouver que le tribunal révolutionnaire était un *tribunal de sang,* créé par moi seul, et que je maîtrisais absolument pour faire égorger tous les gens de bien, et même tous les fripons, car on voulait me susciter des ennemis de tous les genres. Ce cri retentissait dans toutes les prisons; ce plan de proscription était exécuté à la fois dans tous les départements par les émissaires de la tyrannie. Mais qui étaient-ils, ces calomniateurs ?...»

Ce sont ceux qui ont blasphémé à la fête de l'Etre Suprême : « Croirait-on qu'au sein de l'allégresse publique, des hommes aient répondu par des signes de fureur aux touchantes acclamations du peuple ? Croira-t-on que le président de la Convention nationale, parlant au peuple assemblé, fut insulté par eux, et que ces hommes étaient des représentants du peuple? Ce seul trait explique tout ce qui s'est passé depuis. La première tentative que firent les malveillants fut de chercher à avilir les grands principes que vous aviez proclamés et à effacer le souvenir touchant de la fête nationale : tel fut le but du caractère et de la solennité qu'on donna à ce qu'on appelait l'affaire de *Catherine Théos...*

« Oh ! je la leur abandonnerai sans regret, ma vie ! J'ai l'expérience du passé, et je vois l'avenir ! Quel ami de la patrie peut vouloir survivre au moment où il n'est plus permis de la servir et de défendre l'innocence opprimée ? Pourquoi demeurer dans un ordre de choses où l'intrigue triomphe éternellement de la vérité, où la justice est un mensonge, où les plus viles passions, où les craintes les plus ridicules occupent dans les cœurs la place des intérêts sacrés de l'humanité?... En voyant la multitude des vices que le torrent de la Révolution a roulés pêle-mêle avec les vertus civiques, j'ai craint quelquefois, je l'avoue, d'être souillé aux yeux de la postérité par le voisinage impur des hommes pervers qui s'introduisaient parmi les sincères amis de l'humanité, et je m'applaudis de voir la fureur des Verrès et des Catilina de mon pays tracer une ligne profonde de démarcation entre eux et tous les gens de bien. J'ai vu dans l'histoire tous les défenseurs de la liberté accablés par la calomnie ; mais leurs oppresseurs sont morts aussi ! Les bons et les méchants disparaissent de la terre, mais à des conditions différentes. Français, ne souffrez pas que vos ennemis osent abaisser vos âmes et énerver vos vertus par leur désolante doctrine!... Non, Chaumette, non, la mort n'est pas un sommeil éternel !... Citoyens, effacez des tombeaux cette maxime gravée par des mains sacrilèges, qui jette un crêpe funèbre sur la nature, qui décourage l'innocence opprimée, et qui insulte à la mort ; gravez-y plutôt celle-ci : *la mort est le commencement de l'immortalité !* »

Dans sa péroraison, il changeait de ton et de but. C'est là qu'avec d'effrayantes et vagues formules, il désignait de nouvelles victimes pour l'échafaud :

« .... Quel est le remède à ce mal ? Punir les traîtres, renouveler les bureaux du Comité de sûreté générale, épurer ce comité lui-même, et le subordonner au Comité de salut public; épurer le Comité de salut public lui-même, constituer l'unité du gouvernement sous l'autorité suprême de la Convention nationale, qui est le centre et le juge, et écraser ainsi toutes les factions du poids de l'autorité nationale, pour élever sur leurs ruines la puissance de la justice et de la liberté : tels sont les principes. S'il est impossible de les réclamer sans passer pour un ambitieux, j'en conclurai que les principes sont proscrits, et que la tyrannie règne parmi nous, mais non que je doive le taire; car que peut-on objecter à un homme qui a raison et qui sait mourir pour son pays ?

« Je suis fait pour combattre le crime, non pour le gouverner. Le temps n'est point arrivé où les hommes de bien peuvent servir impunément la patrie ; les défenseurs de la liberté ne seront que des proscrits tant que la horde des fripons dominera. »

Cette vaste harangue, diffuse et inégale, mais où brillent des traits sublimes, sembla d'abord assurer la victoire à Robespierre. Déjà la Convention avait ordonné l'impression et l'envoi aux départements ; mais les conspirateurs jetèrent le masque et jouèrent résolument leur tête, accusant l'orateur de dictature. Le décret fut rapporté, et la querelle suprême remise au lendemain.

Le soir du même jour, Robespierre lut son discours aux Jacobins. Il y remporta le plus vif succès et mit le club en rébellion morale contre la Convention, malgré l'opposition de Billaud et de Collot. Mais on ne connaît cette séance orageuse que par les confidences de Billaud lui-même, narrateur trop partial pour être exact et complet (1). Le seul

(1) *Réponse de J.-N. Billaud aux inculpations qui lui sont personnelles*, an III, in-8. Voici les paroles qu'il prête à Robespierre : « Aux agitations de cette assemblée, a-t-il dit, il est aisé de s'apercevoir qu'elle n'ignore pas ce qui s'est passé ce matin à la Convention. Il est facile de voir que les factieux craignent d'être dévoilés en présence du peuple : au reste, je les remercie de s'être signalés d'une manière aussi prononcée et de m'avoir fait connaître mes ennemis et ceux de la patrie. » — Après ce préambule, Robespierre lit le discours qu'il avait prononcé à la Convention. Il est accueilli par des applau-

fait certain, c'est que, le lendemain, Robespierre et Saint-Just se présentèrent à la Convention avec l'appui notoire de la plus grande autorité révolutionnaire. Si Robespierre avait pu parler, la journée tournait en sa faveur ; mais la sonnette de Thuriot étouffa sa voix, rendant ainsi à son éloquence le suprême hommage qu'on avait rendu à Vergniaud et à Danton, quand on les avait bâillonnés pour les tuer.

CHAPITRE III.

LA RHÉTORIQUE DE ROBESPIERRE.

Nodier est presque le seul écrivain qui ait discuté le mérite littéraire de Robespierre, mais il l'a fait avec sa fantaisie extravagante et paradoxale, avec un air de mystification. On n'a pas encore sérieusement préparé les éléments d'une critique de ce talent oratoire, qui s'imposa et régna un temps sur la France. Voyons donc ce que les contemporains pensaient de cet homme politique considéré comme orateur, ce que lui-même pensait de lui, quels sont les principaux procédés de sa rhétorique.

I

A la Constituante, Robespierre s'était montré préoccupé de sa réputation d'homme de lettres, avec une irritabilité douloureuse d'amour-propre. Sous le politique austère et déjà redoutable, on démêlait en lui le candidat au prix d'éloquence. On a vu quels sarcasmes lui attira cette vanité littéraire, et comment, sous le feu de la raillerie, il s'éleva au-dessus de lui-même dans les derniers mois de la législ-

dissements nombreux ; et la portion de la Société qui ne paraissait point l'approuver, ne fait qu'exciter la colère.... »

lature, soit qu'il improvisât une réponse à la consultation réactionnaire de l'abbé Raynal, soit qu'il demandât l'inéligibilité des représentants actuels. Depuis ce moment jusqu'à sa mort, il ne cessa de faire des progrès, à force d'application fiévreuse, et de monter chaque jour d'un degré, comme orateur, dans son estime et dans celle du public : son discours testamentaire du 8 thermidor couronnera avec éclat tant de luttes intimes contre la lenteur de sa propre imagination, tant de fermeté patiente contre les moqueries ou l'indifférence de l'opinion.

En 92 et en 93, ces progrès sont attestés par les procédés mêmes dont usent ses ennemis pour atténuer les effets de son éloquence. Ce sont des gamineries inconvenantes comme celles de Louvet lui bâillant au nez ou de Rabaut affectant la plus ironique inattention. Dans ses mémoires, l'auteur de *Faublas*, surpris par l'éclosion du talent oratoire de Robespierre, voit là un phénomène qu'une collaboration secrète peut seule expliquer : « Détestable auteur et très mince écrivain, dit-il, il n'a aujourd'hui d'autre talent que celui qu'il est en état d'acheter. » Non, Robespierre n'eut pas ses faiseurs, comme Mirabeau, et il n'y a pas à craindre, quoi qu'en dise Mercier, qu'un Pellenc ou un Reybaz revendique la paternité des discours sur la guerre ou de l'homélie sur l'Etre suprême. « Il y règne une trop grande unité, dit justement M. d'Héricault, on y trouve trop les traces d'un tempérament et de défauts qui eussent disparu sous la main d'hommes comme Sieyès ou Saint-Just ou Fabre d'Eglantine, ou l'obscur prêtre apostat qu'on désigne aussi comme son secrétaire-compositeur. » La vérité, c'est que ses ennemis le calomnient jusque dans son talent, dont ils font ainsi un involontaire éloge.

On ne peut contester ni la quantité, ni la qualité de ses succès oratoires : il est sûr qu'aux Jacobins l'enthousiasme pour sa parole devint peu à peu du fanatisme. Ne dites pas que sa dictature, une fois fondée, lui valut des applaudissements serviles ou payés : à l'époque où il a contre lui la majorité des Jacobins eux-mêmes (fin 91), comme à l'époque où il inaugure son attitude religieuse au milieu du Paris d'Hébert et de Chaumette, il remporte, lui qui est presque seul contre presque tous, des triomphes de tribune qu'il faut bien attribuer tout entiers à son talent et à son caractère. On voit que son éloquence travaillée, académique, toujours grave et décente, imperturbablement sérieuse et dogmatique, plaisait au peuple, lui semblait le comble de l'art, un beau mystère de science et de foi. Quelques lettrés s'étonnaient de cette faveur ; et Baudin (des Ardennes), dans son panégyrique des Girondins, se demandera comment une parole si ornée et guindée a pu en imposer si longtemps aux âmes incultes. « La popularité, dit-il, ne se trouvait ni dans son langage, ni dans ses manières ; ses discours, éternellement polémiques, toujours vagues et souvent prolixes, n'avaient ni un but assez sensible, ni des résultats assez frappants, ni des applications assez prochaines pour séduire le peuple. » Ils le séduisaient cependant, par les qualités même ou les défauts que signale Baudin. A la fin, aux Jacobins, dit Daunou, « il pouvait discourir à son gré sans crainte de contradiction ni de murmures : il recueillait, il savourait les longs applaudissements d'un immense auditoire (1). » Un fait peu connu donnera une juste idée de l'enthousiasme presque religieux qu'il excitait parmi les frères et amis dès la fin de 1792 : les membres de la Société ouvraient une souscription

---

(1) Taillandier, *Documents biogr. sur Daunou*, p. 293. — « Entrait-il à la Société, accompagné de ses sicaires armés de gros bâtons, et qu'on nommait plaisamment ses gardes du corps : aussitôt, aperçu par les tribunes, il était couvert des plus vifs applaudissements. S'avançait-il vers la tribune pour y monter : de nouveaux applaudissements l'y accompagnaient, comme si l'action de monter et d'entrer étaient des actes héroïques. » (Dulaure, *Supplément*, p. 16.)

pour imprimer et répandre ses principaux discours (1).

Mais que pensaient de son talent les rares esprits dont les passions du temps n'avaient pas altéré tout à fait la finesse critique? André Chénier raille quelque part « les beaux sermons sur la Providence de ce parleur connu par sa féroce démence. » Le plus grand styliste d'alors, Camille Desmoulins, est parfois lyrique sur l'éloquence de l'Incorruptible. Tantôt il trouve qu'aux Jacobins, dans le débat sur la guerre, « le talent de Robespierre s'est élevé à une hauteur désespérante pour les ennemis de la liberté ; il a été sublime, il a arraché des larmes. » Tantôt il s'écrie, à propos de la réponse à Louvet : « Qu'est-ce que l'éloquence et le talent, si vous n'en trouvez pas dans ce discours admirable de Robespierre, où j'ai retrouvé d'un bout à l'autre l'ironie de Socrate et la finesse des *Provinciales*, mêlés de deux ou trois traits comparables aux plus beaux endroits de Démosthène (2) ? » Certes, ces éloges ont leur poids ; mais Camille, bon camarade, partisan exalté, ne se laisse-t-il pas aveugler ici par son admiration pour le caractère de Robespierre ? Ne se monte-t-il pas un peu la tête, par passion politique, quand sa plume attique et légère compare à Socrate et à Pascal le rhéteur laborieux ? Ses éloges feront place à un froid dédain quand l'auteur du *Vieux Cordelier* se sera rapproché de Danton.

Un autre hommage vint à Robespierre et dut flatter voluptueusement son amour-propre : l'arbitre du goût académique, La Harpe, lui écrivit, en 1794, pour le féliciter de son discours sur l'Etre suprême, — comme si l'admiration

---

(1) *Journal des Jacobins*, 30 déc. 92 : « Nous donnerons dans un de nos prochains suppléments le discours prononcé par Robespierre, pour l'impression duquel plusieurs membres s'empressent de souscrire, à l'imitation de deux patriotes qui déposent chacun, sur le bureau, une somme de 150 livres. »

(2) *Brissot démasqué*, éd. Claretie, p. 283, et *Rév. de France et de Brabant*, 2ᵉ série, n° 25.

ralliait l'ancien régime au génie de Robespierre (1). Mais bientôt La Harpe se vengea de sa propre platitude en écrivant contre la littérature révolutionnaire des pages furibondes. Tous ces jugements sont donc entachés de partialité, et je ne trouve une note juste, une impression froide et équitable, encore qu'un peu sévère, que dans les mémoires du littérateur Garat. « Dans Robespierre, dit-il, à travers le bavardage insignifiant de ses improvisations journalières, à travers son rabâchage éternel sur les droits de l'homme, sur la souveraineté du peuple, sur les principes dont il parlait sans cesse, et sur lesquels il n'a jamais répandu une seule vue un peu exacte et un peu neuve, je croyais apercevoir, surtout quand il imprimait, les germes d'un talent qui pouvait croître, qui croissait réellement, et dont le développement entier pourrait faire un jour beaucoup de bien ou beaucoup de mal. Je le voyais, dans son style, occupé à étudier et à imiter ces formes de la langue qui ont de l'élégance, de la noblesse et de l'éclat. D'après les formes mêmes qu'il imitait et qu'il reproduisait le plus souvent, il m'était facile de deviner que toutes ses études, il les faisait surtout dans Rousseau. »

C'est bien là l'opinion des rares contemporains qui ont gardé assez de sang-froid pour juger dans Robespierre l'artiste et l'orateur : il est à leurs yeux un bon élève, un imitateur appliqué de Rousseau. Le même Garat dit ailleurs de celui qu'il appelle le *dictateur oratoire* : « Il cherche curieusement et laborieusement les formes et les expressions élégantes du style : il écrit, le plus souvent, ayant près de lui, à demi ouvert, le roman où respirent en langage enchanteur les passions les plus tendres du cœur et les tableaux les plus doux de la nature, la *Nouvelle Héloïse* (2). »

---

(1) Garat, *Mémoires sur Suard*, II, 339.
(2) *Ibid.*, II, 338.

Robespierre ne laissait échapper d'ailleurs aucune occasion de se présenter comme un disciple, un champion du bon Jean-Jacques. Mais surtout il tient à passer pour un écrivain décent et noble, selon la tradition académique. Après la gloire de réformateur moral et religieux, il ambitionne surtout celle d'être pour la postérité un orateur classique. Le faible Garat vint-il flatter cet homme terrible ? Il lui écrit : « Votre discours sur le jugement de Louis Capet et ce rapport (sur les puissances étrangères) sont les plus beaux morceaux qui aient paru dans la Révolution ; ils passeront dans les écoles de la République comme des *modèles classiques* (1). »

Oui, tenir un jour une place dans une anthologie oratoire, vivre dans la mémoire des générations futures comme le mieux disant des orateurs moralistes, être l'objet d'enthousiastes biographies scolaires, où il apparaîtrait dans son attitude studieuse et austère, comme un instituteur du genre humain et le premier disciple de Jean-Jacques, tel est l'idéal de ce rêveur né pédagogue. Certes, il n'imagine cette gloire qu'à travers les souvenirs de l'antiquité grecque et romaine, et toute sa religiosité ne l'empêche pas de s'offrir à lui-même comme modèles les grands harangueurs de Rome et d'Athènes. Mais l'orateur antique se piquait d'être un politique complet, d'exceller dans toutes les fonctions de la vie publique, au forum, au temple, à la palestre, à l'armée. Presque tout ce rôle a été repris, au fort de la Terreur, par quelques hommes d'État républicains qui par-

---

(1) Morellet, *Mémoires*, II, 44. — Rappelons-le en passant : les lettres occupèrent dans l'esprit de Robespierre la première place après les préoccupations religieuses. Ph. Lebas nous donne à ce sujet quelques détails. (*Dict. encycl. de la Fr.*, VI, 820.) Chez Duplay, qui avait 15,000 livres de rentes en maisons, on faisait le soir de la musique. Lebas chantait et Buonarotti tenait le piano. « D'autres fois la soirée était consacrée à la lecture des plus belles tragédies de Racine. Chacun choisissait un rôle : et, parmi ces acteurs improvisés, c'étaient Maximilien et Lebas qui déclamaient avec le plus d'âme. »

laient et agissaient à la fois, comme Saint-Just qu'on vit tout ensemble homme de guerre et de tribune, comme la plupart des représentants missionnaires. Couthon lui-même, le paralytique Couthon, se montrait presque aussi capable d'agir que de pérorer. Robespierre est, avec Barère, un des rares révolutionnaires de marque qui n'ait reproduit en sa personne qu'une des faces de l'orateur antique. Tout son rôle fut de parler. Il attribua une importance exclusive à l'éloquence considérée comme éloquence, inspirée non par les faits, mais par la méditation solitaire, visant moins à provoquer des actes que des pensées et des sentiments. Cette conception toute littéraire de l'art de la parole fit le prestige et la faiblesse de la politique de Robespierre. Les appels qu'il adressa, en artiste, à l'imagination et à la sensibilité de ses contemporains lui valurent des applaudissements et une flatteuse renommée chez ces Français épris de la virtuosité oratoire. Mais son erreur fut de penser que la parole suffisait à tout. Cette confiance imperturbable dans la toute-puissance de l'outil qu'il forgeait et polissait sans cesse lui fit croire qu'il possédait un talisman pour vaincre ses ennemis, sans avoir besoin d'agir : voilà pourquoi, dans la séance du 8 thermidor, il n'apporta pas d'autre machine de guerre qu'un rouleau de papier.

II

Si on veut maintenant étudier de plus près comment lui viennent ses idées, comment il les dispose et les exprime, il faut d'abord remarquer que son imagination est lente et laborieuse. Elle ne s'éveille et ne s'échauffe que dans le silence du cabinet. Même alors, elle est inhabile à cet art si commun en France et au dix-huitième siècle de saisir rapidement les rapports entre les idées, art qui est le fond de l'esprit de conversation, alors si florissant. A ce point de vue comme au point de vue de l'inspiration Robespierre n'offre ni les qualités ni les défauts de notre race. Il s'assimile avec peine ce que d'autres ont pensé et il pense maigrement. Je crois que M. d'Héricault a eu raison de dire: « Son esprit lent, son cerveau aisément troublé par des appréhensions et où toute pensée nouvelle ne se présentait jamais qu'avec des formes indécises ou menaçantes, le rendaient rebelle à toute idée survenant brusquement (1). » Ainsi l'idée de république, subitement produite après la fuite à Varennes, le déconcerte et lui répugne pendant de longs mois. Là où d'autres Français ont déjà évolué dans une pirouette, il lui faut un délai infini pour achever un lent et circonspect travail d'intime changement d'opinion. De même, dans la mise en ordre de ses propres pensées, c'est avec peine qu'il passe d'un argument à un autre, c'est avec raideur qu'il quitte une attitude oratoire pour en revêtir une seconde, même prévue et déjà essayée par lui. Il lui faut une ornière, il s'y plaît, la suit jusqu'au bout et la prolonge chaque jour davantage. De là ces éternelles redites, ce délayage, ce retour des mêmes thèmes chaque fois plus développés. Il ne se sent en sûreté, il n'est maître de lui que dans une formule qui lui soit familière. Les interruptions le dérangent et l'exaspèrent : tous ont ri d'un sarcasme avant qu'il en ait saisi la portée. Même un compliment brusque le déconcerte : il craint un piège, un sous-entendu. Il lui faut une galerie muette et applaudissante, et il n'excelle que dans le monologue : « son rôle de pontife lui plaît en partie comme monologue (2) », parce qu'il lui assure un assentiment silencieux, un droit à n'être jamais interrompu, c'est-à-dire désarçonné.

Michelet nous le montre courbé sous la lampe de Duplay

(1) *La Révolution de Thermidor*, p. 115.
(2) Cette fine remarque est de M. d'Héricault, p. 206.

et raturant, raturant encore, raturant sans cesse, comme un écolier qui s'applique et dont l'imagination laborieuse ne peut ni aboutir ni se contenter. Il y a du vrai dans cette vue. Pourtant, voici un renseignement tout autre sur sa méthode de composition. Je l'emprunte à Villiers qui, en 1790, avait passé sept mois auprès de Robespierre, comme secrétaire bénévole et non payé, et dont, à ce titre, les *Souvenirs* (1) ont quelque intérêt pour l'histoire : « Robespierre, dit-il, écrivait vite correctement, et j'ai copié de ses plus longs discours qui n'avaient pas six ratures. Comment concilier cette indication avec l'aspect, si souvent décrit, que présente le manuscrit du discours du 8 thermidor, dont quelques pages sont noires de ratures ?

Cette apparente contradiction entre ce témoignage et ce document va nous donner le secret de la méthode de composition et de style de Robespierre.

Quel est le caractère des ratures du fameux manuscrit ? L'auteur supprime des tirades, des paragraphes ; il les supprime en les raturant tout entiers. Mais presque jamais il n'efface un mot, un membre de phrase, pour les remplacer. Il change le fond ; il touche très peu à la forme. D'où il suit qu'il modifie sans cesse le plan de son discours, qu'il en corrige rarement le style. Villiers a donc raison de dire : « Robespierre écrivait vite », etc., et la tradition n'a pas tort de dire : « Robespierre composait péniblement, et ses discours sentaient l'huile. »

(1) *Souvenirs d'un déporté pour servir aux historiens, aux romanciers, aux compilateurs d'enas, aux folliculaires, aux journalistes, aux faiseurs de tragédies, de comédies, de vaudevilles, de drames, de mélodrames et de pantomimes dialoguées*, œuvre posthume de Pierre Villiers, ancien capitaine de dragons (Paris, 1802, in-8°). C'est un recueil de plates anecdotes, de *rapsodiana*, selon le mot de Villiers lui-même, recueil nullement posthume, puisque l'auteur, fécond vaudevilliste, adressait, à la date du 1er janvier 1839, une allégorie en vers, *La richesse, la volupté, la vertu et la santé*, à S. A. R. Madame, duchesse Hélène d'Orléans.

On a vu comment l'homélie sur l'Etre suprême, composée longtemps avant le jour où elle fut prononcée, s'était peu à peu accrue d'incessantes additions dans la pensée et sous la plume de l'auteur, jusqu'à former une harangue énorme. De même, la plupart des grands discours de Robespierre ont été ainsi inventés et formés d'avance, avant l'heure de leur publication. Puis, dans sa mémoire ou sur le papier, ces discours, en attendant l'occasion de paraître enfin, commençaient à se développer, à s'annexer toutes les idées nouvelles que les faits suggéraient. Leur cadre mobile, sans cesse distendu, défait et reformé, recevait incessamment des arguments inattendus, semblables pour la forme, fort disparates pour le fond, parfois contradictoires. L'heure de la tribune sonnait, et le discours se produisait, sans que cet incessant travail de développement fût achevé : à vrai dire, Robespierre eût attendu vingt ans l'heure décisive, que son œuvre n'eût pas été plus fixée pour cela. Chacun de ces discours est l'histoire de son âme depuis la dernière fois qu'il a pris la parole.

Il arrive que l'étendue de son poème sans cesse enflé inquiète son goût ; alors, non sans douleur, il retranche quelques-uns de ces morceaux, parce qu'il le faut, parce qu'il ne peut lire à la tribune *tout* ce que lui a suggéré son imagination en politique et en morale depuis son dernier discours. De là, les ratures du manuscrit du 8 thermidor. Mais chacun de ces morceaux s'est présenté à son esprit dans une forme aisée, abondante, analogue à la pensée ; sa plume a écrit sous la dictée facile de son imagination sans cesse en travail solitaire, de sa méditation qui tourne et s'évertue sans relâche, comme une roue dans une usine. C'est aussi la facilité acquise du *nullus dies sine linea* : en Robespierre, le scribe aide l'auteur.

Mais le développement du discours ne s'arrête pas toujours quand l'orateur descend de la tribune ; il arrive à

Robespierre de reprendre sa harangue, de la répéter revue et augmentée, de l'imposer jusqu'à trois fois à ses auditeurs, comme le discours sur la guerre, dont les trois éditions successives marquent chacune un progrès d'abondance sur la précédente. Ce rabâchage est un besoin d'esprit chez ce prédicateur ; et Michelet a finement montré qu'une telle monotonie, à coup sûr anti-littéraire, se trouve être un bon moyen politique et par conséquent oratoire.

Le style de Robespierre fut toujours académique. Rarement il sortit de sa bouche ou de sa plume un mot trivial, familier ou qui reflétât le ton simple et négligé de la conversation. Il ne désigne guère que par des périphrases ou des allusions les réalités actuelles, les faits et les hommes trop récents pour que l'imagination ait eu le temps de les ennoblir. Même les réalités de sa propre politique, le tribunal révolutionnaire, la guillotine, la dictature, la Terreur, il hésite à les nommer de leur nom, alors qu'il les désigne le plus clairement. Si les monuments de la Révolution disparaissaient un jour, et qu'il ne restât que les discours de Robespierre pour faire connaître les institutions, les hommes, la langue de l'époque, l'érudit pâlirait en vain sur ces généralités vagues, si conformes aux préceptes de Buffon. Il semble que l'orateur parle, écrive en dehors du temps et de l'espace, pour tous les moments et pour tous les lieux. Écrit-il donc mal ? Non, certes, en ce sens que son style convient justement à sa pensée, qui est, elle-même, générale, abstraite, issue de la méditation solitaire dans le silence du cabinet. Il ne se guinde pas pour écrire ainsi : ses idées se présentent à lui sous cette forme académique, et chez lui le langage extérieur est d'accord avec ce que les philosophes appellent le langage intérieur.

Quand il nomme, il ne nomme guère que les morts, que l'échafaud a déjà transfigurés pour la haine ou pour l'amour. Tant que Brissot, Hébert, Danton firent partie de la réalité tangible et par conséquent triviale aux yeux du spiritualisme classique, il évite de prononcer leur nom. Sitôt que Sanson a fait tomber leurs têtes, ils deviennent, aux yeux de Robespierre, les personnifications du vice et de l'erreur. Ce ne sont plus des hommes, ce sont des types : il peut les nommer, sans faillir au goût, mais il les ennoblit aussitôt d'une épithète classiquement injurieuse, et il dit : *Danton, ce monstre...*, autant par tactique littéraire que par pudeur politique.

Enfin, cette rhétorique deviendra entre ses mains une arme de tyrannie. Ses vagues allusions porteront l'effroi ou le repentir chez ses ennemis : elles lui permettront de ne pas s'engager trop, de reculer à temps si l'effet est manqué ou si l'opinion proteste. Oui, ces formules de manuel glacent de terreur les ennemis de ce virtuose en l'art de parler. Si on ne se défend pas, on est perdu. Si on se défend, on se reconnaît donc ? Un jour, Bourdon (de l'Oise) se voit désigné par une de ces périphrases si claires à la fois et si entortillées. Il se sent déjà bouclé, couché sur la bascule. Il pousse un cri, un hoquet d'agonie. Robespierre s'interrompt, dirige son binocle vers lui, et dit froidement : « Je n'ai pas nommé Bourdon ; malheur à qui se nomme ! »

Il serait curieux d'étudier en détail l'emploi qu'il fait des figures de rhétorique, à la fois comme moyen littéraire et comme moyen politique. Il pratique avec prédilection la réticence, l'omission, la prétermission, que sais-je encore ? tous les modes de diction qui éveillent en l'auditeur des sentiments vagues, une admiration vague, une terreur vague, une vague espérance. Il fait peser sur les esprits comme la tyrannie de l'incertitude ; et un des effets les plus profonds de son éloquence, c'est qu'on se disait, après l'avoir ouï : « Qu'a-t-il voulu dire ? Quelle est sa vraie pensée ? » Ce mystère redoublait la fidélité ardente de ses dévots et l'effroi lâche de ses ennemis.

Je l'ai dit : ce qui me frappe en Robespierre, ce qui nous déconcerte, c'est qu'il est d'une autre race que les autres hommes d'Etat français. On retrouverait, je crois, dans la série de nos politiques remarquables, et je cite au hasard Henri IV, Richelieu, Mirabeau, Danton, Napoléon lui-même, que son génie francisa, on retrouverait, dis-je, des ressemblances fondamentales, une pensée claire, peu d'imagination, le goût et le don d'agir : Robespierre, qui gouverna la France par la persuasion, fut au contraire un mystique et un inactif. Je retrouve ce même tempérament antifrançais dans le style oratoire du pontife de l'Etre Suprême. Il lui manque ce que possédait à un si haut degré l'éloquence de Mirabeau, de Vergniaud, de Danton, je veux dire *le trait*. Robespierre n'a pas d'esprit, pas de mots frappés en médailles, pas de formules vives, courtes et suggestives. Il rêve, il déduit, il raisonne, il parle pour lui, quand la parole de Danton est vive, hachée, sautillante comme eût pu l'être une conversation lyrique avec Diderot. Le Français a peur d'ennuyer, il se hâte, ou s'il s'attarde, il s'excuse : Robespierre prend son temps et ses aises. Il est lent et monotone. Il n'est remarquable, que quand il est sublime et il le devient deux ou trois fois quand il parle de la conscience, de sa conscience à lui, de la haute dignité de sa vie et de sa pensée. Mais quel singulier phénomène, et antipathique à notre race, qu'une éloquence où on ne retrouve rien de l'esprit de Rabelais, de Molière, de Pascal, de Voltaire !

II.

Michelet, Louis Blanc, M. d'Héricault ont représenté Robespierre, décrit son action, monotone comme son style et pourtant puissante. Ses portraits sont tous dissemblables et contradictoires. Charlotte Robespierre affirme, dans ses mémoires, que le plus ressemblant est celui de la collection Delpech, où il a un air de douceur que démentent presque tous les témoignages. Boilly l'a représenté jeune, gras, florissant, l'air studieux et un peu borné (musée Carnavalet). Mais parmi tant de portraits célèbres, j'incline à croire que le dessin de Bonneville, auquel tous les autres ressemblent par quelque point, est la plus fidèle image de Robespierre tel que le peuple le voyait. Ses ennemis s'accordent à comparer sa figure à celle d'un chat sauvage (1). — Beaulieu dit : « C'était, en 1789, un homme de trente ans, de petite taille, d'une figure mesquine et fortement marquée de petite vérole; sa voix était aigre et criarde, presque toujours sur le diapason de la violence ; des mouvements brusques, quelquefois convulsifs, révélaient l'agitation de son âme. Son teint pâle et plombé, son regard sombre et équivoque, tout en lui annonçait la haine et l'envie (2). » Le témoignage de Thibaudeau est analogue : « Il était d'une taille moyenne, avait la figure maigre et la physionomie froide, le teint bilieux et le regard faux, des manières sèches et affectées, le ton impérieux, le rire forcé et sardonique. Chef des sans-culottes, il était soigné dans ses vêtements, et il avait conservé la poudre, lorsque personne n'en portait plus... (3). » Etienne Dumont, qui avait causé avec lui, trouvait qu'il ne regardait point en face et qu'il avait dans les yeux un clignotement continuel et

---

(1) Mercier, *Nouveau Paris*, VI, 11 ; Buzot, *Mémoires*, éd. Dauban, 43, 159 ; et surtout Merlin de Thionville, *Portrait de Robespierre* : « Cette figure changea de physionomie : ce fut d'abord la mine inquiète, mais assez douce, du chat domestique, ensuite la mine farouche du chat sauvage, puis la mine féroce du chat tigre. »

(2) Biographie Michaud, 1re éd., 1824.

(3) Mémoires de Thibaudeau, I, 58. — Son protégé, le peintre Vivant-Denon, se rappelait l'avoir vu « poudré à blanc, portant un gilet de mousseline brochée, avec un liseré de couleur tendre, et vêtu de tout point avec la propreté et la recherche d'un petit-maître de 1789. » Biographie Rabbe, art. *Denon*.

pénible (1). Toutes ces impressions ont été résumées dans un pamphlet thermidorien d'une façon qui a semblé aux contemporains si heureuse et si vraie que les innombrables factums qui parurent presque en même temps le plagièrent mot pour mot :

« Sa taille était de cinq pieds deux ou trois pouces; son corps jeté d'aplomb; sa démarche ferme, vive et même un peu brusque; il crispait souvent ses mains comme par une espèce de contraction de nerfs; le même mouvement se faisait sentir dans ses épaules et dans son cou, qu'il agitait convulsivement à droite et à gauche ; ses habits étaient d'une propreté élégante, et sa chevelure toujours soignée ; sa physionomie, un peu renfrognée, n'avait rien de remarquable; son teint était livide, bilieux; ses yeux mornes et éteints ; un clignement fréquent semblait la suite de l'agitation convulsive dont je viens de parler; il portait toujours des conserves. Il savait adoucir avec art sa voix naturellement aigre et criarde, et donner de la grâce à son accent artésien; mais il n'avait jamais regardé en face un honnête homme (2). »

Michelet parle des deux binocles qu'il maniait à la tribune avec dextérité. Il portait à la fois des bésicles vertes(3),

---

(1) *Souvenirs sur Mirabeau*, p. 250. — Ajoutons ce témoignage de l'abbé Proyart, sur le physique de Robespierre adolescent : « Il portait sur de larges épaules une tête assez petite. Il avait les cheveux châtains-blonds, le visage arrondi, la peau médiocrement gravée de petite vérole, le teint livide, le nez petit et rond, les yeux bleus pâles et un peu enfoncés, le regard indécis, l'abord froid et repoussant. Il ne riait jamais. A peine souriait-il quelquefois; encore n'était-ce ordinairement que d'un sourire moqueur... » *La vie et les crimes de Robespierre*, p. 52.

(2) *Vie secrète, politique et curieuse de M. J. Maximilien Robespierre*, par L. Duperron, Paris, an II, in-8. Voir une liste, longue et pourtant incomplète, des autres biographies satiriques (où se retrouve ce portrait) dans le catalogue de la Bibl. Nat., et surtout dans la *France littéraire* de Quérard, t. XII. — Merlin attribue les colères et les haines de Robespierre à son tempérament nerveux et bilieux.

(3) Miss William, *Souvenirs*, p. 54.

qui reposaient ses yeux fatigués, et un binocle qu'il appliquait de temps en temps sur ses lunettes pour regarder ses auditeurs : en 1794, ce maniement glaçait de terreur les personnes qu'il fixait du haut de la tribune.

Fiévée le vit aux Jacobins dans une des séances fameuses où il parla contre Hébert, et il nous a donné un croquis de son action oratoire :

« Robespierre s'avança lentement. Ayant conservé à peu près seul à cette époque le costume et la coiffure en usage avant la Révolution, petit, maigre, il ressemblait assez à un tailleur de l'ancien régime ; il portait des bésicles, soit qu'il en eût besoin, soit qu'elles lui servissent à cacher les mouvements de sa physionomie austère et sans aucune dignité. Son débit était lent, ses phrases étaient si longues que chaque fois qu'il s'arrêtait en relevant ses lunettes sur son front, on pouvait croire qu'il n'avait plus rien à dire ; mais, après avoir promené ses regards sur tous les points de la salle, il rabaissait ses lunettes, puis ajoutait quelques phrases aux périodes déjà si allongées lorsqu'il les avait suspendues. »

Voilà ce que les contemporains nous ont laissé de plus vraisemblable sur le physique de Robespierre, sur son attitude à la tribune ; le reste n'est que passion et fantaisie.

LIVRE XI

LES ROBESPIERRISTES

CHAPITRE PREMIER.

LEBAS, DAVID, ROBESPIERRE JEUNE.

Autour de Robespierre se groupaient, dans un accord étroit, Robespierre jeune, Lebas, David, Couthon et Saint-Just. Jamais parti ne fut plus uni, malgré la différence des talents et des caractères. Couthon et Saint-Just exprimaient la pensée robespierriste, celui-là en interprète docile, celui-ci en collaborateur et en égal. La belle et loyale figure de Lebas prêtait à ce groupe de politiques probes, mais astucieux, le prestige de sa franchise et de son innocence. Homme d'action, il se taisait volontiers, et écrivait à son père, le 3 octobre 1792, avec une modestie antique : « Trop de grands talents se font distinguer à la Convention pour que j'émette une opinion que d'autres développeront mieux que moi. L'essentiel est de bien faire, de bien écouter pour bien opiner, et de ne parler que quand on a à dire une vérité qui, sans vous, échapperait aux autres. Ce n'est pas de notre gloriole personnelle qu'il s'agit aujourd'hui, mais du salut de la république. Voilà mes principes, et j'y tiens d'autant plus fortement, qu'ils sont ceux de beaucoup de députés à la supériorité desquels je me plais à rendre hommage (1). » — Quant à David, il représentait, dans le gouvernement de Robespierre, les arts et le génie, peintre d'Etat, impresario officiel des fêtes républicaines. Il parlait comme il écrivait : avec une emphase parfois ridicule. Dans la fameuse séance des Jacobins, le 8 thermidor au soir, il fut ému, en artiste, de l'attitude de Robespierre offrant aux frères et amis son testament de mort, avant de boire la ciguë : « Je la boirai avec toi », s'écria-t-il. Le lendemain, il resta prudemment chez lui sur le conseil de Barère, et bientôt il renia Robespierre, comme Legendre avait renié Danton. Le 13 thermidor an III, Goupilleau lui demanda, en pleine Convention, s'il était vrai qu'il eût embrassé le dictateur et dit son fameux mot. « Je n'ai pas embrassé Robespierre, répondit-il, je ne l'ai pas même touché : car il repoussait tout le monde. Il est vrai que, lorsque Couthon lui parla de l'envoi de son discours aux communes, je dis qu'il pourrait semer le trouble dans toute la République. Robespierre s'écria alors qu'il ne lui restait plus qu'à boire la ciguë ; je lui dis : *Je la boirai avec toi.* Je ne suis pas le seul qui ait été trompé sur son compte ; beaucoup de citoyens l'ont cru vertueux, ainsi que moi (2). »

Robespierre jeune, qui montra des qualités d'administrateur et de soldat dans sa mission en province, n'était pas un orateur. Les quelques discours où il défendit, aux Jacobins et à la Convention, la politique de Maximilien sont violents et médiocres. On a beaucoup admiré son attitude au 9 thermidor. Il prit la main de son frère décrété d'arres-

(1) Ph. Lebas, Dict. encyclop. de la France, X, 115.
(2) En présence de cette affirmation si nette de David, on est surpris que M. Hamel (*Saint-Just*, p. 590) et Louis Blanc (xi, 208) n'aient cité ce mot qu'avec réserve et, disent-ils, d'après une tradition orale. — Cf. un discours de Barère (7 germinal an III) où, se défendant d'avoir été robespierriste, il dit : « Vous qui m'accusez, accusez Merlin..., accusez Legendre... accusez David d'avoir dit à Robespierre : *Je boirai la ciguë avec toi.* »

tation, dit le *Républicain français*, et s'écria : « Je demande aussi le décret d'arrestation contre moi. Je veux mourir avec mon frère. (*Lebas* : Et moi aussi.) » Ce n'était pas là de sa part, comme on le dit toujours, une abnégation, un suicide héroïque ; il se rapprochait ainsi de Robespierre pour le pousser à une résistance audacieuse. Quand l'Incorruptible murmura, avec une ironie découragée : « Oui, car les brigands triomphent.... » Robespierre jeune s'écria, montrant sans doute Tallien : « Avant la fin du jour, j'aurai percé le sein du scélérat... » Je ne crois pas qu'aucun historien ait relevé ces traits, que le seul *Républicain français* a rapportés ; le même journal ajoute : « Un huissier signifie le décret à Robespierre et à ses complices. — Il le regarde, le pose sur son chapeau et reste à sa place, causant avec son frère. » De quoi pouvaient-ils s'entretenir à cette heure tragique, si ce n'est des chances d'une résistance armée, conseillée par l'ardent missionnaire au légiste étonné ?

On voit qu'il serait curieux de mettre en lumière la figure de Robespierre jeune. Mais, je le répète, il n'était pas orateur. Hâtons-nous d'arriver à Couthon et à Saint-Just.

CHAPITRE II.

COUTHON.

I.

A en juger par les documents qu'ont publiés MM. Mège et Boudet (1), Couthon, en Auvergne, avant son élection à

---

(1) *Correspondance de Georges Couthon*, Paris, 1872, in-8. — *Les conventionnels d'Auvergne : Dulaure*, par Marcellin Boudet, Clermont-Ferrand et Paris, 1874, in-8. — Ces deux ouvrages, tirés à petit nombre, ont passé presque inaperçus.

la Législative n'avait pas la réputation d'un brouillon ou d'un démagogue. C'était un bourgeois correct et prudent, enclin aux propositions conciliantes et modérées, né pour le rôle de président et d'arbitre. On aimait et on estimait ce jeune avocat si sage et si grave, et il faut dire que sa bonté a laissé dans son pays des souvenirs qui vivent encore.

Son esprit de conciliation s'était marqué avec candeur dans une comédie qu'il publia, en 1791, sous ce titre : *L'aristocrate converti*, à l'heure où la fuite à Varennes n'avait pas encore altéré son optimisme politique, et où il croyait, avec le bon peuple, à la loyauté de Louis XVI. Cet échantillon unique de la littérature de Couthon est moins un drame qu'un dialogue politique entre un noble rallié à la Révolution et son neveu qui hésite à se rallier. L'éloquence toute constitutionnelle de l'oncle Dumont a un plein succès : M. le comte est tout à coup touché de la grâce ; il se sent devenir citoyen, et il s'écrie : « Non, je ne résiste plus. Jouissez, homme respectable, de tout votre triomphe. Vous me voyez pénétré de vos principes, animé de votre esprit, enflammé de votre patriotisme, bénissant avec vous cette Constitution bienfaisante que je méconnaissais, et ne conservant dans l'âme que le seul regret d'avoir été si longtemps la victime de l'erreur et du préjugé. » Et il donne sa fille à Delcourt, homme sans naissance. — Cet oncle Dumont, ex-noble, commandant de la garde nationale, est le raisonneur de la comédie de Couthon. Il aime à protester de l'orthodoxie religieuse des patriotes : « Lorsque, dit-il, par suite de la discussion sur le système politique, nos représentants en sont venus à la morale, qu'ont-ils fait alors ? nous ont-ils fermé le livre sublime de l'Evangile ? nous ont-ils éloigné du sein de l'Eglise ? ont-ils apporté le plus léger changement à nos dogmes et à la doctrine reçue ? ont-ils créé des doutes et cherché d'autres preuves des vérités révélées que celles de la foi ? N'ont-ils pas au contraire humilié, anéanti, abîmé leur raison devant les saints mystères? Et, fidèles à la loi du Rédempteur du monde, n'ont-ils pas déclaré hautement qu'il ne leur appartenait pas de délibérer sur un sujet si élevé ? » — Il n'a pas d'aversion instinctive pour la forme républicaine. Il serait, dit-il, le premier à l'adopter, si le peuple était capable de la supporter. Mais il pense que la République amènerait l'usurpation tyrannique d'un seul. Il préfère un roi citoyen, comme Louis XVI.

Tel est le langage, fort robespierriste d'ailleurs, que tenait, avant la fuite à Varennes, celui qu'en Auvergne on appelait le bon monsieur Couthon. Mais Robespierre était encore monarchiste de cœur quand l'auteur de l'*Aristocrate converti* fit son évolution, demanda la déchéance et fut envoyé comme républicain par les électeurs du Puy-de-Dôme à l'Assemblée législative, au mois de septembre 1791.

Sans tomber dans le paradoxe de dire que l'histoire des souffrances physiques de Couthon est celle de ses opinions, on voit assez qu'il y eut quelque chose de fébrile et de maladif dans l'énergie cruelle qu'il déploya contre les ennemis de la politique robespierriste. Le royaliste Beaulieu, qui l'avait connu jeune et qui le trouvait *aimable*, explique ainsi l'état de sa santé: « Voulant un jour aller présenter ses hommages, à quelques lieues de son domicile, à une jeune personne dont il était épris, et arriver près d'elle de grand matin, il partit pendant la nuit, s'égara et se trouva sur un terrain mouvant, où il enfonça jusqu'au milieu du corps; ce ne fut qu'avec la plus grande peine qu'il parvint à se tirer de cette fange. Cet accident lui fit perdre presque entièrement l'usage de ses jambes, qu'il ne recouvra jamais, et c'est en cet état qu'il arriva à l'Assemblée législative. » C'est à peu près la version de M. de Barante père (1), qui

---

(1) *Notes inédites*, dans le *Dulaure* de M. Boudet.

ajoute : « En mai 1790, je l'avais vu déjà souffrant, marchant avec un peu de peine et à l'aide d'une canne ; mais en 1791 il avait complètement perdu l'usage de ses jambes. »

Ce mal fut la grande préoccupation de sa vie, et ne lui permit pas d'être affecté par le spectacle de la Révolution de la même manière que le robuste Danton ou le calme Vergniaud. Il écrivait, le 9 thermidor, dans une proclamation au peuple : « Couthon, ce citoyen vertueux qui n'a de vivant que la tête et le cœur... » J'ai trouvé dans ses papiers (1) une consultation médicale, en date du 30 septembre 1791, signée Geoffroy, Mauduyt, Andry, Hallé et Crochet, qui donne les renseignements physiologiques les plus curieux sur cet homme complexe et mal connu, et ne laisse pas de doute sur l'acuité intolérable du mal dont il souffrit toute sa vie (2).

Son portrait par Bonneville lui prête une figure noble et régulière, un peu académique, dépourvue d'expression et d'originalité. Mais il y a de l'intelligence dans ce front large, une sérénité un peu composée, une prétention à

---

(1) Archives, T. 566, 2, cote 26.

(2) Il y a aussi, dans cette consultation, des aveux de Couthon, comme Sainte-Beuve aimait à en surprendre pour la caractéristique de ses personnages. « Nous ne nous occuperions pas davantage de la recherche très conjecturale des causes qui ont pu déterminer une suite d'affections aussi digne de remarque, si M. Couthon ne nous avait appris que, dès sa tendre jeunesse, on l'avait laissé s'abandonner avec excès aux plaisirs solitaires, et que cette malheureuse habitude n'a cessé, vers l'âge de puberté, que pour être remplacée par un usage inconsidéré de plaisirs plus conformes au vœu de la nature, mais dont l'excès n'est pas moins nuisible. Un travail excessif a en même temps contribué à énerver et à épuiser une constitution plus ardente que robuste. On sait que ce genre d'excès donne lieu à des affections très variées qui attaquent surtout les extrémités inférieures, et que les douleurs articulaires vagues et la paralysie de ces extrémités sont au nombre des effets communs de cette cause dangereuse... » Couthon, dont les médecins constatent « la très grande sensibilité nerveuse », fut soumis à un traitement par l'électricité et à une diète lactée. Mais son mal ne fit que s'aggraver, et il ne cessa de s'en plaindre, quoiqu'il ait évidemment supprimé de sa vie les excès dont il fit confidence aux médecins : en 1791, il était marié et avait des enfants.

faire paraître, selon le mot classique, une âme maîtresse du corps qu'elle anime. — Gabriel l'a représenté, dans un dessin peu connu, vieux, décharné, grimaçant, comme ressaisi par son mal et son vice, l'œil rusé et la bouche sardonique, tel qu'il était sans doute en 1794, écrasé par la maladie et, j'imagine, dégoûté des hommes. Au contraire, à la Législative, il avait, d'après les notes de M. de Barante, le teint mat, des traits fins et fermes, le regard à la fois doux et passionné, une voix persuasive et facilement émue. Immobile à sa place où le clouait la maladie, il caressait, d'un air sentimental, un jeune chien qu'il tenait constamment sur ses genoux. Généralement, il parle assis. Mais, dans les grandes occasions, il se fait porter à la tribune où on lui installe un siège haut et commode. Ce manège préalable donne de la pompe à toutes ses manifestations oratoires; mais il y a en lui assez d'art et de talent pour que l'attente un peu solennelle de son auditoire ne soit jamais déçue : il parle avec noblesse, intérêt, facilité, toujours dans le ton grave et ému, improvisant pour la forme des discours dont le fond était fortement médité.

Un contemporain dit qu'il fut le seul orateur auquel les interruptions aient été constamment épargnées. M. de Barante a malicieusement expliqué comment ce privilège s'établit. « Ses souffrances, dit-il, jointes à sa jeunesse et à sa figure agréable réunirent sur lui beaucoup d'intérêt et le firent remarquer dans l'assemblée par tous ceux qui ne le connaissaient pas encore. Il ne perdit pas cette occasion de fixer sur lui l'attention et parla même souvent sans sujet. Il parlait d'une manière nette et agréable. Il sollicitait ouvertement les suffrages ; et lorsque, parlant de l'état de sa santé, il demandait qu'on accordât à un mourant la consolation d'espérer que cette palme ornerait son tombeau, il trouva presque tout le monde disposé à faire ce qu'il désirait. » Ce fut son principal artifice oratoire de se présenter sans cesse, aux Jacobins, à la Législative et à la Convention, comme un moribond torturé par une lente agonie. Et cet artifice réussissait d'autant plus que les souffrances de Couthon n'étaient que trop véritables et visibles. Il en vint très vite à supprimer toute contradiction, toute objection personnelle par l'exhibition affectée de son mal.

Rien ne devait être exaspérant pour ses adversaires politiques comme les cris plaintifs et les aigres reproches par lesquels le malade repoussait les arguments opposés au très lucide et très habile orateur. Ainsi, le 9 janvier 1792, dans les débats sur les décrets supplémentaires relatifs à l'organisation de la haute cour, Gohier eut l'imprudence de reprocher à Couthon la rareté de ses apparitions au comité de législation, dont il était membre. Aussitôt le paralytique s'écria douloureusement, d'après le *Journal des débats et des décrets* : « Il me semble qu'il s'élève ici un parti nominativement contre moi. Si l'Assemblée jugeait que je dois aller plus souvent au comité de législation, mon malheureux état d'infirmité m'obligerait à donner ma démission. J'y suis allé souvent et plus souvent même que mon malheureux état d'infirmité ne me le permettait... » On sait qu'au 9 thermidor, lorsque Fréron lui reprocha d'avoir voulu monter au trône sur le cadavre des représentants, il montra sa jambe malade afin de rappeler son incapacité ascensionnelle. — Il en vint à se persuader presque que son infirmité lui était venue de ses fatigues patriotiques, et, quand on a lu, dans la consultation médicale, quelles occasions provoquèrent ou aggravèrent sa paralysie, il est permis de sourire des illusions qu'il se fait sur les causes de son mal dans le discours où il dénonce le représentant Javogues. Celui-ci avait médit de Couthon auprès des Lyonnais, le traitant d'*ennemi du peuple*. Couthon s'exclama plaintivement (20 pluviôse an II) : « Moi, l'ennemi du peuple!... Moi, qui ai déjà perdu au service du peuple la moitié de mon corps!... »

Sa correspondance officielle avec la municipalité et la société populaire de Clermont est interrompue, presque à chaque lettre, par des jérémiades auxquelles il veut donner un tour stoïque. « Il fait ici, écrit-il le 18 février 1792, un froid des plus vifs : ce nouvel état de l'atmosphère s'est fait sentir bien douloureusement sur mon misérable corps, que l'on peut regarder comme un véritable thermomètre vivant. Ce qui me console, c'est que mon âme est d'une autre trempe et que rien autre que le *vrai* et le *juste* n'est capable de l'influencer. » En août 1792, il va prendre les boues de Saint-Amand-les-Eaux, et il renouvelle si habilement l'intérêt qu'excite sa maladie qu'à son retour, quand il revient prendre séance, « des applaudissements partent de toutes les tribunes de la salle pour accueillir ce député patriote ». Ce sont là les propres expressions du procès-verbal officiel, dont il eut soin d'envoyer un exemplaire à la municipalité de Clermont.

Son infirmité est encore pour lui l'occasion des plus douces jouissances d'amour-propre. Ainsi, à la fête de la Fédération, en 1792, le peuple porta sa chaise jusqu'au milieu de ses collègues. Le 11 nivôse an II, jour de la fête de la Victoire, il se trouvait être président de la Convention, et voici comment lui-même décrit, dans une lettre à ses commettants, en quelle fastueuse posture il domina le peuple pendant une heure : « Je ne présidai pas la Convention pendant toute la cérémonie, dit-il ; il m'eût été impossible de supporter la course. L'on m'avait pourtant préparé une litière d'une simplicité majestueuse : elle était portée par deux chevaux blancs couverts d'une draperie aux trois couleurs. J'y montai, pour obéir au public, environ une heure ; j'allai ensuite attendre le cortège aux Invalides, où je prononçai, sous la voûte céleste, un petit discours qui parut produire beaucoup d'effet. »

II.

La source de l'inspiration politique et oratoire de Couthon n'est pas facile à saisir : avec une apparente effusion, comme s'il vidait son âme, il se livre assez peu, et, à la tribune, il reste maître de son imagination comme de sa parole. Sa correspondance avec la municipalité et le club de Clermont cache, sous un air de bonhomie, une réserve, une froideur artificieuse, une prudence qui calcule, rature, pèse chaque syllabe, comme pour prévenir tout reproche ultérieur de contradiction. En outre, il n'écrit pas à Clermont du même style qu'il parle à Paris : ici, il est avisé et subtil ; là-bas, il affecte une rondeur familière et il fait le naïf. Nulle part il ne se montre franchement, la face dans le jour, et ses beaux yeux doux sont rarement *lisibles*. Il y a souvent une arrière-pensée dans ses phrases plausibles et décentes (1).

A une des premières séances de la Législative, le 5 octobre 1791, il se fit porter à la tribune, dans tout son appareil d'intéressant malade, et cet inconnu à la figure noble et douce, au ton modeste et suave, laissa tomber de ses lèvres les paroles les plus irrévérencieuses que la royauté eût encore entendues. A propos du cérémonial à adopter dans les rapports de la couronne et du Parlement, il demanda

---

(1) C'est ainsi que, le 21 février 1792, lui qui était républicain depuis la fuite à Varennes, il écrit aux Clermontois : « Je sais que l'on me fait passer, dans notre ville, pour un républicain... Je ne devrais pas répondre ; cependant, pour la satisfaction publique, et aux méchants qui cherchent à me nuire, et aux *gens paisibles* qu'ils trompent, j'apprends que mon opinion sur la Constitution est exprimée dans le serment que j'ai fait de la maintenir. Tous ceux qui connaissent la valeur du serment d'un galant homme se contenteront sans doute de cette réponse. » Sans doute ; mais sous ces protestations, il y a cette réserve latente que les parjures de Louis XVI l'ont délivré de son serment. Voilà ce que j'appelle la fausse franchise de Couthon.

nettement que Louis XVI ne fût plus traité en roi : plus de trône pour lui quand il viendrait dans l'Assemblée ; plus de différences honorifiques entre le chef de l'Etat et le président de la Législative, plus de ces titres de *sire* et de *majesté*. Un décret réalisa un instant le vœu de Couthon, et les députés n'eurent conscience que le lendemain de leur hardiesse, sur laquelle on sait qu'ils revinrent. Mais, dans cette discussion d'étiquette, introduite doucement, un coup terrible fut porté au prestige royal, et il parut que la France n'avait plus toute sa ferveur bourbonienne.

Pendant cette première année de sa vie parlementaire, Couthon est sobre de discours, aux Jacobins comme à l'Assemblée. On voit qu'il observe et cherche sa voie. Mais déjà il est entouré d'estime et de considération, et une popularité de bon aloi est la récompense de son attitude dans l'affaire des soldats de Châteauvieux. Le 29 février 1792, il laisse entrevoir discrètement sa compétence de jurisconsulte dans un grand discours ennuyeux et sage sur le rachat des ci-devant droits seigneuriaux. Ainsi tombe pièce à pièce la réputation d'énergumène que lui avait créée d'avance l'animosité de son compatriote Biauzat, lequel fréquente encore les Jacobins et y parle au moment où Couthon est appelé à les présider, en novembre 1791. Sa politique est celle des Girondins ; mais il ne s'engage ni ne se compromet et il abandonne Brissot, le jour où Brissot veut retarder la chute de la royauté. Il marche alors avec les Girondins du dehors, avec ceux qui préparent le 10 août et dont l'ardeur n'est pas gênée par des combinaisons parlementaires. Ses discours au club et ses motions à l'Assemblée, de mai à la fin de juillet 1792, désignent ouvertement les Tuileries comme le but de la future insurrection populaire.

Quand le 10 août éclata, il se trouvait depuis quelques jours à Saint-Amand-les-Eaux pour y soigner son mal. Cette absence le sauva des incertitudes par où passèrent tant d'hommes politiques et la plupart des futurs terroristes pendant les quelques heures où la fortune parut douteuse. Le 28, il rentra à Paris avec le prestige d'une situation intacte et de cette *visible* conséquence avec soi-même qui est le fondement de la popularité. Quand les électeurs du Puy-de-Dôme l'envoyèrent siéger à la Convention, il ne s'était encore compromis avec aucun parti, et il avait cette fortune rare d'être à même de choisir sa place où il voudrait dans la salle du Manège, sans contredire aucune de ses attitudes passées.

On devine que son embarras fut grand, au moment de s'engager sans retour et de prendre couleur. Il fit de louables efforts pour retarder la rupture des partis et le moment où il lui faudrait choisir un camp. Est-ce en Girondin ou en Montagnard qu'à la première séance officielle de la Convention il fit allusion aux bruits de dictature, de triumvirat qui avaient effrayé la province ? « Jurons tous, dit-il, la souveraineté du peuple, sa souveraineté entière ; vouons une exécration égale à la royauté, à la dictature, au triumvirat et à toute espèce de puissance individuelle quelconque qui tendrait à modifier, à restreindre cette souveraineté. » Et, dans la séance du 25 (affaire Marat), il demanda la peine de mort contre quiconque préparait la dictature. C'est là une attitude presque dantoniste. Mais nul ne fut moins dantoniste que Couthon. Entre le chef des Indulgents et l'homme du 22 prairial, il n'y avait pas seulement incompatbilité d'opinions, mais répulsion physique. Non, un paralytique ne pouvait pas aimer Danton.

Marat ne l'attirait pas davantage, à ce que raconte son collègue et compatriote Dulaure : « A la seconde séance de la Convention, dit celui-ci, Couthon, assis près de l'embrasure d'une fenêtre, se trouva tout à coup entouré de certains membres de la députation de Paris. Marat lui frappa sur l'épaule en lui disant : *C'est un bon patriote que Couthon !*

J'étais près de Couthon; en me tirant par l'habit, il me dit à l'oreille: *Dulaure, rendez-moi un service: ôtez-moi du milieu de ces brigands.* Je pris alors dans mes bras l'impotent Couthon et le transportai à une autre partie de la salle (1) ». Dulaure lui prête, à cette époque, le même éloignement pour Robespierre. Ce qui le changea, dit-il, ce fut de n'être pas nommé membre du comité de constitution. Alors il prononça deux discours aux Jacobins contre la Gironde et devint forcené robespierriste.

Ce qu'on peut affirmer, c'est qu'il ne se lia avec Robespierre qu'à la Convention, et il est fort possible que le rédacteur du *Défenseur de la Constitution* lui ait été d'abord antipathique, et dans sa politique et dans sa personne. Mais il y avait entre ces deux âmes une affinité secrète, irrésistible, qui devait les unir dès qu'elles se toucheraient, et abolir entre elles toutes les répugnances de forme : je veux parler de la conformité des opinions religieuses.

Oui, Couthon est un dévot, un dévot fanatique du néo-catholicisme de Jean-Jacques Rousseau. Ainsi, le 14 nivôse an II, il écrit à ses électeurs : « Je ne suis pas de la religion des prêtres, mais bien de celle de Dieu dont l'image et la bonté ne sortent jamais de mon cœur. » Quand il s'indigne des excès des prêtres, c'est en chrétien : « O Dieu de vérité, peux-tu souffrir qu'on abuse ainsi de ton nom sacré et que des monstres sanguinaires restent encore tes ministres ? » (Lettre du 11 mai 1793.) Cette correspondance est remplie d'anathèmes contre les athées et les encyclopédistes, avec des métaphores mystiques comme celle-ci : « Nous célébrâmes hier la fête de la Victoire (11 nivôse an II) ; elle fut sublime ; le ciel lui-même sembla y prendre part, car on vit le père de la nature ouvrir pour la première fois son œil bienfaisant, comme pour l'éclairer,

---

(1) *Supplément aux crimes des anciens comités*, p. 21.

et j'en jouis. » Il y revient plus tard, le 19 floréal, au milieu d'un éloge lyrique du rapport de Robespierre sur l'Etre Suprême. « Ce n'est qu'un Dieu, dit-il, qui a pu faire cet astre brillant qu'on appelle soleil et que je nomme, moi, l'*œil du père de la nature* (1). » N'allez pas croire que ce soit là une phraséologie de philosophe déiste à la façon de Voltaire ou des Girondins. Il écrit, le 18 ventôse an II, en irréprochable catholique : « Si *l'enfer* est contre nous, le *ciel* est pour nous, et le *ciel* est maître de *l'enfer*. » Ses discours à Paris ne portent pas tout d'abord la trace d'un tel mysticisme, et il a, dans une tirade contre les prêtres réfractaires (7 octobre 1791), des railleries à la Chaumette. Mais quand le culte de l'Etre Suprême s'annonce et s'affirme, il est le second de Robespierre dans sa tentative pour transformer la religion du vicaire savoyard en religion d'Etat.

Les Parisiens voient peu à peu apparaître en lui un orateur religieux, surtout dans la séance du 27 floréal an II, où une députation des Jacobins vint féliciter la Convention d'avoir reconnu l'existence du Créateur. Carnot, qui présidait, répondit par un discours très fin et très philosophique, où, sous prétexte d'abonder dans le sens de la députation, il ôtait à l'Être Suprême de Robespierre son caractère anthropomorphique et personnel, et se refusait à voir dans ce mot de Dieu autre chose que la formule des aspirations élevées qui font la force de l'homme (2). Couthon vit le sourire scep-

(1) Cet œil figure en effet dans une estampe de la collection Hennire (tome CXXIV, n° 50), qui représente la fête de l'Etre Suprême.
(2) « L'Etre-Suprême, disait-il, c'est le faisceau de toutes les pensées qui font le bonheur de l'homme... » Quant à la Providence que Robespierre faisait intervenir et dont il invoquait l'assistance, Carnot en attaque l'idée par ces paroles antithéologiques : « Invoquer l'Etre-Suprême, c'est appeler à son secours le spectacle de la nature, les tableaux qui charment la douleur, l'espérance qui console l'humanité souffrante. » Non, pour les robespierristes la prière n'avait pas ce caractère tout subjectif : la prière était pour eux, comme pour les catholiques, une lettre qui parvient à son adresse et provoque une réponse, un contre-coup sensible.

tique caché sous les belles phrases de Carnot, et il suppléa aussitôt à la tiédeur et à l'insuffisance du président par une prédication véhémente et boursouflée :

« Où donc sont-ils, les prétendus philosophes qui se mentent si impudemment à eux-mêmes en niant l'existence de la divinité? Où sont-ils, que je leur demande si ce sont eux ou leurs pareils qui ont produit toutes les merveilles que nous admirons sans les concevoir ? si ce sont eux qui ont établi le cours des saisons et des astres, qui sont les auteurs du miracle de la génération et de la reproduction des êtres, qui ont donné la vie et le mouvement au monde, qui ont formé cette voûte imposante qui couvre si majestueusement l'univers et ce soleil bienfaisant qui vient chaque jour éclairer et vivifier tout ce qui existe sur la terre ? (*Nouveaux applaudissements.*) Mais non, ils ne paraîtront point... »

C'est le ton de l'éloquence de la chaire ; c'est, à la lettre, la rhétorique d'un moine espagnol du seizième siècle, mettant ceux qu'il a brûlés la veille au défi de lui répondre. Qui sont-ils, ces athées apostrophés par Couthon? C'est Danton, Hébert, Chaumette. Danton était véhémentement soupçonné de penser sur Dieu comme Diderot et Condorcet ; Hébert avait donné le bal au clergé ; Chaumette se disait matérialiste. Or Couthon avait contribué, autant qu'il était en lui, à envoyer à l'échafaud ces trois athées, sans compter Cloots et le menu fretin encyclopédiste, séquelle de Danton et d'Hébert. Il savait donc ce qu'il disait, quand il s'écriait : « Non, ils ne paraîtront pas... » Et certes, si un de ceux dont Sylvain Maréchal se fera le nomenclateur se fût levé alors sous les traits de Jacob Dupont ou de Cabanis, qui oserait dire que cette audace ne l'eût pas conduit droit à la guillotine ?

Comme l'Incorruptible, Couthon cherche à réformer les mœurs par des lois qui sont des dogmes. Comme lui, il se réjouit de la défaite prochaine, inévitable de l'immoralité. Il a, dans sa correspondance, d'incroyables colères contre les mauvaises mœurs, et en particulier contre les impies qui vivent en état de concubinage. « Il faut, écrit-il le 19 floréal an II, il faut que ces crimes domestiques disparaissent comme les crimes publics, et pour cela, il faut que l'opinion se déclare fortement, et qu'elle accable de son exécration tous ceux qui s'en rendront coupables. » Qu'eût pensé de cet anathème le pauvre amant de Thérèse Levasseur ?

On comprend maintenant quelles affinités intimes unirent Couthon et Robespierre, du jour où tous les deux eurent occasion de s'ouvrir sur les choses religieuses. M. d'Héricault dit avec esprit que Couthon fut pour Robespierre comme un confident de tragédie. Dites plutôt son vicaire, son associé dans la garde et la glorification de l'orthodoxie religieuse. L'un n'imposa pas à l'autre sa foi par l'ascendant de sa supériorité personnelle : il y eut harmonie préalable, rencontre et accord étroit. Peut-être même fut-ce le seul grief inavoué de Robespierre contre Couthon de n'avoir pas eu la joie de le convertir. Mais cette association fortifia leur mysticisme à tous deux, et les rendit plus fanatiques encore, plus intraitables aux girondins, aux hébertistes, aux dantonistes, à quiconque n'était pas avec eux en Rousseau.

Cette liaison date évidemment de la fin même de l'année 1792, et il est faux, comme on l'a dit, que Couthon n'ait quitté les Girondins qu'en mai 1793 et ne les ait quittés que par peur (1). Dès le 12 octobre, aux Jacobins, il a

---

(1) Je lis un peu partout que, le 1ᵉʳ mai 1793, il avait combattu une pétition antigirondine. Oui, il combattit ce jour-là une pétition du faubourg Saint-Antoine qui demandait le *maximum* et l'envoi aux frontières de toute l'armée de Paris, sous menace d'insurrection. Cette violence fit la joie des Brissotins : déjà Mazuyer présentait un

solennellement rompu avec le parti Brissot-Guadet. Dans le procès du roi, il fait adopter la procédure la plus expéditive et émet les votes les plus rigoureux. Le 30 mai, la veille de la crise, il est adjoint au Comité de salut public avec les plus solides Montagnards. Le 31, il réfute violemment Guadet et s'élève contre « la faction infernale ». C'est ce jour-là que, reprenant le mot de Cloots, il s'écria : « Je ne suis ni de Marat ni de Brissot ; je suis à ma conscience. » Oui, mais sa conscience était robespierriste, et le préjugé théologique le fanatisait. Le 2 juin, il se joignit à Marat pour faire excepter Ducos, Dussault et Lanthenas. Le 7, à la suite du rapport de Barère, il s'offrit pour aller en otage à Bordeaux : politique insensée, mais généreuse. Pourquoi y voir une hypocrisie ? C'est bien mal connaître ces temps, où les plus cauteleux avaient leurs heures d'abnégation romaine ou spartiate. Le 10 juillet, il est nommé membre du Comité de salut public renouvelé, dont il va devenir un des rapporteurs ordinaires. C'est alors que commence son rôle actif de robespierriste militant.

Le 21 août 1793, il est chargé de cette mission lyonnaise qui souleva tant de bruit et de controverses. Déjà, dans les premiers jours de mai, il s'était fait envoyer dans la ci-devant principauté de Salm, pour y détruire l'esprit aristocratique. « Ce pays, dit-il à son retour, tient plus à la République que mes jambes ne tiennent à mon corps. » Il n'hésite pas à se charger d'aller faire une levée en masse dans le département du Puy-de-Dôme, et de mener lui-même ces recrues au siège de Lyon. Son infirmité n'est pas un obstacle à ces déplacements : *volontiers gens boiteux haïssent le logis*. Il s'acquitta de sa tâche avec rapidité. Il

---

projet de décret pour que les suppléants se réunissent à Bourges. C'était à croire, comme le dit Chasles, que la Gironde avait rédigé la pétition. Alors Couthon la blâma comme contre-révolutionnaire, et Danton fit passer à l'ordre du jour.

est devant Lyon dès les premiers jours d'octobre, avec sa levée en masse On sait comment il supplanta Dubois-Crancé, dont les lenteurs devenaient périlleuses. Quand l'armée républicaine entra dans la ville rebelle, le 9 octobre 1793, « l'air de la clémence était sur le front de Couthon, Maignet, Châteauneuf et Laporte », dit un témoin oculaire, le royaliste abbé Guillon. Chef de la mission et véritable proconsul, Couthon, dit le même témoin, « contint la vengeance au lieu de l'exciter. » Quand il reçut le fameux décret du 12 octobre sur la destruction de Lyon, il fut sans doute consterné. Mais comment désobéir ? Le 16, il écrit à la Convention : « De toutes les mesures grandes et vigoureuses que la Convention nationale vient de prendre, une seule nous avait échappé : c'est celle de la destruction totale de Lyon. Mais déjà nous avions frappé les murs, les remparts, les places de défense intérieure et extérieure, et tous les monuments qui pouvaient rappeler le despotisme et favoriser les rebelles... » Lisez entre les lignes : le blâme perce, avec l'étonnement douloureux. Pendant dix jours, Couthon tient le décret pour non-avenu et ne le publie pas. Arrive alors Albitte, retour du Midi. Il s'adjoint à la mission et fait du zèle. Il fallut publier le décret (25 octobre) : les représentants y annonçaient que l'on commencerait par la place Bellecour. Le lendemain 26, Couthon se fit porter, mais sans faste et dans les bras d'un citoyen de bonne volonté, devant une maison de la place, en face de la Saône, et la toucha d'un marteau, en disant : *La loi te frappe.* Même opération devant le château de Pierre Scize. Vous croyez qu'on va enfin démolir ? Nullement : Couthon accorde un délai aux habitants pour déménager. Puis les ouvriers manquent. Ce sont chaque jour de nouveaux retards. Quand Couthon quitte Lyon, le 3 octobre, tous les palai de Bellecour sont encore debout.

cette date, combien de condamnations à mort avaient

été prononcées? Vingt-quatre en tout. Une commission militaire avait condamné à mort vingt-deux des chefs des rebelles, presque tous officiers supérieurs. Quant à la *Commission de justice populaire* instituée par Couthon, elle ne siégea qu'à partir du 1er novembre ; le 3, elle avait envoyé deux royalistes à l'échafaud. Voilà tout le sang qui fut versé à Lyon sous le proconsulat Couthon. Le 4, arrive Collot d'Herbois. C'est alors que la scène change et que les exécutions se multiplient. Mais Couthon s'était conduit, dans cette ville rebelle et vaincue, avec une modération et une clémence que quiconque a vécu en temps de guerre civile ne pourra s'empêcher d'admirer (1).

Comment le même homme, si indulgent à Lyon, est-il impitoyable aux Hébertistes, aux Dantonistes? C'est qu'alors il agit en vicaire du pontife de l'Etre-Suprême, et il frappe l'impie avec une insensibilité de prêtre. Il calomnie ceux qu'il tue. Le 16 germinal, il explique ainsi à ses électeurs la chute des patriotes Cordeliers : « Ils voulaient aller au Temple, en extraire l'enfant Capet, et le faire proclamer comme cela était arrêté depuis longtemps par Danton le chancelier, qui sera, sous peu d'heures, le *guillotiné*. » Pour cette conscience faussée, les ennemis du pontife sont les ennemis de la Révolution. Le 11 germinal, il avait dit aux Jacobins, à propos de l'arrestation des Dantonistes : « Ce ne sont pas les derniers que nous ayons à combattre ; mais nous exterminerons tous les scélérats. » Cette loi terrible du 22

(1) Couthon n'était donc pas aussi sanguinaire que le disaient les Girondins. « Je sais, avait-il dit à la tribune, le 15 juillet 1793, que quelques-uns d'entre eux ont dit qu'il fallait mettre un tonneau de sang au milieu de la Montagne pour nous désaltérer. Le croirez-vous? ils ont dit de moi, moi qui ai horreur du sang, moi qui reculerais à la vue d'un cadavre si j'avais des jambes, moi qui ne pourrais tuer un pigeon ; eh bien ! ils ont dit de moi, un jour que j'avais parlé avec quelque énergie pour les intérêts du peuple, que j'avais besoin d'un verre de sang pour me rafraîchir. Eh quoi ! ceux-là qui sont les assassins nous accusent d'être les buveurs de sang ! »

prairial, qu'il rapporta en style de prédicateur, et qui livrait tous les suspects à la guillotine sans forme de procès ; cette loi qui marquait un retour à la barbarie et couronnait ironiquement le mouvement philosophique du dix-huitième siècle, ne pouvait sortir que d'une imagination inquisitoriale. On sait aujourd'hui, — et le fils du conventionnel Lebas l'a attesté pour disculper Couthon, — qu'il ne s'agissait pas de répandre le sang du peuple, mais celui de quelques *impies* dont la disparition permettrait enfin à Robespierre de devenir le grand et suprême conseiller moral de la France, le dictateur religieux, le tout-puissant régulateur de la clémence. Le 3 thermidor, Couthon fit aux Jacobins la motion vague et terrible de poursuivre les fripons et de délivrer la Convention du joug *de quatre ou cinq scélérats*. Ces quatre ou cinq, avertis, firent le 9 thermidor.

Dans cette circonstance, le courage de l'infirme fut admirable ; il devait se rendre à Clermont, où une ovation lui était préparée. Mais il voit venir la crise, et il écrit qu'il reste à Paris, qu'il veut « mourir ou triompher avec Robespierre et la liberté ». Rien ne lui eût été plus facile que de se trouver en Auvergne avant même que le combat fût commencé, et de sauver ainsi sa tête. C'est un royaliste, M. de Barante père, qui a fait cette remarque si honorable pour Couthon. — On sait que le 10, à l'Hôtel de Ville, il tenta vainement de se poignarder. L'avocat Berryer, père de l'orateur, vit ce misérable corps traîné et insulté comme un cadavre. Son supplice fut particulièrement horrible. Suprême outrage : le 16 thermidor, son bourg natal, la commune d'Orcet, arrête que « les lettres de l'infâme Couthon seront bâtonnées sur les registres et qu'il sera écrit en marge, à la tête de chacune des pages où elles se trouvent inscrites : *Il a trahi la République...* » Non, il n'avait pas trahi la République ; mais il la voulait chrétienne.

Voilà sa politique. Son talent oratoire fut médiocre, mais

il sut se faire écouter, et, en plus d'une circonstance, il montra du tact et une surprenante habileté. Jurisconsulte, il joua un rôle prépondérant dans les premiers travaux du comité chargé de faire le code civil, dont il fut l'initiateur et le guide, tout autant que Cambacérès. Une partie de cette gloire, confisquée par Bonaparte, doit être restituée à Couthon. On le voit : ce robespierriste fut complexe, et il y a plus d'un aspect dans son caractère, dans son talent, dans sa conduite. Mais la maladie le livra sans défense au mysticisme qui domina en lui vers la fin de 1793 et fit un fanatique de cet homme doux et bienveillant.

CHAPITRE III.

SAINT-JUST.

I.

Si estimable que soit la biographie de Saint-Just par M. Hamel (1), elle a été rectifiée depuis, sur des points importants, par des documents nouveaux (2), à l'aide desquelles il faut revenir sur la vie du terrible orateur, avant d'aborder l'étude de son éloquence et de sa politique (3).

Saint-Just naquit à Decize, dans le Nivernais, le 25 août 1767 ; mais sa famille était originaire de Blérancourt. Son père, capitaine de cavalerie et chevalier de Saint-Louis, avait pris sa retraite en 1766 pour devenir receveur du château de Morsain ; le grand-père du futur conventionnel

---

(1) *Histoire de Saint-Just*, par E. Hamel. Paris, 1859, in-8.
(2) Vatel, *Charlotte de Corday et les Girondins*. Paris, 1873, in-8; Fatoux, *Saint-Just et Mme Thorin*, Saint-Quentin, 1878, in-8.
(3) Nodier a caractérisé le talent de Saint-Just, dans sa préface aux *Institutions républicaines* (1831, in-8). Mais ce n'est là qu'une fantaisie paradoxale.

occupait déjà ces fonctions. En 1776, l'ancien capitaine de cavalerie vint se fixer à Blérancourt même, et y acheta une maison. Il mourut le 8 septembre 1777, laissant deux filles en bas âge et Louis-Antoine de Saint-Just, alors âgé de dix ans.

D'après M. Hamel, mieux renseigné que personne sur une famille à laquelle il est allié lui-même, « Mme de Saint-Just, charmante et charitable personne qui survécut de quelques années à son fils, était d'une nature triste et comme résignée : c'est d'elle que Saint-Just tenait cette mélancolie un peu maladive qui se reflétait sur son visage et cette aménité de manières dont il ne se départit jamais, en dehors de ses emportements politiques et de sa fougue révolutionnaire. » L'enfant fut mis au collège Saint-Nicolas, à Soissons, que dirigeaient des Oratoriens. A en croire les traditions recueillies sur place par M. Ed. Fleury, Saint-Just se montra sombre et peu expansif dans sa vie scolaire. Mais il brilla dans ses études. « C'est notre meilleur élève », disaient les Pères, en le montrant avec orgueil (1). M. Hamel ajoute : « Platon, Montesquieu, Rousseau étaient ses auteurs favoris. » Il est certain qu'il chercha à combiner dans ses discours le style de l'*Esprit des lois* et celui de l'*Emile*. Il commença son droit à Reims, l'interrompit bientôt et revint à Blérancourt, indocile et fougueux.

Ici se place un incident grave, dont le souvenir avait subsisté confusément parmi les habitants de Blérancourt, mais que les dénégations (indignées et sincères) de M. Hamel avaient présenté comme une calomnie sans fondement, avant que M. Vatel n'eût prouvé la faute de Saint-Just par des documents irrécusables. Voici, entre autres pièces, une

---

(1) Ed. Fleury, *Saint-Just et la Terreur*, I, 17. Ce pamphlet passionné (1851, 2 vol. in-12) a été réfuté avec succès par M. Hamel, sauf sur un ou deux points. Mais quand M. Fleury donne un renseignement favorable sur son compatriote Saint-Just, on peut le croire.

lettre adressée en avril 1787 par le lieutenant de police au baron de Breteuil ; elle mettra le lecteur au courant de toute l'affaire :

« Le sieur de Saint-Just a été conduit dans la maison de la dame Marie de Sainte-Colombe (1), de l'ordre du roy du 30 septembre 1786, parce qu'il s'étoit évadé de chez sa mère en emportant une quantité assez considérable d'argenterie, d'autres effets et des deniers comptants. Sa mère, qui a sollicité sa détention, le croyant corrigé et m'ayant fait demander sa liberté, j'ai signé, sous le bon plaisir du ministre, le 30 mars 1787, l'ordre nécessaire à cet effet. M. le baron de Breteuil est supplié de faire expédier celui en forme de la même date. »

La lettre où Mme de Saint-Just demandait l'incarcération de son fils est du 17 septembre 1786. Arrêté, Saint-Just fut interrogé le 6 octobre. Il avoua son escapade : il était descendu hôtel Saint-Louis, rue Fromenteau, domicile assez suspect. Les circonstances mêmes de son arrestation excluent l'idée qu'il eût quitté Blérancourt pour un enlèvement : s'il avait eu une compagne de voyage, on n'eût pas manqué de l'arrêter avec lui. — Il ne nia pas avoir soustrait de la maison paternelle des objets qu'il fit vendre, dit-il, « par un commissionnaire qu'il trouva dans un café ». Si sévèrement qu'on doive juger sa faute, il faut reconnaître qu'il eut dans son interrogatoire une attitude modeste et repentante, une franchise d'aveu qui indiquent une âme droite. Le magistrat qui l'interrogea y mit de la discrétion et de la sympathie. Il ne s'enquit pas des causes de l'escapade. Mais il y a au dossier une lettre d'un prétendu médecin qui affirme que Saint-Just n'a pillé la maison paternelle que pour lui payer ses honoraires. Au milieu de

---

(1) Dans une autre pièce, cette maison est appelée : « La pension de force de la dame Marie à Picpus. »

contes à dormir debout (1), j'y relève ce trait : « Monsieur votre fils s'est présenté à l'Oratoire où on l'a fort mal reçu. Il me dit qu'il a été dissuadé par des religieux de votre pays. » Mme Saint-Just désirait-elle que son fils entrât dans les Ordres? Obéissait-elle aux suggestions probables des Pères du collège Saint-Nicolas, qui auraient vu avec joie le brillant rhétoricien revêtir leur robe? Toujours est-il qu'en 1786 Saint-Just rêvait une tout autre carrière, comme l'indique son interrogatoire : « A dit qu'il est au moment d'être placé dans les gardes de M. le comte d'Artois, en attendant qu'il soit assez grand pour entrer dans les gardes du corps. *Interrogé s'il a été présenté à cet effet*: A dit que non, mais qu'il est sur le point de l'être. » Serait-ce donc pour éviter l'Oratoire qu'il s'enfuit de Blérancourt?

Quant à la question de savoir si un jeune homme de dix-neuf ans est déshonoré pour la vie, parce qu'il a dérobé ses parents pour une escapade buissonnière, M. Vatel l'a résolue en faveur de Saint-Just. Après avoir montré, en légiste, qu'on ne vole pas son père et sa mère, il a excusé en partie la faute de l'adolescent où le jeta la fougue de son âge et non un penchant au vol. Mais, dira-t-on, Saint-Just aurait dû être indulgent plus tard aux fautes d'autrui. C'est le contraire qui arriva : confus, humilié, il se voua à la vertu, il devint irréprochable comme un stoïcien, et, raidi dans l'attitude qu'il s'imposa dès lors, il fut sans pitié pour lui-même et pour les autres, et il crut devoir frapper le vice partout où on le lui montrait. A la tribune de la Convention et à l'armée de Sambre-et-Meuse, il répare sa défaillance de jeunesse et revient à sa propre nature, qui est honnête et rigide (2).

(1) Sur le peu d'authenticité de cette lettre, signée *Richardet*, et sur toute cette affaire, lire l'introduction du livre de M. Vatel, *Charlotte de Corday et les Girondins*, où toutes les pièces ont été publiées pour la première fois.
(2) Voir l'éloge que le thermidorien Barrère a fait de lui dans ses

C'est sans doute dans sa prison qu'il composa ce poème d'*Organt*, auquel M. Fleury et M. Hamel ont donné beaucoup trop d'importance : c'est une imitation de la *Pucelle* de Voltaire, où il n'y a nulle trace d'un véritable talent poétique. Cet exercice de style fut utile à celui qui devait écrire les *Institutions républicaines* : tout bon prosateur a versifié au début. Mais quand une érudition malveillante déterra ce badinage oublié, où il y a des crudités à la mode du dix-huitième siècle, ce fut là un argument pour la légende qui représente Saint-Just comme aussi débauché que sanguinaire. On l'a montré notant pour l'échafaud, en 1794, les innocents que lui désignait sa maîtresse, Mme Thorin, et chargeant le tribunal révolutionnaire de le débarrasser de M. Thorin lui-même. On va voir que c'est là une calomnie.

Avant 1789, Saint-Just était amoureux de Mlle Gellé, fille du notaire de Blérancourt, plus âgée que lui. Elle épousa François Thorin, fils du receveur de l'enregistrement de la même ville. On affirme, et la famille le croit, d'après M. Patoux, qu'elle devint la maîtresse de Saint-Just. Quoi qu'il en soit, il la laissa à Blérancourt quand il fut nommé à la Convention, et ce qui arriva indique une rupture. Le 25 juillet 1793 (date indiquée par M. Thorin dans sa demande en séparation), Mme Thorin partit pour Paris, à l'insu de Saint-Just, auquel son ami Thuillier écrit, à ce sujet, le 2 septembre suivant : « J'ai des nouvelles de la femme Thorin, et tu passes toujours pour l'avoir enlevée. »

---

mémoires, IV, 408. Après avoir dit que Saint-Just avait un talent rare et un orgueil insupportable, il ajoute : « Il exécrait la noblesse autant qu'il aimait le peuple. — Sa manière de l'aimer ne convenait sans doute ni à son pays, ni à son siècle, ni à ses contemporains, puisqu'il a péri ; mais du moins il a laissé en France et au dix-huitième siècle une forte trace de talent, de caractère et de républicanisme. — Son style était laconique ; son caractère était austère ; ses mœurs politiques sévères ; quel succès pouvait-il espérer ? »

Réponse de Saint-Just : « Je ne suis pour rien dans tout cela (1). »

Quant à M. Thorin, dénoncé pour incivisme par le procureur de la commune de Blérancourt, il fut arrêté, le 25 octobre 1793, et conduit à Paris, à la Conciergerie. L'accusation n'était pas fondée. Le père de l'accusé écrivit en faveur du détenu. A qui ? à Saint-Just. M. Thorin fut mis en liberté ; en avril 1794, il était à Blérancourt, notaire et successeur de Me Gellé. Ce ne fut donc pas, comme on l'a dit, le 9 thermidor qui sauva M. Thorin de la haine de l'amant de sa femme. Tout le roman tombe.

Dès que la Révolution éclata, il joua un rôle politique dans sa bourgade et une circonstance, longtemps contestée et travestie, montre tout son enthousiasme intime. Le 15 mai 1790 on brûlait à Blérancourt un libelle contre révolutionnaire : « M. de Saint-Just, dit le procès-verbal de la cérémonie, la main sur la flamme du libelle, a prononcé le serment de mourir pour la patrie, l'Assemblée nationale, et de périr plutôt par le feu, comme l'écrit qu'il a reçu, que d'oublier ce serment. Ces paroles ont arraché des larmes à tout le monde... (2). » Tout jeune, il est le premier homme du pays : c'est lui qui représente, à la première fédération, la garde nationale de Blérancourt, dont il est lieutenant-colonel, en dépit des sarcasmes des aristocrates du lieu (3).

Son *Esprit de la Révolution et de la Constitution de France* parut à Paris en 1791 ; annoncé par Camille Desmoulins, cet essai fit quelque bruit ; Barère dit dans ses Mémoires que l'édition en fut épuisée en peu de jours. Saint-Just y

---

(1) Rapport de Courtois, et coll. Filon, série IV, n° 621.
(2) Ce document a été publié pour la première fois dans le *Bulletin de la Société archéologique de Soissons*, tome IV, année 1852, p. 194.
(3) Le 29 mai 1790, le notaire Gellé (le père de Mme Thorin) lui écrit qu'il ne veut pas monter sa garde « avec des gueux et des coquins ». *Ibid.*, p. 197.

faisait en bon style l'éloge de la monarchie, par opposition au despotisme. — Il était déjà lié avec Robespierre auquel il avait écrit, en 1790, sur une question d'intérêt local, une lettre où il lui marquait une admiration singulièrement flatteuse : « Vous qui soutenez la patrie chancelante contre le torrent du despotisme et de l'intrigue, vous que je ne connais que comme Dieu, par des merveilles, je m'adresse à vous, monsieur, pour vous prier de vous réunir à moi pour sauver mon triste pays. (Il s'agissait de conserver à Blérancourt ses marchés francs.)... Je ne vous connais pas ; mais vous êtes un grand homme. Vous n'êtes pas seulement un député d'une province, vous êtes celui de l'humanité et de la République. » On s'imagine quelle sympathie dut éveiller en Robespierre, au milieu des déboires de ses débuts, cette enthousiaste et juvénile fidélité qui s'offrait à lui. Leur amitié data de cette lettre.

Si grande était l'influence locale de Saint-Just qu'on le compta parmi les citoyens actifs aux élections pour la Législative, quoiqu'il n'eût encore que vingt-quatre ans ; il faillit même être élu député. Mais ses adversaires le firent rayer de la liste des électeurs et des éligibles. Il en conçut un amer dépit, qui exalta encore en lui le sentiment de son propre mérite. Un an après, il écrivit (mais l'envoya-t-il ?) cette lettre à Daubigny, dictée par la fièvre de la gloire, et où il s'égale aux héros de Plutarque :

« Je suis tourmenté d'une fièvre républicaine qui me dévore et me consume... Il est malheureux que je ne puisse rester à Paris : je me sens de quoi surnager dans le siècle... Allez voir Desmoulins, embrassez-le pour moi et dites-lui qu'il ne me reverra jamais ; que j'estime son patriotisme, mais que je le méprise, lui, parce que j'ai pénétré son âme et qu'il craint que je ne le trahisse. Dites-lui qu'il n'abandonne pas la bonne cause, et recommandez-le-lui, car il n'a point encore l'audace d'une vertu magnanime. Adieu, je suis au-dessus du malheur. Je supporterai tout, mais je dirai la vérité. Vous êtes tous des lâches qui ne m'avez pas apprécié. Ma palme s'élèvera pourtant et vous obscurcira peut-être. Infâmes que vous êtes, je suis un fourbe, un scélérat, parce que je n'ai pas d'argent à vous donner. Arrachez-moi le cœur et mangez-le, vous deviendrez ce que vous n'êtes point : grands !... O Dieu ! faut-il que Brutus languisse oublié loin de Rome ! Mon parti est pris cependant : si Brutus ne tue pas les autres, il se tuera lui-même. »

Telle était l'exaltation, à la fois folle et noble, de Saint-Just confiné à Blérancourt en juillet 1792. Heureusement pour sa raison, les électeurs de l'Aisne l'envoyèrent à la Convention. Il avait vingt-cinq ans, l'âge légal.

II

Quelles furent les tendances religieuses et politiques de cet homme qui mourut à vingt-sept ans, avant d'avoir accompli son évolution intellectuelle ?

Déiste et chrétien, il écrivait en 1791, dans son *Esprit de la Révolution* : « La France n'a point démoli son Eglise, mais en a repoli les pierres. » Et il se félicitait de ce respect public pour le dogme. Quant à la discipline, « Dieu et la vérité, disait-il, furent affranchis du joug de leurs prêtres. » C'est le langage de Robespierre. Dans ses fragments d'Institutions, il invoque avec élan Dieu et la Providence, et il se réjouit de la reconnaissance de l'Etre Suprême par le peuple français. Enfin, dans son discours du 8 thermidor, il reproche à ses collègues des deux comités d'avoir voulu lui faire effacer d'un projet de rapport les mots de Providence et d'Immortalité. Mais il me semble que sa morale est moins mystique que celle de son ami. La vertu, dans la bouche de Robespierre, est surtout l'orthodoxie métaphysique : elle pourrait être contemplative. Dans la bouche de Saint-Just, la vertu, c'est surtout l'action. Son honnête homme ne se contente pas d'une stalle aux Jacobins, où il écoutera béatement l'apologie de la vérité : il prend le fusil et va se faire tuer à Fleurus, moins pour un salaire ultérieur que pour la patrie. Saint-Just ne prie pas, comme Robespierre ; il agit, comme Danton, comme Bonaparte.

Sans doute, il a sans cesse à la bouche les mots de vertu, de probité, de chasteté; sans doute, la politique est tout entière pour lui dans la pédagogie, et ses notes posthumes nous le montrent dégoûté de la vie parce qu'il ne peut ramener les hommes au bien. Même il y a du puritanisme dans la sévérité avec laquelle il impose des mœurs de cloîtrés aux soldats de l'armée du Nord. Mais, et c'est en quoi sa politique diffère de celle de Robespierre, il veut faire des citoyens, non des saints ; il veut tourner toute amélioration morale à l'utilité pratique, immédiate de la patrie. D'autre part, il a un sens net de la réalité, le goût et le génie de l'administration. C'est pour lui un plaisir de mettre la main aux affaires et d'exécuter ce que Robespierre aime mieux prêcher. Celui-ci est gauche dans la vie ; le moindre obstacle est pour ce myope un mur infranchissable. Adroite, clairvoyante, audacieuse, l'activité de Saint-Just tourne prestement les écueils, quand elle ne les pulvérise pas. Pour lui, il n'y a rien d'impossible, comme il le montra devant Landau. Mais, dans la cité comme à l'armée, il lui faut des instruments dociles, et il vante, dans ses proclamations, l'obéissance, non comme une vertu monacale, mais comme un moyen d'action. Son idéal, qu'il ne s'avoue peut-être pas, est une démocratie menée par un dictateur civil, mais qui ne parlerait que pour agir, mais qui monterait à cheval et en remontrerait aux généraux.

On a trop souvent apprécié, depuis Nodier, les *Institu-*

tions républicaines (1), pour qu'il soit utile d'en recommencer l'analyse. Ce n'est pas un livre, une utopie rédigée en système, mais des pensées éparses que Saint-Just avait écrites pour lui-même, et qu'on publia en 1800. Il y a là des rêves de fraternité, des confidences personnelles, des maximes morales, des vues pratiques avec des chimères ; aucune construction idéalement régulière comme celle de Platon ou de Morus. Mais de toutes ces notes se dégage nettement une doctrine : c'est que l'individu doit disparaître dans la société, dans l'Etat. Les hommes sont égaux, libres, frères : ils doivent, pour leur bien, se soumettre à la dictature de la loi, dictature exercée par un homme qui aura conquis la confiance populaire par la parole, comme Robespierre, ou par l'action, comme Saint-Just.

C'est ainsi que Saint-Just, avec Robespierre, avec Marat, arrive à cette conclusion, qui prépare la théorie césarienne : il faut dans la démocratie une volonté *une*.

Et, en effet, un des thèmes ordinaires de son éloquence, c'est l'éloge de ce qu'on a appelé depuis le principe d'autorité. Il voit le salut de la République dans une hiérarchie organisée, où chacun reste à sa place et reçoit d'en haut l'impulsion légale (2)... Qu'il parle à la Convention, qu'il

---

(1) *Fragments sur les institutions républicaines* (édités par M. Briot). Paris, 1800, in-8. Cette édition, tirée à petit nombre et bientôt détruite, fut réimprimée par Ch. Nodier en 1831, et par Buchez et Roux dans leur tome XXXV.

(2) « Une république, écrit-il dans ses *Institutions,* est difficile à gouverner lorsque chacun envie ou méprise l'autorité qu'il n'exerce pas ; lorsque le soldat envie le cheval de son général, ou le général l'honneur que la patrie rend aux soldats ; lorsque chacun s'imagine servir celui qui le commande, et non la patrie ; lorsque celui qui commande s'imagine qu'il est puissant, et non pas qu'il exerce la justice du peuple ; lorsque chacun, sans apprécier les fonctions qu'il exerce et celles qui sont exercées par d'autres, veut être l'égal du pouvoir au-dessus du sien, et le maître de ceux qui exercent un pouvoir au-dessous de lui ; lorsque chacun de ceux qui exercent l'autorité se croit au-dessus d'un citoyen, tandis qu'il n'a de rapports qu'avec les abus et les crimes. »

rédige une proclamation pour la future armée de Sambre-et-Meuse, son idée est celle-ci : il faut discipliner l'individu que la Révolution a émancipé jusqu'à la licence.

Sans doute, le projet de constitution qu'il opposa, le 24 avril 1793, à celui de Condorcet, ne diffère que fort peu du projet qu'Hérault fera adopter à la Convention après la chute des Girondins : il est aussi démocratique, mais il est plus autoritaire. Le sens pratique de Saint-Just hésite à accepter, pour la crise actuelle, un système de gouvernement qui laisse trop de liberté aux individus.

« Soit que vous fassiez la paix, dit-il, ou que vous fassiez la guerre, vous avez besoin d'un gouvernement vigoureux. Un gouvernement faible et déréglé qui fait la guerre ressemble à un homme qui commet quelques excès avec un tempérament faible ; car, en cet état de délicatesse où nous sommes, si je puis parler ainsi, le peuple français a moins d'énergie contre la violence du despotisme étranger : les lois languissent, et la jalousie de la liberté a brisé ses armes. Le temps est venu de sevrer cette liberté et de la fonder sur ses bases, la paix et l'abondance, la vertu publique, la victoire. Tout est dans la vigueur des lois; hors des lois, tout est stérile et mort. »

Mais ce n'est pas seulement pendant la guerre que le gouvernement doit être fort ; en temps de paix aussi, le peuple a besoin de se sentir mené. « Le Français, dit l'auteur des *Institutions*, est facile à gouverner : il lui faut une constitution douce, sans qu'elle perde rien de sa rectitude. Ce peuple est vif et propre à la démocratie ; mais il ne doit pas être trop lassé par l'embarras des affaires publiques ; il doit être régi sans faiblesse, il doit l'être aussi sans contrainte. »

Telles sont les idées, au fond césariennes, qui inspirent le plus souvent l'éloquence de Saint-Just.

III

Il n'improvisait pas. Ses discours, préparés longuement, sont écrits avec un soin extrême. Les contemporains ne nous ont pas dit s'il lisait ou s'il récitait. Il semble qu'il récitât ses discours et lût ses rapports. Jamais il ne parla à l'improviste ; jamais il n'interrompit aucun orateur. Il était économe de paroles. Chacune des siennes fut un acte ; chacune de ses rares harangues une importante manifestation politique. Aux Jacobins, qu'il présida du 19 décembre 1792 au 2 janvier 1793, il ne parla qu'une fois (31 mars 1793), contre Bournonville : « Il n'est pas encore temps, dit-il, de démasquer Bournonville. Il faut écraser le masque sur sa figure sans le lever. » A la Convention, il ne parut à la tribune qu'une vingtaine de fois ; mais deux de ses rapports sont peut-être les plus étendus qui aient été prononcés avant le 9 thermidor.

Nous avons vu, dans sa lettre à Daubigny, son impatience fiévreuse de se produire. Et pourtant il attendit près de deux mois avant d'aborder la tribune. Quand il y parut (13 novembre 1792), ce fut pour demander la tête de Louis XVI, pour soutenir que l'accusé devait être jugé en ennemi, d'après le droit des gens et non d'après le droit civil.

«... Un jour peut-être, dit-il, les hommes, aussi éloignés de nos préjugés que nous le sommes de ceux des Vandales, s'étonneront de la barbarie d'un siècle où ce fut quelque chose de religieux que de juger un tyran, où le peuple qui eut un tyran à juger l'éleva au rang de citoyen, avant d'examiner ses crimes. — On s'étonnera qu'au xviiie siècle on ait été moins avancé que du temps de César : le tyran fut immolé en plein Sénat, sans autres formalités que vingt-deux coups de poignards, sans autres lois que la liberté de Rome. Et aujourd'hui l'on fait avec respect le procès d'un homme assassin du peuple, pris en flagrant délit, la main dans le sang, la main dans le crime ! Ceux qui attacheront quelque importance au juste châtiment d'un roi ne fonderont jamais une république. Parmi nous, la finesse des esprits et des caractères est un grand obstacle à la liberté. On embellit toutes les erreurs, et le plus souvent la vérité n'est que la séduction de notre goût...

« Citoyens, si le peuple romain, après six cents ans de vertu et de haine contre les rois; si la Grande-Bretagne, après Cromwell mort, vit renaître les rois, malgré son énergie, que ne doivent pas craindre parmi nous les bons citoyens, amis de la liberté, en voyant la hache trembler dans nos mains, et un peuple, dès le premier jour de sa liberté, respecter le souvenir de ses fers ! Quelle république voulez-vous établir au milieu de nos combats particuliers et de nos faiblesses communes? On semble chercher une loi qui permette de punir le roi; mais, dans la forme de gouvernement dont nous sortons, s'il y avait un homme inviolable, il l'était dans ce sens pour chaque citoyen; mais de peuple à roi je ne connais plus de rapport naturel. Il se peut qu'une nation, stipulant les clauses du pacte social, environne ses magistrats d'un caractère capable de faire respecter tous les droits, et d'obliger chacun; mais ce caractère étant au profit du peuple, l'on ne peut jamais s'armer contre lui d'un caractère qu'il donne et retire à son gré. Ainsi l'inviolabilité de Louis n'est point étendue au delà de son crime et de l'insurrection ; ou si on le jugeait inviolable après, si même on le mettait en question, il en résulterait qu'il n'aurait pu être déchu, et qu'il aurait eu la faculté de nous opprimer sous la responsabilité du peuple....

« Juger un roi comme un citoyen ! ce mot étonnera la postérité froide. Juger, c'est appliquer la loi. Une loi est un rapport de justice. Quel rapport de justice y a-t-il donc entre l'humanité et les rois ? Qu'y a-t-il de commun entre Louis et le peuple français, pour le ménager après sa trahison ?.... On ne peut point régner innocemment : la folie en est trop évidente.... On cherche à remuer la pitié. On achètera bientôt des larmes, comme aux enterrements de Rome ; on fera tout pour nous intéresser, pour nous corrompre même. Peuple ! si le roi est jamais absous, souviens-toi que nous ne serons plus dignes de ta confiance, et tu pourras nous accuser de perfidie. »

Ce discours fit une grande impression : on admira l'audace de cet homme nouveau, surtout le contraste entre la dureté de ses maximes et la beauté jeune et presque virginale de son visage. Tel fut le retentissement populaire de la thèse soutenue par Saint-Just que Robespierre l'adopta et soutint lui aussi, quoique légiste, que le roi devait être tué plutôt que jugé.

Ce brillant rhéteur ne faisait pas prévoir l'homme d'Etat qu'il devint. Mais il s'était préparé dans la solitude à la politique, et, le 29 novembre, il aborda une question technique et difficile, celle des subsistances. On sait que la Révolution, à la fin de 92, risquait de périr par la famine. La récolte avait été bonne, mais le paysan ne voulait pas troquer son blé contre des assignats ; il le cachait, vivant sur ses économies. Alors se renouvela l'ancienne querelle de Necker et de Turgot. A l'encontre de Robespierre, les Rolandistes voyaient le remède dans la liberté absolue du commerce. Saint-Just se rencontra avec eux contre son ami. Mais il protesta contre l'émission des assignats, pourtant indispensable, se prononça pour l'impôt en nature, contre la mobilisation du sol. Ces doctrines, en partie archaïques, étaient en contradiction avec les nécessités de la société nouvelle, et cette dissertation, écrite avec art, gâte une idée toute moderne, celle de la liberté du commerce, par les chimères les plus rétrogrades.

Quand vint la motion de Buzot contre Egalité, Saint-Just fut presque seul dans la Montagne à l'accepter, tout en déclarant qu'il n'en était pas dupe (16 décembre) : « Je demande, dit-il durement, qu'on chasse tous les Bourbons, excepté le roi, qui doit rester ici, vous savez pourquoi. »

Le 27 décembre, il réfuta l'embarrassant plaidoyer de Desèze, fondé sur l'incompétence de la Convention, en opposant le salut public à des arguments que lui-même prévoyait quand il demandait qu'on tuât sans juger. « S'il veut nous récuser, dit-il, qu'il montre son innocence ; l'innocence ne récuse aucun juge. La Révolution ne commence que quand le tyran finit. Vous devez éloigner toute autre considération que celle du bien public ; vous ne devez permettre de récuser personne. Si l'on récuse ceux qui ont parlé contre le roi, nous récuserons, au nom de la patrie, ceux qui n'ont rien dit pour elle. Ayez le courage de dire la vérité : la vérité brûle dans les cœurs comme une lampe dans un tombeau. Pour tempérer votre jugement, on vous parlera de faction. Ainsi la monarchie règne encore parmi nous. Eh ! comment fera-t-on reposer le jugement de la patrie sur le destin d'un coupable ? Je demande que chacun des membres monte à la tribune et prononce : Louis est ou n'est pas convaincu. » Son vote de mort fut laconique : « Puisque Louis XVI fut l'ennemi du peuple, de sa liberté et de son bonheur, je conclus à la mort. »

On remarqua beaucoup son discours du 28 janvier sur l'organisation du ministère de la guerre. Tout en insistant sur la nécessité de fortifier le pouvoir exécutif, il veut que l'administration militaire dépende entièrement de l'autorité législative :

« Lorsque, dans une grande république, la puissance qui fait les lois doit être, en certains cas, balancée par celle qui les exécute, il est dangereux que celle-ci ne devienne terrible, et n'avilisse la première ; puissance législatrice, celle-ci n'a que l'empire de la raison ; et, dans un vaste État, le grand nombre des emplois militaires, l'appât ou les prestiges des opérations guerrières, les calculs de l'ambition, tout fortifie la puissance exécutrice. Si l'on remarque bien la principale cause de l'esclavage dans le monde, c'est que le gouvernement, chez tous les peuples, manie les armes. Je veux donc que la puissance nommée exécutrice ne gouverne que les citoyens. — La direction du pouvoir militaire (je ne dis pas l'exécution militaire) est inaliénable de la puissance législative ou du souverain ; il est la garantie du peuple contre le magistrat. Alors la patrie est le centre de l'honneur. Comme on ne peut plus rien obtenir de la faveur et des bassesses qui corrompent le magistrat, il se décide à parvenir aux emplois par le mérite et l'honnête célébrité. Vous devenez la puissance suprême ; et vous liez à vous, et au peuple, les généraux et les armées (1). »

C'est pour avoir suivi ces principes que la Convention vainquit l'Europe, sans que la liberté française eût rien à craindre des généraux victorieux : l'Assemblée les tenait dans sa main, les élevant ou les destituant à son gré. Quand Bonaparte ne dépendit plus que d'un ministre, il brisa tout et devint maître.

Dans son discours sur le projet de constitution présenté par Condorcet, Saint-Just traita une question difficile au milieu de circonstances plus difficiles encore : tous les esprits étaient préoccupés du procès de Marat, qu'on jugeait ce jour-là même (24 avril). Et pourtant l'orateur sut se faire écouter et applaudir (2).

Ses opinions du 15 et du 24 mai, sur la division politique

---

(1) Le 11 février, Saint-Just soutint contre la Gironde le projet de Dubois-Crancé qui démocratisait l'armée en effaçant toute distinction entre les différents corps.

(2) *Journal de Perlet*, p. 196.

de la République et sur la formation des municipalités, opposèrent au fédéralisme un système d'unification à outrance. Les Girondins rêvaient de diviser Paris en plusieurs municipalités. Il leur répond :

« Vous craignez l'immense population de quelques villes, de celle de Paris ; cette population n'est point redoutable pour la liberté. O vous qui divisez Paris, sans le vouloir vous opprimez ou partagez la France. Que la nation tout entière examine bien ce qui se passe en ce moment. On veut frapper Paris pour arriver jusqu'à elle. On a dit que cette division de Paris touchait à son intérêt même, et qu'elle fixerait dans son sein les législatures. Cette raison même doit vous déterminer à ne point diviser Paris. Si les législatures étaient divisées comme nous, Paris bientôt serait armé contre lui-même. Paris n'est point agité : ce sont ceux qui le disent qui l'agitent ou qui s'agitent seuls. L'anarchie n'est point dans le peuple, elle est dans l'amour ou la jalousie de l'autorité. — Paris doit être maintenu ; il doit l'être par le bonheur commun à tous les Français ; il doit l'être par votre sagesse et votre exemple. Mais quand Paris s'émeut, c'est un écho qui répète nos cris ; la France entière les répète. Paris n'a point soufflé la guerre dans la Vendée, c'est lui qui court l'éteindre avec les départements. N'accusons donc point Paris, et, au lieu de le diviser et de le rendre suspect à la République, rendons à cette ville, en amitié, les maux qu'elle a soufferts pour nous. Le sang de ses martyrs est mêlé parmi le sang des autres Français ; ses enfants et les autres sont enfermés dans le même tombeau. Chaque département veut-il reprendre ses cadavres et se séparer ? »

C'est ainsi que Saint-Just combat les idées des Girondins, sans jamais s'attaquer à leurs personnes. S'il vota contre eux au 2 juin, il s'abstint de toute récrimination, et il faut dire que les épigrammes des amis de Mme Roland l'avaient à peu près épargné. Louvet ne railla « M. le chevalier de Saint-Just » que quand celui-ci l'eut fait mettre hors la loi, par le fameux discours du 8 juillet 1793, prononcé au nom du Comité de salut public, dont le jeune robespierriste faisait partie depuis le 30 mai.

Louis Blanc et M. Hamel ont beaucoup loué la modération de ce rapport, parce que l'orateur y dit que plusieurs Girondins ne sont qu'égarés. Mais, en admettant que la mise hors la loi des députés qui fomentaient la guerre civile en province fût une nécessité politique, comment justifier Saint-Just d'avoir accusé Vergniaud et les détenus qui ne s'étaient pas évadés, qui protestaient par leur attitude contre la tentative coupable de leurs malheureux amis ? Et de quoi les accusa-t-il ? d'avoir conspiré la restauration de Louis XVII. Voilà par quelle calomnie meurtrière et stupide ce fanatique, avec une hypocrite modération de style, perdit dans l'opinion le noble Vergniaud et l'honnête Gensonné.

Malgré de brillantes rencontres, ce discours est terne, diffus, fort inférieur au rapport du 10 octobre 1793, sur la nécessité de proclamer le gouvernement révolutionnaire jusqu'à la paix, et de donner la dictature au Comité de salut public. Saint-Just excelle à critiquer les inutiles complications de la machine gouvernementale, à tracer le tableau d'une administration simple, forte et laborieuse.

« Vous devez, dit-il, diminuer partout le nombre des agents, afin que les chefs travaillent et pensent. Le ministère est un monde de papier ; je ne sais point comment Rome et l'Egypte se gouvernaient sans cette ressource. On pensait beaucoup, on écrivait peu. La prolixité de la correspondance et des ordres du gouvernement est une marque de son inertie : il est impossible que l'on gouverne sans laconisme. Les représentants du peuple, les généraux, les administrateurs sont environnés de bureaux comme les anciens hommes de palais ; il ne se fait rien, et la dépense est pourtant énorme. Les bureaux ont remplacé le monarchisme ; le démon d'écrire nous fait la guerre, et l'on ne gouverne point. »

Il revient à son idée favorite : que les généraux doivent dépendre de la Convention, et il trace ainsi le rôle des représentants en mission :

« Il n'est pas inutile non plus que les devoirs des représentants du peuple auprès des armées leur soient sévèrement recommandés. Ils y doivent être les pères et les amis du soldat. Ils doivent coucher sous la tente, ils doivent être présents aux exercices militaires, ils doivent être peu familiers avec les généraux, afin que le soldat ait plus de confiance dans leur justice et leur impartialité quand il les aborde. Le soldat doit les trouver jour et nuit prêts à l'entendre. Les représentants doivent manger seuls. Ils doivent être frugals et se souvenir qu'ils répondent du salut public, et que la chute éternelle des rois est préférable à la mollesse passagère. »

Enfin il a un mot vraiment noble sur l'activité du patriote : « Ceux qui font des révolutions dans le monde, ceux qui veulent faire le bien, ne doivent dormir que dans le tombeau. »

Il ne dormit guère, dans sa mission en Alsace, avec Lebas. On sait par quelle prodigieuse activité il répara, sur ce point, les affaires militaires de la France, forma l'armée de Sambre-et-Meuse, fit reprendre les lignes de Wissembourg et délivra Landau. Il me semble que cette partie de la vie publique de Saint-Just ne mérite que des éloges, et que sa dureté presque féroce, quand elle se tourna contre l'ennemi, fut patriotique. On sait d'ailleurs qu'à Strasbourg il ne répandit pas une goutte de sang. L'acte le plus violent de son proconsulat fut la réquisition des manteaux des Strasbourgeois suspects pour l'usage des soldats à demi nus. Ses proclamations sont des chefs-d'œuvre de laconisme et d'enthousiasme : Bonaparte ne fera pas mieux (1).

Les missions militaires occupèrent les trois quarts de son temps : dans les intervalles que lui laissait la guerre, il revenait à Paris, avec le prestige de son héroïsme et d'une modestie silencieuse. Ses longues et glorieuses absences semblaient l'élever au-dessus des partis dont les contestations quotidiennes n'avaient pas usé son autorité. Chaque fois il rapportait à Robespierre une force neuve, et il frappait un coup terrible sur les ennemis de son ami : le 23 ventôse, il prononça un rapport sur la *conspiration de l'étranger* et fit déclarer traîtres à la patrie ceux qui corrompraient les mœurs ; cette vague formule se tourna le lendemain contre Hébert et ses cosmopolites partisans, et le surlendemain contre Danton.

J'arrive à l'acte inexpiable, au rapport du 11 germinal. Comment Saint-Just put-il aider à tuer Danton ? Il n'eut, j'en suis sûr, ni hésitations ni remords. Danton était un adversaire de la *vraie politique* : il fallait le supprimer. Robespierre offrait à son ami des armes empoisonnées, ses notes secrètes. Saint-Just s'en saisit avec une joie d'inquisiteur et de rhétoricien ; et, lui qui ne datait que du 22 septembre, lui qui n'avait pas vu Danton au 10 août, il ne fut arrêté, dans son œuvre de mort, par aucun souvenir, par aucune émotion rétrospective ; c'est avec une sérénité monstrueuse qu'il développa le thème que lui avait donné Robespierre, comme au collège il amplifiait une matière.

Ce serait une intéressante comparaison que d'établir ici, sur deux colonnes parallèles, les notes de Robespierre et le rapport de Saint-Just. On y verrait avec quelle docilité celui-ci accepte les calomnies de celui-là : il se borne à les

---

(1) On connaît sa réponse à un parlementaire prussien : « La république française ne reçoit de ses ennemis et ne leur envoie que du plomb... » Voir le rapport de Barère du 14 brumaire an II.

revêtir d'un style oratoire. Mais ce travail, tout littéraire, est curieux à surprendre dans le détail : on y voit toute une méthode de style. Citons au moins un exemple, le passage relatif à Danton :

« On le voit (avait soufflé Robespierre), dans les premiers jours de la Révolution, montrer à la cour un front menaçant et parler avec véhémence dans le club des Cordeliers; mais bientôt il se lie avec les Lameth, et transige avec eux ; il se laisse séduire par Mirabeau, et se montre, aux yeux observateurs, l'ennemi des principes sévères. On n'entend plus parler de Danton jusqu'à l'époque des massacres du Champ-de-Mars : il avait beaucoup appuyé aux Jacobins la motion de Laclos, qui fut le prétexte de ce désastre, et à laquelle je m'opposai. Il fut nommé le rédacteur de la pétition avec Brissot. Deux mille patriotes sans armes furent assassinés par les satellites de La Fayette. D'autres furent jetés dans les fers. Danton se retira à Arcis-sur-Aube, son pays, où il resta plusieurs mois, et il y vécut tranquille. On a remarqué comme un indice de la complicité de Brissot que, depuis la journée du Champ-de-Mars, il avait continué de se promener paisiblement dans Paris ; mais la tranquillité dont Danton jouissait à Arcis-sur-Aube était-elle moins étonnante? Etait-il plus difficile de l'atteindre là qu'à Paris, s'il eût été alors, pour les tyrans, un objet de haine et de terreur ? »

Que fait Saint-Just ? il dramatise tout le morceau en apostrophant Danton absent :

« Dans les premiers éclairs de la Révolution, tu montras à la cour un front menaçant ; tu parlais contre elle avec véhémence. Mirabeau, qui méditait un changement de dynastie, sentit le prix de ton audace : il te saisit, tu t'écartas dès lors des principes sévères, et l'on n'entendit plus parler de toi jusqu'au massacre du Champ-de-Mars : alors tu appuyas aux Jacobins la motion de Laclos, qui fut un prétexte funeste et payé par la cour pour déployer le drapeau rouge et essayer la tyrannie. Les patriotes qui n'étaient pas initiés dans ce complot, avaient combattu inutilement ton opinion sanguinaire. Tu contribuas à rédiger, avec Brissot, la pétition du Champ-de-Mars, et vous échappâtes à la fureur de la Fayette, qui fit massacrer deux mille patriotes. Brissot erra depuis paisiblement dans Paris, et toi tu fus couler d'heureux jours à Arcis-sur-Aube, si toutefois celui qui conspirait contre sa patrie pouvait être heureux. — Le calme de ta retraite à Arcis-sur-Aube se conçoit-il ? toi, l'un des auteurs de la pétition (1), tandis que ceux qui l'avaient signée avaient été, les uns chargés de fers, les autres massacrés ? Brissot et toi, étiez-vous donc des objets de reconnaissance pour la tyrannie, puisque vous n'étiez point pour elle des objets de haine et de terreur? »

Robespierre avait eu l'infamie, dans ses notes, de contester à Danton son laurier du 10 août, lui qui s'était caché pendant la bataille. « Tandis que la cour, disait-il, conspirait contre le peuple, et les patriotes contre la cour, dans les longues agitations qui préparèrent la journée du 10 août, Danton était à Arcis-sur-Aube ; les patriotes désespéraient de le revoir. Cependant, pressé par leurs reproches, il fut contraint de se montrer, et arriva la veille du 10 août ; mais, dans cette nuit fatale, il voulait se coucher, si ceux qui l'entouraient ne l'avaient forcé de se rendre à sa section, où le bataillon de Marseille était rassemblé. Il y parla avec énergie. L'insurrection était déjà décidée et inévitable. Pendant ce temps-là, Fabre parlementait avec la cour. »

Voici comment Saint-Just orne ce mensonge : « Quand tu vis l'orage du 10 août se préparer, tu te retiras encore à Arcis-sur-Aube, déserteur des périls qui entouraient la

(1) Saint-Just a parfois des ellipses incorrectes : elles sont toujours oratoires.

liberté. Les patriotes n'espéraient plus te revoir ; cependant, pressé par la honte, par les reproches, et quand tu sus que la chute de la tyrannie était bien préparée et inévitable, tu revins à Paris le 9 août. Tu voulus te coucher dans cette nuit sinistre ; tu fus traîné par quelques amis ardents de la liberté dans la section où les Marseillais étaient assemblés : tu y parlas, mais tout était fait, et l'insurrection était déjà en mouvement. — Dans ce moment, que faisait Fabre, ton complice et ton ami ? Tu l'as dit toi-même, il parlementait avec la cour pour la tromper... »

Le 15 germinal, c'est lui qui fit croire à la Convention que les accusés étaient révoltés contre le tribunal, quand toute leur révolte consistait à réclamer la production de témoins. « Les malheureux, dit-il : ils avouent leur crime en résistant aux lois. » Ces fantaisies atroces furent acceptées par la lâcheté d'une Assemblée terrorisée.

IV

Absent de Paris lors du vote de l'affreuse loi du 22 prairial, dont il eût été le rapporteur indiqué, il y revint, peu après la victoire de Fleurus, dans la nuit du 10 au 11 messidor. Sa présence assidue au comité qu'avait déserté Robespierre gêna beaucoup les conspirateurs. Dans les premiers jours de Thermidor, il y eut une réunion des deux comités ; Robespierre y vint, se défendit avec acrimonie. Saint-Just parla en faveur de son ami. Le lendemain, même scène : Saint-Just adjura ses collègues de se réconcilier. On le chargea de rédiger un rapport sur la situation. Le soir du 8, Collot et Billaud, chassés des Jacobins par les Robespierristes, arrivent, émus et inquiets, dans la salle des séances du Comité de salut public. Ils y trouvent Saint-Just occupé à écrire son rapport ; ils lui en demandent communication. Refus de Saint-Just, qui justement y inculpait Collot et Billaud. Il y eut alors une discussion furieuse, dont les détails sont assez mal connus (1). Saint-Just se retira vers 5 heures du matin. A 11 heures, il monta à la tribune de la Convention « d'un air profond et concentré (2), » après avoir averti ses collègues des comités par ce billet : « L'injustice a fermé mon cœur, je vais l'ouvrir tout entier à la Convention nationale. »

Il faut l'avouer : ce discours du 9 thermidor est un acte d'héroïque abnégation Si l'homme qui avait restauré la discipline militaire et forcé la victoire avait seulement gardé le silence, nul doute qu'il n'eût sauvé sa tête. Il ne craignit pas de parler, de se mettre entre Robespierre et les conjurés, sans daigner même justifier sa propre conduite. Son unique soin fut de réparer le fâcheux effet que les menaces vagues de l'Incorruptible avaient produit la veille, et de tracer un programme de gouvernement qui rassurât. Son début fut très politique :

« Je ne suis d'aucune faction, je les combattrai toutes. Elles ne s'éteindront jamais que par les institutions qui produiront les garanties, qui poseront la borne de l'autorité, et feront ployer sans retour l'orgueil humain sous le joug de la liberté publique. — Le cours des choses a voulu que cette tribune aux harangues fût peut-être la roche tarpéienne pour celui qui viendrait vous dire que des membres du gouvernement ont quitté la route de la sagesse. J'ai cru que la vérité vous était due, offerte avec prudence, et qu'on ne pouvait rompre avec pudeur l'engagement pris avec sa conscience de tout oser pour le salut de la patrie. — Quel langage vais-je vous parler? Comment vous peindre des erreurs dont vous n'avez au-

(1) Voir dans le livre de M. Hamel un récit très vraisemblable de ces faits si diversement racontés par les intéressés.
(2) Expression de Barras dans ses Mémoires.

cune idée, et comment rendre sensible le mal qu'un mot décèle, qu'un mot corrige? »

Etait-il possible de se montrer plus rassurant? On sent que déjà les plus prévenus se disposaient à écouter, ne fût-ce que par curiosité, cette interprétation des paroles entendues la veille.

« Vos comités de sûreté générale et de salut public, continua Saint-Just, m'avaient chargé de vous faire un rapport sur les causes de la commotion sensible qu'avait éprouvée l'opinion publique dans ces derniers temps. — La confiance des deux comités m'honorait; mais quelqu'un, cette nuit, a flétri mon cœur, et je ne veux parler qu'à vous. — J'en appelle à vous de l'obligation que quelques-uns semblaient m'imposer de m'exprimer contre ma pensée. » Et, en homme d'Etat, il cherche à pallier l'effet que feron en Europe les divisions qu'il va signaler. « On a voulu répandre que le gouvernement était divisé : il ne l'est pas; une altération politique, que je vais vous rendre, a seulement eu lieu. — Ils ne sont point passés, tous les jours de gloire! et je préviens l'Europe de la nullité de ses projets contre la vigueur du gouvernement. » C'est alors qu'il attaque Billaud, Collot et leurs amis : « Je vais parler de quelques hommes que la jalousie me paraît avoir portés à accroître leur influence, et à concentrer dans leurs mains l'autorité par l'abaissement ou la dispersion de ce qui gênait leurs desseins, en outre en mettant à leur disposition la milice citoyenne de Paris, en supprimant ses magistrats pour s'attribuer leurs fonctions; qui me paraissent avoir projeté de neutraliser le gouvernement révolutionnaire, et tramé la perte des plus gens de bien pour dominer plus tranquillement. Ces membres avaient concouru à me charger du rapport. Tous les yeux ne m'ont point paru dessillés sur eux, je ne pouvais pas les amener en leur propre nom : il eût fallu discuter longtemps dans l'intérieur le problème de leur entreprise : ils croyaient que, chargé par eux de vous parler, j'étais contraint par respect humain de tout concilier, ou d'épouser leurs vues et de parler leur langue. »

J'imagine que les yeux des hommes du côté droit, qui avaient promis leur appui contre Robespierre, se tournèrent plus d'une fois avec étonnement vers les conspirateurs qui laissaient ainsi Saint-Just pérorer à son aise, affermir son parti. Mais voici que des murmures éclatent (1). Tallien profite de ce premier mouvement d'improbation pour interrompre l'orateur ; il demande la parole pour une motion d'ordre au sujet des divisions du Comité de salut public. « Hier, dit-il, un membre du gouvernement s'en est isolé, a prononcé un discours en son nom particulier ; aujourd'hui un autre fait la même chose. On vient encore s'attaquer, aggraver les maux de la patrie, la précipiter dans l'abîme. Je demande que le rideau soit entièrement déchiré. *Oui, oui, s'écrie une foule de membres en se levant simultanément. Ce mouvement d'effervescence, avant-coureur de la scène qui allait se passer, semblait le bruit majestueux des volcans dont le feu bouillonnait intérieurement depuis longtemps* (2). » Mais Saint-Just ne s'émut point. « Il n'avait pas quitté la tribune, écrit Barras dans ses Mémoires, malgré l'interruption qui en aurait précipité tout autre. Il était seulement descendu de quelques degrés, puis il y était remonté, pour reprendre fièrement son discours ; il n'avait pu ajouter un mot aux deux seuls (sic) qu'il avait fait d'abord entendre ; immobile, impassible, inébranlable, il semblait tout défier par son sang-froid ; lorsque le terrible décret d'accusation fut prononcé, il fallut bien changer d'attitude. » Mais il ne sortit plus de son silence dédaigneux.

(1) Barère, *Mémoires*, III, 220.
(2) *Républicain français*, p. 2522. — Le *Moniteur* fait interrompre Saint-Just beaucoup plus tôt et écourte perfidement son exorde.

Tout son discours fut imprimé après sa mort, par ordre de la Convention. On y voit qu'après beaucoup de précautions oratoires, il attaquait ouvertement Collot et Billaud.

« Collot et Billaud prennent peu de part depuis quelque temps aux délibérations, et paraissent livrés à des intérêts et à des vues plus particulières. Billaud assiste à toutes les séances sans parler, à moins que ce ne soit dans le sens de ses passions, ou contre Paris, contre le tribunal révolutionnaire, contre les hommes dont il paraît souhaiter la perte. Je me plains que lorsqu'on délibère, il ferme les yeux et feint de dormir, comme si son attention avait d'autres objets. A sa conduite taciturne a succédé l'inquiétude depuis quelques jours. A ce sujet, je veux essayer de crayonner la politique avec laquelle tout se conduit, et vous dire des choses qu'il faut que vous sachiez et que vous eussiez ignorées. »

Et il ajoute, avec mauvaise foi, que le bruit court qu'il a été question de distraire 60,000 hommes de l'armée de Belgique pour les appeler vers Paris. Il ne croit pas à ce bruit, mais il se plaint que, juste en ce moment, « la liberté de mouvoir les troupes soit concentrée dans très peu de mains, avec un secret impénétrable. » Enfin on a réduit à Paris le nombre des compagnies de canonniers à vingt-quatre, au moment où on pouvait lire toute la conspiration sur la blême figure de Billaud, au moment où on avait la perfidie d'écarter Robespierre du comité. « Un membre s'était chargé, trompé peut-être, d'outrager sans raison celui qu'on voulait perdre, pour le porter apparemment à des mesures inconsidérées, à se plaindre publiquement, à s'isoler, à se défendre hautement, pour l'accuser ensuite des troubles dont on ne conviendra pas que l'on est la première cause. Ce plan a réussi, à ce qu'il me paraît, et la conduite rapportée plus haut a tout aigri. »

Puis voici des attaques voilées contre Carnot : « On avait

ordonné de tirer, sans m'en avertir ni mes collègues de l'armée de Sambre-et-Meuse, dix-huit mille hommes pour cette expédition. On ne m'en prévint pas. Pourquoi ? Si cet ordre, donné le 1er messidor, s'était exécuté, l'armée de Sambre-et-Meuse était forcée de quitter Charleroi, etc. » Et à ce propos, rappelant la victoire de Fleurus, à laquelle il a pris tant de part (*Il fallait vaincre, on a vaincu*), l'orateur, sans nommer Barère, raille ses carmagnoles hypocrites qui attribuent au gouvernement, aux bureaucrates qui n'ont pas bougé des comités, tout l'honneur des victoires : « Car il n'y a que ceux qui sont dans les batailles qui les gagnent, et il n'y a que ceux qui sont puissants qui en profitent; il faut donc louer les victoires et s'oublier soi-même... Si tout le monde avait été modeste et n'avait point été jaloux qu'on parlât plus d'un autre que de soi, nous serions fort paisibles. » Et il ajoute fièrement : « Par le prestige de la calomnie, perdra-t-on ses frères parce qu'ils sont plus sages et plus magnanimes que nous ? »

Il raconte ensuite qu'à son retour des armées, il ne reconnut plus les figures au Comité ; mais il essaya de faire cesser les divisions au nom du danger de la patrie, proposa des garanties contre les prétendus dangers de dictature qu'on faisait sonner si haut, et fut chargé d'un rapport à ce sujet. C'est alors que Billaud dit à Robespierre : *Nous sommes tes amis, nous avons marché toujours ensemble.* « Ce déguisement fit tressaillir mon cœur. La veille il le traitait de Pisistrate. I est des hommes que Lycurgue eût chassés de Lacédémone sur le sinistre caractère et la pâleur de leur front... »

Et Robespierre? Aspire-t-il donc à la dictature? Faut-il s'inquiéter de ses vagues menaces d'hier? « L'homme éloigné du comité par les plus amers traitements, lorsqu'il n'était plus en effet composé que de deux ou trois membres, cet homme se justifie devant vous; il ne s'explique point, à la vérité, assez clairement; mais son éloignement et l'amertume de son âme peuvent excuser quelque chose. Il ne sait point l'histoire de sa persécution ; il ne connaît que son malheur. On le constitue en tyran de l'opinion : il faut que je m'explique là-dessus, et que je porte la flamme sur un sophisme qui tendrait à faire proscrire le mérite. Et quel droit exclusif avez-vous sur l'opinion, vous qui trouvez un crime dans l'art de toucher les âmes? Trouvez-vous mauvais que l'on soit sensible ? Etes-vous donc de la cour de Philippe, vous qui faites la guerre à l'éloquence? Un tyran de l'opinion! Qui vous empêche de disputer l'estime de la patrie, vous qui trouvez mauvais qu'on la captive?... La conscience publique est la cité, elle est la sauvegarde du citoyen; ceux qui ont su toucher l'opinion ont tous été les ennemis des oppressions. Démosthène était-il tyran ? Sous ce rapport, sa tyrannie sauva longtemps la liberté de toute la Grèce. Ainsi la médiocrité jalouse voudrait conduire le génie à l'échafaud ! Eh bien ! comme le talent de l'orateur que vous exercez ici est un talent de tyrannie, on vous accusera bientôt comme les despotes de l'opinion !..... Immolez ceux qui sont les plus éloquents, et bientôt on arrivera jusqu'à celui qui les enviait et qui l'était le plus après eux. »

Mais enfin quelle est au juste la conspiration ? Et quels sont les conspirateurs ?

« Il devait arriver, dit Saint-Just, que le gouvernement s'altérerait en se dépouillant de ses membres. Couthon était sans cesse absent ; Prieur (de la Marne) est absent depuis huit mois; Saint-André est au Port-la-Montagne ; Lindet est enseveli dans ses bureaux ; Prieur (de la Côte-d'Or) dans les siens ; moi, j'étais à l'armée, et le reste, qui exerçait l'autorité de tous, me paraît avoir essayé de profiter de leur absence. » Et que voulait *ce reste?* détruire le club des Jacobins : alors « quelques hommes régnaient. » « Il a donc existé, concluait Saint-Just, un plan d'usurper le pouvoir en immolant une partie des membres du comité et en dispersant les autres dans la République, en détruisant le tribunal révolutionnaire, en privant Paris de ses magistrats. Billaud-Varennes et Collot d'Herbois sont les auteurs de cette trame. »

Pour rassurer les autres, l'orateur proposait habilement que tout acte du Comité de salut public fût revêtu désormais d'au moins six signatures, au lieu des trois qui suffisaient jusqu'alors, et semblait ainsi détruire de ses mains le fameux triumvirat de Robespierre, de Couthon et de Saint-Just. Et, en terminant, il donnait un avertissement indirect à Barère et peut-être à Carnot. — Voici ses derniers mots : « Je ne conclus pas contre ceux que j'ai nommés : je désire qu'ils se justifient et que nous devenions plus sages. — Je propose le décret suivant : La Convention nationale décrète que les institutions qui seront incessamment rédigées présenteront les moyens que le gouvernement, sans rien perdre de son ressort révolutionnaire, ne puisse tendre à l'arbitraire, favoriser l'ambition, et opprimer ou usurper la représentation nationale. »

Il ne semble pas qu'il fût possible de réparer avec plus d'habileté et d'éloquence la faute commise la veille par Robespierre. L'orateur ne désignait que deux hommes, haïs du centre et de la droite, deux terroristes, Collot et Billaud, et il ne demandait même pas leur tête, mais un désaveu de leurs manœuvres sous forme de décret qui justement rendait impossibles les projets dictatoriaux qu'on prêtait à Robespierre. Si on eût laissé parler Saint-Just, il n'est pas possible qu'une majorité se fût rencontrée dans la Convention pour repousser son projet de décret. Oui, s'il eût parlé, la conjuration avortait et Barère eût célébré cet avortement.

V

On a pu voir qu'il y avait en Saint-Just à la fois un rêveur et un homme d'action. Il écrivait les *Institutions républicaines*, et il délivrait Landau. Il moralisait comme Robespierre, et il donnait des conseils pratiques comme Danton. Cette double inspiration se trouve dans tous ses discours : ce sont des remarques subtiles sur la nature humaine, des rêves de moraliste ; c'est aussi une politique toute concrète, immédiatement efficace. Jusque dans la déclamation, où il brandit la hache au-dessus de Louis XVI, il y a des observations délicates, comme celle-ci : « Parmi nous, la finesse des esprits et des caractères est un grand obstacle à la liberté. » Généralement, la première partie du discours ou du rapport est une conférence de philosophie morale, non pas diffuse à la façon de Robespierre, mais concise à l'excès, obscure, avec des éclairs de génie. C'est là que l'orateur ouvre, comme disait Collot, « sa boîte à apophtegmes » Puis arrivent des conseils pratiques, clairs et impérieux. Mais plus Saint-Just avance dans la vie, plus il allège son éloquence des parties métaphysiques et de ce style d'oracle. S'il eût vécu, on peut croire qu'il aurait éliminé complètement les abstractions et les nuages, et que l'homme d'action aurait absorbé le rêveur.

Certes, ce rêveur n'est pas méprisable, et il y a parfois une éloquence à la Pascal dans ses fragments posthumes. « Les circonstances, disait-il, ne sont difficiles que pour ceux qui reculent devant le tombeau ! » Et il s'écriait avec orgueil : « Je méprise la poussière qui me compose et qui vous parle ; on pourra la persécuter, et faire mourir cette poussière ! mais je défie qu'on m'arrache cette vie indépendante que je me suis donnée dans les siècles et dans les cieux. » Veut-il démontrer que l'excès de population ne justifie pas la guerre : il trouve une image grandiose : « Le monde, tel que nous le voyons, est presque dépeuplé : il l'a toujours été. La population fait le tour de la terre et ne la couvre jamais tout entière. Je n'ose dire quel nombre prodigieux d'habitants elle pourrait nourrir ; et ce nombre ne serait pas encore rempli, quand le fer n'aurait pas immolé la moitié du genre humain. Il me semble que la population a ses vicissitudes et ses bornes en tout pays, et que la nature n'eut jamais plus d'enfants qu'elle n'a de mamelles. — Je dis donc que les hommes sont naturellement en société et naturellement en paix, et que la force ne doit jamais avoir de prétexte pour les unir ou les diviser. »

Nodier dit que le style de Saint-Just a été formé sous l'inspiration des *Dictz des Lacédémoniens* du Plutarque d'Amyot, et il le caractérise ainsi : « Bref, abrupt, obscur pour être précis, étranglé par cette économie de la parole dont il faisait tant de cas, parce qu'il croyait qu'on improvise une langue et une institution, comme on improvisait une loi. » Non : Saint-Just n'improvise pas sa langue. Rien de plus classique que son vocabulaire. Ce qui est vrai, c'est qu'il vise sans cesse au trait, comme Danton ; mais celui-ci n'est jamais pédant ; Saint-Just sent l'école ; il a déclamé à Rome, dans l'officine des Sénèque (1).

Il y a très peu de détails sur son action à la tribune. Je crois que, parmi les contemporains, Paganel est le seul qui ait décrit son physique avec précision : « Une taille

---

(1) Il imite aussi la brièveté de Rousseau dans le *Contrat social* (voir plus haut, t. I, p. 31), et le style épigrammatique de Montesquieu. Nodier se demande si certains traits de Saint-Just ne se trouvaient pas dans l'*Esprit des lois* : « S'ils n'y sont pas, dit-il, ils devraient y être. » — Saint-Just avait horreur de l'imitation littérale. Il se querellait à ce sujet avec Barère, au Comité de salut public. Il aimait à lire, à apprendre par cœur, non à extraire par écrit. Cf. Mémoires de Barère, I, 129, et II, 235.

moyenne, un corps sain, des proportions qui exprimaient la force, une grosse tête, les cheveux épais, le teint bilieux, des yeux vifs et petits, le regard dédaigneux, des traits irréguliers et la physionomie austère, la voix forte mais voilée, une teinte générale d'anxiété, le sombre accent de la préoccupation et de la défiance, une froideur extrême dans le ton et dans les manières, tel nous parut Saint-Just, non encore âgé de trente ans (1). » Il affectait une raideur physique (2), et on se rappelle le mot de Camille : Il porte sa tête comme un Saint-Sacrement. Un portrait décrit par M. Hamel le représente « dans une tenue d'une simple et sévère élégance : il porte un habit bleu de ciel, à boutons d'or, entièrement boutonné sur la poitrine, et dont le collet à large revers monte très haut par derrière, suivant la mode du temps. La vaste cravate blanche, d'où s'échappe un col négligemment rabattu, ne lui donne point cet air de raideur empesée que lui prêtent la plupart de ses biographes. » Et l'enthousiaste biographe admire « ce grave et beau jeune homme, aux cheveux poudrés, et aux grands yeux bleus. » Mais, dans la gravure même qu'a donnée M. Hamel, Saint-Just a de la raideur, l'air d'orgueil intolérant d'un homme qui s'est réformé lui-même, qui répare un écart de jeunesse par toute une vie de vertu. On l'a montré aussi dans la famille Duplay, fiancé d'Henriette Lebas, un peu susceptible et sévère, mais grave et pur. Là, il est irréprochable.

Voulant résumer toute son impression sur Saint-Just orateur, Nodier écrit: « A la tribune, c'est Agis ou Cléomène. C'est là une vue superficielle, qui ne s'applique qu'au discours contre Louis XVI. Dans le fanatique meurtrier de

---

(1) Il s'était imposé de ne jamais paraître ému. Il disait à Robespierre : « Calme-toi donc, l'empire est au flegmatique. » Barère, II, 168. (Dans une autre partie de ses Mémoires, tome IV, p. 408, Barère lui fait adresser ce mot à Lebas.)
(2) Paganel, II, 361.

Danton, je vois se développer un politique habile; et le discours du 9 thermidor marquait une évolution dans ce talent et dans ce caractère. Saint-Just avait débuté par effrayer les hommes ; quand Sanson le décapita, il apprenait à les persuader, à les concilier, à les gouverner. Peut-être fût-il devenu un grand orateur.

LIVRE XII

LES THERMIDORIENS ET LE CENTRE.

CHAPITRE PREMIER

THERMIDORIENS DE GAUCHE.
LES ANCIENS MEMBRES DES COMITÉS : BILLAUD-VARENNES.

Au lendemain même du 9 thermidor, les vainqueurs de Robespierre rompirent leur alliance d'un jour et rentrèrent chacun dans leur camp. Ceux-là, avec Barras et Tallien, commencèrent cette réaction qui prépara les esprits au retour du despotisme. Nous les appellerons thermidoriens de droite. Les thermidoriens de gauche n'avaient renversé Robespierre que pour préserver la République. Parmi eux, Billaud, Collot et Barère voulurent, les deux premiers par conviction, le troisième par intérêt personnel, continuer le système de la Terreur, dont les victoires des armées faisaient une chose surannée et inutile. Lindet et Carnot, celui-là immuable, celui-ci hésitant, semblèrent incliner pour l'établissement d'une république libérale. C'étaient là les plus marquants parmi les membres des anciens comités que l'opinion égarée confondait dans une même réprobation, tandis que les récriminations passionnées dont ils étaient l'objet dans la Convention et qui aboutirent à l'exil des plus distingués d'entre eux, leur ouvraient, à notre point de vue, une ample et illustre carrière oratoire, et donnaient à chacun de ces ex-gouvernants l'occasion de prononcer son *Pro corond*. Un de leurs collègues, Dussault, a tracé le portrait de ces accusés tragiques :

« Le teint et la physionomie des députés dénoncés, dit-il, étaient flétris, sans doute par le genre de travaux pénibles et nocturnes auxquels ils s'étaient livrés. L'habitude et la nécessité du secret leur avaient imprimé sur le visage un sombre caractère de dissimulation ; leurs yeux caves, ensanglantés, avaient quelque chose de sinistre. Le long exercice du pouvoir avait laissé sur leur front et dans leurs manières je ne sais quoi d'altier et de dédaigneux. Les membres du Comité de sûreté générale avaient quelque chose des anciens lieutenants de police, et ceux du Comité de salut public quelques formes des anciens ministres d'Etat. Par une de ces faiblesses qui n'honorent pas le cœur humain, l'amour-propre des représentants semblait flatté de les voir se rapprocher d'eux ; on briguait l'honneur de leur conversation, l'avantage de leur toucher la main. On croyait lire encore son devoir sur leur front. C'étaient des rois détrônés dont on s'honorait d'être l'avocat. — Cependant ils étaient devenus plus liants. Billaud-Varennes tâchait de donner à ses yeux effrayants un caractère plus doux, à sa voix tranchante une inflexion plus moelleuse, à son front pâle et défait plus de sérénité. »

I

Et pourtant il n'y avait rien de grandiose dans la personne de ce Billaud-Varennes, que le prestige de ses actes grandissait ainsi en l'an III. Il était petit, toujours vêtu d'un modeste habit marron, coiffé d'une perruque noire, avec des traits réguliers et insignifiants, le teint jaune, le nez trop grand, le front étroit. Exact et retiré comme un employé, il rentrait chez lui tous les soirs à neuf heures, dans son modeste logis de la rue Saint-André-des-Arts, sauf quand il fut membre du Comité de salut public (1). Il cacha si bien sa vie, qu'on ne sait rien, ou à peu près, sur sa femme, sur sa famille, sur ses conditions privées. Évidemment pauvre, il ne parut jamais gêné, et sa probité ne fut pas soupçonnée. Il ne voyait personne, n'avait aucune relation et ne frayait même pas avec le menu peuple, qu'il trouvait bête et ivrogne. Ce petit bourgeois têtu et rangé n'en fit pas moins de grandes et terribles choses : il organisa théoriquement le gouvernement révolutionnaire ; il dirigea une partie des affaires de la France en pleine tempête, il désigna le premier les têtes les plus hautes, celle de Marie-Antoinette et celle de Danton, et contre la réaction triomphante il eut un fier langage. Ses collègues admiraient ses talents : c'était une tradition dans la famille Lebas, si robespierriste et si digne d'être crue quand elle loue un thermidorien. Paganel l'injurie et l'exalte. A la tribune, ou il lisait, ou il ne disait que quelques mots ; et pourtant son éloquence, *mal écrite*, fit une impression profonde. Ce badaud de Mercier, que Billaud traita d'âne, laissa échapper néanmoins son admiration pour l'attitude du terroriste à la tribune : « Il y a, dit-il, des bouches visiblement cruelles ; et combien était apparente celle de Billaud de Varennes ! C'est avec ses yeux farouches et dans cette froide et immobile attitude qu'il eût assisté aux funérailles de l'univers (2). » Il avait arraché un mot haineux à celui qui ne haïssait personne : Danton parlait du *jansénisme de son hypocrisie* (3).

Il y a peu à glaner, dans les biographies, sur sa vie avant

(1) *Réponse de J.-N. Billaud*, etc., Ventôse an III, p. 27.
(2) *Nouveau Paris*, VI, 8.
(3) Catalogue Charavay, 1862, p. 232.

la Révolution. On le fait naître à La Rochelle, en 1762, d'un avocat sans clientèle et sans fortune. Au sortir du collège, il aurait enlevé une jeune fille, et, jeté par ce scandale hors de la vie régulière, il se serait fait comédien, comme Fabre d'Eglantine. Mais comment se représenter le raide et grave Billaud singeant la vie sur les tréteaux ? L'imagination déguiserait plutôt Robespierre en Lindor et Saint-Just en Scapin. S'il entra au théâtre, il n'y resta guère ; car on le retrouve presque aussitôt à La Rochelle, où il se fait des ennemis par ses vers satiriques, surtout par une comédie : *Les femmes comme il y en a peu*, où, dit-on, il aristophanisait les dames de sa ville natale. Forcé de fuir, il trouva un refuge au collège de Juilly, où il devint préfet des études, sans entrer définitivement dans les Ordres.

Là, il connut le P. Fouché, qui enseignait les mathématiques et qui, à en croire les Mémoires de son élève, le poète Arnault, montrait alors « cette indifférence qui, même au faîte du pouvoir, semblait former le trait caractéristique de sa physionomie morale : capable de faire tout le mal qui pouvait lui être utile, mais n'ayant pas alors d'intérêt à en faire, il passait là pour un bonhomme. » De même pour Billaud : d'après un historien de Juilly, M. Charles Hamel, les élèves ne l'appelaient que le *bon père*, et Arnault dit: « Il paraissait un très bon homme, et peut-être l'était-il : peut-être même l'eût-il été toute sa vie s'il fût resté homme privé, si les événements qui provoquèrent le développement de son atroce politique et l'application de ses affreuses théories ne se fussent jamais présentés. Je pencherais à croire qu'au moral, comme au physique, nous portons en nous le germe d'une maladie grave, dont nous semblons être exempts tant que ne s'est pas rencontrée la circonstance qui doit en provoquer l'éclosion. Tel était l'état où se trouvait en 1783 le P. Billaud. Plus mondain que ne le permettait le caractère de la modeste société dont il faisait partie, il était à la vérité quelque peu friand de gloire littéraire et travaillait en secret pour le théâtre (1). »

On dit qu'il laissa dans ses papiers une tragédie en cinq actes, mêlée de chœurs, *Polycrate*. Est-ce la pièce qu'il proposa à l'acteur Larive, étant encore à Juilly, et dont Larive refusa d'être le parrain? Toujours est-il que cet incident le fit chasser de l'Oratoire. Alors il se fixa à Paris, où il se fit recevoir avocat en 1785, et épousa une fille naturelle de M. de Verdun, fermier général.

Pendant les quatre années qui précédèrent la révolution, il écrivit, compila, et, renonçant à la poésie, absorba sans méthode et sans choix tous les ouvrages d'économie sociale qui lui tombèrent sous la main. De ces lectures indigestes sortirent, à la veille de la réunion des Etats-Généraux, trois lourds volumes in-8 : *Despotisme des ministres de France, combattu par les droits de la Nation, par les Loix fondamentales, par les ordonnances, par les jurisconsultes, par les orateurs, par les historiens, par les publicistes, par les poètes, enfin par les intérêts du peuple et l'avantage personnel du monarque.* Ce titre diffus donne une idée de l'ou-

---

(1) En 1784, le P. Petit adressa au général de l'Oratoire cette note sur le futur terroriste : « *Billaud*. — A en juger par la manière dont il lit le latin, il ne le sait pas fort bien. A-t-il de l'esprit? Je n'ai pas eu assez de moyens de le connaître. Mais il a beaucoup d'amour-propre, et je ne le regarde que comme un mondain revêtu de l'habit de l'Oratoire, froidement régulier et honnête, qui a tâché de ne pas se compromettre surtout depuis quelques mois, car au commencement il n'était pas des mieux engagés. Quoiqu'il soit judicieux dans sa conduite, à raison de son âge, de ce qu'il a été et de ce qu'il est, je ne le crois pas propre à l'Oratoire. » Il faisait des madrigaux dans le goût du temps, et tout le collège répéta le quatrain écrit par le préfet des études sur un ballon en papier dont le P. Fouché avait dirigé la fabrication « et que ces deux courtisans, dit Arnault, confièrent aux vents en les priant de souffler dans la direction de Versailles :

> Les globes de savon ne sont plus de notre âge.
> En changeant de ballon, nous changeons de plaisirs.
> S'il portait à Louis notre premier hommage,
> Les vents le souffleraient au gré de nos désirs. »

vrage, où Billaud avait accumulé tout ce que ses récentes lectures offraient à l'appui des tendances réformatrices de la nation. Dans ce fatras, qui passa inaperçu, il y a de la sagesse, de bonnes intentions, une combinaison d'esprit libéral et de fidélité royaliste qui répondait assez à la moyenne des tendances du Tiers-Etat en 1788. Ce gros pamphlet anonyme et imprimé en Hollande exprime à peu près la politique qui sera celle des Lameth et de Barnave.

La prise de la Bastille accentua les opinions de Billaud. Il se montre presque républicain dans une brochure qu'il publia à la fin de 1789, *Le peintre politique ou tarif des opérations actuelles*. Dans sa préface, il nous apprend qu'il veut marcher sur les traces du La Bruyère anonyme qui, sous le titre de *Galerie des États généraux*, venait de portraiturer les Constituants avec la préciosité d'un styliste de salon. Mais ce ne sont pas des figures que veut peindre Billaud : il prétend tracer un large tableau des faits et juger cette première période de la Révolution. En réalité, cet écrit n'est qu'un long et lourd article de gazette, contre les modérés, contre la cour, contre Louis XVI, en qui Billaud voit un traître, ou plutôt une *marotte* aux mains de sa femme, un *sultan imbécile*. Cette hardiesse ne le tire pas de l'obscurité, et, quoique assidu aux Jacobins, il n'est pas encore de ceux qui ont une influence quelconque sur l'opinion. Sa plume lourde ennuie et dégoûte, plus encore que son républicanisme ne choque.

Après la fuite à Varennes, quand la question se posa entre la république et la royauté, il se prononça, avec l'infime minorité des patriotes, pour la république. Mais si son manifeste n'eut aucune influence sur les esprits et sur les événements, il marque une phase notable dans le développement des idées de celui qui devait être l'apôtre de la centralisation à outrance. Ce manifeste est l'*Acéphocratie* (sic) *ou le gouvernement fédératif, démontré le meilleur de tous pour un grand empire, par les principes de la politique et les faits de l'histoire* (1). C'est là enfin que se montre en partie le politique et l'écrivain que sera Billaud. Car, sauf quelques pages en assez bon style sur les institutions grecques et romaines, où on distingue plus d'une réminiscence du *Plutarque* d'Amyot et des *Entretiens de Phocion* de Mably, on voit régner dans ce livre une phraséologie à la fois barbare et claire, qui constitue proprement la manière personnelle de Billaud, un nouveau jargon de métaphysique sociale.

Ainsi Montesquieu et Rousseau avaient parlé, en style simple, de la division des pouvoirs. Billaud écrit laborieusement : « C'est donc plutôt la division modificative, que l'opposition des pouvoirs qui en établit le vrai balancement. Et cette température réside uniquement dans leur subdivision. Semblable au cours impétueux de ces fleuves terribles dans leur débordement, et qu'il est impossible de contenir dans leur lit en leur opposant les plus fortes digues, mais qu'on réduit aisément par le moyen des canaux qu'on creuse à l'entour, l'autorité souveraine ne peut être arrêtée dans sa marche constante vers le despotisme, qu'autant qu'on sait en ralentir l'essor en la partageant. »

Mais il faut qu'il y ait *division* des pouvoirs et non *opposition*. Il ôte au roi son veto : « Le pouvoir intermédiaire ou sanctionnateur, dit-il, doit être conféré aux corps administratifs secondaires, c'est-à-dire à ceux qui tiennent le milieu entre les chefs et les inférieurs. » Et aux adversaires du fédéralisme, il fait cette réponse vigoureuse : « Tiennent-ils à la négative à cause de la vaste étendue de l'empire, et pensent-ils un pouvoir unitif plus nécessaire pour qu'il y ait plus de célérité dans les opérations

---

(1) Par M. Billaud de Varennes, auteur de plusieurs ouvrages politiques. A Paris, l'an 2º de l'acheminement de la liberté, 1791, in-8 de 78 pages.

et dans leur exécution ? A cette objection je répondrai que ce principe politique de l'ancien régime ne pourrait être appliqué à la rigueur qu'à un gouvernement militaire et conquérant. Mais la France a renoncé à toute guerre offensive... Il faut qu'il existe plusieurs puissances collectives, enchaînées les unes par les autres, toutes-puissantes étant réunies ensemble, sans force et sans facultés dès qu'elles sont isolées. Il faut, par conséquent, que ces puissances soient distribuées et circonscrites dans des cercles distincts, quoique intimement liés comme les anneaux d'une chaîne. Par cette subdivision, on conserve à l'empire de la loi toute sa force, en ôtant toute prise à l'autorité individuelle. Tel est à peu près le modèle de gouvernement qu'offre la Suisse, qui, quoique très imparfait, a néanmoins constamment perpétué, dans ce petit coin de l'Europe, la faible mesure de liberté que ses habitants ont acquise. Tel est encore, plus rapproché de la perfection, le gouvernement tracé par l'immortel Locke, pour les Etats-Unis de l'Amérique.... On aurait en France, pour point central, le corps constituant, lien nécessaire de toutes les parties et figurant le Congrès de l'Amérique. Les pouvoirs intermédiaires ou ratifiants, résidant de droit, comme je l'ai prouvé, dans les 83 départements, leur seraient restitués... Quant au pouvoir exécutif, il appartiendrait aux districts, aux municipalités, aux tribunaux. »

Aussi, ce terrible centralisateur, ce théoricien de la dictature, qui rédigea et fit voter, en novembre 1793, le décret constitutif du gouvernement révolutionnaire, cet autoritaire Billaud-Varennes, qu'on pourrait prendre pour le type du fanatisme jacobin, ne devait pas à ses instincts l'attitude inexorable qu'il eut plus tard en face de ses adversaires politiques. Lui aussi, le sombre doctrinaire, il fut amené à la violence calculée par les circonstances, par a férocité de la guerre que l'Europe monarchique faisait à la Révolution, puisqu'en 1791 ses préférences sont pour le système libéral de la Suisse. Singulier rapprochement ! Il n'est pas sûr qu'aucun des Girondins ait mérité ce reproche de fédéralisme qu'on leur lançait, et il est prouvé qu'un des proscripteurs de la Gironde, et non le moins ardent, avait fait l'éloge du gouvernement fédératif (1). Voyons comment Billaud fut amené à cette contradiction.

C'est aux Jacobins qu'il se fit connaître, mais seulement dans la seconde période de la Révolution, au début de la Législative. Il y parle rarement ; mais il ne manque pas une séance, et il *donne* dans les grandes occasions. Ainsi, le 19 décembre 1791, il prononce un discours sur la guerre, dont il est partisan en principe. Il croit qu'un peuple « ne peut sceller irrévocablement sa liberté qu'en traçant l'acte qui la consacre avec la pointe des baïonnettes. » Il veut donc qu'on déclare la guerre, mais plus tard, quand on aura pris ses précautions contre la cour. Le 8 juillet 1792, il s'élève avec amertume contre la comédie du baiser Lamourette : « Les Judas, dit-il, ne donnèrent jamais de baiser que pour livrer leurs victimes, et ici, quand je vois l'Assemblée nationale entourée d'ennemis intérieurs et extérieurs, recevant chaque jour des preuves évidentes de la coalition de la cour avec ces mêmes ennemis, appelant néanmoins cette cour pour participer à sa réconciliation, et se fédérant avec elle ; alors je dis : contre qui donc cette ligue est-elle formée ? Puis je cherche partout des ennemis, et je n'aperçois plus que le peuple. » Et il fait cette proposition hardie : « Veut-on assurer le salut de la patrie ?

---

(1) Marie-Joseph Chénier faisait sans doute allusion à l'*Acéphocratie* quand il évoqua, le 4 germinal an III, « les ombres de ces milliers de républicains qui ont été égorgés dans le Midi et dans l'Ouest, sous le prétexte ridicule du fédéralisme, qui n'a jamais existé que dans quelques brochures de leurs ennemis. »

Qu'une déclaration de ses véritables dangers provoque une convocation accélérée des assemblées élémentaires. Le *souverain* tout-puissant a seul la force nécessaire pour exterminer nos ennemis. Contre des brigands couronnés et des mangeurs d'hommes, il faut Hercule et sa massue. »
Le 15 juillet, déchirant tous les voiles, quand Robespierre était encore royaliste, il montre la nécessité d'en finir avec le roi, puisqu'il n'y a plus de Constitution. Personne ne dit alors avec autant de netteté : « Le roi, chef des relations diplomatiques, dirige à son gré contre nous les armes d'ennemis qui ne combattent qu'en son nom. »

Nous reconnaissons là la politique et l'accent de Danton. Billaud fut en effet, à un moment, le secrétaire et, à coup sûr, un des plus fidèles instruments du tribun aux Jacobins avant le 10 août. C'est évidemment par l'influence de Danton que, dans la nuit du 9 au 10, la section de Marseille, ci-devant Théâtre-Français, choisit Billaud pour commissaire avec Robert et Simon. Cette influence ne fut pas étrangère non plus, on le devine, à sa nomination au poste de substitut du procureur de la Commune. On sait qu'il se tourna contre son protecteur et fut un des auteurs de la tragédie de Germinal. Courtois, dans des notes inédites vendues en 1862, dit formellement : « Billaud devait de l'argent à Danton, et se brouilla avec lui pour cela. » Mais l'incontestable probité de ce puritain exclut cette hypothèse, d'autant plus qu'au tribunal révolutionnaire Danton dit seulement, d'après Topino-Lebrun : « Billaud-Varennes ne me pardonne pas d'avoir été mon secrétaire. » Il est sûr qu'il y avait incompatibilité entre la gaieté de l'homme d'État expansif et la bile du théoricien solitaire. Comment cette incompatibilité devint-elle de la haine? Danton, si généreux, et Billaud, si dédaigneux, ont négligé de nous l'apprendre.

Quel rôle joua Billaud dans les journées de septembre ?

Méhée fils le vit arriver à l'Abbaye le 2, à cinq heures du soir. « Il avait son écharpe, dit-il, et le petit habit puce et la perruque noire qu'on lui connaît ; il marche sur les cadavres, fait au peuple une courte harangue et finit ainsi : *Peuple, tu immoles tes ennemis, tu fais ton devoir.* Cette oraison cannibale anime; les tueurs s'échauffent davantage. » Le lendemain, il serait revenu et aurait adressé aux massacreurs un petit discours où il les traitait de *citoyens respectables*, les priait de considérer les dépouilles des victimes comme leur appartenant, et leur offrait 24 livres à chacun. L'abbé Sicard, au contraire, prétend qu'il les détourna de dépouiller les morts, tout en leur promettant de les payer. Mais saurons-nous jamais la vérité sur ce point délicat ? Billaud n'en a jamais parlé, et les relations des hommes troublés qui faillirent être victimes de ces exécutions sommaires, ne doivent être acceptées qu'avec précaution. On remarque seulement que, soit hasard, soit humanité, le substitut de la Commune ne signa pas la fameuse circulaire du comité de surveillance.

Au lendemain des massacres, il fut un des commissaires envoyés aux armées par la Commune et par le Pouvoir exécutif. Danton lui remit 6,000 livres à cet effet. Les deux lettres officielles qu'il écrivit en cette circonstance, l'une de Château-Thierry, l'autre de Châlons-sur-Marne, sont empreintes d'énergie, d'autorité et d'un sombre esprit de soupçon. Le ton dictatorial lui est déjà familier, et il ose dire, dans une de ces lettres communiquées à la Législative : « Il entre dans notre projet de casser le Directoire et la municipalité (de Châlons) si nous n'obtenons la certitude que la majorité est dans les principes de la Révolution. » Son patriotisme est ombrageux et impitoyable comme celui de Saint-Just.

Dans les premiers mois de la Convention, son attitude oratoire est unique : avant le 31 mai, le plus long des discours de cet homme déjà important n'a pas dix lignes (1). Ce laconisme contraste avec l'abondance de Brissot et de Robespierre ; et le plus concis des grands orateurs, Danton, est prolixe auprès de Billaud. C'est en quelques paroles qu'il motive les propositions les plus graves dans le procès de Louis XVI, qu'il ajoute des griefs à l'acte d'accusation, qu'il refuse un conseil à l'accusé, qu'il s'élève contre l'éloquence dilatoire de Pétion ; et, quand son tour vient de motiver son vote, il ne laisse échapper que ces six mots : « La mort dans les 24 heures. » Puis il rentre dans le silence pour de longs mois. En mars, envoyé avec Sevestre dans la partie de la Bretagne qui s'insurgeait, il écrit de Rennes une lettre terrible, où il accuse Lanjuinais et les Brissotins de contre-révolution. Le 2 juin il demande contre la Gironde « un décret d'accusation par appel nominal motivé. » Le 9, il propose, avec le même laconisme, d'exempter les citoyens pauvres de toute contribution, et sa courte apparition à la tribune est saluée d'applaudissements. Le 23, il fait abroger la loi martiale. Le 27, il est élu secrétaire. Enfin, le 15 juillet, il sort pour la première fois de son laconisme (2), et il lit un discours très étendu contre les vaincus du 2 juin.

N'y cherchez aucun fait nouveau sur les Girondins. Billaud les accuse de trahison, de pacte avec l'étranger, de la plus monstrueuse hypocrisie.... Contre eux, il admet tous les bruits qui ont couru les clubs et les cafés ; et ce n'est qu'à la fin de sa harangue qu'il indique les vrais et politiques motifs qui pouvaient faire désirer aux patriotes,

---

(1) Le 10 octobre, il lut aux Jacobins un discours contre le projet de garde départementale, et il annonça qu'il répéterait ce discours à la Convention. Mais il n'en fit rien. Il présida les Jacobins du 20 février au 6 mars 1793.

(2) A la Convention : car aux Jacobins, le 29 mai, il avait longuement et fastidieusement dévoilé la conspiration de Brissot et consorts.

non la mort de ces hommes, mais la chute de leur parti. Je ne relève, dans ce factum un peu grossier, qu'un trait, assez inattendu à ce moment-là sous la plume d'un Montagnard, contre « cette famille d'Orléans aussi ambitieuse que stupide, aussi méprisable que méprisée. » C'est lui qui, le 3 octobre, en deux mots, fera décréter avec les Girondins ce Philippe-Egalité, que jadis la Montagne protégeait si jalousement contre les attaques de Buzot. Il place le prince jacobin parmi les *tartufes politiques* que préside Vergniaud. Vergniaud tartufe ! Vergniaud orléaniste ! Telles étaient les calomnies que les partis se lançaient alors, avec une sorte d'horrible bonne foi, et Billaud fait comme les autres : il calomnie la Gironde, comme la Gironde calomniait la Montagne.

Mais il ne sait pas colorer ces mensonges politiques avec l'art qu'avait montré Saint-Just, six jours auparavant, dans son impitoyable rapport contre les Trente-Deux. Comme écrivain, Billaud n'est qu'un écolier auprès de Saint-Just. Il y a un orateur dont il imite gauchement le procédé favori. Robespierre ? Danton ? Non, il est ce jour-là l'élève, presque le plagiaire du plus illustre de ceux qu'il poursuit, de ce Vergniaud dont l'éloquence eut un si grand prestige littéraire, même auprès des oreilles montagnardes. On a vu que l'orateur girondin aimait à répéter, en tête de plusieurs paragraphes, une formule qui amenait chaque fois un mouvement plus pathétique et plus harmonieux, et dont un habile *crescendo* rendait plus frappant le retour monotone. Eh bien, Billaud s'empare de ce procédé contre les Girondins : dix fois de suite il s'écrie, espérant paraître indigné et ironique : *Ce qu'ils ont fait !...* et chacun de ces refrains est suivi d'une énumération de griefs, mais sans ordre logique, sans progrès, avec la plus maladroite dispersion des moyens et des effets. Pourtant, dans cette informe chanson, il y a une haine presque éloquente, et si l'orateur était gauche, l'homme semblait vraiment terrible : la droite fut frappée d'épouvante.

L'importance politique de Billaud devient considérable à partir de la journée du 31 mai, au succès de laquelle il avait contribué plus que personne par son attitude au club des Jacobins. C'est là que, le 9 juin, il avait, d'une main ferme, tracé le programme politique du parti auquel le récent coup de force avait donné le pouvoir. Entre autres mesures, il avait proposé le licenciement des officiers supérieurs appartenant à l'ex-noblesse; la responsabilité, sur sa tête, de tout commandant en chef, non pas pour les événements d'une bataille, mais pour les défaites qui seraient le résultat d'une impéritie démontrée ; des lois retirant à l'arbitraire d'un seul homme toute nomination importante, éloignant provisoirement les étrangers non naturalisés, établissant un impôt forcé sur les riches, ôtant leurs droits de citoyens à tous les hommes « antisociaux », et organisant enfin l'armée révolutionnaire. — La Convention réalisera un à un tous les articles de ce programme, dont Billaud terminait l'énoncé par un *sursum corda* farouche et laconique:

« Rien, disait-il, n'est plus capable d'agrandir l'âme et l'esprit que les explosions politiques. Elevons-nous donc au niveau sublime de nos deux premières journées, en tenant irrévocablement à l'exécution du décret qui porte que la Constitution sera discutée sans interruption, et présentée à la sanction du peuple sans délai.... Nous ferons, encore une fois, trembler l'Europe, étonnée de voir que l'immensité du péril n'a conduit qu'à nous faire déployer un plus grand caractère; et vous donnerez un nouveau spectacle à l'univers. Car il est sans exemple, et la gloire vous était réservée de faire marcher de front l'établissement des droits de l'homme et des citoyens, et les efforts simultanés d'un peuple immense, et qui, sans être régénéré, repousse cependant, avec une constance soutenue et un courage héroïque, les dernières attaques du despotisme et les convulsions de l'aristocratie expirante. »

Pendant le mois d'août, il fut envoyé en mission avec Niout dans le Pas-de-Calais et dans le Nord, où il se montra aussi habile qu'inexorable contre la réaction royaliste ou girondine. Avant son départ, appliquant un article de son programme, il avait fait traduire Custine au tribunal révolutionnaire ; à son retour, il fit décréter l'établissemement de l'armée révolutionnaire (4 septembre) et l'arrestation de tous les suspects. Le lendemain, avec sa concision terrible, il demanda la tête de Lebrun, celle de Clavière, celle de Marie-Antoinette ; dans là même séance, il fut porté au fauteuil par 149 voix sur 217 votants, c'est-à-dire par la pure Montagne. Le 6, on l'adjoignit au Comité de salut public en même temps que Collot et Granet. Le 3 octobre, après la lecture du rapport d'Amar, une seule phrase de lui fait adjoindre aux Girondins le duc d'Orléans, sans qu'une voix s'élevât pour défendre cet énigmatique poltron. C'est aussi lui qui fit rappeler de Lyon le temporiseur Dubois-Crancé, et qui, visant Houchard, obtint le rapport du décret d'après lequel on ne pouvait, sans l'assentiment de la Convention, traduire un général au tribunal criminel extraordinaire, auquel il fit donner officiellement le nom de *Tribunal révolutionnaire* (7 brumaire an II). Mais son autorité se montra surtout dans une circonstance aussi grave qu'oubliée : le 20 brumaire, Chabot avait fait décréter que nul député ne pourrait être livré au tribunal révolutionnaire sans avoir été entendu par la Convention. Le 22, Billaud obtint que la Convention, *à l'unanimité*, rapportât ce décret, qui aurait certainement sauvé Danton, et peut-être la République.

II

On lit dans le *Journal des débats* des Jacobins du 15 avril 1793 : « Le vice-président fait lecture d'une lettre de la citoyenne Billaud de Varennes, qui fait hommage à la société de la première partie d'un ouvrage de son mari, intitulé : *Les éléments du républicanisme* (1). » C'est là que ce puritain, qui avait pourtant été l'ami de Danton, injurie et raille le peuple ; il n'a que des sarcasmes pour son ignorance, sa versatilité, son manque de tenue, sa lâcheté. « Le simple appareil de la force, dit-il, le fait trembler, et la moindre distribution de quelques poignées d'argent devient suffisante pour qu'il perde tout souvenir de ses soins et du mécontentement le plus profond et le plus légi-

---

(1) C'était l'ébauche d'un cours de politique théorique et appliquée que Billaud ne continua pas, mais qu'il avait entrepris avec amour. Dans le premier livre, il s'élevait contre cette idée de Rousseau « que l'état de sociabilité n'est qu'une convention fortuite et nullement dans la nature. » Les animaux ne sont-ils pas sociables ? A plus forte raison l'homme n'est-il pas né pour l'isolement. « Diogène, relégué dans son tonneau, se tient pourtant au coin d'une rue. » Dans le second livre, il énumère les résultats d'une civilisation mal combinée. Après avoir recommandé au politique d'étudier, non l'homme en général, mais l'homme tel que l'ont fait les mœurs, les lois, les circonstances extérieures, surtout le climat, il distingue, dans tout Etat civilisé, deux classes d'hommes : les citoyens et les individus. Les citoyens sont ceux qui, pénétrés des devoirs sociaux, rapportent tout à l'intérêt public et qui mettent leur bonheur et leur gloire à cimenter la prospérité de leur pays... Les individus, au contraire, sont ceux qui s'isolent ou plutôt qui savent moins travailler au bien public que calculer leur profit particulier ; en un mot, ce sont des êtres qui cherchent à rompre l'équilibre de l'égalité, pour accroître leur bien-être personnel en usurpant celui des autres. L'Etat finit donc par être peuplé d'individus, dès qu'une fois il existe un ordre de choses qui sépare l'intérêt du gouvernement de celui de la nation. » Le fléau des sociétés policées, c'est le riche :« Parfois l'ostentation ou des vues corruptrices ont déterminé le riche à laisser tomber quelques largesses de ses mains, mais jamais l'humanité souffrante ne sut lui arracher un bienfait... Le fourbe !..., il est autant ami des prêtres qu'ennemi de la divinité. Cette idée fait son supplice. Il voudrait bien pouvoir se dissimuler l'existence d'un être suprême. »

time. Il est si léger à croire surtout les mauvaises nouvelles qu'elles lui impriment plus d'effroi ou de consternation que la présence même du mal, qui souvent lui restitue toute sa vigueur et sa force. Perpétuellement à la gêne, et toujours pressé d'en sortir, il se passionne pour quiconque s'annonce comme son libérateur, et l'abandonne dès qu'il voit ses espérances trompées. — Avec un chef, le peuple est capable des plus grands efforts ; le perd-il, ce n'est plus qu'un troupeau, qu'un rien épouvante et disperse dans un instant... Le peuple paraît même si convaincu de son impuissance politique, qu'on le voit partout chercher, pour ainsi dire, à s'abrutir de plus en plus, afin sans doute d'accroître sa patience et d'éloigner une entreprise que la terreur répandue par la tyrannie lui montre au-dessus de son courage et de ses moyens... Son âme se dilate à l'aspect d'une enseigne de marchand de vin. »

Voilà ce qu'osait imprimer, en 1793, un de ces hommes que la légende nous montre bassement flatteur envers la plèbe. Les émigrés ne furent pas plus dédaigneux pour le public des clubs, pour la foule républicaine ! Au moins ils ne refusèrent pas toujours au peuple des villes un héroïsme intermittent et des élans d'un bon cœur naïf. Billaud n'aime dans le peuple que le paysan, qu'il oppose à l'ouvrier et qu'il montre hospitalier, bon, sensible, généreux, doux pour ses animaux... Mais l'idée maîtresse de son livre, c'est que « le système de propriété doit être combiné de manière à établir, autant que possible, une répartition de biens, sinon absolument égale, au moins proportionnelle entre les citoyens (1). »

(1) En attendant, il propose un projet pour l'atténuation des grandes fortunes. « Qu'on fixe d'abord, dit-il, un maximum pour les enfants des riches, que chaque lot, dans l'héritage le plus considérable, ne pourra dépasser. Et comme l'accroissement de la population doit coïncider avec le soulagement des pauvres, qu'on accorde une quote-part plus forte aux membres d'une famille excédant le nombre de

Il était écrit que les exigences de la réalité ne lui permettraient de faire entrer aucune de ses théories, socialistes ou libérales, dans le domaine des faits. Le 28 brumaire, c'est lui qui présenta le rapport sur l'organisation du gouvernement révolutionnaire décrété en principe le 19 vendémiaire. Il fut ainsi le théoricien de la dictature, d'une dictature positive et brutale autant que nécessaire et qui était la négation même de toutes les idées politiques et sociales qu'il avait esquissées jusque-là. Mais quand il eut rédigé ce texte, il le vénéra et s'en fit l'interprète. Dès qu'il crut que Robespierre en violait la lettre, il renversa Robespierre.

Plusieurs mois avant le 9 thermidor, il avait vu poindre dans l'Incorruptible le contre-révolutionnaire, l'homme qui voudra confisquer la clémence à son profit, et pourtant il lui sacrifia Hébert et Danton : — Hébert, qu'il attaqua violemment aux Jacobins ; Danton, qu'il dénonça comme modéré, longtemps avant l'époque où Robespierre osa l'attaquer en face. C'est lui-même qui, au 9 thermidor, raconta

cinq. Par exemple, pour celles-ci et au-dessous, le taux peut être de vingt mille livres. Ainsi, un père possesseur de cent mille francs n'a que trois enfants ; eh bien, il reste à sa mort quarante mille livres à partager entre des enfants tirés de la classe des indigents. S'il en a quatre, ce n'est plus que vingt mille francs. Mais lorsque, avec une fortune plus étendue, sa famille surpassera la quantité d'individus déterminée par la loi, dans ce cas le maximum sera de vingt-cinq mille livres, et le surplus restant, après chaque portion de ses enfants prélevée, rentrera dans la masse de la succession nationale. Enfin, à l'égard du citoyen qui mourra sans avoir d'enfants, tous ses biens seront dévolus aux héritiers de la patrie. Il propose en outre « la suppression des dots accordées aux filles quand on les marie, ainsi que la privation de leurs droits d'hérédité. » Ainsi, les femmes ne seront plus aimées, dit-il, que pour elles-mêmes, et elles n'en deviendront que plus aimables. Aux filles de familles riches, on accordera « une demi-part dans la succession de leur père, à condition qu'elles n'épouseront que des héritiers nationaux, qui, à ce prix, renonceront eux-mêmes à leurs mille écus. Et quant à celles qui perdraient leurs parents avant d'être mariées, on leur ferait une pension alimentaire, qu'aucune d'elles vraisemblablement ne serait envieuse de se faire payer toute sa vie. »

ce fait, et rappela l'étonnement indigné de l'hypocrite Robespierre. Il considérait comme une gloire d'avoir le premier désigné le Cordelier au bourreau ; ce n'est qu'en exil qu'il comprit sa faute et avoua ses remords.

Quant à Robespierre, il marque indirectement son indépendance à son égard et son animosité, par le soin même qu'il prend, dès le 24 ventôse, d'attaquer Hébert par d'autres arguments que ceux du dictateur, et de reléguer au second plan les accusations de matérialisme auxquelles le pontife de l'Etre Suprême avait donné la première place. C'est surtout dans la dissertation qu'il présenta, le 1er floréal, au nom du Comité de salut public, que je relève une omission désagréable à Robespierre. Il s'agissait d'obtenir le vote de ce décret, purement moral : « La Convention nationale déclare qu'appuyée sur les vertus du peuple français, elle fera triompher la République démocratique et punira sans pitié tous ses ennemis. » Billaud prononça une homélie sentimentale et emphatique, où il reprenait les théories de son collègue sur les rapports de la morale et de la politique, mais en affectant d'établir les devoirs et les vertus sur des considérations purement humaines, indépendantes de l'idée de Dieu, dont il ne prononce même pas le nom, quand Robespierre exigeait qu'on l'eût sans cesse à la bouche. Cette indirecte taquinerie était d'autant plus visible que nul ne fut plus spiritualiste et déiste que Billaud ; mais son républicanisme s'inquiétait du despotisme religieux qu'édifiait pièce à pièce l'ambition d'un homme.

Il avait donc commencé depuis longtemps à faire au dictateur une opposition oblique et cachée, la seule que permît son effrayante popularité. « C'est moi, dira-t-il en l'an III, quand on l'accusera de robespierrisme, c'est moi qui, plus de dix mois avant le 9 thermidor, dis, dans les deux comités réunis de salut public et de sûreté générale, en parlant de Robespierre, qu'on ne devait pas plus souffrir le despotisme d'un Titus que la tyrannie d'un Néron. C'est moi qui ai dit à Robespierre lui-même, le lendemain que la loi du 22 prairial fut rendue, qu'il agissait en dictateur; c'est moi qui lui ai déclaré que j'entrevoyais qu'il avait le dessein de frapper la Convention ; mais qu'on ne porterait atteinte à la représentation nationale qu'en marchant sur nos corps sanglants. » Il paraît même que la dureté de son opposition arracha des larmes de rage au tout-puissant Pontife.

Mais il fallait ruser avec un tel adversaire et ne jeter le masque que pour vaincre. L'ex-oratorien, d'ailleurs honnête, sut être hypocrite pendant que se trama la conjuration thermidorienne, et il flatta l'homme pendant qu'il le minait. Il y a, dans le discours de Saint-Just du 9 thermidor, un portrait achevé de Billaud conspirant : « Il annonçait son dessein par des paroles entrecoupées : tantôt c'était le mot de *Pisistrate* qu'il prononçait, et tantôt celui de *dangers* : il devenait hardi dans les moments où, ayant excité les passions, on paraissait écouter ses conseils ; mais son dernier mot expira toujours sur ses lèvres : il hésitait, il s'irritait, il corrigeait ensuite ce qu'il avait dit hier ; il appelait tel homme absent Pisistrate ; aujourd'hui, présent, il était son ami ; il était silencieux, pâle, l'œil fixe, arrangeant ses traits altérés. La vérité n'a point ce caractère ni cette politique. »

Quelle violence ne dut pas se faire celui qu'on appelait le patriote rectiligne pour mettre sa main dans celle de Tallien, dont, le 24 prairial précédent, il avait flétri *l'impudence* du haut de la tribune ! La haine seule, une haine bilieuse, pouvait abaisser Billaud à ces compromis. Enfin, le 8 thermidor, comme la Convention était encore étonnée du beau discours de Robespierre, il s'autorisa d'une accusation lancée en passant par le dictateur contre le comité pour entamer une justification violente et donner le signal aux conjurés. « Robespierre a raison, dit-il : il faut arracher le masque, sur quelque visage qu'il se trouve; et s'il est vrai que nous ne jouissions pas de la liberté des opinions, j'aime mieux que mon cadavre serve de trône à un ambitieux, que de devenir, par mon silence, le complice de ces forfaits. » Le 9, il attaqua furieusement Robespierre pour son modérantisme, et (quel aveuglement !) pour son *dantonisme* (1). Enfin, dans la séance du soir, il sonna l'hallali contre son ennemi vaincu, mais révolté. Ce puritain naïf croyait rendre ainsi sa force initiale au gouvernement révolutionnaire.

III

Il fut, on le sait, une des plus illustres victimes de la réaction qu'il avait rendue possible. Dès le 12 fructidor, sa tête fut demandée par Lecointre. Il se justifia avec hauteur : accusé de cruauté, il démontra qu'il n'avait pas été indulgent. Il ne comprend pas ou ne veut pas comprendre la pensée de ses accusateurs et le nouvel état des esprits. Le lendemain l'orage recommence : on lui reproche l'établissement du tribunal d'Orange : « Je n'ai pas

(1) Il souleva les esprits contre Robespierre par son récit des propos séditieux tenus la veille au soir aux Jacobins. Chose curieuse, ce récit a disparu du compte-rendu des journaux, comme si Billaud l'en avait effacé lui-même. Il ne se trouve que dans une première analyse de la séance du 9 thermidor, hâtivement donnée par le *Républicain français* du 10, p. 2514 : « Dans la séance de ce matin, Billaud-Varennes, après avoir rappelé qu'hier soir, aux Jacobins, Robespierre avait lu le même discours, expose la scène scandaleuse à laquelle il donna lieu ; que Collot d'Herbois, qui voulait y répondre, fut interrompu, insulté, outragé, réduit au silence par des gens apostés, et que des scélérats manifestèrent l'intention d'égorger l'assemblée nationale. Billaud déchire ensuite le voile qui couvrait encore à quelques yeux l'auteur de cet horrible forfait ; il cite une foule de preuves qui attestent que Robespierre voulait parvenir à la dictature, après avoir passé sur les cadavres des patriotes. »

signé ce décret, dit-il, mais je demande à le signer. » Tant de fierté intimide un instant les réacteurs ; mais ils obtiennent un premier succès en amenant Billaud à quitter le Comité avec Collot d'Herbois. Alors les attaques redoublent : Girondins et Dantonistes s'unissent contre leur proscripteur. En vain Carnot, le sage Carnot, fait son éloge et atteste qu'il a toujours été hostile aux violences terroristes en Vendée : Legendre le dénonce encore une fois. Mais Billaud s'écrie aux Jacobins (13 brumaire) : « J'appelle tous les hommes qui ont combattu pour la Révolution à se mettre en mesure pour faire rentrer dans le néant ces lâches qui ont osé l'attaquer.... On accuse les patriotes de garder le silence ; mais le lion n'est pas mort quand il sommeille, et, à son réveil, il extermine tous ses ennemis. » Les royalistes plaisantèrent longtemps sur la crinière du lion Billaud ; mais il sut faire tête à la meute thermidorienne. Enfin, le 7 nivôse, un décret est rendu pour l'examen de la conduite de Billaud, de Collot, de Barère et de Vadier, et on nomme, à cet effet, une commission de 21 membres, dont Saladin est le rapporteur. Le 12 ventôse, les accusés sont décrétés et arrêtés séance tenante. Le 6 germinal, Billaud se défend, avec une concision éloquente. Il nie les visées dictatoriales que lui prête Saladin. Jamais il n'a prononcé, du haut de la tribune, ce mot à la Néron : « *Je crois qu'on murmure !* » Jamais il n'a lutté d'ambition avec Robespierre ; mais il a voulu sauver la république, affermir la Révolution. Lui ambitieux ! il est pauvre, isolé, sans amis, sans relation. Lui Jacobin ! Mais les Jacobins l'ont hué, menacé de mort le soir du 8 thermidor, et il retrace cette curieuse séance. Quel est son crime ? D'avoir proposé des lois que la Convention a votées unanimement et de les avoir fait exécuter. En quoi fut-il barbare ? il ne fut que juste. « Car enfin, il ne faut pas confondre la fermeté avec la barbarie, ni ce qu'ordonnent les lois, quand on est chargé de leur exécution, avec l'intention de faire des opprimés. »

Il n'en fut pas moins envoyé, avec Collot, à la Guyane, où il survécut longtemps à son collègue du Comité de salut public. Mais il ne revit jamais la France, et, après des vicissitudes dont le curieux récit a été fait, il mourut à Saint-Domingue en 1819. Un Français, qui le vit dans les dernières années de sa vie (1), a écrit que le temps « avait creusé profondément ses joues et fatigué sa forte tête ; sa figure, plus pâle que jamais, était devenue d'une maigreur effrayante : elle semblait plus longue, plus resserrée et plus expressive. Ses cheveux, autrefois noirs et plats, qui simulaient la *crinière du lion*, suivant des paroles devenues historiques, étaient tout blancs. Ses regards, seuls, avaient conservé leur premier feu, et quelquefois leur fixité terrible. » Une dyssenterie l'emporta, le 13 juin 1819. Il mourut, dit le même témoin, avec un peu de délire, et en confessant, avec l'exaltation de la fièvre, que, loin de se repentir, il mourait fier de l'utilité et du désintéressement de sa vie. « Ses lèvres bleues et livides se fermèrent en murmurant ces paroles terribles du dialogue d'Eucrate et de Sylla : *Mes ossements du moins reposeront sur une terre qui veut la liberté ; mais j'entends la voix de la postérité qui m'accuse d'avoir trop ménagé le sang des tyrans de l'Europe.* »

Dans ses notes, on trouva des protestations contre la France de 1815, « si effacée qu'elle subissait de nouveau le joug odieux de ses Bourbons et des Girondins introduits à la Chambre des pairs par Louis XVIII. » Mais il regrettait le 14 germinal et le 9 thermidor, l'assassinat de Danton

---

(1) *Les dernières années de Billaud-Varennes*, article anonyme dans la *Nouvelle-Minerve*, 1835, t. 1er, 351. — Voir aussi *Billaud-Varennes à Cayenne*, par le général B. Bernard, *ibid.*, tome II, p. 288, et le *Journal d'un déporté* de Barbé-Marbois.

et la mort de Robespierre. Il exaltait même le génie et la vertu de ce Danton qu'il avait contribué à perdre, et avouait ses remords. Mais sa foi révolutionnaire n'avait pas fléchi, et, dans une sorte de testament politique, il a résumé, en termes inoubliables, le rôle du grand Comité de salut public.

« Pendant deux ans, dit-il, nous marchâmes positivement à la tête de Paris ; nous marchâmes et contre les départements fédéralisés et contre les satellites des rois de l'Europe. Dans cette sphère de tempêtes, nous ne pouvions voir que le salut commun ; nous faisions de la *dictature*, sans autre intitulé : *Dictature*, nous le disions avec une voix ferme que personne ne fit baisser en Europe : c'était une dictature, un gouvernement révolutionnaire, menant violemment à la République. Relisez le *Moniteur* et le *Journal de la Montagne*. La dictature dans nos mains dissipa les obstacles ; nous battîmes les Vendéens et l'Europe ; nous écrasâmes des dissidences funestes ; oui, sans nos propres divisions, nous eussions conduit le pays à la République, et à présent une partie de l'Europe serait politiquement puritaine. Aucun de nous n'a vu les faits, les accidents très affligeants sans doute, que l'on nous reproche ! Nous avions les regards portés trop haut pour voir que nous marchions sur un sol couvert de sang.

« Parmi ceux que nos lois condamnèrent, vous ne comptez donc que des innocents ? Attaquaient-ils, oui ou non, la révolution, la République ? Oui ! Eh bien ! nous les avons écrasés comme des égoïstes, comme des infâmes. Nous avons été *hommes d'État*, en mettant au-dessus de toutes les considérations le salut de la cause qui nous était confiée. Nous reprochez-vous les moyens ? Mais les moyens ont fait triompher cette grande cause. Reprochez-les-nous, j'y consens, mais dites aussi : *Ils n'ont pas failli à la République*, à la plus sainte des causes, celle du droit humain, écrite jadis dans la fierté du front de l'homme et effacée par les despotes. Nous, du moins, nous n'avons pas laissé la France humiliée, et nous avons été grands au milieu d'une noble pauvreté. N'avez-vous pas retrouvé au trésor public toutes nos confiscations ? »

Cet homme terrible et indomptable ne revit-il pas tout entier dans cette confession étonnante, et, le jour où il se retraçait ainsi la tragédie où il avait joué un premier rôle, n'atteignit-il pas, pour un instant, à la vraie éloquence ?

CHAPITRE II.

COLLOT D'HERBOIS.

Le 26 juin 1793, Collot d'Herbois s'écriait, à la tribune des Jacobins : « J'aime les inquiétudes dévorantes, j'aime les sollicitudes animées, j'aime cette impatience active, qui agite cette assemblée quand la liberté reçoit quelque coup. » Il fut lui-même le plus inquiet, le plus nerveux des hommes de la Révolution. Il aima le sang, les voluptés de la vengeance. Faut-il attribuer à l'ivrognerie (1) les vices de son âme ? C'était à coup sûr une nature mal équilibrée : si ses portraits ne sont pas des caricatures, il y

---

(1) Les Girondins aimaient à lui reprocher ses habitudes de cabaret. Et pourtant, accusé d'avoir mal parlé de Robespierre dans un café, il dit à la Convention, le 9 thermidor : « Tout le monde sait que je ne mets le pied dans aucun café. » On a raconté qu'il avait péri, en Guyane, par l'abus des liqueurs fortes. Mais je lis dans la *Biographie* Arnault : « L'ordre ayant été donné de le transférer dans l'hôpital de Cayenne, dévoré d'une soif ardente pendant qu'on le transportait à sa destination, il demanda à boire. Soit erreur de la part des nègres qui le portaient, soit d'après des ordres secrets, ils lui donnèrent, au lieu d'une bouteille d'eau, une bouteille de rhum qu'il but d'un trait. Ses souffrances, dès ce moment, devinrent horribles : il expira, dans les convulsions, en arrivant à l'hôpital, le 18 nivôse an IV. » Il n'est donc pas prouvé que la violence de Collot fût un délire alcoolique.

avait, dans sa figure assez imposante, je ne sais quoi de hagard et de sombre, un air de malade et de tyran.

I

Acteur et poète, comme Fabre d'Eglantine, il eut son roman comique (1), et joua en province et à l'étranger, en Hollande, à Genève, où il fut directeur de troupe. On dit qu'il manquait de talent, se fit siffler à Lyon, et que le proconsul vengea plus tard l'histrion. Mais une tradition lyonnaise, recueillie par M. Morin dans son *Histoire de Lyon* (III, 404), le montre attaché aux plaisirs de *Nosseigneurs les gouverneur et intendant*, « jouissant de la faveur du public et des bonnes grâces de l'intendant, M. de Flesselles, qui le protégeait au théâtre comme un excellent comédien et l'accueillait à sa table comme un parasite aimable et un flatteur habile. » Les biographies s'accordent à dire que ses mœurs décentes et sa politesse faisaient, à la ville, oublier sa profession d'acteur.

De sa plume féconde, il sortit pendant vingt ans une quantité de drames et de comédies, où, parmi d'énormes invraisemblances, des platitudes, des imitations grossières, il y a parfois des traits comiques, du mouvement, le sens du théâtre. Collot avait de l'instruction et de la lecture: dans *le Paysan magistrat* (1777), il imite Calderon, et dans *l'Amant loup-garou* (1779), il s'inspire des *Joyeuses commères de Windsor* de Shakespeare. Ce furent là succès de province. Fixé à Paris en 1789, il y donna des drames poli-

(1) On n'a aucune biographie autorisée de Collot. La biographie Michaud le fait naître à Paris en 1750 ; la biographie Didot prétend qu'il fit d'abord partie de la congrégation de l'Oratoire. — Il est impossible de savoir ce qu'il y a de vrai dans les accusations relatives à sa vie d'acteur. Mme Roland dit dans ses mémoires qu'il avait volé la caisse de sa troupe. Voir aussi les *Documents sur la Révolution*, publiés par MM. d'Héricault et Bord, 2e série, 1885, p. 247.

tiques, comme *La famille patriote ou la fédération*, pièce nationale en deux actes et en prose, qui eut un immense succès. « Il n'y a pas là d'aciton, disait le *Moniteur*, mais un fidèle tableau des conversations de notre temps. » Même dans ses comédies d'intrigue, Collot plaçait des allusions aristophanesques. Au dénouement des *Portefeuilles*, comédie jouée sur le théâtre de Monsieur le 10 février 1791, tout le monde va voir le fiancé de la jeune première, qui est de garde aux Tuileries, et on s'écrie en chœur : « Nous verrons notre bon roi, nous embrasserons nos amis et nous assurerons notre bonheur en faisant celui de nos chers enfants. »

C'est que l'auteur se piquait alors d'orthodoxie monarchique. Même après la fuite à Varennes, il tient pour la devise : « Le roi et la nation. » Il fait partie du club de 1789, et quand il entre aux Jacobins, c'est pour y faire couronner (26 octobre 1791) son *Almanach du Père Gérard*, où il y a une théorie de la royauté constitutionnelle. On sait que le succès de ce petit livre fut prodigieux ; c'est un style simple, un bon sens français, une éloquence familière.

Les opinions de Collot ne tardèrent pas à s'accentuer. Le 2 mars 1792, on discutait aux Jacobins l'office de Léopold. Après avoir provoqué une démonstration enthousiaste en faisant jurer aux assistants de mourir, s'il le faut, « en s'enveloppant dans les débris du drapeau de la liberté », il ajoute : « Si le despote et ses ministres ont été maladroits sur les moyens qu'ils ont employés, ils n'ont pas été plus heureux dans les expressions qu'a choisies leur colère. Je ne relèverai pas le mot « républicain » dont ils se servent à chaque ligne. J'observe seulement que ce mot, qui présente des opinions politiques que vous n'avez jamais adoptées, et tout au contraire bien souvent combattues, présente aussi le sens d'un caractère moral dont il serait glorieux de s'honorer ; que nuls hommes ne furent plus soumis aux lois, plus dévoués à la chose publique, plus amis de la vertu et des bonnes mœurs, n'ont donné de plus fréquents exemples d'une passion héroïque et d'un courage intrépide que les peuples républicains, etc. » Robespierre se fâcha, et il fit écarter ce mot de républicain.

Ses discours en faveur des Suisses de Châteauvieux le rendirent célèbre. André Chénier railla, dans un hymne fameux, *le grand Collot d'Herbois, ses clients helvétiques*. Lui-même, lors de l'entrée triomphale des Suisses, les plaça sur un char traîné de chevaux blancs et s'y plaça à côté d'eux. Le peuple le vit dans cette pose théâtrale.

Député de Paris à la Convention, il resta l'homme des Jacobins. Le 23 septembre, il demande que tous les conventionnels s'inscrivent au club. « Celui qui est déjà bon en se rendant ici, dit-il, deviendra meilleur; celui qui sera douteux se prononcera bientôt; celui qui sera faible, se raffermira ; enfin celui qui sera de glace, se fondra. — Nous avons, il est vrai, reconnu la République à l'unanimité; mais parmi les membres qui ont voté pour cette République, il est facile de distinguer trois classes. Les uns ont reconnu la République avec enthousiasme, ceux-là sont les vrais jacobins; d'autres l'ont reconnue par obéissance pour la majorité; d'autres enfin par devoir. Ces différentes nuances disparaîtront en se fondant en une seule, si tous ceux qui les composaient viennent ici, si nos séances sont nombreuses : vous les forcerez bientôt tous à se monter au ton de l'esprit général. » Pour lui, les séances des Jacobins ne seront jamais trop longues. « Quant à moi, dit-il le 1er octobre, si nos discussions doivent se prolonger bien avant dans la nuit, je prends l'engagement de sortir le dernier, en prenant le bras du dernier citoyen des tribunes. »

Tout pour le club et par le club, voilà sa politique en 1793. Il redoute un gouvernement fort : « Il ne faut point de conseil exécutif; il deviendrait trop gros et trop gras, il ne faut qu'un atelier obéissant, où tous les ouvriers soient attachés à la besogne. »

Collot traversa tous les partis : on le vit tour à tour membre de la *Société de* 89, jacobin, girondin en 1792, rédacteur de la *Chronique du mois*, avec Condorcet, montagnard en 1793, hébertiste, thermidorien. Ce cabotin voulut se montrer sous toutes les faces, jouer sur tous les tréteaux.

Mais il ne faut pas juger son éloquence sur le compliment ridicule qu'il fit à Dumouriez, le 14 octobre 1792, du haut de la tribune des Jacobins : «... A Bruxelles, lui dit-il, la liberté va renaître sous tes auspices; un peuple va se livrer à l'allégresse; tu rendras les enfants à leurs pères, les épouses à leurs époux; le spectacle de leur bonheur te délassera de tes travaux. Enfants, citoyens, filles, femmes, tous se presseront autour de toi; tous t'embrasseront comme leur père... De quelle félicité tu vas jouir, Dumouriez !... Ma femme... elle est de Bruxelles, elle t'embrassera aussi. » Le rédacteur du compte-rendu s'amusa-t-il à tourner les paroles de Collot en caricature? Toujours est-il que, dans le cours de sa longue carrière, l'ancien acteur fut souvent odieux, effrayant; rarement il parut grotesque, et son mérite oratoire ne fut pas contesté.

Son thème le plus ordinaire est à peu près celui de Marat : il faut tuer tous les ennemis du peuple, non pour le plaisir de tuer, mais par compassion pour le peuple. L'homme sensible et bon sera justement celui qui s'endurcira davantage contre les cris de douleur des aristocrates. Pour Collot, les massacres de septembre sont louables. Ainsi, le 5 novembre 1792, aux Jacobins, il s'indigna des doutes, pourtant timides, que Manuel avait présentés sur l'utilité de cette Saint-Barthélemy révolutionnaire :

« Il ne faut pas se dissimuler, répondit-il, que c'est là le grand article du *Credo* de notre liberté. Nos adversaires ne nous opposent cette journée que parce qu'ils ne la connaissent pas... Je déplore tout ce qu'il y a de malheureux dans cette affaire ; mais il faut la rapporter tout entière à l'intérêt public. Nous, hommes sensibles, qui voudrions ressusciter un innocent, pourrions-nous admettre en principe, comme Manuel, que les lois ont été violées dans cette journée, que l'on n'y a compté que des bourreaux ? Je crois qu'il suffit d'ouvrir les yeux à Manuel pour lui faire voir qu'il n'a pas dit ce qu'il a voulu dire. — Nous outragerions la vérité, si nous ne professions pas, sur la journée du 2 septembre, les mêmes principes, savoir : que nous gémissons sur les maux particuliers qu'elle a produits ; mais que, sans cette journée, la Révolution ne se serait jamais accomplie. »

Et, après avoir déclaré que Manuel avait rendu possibles les faits qu'il blâmait aujourd'hui, il conclut en ces termes : « Manuel sentira que c'est une grande journée dont il a été l'instrument : qu'il donne à l'humanité les regrets qu'elle exige, mais qu'il donne à un grand succès toute l'estime que ce grand succès mérite, et qu'il dise que, sans le 2 septembre, il n'y aurait pas de liberté, il n'y aurait pas de Convention nationale. »

II

Qu'il ait été sanguinaire à Lyon, il n'en faut pas douter : ses aveux sont là. Le 26 brumaire, Fouché et lui écrivent à la Convention qu'il n'y a d'innocent « dans cette infâme cité que celui qui fut opprimé ou chargé de fers par les assassins du peuple. » Contre les autres, ils seront sans pitié. On a vu comment Couthon avait éludé le décret sur la destruction de Lyon. Ses successeurs écrivent : « On n'a presque rien fait jusqu'ici pour l'exécuter. Les démolitions sont trop lentes, il faut des moyens plus rapides à l'impatience républicaine. L'explosion de la mine et l'activité dévorante de la flamme peuvent seules exprimer la toute-puissance du peuple : sa volonté ne peut être arrêtée comme celle des tyrans, elle doit avoir les effets du tonnerre. »

On a parlé des mitraillades ordonnées par Collot à Commune-Affranchie. Il avoua hautement la chose dans son rapport du 1er nivôse à la Convention. Avec sérénité, il expliqua pourquoi les jugements rendus par l'homicide commission militaire n'avaient pas été d'abord exécutés : on réservait les condamnés pour en faire une vaste et publique boucherie. Voici son raisonnement :

« Pourquoi les avait-on différées, ces exécutions ? Citoyens, il faut le dire : c'est que, pour délivrer l'humanité du spectacle déplorable de tant d'exécutions successives, vos commissaires avaient cru possible de détruire tous les conspirateurs jugés en un seul jour. Ce vœu, provoqué par la véritable sensibilité, sortira naturellement du cœur de tous ceux qui auront une pareille mission à remplir. Qui de vous, citoyens, à la place de vos collègues, n'eût pas voulu tenir la foudre pour anéantir ces traîtres d'un seul coup ? Qui de vous n'eût pas voulu donner à la faux de la mort un tel mouvement qu'elle pût les moissonner tous à la fois ? C'est là ce qui fut voté d'abord. L'impossibilité en fut démontrée après une discussion de trois heures avec les chefs de la force armée, et vous sentez que jamais il n'y eut, pour les représentants du peuple, rien de plus difficile et de plus laborieux. Tels étaient les pénibles devoirs que vous leur aviez imposés. Cependant les dangers de la chose publique allaient toujours croissant : un formidable exemple était devenu nécessaire. Un très grand nombre de rebelles était jugé ; il fut décidé que soixante des plus coupables seraient foudroyés le lendemain... » Et après avoir rappelé les crimes des condamnés (1), il décrit ainsi leur mitraillade :

« Trois décharges de mousqueterie étaient préparées pour terminer leur sort ; le feu du canon s'y joignit ce jour-là ; mais ces dispositions terribles ne furent pas assez rapides, et leur mort a duré trop longtemps. Deux d'entre eux s'étaient échappés ; ils ont été fusillés en fuyant, à quelque distance du lieu d'exécution. Voilà la vérité. Nous avons regretté nous-mêmes que toutes les précautions nécessaires n'eussent pas été prises. »

Le soir même, aux Jacobins, il compléta son apologie et avoua que sa mitraillade avait fait, non pas soixante victimes, mais deux cents. « Je dois vous dire ici la vérité tout entière : dans mon rapport à la Convention, j'ai été obligé d'employer toutes les ressources de l'art, toutes les circonlocutions pour excuser ma conduite... » Mais ici, il va parler franchement. Qu'a-t-il voulu faire à Lyon ? un acte de justice ? non : un acte de vengeance. Contre les ennemis des Jacobins, toutes les rigueurs sont justes : « Qui sont donc ceux qui ont des larmes de reste pour pleurer sur les cadavres des ennemis de la liberté, alors que le cœur de la patrie est déchiré ? Une goutte de sang versé des veines généreuses d'un patriote me retombe sur le cœur, mais je n'ai point de pitié pour des conspirateurs. Nous en avons fait foudroyer deux cents d'un coup, et on nous en fait un crime. Ne sait-on pas que c'est encore une marque de sensibilité ? Lorsqu'on guillotine vingt coupables, le dernier exécuté meurt vingt fois, tandis que ces deux cents

---

(1) « Là se trouvaient, dit-il, ceux que, dans l'expédition de Montbrison, pendirent les républicains à leurs fenêtres, enlevèrent leurs familles entières pour les enfermer ensuite sans nourriture dans les souterrains de Pierre-Encise. Là étaient ceux qui brûlaient les chaumières et les récoltes ; ceux qui firent de ce jour une fête, avec illuminations et réjouissances publiques ; ceux qui firent prêter à leurs enfants, pour toute leur vie, le serment horrible d'assassiner les plus énergiques défenseurs de la cause du peuple. »

conspirateurs périssent ensemble. La foudre populaire les frappe, et, semblable à celle du ciel, elle ne laisse que le néant et les cendres. On parle de sensibilité ! et nous aussi nous sommes sensibles ; les Jacobins ont toutes les vertus, ils sont compatissants, humains, généreux ; mais tous ces sentiments, ils les réservent pour les patriotes qui sont leurs frères, et les aristocrates ne le seront jamais (1). »

Il est inutile d'étudier tout le rôle oratoire et politique de Collot. Rappelons seulement qu'il fut un des membres les plus violents du Comité de salut public, et aussi un des orateurs les plus acclamés du peuple. Jaloux de son succès et inquiet de son exagération, Robespierre l'avait depuis longtemps proscrit dans sa pensée. L'art avec lequel ce comédien tira parti de la tentative d'assassinat dont il fut l'objet dans la nuit du 3 au 4 prairial mit le comble à la haine de Robespierre, que l'arrestation de Cécile Renault dédommagea médiocrement. On sait quel rôle joua Collot au 9 thermidor, quelle audace brutale et efficace il déploya contre le dictateur. Quand vint la réaction, c'est surtout contre lui que les thermidoriens de droite dirigèrent leurs attaques. Il sut se défendre, et c'est surtout dans cette lutte suprême qu'il se montra orateur.

Accusé d'abord par Legendre de complicité avec Robespierre, il se justifia avec adresse (12 vendémiaire) et donna, sur les préliminaires du 9 Thermidor, des détails qui ont échappé aux historiens :

« Oui, dit-il, nous avons craint des déchirements, parce

---

(1) Il ne faut pas se représenter Collot comme une brute ivre de sang. A l'occasion, il était capable de clémence, de sagesse, de magnanimité. A Orléans, en mai 1793, après la tentative d'assassinat dont Léonard Bourdon fut victime, il étonna tous les partis par la modération avec laquelle il traita cette ville qu'un décret de la Convention avait déclarée rebelle. Un mois plus tard, dans la même ville, « insulté en plein théâtre, il dédaigne, lui tout-puissant, de poursuivre ses insulteurs. » *Collot d'Herbois à Orléans*, par Jules Doinel, dans la *République française* des 14 et 15 avril 1885.

que nous savions que Robespierre jouissait d'une grande force d'opinion. Nous avions aussi besoin de victoires. Carnot le disait : « Lorsque les victoires arriveront, nous aurons le double de force » ; et c'est en ce sens que les armées ont eu part à la défaite du tyran. Sans doute, nous savions que Robespierre avait des desseins secrets. (*Bourdon de l'Oise*: Toute la Convention le savait.) Oui, chacun le savait, chacun le sentait ; mais croyez-vous qu'il fût si aisé de deviner Robespierre ? Pour le deviner, il fallait être lui-même ; pour calculer la profondeur et l'atrocité de ses perfidies, il fallait avoir une âme aussi perfide et aussi atroce que la sienne. Si, en le dénonçant au milieu de vous, nous n'arrivions pas avec la certitude de prouver tout ce que nous lui reprochions, quel est celui d'entre vous qui aurait osé garantir notre accusation ? Lorsque nous avons eu des preuves, alors nous nous sommes sentis forts. Jusque-là, que pouvions-nous ? Nous invoquons nos collègues : qu'ils disent si, lorsqu'ils recevaient de Robespierre des humiliations ou des persécutions, ils n'ont pas trouvé de consolation auprès de nous ! Que Carnot atteste si nous n'avions pas pris la résolution de ne plus rien signer de ce qui concernait la police générale sans un rapport de Robespierre... On dit que la tyrannie a duré pendant les quatre décades de l'absence de Robespierre ; mais Couthon et Saint-Just étaient ses successeurs, et la police générale, qu'ils conduisaient, correspondait seule avec le tribunal révolutionnaire... »

Décrété d'accusation avec Billaud et Barère, il parut à la barre le 4 germinal an III, avec un air d'assurance et d'orgueil. Il se fit alors un grand silence, dit le *Moniteur*, et l'accusé, avec autant d'habileté que de hauteur, défendit, non ses actes, mais la Révolution entière attaquée par la réaction :

« Les ardents amis de la Révolution, dit-il, sont accusés

d'avoir voulu la renverser. On feint d'oublier que les malveillants et les royalistes de l'intérieur ont tout fait pour détruire le gouvernement républicain, et qu'il a fallu les comprimer; on feint d'oublier que le Midi a été en proie aux factions, que Lyon a été en révolte ouverte contre la représentation nationale, et que, dans les temps difficiles, le salut du peuple est la suprême loi.

« Les agents que vous avez choisis parmi vous n'étaient point infaillibles ni parfaits; ils ne pouvaient répondre que de leurs intentions. Celui qui n'est ni perfide ni conspirateur est irréprochable. Tous ceux à qui vous confierez le gouvernement auront des ennemis; faudra-t-il les tuer sur la parole et les imputations des calomniateurs? Vous nous aviez dit d'agir, et nous vous avons obéi : nous ne nous sommes jamais séparés de vous. C'est donc en vain qu'on veut rayer notre présence de l'histoire de la Révolution. Le peuple nous a tous secondés ; il était puissant, vainqueur, et non opprimé...

« Ce n'est pas nous seuls que la calomnie veut détruire : on a commencé la guerre contre la représentation par d'infâmes libelles; on veut la soutenir par des poignards et la finir par des bourreaux. L'ombre de Capet est là, qui plane au-dessus de vous et qui anime vos ennemis. Vous qui l'avez jugé, vous êtes désignés ; vous qui ne l'avez pas sauvé, vous l'êtes aussi. Disposez de nos têtes, mais que ce soit pour le salut de la patrie. Nous sommes poursuivis pour avoir servi la cause de la liberté ; nous ne déshonorerons pas une aussi glorieuse infortune... »

Et jusqu'au bout il lutta sans défaillance et sans peur, comme s'il était sans reproche. Son éloquence n'avait pu réfuter les griefs terribles que sa conduite à Lyon fournissait à ses adversaires, et il expia à Cayenne son fanatisme sanguinaire.

Son action à la tribune faisait un grand effet sur le

peuple, et ses ennemis mêmes parlent de lui comme d'un des premiers orateurs de son temps. Dussault le caractérise en ces termes : « Une physionomie un peu sauvage, une encolure forte et vigoureuse, un organe imposant quoique un peu voilé, une diction théâtrale, des pensées tantôt énergiques, tantôt ingénieuses, une facilité d'improviser quelquefois très oratoire, le talent d'intéresser le cœur et d'échauffer le sentiment, d'attribuer avec art à des causes morales des résultats purement physiques, lui avaient souvent attiré des applaudissements à la Convention et surtout aux Jacobins. Au reste, plus brusque et plus impétueux dans les affaires qu'adroit et insinuant... » Et Vilate résumait ainsi l'impression générale sur ce tribun frénétique : « Collot d'Herbois, sensible, enthousiaste, facile, se passionne pour les idées grandes, élevées. Cruel, il croit être humain. Son âme varie comme son jeu sur le théâtre et à la tribune. Enclin à la débauche, passionné pour les femmes, sans choix, violent, colère, emporté, air de vérité ; son visage quelquefois enflammé, selon la fougue de ses passions ; peut-être eût-il été plus juste, compatissant, si la mauvaise compagnie ne l'eût rendu plus féroce que le tigre et le lion. »

En dépit de sa grande facilité de parole, il affectait de n'improviser pas, et s'excusait s'il développait une opinion à l'improviste (1). Cet ancien comédien était un observateur méticuleux des convenances parlementaires.

(1) Aux Jacobins, le 12 février 1792, comme personne ne demandait la parole sur les affaires d'Avignon, il monta à la tribune *pour qu'une question si grande eût été au moins débattue* : « J'aurais dû sans doute, messieurs, rédiger un discours par écrit ; mais puisque j'improvise sur cette question importante, je vous prie de m'accorder la plus grande tranquillité. »

CHAPITRE III.

BARÈRE.

Barère n'avait ni opinions religieuses, ni opinions politiques (1).

Sans doute l'éditeur de ses Mémoires, M. Carnot, l'a loué de ses sentiments chrétiens, qui auraient eu en lui « de profondes racines », et il cite de pieuses méditations trouvées dans ses papiers. Mais à la tribune Barère parle avec un égal respect, selon les circonstances, de la constitution civile du clergé, des temples de la Raison et du culte de l'Etre suprême. Je défie qu'on trouve, dans l'immensité de son œuvre oratoire, une vue réfléchie, personnelle ou même une adhésion sincère à aucune opinion religieuse. Il suit la mode, en ces matières, comme en toutes, avec une tendance vague au voltairianisme. Dans sa proscription, il eut des réminiscences des impressions d'enfance, et il prétend s'être agenouillé de bon cœur dans l'île d'Oléron et y

(1) Sur ses débuts oratoires, voir *Les Orateurs de la Constituante*, p. 452-455. — Quand, en 1843, les Mémoires de Barère furent publiés par M. Carnot, Macaulay en fit l'objet d'un de ses plus merveilleux essais et jeta une lumière crue sur les mensonges de l'homme aux carmagnoles. Il n'y a peut-être pas, dans toute l'histoire littéraire, d'autre exemple d'une aussi terrible exécution. L'éditeur avait tâché de repeindre un peu et de restaurer ce mannequin mal famé. Qu'en fit Macaulay? Une guenille informe, crevée, déchirée, piétinée, qu'il suspendit à une potence assez haute, dit-il, pour que nul jacobin ne fût tenté de l'en détacher. Ce n'est pas nous qui réhabiliterons Barère : mais le grand styliste ne dépassa-t-il pas son but en faisant d'un bel esprit poltron le type du scélérat idéal? Est-ce la conscience humaine que cet Anglais voulut venger, — ou la conscience anglaise? Sa haine est-elle d'un moraliste impartial, ou d'un ennemi de la Révolution française? Si le même Barère eût mis toute sa nature souple et basse au service des idées monarchiques, s'il n'eût pas célébré dans ses carmagnoles des défaites anglaises, la potence dressée par Macaulay aurait-elle été aussi haute ? Il faut ramener à des proportions plus humaines la mémoire de l'ancien rapporteur du Comité de salut public.

avoir prié. Il avait projeté, sans doute au début de ce siècle, un ouvrage intitulé du *Christianisme et de son influence*. Il n'en faut pas davantage à M. Carnot pour faire de Barère un démocrate catholique à la façon de Buchez. Il est plus probable que son imagination fut charmée par l'éloquence de Chateaubriand, et que là encore il ne fut qu'un écho. Ce n'est qu'en sa vieillesse qu'il se convertit décidément : il y a de lui un recueil de réflexions mystiques avec ce titre : *Les paroles du psalmiste, ou consolations religieuses sur ma proscription, mes prisons, mon exil et mon retour en France dans ma vieillesse*. M. Carnot a laissé ces *Paroles* inédites. Je doute qu'on y trouve un cri du cœur, un accent profond : Barère n'eut que des émotions superficielles.

En politique, sa versatilité fut proverbiale. Je sais bien que, de 1789 à 1830, beaucoup de Français furent sincères dans leurs changements d'opinions, monarchistes sous la Constituante, républicains après le 10 août, césariens sous Bonaparte, royalistes de droite avec les Bourbons, royalistes libéraux avec Louis-Philippe. D'autres varièrent avec leurs intérêts, comme Talleyrand ; mais à travers leurs contradictions, on devine en eux des préférences politiques. Celui-là tient pour l'ancien régime ; celui-ci pour le système anglais. Quel gouvernement rêvait pour son pays cet homme que ses graves fonctions, le maniement des affaires, l'attention de l'Europe auraient dû rendre attentif aux grands problèmes ? Barère ne veut rien, ne pense rien, ne sait rien. On lui prête une secrète prédilection pour la constitution de 1791. Mais voici, dans les papiers de ce sophiste, un canevas de dissertation intitulé : *La France plus libre sous le despotisme que sous la liberté*.

Toutes les thèses amusaient son imagination, exerçaient sa plume. Aussi y a-t-il de la naïveté à s'indigner de ses contradictions, de son passage des Feuillants aux Girondins, des Girondins aux Montagnards, de la Montagne à la réaction. Il ne trahit pas les principes. C'est lui faire trop d'honneur que de lui prêter des trahisons qui supposent une seconde d'attachement à des idées.

Mais il trahit les hommes : girondin jusqu'au 31 mai, familier du salon de miss William, où il voit Lasource et Vergniaud, orateur de la droite contre les aggressions jacobines du 10 mars et du 2 avril 1793, il se tourne impudemment contre ses amis vaincus, et il demande leur tête à la tribune, lui qui se vante dans ses mémoires de n'avoir désigné personne au bourreau. Il avait de la *timidité naturelle*, dit M. Carnot; c'était un *bon garçon* qui voulait vivre en paix avec tout le monde. Non : il était poltron et lâche; sa vileté d'âme mérite une partie des injures de Macaulay; son tempérament de mouchard vulgaire fut dédaigneusement utilisé par Bonaparte. Dès qu'il ne fut plus redoutable, chacun lui cracha son mépris à la figure. On haïssait Billaud, Collot-d'Herbois, et on se détournait d'eux avec horreur; on souffletait et on bernait Barère, comme un valet menteur; et que fut-il sous la Terreur ? un valet de bourreau malgré lui.

Macaulay le montre grisé de sang, heureux de faire souffrir. C'est là une fantaisie éloquente : Barère n'avait pas un tempérament de terroriste. Il tua par égoïsme, non par goût de meurtre. Et cet égoïsme, aimable dans un salon, devint féroce par peur bestiale. Quand il ne risquait rien, il aimait à se montrer bon prince; il rendit même, dit-il et dit-on, quelques services, sauva quelques têtes obscures. Il ne haïssait pas plus qu'il n'aimait, et il n'y a dans ses discours aucune trace d'un sentiment violent ou profond qui lui soit personnel. Il tenait pourtant à passer pour sensible. « M. Barère, dit miss William dans ses *Souvenirs*, vint me faire visite le lendemain de l'insurrection armée du 31 mai. Je le vis se jeter sur une chaise et pleurer amèrement sur le sort de la patrie. Il faisait des vœux pour retourner à sa demeure solitaire, au pied des Pyrénées ; il parlait avec enthousiasme de la grandeur de la nature... » On voit qu'il se mentait à lui-même comme aux autres. Né comédien, il lui fallait un théâtre et un rôle. Certes, il eût préféré avec sa jolie voix jouer les Vergniaud, être le jeune premier du drame; mais il se résigna sans remords au rôle du traître.

Ce poltron était vaniteux et jaloux comme un histrion. J'ai dit que lui, girondin par ses actes, il demanda le jugement à mort des girondins. Les succès oratoires de Vergniaud avaient irrité, humilié son amour-propre, dit miss William, et Bailleul confirme ce dire. « Ce qui est certain, lit-on dans l'*Almanach des bizarreries humaines*, c'est qu'il avait fait un discours en faveur de l'appel au peuple, et qu'après avoir entendu plusieurs orateurs, notamment Vergniaud, sur cette question, craignant de ne plus faire sensation après cet homme célèbre, il avait adopté l'avis opposé, afin d'être distingué. » Ne voulait-il pas aussi réparer sa popularité, compromise par les papiers de l'armoire de fer ?

Mais sa vanité littéraire fut, jusqu'à la fin de sa vie, d'un Trissotin. Un trait va le peindre au vif : en tête du rapport qu'il fit à la Constituante sur les forêts nationales, le 6 août 1790, il mit comme épigraphe le vers de Virgile : *Si canimus silvas, silvæ sint consule dignæ*. S'il y a une tendance un peu fixe dans cet esprit mobile, c'est la préoccupation pédante de faire en toutes choses œuvre de bel esprit : constituant, juge au tribunal de cassation, rapporteur du terrible Comité de salut public, mouchard aux ordres de Napoléon, il resta académicien de Toulouse.

Quel fourbe et quel cuistre ! Comment se fait-il que les contemporains l'aient applaudi ? que le comité l'ait choisi pour son rapporteur ordinaire ? que la France, les armées, l'Europe aient écouté sa voix ? C'est d'abord qu'on ne voyait pas comme nous l'incohérence coupable de toute sa vie ; et puis il avait marché dans le sens des passions du temps; il n'avait trahi que des minorités vaincues ; il avait courtisé les triomphes de l'opinion ; il était probe ; il était pauvre; il était laborieux et assidu. La masse du public le croyait, sinon grave, du moins enthousiaste pour la Révolution. Bel homme, il avait tous les dons physiques de l'orateur : voix sonore, taille élégante, geste juste. Sa figure brillante d'assurance, ses traits élégants, presque féminins, ses cheveux retombant en boucles, toute son attitude jeune et souple, faisait plaisir à voir et, aux jours sombres, contrastait avec les mines terribles de Robespierre et de Billaud. Et puis, ce malhonnête homme avait du talent.

Du talent sans idées ? Il y a des idées dans ses discours, dans ses innombrables rapports, dans ses *carmagnoles*. Mais ces idées ne lui appartenaient pas en propre. « Avait-il un sujet à traiter, dit Vilate, il s'approchait de Robespierre, Hérault, Saint-Just, etc., escamotait à chacun ses idées, paraissait ensuite à la tribune ; tous étaient surpris de voir ressortir leurs pensées comme dans un miroir fidèle. » Voilà ce qu'on lui reprochait avant qu'il devînt l'ordinaire rapporteur du Comité de salut public. Alors ce vice littéraire, ce goût du plagiat devint une qualité de premier ordre. Il excella dans une sorte d'éclectisme, prenant à chacun ce qu'il avait dit de plus plausible et disposant ces idées disparates dans un ordre sage et clair. Prieur (de la Côte-d'Or) disait à ce sujet à M. Carnot : « Lorsqu'après de longues heures de débats animés, qui nous tenaient souvent une partie de la nuit, nos esprits fatigués ne pouvaient plus qu'avec peine se rappeler les circuits que la discussion avait parcourus, et perdaient de vue le point principal, Barère prenait la parole ; à la suite d'un résumé rapide et lumineux, il posait nettement la question, et nous n'avions plus qu'un mot à dire pour la résoudre. » Il ne refusait jamais, nous dit-il, de se charger d'un rapport (1), même s'il voyait triompher l'opinion qu'il avait combattue ; il l'adoptait et en démontrait avec assurance l'absolue vérité. Son éditeur dit avec une indulgence naïve : « La tâche que s'était donnée Barère était brillante, mais pénible ; tandis que d'autres membres du Comité, qui avaient su se créer une spécialité, trouvaient dans la conscience du bien qu'ils accomplissaient le dédommagement du mal qu'ils ne pouvaient empêcher, Barère, condamné à se mêler de tout, devait encore tout présenter au public sous des couleurs favorables. » Mais ces conditions, peu honorables pour l'homme, donnent à l'orateur une abondance d'idées, une omniscience, une variété de style où nous retrouvons l'image condensée des fortes discussions qui devaient se produire dans le Comité entre des hommes comme Carnot et Saint-Just. C'est leur pensée et leur éloquence que nous admirons souvent dans Barère.

Comment faisait-il ses rapports militaires, si appréciés alors des hommes compétents ? Il nous le dit lui-même : « Carnot me traçait ses besoins de législation en quelques lignes, et j'écrivais sur-le-champ mes rapports pour aller développer à la tribune les motifs de ces lois (2). » S'agissait-il de préparer pour la Convention un de ces récits de victoire, que la malignité appela depuis des carmagnoles : « Carnot, dit Barère, me remettait chaque soir un portefeuille de lettres des généraux, et tantôt j'en extrayais de quoi faire un rapport d'ensemble sur l'état des armées et sur la conduite de la guerre, tantôt je faisais un rapport particulier quand il s'agissait de la reprise d'une de nos places fortes ou d'une victoire particulière sur quelques points essentiels. »

(1) Mémoires de Barère, I, 83 ; II, 138.
(2) Ibid. II, 107.

Il avait l'art, sans s'écarter de la vérité, de fondre les documents mal écrits ou incohérents qu'on lui remettait, en un récit lumineux et dramatique, et de tirer des faits une leçon de philosophie révolutionnaire adaptée aux goûts et aux espérances des tribunes jacobines, et qui allait surexciter le courage du soldat dans son bivouac. « C'est la première fois, dit-il avec orgueil, soit en France, soit en Europe, soit chez les peuples anciens et chez les nations modernes, que la tribune nationale, consacrée aux discussions législatives et aux affaires politiques, a exercé une grande influence militaire, en s'élevant à un nouveau genre d'éloquence. C'est la première fois que les représentants d'une nation ont parlé au nom de la liberté et de l'égalité à d'innombrables bataillons, célébré les exploits et les grands faits d'armes des forces nationales, et décerné des récompenses aux armées victorieuses de tant de rois. »

Les effets de cette éloquence étaient prodigieux, et Barère n'a rien exagéré quand il a écrit dans ses Mémoires : « Ces applaudissements qui se faisaient entendre aussitôt que j'entrais dans la première salle avant celle de la Convention, et qui me précédèrent à la tribune pendant toute l'année 1794, excitèrent contre moi la haine des Jacobins, la bile de Robespierre et l'envie de Saint-Just, à un tel point que je fus dénoncé trois fois aux Jacobins... Je crus devoir faire dire aux tribunes, par un huissier, de s'abstenir dorénavant de ces signes d'approbation ; et j'allai parler au rédacteur du *Moniteur*, M. Trouvé, afin qu'à l'avenir il ne mît plus dans cette feuille quasi-officielle que les applaudissements m'avaient accompagné à la tribune, formule qui pouvait me devenir très funeste. Vers le même temps, on raconta, dans des nouvelles des armées et dans des lettres de généraux, que tel rapport ou tel bulletin de la Convention avait été publié la veille de telle bataille, et que cette lecture avait doublé les forces de l'armée. Le commandant des armées des Alpes écrivait, par exemple, qu'au milieu même des frimas de 1794, nos soldats s'élançaient contre les Piémontais en criant : « Barère à la tribune! » Bonaparte lui-même avait gardé un grand souvenir de ces carmagnoles, et, dans ses premières proclamations, il y a plus d'un trait imité de l'orateur dont les rapports étonnaient les ennemis de la France. Ce retentissement prodigieux des victoires donnait, grâce à Barère, du prestige à la Révolution. « Les triomphes constants des quatorze armées de la République, dit-il avec bonheur, étaient comme un nuage de gloire élevé sur nos frontières pour empêcher l'Europe coalisée de voir nos divisions intestines. » Ce souple talent savait exprimer tout, même le grand.

On sait que les carmagnoles irritaient Robespierre, soit qu'il en jalousât le succès, soit que l'annonce presque quotidienne des victoires de la République lui parût menaçante pour son règne. Saint-Just et lui essayèrent d'ôter à Barère ses fonctions de rapporteur militaire. « Ils forcèrent, dit ce dernier, l'impotent Couthon à se rendre au Comité de salut public à onze heures du matin, avant que j'y arrivasse. Couthon demanda à Carnot la correspondance des généraux arrivée pendant la nuit, et alla s'établir à sa place ordinaire dans le bas de la salle, attendant que l'assemblée fût assez nombreuse pour qu'il pût, lui aussi, annoncer des victoires. Vers une heure, Couthon, paralytique et ne pouvant se soutenir à la tribune, lut froidement de sa place les nouvelles des armées (1). » En effet, dans la séance du 7 prairial an II, Couthon donna des nouvelles des opérations militaires dans le Nord et sur la Moselle, et il fit sentir naïvement pourquoi il ôtait la parole à Barère : Les victoires de nos soldats, dit-il en résumé, ont été accordées par la même Providence qui vient de préserver Robespierre du poignard de Cécile Renault.

(1) Mémoires de Barère, II, 151.

Barère reprit ses fonctions le lendemain. Mais Saint-Just le voyait avec regret donner tant de place au militarisme dans la Révolution. Le soir où on apprit la prise d'Anvers, il lui dit au Comité (1) : « Ne fais donc pas tant mousser les victoires. — Pourquoi ? — N'as-tu jamais craint les armées ? » Barère ne tint pas compte de cette observation et il se fait gloire, dans ses mémoires, d'avoir bravé Saint-Just en commençant ainsi son rapport à la Convention : « Citoyens, si le Comité de salut public vient annoncer tous les jours avec un enthousiasme patriotique le succès des armées françaises, c'est qu'il en partage sincèrement la gloire. Malheur à l'époque où les succès des armées seront entendus froidement dans cette enceinte ! » C'est ainsi qu'il eut, ce jour-là, le courage de son opinion. Mais ce qu'il oublie de dire, c'est que ces paroles furent prononcées par lui le 8 thermidor, après le rapport du décret qui ordonnait l'impression du discours de Robespierre. Oui, Barère osa contredire Saint-Just, mais quand l'échec de Robespierre le rendait moins redoutable.

On ne peut songer à suivre Barère dans toute sa carrière oratoire et à analyser ses six cents rapports, dont il parle avec tant d'orgueil. Mais voici quelques exemples de son éloquence.

Pendant la période de sa vie où il fut girondin, c'est-à-dire tant que la Gironde fut la plus forte, on eût dit qu'il pressentait vaguement la prédominance finale de la Montagne : car il est fort embarrassé sur sa ligne de conduite. Mais je crois, avec Louis Blanc, que Michelet a eu tort de le montrer opérant le sauvetage de Robespierre accusé par Louvet. Ce discours du 5 novembre 1792 est nettement girondin, en ce sens que Barère y cherche à réparer la maladresse de l'auteur de *Faublas* et à déconsidérer Robespierre en le rendant ridicule :

(1) Mémoires de Barère, IV, 410.

« Citoyens, dit-il, ne donnons pas de l'importance à des hommes que l'opinion générale saura mieux que nous remettre à leur place ; ne faisons pas des piédestaux à des pygmées ; le peuple seul est grand. — Citoyens, s'il existait dans la République un homme né avec le génie de César ou l'audace de Cromwell, un homme qui, avec le talent de Sylla, en aurait les dangereux moyens, je viendrais avec courage l'accuser devant vous ; un tel homme pourrait être dangereux à la liberté. S'il existait ici quelque législateur d'un grand génie, d'un caractère profond ou d'une ambition vaste, je demanderais d'abord s'il a une armée à ses ordres, ou un trésor public à sa disposition, ou un grand parti dans un sénat ou dans la république. Et si de tels individus avaient laissé des traces de leur plan d'attenter aux droits du peuple ou à la majesté des lois, vous devriez les décréter d'accusation comme des conspirateurs audacieux. Mais des hommes d'un jour, de petits entrepreneurs de révolution, des politiques qui n'entreront jamais dans le domaine de l'histoire, ne sont pas faits pour occuper le temps précieux que vous devez aux grands travaux dont le peuple vous a chargés. (*Applaudissements.*) » Et il proposa l'ordre du jour motivé sur ce que la Convention ne devait s'occuper que des intérêts de la République. Robespierre repoussa cet ordre du jour, dont le préambule, disait-il, était injurieux pour lui, et il obtint l'ordre du jour pur et simple, c'est-à-dire une victoire écrasante et sur l'imprudent Louvet et sur l'habile Barère. Celui-ci fut dès lors en proie à une réputation d'homme équivoque, dont il ne se défendra que par des violences et par des trahisons (1).

---

(1) Camille Desmoulins le cingla avec cruauté. « Quant à moi, écrivit-il, je reste de l'avis et de Solon qui bannissait de la république ceux qui gardaient la neutralité entre les Brissotins et les Jacobins, et de Dieu le Père qui, dans saint Jean l'Apocalypse, dit à je ne sais qui : « Si tu étais chaud ou froid, tu pourrais trouver grâce ; mais

Il ne fut pas arrêté au 2 juin. Les vainqueurs prévoyaient que son talent serait à leur service. Il acheta sa vie et désarma la Montagne en venant demander, dans la séance même du 2 juin, que les vingt-deux se suspendissent volontairement de leurs fonctions: c'était les déclarer coupables et rendre possible le décret d'arrestation que le peuple imposa ensuite. Dès lors Barère vote et parle avec Danton : le 2 juin, il propose d'envoyer des otages à Bordeaux. La Convention repoussa cette impolitique mesure. Mais elle atténuerait un peu l'odieux de la trahison du rhéteur si, devenu rapporteur ordinaire du Comité de salut public, il n'avait demandé la tête d'un girondin étranger à la tentative de rébellion armée, de son ancien ami Brissot. Le 5 septembre 1793, dans son rapport sur l'organisation de l'armée révolutionnaire, il parla comme un terroriste forcené, et, après avoir admiré le mot de la Commune: *Plaçons la terreur à l'ordre du jour*, il s'écria : « Les royalistes veulent du sang: eh bien !

parce que tu es tiède, je te vomis. » J'en appelle aux hommes de bon sens, qui ont depuis quelques jours écouté les discours neutres de Barère. Y a-t-il rien de plus insupportable et qui choque plus la bonne foi ? Et comment peut-on dire ainsi blanc et noir à la fois ? Que signifient toutes ces phrases ? « Il y a des agitateurs. Non, il n'y a point d'agitateurs. Il y a des intrigants. Non, il n'y a point d'intrigants. Barbaroux a tort. Non, c'est Robespierre. » Et n'osant pas dire Robespierre, parce qu'après le discours de celui-ci, il aurait été opprimé d'une huée universelle, il dit : « Ce sont des hommes d'un jour, de petits entrepreneurs de révolutions, des politiques qui n'entreront jamais dans le domaine de l'histoire. » Et puis il propose un amendement équivalant à un hors de cour contre Robespierre. Mais, Barère, au nom des dieux, je vous prie, qu'est-ce que tout cela, sinon un galimatias double et la jalousie la plus dévergondée sous le masque de la modération ? Qu'avez-vous voulu dire : « Ne faisons pas de piédestaux à des pygmées » ? Sans doute, nous ne souffrirons de piédestaux à aucun homme ; fiez-vous-en à nous sur ce point ; mais si Robespierre est un pygmée, que serez-vous donc, vous, M. Barère ? et ne voyez-vous pas que vous avez rappelé à tout le monde la réponse de Rabelais : Si monsieur le cardinal baise la mule du pape, que restera-t-il à baiser au curé de Meudon ? » (*Rév. de France et de Brabant*, 2ᵉ série, n° XXV.)

ils auront celui des conspirateurs, des Brissot, des Marie-Antoinette. »

Mais la grosse opinion jacobine ne pouvait croire à la sincérité de ce bel esprit, en dépit des gages qu'il donnait. Dénoncé à deux reprises par Saintex et par Dufourny, il fut, dit-on, défendu par Robespierre comme réparant ses fautes par d'immenses services.

Parmi ses rapports militaires (1), celui où il raconta la délivrance de Landau nous parait surtout propre à donner une idée des fameuses *carmagnoles* :

« Citoyens, dit-il, le cri de la victoire a retenti des bords du Var aux bords du Rhône. C'est de Landau que le général Hoche date ses nouveaux succès ; c'est à Landau que les représentants du peuple, Saint-Just et Lebas, sont entrés triomphateurs, à la tête des colonnes républicaines. Ainsi les triomphes de la liberté paraissent à la fois aux portes de l'Italie et de l'Allemagne ; ainsi la République prend des forces au Nord et au Midi, comme elle s'affermit au Centre, sur les ruines de la Vendée. — Il n'y a qu'un jour qu'à cette tribune nous faisions connaître au Nord les victoires du Midi ; maintenant nous allons apprendre aux défenseurs des Pyrénées les victoires de l'armée de la Moselle et du Rhin ; c'est à eux à s'en rendre dignes. Encore hier nous en recevions l'heureux présage dans le récit de l'adjudant-général de l'armée de la Moselle. — Dans la nuit du 5 au 6 nivôse, nous a-t-il dit, la nouvelle de la prise de Toulon a été annoncée aux armées de la

(1) Dans ses mémoires (t. II, p.116), il se montre surtout fier du rapport sur la prise de Toulon : « Je présentai ce succès, dit-il, comme *une lettre de change* que la gloire nationale avait tirée par l'armée des Pyrénées-Orientales sur les autres armées de la République. Un mot, un rien, un à-propos suffit pour électriser les courages français : cette *lettre de change tirée par la gloire* fut acceptée par les autres armées ; elles se servirent de la même expression dans les correspondances des généraux... » La mémoire de Barère l'a sans doute trompé : je n'ai pas trouvé cette expression dans son rapport.

Moselle et du Rhin. C'était au milieu de la nuit ; la droite de l'armée de la Moselle était campée, marchant sur Lauterbourg, le centre sur les hauteurs de Hanspach, la gauche de l'armée du Rhin sur les hauteurs en deçà de Rindsfeld, la droite de l'armée de la Moselle touchant la gauche de celle du Rhin, et campée sur les hauteurs en face de Roth, où était campé l'ennemi. — Une voix ferme réveille le camp : « Toulon est pris ; l'Espagnol et l'Anglais fuient comme des lâches ! » Aussitôt les soldats se sont écriés : « *Vive la république !* Puisque nos frères sont entrés à Toulon, nous voulons aller à Landau » ; et ils partent. Et Landau n'a plus vu d'ennemi à ses portes. — Une incroyable circulation de victoires s'est établie entre les armées de la république, au milieu des glaces et des frimas, au cœur même de l'hiver. Non, la liberté outragée ne connait ni climats, ni saisons ; elle ne compte pas ses ennemis, elle ne sait que les vaincre. — Les Autrichiens ont été complètement battus ; les Prussiens ont essuyé la plus grande déroute, exécuté sur les bords du Rhin une fuite aussi belle, aussi honorable que celle des Espagnols et des Anglais sur la Méditerranée. — Elles étaient si célèbres, ces troupes formées par Frédéric à la victoire, conduites si bonnement par Guillaume sur nos frontières, et prodiguées si insolemment par Brunswick ! Et cependant des bataillons à peine exercés les ont battues ! — Elles étaient si fortement tacticiennes, les armées de Prusse ! elles étaient si aguerries, ces troupes autrichiennes ! Et cependant ce qu'ils appellent *des carmagnoles* les ont mises en déroute, et les ont chassées de la république comme des hordes de brigands et des bandes de voleurs ! — Qu'ils apprennent donc à connaître la valeur des hommes libres, la vigueur et les résolutions d'un grand peuple, dont les mouvements et les armées prennent dans chaque partie des frontières, comme dans l'intérieur, le caractère qui leur appartient. — Voilà la véritable tactique : au centre une guerre d'extermination contre les instruments des guerres civiles ; sur les frontières septentrionales, un courage froid et imperturbable ; dans les régions méridionales, une exaltation de courage qui ne connaît ni borne ni obstacle. La victoire de Toulon est l'effet de l'enthousiasme du courage ; la victoire de Landau est l'effet de la constance et de l'intrépidité les plus soutenues. — A Toulon, le climat dédommageait les soldats en adoucissant les fatigues de la guerre d'hiver. A Landau, c'est au milieu des neiges, c'est sur les glaces du Nord que la chaleur des combats se déployait. — Dans le Midi la victoire assimilée aux productions du climat a frappé l'Espagnol et l'Anglais comme la foudre frappe les palais inutiles et superbes. — Dans le Nord, la victoire assimilée aux élaborations lentes mais vigoureuses de la nature, n'a ouvert son sein qu'au travail constant des troupes, à leur patience infatigable, à leur courage républicain. — On dit que les Français n'ont que le moment de l'impétuosité. Les historiens de la monarchie, d'après quelques écrivains d'Italie, appellent notre courage, *la furia francese;* que les historiens de la république prennent donc leur burin, et qu'ils gravent pour la postérité les traits de courage et de constance qui, pendant un mois et demi, ont signalé la reprise de la frontière du Rhin, la chasse honteuse des hommes qui ont la réputation la plus belliqueuse de l'Europe, et qu'ils disent que le Français républicain est capable et doué de cette grande persévérance militaire qui semblait être l'apanage exclusif des automates prussiens. — Les armées du Midi mettent de la poésie dans leur triomphe ; les armées du Nord surpassent tout l'art des généraux et s'élèvent au-dessus de toutes les tactiques.—L'armée devant Toulon a frappé un grand coup. elle a été subitement victorieuse. Les armées de la Moselle et du Rhin se sont constituées en victoire permanente. »

Quand il avait ainsi raconté et commenté une victoire, avec d'heureuses fanfares; il lisait un choix de lettres et de rapports des généraux et des représentants en mission. Ces documents, parfois sublimes, soulevaient des applaudissements dont une partie s'adressait à l'habile metteur en scène.

Mais il eut d'autres succès à la tribune et il y joua un autre rôle (1). En thermidor, la Convention chercha à lire dans ses yeux, à deviner dans ses paroles, ce qui était *faisable sans risque*. Le 2, il avait lancé quelques vagues attaques contre Robespierre, par lequel il se sentait proscrit. Le 7, il avait loué le dictateur, par peur ou par tactique. Le 8, effrayé par le discours du maître, il en avait lâchement proposé l'impression, comme pour acheter son pardon de ses précédentes audaces. Puis, le décret d'impression une fois rapporté, il avait, on l'a vu, osé *faire mousser* encore une victoire par manière d'épigramme. Le 9, il était très perplexe, et la légende le représente debout près de la tribune avec deux discours en poche, l'un pour, l'autre contre (2). Il est plus probable, comme le dit plus tard Legendre (3), qu'il fit des changements à son manuscrit à mesure que l'issue de la journée se dessinait plus clairement. Barras a, dans ses mémoires, tracé le tableau comique de ces hésitations. Tout à coup éclata ce cri, parti

(1) La masse de la Convention le tenait pour un politique avisé, et son avis était d'un grand poids, au moment critique. Il est certain que, s'il n'avait pas parlé contre l'appel au peuple, l'issue du débat était changée. Mais quand il monta à la tribune, toute l'Assemblée, dit Romme, se prépara à l'attention, et sa « dialectique serrée » tourna contre Louis XVI quantité d'esprits honnêtes et hésitants. (Marc de Vissac, *Romme le Montagnard*, 1883, in-8, p. 261.)
(2) Thibaudeau, *Mémoires*, I, 88. C'est évidemment à Barère que Tallien fit allusion, quand il s'indigna, le 18 thermidor, « contre ces caméléons en politique, contre ces hommes qui, au moment où Robespierre était à cette tribune, avaient peut-être pour le soutenir un discours préparé dans leur poche ».
(3) Discours de Legendre du 9 prairial an III.

de tous les bancs: *Barère à la tribune !* c'est-à-dire: *peut-on se prononcer sans danger contre Robespierre ?* Barère parla, et, sans désigner la personne du dictateur, il l'atteignit dans son appui le plus solide, en faisant supprimer le commandement général de la garde nationale. C'était lui ôter Henriot et désorganiser ses projets de résistance, s'il en avait.

Le 9 au soir, pendant que Robespierre triomphait à l'Hôtel-de-Ville, ses hésitations le reprirent. « Dans l'incertitude qui agitait si violemment l'Assemblée, dit Barras dans ses mémoires, on voyait l'un des membres les plus fameux du Comité de salut public, ne sachant pas encore qui serait le vainqueur, monter à la tribune avec un discours qu'il avait préparé contre le vaincu; mais la question devenant fort indécise et paraissant même tourner dans un sens tout contraire à ce qu'il avait supposé, l'orateur descendait de la tribune, et, saisissant une plume dans l'écritoire du secrétaire de l'assemblée, il rayait avec rapidité ce que l'issue du combat paraissait lui commander; puis la chance retournant encore, il recommençait à rétablir ce qu'il venait d'effacer, et, pendant le temps que dura le débat, ou le vit successivement faire plusieurs fois la même opération. Ai-je besoin de nommer Barère ? Tout le monde le sait (1). » Il n'en fit pas moins le rapport sur la mise hors la loi de Robespierre.

Les thermidoriens ne furent pas reconnaissants à Barère de cette intervention décisive. On sait comment il fut décrété, en germinal an III, avec Collot et Billaud. Sa défense fut moins fière que celle de ses deux collègues; mais il y mit de l'habileté, une force de logique. Pourquoi le poursuivait-on, lui, quand tant d'autres terroristes res-

(1) *Documents relatifs à la Rév., extraits des œuvres inédites de Rousselin de Saint-Albin*, etc., 1873, in-8, p. 188.

taient impunis? Et il retraçait son girondinisme passé et son rôle au 9 thermidor. On ne voulut rien entendre. L'Anacréon de la guillotine fut condamné à la déportation qu'il sut éviter d'ailleurs, pour prolonger, dans toutes sortes de vicissitudes, une vie sans dignité.

Tel fut Barère, caractère vil, rhéteur de talent, quand les circonstances et les hommes l'inspiraient. Il n'y eut pas dans toute la Révolution d'orateur plus fécond, plus écouté, plus fêté que le brillant et superficiel rapporteur du Comité de salut public. « Il avait, dit justement Macaulay, une qualité qui, dans la vie active, donne souvent aux hommes de quatrième ordre l'avantage sur les hommes de premier ordre. Tout ce qu'il était capable de faire, il en était capable instantanément, sans effort, avec abondance, et au profit de chaque côté de chaque question. »

CHAPITRE IV.

AUTRES MEMBRES DES COMITÉS : CARNOT, LINDET, AMAR, ETC.

Parmi ces anciens membres des comités, admirés et haïs, les trois hommes si divers dont nous venons d'étudier le talent méritent seuls le nom d'orateurs. D'autres ne furent que des instruments dociles, comme Amar dont la politesse étudiée, les manières doucereuses, la rhétorique grossière laissèrent une impression de dégoût dans l'esprit des contemporains. Il n'y a aucune qualité oratoire dans ses rapports homicides : c'est une littérature basse, digne du policier qui arrêta de sa main l'infortuné Rabaut. On en peut dire autant des discours violents ou grotesques de Vadier et de Vouland. Quant aux illustres travailleurs qui, ensevelis dans leurs bureaux, avaient organisé et dirigé la défense nationale, ils ne firent que de rares apparitions à la tribune. Jean Bon Saint-André n'avait aucun talent de parole, non plus que les deux Prieur. Carnot laissait à Barère le soin d'annoncer les succès militaires qu'il avait préparés. Ses quelques discours sont ou insignifiants ou même emphatiques, sauf le jour où il réfuta si finement la politique religieuse de Robespierre. Quand Barère cessa, après thermidor, d'être le hérault des victoires républicaines, Carnot dut paraître en personne à la tribune ; c'est lui qui, le 13 nivôse an III, fit connaître à la Convention la victoire de Breda. Mais son style oratoire excita les railleries de la majorité modérantiste. « D'après ces évènements, disait-il, vous pardonnerez aux Anglais de regarder nos volontaires comme de grands *terroristes.* » Ce furent alors des rires et des murmures. Tallien dit: « C'est un calembour à la Barère ! » D'autres s'écrièrent : « C'est une carmagnole qu'on a voulu tailler. » Quand Billaud, Collot et Barère furent poursuivis à mort par les thermidoriens de droite, Carnot se déclara solidaire de ses anciens collègues, mais il le fit mollement, pour la forme, en style terne et diffus.

Tout autre fut l'attitude de Robert Lindet. Rien n'est plus célèbre que le courage avec lequel il prit la défense des accusés, et M. Thiers a cité avec admiration son grand discours de la 4ᵉ sans-culottide de l'an II, qui est une noble apologie de la Révolution et un généreux programme de république pacifique et libérale. Mais, avec une étonnante indiscrétion, au moment même où il louait la harangue de Lindet, l'illustre historien s'est permis de la refaire d'après son propre idéal littéraire, en style plus bref et plus brillant, donnant aux idées un ordre classique, ajoutant des traits et des antithèses, faisant parler l'orateur conventionnel comme lui-même parlera à la tribune (1). Au con-

---

1) L'espace nous manque pour rapprocher du vrai texte le dis-

traire, l'honnête Lindet n'affecta d'autre artifice oratoire que la franchise et le courage. Ses démonstrations sont minutieuses, infiniment développées. C'est lui qui mit à la mode ces immenses discours rétrospectifs qui caractérisent la tribune thermidorienne. L'oraison apologétique qu'il lut dans la séance du 2 germinal an III forme un volume in-8° de 121 pages en petit texte très serré. Il faut citer quelques passages de cette grandiose réfutation des chicanes royalistes contre l'administrateur de génie qui, en 93 et en 94, réalisa ce miracle de faire vivre nos armées en pleine famine.

Justement, on avait accusé l'ancien Comité d'avoir organisé... un pacte de famine. Cette niaiserie, vociférée par toute la réaction, amena Lindet à proclamer encore une fois sa solidarité avec ses collègues. « Toutes mes actions, toutes mes pensées, tous mes travaux se sont fondus dans le gouvernement. Lorsque le gouvernement est accusé, je ne dois pas m'envisager comme un membre du jury qui se forme pour décider si ce gouvernement est criminel. Je suis appelé par la force des circonstances, par la nature de l'accusation, par le vœu même de tout représentant du peuple et de tout Français qui veut et qui doit connaître le gouvernement accusé, à vous rendre compte des grands événements auxquels j'ai eu part. »

Il rappelle ensuite qu'il n'est pas orateur. D'ordinaire, il fournissait des idées à ceux de ses collègues du comité qui avaient le talent de la parole. On ne l'envoya à la tribune que dans une occasion honorable pour son caractère et dont le souvenir confondra ceux qui le traitent de terroriste. En juin 1793, il avait rédigé, au nom du Comité de salut public, une adresse pour détourner les citoyens de la

---

cours imaginé par le spirituel historien (*Hist. de la Rév.* 1re éd., VII 70-74). Ce n'est pas la seule liberté que M. Thiers ait prise avec le texte des orateurs de la Révolution.

guerre civile. « Je remis mon cahier, dit-il, suivant mon usage, à ceux de mes collègues qui se présentaient ordinairement à la tribune. Ils se le passèrent l'un à l'autre, et me le rapportèrent quelques jours après, en me pressant d'aller moi-même vous en faire lecture. » Il s'agissait d'accorder aux fonctionnaires égarés un délai de trois jours pour se soumettre. C'était là une mesure délicate, dont on voulut laisser la responsabilité à Lindet. « Ceux qui savent, dit-il, interpréter jusqu'au silence, doivent se rappeler combien dut être important pour moi le profond silence qui régna dans l'assemblée : je ne fus interrompu par aucune marque d'approbation ou d'improbation : combien les tribunes ne furent-elles pas attentives ! Le silence se prolongea jusqu'à la fin de la séance. Je fus informé de la disposition des esprits par ce que me dirent quelques-uns des représentants du peuple. *Voilà*, me dirent-ils, *les seules mesures capables de sauver la France.* »

Puis vient le récit de sa mission en Normandie, lors de l'insurrection girondine, où il montra tant de douceur et d'habileté. C'est là une des belles pages de la vie de cet homme utile. Il fut éloquent dans cette partie de sa justification et rappela même que son patriotisme l'avait un instant rendu orateur, à Caen, pour ramener à la Convention un bataillon égaré. « Les volontaires du deuxième bataillon, dit-il, annoncèrent le matin qu'ils allaient partir le soir ; que leur mission était remplie. Ils rentrèrent dans leur caserne ; ils se formèrent en club avec quelques députés du premier bataillon, en l'absence de tous leurs officiers. Ils élurent un président, des secrétaires On convenait des propositions qu'on allait mettre en délibération. Le commandant du bataillon m'en informa et crut de (*sic*) n'avoir aucun moyen de réprimer ce mouvement. Je me rendis seul dans le lieu de l'assemblée, qui était composée de 900 volontaires. Je montai sur l'estrade qu'occupait le président je parlai au nom de la loi et comme organe de la Convention nationale. Ma fermeté, la pureté de mes principes, une sorte d'austérité dans mon langage, ma sécurité, mon abandon, ma confiance, firent une vive impression sur l'assemblée, qui renonça à son projet et se sépara après m'avoir entendu. »

Mais s'il rappela sa modération envers les Girondins insurgés, il ne désavoua pas l'œuvre montagnarde du 31 mai, et, ce qui n'était pas sans péril en l'an III, il s'éleva contre la thèse de Sieyès et des réacteurs thermidoriens, d'après laquelle la violence faite aux Vingt-Deux avait asservi la Convention et annulé d'avance toute la partie de son œuvre postérieure à cette date : « Ne désavouez pas votre ouvrage, représentants du peuple, dit Lindet. La France se ressouvient des serments que vous avez faits et que vous avez répétés dans tant d'occasions. Vous lui avez fait serment de lui être fidèles et de mourir à votre poste, et non d'y vieillir : comment vous justifieriez-vous de l'avoir trahie, s'il était vrai que les lois que vous lui avez données ne fussent que l'ouvrage de quelques séditieux, approuvé et sanctionné par la crainte et la lâcheté ? Vous avez pu vous tromper et être trompés sur les hommes et sur les choses ; mais quel exemple l'histoire nous offrira-t-elle d'une assemblée puissante et respectée dans l'univers, qui aurait mieux aimé se calomnier et imputer à sa lâcheté des erreurs involontaires, des malheurs occasionnés par les prestiges des évènements et l'empire des circonstances, que de reconnaître et de réparer ses propres erreurs ? »

Il y eut, dans sa péroraison, un grand accent de fierté :

« On accuse le gouvernement, on accuse une puissance décemvirale ; on ne nomme encore que quatre membres de cette prétendue puissance, on se réserve sans doute de désigner les autres. On cherchera, dans les vingt mille signatures que j'ai données, s'il n'y en a pas une au bas de quelques-uns des actes ou des expéditions des actes que l'on dénonce aujourd'hui, ou de quelque autre que l'on croira pouvoir encore dénoncer. J'ai d'ailleurs voulu sauver Lyon : j'ai été l'un des médiateurs et des pacificateurs du Calvados : j'ai rendu impuissante la haine de ceux qui se portaient contre Paris ; j'ai contribué à la gloire et au succès de la République ; ma perte est inévitable ; je ne vivrai qu'autant de temps qu'il plaira à vos ennemis de le permettre : aurais-je la lâcheté de traîner le reste de mes jours dans l'ignominie, en attendant l'ordre de mourir ? »

Carnot avait tout rejeté sur les vaincus de Thermidor, et les avait prudemment flétris. Lindet se borna à dire :

« Si l'on me demande quels étaient mes rapports avec Robespierre, Couthon et Saint-Just, je répondrai que je n'en avais aucun : je n'ai réglé aucune affaire avec eux. »

CHAPITRE V.

LES DERNIERS JACOBINS.

Parmi les hommes qui restèrent jusqu'au bout fidèles à la politique de la Montagne, les uns, ex-Dantonistes, avaient activement contribué à la chute de Robespierre ; les autres, ex-Robespierristes, avaient accepté et loué le coup d'Etat de Thermidor, par patriotisme et par politique. Ceux-là furent Dubois-Crancé, personnage plus ondoyant que ne l'a fait son récent biographe (1), mais patriote utile ; qui

(1) Ainsi, le 25 mars 1793, aux Jacobins, ce modéré se plaint que les départements considèrent Marat comme un chef de parti et comme un scélérat : « Je demande que les Montagnards s'abonnent au journal de Marat et le fassent passer dans les départements : alors on jugera Marat d'après ses ouvrages, on reconnaîtra le vrai ami du peuple et de la liberté, et on rendra justice à Marat que l'on peint comme un loup-garou. » — Sur Dubois-Crancé considéré surtout comme organisateur militaire, voir l'excellent ouvrage du colonel Th. Iung : *L'armée et la révolution : Dubois-Crancé*, Paris, 1884, 2 vol. in-12.

eut à la tribune une attitude mâle, mais dont le style oratoire est dépourvu de toute originalité ; — Thuriot, parleur fécond, mais banal et incorrect (*robinet intarissable*, disait Camille Desmoulin) ; — enfin ce Baudot, dont Edgar Quinet a fait connaître par fragments les beaux mémoires inédits, mais qui ne parut presque jamais à la tribune.

On voit que les Dantonistes thermidoriens n'avaient pas hérité du génie de leur maître. Les anciens partisans de Robespierre eurent, après Thermidor, un rôle oratoire plus brillant.

Au premier rang d'entre eux, je rencontre d'abord cette poignée d'hommes jeunes et énergiques, qui, étrangers aux excès de la Terreur et à la journée de Thermidor, préservés, par leurs missions aux armées, du devoir de prendre parti ce jour-là pour ou contre Robespierre, sacrifièrent leur vie pour arrêter, en l'an III, les progrès de la réaction. M. Claretie, appréciateur enthousiaste de leur caractère et de leur rôle, les a heureusement surnommés *les derniers Montagnards*. C'étaient Romme, Bourbotte, Soubrany, Duquesnoy, Duroy, Goujon (1). « Romme, l'acharné travailleur, le savant, l'homme des comités, le paysan lié à sa tâche, travaillant comme s'il labourait son champ, sans fatigue et sans trêve, forme avec le savant Bourbotte, d'humeur si leste et si française, un frappant contraste. Soubrany, c'est le gentilhomme démocrate, apportant aux camps ses grandes manières et son grand courage. Duquesnoy, c'est le type vaillant des représentants aux armées, l'homme d'action et d'énergie, infatigable, sans ambition et sans faiblesse. Duroy ne manie point le sabre,

---

(1) On pourrait ajouter à cette liste le violent et enthousiaste Albitte qui, décrété en prairial avec les *derniers Montagnards*, n'évita la mort que par la fuite. Sa parole n'avait d'ailleurs aucun caractère original. Une légende prétend qu'en plein théâtre il opposa à l'hémistiche de Laya : *Des lois et non du sang*, ce cri furieux : *Du sang et non des lois* !

mais la loi. Il est Normand, connaît le Code, discute et défend ses commettants comme il défendrait ses clients. Il plaide, ce bonhomme d'Evreux, mais pour la liberté, mais pour la justice. Goujon, figure plus poétique, se détache du groupe avec je ne sais quel reflet du dix-neuvième siècle. Il est notre contemporain par sa tristesse, cette mélancolie poignante qui semble le désigner, lui plein de vie, d'une force prodigieuse, aux coups de la mort. Superbe assemblage d'âmes hautes et de fiers esprits, que la tourmente allait emporter (1) ! »

Le 9 thermidor surprit et attrista ces républicains. Mais ils eurent le patriotisme de se rallier aussitôt à la Convention. Dès le 13, Bourbotte et Goujon écrivent de Thionville : « Nous pouvons vous assurer que cet évènement, quoique inattendu, ne fera qu'augmenter l'ardeur du défenseur de la patrie. » Tous affecteront, dans leurs discours, ou de ne pas parler de Robespierre ou de le traiter, selon la langue officielle, de monstre et de scélérat. Mais on sent qu'au fond toute leur politique se rattache, sinon à Robespierre lui-même, du moins à Saint-Just et à Lebas.

Parmi ces *derniers montagnards*, je ne trouve de style et d'accent que chez ce Goujon, si jeune et si fier, dont M. Claretie a conté la vie avec piété. Marin, voyageur, philanthrope, il habitait, en 1791, un village des environs de Paris, avec son ami Tissot, qui devait prendre soin de sa mémoire. Là tous deux méditaient, écrivaient. « Au mois d'avril 1791, dit la Biographie Rabbe, inspirée ici par Tissot, Goujon rassembla les habitants des villages voisins autour de sa demeure solitaire, et prononça devant eux l'éloge funèbre de Mirabeau. Le talent et le patriotisme qu'il déploya dans cette circonstance le firent appeler à

---

(1) *Les derniers Montagnards*, p. 135. M. Claretie idéalise un peu à la manière de Michelet, que les jeunes historiens libéraux imitaient alors (en 1867).

Versailles pour y remplir un poste honorable dans l'administration départementale. Au 10 août, il fut revêtu des fonctions de procureur général syndic, et nommé, peu de temps après, député suppléant à la Convention. » Désigné par le Comité de salut public pour l'ambassade de Constantinople, puis nommé par intérim ministre des affaires étrangères et de l'intérieur, il refusa pour occuper à l'Assemblée la place d'Hérault, dont il était le suppléant et qu'il remplaça à sa mort.

En mission à l'armée de Sambre-et-Meuse, il ne parut à la tribune que le 12 fructidor an II, pour s'élever contre la réaction thermidorienne, et repousser les accusations de Lecointre :

« Mon cœur est suffoqué, dit-il, quand je vois avec quelle froide tranquillité on vient jeter au milieu de nous des semences de division, quand je vois avec quel calme flegmatique on propose la perte de la patrie. Je ne sais point ce qui s'est passé ici ; j'étais aux armées, d'où j'ai annoncé l'un des premiers mon adhésion à tout ce qui a été fait par la Convention, parce que je la regarde comme le centre unique auquel tout doit se rapporter ; mais je crois que c'est à un homme inconnu dans la révolution à se lever ici, parce que, s'il tombe, au moins il tombe seul, et que sa perte n'occasionne point de déchirement dans la République. Je vais donc parler franchement. »

Et, blâmant la fureur aveugle de ceux qui accusent les anciens membres du comité, il dit : « Ils peuvent être coupables, je n'entre point dans cette question (*murmures*) ; mais si j'avais eu des pièces qui fissent charge contre des membres investis de la confiance de la Convention, je ne les aurais apportées ici que les larmes aux yeux et le cœur navré de douleur. Que je vois au contraire un spectacle bien différent ! Avec quel sang-froid on vient plonger le poignard dans le sein d'hommes recommandables à la patrie par les services qu'ils lui ont rendus ! Remarquez, citoyens, que la plupart des reproches qu'on leur fait portent sur la Convention elle-même. Oui, c'est la Convention qu'on accuse, c'est au peuple français qu'on fait le procès, puisqu'elle a souffert la tyrannie de l'infâme Robespierre. »

Eloigné de toute intrigue, il essaya d'entraver la réaction et proféra, aux Jacobins et à la Convention, des paroles républicaines. « J'ai toujours vécu seul avec ma conscience », s'écriait-il devant la Convention le 20 pluviôse an III. Les palinodies de Tallien l'exaspèrent et, dans la séance du 1er germinal suivant, il s'oublie jusqu'à lui montrer le poing. On sait quel rôle il joua dans l'insurrection du 1er prairial, comment, après sa condamnation à mort, il se frappa le premier d'un couteau qu'il passa ensuite à ses compagnons. A peine plus âgé que Saint-Just, il était beau, avec un air de pureté virginale. Mais si on admire ses portraits, si on vante sa littérature, son caractère, son héroïsme, on ne peut pas dire que Goujon soit un véritable orateur.

Le champion le plus fougueux de la pure politique jacobine, telle que l'avaient pratiquée ceux des amis de Robespierre qui ne partageaient pas tout son mysticisme, le continuateur des Saint-Just et des Lebas, ce fut le médecin Duhem, qui, après Thermidor, s'installa à la tribune et ne perdit pas une occasion de dire leur fait aux réacteurs. Il semble pourtant avoir été un ennemi personnel de l'Incorruptible, puisque celui-ci l'avait fait exclure des Jacobins, le 22 frimaire an II. Ce souvenir n'empêcha pas Thuriot de proposer ironiquement, dès le 26 thermidor, qu'on chargeât Duhem de faire l'oraison funèbre de Robespierre. Il était violemment hostile à la politique dantonienne et il s'écria, le 15 fructidor, à propos de la dénonciation de Lecointre : « Le but de cette accusation est, n'en doutez pas, citoyens, de réhabiliter la mémoire de Danton ; Danton ne le disputait à Robespierre que de tyrannie. » Deux jours avant, il avait ainsi caractérisé, aux Jacobins, sa propre attitude : « Et nous aussi, nous avons été sous le couteau de Robespierre, mais nous oublions nos disgrâces pour ne songer qu'à la patrie. Dira-t-on que nous sommes les continuateurs de Robespierre, parce que nous voulons réduire l'aristocratie au silence ? Il est instant que les patriotes se rallient et se serrent ; qu'ils ne s'imaginent pas que l'aristocratie puisse revenir aux principes; que les royalistes, les Vendéens et les indifférents soient devenus subitement de chauds amis de la liberté. Jacobins, serrez-vous; c'est vous qui avez commencé la révolution, c'est vous qui la terminerez. » Et, le 22 fructidor, du haut de la tribune du club, il menaça les crapauds du Marais. Le lendemain, dénoncé à la Convention, il maintint fièrement son dire. Bientôt (12 brumaire an III), sans défendre Carrier, il s'éleva contre le tribunal révolutionnaire qui avait fait afficher dans tout Paris l'acte d'accusation du proconsul de Nantes, et en même temps il blâma la liberté laissée aux chouans et aux conspirateurs :

« Ne vous imaginez pas que c'est seulement à une trentaine de membres qu'on en veut (*murmures*). Ce que j'ai entendu dire dans plusieurs groupes me prouve que c'est contre la Convention qu'est dirigée toute la haine ; et ces gens qui viennent ici faire la grimace de se serrer autour d'elle n'y viennent pas pour l'embrasser, mais pour l'étouffer. Le vrai peuple est celui qui ne reste pas muet au récit des actions de nos défenseurs, qui applaudit à leurs victoires. — Je dis tout cela sans crainte, parce que je ne redoute pas le venin de l'aristocratie qui m'attaque jusque dans le sein de la Convention. Je me moque de Fréron et de tous les intrigants (*quelques applaudissements*) ; je mets ma confiance dans la justice du peuple, et je ne m'inquiète pas des écrits d'un Tallien et d'un tas de libellistes. (*Quelques applaudissements.*) »

Quand la jeunesse dorée organisa contre les Jacobins (18 brumaire an II) cette agression qui fut le prélude de la fermeture du club, Duhem osa flétrir, le surlendemain, devant la Convention, ces violences ignobles, et signaler la complicité de Tallien, de Fréron, des gouvernants d'alors. « Si je voulais, dit-il, me traîner dans les libelles, comme tant d'autres écrivains, je dirais que tout cela a été combiné dans les boudoirs de Mme Cabarrus, dont le père a établi la banque de Saint-Charles et voudrait régir nos finances, et qui fait attaquer les meilleurs patriotes par Tallien. » Cette audace lui vaudra d'être compris dans la proscription du 12 germinal.

Duhem n'était pas un homme de talent, ni même un parfait observateur des convenances parlementaires, lui qui cria à Bentabole dénonçant Billaud (15 brumaire) : « La liberté des opinions ou la mort.... coquin ! » Mais il joua un rôle oratoire honorable, et c'est avec attendrissement que plus tard les survivants de la Montagne se rappelaient, dans leur exil, l'infatigable ténacité de l'honnête et véhément Jacobin tenant tête à toute la réaction thermidorienne.

CHAPITRE VI.

THERMIDORIENS DE DROITE.

Les deux chefs de cette réaction thermidorienne furent d'abord Tallien et Barras, dont l'audace à la tribune et dans la rue avait assuré la chute de Robespierre.

Tallien, dont je ne veux pas retracer toute la carrière, était célèbre par son ardeur révolutionnaire par son intempérance de langage, son rôle violent comme membre de la Commune en septembre 1792. Prote de l'imprimerie du *Moniteur* en 1791, il publia un journal-affiche, l'*Ami des citoyens*, qui interprétait, dans une forme familière, la moyenne de l'opinion jacobine et se renfermait dans l'esprit de la constitution monarchique. Déjà fébrile, il faisait mettre, dans le *Moniteur* du 7 janvier 1792, une réclame pour son journal, où était loué son zèle civique de défenseur officieux des victimes de l'autorité, de fondateur « d'une société fraternelle, d'un ces prônes civiques, où, dans les jours consacrés au repos, il enseigne régulièrement aux citoyens peu instruits leurs droits et leurs devoirs ».

Envoyé à la Convention par le département de Seine-et-Oise, au moment où il venait d'atteindre l'âge légal, il flotta entre les dantonistes et les hébertistes. On connaît sa conduite à Bordeaux, ses excès terroristes, sa liaison avec la belle Cabarrus, que les Robespierristes incarcérèrent en 1794. Dès lors, il fut l'ennemi personnel de Robespierre, qui d'ailleurs le destina ouvertement à l'échafaud quand il dit à la Convention (24 prairial) : « Tallien est un de ceux qui parlent sans cesse, avec effroi et publiquement, de la guillotine comme d'une chose qui les regarde, pour avilir et pour troubler la Convention nationale. »

Il faut reconnaître que, le 9 thermidor, en interrompant Saint-Just, il fit preuve d'une grande audace. La conjuration aurait-elle éclaté si cet énergumène n'avait tout d'un coup déchiré le voile ? On peut en douter. C'est lui qui décida Billaud à prononcer contre Robespierre les paroles irréparables. Il s'exprima ensuite, avec une violence injurieuse, sans raisonner, sans prouver ; mais ses insultes donnèrent à la Convention le courage de frapper. Lui-même brandit un poignard à la tribune, et s'écria : « J'ai vu hier la séance des Jacobins: j'ai frémi pour la patrie; j'ai vu se former l'armée du nouveau Cromwell, et je me suis armé d'un poignard pour lui percer le sein, si la Convention nationale n'avait pas le courage de le décréter d'accusation. » On applaudit beaucoup; mais Vadier, par ses divagations, égara un instant l'attention et compromit tout. Obstinément, Tallien ramena le débat à son vrai point. « C'est, dit-il, sur le discours prononcé hier à la Convention, et répété aux Jacobins, que j'appelle toute votre attention. C'est là que je rencontre le tyran; c'est là que je trouve toute la conspiration; c'est dans ce discours qu'avec la vérité, la justice et la Convention je veux trouver des armes pour le terrasser, cet homme dont la vertu et le patriotisme étaient tant vantés, mais qu'on avait vu, à l'époque mémorable du 10 août, ne paraître que trois jours après la révolution; cet homme qui, devant être dans le Comité de salut public le défenseur des opprimés, qui devant être à son poste, l'a abandonné depuis quatre décades: et à quelle époque? lorsque l'armée du Nord donnait à tous ses collègues de vives sollicitudes. Il l'a abandonné pour venir calomnier les comités, et tous ont sauvé la patrie. (*Vifs applaudissements.*) Certes, si je voulais retracer les actes d'oppression particulière qui ont eu lieu, je remarquerais que c'est pendant le temps où Robespierre a été chargé de la police générale qu'ils ont été commis, que les patriotes du comité révolutionnaire de la section de l'Indivisibilité ont été arrêtés. »

Ici Robespierre, qui était demeuré à la tribune, interrompit par des cris, et c'est alors que l'obscur Louchet fit voter le décret d'accusation. Le 10 au soir, Tallien annonça la mort des vaincus avec une horrible allégresse: « Ce jour est un des plus beaux pour la liberté; la tête des conspirateurs vient de tomber sur l'échafaud. (*Vifs applaudissements.*) La République triomphe, et le même coup ébranle les trônes des tyrans du monde. Cet exemple les convaincra, s'ils en pouvaient douter encore, que le peuple français ne sera jamais gouverné par un maître. (*Nouveaux applaudissements.*) Allons nous joindre à nos concitoyens ; allons partager l'allégresse commune; le jour de la mort d'un tyran est une fête à la fraternité. Je demande que toutes les propositions qu'on pourrait faire soient renvoyées à l'examen des comités, et que la séance soit suspendue jusqu'à demain, dix heures du matin. »

Le 11 fructidor, dans un long et emphatique discours, il demanda que, tout en maintenant le gouvernement révolutionnaire, la Convention mît fin officiellement à la Terreur. Mais tous ses actes et toutes ses paroles tendirent à renverser cette République dont l'avait dégoûté la femme qu'il aimait. « Terezia Cabarrus, a-t-on dit spirituellement, se dresse avec son sourire derrière chacun des discours de Tallien. On la voit, ce semble, derrière lui, à la tribune, son Égérie et sa complice. Lorsqu'au nom de la commission des vingt-et-un, Saladin publiera son rapport, on trouvera parmi les griefs dirigés contre les membres des anciens comités, et avant tous les autres reproches, l'arrestation de Thérèse Cabarrus et d'un jeune homme demeurant avec elle. Elle est là, ranimant les ris et poussant aux prisons, charmante et implacable, proscrivant sur un air de valse, Hérodiade de la clémence (1). »

Sous cette influence, Tallien fit le procès à toute la Révolution et à son propre passé. Ses dénonciations passionnées confondirent l'honnête Cambon avec les plus sanguinaires fanatiques. « Je vais vous faire connaître, dit-il le 16 germinal an III, ceux que je crois avoir conspiré contre la Convention nationale depuis le 9 thermidor. Voici leurs noms: Thuriot, chef de la faction; Cambon, qui s'est signalé par la défense qu'il a faite des prévenus; Levasseur (de la

---

(1) Claretie, *Les derniers Montagnards*, p. 32.

Sarthe), assassin de Philippeaux et chef de révolte aux Jacobins; Hentz, qui a fait détruire une ville ennemie, haïr le peuple français et la Révolution ; Maignet, contre lequel les cendres de Bedouin demandent vengeance ; Crassous, qui a dit que les Jacobins devaient faire à Carrier un rempart de leurs corps. Quant à Joseph Lebon, il faut le vomir du milieu de nous. (*Vifs applaudissements.*) »

Le 11 nivôse, il avait eu à défendre son amie contre les sarcasmes des Jacobins. Duhem avait dit que la lutte était inégale entre les réacteurs et les patriotes *qui n'avaient pas les trésors de la Cabarrus.* « Il en coûte à un représentant du peuple, répondit Tallien, d'entretenir de lui une grande assemblée. Depuis longtemps je me suis imposé silence, soit par mes discours, soit par mes écrits. J'ai fait à la patrie le sacrifice de mon amour-propre blessé ; mais depuis quelques jours les calomnies les plus atroces ont retenti dans cette enceinte. Je mets un terme à mon silence, parce qu'il deviendrait un aveu tacite des horreurs qu'on déverse sur un représentant du peuple. On a parlé dans cette assemblée d'une femme... Je n'aurais pas cru qu'elle dût occuper les délibérations de la Convention nationale. On a parlé de la fille de Cabarrus. Eh bien ! je le déclare, au milieu de mes collègues, au milieu du peuple qui m'entend, cette femme est mon épouse. (*On applaudit à plusieurs reprises.*) — Tout à l'heure, j'ai remarqué un des assassins de Philippeaux (Levasseur) qui demandait à venir m'accuser. Il n'a pu pardonner l'affront dont il a couvert le visage de cette malheureuse et illustre victime. Il voulait sans doute répéter ici ce qu'il a dit à la tribune des Jacobins. Quant à la femme dont on a voulu occuper l'assemblée, je la connais depuis dix-huit mois ; je l'ai connue à Bordeaux : ses malheurs, ses vertus me la firent estimer et chérir. Arrivée à Paris dans des temps de tyrannie et d'oppression, elle fut persécutée et jetée dans une prison. Un émissaire du tyran lui fut envoyé, et lui dit : Ecrivez que vous avez connu Tallien comme un mauvais citoyen ; alors on vous donnera la liberté et un passeport pour aller dans les pays étrangers. Elle repoussa ce vil moyen et n'est sortie de prison que le 12 thermidor, et l'on a trouvé dans les papiers du tyran une note pour l'envoyer à l'échafaud. Voilà, citoyens, voilà celle qui est mon épouse. (*On applaudit à plusieurs reprises.*) »

On a peu de détails sur l'action de ce rhéteur médiocre, qui ne sortit jamais des personnalités injurieuses ou des lieux-communs emphatiques. Le voyageur Meyer l'entendit parler aux Cinq-Cents, à la séance du 21 prairial an IV, et décrivit ainsi son attitude d'histrion : « Effaré, pâle (vraisemblablement de la débauche de la veille), les cheveux en désordre, l'habillement dérangé, il se glissa au travers de la salle jusqu'à la tribune avec la tête basse et l'air d'un homme profondément affligé, et par ce jeu préparatoire, ainsi que par un sombre et long silence, il attacha l'attention générale sur ce qu'il allait dire. C'était une scène étudiée d'avance (1). »

Quant à Barras, homme d'action et d'épée, il parlait peu ; mais sa parole était aussi nette que brutale.

Le 11 nivôse an III, au milieu du tumulte causé par la dénonciation de Duhem contre Tallien et sa femme, il dit : « Je demande la parole pour une motion d'ordre. Il faut qu'on s'explique absolument. (*La Convention se lève par un mouvement unanime et spontané; Barras s'élance à la tribune. On applaudit.*) Oui, il faut qu'on s'explique absolument ; il faut faire cesser cette lutte indécente et scandaleuse ; il faut que la Convention s'occupe du bonheur du peuple, et non de quelques scélérats qui ont intérêt à empêcher ses délibérations, et qui voudraient rétablir le ter-

---

(1) F.-G.-L. Meyer, *Fragments sur Paris*, trad. de l'allemand par le général Ch.-Fr. Dumouriez, *Hambourg*, 1798, 2 vol. in-12.

rorisme. (*On applaudit.*) Non, le terrorisme ne sera point rétabli. (*Vifs applaudissements.*) Est-ce avec la liberté de la presse que nous le rétablirions ? Parlez, vils histrions : est-ce avec la liberté de la presse ? (*Duhem* : C'est en comprimant les royalistes. *Une voix* : Duhem se reconnaît-il pour un histrion ?) Chaque jour, on vomit ici des injures contre les uns et contre les autres. Eh bien ! il faut consacrer aux explications cette séance, qui ne sera pas perdue pour la république. Il faut que je sache jusqu'à quel point sont fondées ces déclamations atroces d'hommes ivres la plupart du temps. (*On applaudit.*) Il faut que je sache si Tallien est un conspirateur, si Fréron est un conspirateur ; il faut que je sache si ceux qui les accusent ne sont pas eux-mêmes des conspirateurs. »

Contre les royalistes (1), le 19 fructidor, il s'exprima ainsi : « Nous ne pouvons pas nous dissimuler que de toutes parts on s'agite; le royaliste, l'émigré, le prêtre sanguinaire s'agitent pour perdre la patrie. Eh bien ! cette poignée de misérables royalistes qui salissent les pavés de cette commune, qui vous provoquent à toute heure (*on applaudit*)..., qu'ils sachent, les malheureux ! que les hommes du 9 thermidor sont ici. (*On applaudit.*) Et ces hommes, c'est la Convention tout entière. (*On applaudit.*) Qu'ils sachent que les hommes du 10 août sont ici ; je suis un de ces hommes ! ces hommes, c'est toute la Convention. (*Nouveaux applaudissements.*) La Convention sera digne du peuple ; elle soutiendra les patriotes contre tous leurs ennemis. (*On applaudit.*) Que les anarchistes tremblent aussi ! (*On applaudit*). Nous ne transigerons pas plus avec eux qu'avec les roya-

---

(1) Royaliste lui-même, il correspondait secrètement avec Louis XVIII, d'après les mémoires de Fauche-Borel (Paris, 1825-1829, 4 v. in-8). Ce qui est sûr, c'est qu'ayant voté la mort de Louis XVI et repoussé le sursis, il ne fut jamais traité par les Bourbons en régicide.

listes. Nous terrasserons tous ceux qui ne veulent ni la liberté ni la république. (*On applaudit.*) »

Comme Tallien, la plupart des réacteurs thermidoriens avaient été d'abord de violents démagogues, dont le type est l'intrigant Rovère, tour à tour Jacobin forcené, puis royaliste. Mais il n'était pas homme de tribune. De même André Dumont, qui écrivait à la Convention, le 20 septembre 1793 : « Il existe en ce pays trois choses qui font trembler les traîtres. Les voici : le tribunal révolutionnaire, la guillotine et le maratiste Dumont (1). » Il harcela les patriotes, après thermidor, sans doute pour sauver sa tête ; mais il ne montra aucun talent. Bourdon (de l'Oise), spadassin et brouillon, avait fait, le 20 brumaire an II, une apologie de la Terreur, en réponse à Chabot qui demandait qu'on ne pût arrêter un membre de la Convention sans l'avoir entendu : « Les conspirateurs ont dit en mourant : Nous aurons des vengeurs ! Citoyens, gardons-nous bien de nous relâcher un instant, faisons une guerre à mort à tous les traîtres. Nous sommes en révolution ; pour sauver la révolution, agissons révolutionnairement. Parmi les nombreuses arrestations commandées par le salut public, qu'on m'en cite qui aient été faites mal à propos. Que signifient ces lamentations ? Pourquoi s'irriter de ce qu'il n'y a plus de côté droit dans la Convention ?... Est-on fâché que la terreur soit à l'ordre du jour ? Elle n'y est que contre les aristocrates. Il faudrait être imbécile pour ne pas voir dans ces petites motions une coalition formée par la lâcheté ou la mauvaise foi. Ceux qui les ont faites devraient rougir de n'avoir été applaudis que par les hommes justement suspects qui sont encore ici. La Convention doit tenir

---

(1) Lacretelle, témoin oculaire, affirme qu'il ne fut violent qu'en paroles.— Le 11 nivôse an III, il dit à la Convention : « Il n'est personne qui puisse m'accuser d'avoir fait couler le sang, et c'est la consolation de mon âme. »

ferme. Ainsi je demande l'ordre du jour. » Après Thermidor, il eut contre les terroristes persécutés la même brutalité de parole.

Mais de tous ces convertis, le plus furieux fut peut-être l'ex-dantoniste FRÉRON, si audacieux dans la séance du 9 thermidor. On venait de décréter Robespierre : « Citoyens collègues, dit-il, la patrie, en ce jour, et la liberté, vont sortir de leurs ruines. (*Robespierre* : Oui, car les brigands triomphent.) On voulait former un triumvirat qui rappelait les proscriptions sanglantes de Sylla ; on voulait s'élever sur les ruines de la République, et les hommes qui le tentaient sont Robespierre, Couthon et Saint-Just. (*Plusieurs voix* : Et Lebas.) Couthon est un tigre altéré du sang de la représentation nationale. Il a osé, pour passe-temps royal, parler, dans la Société des Jacobins, de cinq ou six têtes de la Convention. (Oui, oui ! *s'écrie-t-on de toutes parts*.) Ce n'était là que le commencement, et il voulait se faire de nos cadavres autant de degrés pour monter au trône. (*Couthon* : Je voulais arriver au trône, oui !) Je demande aussi le décret d'arrestation contre Saint-Just, Lebas et Couthon. »

Depuis, il ne monta guère à la tribune que pour demander des têtes. Même dans son discours du 11 ventôse an III, où, avec emphase, il propose à l'Europe des images pacifiques, il regrette que les membres des anciens comités ne soient pas encore guillotinés : « Quoique ce contraste de votre justice si lente, si timide, si impartiale, fasse encore ressortir toute la turpitude de ces hommes qui assassinaient le jour, qui assassinaient la nuit, pour qui, s'il est permis de s'exprimer ainsi, la vapeur du sang humain était devenue comme un élément nouveau, nécessaire à leur existence, le peuple sait contenir la juste impatience qui l'irrite ; il ne murmure point de ces lenteurs de la justice qui semble se traîner d'un pied chancelant derrière les coupables, et qui, tous les jours sur le point de les atteindre, semble reprendre haleine pour les laisser échapper encore. » — Ses métaphores sont communes, son talent médiocre ; mais il y a de la passion et du mouvement dans ses dénonciations.

C'était également un ancien ami de Danton que ce BEN-TABOLE à la voix de stentor, qui fut si véhément jusqu'à la fin de 1793. Alors, dans une mission à l'armée du Nord, « il se lia, dit la Biographie Rabbe, avec une femme très distinguée qui le modéra ». Le 8 thermidor, il s'opposa à l'envoi du discours de Robespierre aux communes :

« L'envoi du discours de Robespierre me paraît très dangereux : la Convention aurait l'air, en décrétant cet envoi, d'en approuver les principes, et se rendrait responsable des mouvements que pourrait occasionner l'égarement dans lequel il jetterait le peuple. »

Après Thermidor, il affecta une sorte de neutralité entre les partis extrêmes ; mais il servit plutôt la réaction. C'est lui qui, le 15 brumaire an III, dénonça à la Convention Billaud-Varennes et son discours sur *le réveil du lion* : « J'abandonne, dit-il, à des hommes plus en état que moi le soin de vous développer la perfidie de ce discours ; je me contenterai de vous faire remarquer que, s'il faut que le peuple se réveille, c'est une preuve que la Convention ne marche pas bien, et qu'elle ne remplit pas ses devoirs. (*Applaudissements.*) Est-ce dans un moment où nos armées sont victorieuses de toutes parts, où la Convention épure toutes les autorités constituées, punit les assassins (*applaudissements redoublés*), est-ce dans le moment où la représentation nationale annonce à l'Europe qu'elle veut un gouvernement digne de la nation, un gouvernement établi sur la justice et sur l'équité ; dans le moment où la République prospère autant qu'il est possible ; est-ce dans un pareil moment qu'il faut dire au peuple qu'il doit se réveiller ? Je demande que celui qui a tenu ce propos l'explique, et nous dise pourquoi ce lion qui dort doit se réveiller. (*Vifs applaudissements.*) »

Ce fut une physionomie ridicule que celle de LAURENT LECOINTRE, écervelé de bonne foi jusque dans ses lourdes fantaisies. Sa dénonciation contre les anciens membres des comités (12 fructidor an II) le rendit un instant célèbre. Mais on se moqua bientôt de ses éternels rabâchages, de ses contradictions, de ses innombrables factums, où il y a pourtant, avec un style grotesque, des renseignements précieux pour l'histoire. Ses discours sont extravagants, et faisaient dire à Legendre (16 germinal an III) : « Quant à Lecointre (de Versailles), je crois que, si vous aviez calculé son tempérament, vous auriez reconnu que c'est à son organisation qu'est due son extravagance : la plus grande partie de sa famille est composée de fous. »

Reste ce COURTOIS, dont le fameux rapport sur les papiers trouvés chez Robespierre (16 nivôse an III) n'est pas seulement une œuvre de parti et de mensonge, mais une niaise déclamation, dont le succès et la diffusion ont contribué à donner une idée fausse du goût et du talent des orateurs conventionnels. Voici un échantillon de ce style grotesque :

« Citoyens, les législateurs qui, dans les siècles passés, ont jeté les fondements des républiques et qui en ont voulu voir la durée, au lieu de travailler à miner ces fondements, les ont consolidés chaque jour. » Cet exorde, digne de M. de la Palisse, revêt ensuite une gravité comique : « Les fondements des républiques, dit Courtois, sont les principes : la vertu en est le ciment, la vertu qui n'est que les principes mis en pratique. Que dire de cet architecte qui, après avoir posé son édifice, fait agir la hache pour en saper tout à coup les bases ? Espère-t-il que, ces bases enlevées, l'édifice se soutiendra, ou veut-il, comme l'amant de Dalila, s'ensevelir sous ses décombres ? Le législateur, qui a posé l'édifice social sur les principes, et qui ruine cette base, ressemble à cet artiste. C'est le mépris des principes qui a perdu les anciens Etats de la Grèce, et qui a vendu à Philippe les clefs de la superbe Athènes. Sylla compta sur leur oubli en forgeant des fers aux Romains. La constitution de Rome, déversée de son antique base, roula dans des ruisseaux sanglants, et le Romain ne sut bientôt plus lire dans ses feuillets que son sang avait souillés, etc. »

Ce galimatias est le triomphe de la littérature thermidorienne (1).

CHAPITRE VII.

LES ORATEURS DU CENTRE.

Dans l'opuscule de Dussault auquel nous avons déjà fait de nombreux emprunts, il y a un passage caractéristique sur les *Crapauds du Marais* : « Des têtes froides et lentes, des hommes que des erreurs avaient rendus prudents et timides, auxquels un long silence avait presque interdit le droit de parler, dont les oreilles retentissaient de menaces éternelles, dont les cœurs étaient maigres de terreur, à qui on avait donné un nom qui les rendait pour ainsi dire moites ; des hommes qui avaient appris à se taire à l'école des plus grands périls, et qui savaient que les vaincus n'ont jamais raison avec les vainqueurs, composaient en grande partie cette majorité, semblable à

---

(1) Disons que Courtois était plus spirituel que son fameux rapport. Ses notes posthumes sur son cousin Danton sont écrites d'un ton juste et fin. M. Claretie et le docteur Robinet en ont publié quelques-unes ; le reste s'est dispersé dans les ventes, ou a disparu dans l'incendie des archives de la préfecture de police en 1871.

une eau dormante que le souffle des vents n'agitait qu'à peine. »

Peut-on voir des orateurs dans ces chefs du Centre que Tallien tourna contre Robespierre au 9 Thermidor, et qui décidèrent de la victoire, DU BOIS DU BAIS, PALASNE DE CHAMPEAUX, PLAT DE BEAUPRÉ, GARRAN-COULON, PELET (DE LA LOZÈRE), DURAND DE MAILLANE, BOISSY D'ANGLAS ? Même ce dernier, qu'illustra son attitude en prairial, n'était pas un orateur. D'abord il était bègue, et on appelait pour ce motif *constitution Ba be bi bo bu* la constitution de l'an III qu'on l'avait chargé officiellement de présenter à la Convention, afin de flatter sa vanité, et de neutraliser sa mauvaise volonté, mais dont Daunou fut le véritable rapporteur. Les Mémoires de Larevellière-Lépeaux donnent les détails les plus concluants sur l'insignifiance politique de Boissy d'Anglas en cette occasion et en d'autres. La légende le représente rigide comme Lanjuinais, et pourtant, le 12 messidor an II, dans un *Essai sur les fêtes nationales*, faiblement écrit et pensé, il avait loué avec enthousiasme le chef de la Terreur : « Robespierre, disait-il, parlant de l'Etre Suprême au peuple le plus éclairé du monde me rappelait Orphée enseignant aux hommes les premiers principes de la civilisation et de la morale, et j'éprouvais un plaisir inconcevable... » Après Thermidor, il passa tout d'un coup au royalisme (1). Dans ses diffuses et incolores harangues, je ne trouve rien à citer.

Quoique CAMBACÉRÈS ait donné des gages à la Montagne, il appartient, par son caractère, par son attitude après Thermidor, à ce Marais qui s'attacha toujours au parti le plus fort. Ses beaux travaux dans le comité de législation, son projet de Code civil, lui firent pardonner son médiocre caractère en faveur de son talent ; mais ce talent n'était

---

(1) Larevellière-Lépeaux, *Mémoires*. 1,233,235.

pas oratoire. Ls style de ses rapports, clair et facile, n'est pas exempt d'emphase quand le futur archichancelier de l'Empire veut glorifier les idées morales.

Nous avons montré Sieyès à la Constituante et caractérisé sa manière oratoire. Il parla peu à la Convention, avant Thermidor, autant par défiance de lui-même que par prudence. On se rappelle que Mirabeau avait appelé le silence de l'abbé *une calamité publique*. Comme on s'étonnait de cet éloge d'un homme connu par sa gaucherie à la tribune, le grand orateur répondit en riant : « Laissez faire ! j'ai établi une telle réputation à l'abbé Sieyès qu'il ne pourra jamais la traîner (1). » Pendant la lutte des Montagnards et des Girondins, « il observait, dit-on, conseillait les Girondins, mais il ne se montrait pas. La nature, en le dotant d'une grande faculté de penser, ne lui avait pas donné la faculté de parler ; il n'abordait jamais la tribune, mais il y envoyait ses orateurs. Voilà pourquoi, au 31 mai, les auteurs de ce coup d'Etat ne purent l'atteindre (2). » Robespierre l'appelait *la Taupe de la Révolution*. « L'abbé Sieyès ne paraît pas, disait-il, mais il ne cesse d'agir dans les souterrains des Assemblées nationales : il dirige et brouille tout. Il soulève les terres et disparaît ; il crée les factions, les met en mouvement, les pousse les unes contre les autres, et se tient à l'écart pour en profiter ensuite si les circonstances lui conviennent (3). » Sieyès protesta, dans son autobiographie, contre l'imputation de n'avoir rien fait à la Convention, et

---

(1) Mémoires de Barère, IV, 427.
(2) Ibid., IV, 428.
(3) Ibid., II, 280. — On voit combien est fausse la légende qui le représente comme un des *faiseurs* de Robespierre, qui le haïssait et le craignait. Lui-même écrit dans sa *Notice sur sa vie* : « Sieyès n'a jamais adressé la parole à Robespierre, ni Robespierre à Sieyès. Il n'y a jamais eu entre eux un seul mot de correspondance parlé ou écrit ; jamais ils ne se sont trouvés ensemble, ni à table ni dans la société ; jamais ils ne sont restés assis à côté l'un de l'autre à l'Assemblée. »

de s'être *borné à vivre*. Il rappela son projet d'organisation du ministère de la guerre (janvier 1793), « repoussé par tous les partis ». Il rappela, aussi, qu'au mois de juin suivant, il avait proposé au comité d'instruction publique un plan d'instruction nationale que le comité adopta et fit présenter par Lakanal. Ce projet eut d'abord du succès ; mais quand on sut qu'il était de Sieyès, ce fut une clameur hostile. Sur une dénonciation de Hasenfratz aux Jacobins (30 juin), le plan fut rejeté, et Sieyès exclu du comité.

Mais, en fait, le seul discours qu'il prononça pendant la la Terreur fut au sujet du mouvement hébertiste qui amena l'abdication de tous les prêtres de la Convention, sauf Grégoire. « Citoyens, dit-il le 20 brumaire an II, mes vœux appelaient depuis longtemps le triomphe de la raison sur la superstition et le fanatisme. Ce jour est arrivé ; je m'en réjouis comme d'un des plus grands bienfaits de la République française. Quoique j'aie déposé depuis un grand nombre d'années tout caractère ecclésiastique, et qu'à cet égard ma profession de foi soit ancienne et bien connue, qu'il me soit permis de profiter de la nouvelle occasion qui se présente pour déclarer encore, et cent fois s'il le faut, que je ne connais d'autre culte que celui de la liberté, de l'égalité ; d'autre religion que l'amour de l'humanité et de la patrie. J'ai vécu victime de la superstition ; jamais je n'en ai été l'apôtre ou l'instrument ; j'ai souffert de l'erreur des autres, personne n'a souffert de la mienne ; nul homme sur la terre ne peut dire avoir été trompé par moi ; plusieurs m'ont dû d'avoir ouvert les yeux à la vérité. Au moment où ma raison se dégagea saine des tristes préjugés dont on l'avait torturée, l'énergie de l'insurrection entra dans mon cœur ; depuis cet instant, si j'ai été retenu par les chaînes sacerdotales, c'est par la même force qui comprimait les âmes libres dans les chaînes royales et les malheureux objets des haines ministérielles à la Bastille :

le jour de la Révolution a dû les faire tomber toutes. — Je n'ai paru, on ne m'a connu que par mes efforts pour la liberté et l'égalité. C'est comme plébéien, député du peuple et non comme prêtre (je ne l'étais plus), que j'ai été appelé à l'Assemblée nationale, et il ne me souvient plus d'avoir eu un autre caractère que celui de député du peuple. Je ne puis pas, comme plusieurs de mes collègues, vous livrer les papiers ou titres de mon ancien état : depuis longtemps ils n'existent plus. Je n'ai point de démission à vous donner, parce que je n'ai aucun emploi ecclésiastique ; mais il me reste une offrande à faire à la patrie, celle de 10,000 livres de rentes viagères que la loi n'avait conservée pour l'indemnité d'anciens bénéfices. Souffrez que je dépose sur votre bureau ma renonciation formelle à cette pension et que j'en demande acte, ainsi que de ma déclaration. (*On applaudit.*) »

La Convention décréta l'insertion du discours de Sieyès dans le Bulletin, et il rentra dans le silence jusqu'à la chute de Robespierre. Même pendant cette réaction thermidorienne où son influence fut si visible, il affecta un air de détachement sceptique. Au milieu des débats les plus orageux, le voyageur Meyer le vit « rester assis avec une indifférence marquée, et, lorsque le tapage était le plus fort, il parcourait tranquillement avec sa lorgnette les endroits les plus éloignés de la salle (1) ».

Les discours où il soutint son projet de loi de haute police et son projet de *jury constitutionnaire* sont écrits dans ce style abstrait dont nous avons déjà marqué le caractère anti-oratoire. Il n'était éloquent que dans l'intimité. « La conversation avec Sieyès n'est pas pénible, dit Meyer. Il se laisse aisément pénétrer, et son langage animé, par lequel il explique tout avec une clarté philosophique et avec une

---

(1) *Fragments sur la France*, p. 255.

grande connaissance des hommes, étincelle d'idées neuves... Le regard de ses grands yeux noirs est ferme ; sa voix, quoiqu'avec une poitrine faible, qui l'empêche de parler en public, est pleine et forte dans sa chambre, et dans le feu de la conversation ses mouvements sont brusques, son visage pâle s'anime et est plein d'esprit (1). »
Il croyait même avoir séduit, par son talent de causeur, le général victorieux dont il s'imaginait être l'éducateur politique. Mignet a expliqué le mécanisme constitutionnel dans lequel il tenta vainement d'enlacer le despotisme naissant de Bonaparte, et il faut lire dans les Mémoires de Larevellière-Lépeaux le récit plaisant de la mystification brutale par laquelle le soldat joua l'idéologue, l'obligeant à désigner lui-même les trois consuls, et par conséquent à s'exclure (2).

CHAPITRE VIII.

ISOLÉS ET INDÉPENDANTS.

Voici toute une série d'orateurs de second ordre qu'il est difficile de classer dans un parti (quoique les historiens les rattachent d'ordinaire au Centre), mais qu'une histoire de l'éloquence ne peut entièrement omettre. Je veux parler de Camus, Grégoire, Lakanal, Cambon, Marie-Joseph Chénier et quelques autres isolés, presque tous travailleurs utiles et consciences droites.

Nous avons caractérisé l'éloquence janséniste de Camus à la Constituante. Il ne siégea presque pas à la Convention, dont l'éloignèrent constamment des missions aux armées, jusqu'au jour où Dumouriez le livra à l'ennemi avec les

(1) *Fragments sur la France*, p. 250.
(2) Mémoires de Larevellière, II, 423-425.

autres commissaires. Dans les rares discours qu'il prononça, il fit preuve de la même fermeté rigoureuse qu'en 1791, surtout quand il demanda la mise en accusation des ministres traîtres et dilapidateurs (18 octobre 1792), et proposa, quatre jours après, la vente immédiate du mobilier des émigrés et des maisons religieuses. La trahison de Dumouriez mit fin à sa carrière oratoire et lui ôta l'embarras de se prononcer entre deux grands partis montagnards; mais ses instincts religieux l'eussent peut-être incliné vers Robespierre.

Grégoire fit paraître à la Convention le même mélange de républicanisme et de piété qui avait caractérisé son éloquence à la Constituante. C'est sur sa proposition que, le 21 septembre 1792, la royauté fut abolie. Son indignation un peu naïve est restée célèbre : « Les rois, dit-il, sont, dans l'ordre moral, ce que les monstres sont dans l'ordre physique. Les cours sont l'atelier des crimes et les tanières des tyrans. L'histoire des rois fut le martyrologe des nations. » Cette condamnation de la royauté par un prêtre eut un long retentissement, et l'emphase même n'en déplut pas. Le 15 novembre, il parla contre l'inviolabilité de la personne du roi, qu'il avait déjà combattue le 15 juillet 1791, alors qu'il y avait du courage à le faire : « Un parjure, une trahison, un meurtre sont, à la vérité, des actions royales, quant au fait et d'après les habitudes féroces de cette classe d'hommes qu'on appelle rois; mais, quant au droit, ces crimes rentrent dans la classe des délits privés... Après avoir discuté les principes, je passe à l'application. La royauté fut toujours, pour moi, un objet d'horreur; mais Louis XVI n'en est plus revêtu; je me dépouille de toute animadversion contre lui, pour le juger d'une manière impartiale; d'ailleurs, il a tant fait pour obtenir le mépris, qu'il n'y a plus de place à la haine... Quel homme s'est joué avec plus d'effronterie de la foi des serments ? — C'est dans cette enceinte, c'est là que je disais aux législateurs : *Il jurera tout, il ne tiendra rien.* Quelle prédiction fut jamais mieux accomplie ? Ce digne descendant de Louis XI venait, sans y être invité, dire à l'Assemblée que les ennemis les plus dangereux de l'Etat étaient ceux qui répandaient des doutes sur sa loyauté : en rentrant ensuite dans son tripot monarchique, dans ce château, la tanière de tous les crimes, il allait, avec sa Jezabel, avec la cour, combiner et mûrir tous les genres de perfidie... Et cet homme ne serait pas jugeable!... L'histoire, qui burinera ses crimes, pourra le peindre d'un seul trait : Aux Tuileries des milliers d'hommes étaient égorgés ; le bruit du canon annonçait un carnage effroyable, et ici, dans cette salle, il mangeait ! »

Membre du Comité d'instruction publique, il fut pour quelque chose dans toutes les fondations littéraires et scientifiques de la Convention. On admira ses rapports sur l'éducation, sur les livres élémentaires, sur la nécessité politique de propager l'usage de la langue nationale et d'abolir peu à peu les patois, sur les jardins botaniques, l'agriculture, les fermes expérimentales, la bibliothèque, etc. Sous une forme emphatique et parfois banale, il y a là du savoir et de la sagesse.

Ces travaux le tinrent éloigné de la politique militante, de la lutte des partis. Pourtant, au 31 mai, il présidait la Convention en l'absence de Mallarmé quand il lui fallut répondre à l'adresse des sections de Paris contre les Vingt-deux. Il le fit avec impartialité, selon la politique la plus française et la plus patriote, et parla à peu près comme l'eût fait Danton : « Citoyens, dit-il, la liberté est dans les crises de l'enfantement : une Constitution populaire en sera le fruit, et contre elle se briseront les efforts impies des brigands couronnés, de nos ennemis extérieurs et intérieurs ! Le moment approche où le peuple en masse les écrasera par sa puissance et sa majesté. L'absurdité des calomnies répandues contre Paris couvre de honte leurs inventeurs. La Convention nationale vient encore de vous venger en décrétant que Paris, qui a fait tant de sacrifices pour faire triompher la révolution, a bien mérité de la patrie. Non, elle ne disparaîtra pas du globe, cette illustre cité qui, dans les décombres de la Bastille, renversée par son courage, a retrouvé la charte de nos droits ! Elle les a reconquis ; elle défendra son ouvrage ; et Paris, sous l'empire de la liberté, deviendra plus brillant qu'il ne le fut jamais sous le sceptre du despotisme. Vainement les aristocrates, les royalistes, les fédéralistes essaient de nous diviser ! Nous jurons de rester unis ! Nous serons pour ainsi dire agglutinés dans le sein de la république une et indivisible, et les orages de la révolution ne feront que renverser les liens de famille qui unissent les Parisiens à leurs frères des départements ! »

Il resta prêtre, au milieu même du mouvement hébertiste ; et le jour où les ecclésiastiques de la Convention suivaient à l'envi l'exemple de Gobel, il résista fièrement à toutes les sollicitations. « On me parle de sacrifices à la patrie : j'y suis habitué. S'agit-il d'attachement à la cause de la liberté ? mes preuves sont faites depuis longtemps. S'agit-il des revenus attachés aux fonctions d'évêque : je vous les abandonne sans regret. S'agit-il de religion ? cet article est hors de votre domaine, et vous n'avez pas le droit de l'attaquer. J'entends parler de fanatisme, de superstition : je les ai toujours combattus. Mais qu'on définisse ces mots, et l'on verra que le fanatisme et la superstition sont diamétralement opposés à la religion. Quant à moi, catholique par conviction et par sentiment, prêtre par choix, j'ai été délégué par le peuple pour être évêque ; mais ce n'est ni de lui ni de vous que je tiens ma mission ; j'ai consenti à porter le fardeau de l'épiscopat dans un temps où il était entouré d'épines. On m'a tourmenté pour l'accepter, on me tourmente aujourd'hui pour me forcer à une abdication qu'on ne m'arrachera jamais. Agissant d'après les principes sacrés qui me sont chers, et que je vous défie de me ravir, j'ai tâché de faire du bien dans mon diocèse. Je reste évêque pour en faire encore. J'invoque la liberté des cultes. »

Ce qui manquait à Grégoire orateur, ce n'était pas le caractère, la passion, le don de remuer ; c'était le tact littéraire, le style, le talent. Nature plus forte que fine, il savait parler au peuple, et à l'occasion, dans ses missions, il montait à cheval pour haranguer les soldats (1).

Il ne faut pas songer à esquisser ici l'œuvre pédagogique de ce LAKANAL dont notre temps a justement illustré le nom. Le président, sans cesse réélu, du comité d'instruction publique, avait une parole précise et claire ; mais il lut plus de rapports qu'il ne prononça de discours. Je devine, à la façon dont les journaux du temps parlent de lui, qu'il était un peu gauche à la tribune. L'orateur était, sinon ridicule, comme on l'a dit, du moins terne et insuffisant. Il fallait lire ses harangues pour sentir la valeur de ses idées. Mais on estimait sa personne, on admirait ses travaux ; l'abbé Grégoire et lui personnifiaient la grande cause de l'éducation nationale à laquelle la Convention consacra tout le temps que lui laissaient ses divisions intestines et le souci de la défense nationale.

On voit, dans ses notes posthumes, qu'en entrant à la Convention il s'était tracé sa voie. « Servir mon pays, dit-il, en défendant la cause des lettres, sauver les sciences

(1) « J'avais paru un moment, dit-il, à l'armée des Alpes, que commandait Kellermann ; étant à Nice, j'allai visiter celle d'Italie. Je suis tenté de rire en me rappelant qu'au camp de Brau, au-dessus de Sospello, j'ai, sous le canon piémontais, parcouru à cheval et en habit violet les rangs des divers bataillons, et que je les ai tous harangués. » (Mémoires, I, 423.)

et ceux qui les honoraient par leurs travaux, combattre le vandalisme en provoquant l'établissement d'institutions consacrées à l'instruction publique, voilà la mission toute spéciale que je m'étais assignée (1). »

Il siégea dans la Montagne, dont il ne partagea pas les haines ou les excès ; mais il avait compris l'impuissance politique des Girondins. « Ces hommes estimables, dit-il dans ses notes, se distinguaient par leurs talents, leur urbanité ; mais ils n'auraient pas sauvé la France dans l'état de crise où elle était, s'ils avaient eu le pouvoir en mains. Ce n'était ni les talents oratoires, ni les qualités sociales qu'il fallait opposer à un ennemi furieux... » Il vota la mort de Louis XVI et, quarante ans plus tard (2), il écrivait à ce sujet : « L'histoire, qui n'attend aucune indemnité pour prix de ses pleurs et de ses expiations, l'histoire impartiale ne flétrira pas les 460 jurés qui votèrent la mort. Ce grand nombre de votants garantit la conscience de tous. Trois hommes assis sur une estrade, poussés par l'instinct du sang, peuvent faire tomber la tête d'un accusé avec une horrible passion ; mais on ne pourra jamais démontrer qu'il se soit trouvé 460 juges, élus de la France entière, parfaitement unis dans cette communauté d'instincts sanguinaires. »

Dans sa mission en Dordogne, il se conduisit comme un enthousiaste ivre de fraternité, et écrivit des proclamations à la fois ridicules et émouvantes. Il y a moins de lyrisme dans ses rapports, dont la plupart sont entièrement techniques. Voici pourtant, sur un sujet très oratoire, une page de Lakanal assez propre à donner une idée de son talent. Il s'agissait de mettre Rousseau au Panthéon (29 fructidor an II) et d'opposer son souvenir à celui du *dépanthéonisé* Mirabeau :

(1) *Lakanal*, par Paul Legendre. Paris, 1882, in-8, p. 20.
(2) Ibid., p. 19.

« Au moment, dit Lakanal, où tout un peuple fatigué d'un long esclavage est poussé vers la liberté par les excès du despotisme, où, se débattant dans les fers, il n'a besoin, pour les briser, que d'un mouvement énergique et rapide; où il s'agite dans tous les sens, cherchant la voie dont ses vieilles habitudes le tiennent encore écarté, n'ayant que le sentiment confus de ses droits, sans pouvoir trouver dans son langage trop longtemps asservi ces locutions puissantes qui font pâlir la tyrannie et commandent à l'esclave de s'affranchir ; s'il se lève, par exemple, au milieu de ce peuple un homme d'un génie bouillant, audacieux, passionné, un homme dont l'éloquence mâle, la voix, les mouvements impétueux, la figure remarquable, fût-ce par sa laideur, frappent les regards, fixent l'attention et se gravent dans la mémoire ; si cet homme se jette dans le courant des premières agitations populaires ; si, lorsque la révolution bouillonne, il en précipite et en dirige le torrent, son idée se joint bientôt à celle de la Révolution même, il forme, lui seul, une puissance, lui seul une de ces causes agissantes et terribles dont l'action simultanée change la face des Empires. Et le peuple, affranchi du joug, croyant l'être par lui, le poursuit d'applaudissements, environne de gloire sa pompe funèbre, invente pour lui des triomphes inusités et de nouvelles apothéoses.

« Mais à l'instant où il n'est plus, où ses moyens de séduction et ses prestiges personnels sont évanouis, où le cours des choses a emporté les circonstances, soit locales, soit temporaires, qui faisaient une partie de son influence et de sa renommée, s'il se découvre que cet homme fut vendu à d'autres intérêts qu'à ceux du peuple, qu'il fut le partisan secret, le complice du trône et l'instrument de la tyrannie ; si l'on ne voit plus à la place de ses talents avilis et de ses vertus imaginaires que vices, qu'intrigues, immoralité, corruption, alors le peuple indigné se soulève contre sa mémoire, une juste vengeance renverse les monuments élevés par une reconnaissance aveugle, et l'idole, arrachée du sanctuaire, est brisée, et foulée avec dédain (1). »

Il est d'autres noms qui se rencontrent dans l'histoire de la révolution, comme ceux de Coupé (DE L'OISE), de MERLIN (DE DOUAI), de REWBELL, de LARÉVELLIÈRE-LÉPAUX, de PAGANEL, de THIBAUDEAU, de CAMBON, mais dont la critique littéraire n'a aucune raison de s'occuper. Ces politiques furent de médiocres orateurs, échos ou reflets du talent d'autrui. Cambon lui-même, l'illustre financier, avait une parole incorrecte (2), parfois grossière, un style presque toujours banal. Ses discours, si importants à d'autres points de vue, échappent, par la nullité de la forme, à toute critique littéraire.

(1) A côté de Lakanal, on pourrait placer le girondin Daunou, plutôt lettré et savant qu'orateur, mais dont la parole claire est louée dans les mémoires de Larevellière, I, 236.
(2) Témoignage de Romme, ap. Vissac, p. 250.

CONCLUSION

L'ÉLOQUENCE PARLEMENTAIRE SOUS LE DIRECTOIRE.

On aura trouvé, j'espère, dans cette trop longue étude, sinon un tableau complet, du moins une esquisse exacte de l'éloquence politique pendant la Révolution. Il n'entre pas dans notre méthode et dans notre dessein de formuler ici, selon l'usage classique, une conclusion dogmatique sur la valeur intrinsèque des monuments oratoires que nous avons cités. Si nous en avons le temps et la force, nous montrerons plus tard, dans les discours des orateurs de la Restauration, ce qui manquait aux orateurs de la Constituante, de la Législative et de la Convention. Il vaut mieux expliquer, en terminant, pourquoi nous n'avons pas cru devoir entreprendre une étude spéciale de l'éloquence sous le régime de la constitution de l'an III. Il suffira pour cela de caractériser en quelques mots les conditions et les effets de la parole publique pendant le Directoire.

De 1795 à 1799, la vie parlementaire fut, en apparence, aussi active que dans les premières années de la Révolution. Ni la gravité ni l'animation ne manquèrent aux débats soulevés dans le Conseil des Cinq-Cents et dans le Conseil des Anciens, et la tribune ne fut pas muette un instant, du 5 brumaire an IV jusqu'au coup d'État du 18 brumaire an VIII. Et pourtant l'éloquence politique n'a plus ni la même force ni les mêmes effets. Sans cesser de s'intéresser aux manifestations de la vie politique, l'opinion ne se tourne plus vers la tribune avec la même anxiété attentive qu'en 1789 et en 1792; elle attend moins des orateurs; elle demande davantage aux gouvernements : rendue sceptique par tant d'expériences, découragée par ses propres erreurs et ses déconvenues, elle réclame à grand bruit des hommes d'action, des hommes positifs et pratiques, des hommes heureux ; elle suit avec joie les progrès des armées, s'enthousiasme pour les victoires et les généraux, d'abord pour Hoche, puis pour Bonaparte : elle regarde cette gloire-là comme la seule solide, la seule inoffensive, la seule réparatrice. — Seuls, quelques Parisiens gardent le culte des traditions révolutionnaires, et frémissent encore au bruit de la bataille parlementaire entre les survivants de la Convention et les champions masqués du royalisme. L'insurrection de Babeuf et l'échauffourée du camp de Grenelle marquent l'intérêt que Paris prend encore à la vie politique. Mais bientôt la lassitude des provinces se communiqua à la capitale, et un soldat put impunément renverser la tribune aux harangues. Personne ne se leva pour défendre ceux que, dans cette décadence de l'esprit public, on appelait dédaigneusement *des avocats*.

Il faut dire aussi que la guillotine avait fauché, dans la fleur de l'âge, cet admirable groupe d'orateurs qui personnifient pour nous la Révolution. Vergniaud, Guadet, Danton, Robespierre avaient disparu avant que leurs successeurs eussent le temps de se former. Même de moindres talents, comme Barère, Collot, Billaud, étaient écartés par la proscription de cette tribune d'où ils avaient lancé la terreur. Il ne restait, parmi les hommes marquants, que Louvet et Isnard : nous les avons vus interprétant avec éclat les deux tendances qui se partagèrent les esprits sous le Directoire. Mais, si brillante que fût l'éloquence de celui-là, elle ne suffisait pas à rendre à l'art oratoire cette place illustre qu'il avait tenue dans la politique avant Thermidor. Quant à Isnard, il abonda bientôt dans ses propres défauts au point de ne plus sortir des boursouflures déclamatoires.

Quels furent donc, de 1795 à 1799, les champions de la Révolution contestée et à demi vaincue ? les hommes que leur médiocrité avait préservés de l'échafaud. La bonne volonté et la passion suppléèrent alors au talent. Ainsi, Goupilleau, aux-Cinq-Cents, parleur sans style et sans vues, fut un instant célèbre par sa dénonciation contre le député royaliste Aymé (29 frimaire an IV). Bentabole, Bourdon (de l'Oise), Marie-Joseph Chénier, Coupé, Jean Debry, Tallien, Thibaudeau tinrent la place laissée vide par Danton, Vergniaud, Robespierre et Saint-Just. Cette médiocrité des survivants de la Convention donna, par le contraste, une sorte d'éclat aux revenants de l'ancienne droite de la Législative, à Quatremère de Quincy, à Vaublanc, à Pastoret, à Dumolard, orateurs du parti clichyen. Au Conseil des Anciens, Lanjuinais et Legendre, nous l'avons vu, ne furent pas indignes de leur passé. Mais la grande fonction de défendre la Révolution fut laissée, dans la haute Chambre, à des comparses comme Creuzé-Latouche, dont le médiocre discours du 8 fructidor an IV, contre les prêtres insermentés, eut un certain succès parmi les patriotes et souleva les colères de la droite. Celle-ci comptait sans doute dans ses rangs des vétérans de la tribune ; mais c'était Lacuée, rapporteur terne et convenable des affaires militaires et maritimes ; c'était Dupont de Nemours, verbeux, intarissable, s'écoutant ; c'était le bon Tronchet.

Parmi les hommes nouveaux que les élections de 1795 et les renouvellements partiels firent entrer aux Conseils, il ne se rencontra pas un talent vraiment génial ; mais il faut reconnaître que là se trouva le prestige l'habileté, la force. Énumérez ces orateurs issus d'une nouvelle couche sociale : il n'y eut pas là un républicain ; tous étaient partisans de la monarchie telle que la constitution de 91 l'avait établie. C'étaient, aux Anciens, Barbé-Marbois, fleuri et emphatique, mais touchant juste et soutenu par les applaudissements de son parti ; Tronson du Coudray, avocat connu, défenseur de Marie-Antoinette, médiocre à la tribune, mais écouté ; c'était surtout le célèbre Portalis, qui mit sa science juridique, sa dialectique, tout son talent clair et fort au service des passions rétrogrades et royalistes, et revêtit d'une apparence de justice les excès de la Terreur blanche. Il étonnait parfois par ses mots concis et heureux, comme dans sa réponse à Creuzé-Latouche sur les prêtres : « Voulons-nous tuer le fanatisme, disait-il : maintenons la liberté de conscience. Il n'est plus question de détruire, il faut gouverner. » Mais l'éloquence politique de Portalis n'a aucun caractère original : il est un écho des grands juristes de la Constituante (1).

Au Conseil des Cinq-Cents, les hommes nouveaux qui plaidèrent la cause de la monarchie constitutionnelle furent Siméon, Royer-Collard et Camille Jordan. Je ne parle pas de Pichegru, qui ne prit guère la parole que sur des questions militaires ; ni du poète Andrieux, dont la mince veine de libéralisme n'eut rien d'éloquent ; ni de Job Aymé, qui ne fut célèbre que par son expulsion du Conseil et par son rappel. Les trois orateurs que j'ai cités jetèrent un véritable éclat sur le parti royaliste. On goûta la parole discrète et claire de Siméon, que nous retrouverons dans les Chambres de la Restauration. Ce n'est pas davantage le lieu d'esquisser la figure de Royer-Collard. Elu par le département de la

---

(1) Les royalistes eurent aussi dans leurs rangs, aux Anciens, Marmontel, élu par l'Eure, à l'âge de 74 ans, au renouvellement partiel de germinal an V. Nommé secrétaire, il ne parla pas, ne joua aucun rôle et fut cependant proscrit au 18 fructidor. Il y avait contre lui ce prétexte puéril que, dans les pièces relatives à la conspiration royaliste découverte le 12 pluviôse an V, une lettre d'émigré réclamait l'envoi des *Eléments de littérature* du *cher* Marmontel. Le bonhomme ne fut fructidorisé que pour la forme : il put aller mourir dans sa retraite, au hameau d'Abloville, près Gaillon, en Normandie.

Marne au renouvellement partiel de l'an V, il ne prit la parole qu'une fois ; mais ce fut avec un immense succès. Il s'agissait de la question brûlante du traitement des prêtres reclus ou déportés. Royer-Collard demanda (26 messidor an V) que la liberté religieuse reçût toute l'extension compatible avec la Constitution. Il présenta comme moyen de gouvernement la justice, qu'il appela « le plus profond des artifices et la plus savante des combinaisons. » Et il ajouta, parodiant le mot de Danton dont il dénaturait le sens : « Aux cris féroces de la démagogie invoquant *l'audace, et puis l'audace, et encore l'audace*, représentants du peuple, vous répondrez enfin par ce cri consolateur et vainqueur, qui retentira dans toute la France : *La justice, et puis la justice, et encore la justice.* » Déjà ce talent élevé étais mûr, quand le coup d'État du 18 fructidor annula le choix des électeurs de la Marne et rendit Royer-Collard à la vie privée.

Mais on ne peut pas dire que le futur chef des doctrinaires apportât à la tribune un nouveau genre d'éloquence politique. Glorifier les principes en termes grandioses et en beau français, tel sera l'idéal de Royer-Collard, et tel avait été celui des orateurs de l'Assemblée constituante. Plus originale, à notre avis, fut la manière oratoire du jeune et aimable champion de la monarchie libérale, qui s'appela Camille Jordan, et dont la candeur émue, la mélancolie élégante, la distinction de style se retrouveront, avec moins d'éloquence et plus de finesse, dans l'infortuné Prévost-Paradol. Sainte-Beuve a écrit une biographie de celui qui fut plus tard l'ami de Mme de Staël et que celle-ci louait en ces termes décents et justes : « Vous avez, lui disait-elle, une élévation de style, une candeur d'âme, qui vous donnera toujours le moyen de convaincre quand vous le désirerez (1). » Mais cette candeur charmante n'est pas le seul trait

---

(1) *Nouveaux Lundis*, t. XII.

original du talent de Camille Jordan. Ce qui surprend le plus en lui, c'est que, royaliste, adversaire irréconciliable des patriotes jacobins, ennemi par tempérament de la démocratie, il fait paraître dans ses discours une modération, une convenance de forme bien rares en cet âge de luttes à mort et de haines aveuglantes. Mais ce n'est pas tout : je distingue dans l'œuvre oratoire du jeune Lyonnais un élément nouveau, une tendance presque inconnue au siècle de Voltaire et de Rousseau. Jordan ne vise pas seulement à frapper ses ennemis politiques, à leur faire le plus de mal possible ; il veut les comprendre, entrer dans leurs desseins et se placer à leur point de vue moral. Sans doute, il est parfois passionné, il est homme de parti ; et quand il veut transformer les férocités politiques de la Compagnie de Jéhu en quelques crimes de droit commun commis par des voleurs (discours du 16 messidor an V), il s'aveugle, il s'oublie, il s'égare dans un mirage. Mais, d'ordinaire, il s'exprime en philosophe, en observateur aussi attentif aux idées d'autrui qu'épris des siennes propre, et il est le premier peut-être dans la tribune française qui ait donné des marques d'un véritable esprit critique (1).

Cette originalité, que les contemporains n'aperçurent pas, paraît au plus haut degré dans le célèbre rapport du 29 prairial an V sur la liberté des cultes et sur toute la question religieuse. Chrétien convaincu, Jordan sut critiquer la politique religieuse de la Convention sans fanatisme, avec une philosophie conciliante. Sa thèse fut que, la constitution ayant proclamé l'entière liberté des cultes, toutes les lois qui tendraient à la gêner devraient être abrogées. Ainsi pourquoi exiger un serment des ecclésiastiques ? « Les bons seront fidèles sans serment ; les méchants seront rebelles malgré tous les serments.... La loi n'a pas connu le prêtre pour

(1) Exceptons cependant le rapport de Gallois et de Gensonné.

l'honorer ; elle ne doit pas le connaître pour le soupçonner. » Le peuple des campagnes veut sonner ses cloches : pourquoi l'en empêcher ? « Quelle serait donc cette superstition philosophique qui nous préviendrait contre des cloches à peu près comme une superstition populaire y attache les femmes de nos villages ? »

Devançant Chateaubriand, il glorifiait les idées religieuses ; mais il le faisait en termes acceptables pour les libres-penseurs déistes qui l'écoutaient, disant que ces besoins étaient sentis surtout par les peuples en révolution. « Alors il faut aux malheureux l'espérance ; elles en font luire les rayons dans l'asile de la douleur, elles éclairent la nuit même du tombeau, elles ouvrent devant l'homme mortel et fini d'immenses et magnifiques perspectives. Législateurs, que sont vos autres bienfaits auprès de ce grand bien ? Vous plaignez l'indigent, les religions le consolent : vous réclamez ses droits, elles assurent sa jouissance. Ah ! nous avons parlé souvent de notre amour pour le peuple, de notre respect pour ses volontés : si ce langage ne fut pas vain dans nos bouches, respectons avant tout des institutions si chères à la multitude. De quelque nom que notre haute philosophie se plaise à les désigner, quelles que soient les jouissances exquises auxquelles nous pensons qu'elle admet, c'est là que le peuple a arrêté ses volontés, c'est là qu'il a fixé ses affections ; il nous suffit, et tous nos systèmes doivent s'abaisser devant sa volonté souveraine. »

Il s'exprime aussi en philosophe, en politique, plus encore qu'en chrétien, dans cet éloquent appel à la paix religieuse : « Non, la pensée de proscrire tous les cultes en France, d'y proscrire un culte quel qu'il soit, cette pensée, après les sanglantes leçons que nous avons vues, est une pensée impie ; elle n'abordera pas le représentant du peuple ; elle est exécrée dans cette enceinte ! J'en jure par les mânes de cinq cent mille Français étendus aux plaines de

Vendée, épouvantable monument des fureurs de la persécution et des excès du fanatisme. »

Mais, nous le répétons, il ne faudrait pas juger sur ces nobles formules la tribune politique de 1795 à 1799. Dans cette éclipse des idées morales qui signala la période du Directoire, ce fut une éloquence de découragés ou d'intrigants. C'est alors surtout qu'on déclama, qu'on fit violence à la langue; et le style oratoire, perdant toute force et tout caractère, s'abaissa au niveau de la pensée. L'éloquence politique ne reparaîtra véritablement en France que quand la Restauration relèvera la tribune au milieu d'une demi-liberté.

FIN.

APPENDICE

DOCUMENTS INÉDITS SUR DUCOS (ARCHIVES NATIONALES).

I. — AUTOBIOGRAPHIE DE DUCOS.

Notes sur les principales époques de ma vie politique. — 1° Je n'ai pas attendu que les excès de l'ancien régime amenassent une révolution dans ma patrie, pour engager ma vie à la cause de la liberté. En 1788, je voyageais pour mon instruction. Le stathoudérat luttait en Hollande contre le républicanisme. Je combattis pour les républicains au siège d'un faubourg d'Amsterdam, nommé Kattenbourg. Ce fait, s'il était digne d'être rapporté, [pourrait être attesté] par le citoyen Makeloss, Hollandais réfugié, à qui j'ai donné, il y a quelques mois, l'attestation d'un acte de bravoure qu'il fit à ce siège, et dont il a usé, je crois, auprès du ministre de la guerre.

2° Juillet 1789. Boyer-Fonfrède, son frère et moi sommes les trois premiers qui ayons arboré à Bordeaux la cocarde nationale.

3° Dans un temps où les parlements conservaient encore leur autorité et surtout un vieux empire sur les préjugés du peuple, Fonfrède et moi dénonçâmes celui de Bordeaux pour avoir, dans le préambule d'un arrêt sur les désordres inséparables d'une grande révolution, calomnié la cause de la liberté. Ce fut sur la dénonciation du Café National et la nôtre que son président et son procureur général furent mandés à la barre de l'Assemblée constituante.

4° Mai 1790. C'est encore Fonfrède et moi qui avons fortement contribué à diriger vers Montauban un détachement de la garde nationale de Bordeaux pour y délivrer des patriotes qui, après avoir échappé au fer des royalistes et des fanatiques, gémissaient dans les cachots. On se rappelle la prodigieuse influence de cette première marche des soldats de la liberté sur l'esprit public à cette époque, la terreur que ce mouvement inspira aux aristocrates, enfin les éclatants témoignages de satisfaction qu'en reçurent les Bordelais de l'Assemblée constituante et des Parisiens. Fonfrède et moi abandonnâmes le grade d'officier pour marcher comme volontaires avec ce détachement, dont j'ai fait toute la correspondance.

5° Mai ou avril 1790. Je suis le fondateur de la Société populaire de Bordeaux. Si quelques malentendus ou peut-être quelques nuances dans les opinions politiques ont jeté depuis quelques mois de la défaveur sur cette Société, il n'est pas permis d'oublier qu'elle a constamment dénoncé et poursuivi les aristocrates et les égoïstes pendant la session de l'Assemblée constituante ; qu'elle a prononcé avec éclat et sans hésitation son opinion pour les Jacobins contre les Feuillants, à l'époque si critique de la revision ; qu'elle a appelé dans le midi la révolution du 10 août, proclamé la république, applaudi à la mort du tyran ; qu'enfin elle a fait et provoqué d'immenses sacrifices en faveur des bataillons qui ont marché contre nos ennemis.

6° Si c'est à l'émission des assignats-monnaie que la France doit son salut et les moyens de soutenir une guerre immense et dispendieuse, j'ai l'orgueil de croire que j'ai attaché mon nom au décret qui a établi cette opération de finance. Je ramenai à cette opinion par un très long discours la majorité des patriotes de Bordeaux, et je fus nommé rédacteur d'une adresse à l'Assemblée constituante, en faveur des assignats, qu'on m'assure n'avoir pas peu contribué à faire rendre le décret, moins sous doute par le mérite de la rédaction que par le poids dont était alors sur cette matière l'avis de la première place de commerce de France.

7° Mars, avril 1791. J'ai défendu avec quelque courage et quelque succès la cause des gens de couleur dans les colonies. On sait que les blancs sont les *muscadins* de nos îles, et que les hommes de couleur en sont les sans-culottes. On a cherché depuis quelques mois à égarer sur cette matière l'opinion des patriotes. Des marchands d'hommes, des flagelleurs d'esclaves sont venus nous accuser, en se couvrant des livrées du patriotisme, des malheurs des colonies dont ils sont, avec Barnave, les Lameth et les Feuillants, les uniques auteurs. Mais j'aurai, personnellement, une réponse frappante à leur faire. J'étais riche propriétaire à Saint-Domingue. Les derniers troubles ont amené la ruine de mes habitations. Puis-je être raisonnablement soupçonné d'avoir voulu conspirer contre ma propre fortune ? Ce fait justifie suffisamment mes intentions. Quant à la discussion sur la cause des malheurs de Saint-Domingue, il sera facile de prouver qu'ils découlent évidemment de l'inexécution du décret rendu le 15 mai 1791 par l'Assemblée constituante en faveur des citoyens de couleur. Au reste, *périssent les colonies plutôt qu'un principe !* a dit Robespierre.

8° Juin ou juillet 1791. Je fus, à l'époque de la fuite de Varennes, un des premiers à devancer l'opinion sur les mesures politiques à prendre, tant contre le traître fugitif, que sur les changements à opérer dans la forme du gouvernement. Je prononçai à cette époque un discours à la Société populaire de Bordeaux. J'y développai les inconvénients de l'appel au peuple, dont on voulait user dès ce temps-là pour faire juger le tyran par la nation, et je proposai la convocation d'une Convention nationale. On voit si j'ai jamais reculé devant les principes ou devant les événements. Le manuscrit de ce discours est encore dans mes papiers sous les scellés.

9° Si je passe à ma conduite dans l'Assemblée législative, j'y trouve chaque jour marqué par de nouveaux traits de patriotisme. C'est là que j'ai attaqué le fanatisme religieux avec des armes que j'ose croire être celles de la raison ; que j'ai renouvelé mes réclamations en faveur des infortunés citoyens de couleur de nos îles ; que j'ai attaqué dans sa puissance un ministre insolent, celui de la marine, de Bertraud (*sic*), et que j'ai fortement contribué à le renverser.

J'avais le dessein de récapituler tous les actes marquants de dévouement sincère à la cause de la liberté qui ont signalé ma carrière dans cette assemblée. Mais l'énumération eût été trop longue ; car il n'est pas une mesure patriotique pour laquelle je n'aie ou parlé ou voté avec le parti populaire. Qu'on jette les yeux sur le tableau comparatif des appels nominaux : on verra que j'ai attaché mon nom à toutes les attaques dirigées contre le tyran et la tyrannie, qui ont préparé et amené la révolution du 10 août. J'ai senti un des premiers la nécessité de cette révolution, et je l'ai appelée de la tribune en déclarant, au mois de juillet, que ce n'était plus aux ministres, mais au chef du pouvoir exécutif, évidemment malveillant et traître, qu'il fallait s'attaquer. J'étais de la minorité qui vota l'accusation de Lafayette.

10° J'avais, dès ce temps, une réputation de républicanisme que je soutenais avec quelque courage. Il en fallait sans doute pour s'avouer l'ennemi de la royauté à l'instant où elle venait d'être en quelque sorte nationalisée par l'adhésion du peuple français à la constitution de 1791. Il est de notoriété publique que j'écrivais le 10 août, au bruit du canon, une lettre ainsi datée : *Paris,* 10 *août, an* 1er *de la République.* Il est facile de prévoir ce qu'on désire, et je n'avais jamais pensé qu'un jour viendrait où j'aurais à justifier de mon attachement au gouvernement républicain.

11° Je fus membre, après le 10 août, d'un comité de correspondance qui, en rapport avec toutes les armées et les administrations de la République, était surchargé d'un ouvrage immense dont je supportais presque tout le poids. J'y passais le plus souvent depuis neuf heures du matin jusqu'à une heure après minuit. Un tel excès de travail altéra sensiblement ma santé, et, quand je prévis que les suffrages de mes concitoyens allaient me reporter à la Convention nationale, j'écrivis à l'Assemblée électorale du département de la Gironde pour donner d'avance ma démission. Mes amis furent conjurés de l'appuyer auprès de l'Assemblée. Mais les Prussiens étaient à Verdun. Mes amis me répondirent que mon refus jetterait du découragement dans le département, et qu'aucun député n'oserait accepter une place que je voulais fuir, parce que j'en sentais mieux les dangers. L'idée d'un soupçon même de lâcheté m'était insupportable. Je me sacrifiai et je demeurai. Vous en voyez la récompense. Au reste, ce fait, que je puis justifier, peut répondre aux reproches d'ambition, si on avait la fantaisie de m'en faire de cette nature.

12° Ma conduite dans la Convention est récente et connue. Voici le principe qui l'a dirigée : J'ai pensé que la Révolution n'était pas terminée, mais qu'il fallait tout mettre en œuvre pour en amener la fin. J'ai cru encore que, la royauté étant abolie et les ennemis chassés de notre territoire, il ne devait plus y avoir qu'un parti en France. J'avais été homme de parti dans l'Assemblée législative, parce que, l'ennemi étant en présence, il fallait serrer les rangs et que tous les moyens avoués par la morale étaient bons pour le repousser. Mais, dans la Convention, je me suis appartenu tout entier, et j'ai toujours cherché la vérité et le bonheur du peuple, indépendamment de toute considération et de toute prévention particulières (1).

C'est en montrant dans ma marche le mouvement spontané d'une âme pure, qui n'agit que par ses propres impulsions, que je répondrai au reproche qu'on fait à la députation de la Gironde d'avoir formé une coalition et à moi d'y être entré. J'étais uni par les liens de l'amitié avec plusieurs de ses membres. Mais... [*Le reste manque*].

II. — NOTES SUR LES DÉPOSITIONS DE NOTRE PROCÉDURE.

PREMIÈRE DÉPOSITION. — *Pache, maire de Paris* — Il n'a désigné ni Fonfrède ni moi dans le nombre de ceux contre lesquels il déposait directement et personnellement.

Il a déposé que plusieurs de nous avaient voté pour la garde départementale.

---

(1) [En marge] : Il y a un décret qui défend aux députés de solliciter des places auprès des ministres. Il est bien aisé de savoir si cette loi est exécutée. Je demande que les ministres, en vous donnant la liste de tous les officiers généraux, vous donnent aussi la note des recommandations qu'ils ont reçues (27 may).

1° Est-ce un délit d'avoir ainsi voté? Et le délit serait-il de la compétence du tribunal?

2° J'ai voté contre la force départementale.

Il a déposé que plusieurs des accusés avaient cherché à affamer Paris, en refusant des fonds pour ses approvisionnements.

1° Je ne crois pas que refuser des fonds pour l'approvisionnement de Paris soit chercher à affamer Paris. Car Paris pourrait, mieux qu'aucune ville de la République, être approvisionné par le commerce libre.

2° J'ai toujours voté dans l'Assemblée pour accorder les fonds demandés; je n'étais d'aucun des comités qui avaient l'initiative pour accorder ou refuser des fonds.

Il a déposé que plusieurs de nous avaient protégé Dumouriez.

1° Je n'ai jamais joui d'assez de crédit politique pour protéger qui que ce soit.

2° Je n'ai jamais eu de relation intime avec Dumouriez. Je l'ai vu deux ou trois fois pendant son ministère en maison tierce. J'ai dîné deux fois avec lui à son retour de la Belgique; une fois chez lui avec Cambon; une seconde fois avec Treilhard et Barère. C'était dans le temps où il était accueilli aux Jacobins. De plus, lorsque Danton et Camus revinrent de la Belgique, quelques jours avant qu'éclatât la trahison de Dumouriez, je les interpellai formellement de déclarer s'ils avaient des soupçons sur la fidélité de Dumouriez, afin que, dans ce cas, on le destituât sur-le-champ. Ce fait pourrait être justifié par les membres du comité de défense présents alors à la séance, tels que Cambon, Barère, etc.

Il a déposé contre la commission des Douze.

Je n'ai point été membre de la commission des Douze et je n'y ai jamais mis les pieds.

Il a déposé sur l'opposition qu'il avait trouvée à la fermeture des barrières.

Je n'ai jamais opiné à aucun comité sur cet objet.

Ainsi aucune des dépositions de Pache ne peut me concerner.

SECONDE DÉPOSITION. — *Chaumette, procureur de la commune.* — Il a accusé quelques-uns de nous de la nomination de Polverel et de Santhonax.

Il a restreint ensuite cette inculpation à Brissot. Ainsi elle ne peut me concerner. Au reste, il faut se rappeler la réputation de patriotisme dont jouissaient ces deux commissaires à leur départ.

Il nous [a] accusés des maux des colonies. Il l'a fait, en déclarant qu'il adoptait le système que nous avons suivi. Au reste, j'y suis ruiné : voilà ma justification, et j'en fournirai une autre.

Il a parlé de notre conduite au 10 août. Je fus un des douze membres qui allèrent s'exposer aux premiers coups. Ma conduite du reste de la journée répondit à cette première démarche.

Il a parlé d'une proclamation faite ce jour-là. Je n'ai aucune idée de cette proclamation à laquelle je n'ai nullement contribué.

D'un asile donné au tyran. Je ne sais ce que c'est. Je contribuai à arrêter les Suisses qui voulaient entrer avec lui. Je me précipitai au-devant des baïonnettes.

Il a accusé plusieurs membres d'avoir calomnié une adresse de la commune de Paris. Je ne sais de quelle adresse il s'agit. Je n'ai jamais dit du mal d'aucune adressse.

Il ajoute......

(*Jusqu'ici ces notes sont d'une écriture posée, comme si Ducos les avait rédigées dans sa prison. Ce qui suit est un griffonnage évidemment tracé à l'audience.*)

Nous ne nous sommes jamais assis du côté droit.

J'ai écrit dans un sens contraire.

J'ai parlé sur la Constitution ; j'ai voté contre les assemblées primaires.

Ainsi, etc.

J'ignore si les lettres dans lesquelles je recommandais l'acceptation de la Constitution existent encore; mais je puis faire déposer par Taillefer, entre autres, que j'ai montré une lettre de Bordeaux dans laquelle on me disait que, d'après mes recommandations, on voterait pour l'acceptation de la Constitution.

Hébert vient de dire que j'avais persiflé les Jacobins, et Chaumette a dit que j'avais...

Je ne la rédigeais pas.

Je n'ai jamais écrit à Dumouriez de ma vie.

Si la conspiration du 10 mars était notre ouvrage, comment aurions-nous dit que la commune de Paris....

J'ai déjà déclaré que cette femme était....

Réal, je le connaissais.

Ta femme.... j'ai déjà déclaré que c'était la citoyenne Rousseau.

La commission des Douze.... Le maire de P... Déposition de Destournelles.

Il n'y a rien de déposé contre moi et contre Fonfrède dans la déposition de Destournelles.

(*En marge.*) On vient de nous dénoncer comme les chefs d'une f.....

Il n'y a rien de déposé contre moi ni contre Fonfrède dans la déposition du citoyen d'Obsan (*sic*).

Liberté des opinions réclamée contre ce citoyen d'Obsan.

Une faction dans l'Assemblée législative. Brissot en fut le chef. — Interpeller Antonelle. — Toutes les mesures révolutionnaires grandes et utiles.... Il est de notoriété publique que j'écrivis à Boyer-Fonfrède, le 10 août, une lettre ainsi datée: *Paris, le 10 août, l'an 1er de la république.* — SUR LA DÉCHÉANCE : — je n'ai jamais présidé ni été secrétaire de l'Assemblée nationale le 10 août. — L'appel au peuple. — Je n'ai jamais vu Péthion depuis le 10 août, si ce n'est dans une séance publique qui eut lieu chez lui, pour organiser la force armée qui s'avançait au-devant des ennemis. Je ne suis pour rien dans tout le traitement. — Calomnies contre la municipalité.

Je n'ai jamais été chez Roland.

J'ai voté contre la force départementale.

Je n'ai jamais contribué à cette adresse.

Je n'ai jamais été aux conférences de Barbaroux.

J'ai déjà déclaré que je n'avais jamais été membre de la commission des Douze.

[Sur le reproche d'intrigue]. *Barré.*

Sur le fait de la guerre, Réal, Anacharsis Clootz parlèrent par la guerre.

On a parlé d'envoi de... (nom propre illisible).

Lorsque la déclaration de guerre contre l'Angleterre fut déclarée, je récapitulai tous les motifs qui devaient nous y déterminer, et mon discours commençait ainsi: Ce n'est pas vous qui avez déclaré la guerre, — et je demandai l'impression de la correspondance pour prouver la mauvaise foi de Pitt.

Sur les déjeuners Hérault: très rarement. Bethan (?), Ch...., Duhem, Hérault.

J'ai été une douzaine de fois à la Société de la Réunion : j'y ai toujours voté pour les mesures les plus rigoureuses dans cette Société (*sic*). Je l'ai fait avec un très grand nombre de membres montagnards qui s'y rendaient.

Il y [a] deux manières d'inculper à faux : la première, de déposer contre un accusé sur un fait qui n'est pas vrai, — ou de l'accuser d'un fait qui n'est pas un délit.
Je portais le nom du domestique.
Interpellé de déclarer.... C'est le domestique d'un Anglais.
J'ai répondu que j'insistais moi-même sur...
L'on dit que j'avais parlé dans le sens des Jacobins.
Je ne faisais pas la *Chronique*.
Je ne connaissais ni Hébert ni Chaumette.
Interpellé si je ne fis pas à cette époque des démarches pour réconcilier les patriotes...
Je leur dis qu'ils jugeaient leurs ennemis.
Chabot. On peut consulter le *Moniteur.* On verra que j'ai constamment combattu Narbonne ; que j'ai provoqué la reddition de ses comptes.
Sur le pillage des sucres : j'ai proposé le premier une loi contre les accaparements.
J'ai toujours voté, dans la Réunion, pour les propositions les plus vigoureuses.
Il faut voir notre vote dans toutes les questions pour juger si nous avons été coalisés.
Je n'ai pas besoin de la réclamer, cette liberté d'opinion.
Il était instruit dès (?) le 10 mars.
Pache était alors ministre de la guerre.
(*Ici, il semble qu'un feuillet manque.*)

. . . .

Il le connaît, car il l'a fait.
Desparbier Saint-André acquitté par le tribunal révolutionnaire.
Lacoste a été mis en état d'accusation sur ma motion.
Sur les rendez-vous : ils ne [se] faisaient pas chez moi, mais chez une citoyenne qui logeait dans la même maison.
Déposition de Chabot. Je jouissais à Bordeaux d'une assez grande influence. Comment en ai-je usé ? Je n'ai pas écrit depuis deux ans dix lettres ostensibles, et mon silence m'a souvent été reproché. Est-ce là le système d'un fédéraliste ?
J'ai écrit à F.... dans le temps pour lui faire une relation de la première affaire des Marseillais avec les aristocrates. Je l'invitais à faire partir le plus de fédérés qu'il pourrait.
Je parlai contre l'arrêté du département de l'Hérault.
J'ai attaqué indistinctement Narbonne, Delessart et surtout Bertrand : preuve évidente que je ne favorisais pas les uns pour culbuter les autres.

III. — NOTES POUR MA DÉFENSE.

1. La Hollande. — Mackhow.
2. Pris le premier la cocarde.
3. Le Parlement.
4. L'expédition de Montauban.
5. Les assignats.
6. Combattu le commerce.
7. Défendu les hommes de couleur.

Ma conduite dans l'Assemblée législative. — Il n'y avait pas un plus chaud patriote que moi, et on ne dira pas du moins que je n'ai pas poussé à la révolution du 10 août. Je suis tranquille sur ce point. On a parlé d'intrigue. Je n'en ai connu et partagé aucune.
J'ai écrit le 10 août, *l'an 1er de la république..* (*un mot illisible*) de Fonfrède.

J'ai demandé des fédérés avant le 10 août. J'ai toujours voté contre la force départementale.

Conférences chez Roland.
Conférences chez Valazé.
Conférences au club de Barbaroux.
Sur le reproche d'intrigue.
Calomnies contre la municipalité. Jamais je n'ai parlé contre elle.
— L'histoire de la *Chronique*.

L'histoire de la sollicitation auprès de Réal. J'ignorais le nom du citoyen, je l'ai prouvé. Chaumette, Hébert et Réal ont dit que j'avais moi-même demandé la plus forte rétention (?). Aussi aucun doute à cet égard.

Je n'ai jamais été de la commission des Douze. Je n'y ai jamais mis les pieds.

J'ai constamment voté pour l'approvisionnement de Paris.

Protégé Dumouriez.

Donné un certificat pour des Graux (?). Toutes les députations en font autant. Aurais-je pu le refuser ? Je le demande aux jurés.

Sur les colonies. 1° Mon oncle assassiné. 2° Ruinés. Ce qui réduit ma fortune à sa grande médiocrité. 3° Jamais intrigué, jamais contribué à la nomination de personne. Je me suis contenté de soutenir contre le haut commerce, contre les aristocrates de l'Assemblée constituante, Maury, Cazalès, Barnave, les Lameth, contre les salons blancs, marchands d'hommes.

L'acte d'accusation porte que j'ai entretenu des correspondances calomnieuses : je défie qu'on les produise et je prouve le contraire en montrant sous mes scellés des pièces dans un sens absolument différent. Nous demandons que ces pièces soient produites. Parlé sur la constitution. — Treilhard et Mathieu (?). Qu'ils comparaissent.

Quoique je n'aie pas été nominativement inculpé dans la déposition du témoin Hébert, mes liaisons d'amitié avec plusieurs des accusés, liaisons que le malheur a rendues plus intimes et plus sacrées, me font un devoir de donner quelques éclaircissements relatifs au reproche de coalition qu'on a fait à la députation de la Gironde.

Dans l'Assemblée législative, [il] y avait coalition lorsque chacun des députés de ce département votait pour les mesures populaires et révolutionnaires. En ce cas, la coalition existait entre eux et tous les patriotes de l'Assemblée. Je déclare, pour mon compte personnel, qu'il n'y a pas un seul décret patriote pour lequel je n'aie voté dans cette Assemblée. La notoriété publique l'attestera.

La coalition, a-t-on dit, en coopérant malgré elle à la révolution du 10 août, portait dans son cœur le vœu de rétablir la royauté. Il est de notoriété publique à Bordeaux que j'écrivis à Boyer-Fonfrède une lettre, sur les événements de cette journée, ainsi datée : *Paris, le 10 août, l'an 1er de la république.*

La coalition, a-t-on dit, s'est relevée au fauteuil et au bureau dans cette journée. Je n'ai approché ni du fauteuil ni du bureau. Mais j'approchai des canons : car j'étais de la députation qui s'exposa aux premiers coups, avec Antonelle, qui me juge en ce moment.

On a dit que cette coalition s'emparait de toutes les places. Je n'en ai jamais procuré à personne. Et cette déclaration n'est pas douteuse dans la bouche de celui qui fit, le 27 mai, la motion suivante : « Il y a un décret.... (Le reste *ut supra*.)

Cette coalition, a-t-on dit, a conspiré pour appeler à Paris une force départementale. J'ai voté contre la force départementale.

Elle tenait des conférences chez Roland. Je n'ai de ma vie été chez Roland.

Elle formait un club de Marseillais dominé par Barbaroux et Buzot. Je n'ai jamais mis le pied dans ce club. J'ignore où il tenait ses séances.

Elle s'était emparée de la commission des Douze. Je n'étais point membre des Douze. J'ignore où elle tenait ses séances.

Elle a calomnié la municipalité de Paris. Je n'ai jamais calomnié personne, jamais parlé sur cette municipalité.

Elle formait des conciliabules. Jamais, citoyens, excepté Fonfrède et Vergniaud, avec lesquels je logeais, je ne voyais jamais mes collègues chez eux ni chez moi. Je n'ai été, pendant l'Assemblée législative, qu'une seule fois chez Gensonné. Pendant la session de la Convention, jusqu'au 2 juin, je n'y ai pas été une seule fois. Depuis qu'il est dans le malheur, je m'accuse, ou plutôt je m'honore de l'avoir vu le plus souvent que j'ai pu.

Enfin, elle voulait conserver la vie au tyran, au moyen de l'appel au peuple et du sursis. J'ai voté contre l'appel au peuple et contre le sursis, pour la mort du tyran.

IV. — EXTRAITS DES LETTRES DE Mme DUCOS A SON MARI.

(*M. Wallon, dans son Histoire du tribunal révolutionnaire, a déjà donné une idée de cette correspondance. En voici quelques autres extraits, d'un intérêt historique et anecdotique, où il est surtout question de Vergniaud.*)

1er oct. 1791 : « Je m'acquitte toujours avec zèle de la recommandation que tu m'as faite de prier Dieu pour toi.

Ib. « Dis à Vergniaud que je suis bien fâchée qu'il soit enrhumé, que c'est peut-être le sucre d'orge qu'il m'avait promis et que je n'ai pas eu qui en est la cause...... Je m'attends au premier jour à te voir couché sur le *Moniteur*; malgré le plaisir que j'aurais, je préférerais que ce fût sur moi, car je me trouve bien seule. »

Il est beaucoup question, dans cette lettre, de M. Reinhart (le diplomate), avec lequel demeure Ducos.

8 oct. 91. « La lettre que tu as écrite à Fonfrède a fait beaucoup de plaisir à tous ceux qui l'ont lue. Il est sûr qu'elle était bien intéressante, et Fonfrède ne voulut pas aller à la campagne pour lire au Cloub (*sic*) ce qu'il y avait sur MM. Robespierre et Péthion. Ça fut très applaudi, mais ce qui ne fit pas plaisir, c'est qu'après avoir lu cet article, il lut ce que tu disais sur M. Barnave. Je t'avoue, mon cher ami, que moi je vois avec peine que tu t'occupes à faire des pamphlets pour un homme qui ne mérite que du mépris. Tu as sans doute oublié ce que t'a coûté (*sic*) il n'y a pas longtemps. Je t'avoue que ça me fait beaucoup de peine et que je suis bien fâchée que tout le monde sache que c'est toi qui l'as fait avant qu'il (*sic*) ne paraisse. »

27 sept. Elle envoie ses amitiés à « l'auguste Vergniaud. »

15 oct. 91. « J'aime que tu me fasses part de tes réflexions et que tu me rendes un compte fidèle de toutes tes occupations. Toutes ces choses m'instruisent et me rappellent les lectures que tu me faisais faire auprès du feu l'année dernière. Mais quand j'ai fini, je ne suis pas à ton côté pour te donner et recevoir de tendres baisers. »

Ib. Elle lui recommande de s'abstenir d'épigrammes : il passe pour méchant auprès de ceux qui ne le connaissent pas bien.

Ib. « Je viens de recevoir la jolie lettre de Vergniaud qui m'a fait grand plaisir. »

4 oct. 91. « Nous avons été souper hier chez papa Fonfrède.............. Nous bûmes du bon vin à ta santé et à celle de MM. Robespierre et

Péthion. Fonfrède répétait bien souvent qu'il aurait voulu être du dîner que tu as fait avec eux.... »

Ib. « Vergniaud est-il toujours enrhumé et paresseux? L'air de Paris n'est pas fait, je crois, pour l'indolence. »

9 janv. 92. Elle s'apprête à rejoindre son mari à Paris.

« Je suis bien aise que Vergniaud demeure avec nous, et je me prépare à veiller sur sa conduite: car je suis sûre qu'il en a besoin... »

« Dis à Vergniaud qu'il n'oublie pas la jolie chanson de *Nanette-Nanon*, parce qu'elle servira à endormir notre enfant. »

« Donne deux baisers à Vergniaud pour son Adresse aux Français. »

25 oct. 1791. « J'ai vu sur le *Moniteur* que tu avais parlé longtemps sur les comités. Les personnes que j'ai vues depuis m'ont paru très contentes de ce que tu avais dit, et j'espère comme toi que *ça ira*. Vergniaud s'avance bien joliment. Je voudrais bien savoir quelle figure il a depuis qu'il est vice-président. Je suis toute confuse de lui avoir écrit. Si toutefois tu as trouvé ma lettre digne de lui, présente-lui mon respect. Car je ne peux me dispenser de respecter un *vice-président*. Mais c'est parce que je ne le vois pas; car, si j'étais près de lui, l'idée ne me viendrait pas de le trouver respectable. »

15 nov. 1791. « J'ai reçu la lettre du président (Vergniaud). Elle m'a fait grand plaisir, mais je ne peux encore lui répondre. Tu lui diras que je lui conseille de continuer ses *promenades dangereuses*. Elles sont dans son goût: il aime le danger. Aussi il fera bien de ne pas le fuir pendant que je suis ici, parce qu'une fois que je serai à Paris, je veux le faire enrager. Je pense qu'il ne m'a prévenue que pour ne pas que je sois étonnée de le trouver maigre. Dis-lui cependant de se ménager pour les amies qui ne lui coûtent que son amitié. »

4 févr. 92: « Fais bien des amitiés au paresseux et trois fois paresseux Vergniaud. »

INDEX

A

Aëlders (la baronne), II, 297, 298, 308.
Albitte, II, 201, 440, 535.
Alembert (d'), I, 49, 254, 271; II, 285, 290, 384.
Alluaud, I, 283, 286.
Alquier, II, 247.
Amar, I, 11, 17, 157, 193; II, 307, 389, 529.
Andrieux, II, 567.
Antonelle, I, 537, 576, 578.
Arnault, II, 480.
Audoin, II, 346, 347.
Audrein (abbé), I, 66, 191; II, 362, 376.
Augeard, II, 9.
Auger (l'abbé), II, 285.
Aumône, II, 307.
Avenel, II, 349, 353.
Aymé (Job) II, 567.

B

Babeuf, II, 565.
Baignoux, I, 136, 137.
Baile, I, 544, 560.
Bailleul, I, 492; II 315, 390, 516.
Balet, I, 57.
Bancal des Issards, I, 190.
Barante père (de), II, 427, 429, 442.
Barbaroux, I, 15, 27, 66, 67, 148, 167, 175, 181, 185, 214, 403, 441, 530 à 564; II, 22, 24, 25, 32, 44, 50, 91, 100, 101, 157, 255, 337, 385, 523, 576, 579.
Barbé-Marbois, II, 499, 567.
Barennes, I, 282.
Barère, I, 9, 41, 65, 67, 68, 70, 157, 180, 268, 269, 357, 358, 372, 373, 430, 441, 551, 552; II, 31, 112, 140, 153, 162, 261, 278, 282, 374, 387, 413, 424, 439, 448, 470, 472, 474, 475, 477, 510, 513 à 529, 565, 575.
Barnave, I, 65, 256, 395; II, 203, 482, 579.
Barras, I, 466, 468, 477, 527, 528, 515 à 547.
Barrère, I, 17; II, 5, 6.
Bassal, II, 32, 33.
Basire, I, 58, 67, 68, 72, 116, 117, 148, 261, 417, 418, 419, 428, 445, 496, 516; II, 14, 26, 136, 162, 224, 239, 248, 250, 291, 292, 297 à 309, 326, 394.

Baudin (des Ardennes), I, 44, 45, 295, 393, 450, 474, 477; II, 46, 409.
Baudot, II, 346, 398, 535.
Bauloin, I, 14, 15, 16, 17, 19.
Baulieu, I, 18, 20; II, 71, 141, 420, 427.
Baumetz, I, 57.
Bayle, I, 544, 560.
Beauharnais (Mme de), II, 104.
Beaumarchais, II, 2.
Beauvais, I, 187.
Becquet, I, 174.
Bellart, II, 282.
Bentabole, II, 346, 540, 549 à 550, 566.
Béon, II, 171.
Bergier (l'abbé), II, 350.
Bernard (Laurent), I, 544.
Bernard (St-Afrique), I, 66; II, 136.
Bernard (de Saintes), I, 149.
Bergasse, II, 17.
Bergoing, I, 282, 432, 441.
Berryer père, II, 266, 269.
Bertholet, I, 203.
Beugnot, I, 83, 93, 118, 136 à 137; II, 188.
Biauzat, I, 14; II, 212, 433.
Bidermann, I, 194.
Bigot de Préameneu, I, 138, 144.
Billaud-Varennes, I, 29, 79, 294, 381; II, 31, 96, 162, 163, 252, 254, 260, 261, 278, 327, 390, 396, 399, 406, 465, 466, 467, 469, 470, 472, 477, 478 à 501, 510, 515, 540, 541, 549, 565.
Biré, I, 5, 55, 340, 362.
Birotteau, II, 99.
Blanc (des Bouches-du-Rhône), I, 83.
Blanc (Louis), I, 5, 24, 29, 55, 325; II, 171, 243, 322, 387, 390, 392, 393, 398, 400, 424, 460, 521.
Boileau (de l'Yonne), I, 339.
Boisguyon, II, 11.
Boissy d'Anglas, II, 41, 247, 552.
Bonaparte, II, 443, 451, 458, 462, 516, 520, 556, 565.
Bonneville, I, 270; II, 11, 117, 220.
Bonnier, II, 253.
Bossuet, I, 50; II, 43, 209.
Boucher St-Sauveur, II, 250, 400.
Bouchotte, II, 104, 323.
Bougeart, II, 164, 188, 326, 334.
Bouillé, II, 133.
Bouilly, II, 420.
Bouquey, I, 150, 446.
Bourbotte, II, 535.

Bourdon (Léonard), I, 77; II, 17, 353, 509.
Bourdon (de l'Oise), I, 442, 542; II, 276, 294, 399, 418, 547, 566.
Bos, II, 166, 171, 172.
Boze, I, 200, 301, 332, 342, 371, 456; II, 328.
Brissot, I, 17, 65, 67, 68, 72, 77, 78, 79, 84, 87, 109, 148, 149, 152, 153, 154, 155, 156, 158, 166, 179, 181, 192, 193, 194, 195, 216, 219, *220 à 265*, 277, 323, 369, 415, 435, 523, 527 ; II, 1, 11, 12, 17, 22, 123, 132, 160, 236, 266, 298, 299, 319, 333, 350, 370, 378, 380, 382, 383, 384, 398, 463, 464, 488, 523, 524, 575.
Broussonnet, II, 14.
Buchez, I, 21, 47; II, 514.
Buffon, II, 285, 286, 417.
Bussière (Ch. de la), II, 263.
Buzot, I, 38, 79, 152, 155, 167, 181, 194, 195, 196, 201, 202, 203, 206, 208, 218, 221, 374, 403, 441, *499 à 530*, 541; II, 26, 31, 32, 33, 44, 59, 60, 62, 83, 89, 140, 226, 236, 272, 292, 303, 343, 457, 489, 579.

C

Cabarrus (Térézia), II, 540, 541, 543, 544, 545.
Calon (de l'Oise), I, 176.
Cambacérès, II, 443, *552 à 553*.
Cambon, I, 189, 551; II, 176, 238, 303, 305, 374, 543, *563*, 575.
Camboulas, I, 443.
Campardon, I, 51.
Camus, I, 65, 68; II, *556 à 557*, 575.
Candeille (Mlle), I, 294.
Carnot, I, 68; II, 278, 436, 437, 469, 472, 477, 498, 517, 520, 530.
Catra, I, 26, 68, 187, 197, 417, 419.
Carrier, II, 260, 539, 544.
Casencuve, I. 66.
Cazalès, II, 165, 578.
Cerutti, I, *145 à 146*; II, 285.
Chabot, I, 72, 127, 131, 146, 148, 149, 150, 217, 263, 340, 357, 359, 377, 428, 496, 515 ; II, 60, 74, 99, 100, 101, 224, 237, 238, 239, 291, *294 à 297*, 302, 305, 306, 307, 391, 491, 547, 577.
Châlier, II, 249.
Champfort, II, 285, 333.
Champcenetz, I, 30.
Champion, II, 70.
Chapelier, II, 7.
Charlier, I, 126.
Chasles, I, 430, 431 ; II, 439.
Chateaubriand, II, 514, 570.
Châteauneuf, II, 440.
Chaumette, II, 20, 367, 371, 405, 437, 575.
Chénier (André), I, 150, 205, 215, 270, 362, 385, 469; II, 71, 146, 147, 150, 176, 315, 410, 501.
Chénier (Marie-Joseph), I, 68 ; II, 50, 85, 566.
Chévremont, II, 326, 328, 334.
Choudieu, I, 68, 157, 342.
Chrétien, II, 104.

Cicéron, I, 434, 435, 441, 451; II, 43, 319, 322.
Clairon (Mlle), II, 288, 289.
Claretie, II, 285, 294, 311, 535, 536, 551.
Ciauzel, II, 389.
Clavières, I, 148, 149, 194, 235, 241, 425; II, 431.
Cloots, I, 29, 30, 68, 177 ; II, 115, 162, 163, 185, 293, 303, 324, *340 à 353*, 355, 366, 367, 379, 437, 576.
Collin d'Harleville, II, 227, 228.
Collot d'Herbois, I, 68 ; II, 31, 51, 52, 137, 162, 233, 257, 260, 261, 278, 280, 310, 319, 347, 371, 406, 441, 466, 469, 472, 473, 477, 491, 497, 498, 499, *501 à 512*, 515, 565.
Colomb (Mlle), I, 26.
Comte (Auguste), I, 272,
Condorcet, I, 17, 30, 47, 67, 68, 72, 78, 106, 111, 113, 114, 148, 149, 150, 136, 167, 173, 211, 218, 246, 254, *265 à 281*, 339, 376, 475 ; II, 11, 22, 24, 66, 68, 179, 236, 233, 383, 386, 458.
Condorcet (Mme de), I, 159; II, 128.
Contrat social, I, 29, 31.
Corday (Charlotte), I, 403, 507, 561; II, 54, 129, 254.
Corneille, I, 38 ; II, 174, 210, 324, 333.
Couppé (de l'Oise), II, 387, 563, 566.
Courtois, I, 2, 11, 42 ; II, 170, 171, 224, 486, *550 à 551*.
Couthon, I, 5, 14, 58, 67, 68, 72, 79, 86, 112, 361, 492, 519, 552 ; II, 38, 40, 74, 162, 256, 272, 276, 279, 324, 325, 369, 374, 399, 400, 413, *425 à 443*, 471, 472, 506, 510, 520, 534, 548.
Crassous, II, 414.
Creuzé-Latouche, II, 566, 567.
Cromwell, I, 440, 451.
Custine, II, 305, 317, 491.

D

Dante, II, 175.
Danton, I, 1, 12, 23, 30, 38, 39, 40, 41, 46, 49, 50, 66, 67, 68, 71, 72, 73, 78, 79, 155, 156, 207, 213, 214, 216, 250, 257, 274, 352, 373, 380, 385, 407, 408, 432, 436, 447, 450, 476, 510, 511, 516, 517, 543, 559; II, 22, 29, 38, 57, 60, 81, 137, 138, 141, 145, 162, *163 à 224*, 233, 235, 236, 237, 240, 244, 246, 247, 255, 256, 261, 263, 264, 265, 270, 271, 273, 279, 284, 291, 294, 298, 299, 302, 303, 313, 318, 333, 337, 345, 346, 347, 355, 368, 370, 371, 372, 373, 377, 384, 385, 386, 387, 396, 407, 410, 418, 419, 428, 462, 463, 464, 479, 486, 487, 489, 491, 492, 494, 499, 500, 523, 539, 568, 575.
Dauban, I, 5, 531; II, 158.
Daunou, II, 499, 552, 563.
David, I, 68 ; II, 220, 221, 222, 328, 339, 346, 347, *424*.
Debart, I, 491.
Debry (Jean), I, 67, 68, 218 ; II, *159*, 566.
Defermont, I, 553.

INDEX. 583

Deflers, I, 25, 26, 27, 28.
Deforgues, II, 280.
Delahaye, II, 33.
Delaunay (d'Angers), II, 237, 305.
Delessart, I, 323, 368, 577.
Deleyre, I, 166; II, 364.
Delille, II, 285.
Delisle de Salle, I, 297.
Démosthène, I, 52, 266, 384; II, 149, 175, 285, 319, 322, 410.
Demoustiers, II, 229.
Dentzel, II, 61.
Deperret, I, 537, 514.
Derossel, I, 110.
Desbois, I, 122.
Deseins, II, 329.
Desèze, I, 289, 290, 553; II, 457.
Desgenettes, I, 151 ; II, 159.
Desmoulins (Camille, I, 30, 79, 193. 222, 255, 385, 475; II, 11, 25, 28, 38, 39, 193, 222, 233, 235, 440, 246, 252, 253, 254, 255, 261, 263, 264, 281, 294, *311 à 313*, 324, 325, 333, 346, 347, 389, 391, 392, 410, 448, 419, 475, 522, 535.
Deuzy, I, 59.
Devignes, I, 401, 402.
Diderot, I, 30, 156, 233, 271, 272, 274 ; II, 176, 179, 274, 281, 329, 365, 372, 419.
Dillon, II, 252, 316, 317, 321.
Dodun (Mme), I, 148.
Dorisy, I, 89.
Doulcet de Pontécoulant, I, 484.
Drouhet, II, 81, 96, 98, 99.
Dubois-Crancé, I, 65, 68, 553; II, 224, 247, 316, 399, 440, 458, 491, *531 à 535*.
Du Bois du Bais, II, 552.
Dubosc, II, 11.
Dubost (Antonin), II, 189.
Dubuisson, II, 256, 280.
Ducastel, I, 33, 70, 83, *136*, 137, 473.
Duchâtelet, I, 193.
Duchosal, II, 11.
Ducos, I, 5, 19, 68, 112, 122, 149, 152, 173, 174, 187, 190, 288, 364, *470 à 493*; II, 191, 439, *572 à 580*.
Ducos (J.-H.), I, 18.
Dufourny, II, 307, 524.
Dufraisse (Marc), II, 304.
Duhem, I, 59, 75; II, 26, 261, *538 à 540*, 544, 545, 546, 576.
Dulaure, I, 60, 212, 560; II, 328, 434.
Dumas (R.-F.), I, 366, 424; II, 40, 396.
Dumas (Matthieu), I, 80, 81, 83, 109, *123 à 130*, 137.
Dumolard, I, 59.
Dumont (André), I, 75, II, 258, 325, *547*.
Dumont (Etienne), I, 148, 150, 154, 155, 194 ; II, 213, 420.
Dumouriez, I, 144, 149, 241, 372, 423, 559; II, 20, 137, 207, 212, 387, 388, 505, 545, 556, 575, 576, 578.
Dupaty, I, 286, 287.
Duperret, I, 76, 187, 554.
Duplantier, I, 282.
Duplay, I, 73; II, 169, 259, 321, 399, 412, 414, 475.

Dupont (Jacob), I, 179, 181, 233 ; II, *159 à 160*.
Dupont (de Nemours), II, 212, 566.
Duport, I, 57, 65.
Duprat, I, 544.
Dupuis, II, 347.
Duquesnoy, II, 535.
Durand-Maillane, I, 68, 544; II, 401, 552.
Duroy (de l'Eure), I, 500 ; II, 525.
Dusaillant, II, 29.
Dussault, I, 68, 250; II, 20, 21, 300, 439, 478, 551.
Duval (Alexandre), II, 241.

E

Espagnac (abbé d'), II, 237, 279.
Esquiros, II, 321.
Essarts (Emmanuel des), II, 99.
Etampes (abbé), II, 119.
Etienne et Martinville, II, 211.
Evrard (Simonne), II, 331.

F

Fabre d'Eglantine, I, 68, 475; II, 81, 162, 224, 225 *à 243*, 269, 331, 332, 336, 346, 366, 392, 394, 408, 464, 465, 480, 502.
Fauche-Borel, II, 546.
Fauchet (l'abbé), I, 66, 67, 68, 100, 101, 149, 150, 176, 191, 218 ; II, 65, 99, *107 à 130*, 145, 251.
Fénelon, II, 108.
Féraud, I, 44 ; II, 42, 43.
Fiévée, II, 389, 398, 422.
Fleury (Ed.), II, 444, 447.
Fonfrède (Boyer), I, 71, 187, 289, 307, 364, *470 à 493*, 529, 572, 574, 576, 577, 578.
Fonfrède (Henri), I, 291.
Fockedey, I, 63.
Forestier, II, 42.
Fouché, II, 353, 480, 481, 506.
Fouquier-Tinville, II, 40, 257, 322, 396.
Fournier (l'Américain), I, 483.
Français (de Nantes), I, 39, 381.
Franklin, II, 130.
Fréron, II, 61, 85, 325, 430, 539, 546, *518 à 519*.
Froudières, I, 419.

G

Gabriel, II, 222, 329.
Gallois, I, 172, 457, 569.
Gardien, I, 187.
Garnier de l'Aube, II, 261.
Garraud, I, 166, 282.
Gassier, I, 534.
Garran de Coulon, I, 494 ; II, 552.
Garat, I, 9, 13, 46, 76, 200 ; II, 65, 191, 205, 285, 411, 412.
Gasparin, I, 371.
Gay-Vernon, I, 66.

Gensonné, I, 67, 68, 147, 152, 153, 166, 167, 172, 187, 189, 236, 288, 332, 369, 405, 409, *462 à 470*, 475 ; II, 61, 300, 371, 579.
Gerbier, II, 285.
Gerle (dom), II, 376.
Géruzez, I, 4.
Ginguéné, II, 307.
Girardin (marquis de), I, 108.
Girardin (Stanislas de), I, 64, 80, 81, 82, 83, 97, *106 à 123*, 133, 134, 137.
Girey-Dupré, II, 317.
Girondins (liste des), I, *158 à 165*.
Gobel (abbé), II, 353, 366, 559.
Gohier, II, 430.
Gonchon, I, 430.
Goncourt (J. et Ed. de), I, 61.
Gorsas, I, 68, 187, 212, 284 ; II, 339, 341, 346, 347.
Goujon, I, 112, 117; II, 535, *536 à 538*.
Goupil de Préfeln: I, 269 ; II, 112.
Goupilleau, II, 26, 197, 566.
Granet, I, 537, 544, 557; II, 346, 347, 491.
Grangeneuve, I, 59, 68, 98, 197, 400, *493 à 498*.
Grégoire, I, 65, 66, 68, 248 ; II, 262, 271, 294, 554, 557 *à 560*.
Grenier, I, 14.
Grimm, II, 3, 4.
Grouville, II, 263.
Guadet, I, 14, 17, 29, 35, 38, 45, 67, 68, 77, 78, 96, 121, 149, 152, 166, 167, 172, 173, 177, 178, 179, 190, 236, 288, 332, 374, *395 à 451*, 471, 495, 539, 560 ; II, 10, 22, 24, 29, 79, 157, 357, 363, 371, 383, 430.
Guffroy, II, 96.
Guillon (l'abbé), II, 416.
Guirault, I, 21, 22, 23.
Guitton, I, 68.

H

Hamel (Charles), II, 480.
Hamel (Ernest), II, 189, 356, 387, 392, 393, 400, 424, 443, 444, 447, 460, 466, 475.
Harmand (de la Meuse), I, 294, 296, 343; II, 331.
Hatin, I, 20, 23.
Hasenfratz, II, 20, 554.
Hébert, I, 28, 29, 30, 155, 185, 262, 367, 369, 441; II, 80, 101, 142, 162, 171, 233, 239, 250, 251, 252, 284, 318, 320, *348 à 349*, 350, 365, 367, 368, 371, 373, 422, 437, 462, 494, 576, 577, 578.
Helvétius, I, 179 ; II, 176, 311, 363, 364.
Henriot, II, 40, 153, 271.
Hentz, II, 544.
Hérault de Séchelles, I, 67, 68, 116, 250, 441 ; II, 20, 162, 224, *265 à 291*, 453, 517, 539, 576.
Héricault (Ch. d'), II, 257, 356, 399, 400, 408, 414, 438.
Héron, II, 35.
His (Charles), I, 10, 21 ; II, 166.
Hoche, II, 104, 565.

Horace, I, 125.
Houdon, II, 324.
Huguet, I, 14, 66.

I

Isnard, I, 33, 35, 70, 74, 127, 167, 175, 177, 184, 196, 198, 210, 216, 248, 411, 413, 441, 505 ; II, 10, 33, *55 à 86*, 99, 131, 132, 136, 140, 209, 249, 565.

J

Jagot, II, 271.
Janin (Jules), II, 1, 5.
Jaucourt (de), I, 83, *133 à 136*, 137.
Jauue, I, 424.
Javogues, II, 347, 430.
Jay Sainte-Foix, I, 166, 282; II, 253, 280.
Jean-Bon Saint-André, I, 166, 217 ; II, 280, 471, 530.
Jordan (Camille), II, *568 à 571*.
Jounault, I, 497.
Jourdan (A), I, 18, 19.
Journal de la Montagne, I, 23, 27 à 28.
Journal de Perlet, I, 23.
Journal des débats et des décrets, I, 14 à 17, 18, 19, 20, 24, 25, 33.
Journal des Jacobins, I, 25 à 27, 28.
Journal logographique, I, 6, 17.
Journal logotachygraphique des Jacobins, I, 27.
Journal universel, I, 23.
Journet-Aubert, I, 282.
Juéry (de l'Oise), I, 122.
Julien (de la Drôme), II, 96, 98.
Julien (de Toulouse), I, 66 ; II, 237, 238, 305.

K

Kellermann, II, 235, 560.
Kersaint, I, 68, 214 ; II, *159*, 235.

L

Lacaze, I, 151, 282.
Laclos, I, 25 ; II, 463.
Lacombe, I, 67, 282.
Lacretelle jeune, I, 17 ; II, 547.
Lacroix, I, 60, 86, 150, 424, 456 ; II, 200, 224, 251, 309, 317, 346.
Lacuée, I, 138, *144*; II, 566.
La Fayette, I, 59, 80, 94, 95, 96, 121, 237, 324, 423, 424, 425, 426, 427, 467; II, 12, 57, 109, 115, 123, 206, 212, 299, 300, 331, 370, 379, 382, 463, 464, 574.
Lafond-Ladebat, I, 282.
La Fontaine, II, 217.
Lagrévolle, I, 59.
Laharpe, I, 50 ; II, 410, 411.
Lakanal, II, 554, *560 à 569*.
Laignelot, II, 347.
Lalande (de la Meurthe), I, 66.

INDEX.

Lamartine, I, 4, 147, 148, 156, 394, 408.
Lameth (les), I, 57, 65, 80, 83, 423; II, 318.
Lambert (abbé), I, 468.
Lamourette (abbé), I, 35, 36, 54, 121 ; II, 294.
Langlois (Isidore), II, 49.
Lanjuinais, I, 45, 65, 67, 68, 441, 552 ; II, 19, 42, *87 à 106*. 157, 219, 488.
Lanthenas, I, 67, 68, 155, 541 ; II, 199, 439.
Laporte, II, 410.
Lareveillère-Lépeaux, I, 157, 355 ; II, 552, 556, 563.
Larivière (Henri), I, 219 ; II, 33, 42, 49, 157.
Lasource, I, 67, 202, 262, 280, 358, 365, 428 ; II, 59. *131 à 142*, 202, 219, 515.
Lavaux, I, 27, 28.
Lavicomterie, I, 67.
Laya, II, 188, 208, 535.
Lebas, II, 276, 412, *423 à 424*, 425, 475, 479, 524, 536, 548.
Leberthon, I, 453.
Lebon (Joseph), II, 260, 544.
Lebrun-Tondu, I, 12.
Lebrun (le poète), I, 149.
Lebrun, II, 491.
Leclerc (de Loir-et-Cher), II, 99.
Lecointre (Laurent), I, 506 ; II, 28, 31, 32, 33, 497, 537, 538, *550*.
Lecoz, I, 177.
Legendre, I, 68, 359, 441, 489 ; II, 52, 96, 98, 99, 101, 162, 184, 224, 233, *243 à 265*, 317, 393, 395, 424, 493, 509, 527.
Lekain, II, 289.
Lehardy, I, 187.
Lehodey, I, 7, 17, 22 ; II, 31, 32.
Lejosne, I, 174.
Lémane, II. 276, 277.
Lemontey, I, 83, *130 à 133*, 134, 137, 495, 496.
Leopardi, I, 513 ; II, 334.
Lepelletier Saint-Fargeau, II, 93, 197, 277, 287.
Leroy, I, 26.
Lesage, I, 157 ; II, 33, 42.
Levasseur (de la Sarthe), I, 66 ; II, 219, 317, 346, 543.
Lhuillier, I, 357.
Lidon, I. 151, 430 ; II. 99.
Lieutaud, I, 533.
Lindet (Robert), I, 42. 68 ; II, 31. 347, 471, 477, *530 à 534*.
Lindet (R.-Th.), I, 66, 217, 352.
Locke, II, 484.
Lodoïska, I, 17, 181 ; II, 4, 6, 7, 29, 30, 31, 41, 50, 131.
Logographe, I, *17 à 20*, 24.
Logotachygraphe, I, *21 à 23*.
Lothringer (abbé), I, 187, 264, 468 ; II, 130.
Louchet, II, 542.
Louis XVI, I, 22, 23, 33, 54, 63, 77, 81, 82, 90, 102, 119, 120, 124, 128, 149, 195, 326, 381, 389, 406, 427, 431, 453, 456, 553 ; II, 28, 90, 92, 124, 125, 148, 152, 158, 159, 198, 200, 212, 231, 247, 248, 301, 302, 315, 316, 344, 385, 386, 432, 453, 454, 455, 456, 511, 557, 558.

Loys, I, 536, 538, 559.
Louvet, I, 5, 10, 16, 17, 38, 44, 45, 66, 67, 68, 152, 155, 181, 183, 187, 217, 259, 274, 345, 358, 441, 472, 549, 552 ; II, *1 à 51*, 54, 104, 131, 132, 145, 149, 157, 331, 365, 366, 382, 385, 407, 460, 522, 565.
Lückner, I, 460.
Lugan-Laroserie, I, 26.

M

Mably, I, 562 ; II, 483.
Macaulay, II, 513, 515, 529.
Malouet, II, 7.
Mailhe, I, 22, 68, 126, 432 ; II, 159.
Mallarmé, I, 357 ; II, 271, 558.
Manuel, I, 60, 68, 218 ; II, 142, *146 à 151*. 363, 505, 506.
Manuel-Seurat, II, 172, 175.
Marat, I, 50, 64, 66, 67, 73, 75, 93, 104, 118, 123, 139, 151, 152, 204, 210, 213, 269, 273, 340, 344, 386, 387, 390, 407, 429, 432, 433, 463, 489, 492, 511, 512, 515, 522, 523, 524, 549, 550, 551 ; II, 16, 20, 22, 25, 44, 57, 60, 101, 134, 135, 142, 151, 153, 154, 159, 161, 162, 163, 189, 191, 199, 201, 212, 226, 233, 234, 235, 241, 250 ; 277, 280, 321, *324 à 348*, 367, 431, 439, 452, 458, 534.
Marat (Albertine), II, 332.
Marchand, II, 104.
Marchangy (de), II, 86.
Maréchal (Sylvain), II, 437.
Maret, I, 6, 8, 122.
Marie-Antoinette, I, 224 ; II, 222, 265, 317, 491, 567.
Marmontel, II, 229, 567.
Maron (E.), I, 4.
Martinière de Granville, II, 307.
Massieu, I, 306.
Matton de la Varenne, II, 321, 322.
Maure, I, 17.
Maury, II, 9, 578.
Mazuyer, II, 91, 438.
Meaulle, II, 347.
Meignet, II, 440, 544.
Meillan, I, 152, 206, 445, 463 ; II, 88, 197.
Mercier, I, 48, 49, 253 ; II, 196, 248, 408, 479.
Merlin (de Douai), II, 563.
Merlin de Thionville, I, 49, 72, 417, 418, 419, 517, 519 ; II, 220, 291, *292 à 294*, 301, 421.
Meyer (F. G. L.) II, 545, 555.
Michelet, I, 3, 4, 24, 55, 56, 147, 176, 187, 203, 216, 217, 222, 307, 308, 376, 394 ; II, 26, 66, 71, 200, 234, 237, 241, 328, 329, 331, 356, 375, 414, 417, 421, 521, 536.
Mignet, I, 209, 556.
Mirabeau, I, 46, 139, 145, 189, 198, 235, 237, 239, 304, 305, 306, 323, 384, 390, 543 ; II, 7, 62, 64, 74, 146, 150, 163, 195, 197, 203, 205, 213, 318, 363, 409, 419, 536, 558, 561, 562.

Mirabeau-Tonneau, II, 9.
Molière, I, 54, 170; II, 229, 322.
Molleville (Bertrand de), I, 322, 417.
Momoro, II, 349.
Monestier, II, 346.
Moniteur, I, 6, *8 à 14*, 15, 16, 17, 18, 19, 20, 21, 24, 28.
Montau, II, 26.
Montaigne, I, 29, 168, 170, 177, 233; II, 218, 322, 358, 376.
Montesquieu, I, 29, 124, 140, 169, 171, 177, 297, 312, 314, 453; II, 174, 334, 483.
Montesquiou, I, 94; II, 137.
Moreau, II, 104.
Morency (la), II, 226, 283, 284.
Morande, I, 222, 223, 224, 225, 246.
Morellet (abbé), I, 283.
Musquinet de la Pagne, II, 251.

N

Napoléon, II, 106, 223.
Narbonne (de), I, 69, 150, 321, 415; II, 129, 299, 301, 382, 577.
Necker, II, 313, 314.
Nodier (Charles), I, 50, 147, 148, 351, 368, 394, 395; II, 407, 443, 451, 474, 475.

O

Orateur du Peuple, I, 23.
Osselin, I, 357.

P

Pache, I, 150, 367, 375 ; II, 20, 401, 574.
Paganel, I, 78, 204, 218, 269, 310, 407, 408; II, 51, 130, 245, 284, 324, 474, 563.
Palasne de Champeaux, II, 552.
Panis, II, 346, 347.
Pascal, II, 333.
Pascalis, I, 534.
Pastoret, I, *138 à 144*, 191.
Patoux, II, 443, 447.
Patriote Français, I, 23.
Payan, II, 375.
Payne, I, 67, 68, 78, 193, 428 ; II, 175, 252.
Pelet (de la Lozère), II, 252.
Pelporre, I, 225.
Penière, II, 99.
Pépin, I, 26.
Pérard, I, 157.
Pereyra, II, 276.
Perrière, I, 40.
Pestalozzi, I, 428.
Pétion, I, 65, 67, 78, 148, 157, 167, 194, 195, 201, 205, 206, 223, 248, 508, 551, 554 ; II, 24, 30, 44, *51 à 54*, 158, 197, 195, 236, 259, 299, 376, 579, 580.
Petit (Edme), I, 75.
Petit (Simon), II, 328.

Philippeaux, II, 38, 224, 294, 306, *309 à 311*, 318, 319, 396, 544.
Philippe-Egalité, I, 23, 68, 109, 110, 112, 463, 517, 518, 519, 555*; II, 26, 27, 28, 88, 89, 137, 314, 315, 343, 489.
Pichegru, II, 367.
Pilastre, II, 99.
Plat de Beaupré, II, 252.
Pommé (André), I, 180 ; II, 367, 368, 369.
Portalis, I, 536, 367.
Poujoulat, I, 468.
Poultier, I, 55.
Premier Journal de la Convention Nationale, I, 27.
Priestley, I, 428.
Prieur (de la Côte-d'Or), II, 471, 517.
Prieur (de la Marne), I, 68 ; II, 471.
Proly, II, 276, 280.
Proyart (abbé), II, 361, 362, 421.
Prudhomme, II, 14, 364.

Q

Quatremère de Quincy, I, 83, 136, 137.
Quinet (Edgard), II, 179, 312, 356, 376.
Quinette, II, 283, 358.

R

Rabaud Saint-Etienne, I, 8, 10, 11, 65, 66, 218, 441, 520 ; II, *142 à 146*, 364, 366, 408, 529.
Rabaud-Pommier, II, 146.
Rabaud-Dupuis, II, 146.
Rabelais, I, 169 ; II, 174, 175, 523.
Rabusson-Lamothe, I, 15.
Racine, I, 48, 50 ; II, 223, 333.
Raisson, II, 104.
Ramel, II, 238.
Ramond, I, 80, 83, *84 à 97*, 113, 121, 124, 137, 138, 421; II, 26.
Rebecqui, I, 68, 510, 541, 549, 554, 558 ; II, 22, 337.
Le Rédacteur, I, 11.
Rémy (Caroline), II, 226.
Renan (Ernest), I, 3.
Le Républicain, I, 10, 17, *20 à 21*, 24.
Le Républicain universel, I, 21.
Rétif de la Bretonne, II, 5.
Révolutions de Paris, I, 23, 54, 56.
Rewbell, I, 68 ; II, 563.
Reynaud (Jean), II, 219, 292.
Rhûl, I, 430 ; II, 346.
Richardson, II, 5.
Riouffe, I, 376 ; II, 175, 241.
Rivarol, I, 30.
Robert, II, 234, 486.
Robespierre, I, 2, 7, 9, 10, 11, 12, 21, 28, 29, 38, 39, 40, 41, 43, 46, 49, 50, 62, 65, 66, 67, 68, 72, 73, 77, 79, 110, 139, 176, 178, 179, 180, 181, 183, 184, 185, 186, 192, 193, 213, 225, 233, 250, 251, 253, 254, 274, 346, 347, 348, 377, 378, 414, 416, 417, 436, 437, 462, 478, 508, 516, 517, 538, 543, 544, 545, 546, 547, 548, 549, 550, 551, 552; II, 11, 12, 13, 25, 29, 31,

INDEX. 587

32, 38, 43, 45, 46, 50, 51, 52, 54, 61, 64, 90, 105, 106, 137, 148, 149, 150, 160, 161, 162, 163, 165, 167, 169, 176, 178, 179, 180, 181, 182, 183, 184, 186, 191, 192, 193, 194, 196, 197, 201, 203, 212, 213, 218, 223, 224, 231, 233, 241, 244, 252, 256, 258, 259, 261, 266, 274, 275, 298, 299, 312, 313, 315, 318, 320, 321, 333, 337, 343, 345, 346, 347, 349, 354 à 422, 424, 425, 427, 435, 438, 449, 450, 451, 452, 456, 465, 466, 470, 472, 473, 477, 486, 494, 495, 496, 497, 509, 510, 517, 520, 521, 522, 527, 528, 534, 535, 536, 538, 539, 542, 548, 549, 552, 553, 566, 573, 579.

Robespierre (Charlotte), II, 362, 391, 392, 401, 419.

Robespierre jeune, II, 98, 99, 297, 298, 316, 424 à 425.

Robinet (D'), I, 5; II, 164, 171, 172, 188, 189, 223, 237, 240, 280, 309, 551.

Roche (Achille), II, 219.

Rœderer, I, 148; II, 64, 86, 171, 202.

Roland, I, 70, 148, 149, 150, 154, 155, 212, 213, 369, 540, 541, 550; II, 23, 25, 188, 197, 213, 309, 576, 578.

Roland (Mme), I, 46, 73, 147, 154, 155, 156, 157, 175, 182, 202, 205, 206, 208, 212, 213, 215, 225, 242, 269, 274, 303, 377, 398, 407, 461, 475, 493, 499, 500, 503, 504, 505, 507, 511, 513, 514, 524, 525, 528, 529, 530, 531, 541, 546, 563; II, 1, 2, 9, 16 5 21, 22, 29, 44, 51, 52, 55, 56, 88, 137, 212, 213, 223, 235, 236, 249, 303, 332, 344, 350, 459.

Romme, II, 42, 104, 242, 446, 527, 535.

Ronsin, II, 349.

Rossignol, II, 310.

Rousseau (J.-J.), I, 28, 29, 30, 31, 32, 34, 43, 98, 106, 107, 108, 110, 111, 117, 123, 140, 166, 171, 183, 184, 211, 231, 232, 234, 271, 310, 312, 314, 405, 478, 503, 504, 514; II, 10, 17, 18, 30, 59, 60, 113, 116, 117, 143, 144, 158, 159, 160, 174, 176, 179, 181, 183, 217, 22), 229, 230, 231, 232, 240, 272, 274, 311, 320, 331, 334, 357, 358, 359, 360, 362, 363, 364, 365, 366, 371, 373, 376, 384, 397, 411, 412, 433, 438, 474, 483, 561, 562.

Rousseau (Thomas), I, 128.

Rousselin de Saint-Albin, I, 12, 23, 303, 333; II, 162, 171, 172, 173, 221.

Rouyer, I, 91.

Rovère, II, 46, 248, 250, 547.

Roux, II, 60.

Royer-Collard, II, 169, 567 à 568.

Royou, I, 93, 118; II, 134, 199.

S

Saintex, II, 524.

Saint-Just, I, 2, 29, 38, 41, 46, 49, 67, 68, 92, 79, 110; II, 28, 29, 38, 40, 90, 158, 233, 270, 271, 276, 279, 321, 327, 350, 390, 391, 396, 399, 400, 407, 408, 423, 425, 443 à 476, 487, 489, 496, 510,

517, 521, 524, 534, 536, 538, 541, 548.

Sainte-Amarante (Mme de), II, 283, 284.

Sainte-Beuve, I, 130, 210, 222, 269, 270, 294; II, 270, 285, 428, 568.

Saladin, II, 31, 498.

Salle, I, 68, 152, 167, 403, 446, 507, 559; II, 29, 157, 159.

Santerre, I, 94.

Santhonax, I, 179, 575.

Saurine, I, 66.

Schopenhauer, II, 334.

Schiller, I, 428.

Sénard, I, 72; II, 162.

Serres, I, 153, 282.

Sergent, I, 509.

Shakespeare, I, 48, 507; II, 175, 502.

Sicard (abbé), II, 487.

Sieyès, I, 41, 65, 67, 68, 339, 521; II, 270, 408, 533, 553 à 556.

Sillery, I, 365; II, 130, 140.

Siméon, II, 567.

Simond, II, 257, 271, 278, 486.

Soubrany, II, 245, 262, 535.

Staël (Mme de), I, 150; II, 104, 123, 263, 568.

Stendhal, II, 285.

Suard, II, 28.

Swinton, I, 222, 223.

T

Tacite, I, 76, 126.

Taine (H.), II, 171.

Talleyrand, II, 514.

Tallien, I, 45, 68, 340, 377, 475, 515; II, 16, 104, 163, 201, 224, 248, 256, 259, 399, 425, 477, 527, 530, 540 à 545, 546, 547, 566.

Talma, I, 312; II, 9, 341.

Target, II, 7.

Thibaudeau, II, 220, 244, 420, 563, 566.

Thibault, I, 66.

Thiers, I, 148, 207; II, 530, 531.

Thomas, II, 285.

Thorin (Mme), II, 447, 448.

Thouret, II, 7.

Thuau-Grandville, I, 8, 9, 10, 11,

Thuriot, I, 19, 60, 79, 117, 118, 135, 217, 280, 377; II, 96, 167, 179, 224, 253, 254, 259, 300, 301, 305, 367, 368, 399, 407, 535, 543.

Tissot, II, 536.

Topino-Lebrun, II, 166, 216, 280, 307, 309, 321, 486.

Torné, I, 143, 144; II, 376.

Treilhard, I, 65, 68, 575, 578.

Tronchet, II, 566.

Tronson du Coudray, II, 567.

Trouvé, II, 519.

Turgot, I, 271, 283, 284.

Turreau, II, 97, 99.

V

Vadier, II, 31, 261, 346, 393, 498, 529.

Valazé, I, 151, 152, 153, 155, 156, 157, 199,

218, 365, 395, 432, 433; II, 38, 55, 88, 137, 144, *151 à 156*, 578.
Vatel (Ch.), I, 5, 21, 14, 45, 167, 264, 282, 368, 381, 531, 561; II, 100, 332, 444, 446.
Vaublanc, I, 58, 59, 69, 93, *97 à 106*, 109, 124, 137, 138; II, 566.
Vergniaud, I, 1, 5, 7, 14, 22, 33, 35, 38, 39, 40, 45, 49, 50, 51, 61, 65, 67, 68, 73, 79, 110, 112, 114, 124, 127, 128, 149, 152, 155, 158, 166, 167, 171, 173, 177, 180, 183, 187, 189, 195, 196, 197, 198, 199, 200, 202, 203, 205, 215, 216, 218, 246, 247, *283 à 395*, 405, 408, 445, 447, 448, 465, 470, 471, 473, 474, 475, 476, 477, 491; II, 11, 22, 24, 61, 64, 79, 106, 145, 159, 163, 191, 236, 237, 250, 333, 339, 344, 345, 371, 387, 407, 428, 489, 515, 516, 579, 580.
Vermont, II, 327, 341.
Viard, I, 70.
Vigé, I, 187.
Vilain-Daubigny, II, 396.
Vilatte, II, 364, 512, 517.

Villars, I, 66.
Villette (Charles), I, 47, 68.
Villiaumé, II, 164, 326.
Villiers, II, 415.
Vincent, II, 349.
Vircheaux, II, 74.
Vitet, II, 245.
Vivant-Denon, II, 223, 420.
Voltaire, I, 29, 30, 47, 54, 157, 171, 177, 185, 230, 254, 271, 399, 403, 405, 453; II, 3, 109, 115, 116, 174, 177, 252, 287, 349, 365, 369.
Vouland, II, 317, 361, 522.

W

Wallon, I, 5; II, 251, 579.
Wandelaincourt, I, 66.
Washington, I, 230, 243, 428.
Westermann, II, 293, 294.
William (miss), I, 202, 261, 264, 265, 364, 378, 478; II, 131, 140, 515.
Wimpfen, I, 201.

TABLE DES MATIÈRES

DU TOME II.

LIVRE SIXIÈME (suite).

LES AMIS DE Mme ROLAND.

	Pages.
Chapitre III. — Louvet.	1
Chapitre IV. — Pétion.	51

LIVRE SEPTIÈME

GIRONDINS INDÉPENDANTS.

Chapitre I. — Isnard.	55
Chapitre II. — Lanjuinais.	87
Chapitre III. — L'abbé Fauchet.	107
Chapitre IV. — Orateurs secondaires de la Gironde : Lasource, Rabaut Saint-Étienne.	131
Chapitre V. — Manuel, Dufriche-Valazé, Larivière, Salle, Dobry, Kersaint, J. Dupont.	146

LIVRE HUITIÈME

LA MONTAGNE.

Chapitre I. — Les orateurs de la Montagne en général.	161

Pages.

Chapitre II. — Le groupe dantoniste. — Danton ; le texte de ses discours ; son caractère et son éducation. 163
Chapitre III. — Inspiration oratoire de Danton. . . 175
Chapitre IV. — Composition et style de ses discours. 196
Chapitre V. — Danton à la tribune. 218
Chapitre VI. — Les orateurs dantonistes : Fabre d'Églantine. 224
Chapitre VII. — Legendre. 243
Chapitre VIII. — Hérault de Séchelles. 265
Chapitre IX. — Le trio cordelier : Merlin, Chabot et Basire. 291
Chapitre X. — Lacroix, Philippeaux, Camille Desmoulins. 309

LIVRE NEUVIÈME

MONTAGNARDS INDÉPENDANTS.

Chapitre I. — Marat. 324
Chapitre II. — Les hébertistes : Anacharsis Cloots. . 348

LIVRE DIXIÈME

ROBESPIERRE.

Chapitre I. — La politique religieuse de Robespierre. 351
Chapitre II. — Ses principaux discours. 376
Chapitre III. — Sa rhétorique. 407

LIVRE ONZIÈME

LES ROBESPIERRISTES.

Chapitre I. — Lebas, David, Robespierre jeune. . . 423
Chapitre II. — Couthon. 425
Chapitre III. — Saint-Just. 443

LIVRE DOUZIÈME

LES THERMIDORIENS ET LE CENTRE.

	Pages.
Chapitre I. — Thermidoriens de gauche. Les anciens membres des comités : Billaud-Varennes.	477
Chapitre II. — Collot d'Herbois.	501
Chapitre III. — Barère.	513
Chapitre IV. — Autres membres des comités : Carnot, Lindet, Amar, etc.	529
Chapitre V. — Les derniers Jacobins.	531
Chapitre VI. — Thermidoriens de droite.	540
Chapitre VII. — Les orateurs du centre : Sieyès, etc.	551
Chapitre VIII. — Isolés et indépendants : Grégoire, Lakanal, etc.	556

Conclusion.

L'éloquence parlementaire sous le Directoire.	564

Appendice.

Documents inédits sur Ducos.	572
Index.	581

ERRATA.

Partout où on a imprimé *Bazire, Clootz, Billault.* Lire : *Basire, Cloots, Billaud.*

Tome II, p. 19, l. 4, au lieu de *Languinais.* Lire : *Boissy d'Anglas.*

Poitiers. — Typographie Oudin.

www.ingramcontent.com/pod-product-compliance
Lightning Source LLC
Chambersburg PA
CBHW070358230426
43665CB00012B/1162